## Notation für die Generalisierung

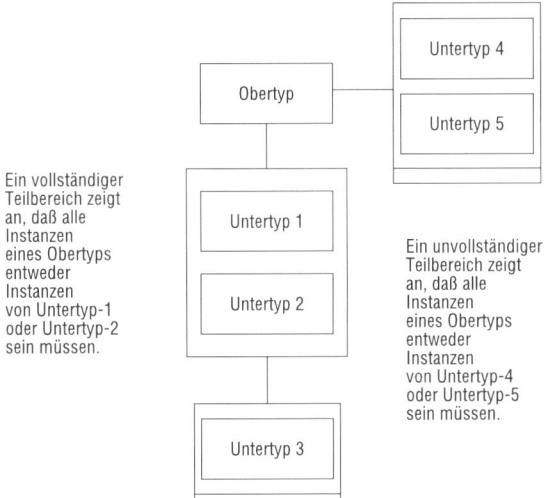

## Notation für semantische Anweisungen

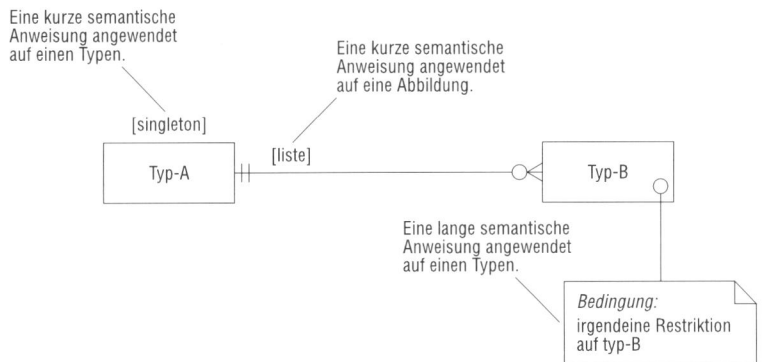

# Analysemuster

# Professionelle Softwareentwicklung

zu beschreiben. So fehlte es (und fehlt es immer noch) an technischen Beiträgen über nützliche aus der Praxis gewonnene Entwürfe, die zur Schulung und Inspiration genutzt werden könnten. Um es mit Ralph Johnson und Ward Cunningham zu sagen: »*Trotz neuester Technologie scheitern Projekte, da es schlichtweg an einfachen Lösungen mangelt*« [4].

Muster entwickelten sich aus verschiedenen Initiativen. Kent Beck und Ward Cunningham, zwei der Smalltalk-Pioniere, stießen auf die Ideen von Christopher Alexander, der eine Theorie über Muster in der Architektur und eine Sammlung solcher Muster entwickelt hatte. Bruce Anderson leitete in den frühen 90ern Workshops auf der OOPSLA, in denen die Erstellung eines Handbuchs für Softwarearchitekten untersucht wurde. Jim Copliens C++-Buch [3] beschrieb nützliche Konstrukte in C++. Einige dieser Leute schlossen sich zur Hillside Gruppe zusammen, in der diese Ideen weiterverfolgt werden.

Durch das »Gang of Four«-Buch [6] und die PLoP-Konferenz (Pattern Language of Programming), die durch die Hillside-Gruppe 1994 [4] initiiert wurde, erlangte die Bewegung größere öffentliche Bekanntheit.

Ich selbst hatte nur sehr wenig Kontakt mit dieser wachsenden Gemeinde gehabt. Ich wollte bereits seit langem Bücher über konzeptionelle Modellierung lesen, denn ich hoffte, aus solchen Büchern viele gute Ideen zu erhalten. Ich dachte nicht, daß ich über diese Dinge schreiben könnte, bevor ich nicht genügend Modelle hätte, die sich für ein Buch lohnen würden. Ich verfolgte die Musterbewegung mit Interesse und fand viele ihrer Prinzipien reizvoll, aber ich wurde von meinem Eindruck einer cliquenartigen Gruppe abgeschreckt, die von dem Architekten Christopher Alexander besessen war und eine sehr stilisierte Form beim Schreiben von Mustern hatte. Im letzten Jahr hatte ich mehr Kontakt und besuchte auch die zweite PLoP. Der auffälligste Aspekt der Mustergemeinschaft ist, daß es sich um eine recht heterogene Gruppe handelt. Es gibt dort natürlich eine Fraktion, die Alexanders Arbeiten als heilige Texte ansieht, wobei unterschiedliche Interpretationen vertreten werden, über die gestritten wird. Es gibt auch viele, die Alexander als irrelevant ansehen. Man trifft auf Leute, die anscheinend in Mustern eine mystische Kraft sehen, und dann sind dort auch jene, die den im wahrsten Sinne des Wortes »greifbaren« Aspekt von Mustern nicht ausstehen können. Es gibt Leute, die Muster als revolutionierende Neuerung der Analyse- und Entwurfsmethoden ansehen, jene, die konzeptionelle Modellierung als Zeitverschwendung betrachten, und schließlich einige, die mich ermutigt haben, dieses Buch zu schreiben, um zu zeigen, wie Analyse oder konzeptionelle Muster aussehen können.

konzeptionelle Modelle zu erstellen. Jedoch sind unsere Ergebnisse unterschiedlich, denn David Hay verwendet in seinem Buch eine relationale Technik, wogegen ich eine objektorientierte Technik anwende. Dies ist eine zwansläufige Folge der jeweils eingesetzten Software. Die Erstellung von Software bedeutet letztendlich, daß man virtuelle Maschinen baut. Die Sprache, in der man Software erstellt, kann sowohl die physikalische Maschine kontrollieren als auch die Bedürfnisse des Problembereichs ausdrücken. Einer der Gründe für den Wechsel einer Sprache liegt in der besseren Möglichkeit, die Bedürfnisse des Problembereichs auszudrükken. Die Sprache beeinflußt auf diese Weise die Art der Erzeugung konzeptioneller Modelle. Trotz einiger schwieriger Gebiete (siehe Kapitel 14) lassen sich die resultierenden Modelle leicht in objektorientierte Software überführen.

Vorsicht ist jedoch geboten, da konzeptionelle Modelle mehr Gemeinsamkeiten mit Softwareschnittstellen als mit den Implementierungen haben. Eine der wichtigen Eigenschaften von objektorientierter Software ist die Trennung der Schnittstellen von ihren Implementierungen. Unglücklicherweise geht diese Trennung in der Praxis leicht verloren, da die Sprachen in der Regel keine explizite Unterscheidung dieser beiden Aspekte bieten. Der Unterschied zwischen der Schnittstelle einer Softwarekomponente (ihrem Typ) und der Implementierung (ihrer Klasse) ist extrem wichtig. Viele der wichtigen delegationsbasierten Muster im »Gang of Four«-Buch [6] basieren auf dieser Trennung. So darf man bei der Implementierung diese Trennung nicht vergessen.

**Modellierungsprinzip** *Konzeptionelle Modelle sind an Schnittstellen (Typen) gebunden und nicht an Implementierungen (Klassen).*

## 1.2 Die Welt der Muster

Vor einigen Jahren sind Muster zu einem der beliebtesten Themen in der Objektgemeinde geworden. Sie haben sich sogar in kürzester Zeit zu *dem* Trend entwickelt, was ein enormes Interesse und den üblichen Rummel mit sich brachte. Es gibt jedoch auch interne Streitigkeiten in der Gemeinde über die Abgrenzungen des Themas, einschließlich der Diskussion darüber, was genau ein Muster ausmacht. So ist es einigermaßen schwer, eine gemeinsame Definition für *Muster* zu finden.

Die Wurzeln der Musterbewegung haben verschiedene Quellen. In den letzten Jahren haben immer mehr Leute festgestellt, daß die Softwarewelt es bis dahin nicht besonders gut verstand, gute Entwurfserfahrungen zu beschreiben oder zu verbreiten. So gab es bereits eine Menge Methodiken, die aber jeweils eine Sprache zur Beschreibung von Entwürfen definierten, ohne jedoch konkrete Entwürfe den Experten aus dem Problembereich leichter zu vermitteln. Analyse- und Entwurfsmethoden verwenden zudem eine grafische Darstellung zur erhöhten Ausdrucksfähigkeit. Die Methoden können strikt sein, müssen es jedoch nicht. Techniken, die entworfen worden sind, um ausgeführt werden zu können, müssen zwar strikt sein, wenn jedoch Analysemethoden in Verbindung mit einer Programmiersprache verwendet werden, müssen diese nicht allzu strikt sein.

Einer der Hauptgründe, weshalb ich Analyse- und Entwurfsmethoden verwende, ist die Einbeziehung der Experten des Problembereichs. Dies ist während der konzeptionellen Modellierung essentiell wichtig, denn ich glaube, daß effektive Modelle nur durch Leute erstellt werden können, die den Problembereich genau verstehen. Dies sind *Vollzeitmitarbeiter* des Problembereichs und nicht Softwareentwickler, auch wenn sich letztere noch so lange mit dem entsprechenden Problembereich beschäftigt haben. Wenn Experten konzeptionell modellieren sollen, müssen sie allerdings geschult werden. Ich habe bereits Kundenberater, Ärzte, Krankenschwestern, Banker und Analysten in OO-Analyse- und Entwurfsmethoden unterrichtet. Ich habe herausgefunden, daß ein informationstechnologischer Hintergrund weder eine Hilfe noch ein Hindernis zur Erlangung von Fähigkeiten zur Modellierung ist. Der beste Modellierer, den ich kenne, ist Arzt an einem Londoner Krankenhaus. Als professioneller Analytiker und Modellierer bringe ich wertvolle Fähigkeiten in den Prozeß ein: Ich kann eine gewisse Striktheit vorgeben, ich weiß, wie man die Techniken anwendet, und meine Sicht eines Außenstehenden erlaubt es, allgemein anerkannte Ansichten in Frage zu stellen. All dies reicht jedoch nicht aus. Es ist egal, wie lange ich auch immer im Kontext des Gesundheitswesen arbeiten werde, ich werde doch nie so viel über das Gesundheitswesen wissen wie ein Arzt oder eine Krankenschwester. Expertenwissen ist deshalb der Schlüssel zu einem guten Analysemodell.

Analysemethoden sollen stets unabhängig von einer speziellen Softwaretechnologie sein. Idealerweise ist eine konzeptionelle Modellierungstechnik absolut unabhängig von jeglicher Softwaretechnologie, genauso wie dies die physikalischen Gesetze der Bewegung sind. Diese Unabhängigkeit verhindert, daß man durch den technologischen Aspekt vom Verstehen des eigentlichen Problems abgelenkt wird. Dementsprechend sollte das resultierende Modell für alle Arten von Technologien gleichermaßen gut geeignet sein. In der Praxis wird diese absolute Unabhängigkeit jedoch nicht erreicht. Ich versuche stets, sehr konzeptionelle Modelle zu entwickeln, die sich ausschließlich mit dem eigentlichen Problem beschäftigen. Meine Herangehensweise ist objektorientiert und stellt so einen Ansatz des Softwareentwurfs dar. Man erhält einen guten Eindruck davon, wie Softwaretechnologien die konzeptionelle Modellierung beeinflussen, wenn man die Modelle in diesem Buch mit jenen von David Hay [7] vergleicht. Wir versuchen beide, muß man ein konzeptionelles Modell entwickeln, das für diesen Bedarf geeignet ist. Dazu braucht man das einfachste Modell, mit dem man auskommt, und sollte dabei keine Flexibilität aufnehmen, die man wahrscheinlich nie nutzen wird.

Das einfachste Modell ist jedoch nicht immer das erste, an das man denkt. Eine einfache Lösung zu finden, erfordert eine Menge Zeit und Aufwand, was durchaus frustrierend sein kein. Oft reagieren Leute auf eine einfache Lösung mit »Oh ja, das ist offensichtlich« und denken »Warum hat diese Lösung so lange gedauert?«. Einfache Modelle sind jedoch immer ihren Aufwand wert. Denn sie vereinfachen nicht nur die Erstellung; viel ausschlaggebender ist es, daß sich diese Modelle einfacher pflegen und in der Zukunft einfacher erweitern lassen. Deshalb lohnt es sich sogar, funktionierende Software durch einfachere Software zu ersetzen, die ebenfalls funktioniert.

Wie repräsentiert man ein konzeptionelles Modell? Viele Leute entwickeln das konzeptionelle Modell im Rahmen ihrer Programmiersprache. Der Vorteil der Verwendung einer solchen Sprache besteht in der Möglichkeit, das Modell ausführen zu können, und so dessen Korrektheit zu überprüfen und es weiter zu erforschen. Es handelt sich hierbei um einen nicht geringen Vorteil; ich selbst benutze oft Smalltalk während meiner konzeptionellen Modellierung. Ein weiterer Vorteil liegt darin begründet, daß man letztendlich sein Modell sowieso in eine Programmiersprache überführen muß, was man sich durch die bereits in der Zielsprache durchgeführte Modellierung sparen kann. (Es gibt Werkzeuge, die Analyse- und Entwurfsmodelle interpretieren oder kompilieren können, so daß auf diese Weise die mit der Übersetzung in eine Programmiersprache verbundene Problematik reduziert wird.)

Die Gefahr der Verwendung einer solchen Sprache besteht darin, daß man sich in den Fragen der Verwendung der Sprache verzettelt und das eigentliche Ziel, nämlich das ursprüngliche Modellierungsproblem zu verstehen, aus dem Blickfeld verliert. (Dieses ist jedoch weniger das Problem einer hohen Programmiersprache wie Smalltalk. Ich kenne einige begabte konzeptionelle Modellierer, die diese Sprache verwenden.) Die Modellierung in einer Programmiersprache birgt auch die Gefahr, die Modelle an diese Sprache zu binden. So könnte das Modell Eigenschaften der Sprache nutzen, die in anderen Sprachen nicht vorhanden sind. Dies bedeutet zwar nicht, daß das Modell nicht in eine andere Sprache überführt werden könnte, es kann diesen Prozeß aber auch erschweren.

Um diese Probleme zu vermeiden, setzen viele Leute Analyse- und Entwurfsmethoden für die konzeptionelle Modellierung ein. Durch die Verwendung dieser Techniken wird es leichter, sich auf die konzeptionellen Probleme statt auf solche des Softwareentwurfs zu konzentrieren. Auch sind solche Methoden gegenüber nelles Modell – ein Gedankenmodell, das es ermöglicht, das Problem zu verstehen und zu vereinfachen. Konzeptionelle Modelle (in jedweder Form) sind ein notwendiger Bestandteil der Softwareentwicklung und werden sogar von unbelehrbaren Hackern genutzt. Der Unterschied liegt jedoch darin, ob man die konzeptionelle Modellierung als eigenständigen Prozeß oder als einen Aspekt des gesamten Prozesses der Softwareentwicklung betrachtet.

Es ist wichtig, sich bewußt zu sein, daß ein konzeptionelles Modell ein *durch Menschen erschaffenes Artefakt*[1] ist. So sind die Gesetze der Bewegung, die ein Entwickler zur Realisierung von so etwas wie der Snooker-Simulation benutzt, nicht Bestandteil der realen Welt, sondern sie repräsentieren vielmehr ein Modell der realen Welt, eben ein von Menschen erzeugtes Modell. Sie sind im Entwicklungssinne effektiv, denn sie ermöglichen ein besseres Verständnis dessen, was in der realen Welt passiert. Zudem kann ein Entwickler mehr als ein Modell verwenden; für die Snooker-Simulation kann sowohl das Modell nach Newton oder das nach Einstein verwendet werden. Man könnte nun argumentieren, daß das Modell von Einstein besser geeignet ist, da es die Veränderung der Masse in Abhängigkeit der Laufgeschwindigkeit der Kugel berücksichtigt und somit präziser ist. Trotzdem würde ein Entwickler gewiß das Modell nach Newton bevorzugen, denn die Geschwindigkeit der Kugeln ist so gering, daß sich dadurch ein vernachlässigbar kleiner Unterschied in der Simulation ergibt. Wollte man diesen ausgleichen, würde das zu einer erheblich größeren Komplexität führen. Dies veranschaulicht ein wichtiges Prinzip: Es gibt kein richtiges oder falsches Modell, sondern bloß ein geeigneteres Modell für die aktuelle Aufgabe.

**Modellierungsprinzip**   *Modelle sind nicht richtig oder falsch; sie sind mehr oder weniger geeignet.*

Die Wahl eines Modells beeinflußt die Flexibilität und Möglichkeit zur Wiederverwendung des resultierenden Systems. Man könnte argumentieren, daß der Entwickler das Modell von Einstein verwenden sollte, da die resultierende Software dann flexibel genug ist, um auch Probleme wie die atomare Kollision zu lösen. Dies ist jedoch eine gefährliche Vorgehensweise. Ein System zu flexibel zu gestalten kann es auch zu komplex werden lassen, was dann eine schlechte Entwicklung wäre. Die Entwicklung erfordert einen Kompromiß zwischen den Kosten der Erstellung und der Pflege eines Artefakts und den Merkmalen, die das System erfüllen soll. Um also ein System für einen bestimmten Zweck zu erstellen,

---

1. Ein Artefakt repräsentiert eine Menge von Informationen, die für ein Modell z.B in einem Dokument festgehalten werden. Artefakte können auf einem beliebigen Abstraktionsniveau liegen (Analysemodelle, Quellcode).

# 1 Einleitung

## 1.1 Konzeptionelle Modelle

Die meisten Bücher zur objektorientierten Modellierung befassen sich mit der Analyse und dem Entwurf. Dabei gibt es wenig Übereinstimmung darüber, wo die Grenze zwischen diesen beiden Phasen verläuft. Ein wichtiges Prinzip bei der Entwicklung von Objekten ist, Software so zu gestalten, daß deren Struktur die des Problems widerspiegelt. Daraus folgt, daß die während der Analyse produzierten Modelle denen während des Entwurfs hervorgebrachten bewußt ähneln, was viele Leute glauben läßt, es gäbe zwischen diesen beiden Phasen keine Unterschiede.

Ich denke, daß es immer noch einen Unterschied zwischen Analyse und Entwurf gibt, der aber in zunehmendem Maße stärker von der Betonung abhängt. Während der Analyse versucht man, das Problem zu verstehen. Meiner Meinung nach kann dies nicht ausschließlich darin bestehen, Anforderungen in Form von Anwendungsfällen (engl. *use-cases*) aufzulisten [8]. Denn Anwendungsungsfälle sind zwar ein wertvoller, wenn nicht sogar essentieller Bestandteil der Systementwicklung, jedoch macht ihre Erkennung nicht die Gesamtheit der Analyse aus. Analyse bedeutet demnach auch, daß man ebenso tiefgreifender die Anforderungen untersucht, um ein Gedankenmodell der Vorgänge im Problembereich zu entwikkeln.

Angenommen, man möchte Software zur Simulation eines Snooker-Spiels schreiben. Dieses Problem könnte in Form von Anwendungsfällen, die die Oberflächenmerkmale beschreiben, beurteilt werden: »Der Spieler stößt die weiße Kugel, so daß diese mit einer bestimmten Geschwindigkeit rollt; sie trifft in einem bestimmten Winkel auf die rote Kugel, und die rote Kugel rollt in eine bestimmte Richtung und über eine bestimmte Entfernung.« Man könnte einige hundert solcher Ereignisse aufnehmen und die Geschwindigkeiten der Kugel, die verschiedenen Winkel und die zurückgelegten Entfernungen messen. Um die Arbeit gut zu machen, ist es jedoch notwendig, einen Blick hinter das Oberflächliche zu werfen, um die Gesetze der Bewegung bezüglich Masse, Geschwindigkeit, Impuls und dergleichen zu verstehen. Das Verständnis dieser Gesetze wird es erheblich erleichtern, zu erkennen, wie die Software gebaut werden könnte.

Das Snooker-Problem ist jedoch nicht der Normalfall, da die Gesetze bekannt sind – und das schon seit langem. Bei vielen Unternehmungen sind die entsprechenden Grundlagen jedoch nicht so genau bekannt, und es muß deshalb der Aufwand betrieben werden, diese aufzudecken. Dazu erzeugt man sich ein konzeptio-

versity of Massachusetts, Boston), Patrick D. Logan (Intel Corporation), James Odell, Charles Richter (Objective Engineering, Inc.), Douglas C. Schmidt (Washington University) und Dan Tasker. Ich möchte erwähnen, daß Don Firesmith über die eigentliche Aufgabe hinaus Probleme ausfindig gemacht hat, die noch beseitigt werden mußten.

Da dies mein erstes Buch ist, bin ich besonders allen Leuten bei Addison-Wesley dankbar, die mir während des gesamten Produktionsprozesses geholfen haben. Carter Shanklin organisierte die Angelegenheiten und versammelte ein eindrucksvolles Forum von Kritikern, wobei er durch Angela Buenning unterstützt wurde. Teri Hyde koordinierte die Buchproduktion innerhalb eines äußerst engen Zeitplans, und Barbara Conway glättete meinen Stil und eleminierte rücksichtslos meinen britischen Akzent.

## Literatur

1. J. Martin, J. Odell. *Object-Orientend Methods: A Foundation.* Englewood Cliffs, NJ: Prentice-Hall, 1995.

Brad Kain hat einen großen Einfluß darauf gehabt, daß ich mich mit der Wiederverwendung und Komponenten befaßt habe, und er nahm wichtige Aufgabe auf sich, mir das Nachtleben von Boston zu zeigen.

Das Modell des Gesundheitswesens in Kapitel 4 auf Unternehmensfinanzen anzuwenden war eine Erfahrung für mich, die die Nützlichkeit von Analysemustern über verschiedene Domänen hinweg bewies. Lynne Halpin und Craig Lockwood leiteten das MBFW-Team bei Xerox, und Vivek Salgar setzte unsere konzeptionellen Ideen in die brutale Realität von C++ um.

David Creager, Steve Shephard und ihr Team bei der Citibank arbeiteten mit mir bei der Entwicklung der Modelle zusammen, aus denen ich die Finanz-Muster für Kapitel 9 bis 11 nahm. Sie entwickelten auch viele der architektonischen Ideen aus Kapitel 12 weiter, die aus dem Gesundheitswesen stammten, und brachten mir viel über das tolle Leben in New York bei.

Fred Peel initiierte und unterstütze meine Arbeit bei der Citibank, wenn er mich nicht gerade mit seinem Fahrstil in Angst und Schrecken versetzte. Daniel Poon und Hazim Timimi von Valbecc überführten viele meiner verschwommenen Ideen in detaillierte Spezifikationen.

Die Buchhaltungsmuster in Kapitel 6 durchliefen einen langen Reifeprozeß. Tom Daly, Peter Swettenham, Tom Hadfield und ihre Teams entwickelten Modelle, die Grundlage für die Muster in diesem Buch waren. Rich Garzaniti hat meine Terminologie der Buchhaltung vereinheitlicht. Kent Beck tat viel, um mein Smalltalk zu verbessern.

Kapitel 14 wurde mit Hilfe von James Odell geschrieben.

Ich bin ein ziemlicher Spätstarter in der Mustergemeinde, die ich erst so richtig kennengelernt habe, nachdem das Buch fast schon geschrieben war. Es ist eine sehr offene und freundliche Gruppe, die viel getan hat, um meine Arbeit zu fördern. Kent Beck, Ward Cunningham und Jim Coplien regten mich an, mich an der Gruppe zu beteiligen und meine Ideen als Muster zu entwickeln. Ralph Johnson bot besonders hilfreiche Kommentare für den ersten Entwurf dieses Buches.

Ich habe erstklassige Kommentare von meinen vielen Kritikern erhalten, die ich gerne benennen möchte: Dave Collins, Ward Cunningham (Cunningham & Cunningham, Inc.), Henry A. Etlinger (Abteilung für Computerwissenschaften, RIT), Donald G. Firesmith (Knowledge Systems Corporation), Erich Gamma, Adele Goldberg, Tom Hadfiled (TesserAct Technology), Lynne Halpin (Netscape Communications), Brian Henderson-Sellers, Neil Hunt (Pure Software), Ralph E. Johnson (University of Illinois at Urbana-Champaign), Jean-Pierre Kuilboer (Uni-

Diese Seite ist als Ergänzung zum Buch gedacht; man sollte ein Auge auf sie haben und sie nutzen, um mir mitzuteilen, wie man die Ideen des Buchs verbessern und entwickeln kann.

## Danksagung

Jeder Autor ist vielen anderen, die geholfen haben, zu Dank verpflichtet. Für dieses Buch trifft dies ganz besonders zu, da sehr viele der Muster mit der Hilfe meiner Kunden, Kollegen und Freunde erstellt worden sind. Ich möchte daher folgenden sowohl explizit genannten als auch indirekt beteiligten Personen meinen aufrichtigen Dank aussprechen.

Als erstes gilt mein ganzer Dank vor allem Jim Odell, der meine Karriere erheblich gefördert hat. Er hat mir viel über die Entwicklung von Informationssystemen beigebracht und war eine konstante Quelle für Inspirationen, hilfreiche Hinweise und seltsamen Humor. Ich kann mit Sicherheit sagen, daß dieses Buch ohne seine Hilfe nicht zustandegekommen wäre.

Das Team von Coopers & Lybrand in London half mir bei den frühen Phasen der Arbeit und hat viele Abende mit mir im Smithfield's verbracht.

John Edwards formte viele meiner frühen Ideen über konzeptionelle Modellierung und ihre Bedeutung in der Softwareentwicklung, genauso wie er mich auf viele interessante Ideen aufmerksam machte, die von Christopher Alexander mit eingeschlossen.

John Hope drängte mich dazu, zuerst über die Domäne und erst dann über Technologie nachzudenken, und er sprach an einigen Schlüsselpunkten meiner Kariere hilfreiche Zaubersprüche.

Tom Cairns und Mark Thursz, Ärzte am St. Mary's Hospital in London, arbeiteten mit mir an der Entwicklung am Modell des Gesundheitswesens, das die Basis für die Kapitel 2, 3 und 8 bildet. Sie sind der Beweis, daß ein Computerhintergrund nicht notwendig ist, um ein erstklassiger konzeptioneller Modellierer zu sein. Mark war auch eine bereitwillige Quelle für Beispiele aus dem Gesundheitswesen mit imposant klingender medizinischer Terminologie.

Das Gesundheitswesen-Projekt schloß auch viele Personen aus dem Bereich Software und Gesundheitswesen mit ein, die vom St. Mary's, dem Kinderkankenhaus, dem St. Thomas' Hospital und der Universität von Wales stammen. Anne Casey, eine Krankenschwester am St. Mary's, und Hazim Timimi, ein Analyst, halfen mit, das endgültige Cosmos-Modell zusammenzufügen. Gerry Gold initiierte diese Arbeit und sorgte dafür, daß es stets weiterging.

Ich habe mit diesem Buch nicht auf *Studenten* abgezielt, sondern es vielmehr für professionelle Softwareingenieure geschrieben. Ich hoffe jedoch, daß einige Studenten trotzdem einen Blick hineinwerfen werden. Als ich Analyse und Entwurf gelernt habe, fand ich es schwer, denn es gab nur einige wenige gute Beispiele – Beispiele, die von außerhalb der Universität stammten –, von denen ich lernen konnte. Genauso wie sich beim Studium guten Codes viel über Programmierung lernen läßt, kann das Studium guter Modelle eine Menge über Analyse und Entwurf lehren.

## Ein lebendes Buch

Jeder Autor, den ich kenne, teilt die gleiche Frustration: Ist ein Buch einmal geschrieben, kann er es nicht mehr ändern. Das Buch verteilt seine Ratschläge in der Gemeinschaft, aber dem Autor bleibt kaum eine Möglichkeit, Änderungen am Buch mitzuteilen. Ich weiß, daß ich noch viel dazulernen werde und daß dieses Lernen meine Ideen verändern wird. Ich möchte, daß diese Änderungen auch an die Leser weitergegeben werden.

Mit diesem Buch wird Addison-Wesley eine Webseite bereitstellen <http://www.aw.com/cp/fowler.html>[1], die die ich dazu benutzen werde, weiteres Material zu veröffentlichen, um dieses Buch am Leben zu erhalten. Derzeit bin ich noch nicht sicher, was diese Seite enthalten wird, jedoch erwarte ich das folgende:

- All die neuen Dinge, die ich über die Muster in diesem Buch lerne
- Antworten auf Fragen zu diesem Buch
- Nützliche Kommentare von anderen zu den Mustern
- Neue Analysemuster von mir und anderen
- Wenn die Unified Modeling Notation erscheint (wie auch immer sie dann genannt wird), dann werde ich alle Diagramme in diesem Buch in der neuen Notation zeichnen und auf der Seite ablegen.[2]

---

1. Anm. d. Übers.: Leider existiert diese URL nicht mehr! Wir möchten Sie daher auf die Homepage des Autors <http://ourworld.compuserve.com/homepages/Martin_Fowler/> verweisen.
2. Anm. d. Übers.: Aktuelle Informationen über den Stand von UML findet man unter <http://www.rational.com/uml/index.shtml>.

Ein kleiner, aber sehr wichtiger Teil der Leserschaft besteht aus den Leuten, die als *Domänenexperten für ein Modellierungsprojekt* fungieren. Solche Leser benötigen kein Wissen über Computer, müssen aber doch einiges über konzeptionelle Modellierung wissen. Einer der Hauptgründe, weshalb ich in diesem Buch konzeptionelle Modelle verwende, besteht darin, es diesen Lesern einfacher zu machen. Das Modellierungsprojekt kann eines für Computersysteme sein oder eines für die Geschäftsprozeßmodellierung. Ich habe vielen solcher Experten (Ärzte, Banker, Buchhalter, Krankenschwestern und leitende Angestellte eingeschlossen) diese Art der Modellierung beigebracht, und es scheint mir, daß ein Softwarehintergrund weder ein Vorteil noch ein Nachteil für die konzeptionelle Modellierung ist. Die Muster von Geschäftsmodellen befassen sich genauso intensiv mit Geschäftsmodellierung wie mit der Analyse von Computersystemen (siehe Kapitel 1.4). Jeder dieser Leser ohne Vorwissen sollte einen Kurs für OO-Analyse belegen, der den konzeptionellen Aspekt betont. (Odells Buch [1] ist dabei besonders hilfreich.)

Ich hoffe, daß sich viele *Programmierer* mit dem Inhalt dieses Buchs beschäftigen, auch wenn einige Anstoß am mangelnden Code und der konzeptionellen Tendenz nehmen dürften. Diesen Lesern schlage ich vor, besonders Kapitel 14 zu beachten, das den Zusammenhang zwischen konzeptionellen Modellen und der daraus resultierenden Software erklären sollte.

Dies ist ein objektorientiertes Buch, und ich möchte ohne Umschweife erklären, daß meiner Meinung nach der objektorientierte Ansatz der beste Weg zum Entwurf von Software ist. Jedoch sind diese Modelle primär konzeptionelle Modelle, und *Datenmodellierer* haben eine lange Tradition in der Verwendung konzeptioneller (logischer) Modelle. So sollten Datenmodellierer viele der Modelle als nützlich empfinden, besonders wenn sie erweiterte semantische Techniken verwenden. Die objektorientierten Charakteristika der Modelle werden viele Unterschiede zwischen dem objektorientierten und dem traditionellen Ansatz zum Vorschein bringen. Ich möchte solche Leser dazu ermutigen, dieses Buch zusammen mit einem OO-Analysebuch zu verwenden, das die konzeptionelle Seite der Modellierung und die Verbindungen zwischen objektorientierter und semantischer Datenmodellierung betont.

*Manager* werden dieses Buch als Ausgangspunkt für Entwicklungsaktivitäten nützlich finden. Wenn man mit einem Muster beginnt, lassen sich die Ziele oft deutlicher definieren, und die Projektplanung kann sich die allgemeinen Charakteristika eines Musters zunutze machen.

Dieses Buch ist somit eher ein Katalog als ein Buch, das man von der ersten bis zur letzten Seite lesen sollte. Ich habe versucht, das Buch so zu schreiben, daß jedes Kapitel unabhängig von den anderen gelesen werden kann. (Das ist jedoch nicht immer möglich. Immer dann, wenn ein Kapitel die vorherige Lektüre eines anderen Kapitels erfordert, wird dies in der Kapiteleinleitung erwähnt.) Jedes Kapitel hat eine Einleitung, die das allgemeine Fachgebiet des Kapitels erläutert, die Muster des Kapitels zusammenfaßt und die Projekte erwähnt, aus denen die Muster ursprünglich stammen.

## Wie dieses Buch gelesen werden sollte

Ich schlage vor, das gesamte erste Kapitel und anschließend alle Kapiteleinleitungen zu lesen. Anschließend können Sie sich Ihren Lieblingskapiteln in einer beliebigen Reihenfolge widmen. Wenn Sie mit dem Ansatz, den ich zur Modellierung verwende, oder den Begriffen der Notation oder den Konzepten nicht vertraut sind, dann sollten Sie den Anhang lesen. Die Auflistung der Muster faßt kurz zusammen, womit sich jedes Muster beschäftigt, so daß sie Ihnen helfen kann, ein Muster zu finden, wenn Sie später wieder einmal in diesem Buch lesen. Es ist wichtig, sich darüber im klaren zu sein, daß jedes Muster in diesem Buch auch außerhalb seiner ursprünglichen Domäne verwendbar ist. Ich lade Sie daher ein, auch in die Kapitel zu schauen, von denen Sie annehmen, sie lägen außerhalb Ihres Interessenbereichs. Ich fand z. B., daß die für das Gesundheitswesen entworfenen Modelle, die sich mit Wahrnehmung und Messung befassen, für die Analyse von Unternehmensfinanzen ebenfalls nützlich sind.

## Wer sollte dieses Buch lesen

Dieses Buch kann für eine ganze Reihe von Lesern interessant sein, auch wenn unterschiedliche Leser unterschiedliche Dinge aus ihm lernen werden und demnach unterschiedliche Vorbereitung benötigen.

Ich erwarte, daß die meisten meiner Leser Analytiker und Designer von objektorientierten (OO-) Computersystemen sind, insbesondere solche, die am Ende der Analysekette tätig sind. Solche Leser sollten bereits über einige Kenntnisse in OO-Analyse und -Entwurf verfügen. Dies Buch bietet keine Einleitung zu diesem Thema, so daß ich vorschlage, zuerst ein Buch über OO-Analyse und -Entwurf zu lesen, wenn Sie sich neu mit diesem Thema beschäftigen. Ich muß betonen, daß die Muster in diesem Buch konzeptioneller Natur sind und ich einen sehr konzeptionellen Ansatz der Modellierung verwende. Dies führt zu einigen stilistischen Unterschieden zu den Texten, die einen stärker implementationsbasierten Ansatz zur Modellierung verwenden.

# Struktur dieses Buches

Dieses Buch ist in zwei Teile unterteilt. Der erste Teil deckt Analysemuster ab, die Muster konzeptioneller Geschäftsmodelle darstellen. Sie bieten Schlüsselabstraktionen von Domänen wie Handel, Messung, Buchhaltung und organisatorischen Beziehungen. Diese Muster sind konzeptionell, denn sie repräsentieren eher die Art, wie Leute über die Geschäftswelt denken, als die Möglichkeiten, wie ein Computersystem entworfen sein kann. Die Kapitel in diesem Abschnitt betonen alternative Muster, die verwendet werden können, sowie die Stärken und Schwächen solcher Alternativen. Auch wenn jedes Muster natürlich für Personen nützlich ist, die in der gleichen Domäne arbeiten, so sind die grundlegenden Muster oft auch in anderen Bereichen verwendbar.

Der zweite Teil konzentriert sich auf Unterstützungsmuster, die bei der Verwendung der Analysemuster hilfreich sind. Unterstützungsmuster zeigen, wie Analysemuster in die Architektur eines Informationssystems passen, wie Konstrukte konzeptioneller Modelle in Softwareschnittstellen und Implementierungen überführt werden und wie erweiterte Modellierungskonstrukte mit einfacheren Strukturen zusammenhängen.

Zur Beschreibung dieser Muster benötige ich eine Notation. Der Anhang enthält eine kurze Zusammenfassung der Notation, die ich verwende, und beschreibt die Bedeutung der Symbole. Ich ziehe es vor, keine einzelne Methode zu verwenden, sondern mische vielmehr Techniken aus verschiedenen Methoden. Der Anhang ist jedoch nicht als Einführung in die Techniken entworfen, sondern soll einen groben Überblick bieten und das Gedächtnis auffrischen. Zudem enthält der Anhang Angaben darüber, wo einführende Texte zu den von mir verwendeten Techniken gefunden werden können.

Jeder der beiden Abschnitte ist in Kapitel unterteilt. Jedes Kapitel über Analysemuster enthält Muster, die lose durch einen gemeinsamen Aufgabenbereich miteinander verbunden sind. Diese Organisation spiegelt die Tatsache wider, daß jedes Muster aus einem praktischen Kontext stammen muß. Jedes Muster taucht in einem eigenen Unterabschnitt des Kapitels auf. Ich benutze keine der formalen Überschriften für Muster, die von einigen Musterautoren verwendet werden (siehe Kapitel 1.2.2). Ich beschreibe jedes Muster in einer Form, die möglichst nahe an der ursprünglichen Projektform ist, solange dies vernünftig ist, und verwende dabei ein Minimum an Abstraktion. Ich habe Beispiele hinzugefügt, um die Verwendung des Musters in seinem ursprünglichen Bereich zu zeigen und um Vorschläge zu machen, wie man Muster in anderen Domänen verwenden kann. Eine der größten Schwierigkeiten bei Mustern besteht darin, sie für andere Bereiche zu abstrahieren; ich folge hier dem Prinzip, dies dem Leser zu überlassen (siehe Kapitel 1.2.3).

Dieses Buch beschäftigt sich mit Mustern in der Analyse, also mit Mustern, die eher die konzeptionellen Strukturen von Geschäftsprozessen als tatsächliche Softwareimplementierungen widerspiegeln. Die meisten Kapitel betrachten Muster verschiedener Geschäftsdomänen. Solche Muster lassen sich nur schwer nach traditionellen vertikalen Bereichen (Produktion, Finanzwesen, Gesundheitswesen und dergleichen) klassifizieren, da sie häufig in mehreren Bereichen nützlich sind. Diese Muster sind wichtig, da sie Ihnen verstehen helfen, wie Leute die Welt wahrnehmen. Es ist nützlich, den Entwurf eines Computersystems auf diesen Wahrnehmungen basieren zu lassen, um dann genau diese Wahrnehmung zu verändern – und das ist genau die Stelle, an der Geschäftsmodellierung (engl. *business process reengineering*) ins Spiel kommt.

Konzeptionelle Muster können jedoch nicht isoliert existieren. So sind konzeptionelle Modelle nur dann für Softwareingenieure nützlich, wenn diese sehen können, wie man die Modelle implementieren kann. In diesem Buch präsentiere ich Muster, die genutzt werden können, um konzeptionelle Modelle in Software umzusetzen, und ich erkläre, wie diese Software in die Architektur eines großen Informationssystems paßt. Ich weise dabei auch auf spezifische Implementierungstips für Muster hin.

Ich habe dieses Buch geschrieben, da es das Buch war, das ich lesen wollte, als ich angefangen habe, mich mit diesem Thema zu beschäftigen. Modellierer werden in diesem Buch Ideen finden, die ihnen helfen sollten, sich in anderen Domänen einzuarbeiten. Die Muster enthalten nützliche Modelle, Argumentationsgänge, die den Entwürfen der Modelle zugrundeliegen, und die Angabe, wann sie angewendet werden sollten und wann nicht. Mit diesen Informationen kann ein Modellierer die Muster bearbeiten, um sie einem spezifischen Problem anzupassen.

Die Muster in diesem Buch können auch zur Prüfung von Modellen verwendet werden – um herauszufinden, was noch weggelassen werden kann, und um einige Alternativen vorzuschlagen, die zu Verbesserungen führen könnten. Wenn ich ein Projekt prüfe, vergleiche ich normalerweise das, was ich sehe, mit den Mustern, die ich mir in vorherigen Arbeiten angeeignet habe. Ich habe herausgefunden, daß die bewußte Nutzung von Mustern in meiner Arbeit mir dabei hilft, meine Erfahrungen einfacher anzuwenden. Muster wie diese führen zu Modellierungsfragen, die über das hinausgehen, was durch ein einfaches Lehrbuch abgedeckt werden kann. Durch die Diskussion über die Frage, warum man etwas genau so modelliert, wie man es tut, gewinnt man ein besseres Verständnis dafür, wie man seine Modellierung noch verbessern kann, auch wenn man diese Muster nicht direkt nutzt.

# Vorwort

Es ist noch nicht lange her, daß es noch keine Bücher über objektorientierte Analyse und Entwurf gab. Jetzt gibt es bereits so viele, daß es für jemanden in der Praxis unmöglich ist, sich mit allen zu befassen. Die meisten dieser Bücher konzentrieren sich darauf, eine Notation zu lehren, einen einfachen Prozeß für die Modellierung vorzuschlagen und dies mit ein paar einfachen Beispielen zu illustrieren. *Analysemuster: Wiederverwendbare Objektmodelle* ist in seiner Art anders. Anstatt sich auf einen Prozeß zu konzentrieren – *wie* man modelliert – stellt es die Ergebnisse dieses Prozesses – also die Modelle *selbst* – in den Mittelpunkt.

Ich bin Berater im Bereich Objektmodellierung für Informationssysteme. Kunden bitten mich, Personal in der Modellierung zu schulen und Projekten als Mentor zur Seite zu stehen. Ein Großteil meiner Fähigkeiten entstammt meinem Wissen über Modellierungsmethoden und deren Anwendung. Viel wichtiger ist jedoch meine Erfahrung im tatsächlichen Erstellen zahlreicher Modelle und die Erkenntnis, daß sich Probleme wiederholen. Diese Erfahrung erlaubt es mir, Modelle, die ich zuvor erstellt habe, wiederzuverwenden, zu verbessern und sie neuen Domänen anzupassen.

Im Verlauf der letzen Jahre sind sich mehr und mehr Leute dieses Phänomens bewußt geworden. Man hat eingesehen, daß die typischen Methodenbücher, die durchaus ihren Wert haben, nur den ersten Schritt eines Lernprozesses repräsentieren, der auch die aktuell zu erstellenden Dinge erfassen muß. Diese Erkenntnis findet ihren Ausdruck in der *Muster*-Bewegung. Dies ist eine heterogene Gruppe von Leuten, die viele verschiedene Interessen und Meinungen vertritt, aber das gemeinsame Ziel der Verteilung nützlicher Muster von Softwaresystemen verfolgt.

Eine Folge der Vielfalt dieser Mustergemeinde ist, daß es Schwierigkeiten bei der Definition des Begriffs *Muster* gegeben hat. Man denkt, man kann ein Muster erkennen, wenn man es sieht, man denkt, daß die meisten von uns in den meisten Fällen dem zustimmen, aber man kann keine endgültige Definition vorweisen. Meine Definition lautet wie folgt: *Ein Muster ist eine Idee, die in einem praktischen Kontext hilfreich war und dies wahrscheinlich auch in anderen sein könnte.*

Ich möchte die Definition ziemlich ungenau lassen, da ich so nahe wie möglich an der zugrundeliegenden Motivation von Mustern bleiben möchte, ohne zu viele einschränkende Zusätze hinzuzufügen. Ein Muster kann viele Formen haben, und jede Form fügt Spezialisierungen hinzu, die gerade für diese Art von Muster nützlich sind. (Kapitel 1.2 erörtert die derzeitige Welt der Muster und überlegt, wo dieses Buch hineinpaßt.)

Zudem schreibt Martin in einem persönlichen Stil, der seine Gedanken und Beurteilungen wiedergibt. Wir fühlen seinen Respekt für seine Kunden und Kollegen, von denen, wie er selbst zugibt, die meisten Einsichten stammen. Wir beobachten ihn dabei, wir er Abstand zu den Launen der Implementierung hält und dennoch die Möglichkeit zur Implementierung bewahrt – wahrlich ein Drahtseilakt, der sich jeglicher Erklärung entzieht. Während wir in das Gehirn eines erfahrenen Systemanalytikers schauen, bekommen wir eine Lehrstunde in dem Wie-fange-ich-das-an? der Analyse, die unseren eigenen Erfahrungsschatz bereichert.

*Ward Cunningham*

*Cunningham & Cunningham, Inc.*

# Grußwort

Wenn ich mir ein Projekt der Softwareentwicklung anschaue, suche ich nach Erfahrung. Hat das Entwicklungsteam genug Erfahrung aus relevanten Arbeiten gewonnen? Können die Mitglieder ihre Erfahrungen in die Objekte, die sie bauen, einbringen? Unglücklicherweise muß man diese Frage oft verneinen.

Eine wachsende Anzahl von Mitgliedern unserer objektorientierten Gemeinschaft hat den Eindruck, daß wir unsere gemeinschaftliche Aufmerksamkeit für einige Zeit nicht auf die richtigen Dinge gelenkt haben. Denn wir müssen nicht länger Werkzeuge, Techniken, Notationen oder sogar Codes in das Zentrum unserer Aufmerksamkeit rücken, wenn wir bereits die Maschinerie für den Bau großartiger Programme zur Hand haben. Wenn wir versagen, dann nur, weil es uns an Erfahrung mangelt.

Martin Fowler hat nun einen Weg gefunden, uns das zu geben, was wir benötigen: Erfahrung in Buchform.

Er hat für Domänenobjekte das geleistet, was Eric Gamma et. al. für Implementationsobjekte in dem grundlegenden Werk *Entwurfsmuster: Elemente wiederverwendbarer objektorientierter Software* geleistet haben. Martin benutzt die bekannte Terminologie unserer im Entstehen begriffenen Gemeinschaft, jedoch in einer anderen Art und Weise. So benutzt er z.B. das Wort *Muster* nicht, weil er Gammas Buch (oder irgendeinen der anderen Titel, die nur so über den Markt hereinbrechen) kopiert oder erweitert. Er nennt seine schriftliche Form der Erfahrung *Muster*, weil sie genau das sind. In seiner Arbeit als Berater in Objektmodellierungssystemen hat er wiederholt Lösungen für immer wieder auftretende Probleme gefunden und im Laufe dieses Prozesses die Muster-Form entdeckt.

Martin Fowler hätte leicht ein Buch über objektorientierte Analyse schreiben können. Glücklicherweise hat er eben dies nicht getan. Statt dessen haben wir nun ein Buch vor uns, das die Ergebnisse der Analyse katalogisiert. Jedes Kapitel berichtet über die Ergebnisse, die er und seine Kollegen bei ihren analytischen Bemühungen erreichten, und die in alltäglichen Geschäftsproblemen zur Anwendung gelangten. Die angesprochenen Domänen reichen von medizinischen Daten bis hin zum Handel mit Finanzderivaten, mit einigen Zwischenstationen. Welche Kapitel gehen Sie etwas an? Erstaunlicherweise kann man das von allen behaupten. Martin bindet jedes Problem in seinen Kontext ein und bietet dann eine Lösung für diesen Kontext. Sie werden in jedem Kontext Ihnen bekannte Aspekte entdecken. Sie werden die Probleme wiedererkennen. Sie werden die Ergebnisse zu schätzen wissen. Und da ist sie also schließlich: Die Erfahrung.

Sie sofort anwenden können. Suchen Sie nach den Kapiteln, die das Problem betreffen, an dem Sie gerade arbeiten, und Sie werden zahlreiche Ideen finden, die Ihnen dabei helfen. Sie können das Buch auch Kapitel für Kapitel lesen, und jedes Kapitel wird Ihnen neue Ideen vermitteln.

Um den größten Nutzen aus diesem Buch zu ziehen, sollten Sie zwei Dinge wissen. Zum einen sind viele der Muster wesentlich mächtiger, als sie auf den ersten Blick scheinen. Muster wie Verantwortlichkeit können in nahezu jedem Projekt angewendet werden. Lesen Sie also nicht nur die Kapitel, die Ihr Projekt direkt betreffen, sondern lernen Sie so viele Muster wie eben möglich, und wenden Sie sie an, um zu sehen, ob sie zutreffen. Zum zweiten sollten Sie sicherstellen, daß auch Ihre Mitarbeiter mit dem Buch vertraut sind. Einer der Hauptvorteile von Mustern besteht darin, daß sie uns bei der Kommunikation helfen können. Sie werden feststellen, daß Ihre Teamtreffen wesentlich glatter ablaufen, wenn sie alle ein gemeinsames Vokabular zur Verfügung haben. Dieses Buch ermöglicht eine größere Konsistenz in der Dokumentation und erleichtert ihr Verständnis. Außerdem macht es aus ihren Mitarbeitern bessere Analytiker, und es macht doch wirklich mehr Spaß, mit Leuten zu arbeiten, die ihre Arbeit gut beherrschen!

*Ralph Johnson*

# Grußwort

Als die »Gang of Four« *Entwurfsmuster* schrieb, wußten wir, daß es noch viele andere Softwaremuster außer den objektorientierten Entwurfsmustern gab. Zu dem Zeitpunkt, als wir mit dem Buch fertig waren, gab es bereits verteilte Programmierungsmuster, Benutzerschnittstellenmuster und sogar Muster zur Organisation von Softwareentwicklungsgruppen. Dennoch hatten wir noch keine Muster gesehen, bei denen es sich ganz deutlich um objektorientierte Analysemuster handelte. Die Muster von Peter Coad kamen dem recht nahe, aber sie ähnelten doch unseren Mustern, und wir hatten den Eindruck, daß sich reine Analysemuster wesentlich stärker unterscheiden sollten.

Ich fand schließlich das, wonach ich suchte, als ich einen Entwurf von Martin Fowlers Buch *Analysemuster* las. Seine Muster enthalten eine Menge Domänenwissen[1], können aber dennoch in allen Bereichen der Geschäftssoftware angewendet werden. Wie die Designmuster sind sie abstrakt genug, um Ihrer Software den steinigen Weg durch die sich ständig ändernden Anforderungen zu erleichtern, aber gleichzeitig konkret genug, um verständlich zu sein. Sie sind nicht unbedingt die offensichtlichsten Lösungen der Modellierungsprobleme, dennoch scheinen sie mir glaubhaft. Ich habe bereits zuvor viele Lösungen gesehen, und sie haben funktioniert.

Ich bin eher ein Designer als ein Modellierer und ich habe sicherlich kaum Erfahrung in den meisten Domänen, in denen Martin Fowler arbeitet. Obwohl ich spürte, daß die Muster gut waren, konnte ich meinen Gefühlen nicht unbedingt trauen. Seitdem ich das Buch gelesen habe, habe ich zahlreiche Muster in Projekten ausprobiert und sie in der Lehre benutzt. Sie funktionieren! Mein Vertrauen in die Muster ist noch weiter gewachsen, als ich über David Hays Buch *Data Model Patterns: Conventions of Thought* stolperte und erkannte, daß sie beide trotz ihres unterschiedlichen Hintergrunds und des verschiedenartigen Vokabulars ähnliche Muster entdeckten. Muster sollen die Realität beschreiben, und Martin Fowler beschreibt die Muster objektorientierter Modelle der Geschäftssoftware äußerst genau. Sie können den Mustern, die er beschreibt, wirklich vertrauen.

Dies ist kein Buch über Prinzipien, die Sie lernen müssen, bevor es Ihnen helfen kann, obwohl Martin tatsächlich viele Modellierungsprinzipien beschreibt. Es ist auch kein Buch, das Sie ganz lesen und durcharbeiten müssen, bevor Sie irgendeinen Nutzen daraus ziehen können. Es ist ein Buch voller nützlicher Muster, die

---

1. Domäne bezeichnet in der Informatik ein Fachgebiet

# Anhang     339

## A    Techniken und Notationen     341

| | | |
|---|---|---:|
| A.1 | Typendiagramme | 341 |
| A.1.1 | Typ und Klasse | 342 |
| A.1.2 | Assoziationen, Attribute und Aggregation | 344 |
| A.1.3 | Generalisierung | 347 |
| A.1.4 | Regeln und semantische Anweisungen | 350 |
| A.1.5 | Grundlegende Typen | 352 |
| A.2 | Interaktionsdiagramme | 354 |
| A.3 | Ereignisdiagramme | 355 |
| A.4 | Zustandsdiagramme | 357 |
| A.5 | Paketdiagramme | 358 |
| | Literatur | 360 |

## B    Mustertabelle     361

## Stichwortverzeichnis     373

| | | |
|---|---|---|
| 14.1.8 | Vergleich der bidirektionalen Implementierungen | 305 |
| 14.1.9 | Abgeleitete Abbildungen | 305 |
| 14.1.10 | Abbildungen, die nicht mengenartig sind | 305 |
| 14.2 | Implementierung der Generalisierung | 305 |
| 14.2.1 | Implementierung durch Vererbung | 306 |
| 14.2.2 | Implementierung durch Kombinationsklassen der Mehrfachvererbung | 306 |
| 14.2.3 | Implementierung durch Markierungen | 307 |
| 14.2.4 | Implementierung durch Delegation an eine verborgene Klasse | 308 |
| 14.2.5 | Implementierung durch Erzeugung eines Ersatzes | 311 |
| 14.2.6 | Schnittstelle für die Generalisierung | 311 |
| 14.2.7 | Implementierung der hatTyp-Operation | 314 |
| 14.3 | Objekterzeugung | 314 |
| 14.3.1 | Schnittstellen für die Erzeugung | 314 |
| 14.3.2 | Implementierung für die Erzeugung | 315 |
| 14.4 | Vollständige Löschung von Objekten | 315 |
| 14.4.1 | Schnittstelle für die vollständige Löschung | 316 |
| 14.4.2 | Implementierung für die vollständige Löschung | 317 |
| 14.5 | Einstiegspunkt | 317 |
| 14.5.1 | Schnittstelle zum Auffinden von Objekten | 319 |
| 14.5.2 | Implementierung von »Finde«-Operationen | 320 |
| 14.5.3 | Verwendung von Klassen oder Protokollanten-Objekten | 320 |
| 14.6 | Implementierung von Bedingungen | 321 |
| 14.7 | Entwurfsschablonen für andere Techniken | 322 |
| | Literatur | 322 |

**15 Assoziationsmuster** — **325**

| | | |
|---|---|---|
| 15.1 | Assoziative Typen | 326 |
| 15.2 | Schlüsselbasierte Abbildungen | 329 |
| 15.3 | Abbildung des Verlaufs | 332 |
| 15.3.1 | Zweidimensionaler Verlauf | 335 |
| | Literatur | 336 |

**Nachwort** — **337**

Literatur — 338

## Teil 2  Unterstützungsmuster  255

### 12  Schichtenbasierte Architekturen für Informationssysteme  257

    12.1    Zwei-Schichten-Architektur  258

    12.2    Drei-Schichten-Architektur  260

    12.2.1  Die Plazierung der Domänenschicht  262

    12.3    Präsentations- und Anwendungslogik  264

    12.3.1  Vorteile der Spaltung von Präsentations- und Anwendungslogik  269

    12.3.2  Dehnen von Fassaden in Client/Server-Umgebungen  270

    12.4    Datenbankinteraktion  272

    12.4.1  Verbindung der Domänenschicht zu den Datenquellen  272

    12.4.2  Datenbankschnittstellen-Schicht  273

    12.5    Abschließende Gedanken  276

             Literatur  277

### 13  Anwendungsfassaden  279

    13.1    Ein Beispiel aus dem Gesundheitswesen  280

    13.2    Inhalt einer Fassade  281

    13.2.1  Methodentypen  283

    13.2.2  Beispielmethoden  285

    13.3    Gemeinsame Methoden  285

    13.4    Operationen  287

    13.5    Typumwandlungen  288

    13.6    Mehrfache Fassaden  290

             Literatur  292

### 14  Muster für Entwurfsschablonen des Typenmodells  293

    14.1    Implementierung von Assoziationen  296

    14.1.1  Bidirektionale und unidirektionale Abbildungen  297

    14.1.2  Schnittstelle für Assoziationen  298

    14.1.3  Grundlegende Typen  300

    14.1.4  Implementierung einer unidirektionalen Assoziation  301

    14.1.5  Bidirektionale Implementierung durch Zeiger in beide Richtungen  301

    14.1.6  Bidirektionale Implementierung für Zeiger in eine Richtung  303

    14.1.7  Bidirektionale Implementierung durch Assoziationsobjekte  304

| | | |
|---|---|---|
| **9** | **Handel** | **189** |
| 9.1 | Vertrag | 190 |
| 9.2 | Portfolio | 194 |
| 9.3 | Notierung | 200 |
| 9.4 | Szenario | 204 |
| 9.4.1 | Wie erstellt man ein Szenario? | 207 |
| | Literatur | 212 |
| **10** | **Derivative Verträge** | **213** |
| 10.1 | Terminkontrakte | 214 |
| 10.2 | Optionen | 216 |
| 10.2.1 | Langläufer, Kurzläufer, Ankaufsoptionen und Verkaufsoptionen: Darstellung eines schwierigen Vokabulars | 218 |
| 10.2.2 | Soll man einen Untertyp bilden oder nicht? | 220 |
| 10.3 | Produkt | 222 |
| 10.3.1 | Sollte ein Produkt immer greifbar sein? | 227 |
| 10.4 | Zustandsmaschinen für Untertypen | 228 |
| 10.4.1 | Wie stellt man die Übereinstimmung von Zustandsdiagrammen sicher? | 228 |
| 10.4.2 | Probleme, die bei der Benutzung von Übereinstimmung auftreten können | 232 |
| 10.5 | Parallele Anwendungs- und Domänenhierarchien | 234 |
| 10.5.1 | Typenüberprüfung in der Anwendungsfassade | 235 |
| 10.5.2 | Ausstattung des Obertyps mit einer umfassenden Schnittstelle | 236 |
| 10.5.3 | Die Nutzung eines Laufzeitattributs | 237 |
| 10.5.4 | Die Anwendungsfassade für das Domänenmodell sichtbarmachen | 239 |
| 10.5.5 | Ausnahmebehandlung | 241 |
| | Literatur | 241 |
| **11** | **Handelspakete** | **243** |
| 11.1 | Mehrere Zugriffsebenen auf ein Paket | 244 |
| 11.2 | Gegenseitige Sichtbarkeit | 248 |
| 11.3 | Bildung von Untertypen für Pakete | 251 |
| 11.4 | Abschließende Gedanken | 252 |
| | Literatur | 254 |

|     |       |                                              |     |
| --- | ----- | -------------------------------------------- | --- |
|     | 6.12  | Bilanz und Gewinn- und Verlustrechnung       | 135 |
|     | 6.13  | Korrespondierendes Konto                     | 136 |
|     | 6.14  | Spezialisiertes Kontenmodell                 | 138 |
|     | 6.15  | Positionen auf mehrere Konten buchen         | 139 |
|     | 6.15.1 | Verwendung von Memopositionen               | 141 |
|     | 6.15.2 | Abgeleitete Konten                          | 142 |
|     |       | Literaturhinweise                            | 144 |
|     |       | Literatur                                    | 144 |
| **7** | **Verwendung der Buchführungsmodelle** |                    | **145** |
|     | 7.1   | Strukturelle Modelle                         | 147 |
|     | 7.2   | Implementieren der Struktur                  | 148 |
|     | 7.3   | Einrichten neuer Telefondienste              | 150 |
|     | 7.4   | Einrichten der Anrufe                        | 154 |
|     | 7.5   | Kontenbasiertes Feuern implementieren        | 155 |
|     | 7.6   | Trennung der Anrufe in Tag und Abend         | 156 |
|     | 7.7   | Zeit in Rechnung stellen                     | 159 |
|     | 7.8   | Berechnung der Steuern                       | 162 |
|     | 7.9   | Abschließende Bemerkungen                    | 163 |
|     | 7.9.1 | Die Struktur der Transferregeln              | 164 |
|     | 7.9.2 | Wann man das Framework nicht verwenden sollte | 165 |
|     | 7.9.3 | Diagramme zur Buchführungspraxis             | 166 |
|     |       | Literatur                                    | 167 |
| **8** | **Planen** |                                         | **169** |
|     | 8.1   | Vorgeschlagene und implementierte Aktion     | 170 |
|     | 8.2   | Vollständige und abgebrochene Aktionen       | 172 |
|     | 8.3   | Aussetzung                                   | 174 |
|     | 8.4   | Pläne                                        | 175 |
|     | 8.5   | Protokolle                                   | 178 |
|     | 8.5.1 | Pläne und Protokolle als Graphen             | 180 |
|     | 8.6   | Zuteilung von Ressourcen                     | 181 |
|     | 8.7   | Ergebnis- und Startfunktionen                | 186 |
|     |       | Literatur                                    | 188 |

| | | | |
|---|---|---|---|
| | 5.3 | Objektverschmelzung | 98 |
| | 5.3.1 | Kopieren und Ersetzen | 99 |
| | 5.3.2 | Ablösung | 99 |
| | 5.3.3 | Wesen/Erscheinung | 100 |
| | 5.4 | Objektäquivalenz | 101 |
| | | Literatur | 102 |
| **6** | **Inventar und Rechnungswesen** | | **103** |
| | 6.1 | Konto | 105 |
| | 6.2 | Transaktionen | 107 |
| | 6.2.1 | Mehrgliedrige Transaktionen | 108 |
| | 6.3 | Sammelkonto | 110 |
| | 6.4 | Memokonto | 112 |
| | 6.5 | Transferregeln | 113 |
| | 6.5.1 | Umkehrbarkeit | 115 |
| | 6.5.2 | Aufgabe von Transaktionen | 115 |
| | 6.6 | Individuelle Instanzmethode | 115 |
| | 6.6.1 | Implementierung mit einer Singletonklasse | 116 |
| | 6.6.2 | Implementierung mit dem Strategiemuster | 117 |
| | 6.6.3 | Implementierung mit einer internen case-Anweisung | 118 |
| | 6.6.4 | Implementierung mit einer parametrisierten Methode | 119 |
| | 6.6.5 | Implementierung mit einem Interpreter | 120 |
| | 6.6.6 | Auswahl einer Implementierung | 120 |
| | 6.7 | Ausführung der Transferregel | 121 |
| | 6.7.1 | Promptes Feuern | 122 |
| | 6.7.2 | Kontenbasiertes Feuern | 123 |
| | 6.7.3 | Auf Transferregeln basiertes Feuern | 124 |
| | 6.7.4 | Rückwärtsgerichtetes Feuern | 124 |
| | 6.7.5 | Vergleich der Ansätze zum Feuern | 125 |
| | 6.8 | Transferregeln für viele Konten | 127 |
| | 6.9 | Auswahl von Positionen | 130 |
| | 6.10 | Buchführungspraxis | 131 |
| | 6.11 | Quellen einer Position | 134 |

## 3 Wahrnehmungen und Messungen — 39

- 3.1 Quantität — 40
- 3.2 Umwandlungsverhältnis — 42
- 3.3 Zusammengesetzte Einheiten — 44
- 3.4 Messungen — 45
- 3.5 Wahrnehmung — 47
- 3.6 Bildung von Untertypen von Wahrnehmungskonzepten — 52
- 3.7 Protokoll — 52
- 3.8 Doppelte Zeitaufzeichnung — 53
- 3.9 Abgelehnte Wahrnehmung — 53
- 3.10 Aktive Wahrnehmung, Hypothese und Projektion — 54
- 3.11 Assoziierte Wahrnehmung — 56
- 3.12 Wahrnehmungsprozeß — 57
- Literatur — 61

## 4 Wahrnehmungen für Unternehmensfinanzen — 63

- 4.1 Unternehmenssegment — 65
- 4.1.1 Definieren der Dimensionen — 69
- 4.1.2 Eigenschaften von Dimensionen und Unternehmenssegmenten — 71
- 4.2 Das Messungsprotokoll — 72
- 4.2.1 Festhalten der Berechnungen — 74
- 4.2.2 Vergleichende und kausale Messungsprotokolle — 75
- 4.2.3 Zustandstyp: Definieren des geplanten und aktuellen Zustands — 77
- 4.2.4 Erzeugen einer Messung — 80
- 4.2.5 Dimensionskombinationen — 82
- 4.3 Bereich (Intervall) — 84
- 4.4 Phänomen mit Bereich — 85
- 4.4.1 Phänomen mit Bereichsattribut — 87
- 4.4.2 Bereichsfunktion — 88
- 4.5 Verwenden des resultierenden Frameworks — 90
- Literatur — 92

## 5 Bezugnahme auf Objekte — 93

- 5.1 Name — 94
- 5.2 Identifikationsschema — 96

# Inhaltsverzeichnis

| | | | |
|---|---|---|---|
| | Grußwort | | xiii |
| | Grußwort | | xv |
| | Vorwort | | xvii |
| 1 | Einleitung | | 1 |
| | 1.1 | Konzeptionelle Modelle | 1 |
| | 1.2 | Die Welt der Muster | 5 |
| | 1.2.1 | Christopher Alexander | 7 |
| | 1.2.2 | Die literarische Form | 7 |
| | 1.2.3 | Die Abstraktionsebene des Autors | 8 |
| | 1.3 | Die Muster in diesem Buch | 9 |
| | 1.3.1 | Beispiele für Modellierung | 10 |
| | 1.3.2 | Herkunft der Muster | 11 |
| | 1.3.3 | Bereichsübergreifende Muster | 11 |
| | 1.4 | Konzeptionelle Modelle und Neuentwicklung von Geschäftsprozessen | 12 |
| | 1.5 | Muster und Frameworks | 13 |
| | 1.6 | Verwendung der Muster | 14 |
| | | Literatur | 17 |
| Teil 1 | Analysemuster | | 19 |
| 2 | Verantwortlichkeit | | 21 |
| | 2.1 | Partei | 22 |
| | 2.2 | Organisationshierarchien | 23 |
| | 2.3 | Organisationsstruktur | 25 |
| | 2.4 | Verantwortlichkeit | 27 |
| | 2.5 | Wissensebene der Verantwortlichkeit | 28 |
| | 2.6 | Generalisierung des Parteityps | 32 |
| | 2.7 | Hierarchische Verantwortlichkeiten | 33 |
| | 2.8 | Operationsbereiche | 35 |
| | 2.9 | Position | 37 |
| | | Literatur | 38 |

Die Deutsche Bibliothek – CIP-Einheitsaufnahme

**Analysemuster** : wiederverwendbare Objektmodelle /
Martin Fowler. – Bonn ; [u.a.] : Addison-Wesley-Longman
  (Professionelle Softwareentwicklung)
  ISBN 3-8273-1434-8
  Buch. 1999
  Gb.

© 1999 Addison Wesley Longman Verlag GmbH
1. Auflage 1999

Published by arrangement with Addison Wesley Longman, Inc.
Reading, MA, USA. All rights reserved.

Übersetung: Andrea Dauer, Boris Gesell, Günter Graw, André Halama, Ralf Lübeck
Lektorat: Susanne Spitzer, München
Korrektorat: Friedericke Daenecke, Zülpich
Satz: Reemers EDV-Satz, Krefeld
Belichtung, Druck und Bindung: Kösel, Kempten
Produktion: TYP*isch* Müller, München
Umschlaggestaltung: vierviertel Gestaltung, Köln, unter Verwendung einer Architekturzeichnung von Anna und Angela Krug, Bonn

Das verwendete Papier ist aus chlorfrei gebleichten Rohstoffen hergestellt und alterungsbeständig. Die Produktion erfolgt mit Hilfe umweltschonender Technologien und unter strengsten Auflagen in einem geschlossenen Wasserkreislauf unter Wiederverwertung unbedruckter, zurückgeführter Papiere.

Text, Abbildungen und Programme wurden mit größter Sorgfalt erarbeitet. Verlag, Übersetzer und Autoren können jedoch für eventuell verbliebene fehlerhafte Angaben und deren Folgen weder eine juristische Verantwortung noch irgendeine Haftung übernehmen.
Die vorliegende Publikation ist urheberrechtlich geschützt. Alle Rechte vorbehalten. Kein Teil dieses Buches darf ohne schriftliche Genehmigung des Verlages in irgendeiner Form durch Fotokopie, Mikrofilm oder andere Verfahren reproduziert oder in eine für Maschinen, insbesondere Datenverarbeitungsanlagen, verwendbare Sprache übertragen werden. Auch die Rechte der Wiedergabe durch Vortrag, Funk und Fernsehen sind vorbehalten.
Die in diesem Buch erwähnten Software- und Hardwarebezeichnungen sind in den meisten Fällen auch eingetragene Marken und unterliegen als solche den gesetzlichen Bestimmungen.

*Dieses Buch ist auf 100% chlorfrei gebleichtem Papier gedruckt*

*Martin Fowler*

# Analysemuster

Wiederverwendbare Objektmodelle

Deutsche Übersetzung von
Andrea Dauer, Boris Gesell, Günter Graw,
André Halama, Ralf Lübeck

 ADDISON-WESLEY

An imprint of Addison Wesley Longman, Inc.
Bonn • Reading, Massachusetts • Menlo Park, California • New York • Harlow, England
Don Mills, Ontario • Sydney • Mexico City • Madrid • Amsterdam

Die Idee von Softwaremustern ist nicht auf die objektorientierte Gemeinde beschränkt; David Hay hat ein nützliches Buch über Datenmodell-Muster geschrieben [7]. Die Modelle folgen Modellierungsstilen relationaler Datenbanken, sind aber trotzdem äußerst konzeptionelle Modelle. Dadurch sind diese Modelle auch dann hilfreich, wenn man Objekttechnologie verwendet.

### 1.2.1 Christopher Alexander

Für viele Leute ist das Wort *Muster* in der Softwareentwicklung fast ausschließlich mit der Arbeit von Christopher Alexander verbunden, einem Architekturprofessor an der University of California in Berkley. Alexander entwickelte eine Reihe von Theorien über Muster in der Architektur und veröffentlichte diese in einer Buchreihe. Sein Buch über Mustersprachen [1], ein Katalog von Architekturmustern, wird als Prototyp eines Buches über Muster in der Softwareentwicklung angesehen. Seine Art, Muster zu schreiben, wird in gewissem Maße von vielen Musterautoren verwendet. Sein Begriff der »namenlosen Qualität« ist oft als Eigenschaft genannt worden, die alle guten Muster besitzen sollten.

Viele Leute bestreiten allerdings Alexanders zentrale Rolle als Inspirator von Softwaremustern. Peter Coad weist darauf hin, daß die Idee der Muster von vielen Autoren anderer Gebiete verwendet wird, wobei er von vielen denkt, daß sie bessere Beispiele als Alexander darstellen. Für viele Leute besitzt Alexander eine zweifelhafte Stellung unter den Softwarearchitekten: Seine Ideen sind keineswegs allgemein anerkannt. Das »Gang of Four«-Buch hat viel größeren Einfluß auf die Softwaremuster gehabt als Alexanders Arbeit. Drei der vier Autoren hatten Alexander gar nicht gelesen, bevor sie ihre Bücher schrieben.

### 1.2.2 Die literarische Form

Eine der kennzeichnendsten Eigenschaften beim Schreiben von Mustern ist die Form, in der dies getan wird. Häufig werden Muster in einem festgesetzten Format geschrieben. Es gibt jedoch nicht nur ein Format, wie ein kurzer Blick in die PLoP-Beiträge bestätigt. Viele Leute folgen den Inspirationen von Alexanders Stil. Andere folgen dem von der »Gang of Four« verwendeten Format.

Im allgemeinen wird gesagt, daß ein Muster – egal in welcher Form es geschrieben ist – aus vier grundlegenden Teilen besteht: aus einer Angabe des *Kontexts*, in dem das Muster genutzt werden kann, dem *Problem*, das durch das Muster gelöst werden soll, den *Kräften*, die bei der Lösung zusammenspielen, und der *Lösung*, die die Kräfte auflöst. Auch wenn diese Form der Beschreibung mal mit und mal ohne spezifische Überschriften auftritt, liegt sie doch vielen bereits veröffentlichten Mustern zugrunde. Diese Form ist besonderes wichtig, da sie die Definition des

Musters als »Lösung für ein Problem im Kontext« unterstützt und so eine Definition darstellt, die die Grenzen eines Musters auf ein einziges Problem/Lösungs-Paar festlegt.

Für viele Leute ist die Verwendung eines festen Formats ein bestimmender Aspekt eines Musters, egal ob es sich dabei um das Format nach der »Gang of Four« oder um die oben beschriebene Form der »Kontext-Problem-Kräfte-Lösung« handelt. Die Verwendung einer anerkannten Musterform hebt das Muster deutlich als etwas anderes von der durchschnittlichen technischen Dokumentation ab.

Jedoch hat ein festes Format auch seine ihm eigenen Nachteile. In diesem Buch vertrete ich die Meinung, daß ein Problem/Lösungs-Paar nicht immer eine gute Einheit für ein Muster ist. Mehrere Muster in diesem Buch zeigen, wie ein einzelnes Problem auf verschiedene Arten gelöst werden kann, die von verschiedenen Kompromissen abhängen. Obwohl man dies durch unterschiedliche Muster für jede Lösung ausdrücken könnte, erscheint mir die Idee, mehrere Lösungen zusammen zu erörtern, nicht weniger elegant als der praktische Aspekt der Muster. Natürlich macht der Inhalt der Musterformen Sinn – jede technische Dokumentation enthält normalerweise Kontext, Problem, Kräfte und Lösung. Ob dadurch nun jede technische Dokumentation auch als Muster angesehen werden kann, ist ein weiterer Streitpunkt.

Ein Prinzip der Musterform, dem ich uneingeschränkt zustimme, besagt, daß sie benannt werden sollte. So ist ein Vorteil der Arbeit mit Mustern, daß sie das Vokabular in der Entwicklung bereichern. Indem man einfach festhält, daß »wir hier einen Proxy zum Schutz benutzen« oder »Wahrnehmungen verwenden, um Maßstäbe für Produkte festzuhalten«, können Entwurfsideen sehr effektiv vermittelt werden. Jedoch gibt es auch hier wiederum keine Eindeutigkeit bezüglich der Muster; es ist eine allgemeine Technik beim Schreiben technischer Dokumentationen, neue Begriffe für Konzepte zu prägen. Jedoch fördert die Suche nach Mustern diesen Prozeß.

### 1.2.3 Die Abstraktionsebene des Autors

Für viele der Leute, die sich mit Mustern beschäftigen, ist einer der Schlüsselaspekte von Mustern, daß diese durch die Wahrnehmung dessen, was Tag für Tag während der Entwicklung passiert, entdeckt werden. Dies ist ein Aspekt, den ich besonders wichtig finde. Alle Muster in diesem Buch sind das Ergebnis eines oder mehrerer tatsächlicher Projekte und beschreiben nützliche Höhepunkte dieser Arbeiten.

Ich habe für dieses Buch jene Muster ausgesucht, von denen ich glaube, daß sie auch für andere Entwickler von Interesse sind. Dabei sind diese Muster nicht nur für Entwickler aus dem gleichen Bereich wie dem des Musters brauchbar, sondern ein Muster ist häufig auch in anderen Bereichen genauso gut nutzbar. Ein gutes Beispiel ist das Portfolio-Muster (siehe Kapitel 9.2). Es war ursprünglich zur Gruppierung finanzieller Verträge erzeugt worden. Dieses Muster kann jedoch auch zur Gruppierung beliebiger Objekte durch Definition einer impliziten Anfrage genutzt werden, und es ist ausreichend abstrakt, um in jedem Bereich eingesetzt werden zu können. Ich habe dieses bestätigt gesehen: Nachdem die ersten Entwürfe dieses Buches geschrieben waren, wurde dieses Muster an einigen Stellen in anderen Projekten eingesetzt, die gar nichts mit dem Bereich des Finanzhandels zu tun hatten.

Es stellte sich mir die Frage, wie weit ich bei der Abstraktion gehen sollte. Wenn ich auf ein Muster stoße, von dem ich denke, daß es in weiteren Bereichen benutzt werden kann als dem einen, in dem ich es gefunden habe, wie abstrakt soll ich dann dieses Muster machen? Das Problem bei einer Abstraktion über den ursprünglichen Bereich hinaus ist, daß ich mir mehr sicher sein kann, daß das Muster korrekt ist. In dem Projekt, aus dem das Muster entstanden ist, wurde das Muster durch lange Debatten, Implementierung und (vor allem) durch das Wissen der Experten des Bereichs überprüft. Sobald ich das Muster weiter abstrahiere, verlasse ich diesen sicheren Hafen und muß abschätzen, wie es meiner Entdeckung auf offener See ergehen könnte. Da draußen gibt es viele Unbekannte. Meiner Ansicht nach (die viele Leute aus dem Bereich der Muster zu teilen scheinen), muß jeder selbst entscheiden, ob das Muster für den eigenen Bereich nutzbar ist. Diesen Bereich kennt derjenige natürlich wesentlich besser als ich, oder er kann sich an seinen zuständigen Domänenexperten wenden. In diesem Buch verwende ich Beispiele, um die umfassenderen Anwendungen eines Musters anzudeuten. Alle Beispiele, die außerhalb ihres ursprünglichen Bereichs verwendet werden, sind mit Vorsicht zu genießen, jedoch dienen sie dazu, die eigene Vorstellungskraft anzustoßen und zu der Frage zu veranlassen: »Ist dies auch für mich nützlich?«

## 1.3 Die Muster in diesem Buch

Meine Definition für Muster lautet: *eine Idee, die in einem praktischen Kontext hilfreich war und dies wahrscheinlich auch in anderen sein könnte*. Ich benutze den Begriff *Idee*, um die Tatsache zu verdeutlichen, daß ein Muster alles sein kann. Es kann sich um eine Menge kooperierender Objekte handeln, wie in den »Gang of Four«-Mustern, oder um Copliens Prinzipien für die Projektorganisation [5]. Die Wendung *praktischer Kontext* spiegelt die Tatsache wider, daß Muster aus praktischen Erfahrungen wirklicher Projekte entwickelt worden sind. Es wird oft gesagt, daß Muster eher entdeckt als erfunden werden. Dies stimmt in dem Sinne, daß Modelle nur dann in Muster überführt werden, wenn sich herausgestellt hat, daß sie eine allgemeine Verwendung finden können. Zuerst kommt ein bestimmtes Projekt, und nicht alle Ideen eines Projektes sind Muster; Muster sind Dinge, von denen die Entwickler denken, daß sie *in anderen Kontexten hilfreich sein könnten*. Idealerweise stellt sich dies durch eine tatsächliche Verwendung in einem anderen Kontext heraus, jedoch könnte es auch einfach die Meinung der ursprünglichen Entwickler widerspiegeln.

Die Muster dieses Buches lassen in zwei verschiedene Kategorien gliedern:

- Analysemuster sind Gruppen von Konzepten, die eine gebräuchliche Struktur in der Geschäftsmodellierung darstellen. Diese können für nur genau einen Bereich relevant sein oder mehrere Bereiche umfassen. Analysemuster bilden das Herzstück dieses Buches.

- Unterstützungsmuster sind selbst Muster und sind an sich bereits nützlich. Jedoch spielen sie in diesem Buch eine besondere Rolle: Sie beschreiben, wie mit den Analysemustern umgegangen werden muß und wie sie angewendet werden müssen, um sie konkret einzusetzen.

### 1.3.1 Beispiele für Modellierung

Das durchschnittliche Buch über Analyse und Entwurf ist ein Einführungsbuch, das typischerweise die Methodik der Autoren erklärt. Ein solches einführendes Buch deckt jedoch viele wichtige Probleme der Modellierung nicht ab – Probleme, die nur im Kontext eines großen Projekts auftreten können. Solche Probleme sind nur schwer außerhalb eines solchen Kontextes zu verstehen und verlangen vom Leser eine gewisse Modellierungserfahrung, um sich der Probleme vollends bewußt zu sein.

Muster bieten eine gute Möglichkeit, diese Probleme zu betrachten. Viele Muster in diesem Buch beschäftigen sich mit allgemeinen Fragestellungen der Modellierung, indem ein konkretes Problem in einem einfach zu verstehenden Bereich betrachtet wird. Die Beispiele stellen die Handhabung der Techniken dar, die mit individuellen Objektinstanzen (siehe Kapitel 6.6), Untertypenbildung von Zustandsdiagrammen (siehe Kapitel 10.4), Aufteilung von Modellen in Wissensebene und operationelle Ebene (siehe Kapitel 2.5) und der Verwendung von Portfolios zur Gruppierung durch eine Anfrage (siehe Kapitel 9.2) verbunden sein können.

## 1.3.2 Herkunft der Muster

Wie zuvor erwähnt, basieren die Muster in diesem Buch auf meinen persönlichen Erfahrungen bei der Anwendung der Objektmodellierung großer kooperierender Informationssysteme. Dies erklärt ihre manchmal zufällig erscheinende Auswahl. Denn ich kann nur über Muster schreiben, die ich selber kenne, d. h. Muster aus Projekten, an denen ich beteiligt war.

Obwohl die Modelle auf intensiven Projekten basieren, die manchmal mehrere Monate bis zum Abschluß benötigten, habe ich nicht den Versuch unternommen, die Modelle in ihrer Gesamtheit zu erläutern. Während ein solches Buch natürlich für in dem jeweiligen Bereich tätige Personen interessant wäre (und ich hoffe, solche Bücher werden eines Tages erscheinen), wollte ich mit diesem Buch doch mehrere Bereiche abdecken und ihre gegenseitige »Befruchtung« darstellen. Ein weiterer Grund dafür, daß ich nur die interessanten Punkte statt die vollständigen Modelle beschreibe, liegt in der Vertraulichkeit gegenüber meinen Kunden.

Ich habe nicht versucht, mich ganz genau an die Modelle zu halten. So habe ich aus verschiedenen Gründen Änderungen vorgenommen. Ich habe einige der Abstraktionen vereinfacht, wobei die eigentliche Intention erhalten geblieben ist; dies erleichtert mir die Erklärung der Modelle, und macht es dem Leser (hoffentlich) einfacher, meinen Gedanken zu folgen. Ich habe auch einige Modelle ein *wenig* mehr abstrahiert, als dieses im spezifischen Bereich der Fall gewesen ist. Die Abstraktionen sind dabei auf solche beschränkt, die im Projekt für vernünftig erachtet worden sind, die aber nicht in den eigentlichen Rahmen dieses Projekts gehörten. In einigen Fällen habe ich die Modelle so verändert, daß sie meine Ideen statt die vom Projektteam gewählten widerspiegeln. Als Berater kann ich nur Ratschläge geben, und so ist auch manchmal meine Sicht nicht die siegreiche. In diesen Fällen habe ich beide Standpunkte im Text vorgestellt, habe die Argumentation aber trotzdem eher auf meiner Meinung aufgebaut.

Wenn es darum geht, Objekttypen zu benennen, bin ich dem Prinzip gefolgt, die Benennung aus dem ursprünglichen Projekt zu nutzen. Es gibt viele Stellen, an denen ich versucht war, die Namen zu verändern, aber wie jeder Modellierer weiß, kann die Benennung eine der schwierigsten Phasen der Modellierung sein. Einige der gewählten Namen mögen vielleicht ein wenig seltsam erscheinen, jedoch ist kein Name perfekt.

## 1.3.3 Bereichsübergreifende Muster

Egal in welchem Bereich Sie tätig sind, Sie sollten sich auch mit Mustern beschäftigen, die nicht aus Ihrer Domäne stammen. Große Teile dieses Buches enthalten allgemeine Modellierungsaspekte und Übungsaufgaben, die auch außerhalb des

Bereichs, in dem sie modelliert worden sind, angewendet werden können. Wissen über andere Bereiche ist ein wertvolles Hilfsmittel bei der Abstraktion. So sind normalerweise spezifische Fälle notwendig, um die Grundlage für mächtige Abstraktionen bereitzustellen. Viele Fachleute teilen nicht mein Glück, in vielen verschiedenen Bereichen tätig zu sein. Die Betrachtung von Modellen unterschiedlicher Bereiche kann oft neue Ideen in Bereichen hervorrufen, zu denen man bisher keine Beziehung hatte.

Der wichtigste Grund für die Betrachtung anderer Bereiche besteht allerdings darin, daß es nicht immer offensichtlich ist, wann Bereiche sich gleichen oder unterschiedlich sind. Das beste Beispiel hierfür in diesem Buch kommt aus dem Gesundheitswesen, für das Modellierungen in mehreren Kapiteln enthalten sind. Nachdem ich an einem Modell des Gesundheitswesens gearbeitet hatte, war ich an einen Projekt, das die finanzielle Analyse eines großen Produktionsunternehmens unterstützte, beteiligt. Das Problem drehte sich dabei um das Verständnis der Gründe von Finanzindikatoren auf hoher Ebene. Das Modell aus dem Gesundheitswesen, das sich im wesentlichen mit der Diagnostik und Behandlung beschäftigte, erwies sich als außergewöhnlich geeignet (siehe Kapitel 3 und 4).

Ich vermute, daß es einige wenige hochgradig generische Prozesse gibt, die die traditionellen Grenzen der System- und Geschäftsentwicklung überschreiten. Das Modell der Diagnostik und Behandlungen ist ein solches. Ein anderes ist das Buchhaltungs- und Inventar-Modell (siehe Kapitel 6). Viele unterschiedliche Branchen können eine Menge sehr ähnlicher abstrakter Prozeßmodelle verwenden. Dadurch ergeben sich einige wichtige Fragen in Hinblick auf die vielversprechende Entwicklung vertikaler Klassenbibliotheken für den industriellen Bereich. Ich glaube, daß echte Geschäftsframeworks nicht nach den traditionellen Geschäftsideen organisiert werden, sondern statt dessen anhand abstrakter konzeptioneller Prozesse.

## 1.4 Konzeptionelle Modelle und Neuentwicklung von Geschäftsprozessen

Die meisten Leser werden die konzeptionellen Modelle in diesem Buch zur Unterstützung bei der Entwicklung von Computersystemen analysieren, jedoch werden mit konzeptionellen Modellen andere Zwecke verfolgt. Gute Systemanalytiker wußten schon immer, daß die Verwendung eines bereits existierenden Prozesses und seine einfache Umsetzung in Software keine gute Nutzung der Ressourcen darstellt. Computer erlauben es Leuten, Dinge anders zu tun als bisher. Jedoch fiel es Systemanalytikern bisher schwer, diese Ideen weit genug voranzutreiben: Ihre Methoden erscheinen immer noch allzu abhängig vom Denken in Software zu sein. Leute mit informationstechnologischem Hintergrund haben es schwer, Geschäftsführer dazu zu bringen, ihre Ideen ernst zu nehmen.

Die Arbeit mit Jim Odell [9] ließ mich immer in die Geschäftsmodellierung eintauchen statt in die Softwaremodellierung. John Edwards (einer meiner ersten Kollegen und Inspirationen) nannte diesen Ansatz immer Prozeßentwicklung, lange bevor BPR (Geschäftsprozeßentwicklung (engl. *business process reengineering*)) eine weit verbreitete Abkürzung wurde. Die Verwendung von OO-Methoden zur konzeptionellen Modellierung kann die Systemanalyse und BPR zur selben Aktivität machen. Alle Domänenexperten, die ich geschult habe, waren sich rasch über dieses Potential im klaren und nutzten es, um über ihren eigenen Bereich auf eine neue Art und Weise nachzudenken. Allein die Experten eines Bereichs können diese Ideen wirklich nutzen und anwenden.

Die Modelle in diesem Buch sagen gleichermaßen viel über Geschäftsentwicklung wie über Softwareentwicklung aus. Auch wenn ein großer Teil der Aufmerksamkeit in der Geschäftsentwicklung dem Prozeß gilt, sind viele der Muster statische Typenmodelle. Der Hauptgrund hierfür ergibt sich aus den Erfahrungen, die ich in den verschiedenen Bereichen sammeln konnte. Es stellte sich heraus, daß man auch im Gesundheitswesen generische Typmodelle erstellen konnte, die auf alle Teile des Gesundheitswesens anwendbar waren. Allerdings ließen sich nicht viele aussagekräftige, generische dynamische Modelle erstellen.

Die Typenmodelle sind wichtig. Ich möchte sie als Definition der *Sprache* einer Branche betrachten. Diese Modelle bieten somit eine Möglichkeit, nützliche Konzepte zu entwickeln, die zu einem großen Teil der Prozeßmodellierung zugrundeliegen. Das Konzept der Verantwortlichkeit hat sich sehr bei der Modellierung des Datenschutzes im Gesundheitswesen bewährt. Bei meiner Arbeit mit Gehaltslisten habe ich gesehen, wie Modellierung die Sprache und Auffassung des Prozesses verändert hat.

## 1.5 Muster und Frameworks

Wenn ein durchschnittlicher Fachmann gefragt wird, was er für den prinzipiellen Vorteil der Objekttechnologie hält, dann lautet die Anwort fast immer: die Wiederverwendung. Man hofft darauf, daß Entwickler eines Tages fähig werden, Systeme aus erprobten und getesteten unmodifizierten Komponenten zusammenzusetzen. Viele dieser Visionen haben sich aber nur sehr langsam verwirklicht. In einigen Fällen gibt es erst allmählich Anzeichen für die Wiederverwendung, wie z.B. in der GUI-Entwicklung und bei den Datenbankinteraktionen. Sie treten jedoch nicht auf der Geschäftsebene auf.

Es gibt keine Komponenten für das Gesundheitswesen, das Bankwesen, die Produktion oder dergleichen, da es für diese Gebiete kein Standardframework gibt. Das erfolgreichste Beispiel für Softwarekomponenten ist das von Visual Basic. Ganz entscheidend hierfür ist, daß alle Komponenten auf einem gemeinsamen Framework beruhen – der Visual Basic-Umgebung. So können Komponentenentwickler ihre Software entwickeln, wenn sie wissen, in welcher Art von Welt sie eingesetzt werden soll.

Um Komponenten für Informationssysteme wiederverwenden zu können, muß ein gemeinsames Framework etabliert werden. Ein effektives Framework darf nicht zu komplex oder zu umständlich sein. Es sollte über einen großen Bereich hinweg anwendbar sein und sollte auf einem effektiven konzeptionellen Modell des Bereichs basieren. Die Entwicklung solcher Frameworks ist sowohl methodisch als auch politisch schwierig.

Dieses Buch versucht nicht, Frameworks für verschiedene Industriezweige zu definieren.[1] Dieses Buch soll vielmehr alternative Möglichkeiten der Modellierung einer Situation aufzeigen. Bei Frameworks geht es um die Wahl eines bestimmten Modells. Ich hoffe, dieses Buch wird viele zum Nachdenken über solche Frameworks anregen und deren Entwicklung beeinflussen.

## 1.6 Verwendung der Muster

Muster sind eine neue Art der Softwareentwicklung. Es werden immer weitere Möglichkeiten entwickelt, um Leute beim Erlernen der Strategien für Muster zu unterstützen und sie bei der anschließenden Anwendung in ihrem Tätigkeitsfeld zu führen. Wenn man mit der großen Menge von Mustern in diesem Buch konfrontiert wird, kann man leicht überwältigt werden.

Als erstes gilt es, eine allgemeine Orientierung zu erreichen. Nach der Lektüre dieses einführenden Kapitels empfehle ich, die Einleitungen der einzelnen Kapitel zu lesen. Die Einleitungen der jeweiligen Kapitel vermitteln einen ersten Eindruck von den in diesem Kapitel vorgestellten Themen. Natürlich kann man dann jedes Kapitel lesen, jedoch habe ich das Buch so geschrieben, daß man nicht jedes Kapitel lesen muß, um von der Lektüre zu profitieren. Wenn man in einem bestimmten Bereich arbeitet, kann man auch nur einige Kapitel lesen, von denen man denkt, daß sie geeignet sind. Ein anderer Ansatz, den einige vorgeschlagen haben,

---

1. Es sollte erwähnt werden, daß viele Kapitel auf einem konzeptionellen Framework beruhen, das für das Gesundheitswesen entworfen worden ist – dem Cosmos Clinical Process Model (2).

besteht darin, zuerst einmal die Diagramme zu betrachten. Wenn dabei irgend etwas das eigene Interesse erweckt, dann sollte man die Beispiele lesen. Die Beispiele stellen oftmals eine gute Möglichkeit dar, um eine Vorstellung davon zu erhalten, ob das Muster für einen nützlich ist. Die Tabelle der Muster in Anhang B fungiert darüber hinaus als Zusammenfassung, so kann man auch dort beginnen oder sie dazu benutzen, um später noch einmal alles im Gedächtnis durchzugehen.

Sobald man ein potentiell verwendbares Muster gefunden hat, sollte man es ausprobieren. Ich habe herausgefunden, daß bei mir der einzige Weg zum wirklichen Verständnis der Funktionsweise eines Musters über das Ausprobieren dieses Musters an einem eigenen Problem führt. Man kann dies in Gedanken durchspielen, indem man ein bestimmtes Modell auf Papier skizziert oder Quelltext schreibt. Man sollte versuchen, das Muster anzupassen, ohne sich allerdings die Zähne daran auszubeißen. Vielleicht war dieses Muster nicht das richtige. Trotzdem hat man seine Zeit nicht verschwendet – man hat etwas über das Muster gelernt – und wahrscheinlich auch etwas über das Problem. Deckt ein Muster nicht genau das jeweilige Problemfeld ab, sollte man nicht zögern, dieses Muster zu verändern. Muster sind Vorschläge und keine Vorschriften. Ich gehe mit Mustern wie mit Rezepten in einem Kochbuch um: Sie geben mir einen Anhaltspunkt vor, einen grundsätzlichen Plan, um die Zutaten zusammenzuführen, jedoch zögere ich nicht, diese an meine bestimmten Bedürfnisse anzupassen. Wie gut das Muster auch immer paßt, man sollte sich trotzdem vergewissern, daß man den Text des Musters vollständig gelesen hat, um so eine Vorstellung von den Einschränkungen des Musters und von seinen wichtigsten Eigenschaften zu gewinnen. Man sollte dies sowohl vor dem Ausprobieren des Musters tun als auch nachdem man es angewendet hat. Wenn Sie etwas über das Muster herausfinden, was nicht im Text steht, verwünschen Sie mich nicht einfach – lassen Sie es mich durch eine E-Mail an *fowler@acm.org* wissen. Denn ich bin sehr daran interessiert, wie diese Muster verwendet werden.

Wenn ich Muster für ein Projekt verwende, muß ich immer die Sichtweise des Kunden berücksichtigen. Einige Kunden sehen sich selbst nicht gern als Kunden wie jeder andere. Sie betrachtenen sich selbst als sehr individuell und sind mißtrauisch gegenüber fremden Ideen. Bei diesen Kunden presäntiere ich keine Muster. Wenn ich sehe, wo Muster angewendet werden könnten, verwende ich sie bei der Formulierung von Fragen. Diese Fragen können den Kunden durchaus zu etwas führen, auf das das Muster paßt, jedoch tue ich dies indirekt, indem ich die Fragen benutze, um einen Anstoß in diese Richtung zu geben.

Andere Kunden sind glücklich darüber, daß ich offensichtlich Muster verwende, und sind beruhigt zu sehen, daß ich meine vorangegangenen Arbeiten wiederverwende. Mit diesen Kunden probiere ich die Muster zusammen aus und befrage sie genau, um zu sehen, ob sie mit dem Muster zufrieden sind. Man muß ihnen klarmachen, daß ich die Muster nicht als Evangelium ansehe und daß ich etwas anderes ausprobieren werde, wenn der Kunde mit den Mustern nicht zufrieden ist. Die Gefahr bei solchen Kunden ist, daß sie die Muster akzeptieren, ohne sie hinreichend zu hinterfragen.

Muster sind auch wichtig für die Prüfung der eigenen Arbeit oder die anderer. Bei der eigenen Arbeit sollte man überprüfen, ob es irgendwelche ähnlichen Muster gibt. Falls man solche findet, dann sollte man sie ausprobieren. Auch wenn man glaubt, daß die eigene Lösung besser ist, sollte man das Muster verwenden und ergründen, warum die eigene Lösung besser geeignet ist. Ich finde, daß dies eine nützliche Technik darstellt, um Probleme besser zu verstehen. Ein ähnlicher Prozeß findet bei der Prüfung von Arbeiten anderer statt. Wenn man ein ähnliches Muster findet, sollte man es als Grundlage für Fragen über die Arbeit, die man prüft, verwenden: Was sind seine Stärken verglichen mit dem Muster? Bietet das Muster einem irgend etwas, was das geprüfte Modell einem nicht bietet, und wenn dem so ist, ist dies wichtig? Ich vergleiche Modelle, die ich überprüfe, mit den mir bekannten Mustern und merke normalerweise, daß ich bei diesem Prozeß eine Menge sowohl über das Problem als auch über die Muster lerne, indem ich die Frage »Warum wird es so gemacht?« stelle. Es ist erstaunlich, wieviel man durch einfaches Fragen nach dem Grund lernt.

Das Schreiben eines Buches impliziert immer eine gewisse Kompetenz. Für einen Leser ist es einfach, ein Buch als Ausdruck der Gewißheit anzusehen. Auch mögen einige Autoren von der unbedingten Richtigkeit ihrer Arbeiten überzeugt sein, ich jedoch bin es nicht. Die hier vorgestellten Muster beruhen auf wirklichen Erfahrungen und so bin ich mir sicher, daß sie als solche einen gewissen Wert für andere Leute haben. Jedoch bin ich mir mehr als jeder andere schmerzhaft ihrer Grenzen bewußt. Um wirklich maßgeblich zu sein, müßten Muster wie diese durch viele Anwendungen getestet werden – und zwar mehr, als meine Erfahrung erlaubt.

Das soll nicht bedeuten, daß die Muster nicht hilfreich sein werden. Sie stellen eine Menge wohldurchdachter Überlegungen dar. Genauso, wie sie mir einen Vorsprung in meiner Modellierungsarbeit verschaffen, hoffe ich, daß sie auch anderen helfen. Man sollte sich darüber im klaren sein, daß sie einen Ausgangspunkt und nicht das Ziel markieren. Man sollte genügend Zeit investieren, um sie zu verstehen, aber auch betrachten, wie sie entwickelt wurden und wo ihre Grenzen liegen. Man sollte keine Angst haben, nach weiteren besseren Ideen zu suchen und neue zu entwickeln. Wenn ich mit Kunden arbeite, nehme ich Muster nicht als gottgegeben hin, auch solche nicht, von denen ich denke, daß ich sie erfunden habe. Die Anforderungen eines jeden Projekts veranlassen mich, Muster anzupassen, zu verfeinern und zu verbessern.

**Modellierungsprinzip**  *Muster sind ein Ausgangspunkt und nicht das Ziel.*

**Modellierungsprinzip**  *Modelle sind nicht richtig oder falsch, sondern sie sind mehr oder weniger nützlich.*

## Literatur

1. C. Alexander, S. Ishikawa, M. Silverstein, M. Jacobson, I. Fiksdahl-King und S. Angel. *A Pattern Language*. New York: Oxford University Press, 1977.

2. T. Cairns, A. Casey, M. Fowler, M. Thursz, H. Timimi. *The Cosmos Clinical Process Modell*. National Health Service, Information Management Centre, 15 Frederick Rd, Birmingham, B15 1JD, England. Report ECBS20A & ECBS20B <http://www.sm.ic.ac.uk/medicine/cpm>, 1992.

3. J.O. Coplien. *Advanced C++ Programming Styles and Idioms*. Reading, MA: Addison-Wesley, 1992.

4. J.O. Coplien, D.C. Schmidt. *Pattern Language of Program Design*. Reading, MA: Addison-Wesley, 1995.

5. J.O. Coplien. »A Generative Development-Process Pattern Language,« In: *Pattern Languages of Program Design*. J.O. Coplien, D.C. Schmidt, ed. Reading, MA: Addison-Wesley, 1995, Seiten 183-237.

6. E. Gamma, R. Helm, R. Johnson, J. Vlissides. *Design Patterns: Elements of Reusable Object-Oriented Software*. Reading, MA: Addison-Wesley, 1995.
In deutscher Übersetzung: *Entwurfsmuster: Elemente wiederverwendbarer objektorientier Software*. Bonn: Addison-Wesley, 1996.

7. D. Hay. *Data Model Patterns: Conventions of Thought*. New York: Dorset House, 1996.

8. I. Jacobson, M. Christersion, P. Jonsson, G. Övergaard. *Object-Oriented Software Engineering: A Use Case Driven Approach*. Wokingham, England: Addison-Wesley, 1992.

9. J. Martin, J. Odell. *Object-Oriented Methods: A Foundation*. Englewood Cliffs, NJ: Prentice Hall, 1995.

# Teil 1
## Analysemuster

Dieser Teil des Buches präsentiert Muster aus verschiedenen Geschäftsbereichen. Er beginnt in Kapitel 2 mit der Betrachtung von Mustern zur Beschreibung von Beziehungen, die Verantwortlichkeiten zwischen einzelnen Parteien definieren. Dies schließt organisatorische und konzeptionelle Beziehungen ein, genauso wie eher informelle Beziehungen. In Kapitel 3 und 4 werden die Wahrnehmung und Messung betrachtet, wobei Muster für die Erfassung von Sachverhalten der realen Welt präsentiert werden. Die Ursprünge von Kapitel 3 liegen dabei im Gesundheitswesen. Kapitel 4 bietet einige Muster aus dem Bereich der Finanzanalyse in Unternehmen.

In Kapitel 5 wird erörtert, wie Objekte referenziert werden, jedoch nicht die Adressierung und das Speichermanagement von Sprachen, sondern die Indizierung, die man braucht, wenn man Objekte aus dem Arbeitsleben genau referenzieren möchte. In Kapitel 6 und 7 werden grundlegende Muster für die Buchhaltung untersucht, die beschreiben, wie ein Netzwerk von Konten und Transferregeln ein aktives Buchhaltungssystem bilden kann. Planung ist das Thema von Kapitel 8, in dem zum einen Beziehungen zwischen Standardplänen und einmaligen Plänen untersucht werden und zum anderen beschrieben wird, wie die Nutzung von Ressourcen geplant und aufgezeichnet werden kann.

In Kapitel 9 wird der Handel in Situationen betrachtet, in denen sich Preise stetig ändern und man verstehen muß, wie die Preisänderungen den Profit des Handels beeinflussen. In Kapitel 10 wird dann das speziellere Thema des abgeleiteten Handels untersucht, wobei der Blick immer auf die Probleme jener Situationen gerichtet bleibt, die zum Aufbau von Vererbungshierarchien von Geschäftsobjekten führen. Derivate sind ein Beispiel für gemeinsame Probleme. Zuletzt wird in Kapitel 11 über die Objekte hinaus auf Objektpakete geschaut, und es werden einige Probleme ihrer Organisation mit dem Ziel betrachtet, ihre Haltbarkeit und Flexibilität zu verbessern.

# 2 Verantwortlichkeit

Das Konzept der Verantwortlichkeit wird angewendet, wenn eine Person oder eine Organisation für eine andere verantwortlich ist. Es stellt eine abstrakte Vorstellung dar, die viele spezifische Probleme repräsentieren kann, was Organisationsstrukturen, Verträge und Anstellungen einschließt.

Dieses Kapitel beginnt mit der Einführung des wichtigen Musters der *Partei (2.1)* – dem Obertyp von Person und Organisation. Das Problem der Organisationsstruktur wird genutzt, um die Entwicklung des Verantwortlichkeitsmodells zu veranschaulichen. Einfache Organisationsstrukturen können durch *Organisationshierarchien (2.2)* modelliert werden. Entwickeln sich viele Hierarchien, dann wird das Model zu komplex, und das Muster *Organisationsstruktur (2.3)* wird erforderlich. Die Kombination des Partei- und Organisationsstrukturmusters bringt die *Verantwortlichkeit (2.4)* hervor. Verantwortlichkeiten können viele Beziehungen zwischen den Parteien regeln: Organisationsstrukturen, Zustimmungen durch Patienten, Serviceverträge, Anstellungen und die Registrierung bei einer Berufsgenossenschaft.

Wenn Verantwortlichkeiten genutzt werden, ist es wichtig zu beschreiben, welche Verantwortlichkeiten gebildet werden können und welche Regeln die Verantwortlichkeiten einschränken. Diese Regeln können auf der *Wissensebene der Verantwortlichkeit (2.5)* durch Instanzen von Typen beschrieben werden. Auf dieser Ebene befindet sich der Parteityp, der es den Parteien erlaubt, durch *Generalisierungen des Parteityps (2.6)* klassifiziert zu werden und Untertypen zu bilden. *Hierarchische Verantwortlichkeiten (2.7)* repräsentieren jene zwischenparteilichen Beziehungen, die eine strikte Hierarchie erfordern. Auf diese Weise können Verantwortlichkeiten für hierarchische und komplexere Netzwerke von Beziehungen eingesetzt werden.

Verantwortlichkeiten definieren Zuständigkeiten für Parteien. Diese Zuständigkeiten können durch *Operationsbereiche (2.8)* definiert werden. Operationsbereiche sind die Klauseln der Verantwortlichkeitsverträge, ähnlich den Posten pro Zeile einer fortlaufenden Bestellung. Wenn sich diese Zuständigkeiten ansammeln, kann es hilfreich sein, diese besser mit einer *Position (2.9)* zu verknüpfen, als mit der Person, die diese Position beansprucht.

Dieses Kapitel basiert auf vielen Projekten: Verantwortlichkeiten sind ein durchgängiges Thema. Die Originalideen entwickelten sich in einem Kundenserviceprojekt für einen Versorgungsbetrieb und in einem Buchhaltungsprojekt für ein Telefonunternehmen. Das Verantwortlichkeitsmodell ist im Cosmos-Projekt für den nationalen Gesundheitsdienst Großbritanniens [2] entstanden.

**Schlüsselkonzept**  Partei, Verantwortlichkeit

## 2.1 Partei

Wenn man einen Blick in sein Adreßbuch wirft, was sieht man dann? Wenn es wie das meine aussieht, wird man eine Menge Adressen, Telefonnummern und die eine oder andere E-Mail Adresse finden, die alle mit irgend etwas verbunden sind. Oft ist dieses Etwas eine Person, manchmal ist es aber auch eine Firma. Ich rufe oft das Taxiunternehmen Town Taxi an, jedoch gibt es dort keine bestimmte Person, die ich sprechen möchte – ich möchte einfach nur ein Taxi bekommen. Ein erster Versuch, das Adreßbuch zu modellieren, könnte der aus Abbildung 2.1 sein, jedoch enthält dieses Modell eine Wiederholung, die mich stört. Instinktiv suche ich nach einer Generalisierung von Person und Firma. Dieser Typ ist ein klassischer Fall eines unbenannten Konzepts – eines, das jeder kennt und verwendet, aber für das keiner einen Namen hat. Ich habe es in unzähligen Datenmodellen unter verschiedensten Namen gesehen: Person/Organisation, Akteur, Rechtssubjekt usw.

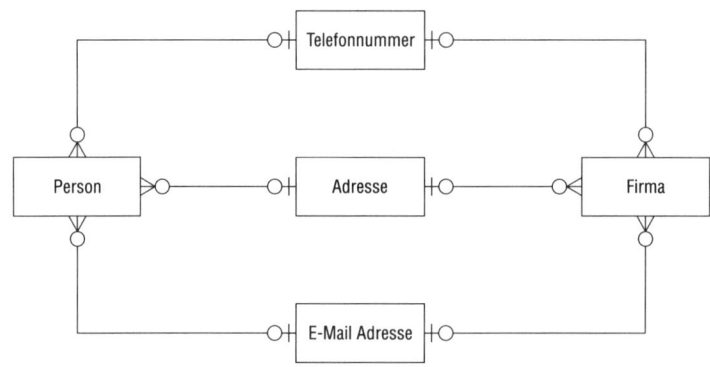

*Abbildung 2.1 Erstes Modell eines Adreßbuches*
*Dieses Modell zeigt die ähnlichen Verantwortungen von Person und Organisation.*

Mein bevorzugter Ausdruck ist *Partei*. In Abbildung 2.2 habe ich eine Partei als Obertyp von Person oder Organisation definiert. Dieses erlaubt es mir, Adressen und Telefonnummern von Abteilungen innerhalb von Unternehmen oder zumindest von informellen Teams anzugeben.

Es ist erstaunlich, wie viele Dinge eher einen Bezug zu Partei als nur zu Person oder Organisation haben. Man tauscht Briefe sowohl mit Leuten als auch mit organisatorischen Einheiten aus; ich führe Zahlungen sowohl an Personen als auch an Organisationen durch; sowohl Organisationen als auch Leute führen Aktionen durch, haben Bankkonten, zahlen Steuern. Ich denke, daß die Beispiele ausreichen, um zu zeigen, daß sich die Abstraktion lohnt.

## 2.2 Organisationshierarchien

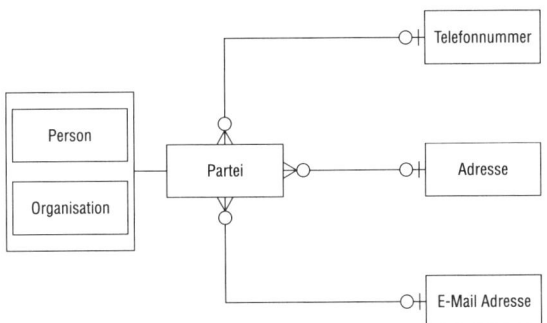

*Abbildung 2.2 wurde durch die Verwendung einer Partei generalisiert*

Eine Partei sollte in vielen Situationen verwendet werden, in denen Person und Organisation benutzt wird.

**Beispiel** Im nationalen Gesundheitsdienst Großbritanniens wären die folgenden Entitäten Parteien: Dr. Tom Cairns, das Nierenteam im St. Marienhospital, das St. Marienhospital, das Gesundheitsamt des Parkside-Bezirks und das Royal College of Physicians.

## 2.2 Organisationshierarchien

Man betrachte einen beliebigen multinationalen Konzern: Aroma Coffee Makers, Inc. (ACM). Dieser Konzern hat Operationseinheiten, die in Regionen, Divisionen und Verkaufsbüros gegliedert sind. Man könnte diese einfache Struktur entsprechend Abbildung 2.3 modellieren. Dies ist jedoch kein Modell, mit dem ich zufrieden wäre. Wenn sich die Organisation ändert, wenn z. B. die Regionen herausgenommen werden, um die Struktur flacher zu gestalten, dann muß das Modell geändert werden. Abbildung 2.4 bietet ein einfacheres Modell – eines, das einfacher zu verändern ist. Die Gefahr der rekursiven Beziehung aus Abbildung 2.4 ist, daß eine Division auch Teil eines Verkaufsbüros sein kann. Man kann dies jedoch durch die Definition von Untertypen, die den Abstufungen entsprechen, und der Angabe von Bedingungen für die Untertypen in den Griff bekommen. Sollte sich die Organisationshierarchie ändern, würde man die Untertypen und Regeln anpassen. Denn es ist im allgemeinen einfacher, die Regeln zu ändern als die Modellstruktur, deshalb ziehe ich Abbildung 2.4 Abbildung 2.3 vor.

*Abbildung 2.3 Organisationsstruktur mit expliziten Stufen*

Eine solche Struktur ist nicht flexibel und nicht wiederverwendbar

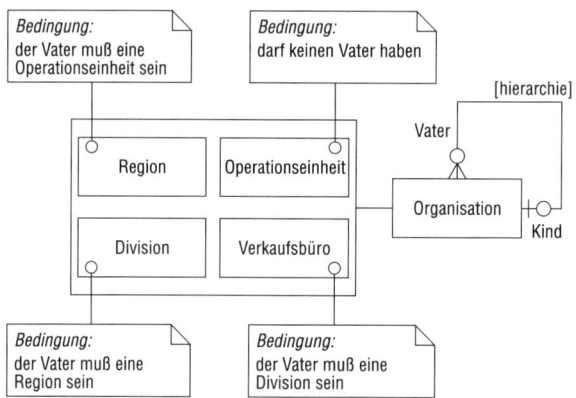

*Abbildung 2.4 Organisationsobertyp mit hierarchischen Beziehungen*
*Die hierarchische Assoziation bietet die größte Flexibilität. Bedingungen bezüglich der Stufen müssen den Untertypen in Form von Regeln hinzugefügt werden.*

Die hierarchische Struktur bietet ein gewisses Maß an Allgemeinheit, jedoch mit einigen Einschränkungen, was die Tatsache einschließt, daß die Struktur nur eine einzige Organisationshierarchie unterstützt. Angenommen, ACM entsendet Serviceteams für die Hauptbaureihen von Kaffeemaschinen in die Verkaufsbüros. Diese Teams haben eine doppelte Berichterstattungsstruktur: Sie erstatten sowohl den Verkaufsteams als auch den Serviceabteilungen jeder Produktfamilie Bericht, die wiederum die Supporteinheiten der jeweiligen Produktreihen unterrichten. So berichtet das Serviceteam für die Hochleistungs-Cappuccinomaschinen mit der Nummer 2176 (50 Cappuccinos pro Minute) in Boston dem Bostoner Verkaufsbüro, aber auch dem Produktfamilien-Servicecenter mit der Nummer 2170. Dieses Büro leitet die Informationen der Division zu, die im Hochleistungsbereich für italienischen Kaffee zuständig ist. Diese wiederum gibt der Serviceabteilung der Hochleistungs-Kaffeeprodukte Bescheid, die nun ihrerseits der Serviceabteilung der Kaffeeprodukte Bericht erstattet. (Das ist nicht völlig an den Haaren herbeigezogen!) Angesichts dieser Situation kann eine zweite Hierarchie hinzugefügt werden, wie in Abbildung 2.5 dargestellt ist. (Es werden noch mehr Regeln benötigt, die denen in Abbildung 2.4 entsprechen, jedoch überlasse ich das Hinzufügen dieser Regeln dem Leser als Übung.) So wie die Sache jetzt aussieht, funktioniert dieser Ansatz gut, jedoch wird die Struktur mit jeder zusätzlichen Hierarchie unhandlicher.

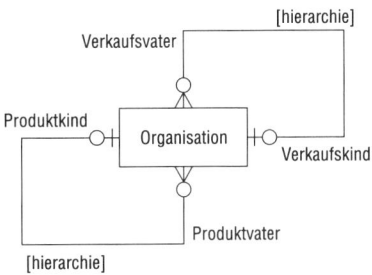

*Abbildung 2.5  Zwei organisatorische Hierarchien*
*Die Untertypen der Organisation sind nicht mehr dargestellt. Denn wenn viele Hierarchien vorhanden sind, wird es schnell unübersichtlich.*

## 2.3  Organisationsstruktur

Wenn es abzusehen ist, daß das Modell mehrere Hierarchien besitzen wird, kann eine typenbehaftete Beziehung genutzt werden, wie sie in Abbildung 2.6 dargestellt ist. Man überführt die hierarchischen Assoziationen in Typen und differenziert die Hierarchien durch unterschiedliche Instanzen des Organisationsstrukturtyps. So würde das obige Szenario durch zwei Instanzen des Organisationsstrukturtyps realisiert werden: Verkaufsorganisation und Serviceorganisation. Weitere Hierarchien können hinzugefügt werden, indem einfach zusätzliche Organisationsstrukturtypen ergänzt würden. Auch hier erreicht man durch die Abstraktion weitere Flexibilität bei nur geringer Erhöhung der Komplexität. Für nur zwei Hierarchien lohnt sich der Aufwand jedoch kaum; für mehrere schon. Man beachte auch, daß die Organisationsstruktur ein Zeitintervall hat; dadurch können Änderungen der Organisationsstruktur über einen Zeitraum aufgezeichnet werden. Weiter beachte man, daß der Organisationsstrukturtyp nicht als Attribut modelliert ist – ein sehr wichtiger Faktor bei Typattributen, wie man später noch sehen wird.

**Beispiel**  Das Serviceteam für die Hochleistungs-Cappuccinomaschine 2176 in Boston berichtet dem Bostoner Verkaufsbüro. Man würde dies als Organisationsstruktur modellieren, deren Eltern das Bostoner Verkaufsbüro sind, deren Kind das Bostoner 2176-Serviceteam ist und deren Organisationsstrukturtyp das Bereichsmanagement ist.

**Beispiel**  Das Serviceteam für die Hochleistungs-Cappuccinomaschine 2176 in Boston berichtet auch dem Produktfamilien-Servicecenter 2170 in der Produkt-Supportstruktur. Man modelliert dies als eine eigene Organisationsstruktur, deren Eltern das Produktfamilien-Servicecenter 2170 sind, deren Kind das 2176-Serviceteam ist und deren Organisationsstrukturtyp der Produktsupport ist.

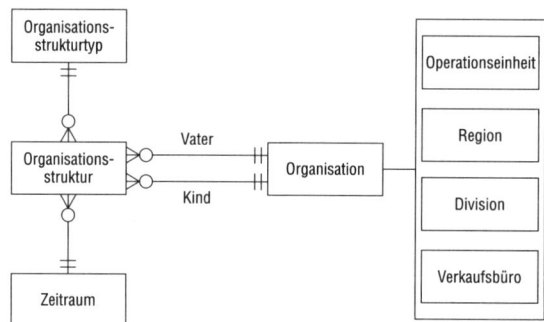

*Abbildung 2.6 Verwendung einer typenbehafteten Beziehung*
*Jede Beziehung zwischen Organisationen ist durch einen Organisationsstrukturtyp definiert, der sich hierfür besser als explizite Assoziationen eignet, sofern viele Beziehungen vorhanden sind.*

Durch die Vereinfachung der Objektstruktur kommt den Regeln mehr Bedeutung zu. Die Regeln sind von der Form »Hat man eine Organisationsstruktur, deren Typ die Verkaufsorganisation und deren Kind eine Division ist, dann müssen die Eltern eine Region sein.« Man beachte, daß die Regeln durch die Referenz auf die Eigenschaften der Organisationsstruktur ausgedrückt werden, was impliziert, daß die Regeln zur Organisationsstruktur gehören sollten. Dies bedeutet jedoch, daß die Erweiterung des Systems durch Hinzufügen eines neuen Organisationsstrukturtyps die Änderung der Regeln innerhalb der Organisationsstruktur erfordern würde. Des weiteren würden die Regeln sehr unhandlich werden, wenn die Anzahl der Organisationsstrukturtypen zunimmt.

Die Regeln können statt dessen den Organisationsstrukturtypen zugeordnet werden, wie es in Abbildung 2.7 dargestellt ist. Alle Regeln eines Organisationsstrukturtyps werden an einer Stelle zusammen gesammelt, wodurch es einfach ist, neue Organisationsstrukturtypen hinzuzufügen.

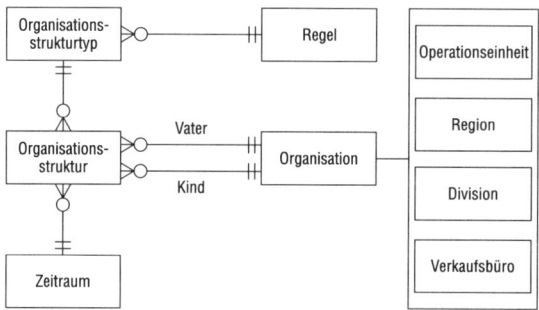

*Abbildung 2.7 Hinzufügen einer Regel zu Abbildung 2.6*
*Eine Regel setzt Bedingungen durch, z.B. die Tatsache, daß Verkaufsbüros an Divisionen Bericht erstatten.*

Jedoch funktioniert Abbildung 2.7 nicht besonders gut, wenn man häufig neue Untertypen von Organisation hinzufügt, aber die Organisationsstrukturtypen nur selten verändert. In einem solchen Fall würde jedes Hinzufügen eines Untertyps von Organisation Regeländerungen verursachen. Es ist besser, die Regeln den Untertypen von Organisation zuzuordnen. Der Hauptpunkt hier ist die Minimierung der auftretenden Modelländerungen. Deshalb sollte man die Regeln im unbeständigsten Teil auf eine Weise ansiedeln, wegen der keine anderen Teile des Modells verändert werden müssen.

**Modellierungsprinzip** *Man sollte ein Modell so entwerfen, daß die häufigsten Modifikationen des Modells an den wenigsten Typen Änderungen verursachen.*

## 2.4 Verantwortlichkeit

Im Prinzip zeigt Abbildung 2.7 eine Organisation, die über einen bestimmten Zeitraum eine Beziehung mit einer anderen Organisation laut einer definierten Regel hat. Wann immer eine Aussage über Organisationen gemacht wird, sollte man immer auch in Betracht ziehen, ob die gleiche Aussage nicht auch auf Personen angewendet werden kann. In diesem Fall kann man die Frage stellen »Können Personen eine Beziehung zu einer Organisation oder anderen Personen über einen Zeitraum entsprechend einer definierten Regel haben?« Das ist bestimmt richtig, und deshalb kann und sollte man Abbildung 2.7 abstrahieren, um sie auf eine Partei anzuwenden. Gleichzeitig nenne ich die neue Abstraktion eine Verantwortlichkeit, wie in Abbildung 2.8 gezeigt wird.

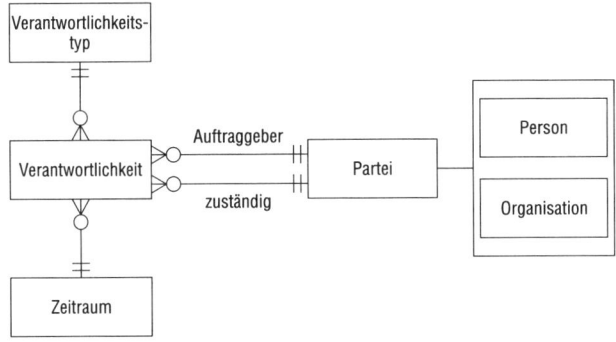

*Abbildung 2.8 Verantwortlichkeit*
*Die Verwendung einer Partei erlaubt es der Verantwortlichkeit, eine große Menge zwischenparteilicher Zuständigkeiten wie Management, Beschäftigungen und Verträge abzudecken.*

**Beispiel** Johann Schmitt arbeitet für ACM. Dies kann durch eine Verantwortlichkeit modelliert werden, wobei ACM der Auftraggeber ist, Johann Schmitt die zuständige Partei ist und Beschäftigung der Verantwortlichkeitstyp ist.

**Beispiel** Johann Schmitt ist Manager des Bostoner 2176-Serviceteams. Dies kann durch eine Verantwortlichkeit modelliert werden, deren Typ Manager ist und bei der Johann Schmitt für das Bostoner 2176-Serviceteam zuständig ist.

**Beispiel** Mark Thursz ist Mitglied des Royal College of Physicians. Dies kann durch eine Verantwortlichkeit modelliert werden, deren Typ eine berufliche Registrierung ist, wobei Mark Thursz für das Royal College of Physicians zuständig ist.

**Beispiel** Johann Schmitt gibt seine Zustimmung, daß Mark Thursz eine Endoskopie durchführt. Dies kann durch eine Verantworlichkeit, deren Typ eine Zustimmung durch einen Patienten ist, modelliert werden, wobei Mark Thursz für Johann Schmitt zuständig ist.

**Beispiel** Das St. Marienhospital hat einen Vertrag mit dem Gesundheitsamt des Parkside- Bezirks über die Durchführung von Endoskopien in den Jahren 1996/97. Dies kann als eine Verantwortlichkeit modelliert werden, deren Typ Endoskopieservice ist, wobei das St. Marienhospital für Parkside zuständig ist. Der Zeitraum der Verantwortlichkeit würde vom 1. Januar 1996 bis zum 31. Dezember 1997 reichen. Ein Untertyp von Verantwortlichkeit könnte Zusatzinformationen bereitstellen, wie z.B., welche Operationen abgedeckt waren und wie viele Endoskopien während der Vertragslaufzeit durchgeführt werden sollten.

**Modellierungsprinzip** *Wann immer man Merkmale eines Typs definiert, der einen Obertyp besitzt, sollte man überlegen, ob es Sinn macht, diese Merkmale dem Obertyp zuzuordnen.*

Wie die Beispiele zeigen, bringt die Abstraktion von der Organisationsstruktur zur Verantwortlichkeit die Einführung einer Vielfalt zusätzlicher Situationen mit sich, die durch das Modell abgedeckt werden können. Die Komplexität des Modells hat sich jedoch nicht erhöht. Das Grundmodell hat die gleiche Struktur wie Abbildung 2.7; die einzige Veränderung ist die Verwendung von Partei anstatt Organisation.

## 2.5 Wissensebene der Verantwortlichkeit

Komplexität ist bereits in dem Sinne eingeführt worden, daß es erheblich mehr Verantwortlichkeitstypen als Organisationsstrukturtypen gibt. Die Regeln zur Definition von Verantwortlichkeitstypen würden daher komplexer.

## 2.5 Wissensebene der Verantwortlichkeit

Diese Komplexität kann durch Einführung einer Wissensebene bewältigt werden. Die Verwendung einer Wissensebene teilt das Modell in zwei Abschnitte auf: in die operationelle Ebene und die Wissensebene. Die operationelle Ebene besteht aus der Verantwortlichkeit, der Partei und ihren Beziehungen untereinander. Die Wissensebene besteht aus dem Verantwortlichkeitstyp, dem Parteityp und deren Beziehungen untereinander, wie dies in Abbildung 2.9 gezeigt wird.

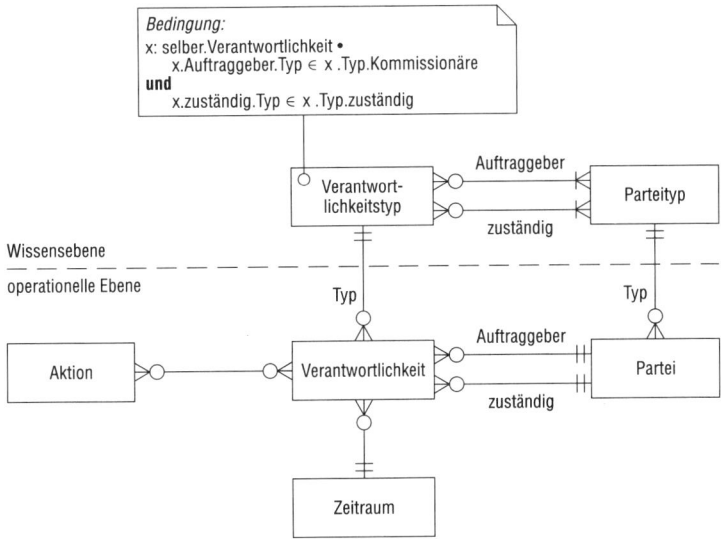

*Abbildung 2.9  Wissensebene und operationelle Ebene der Verantwortlichkeit*
*Die Objekte der Wissensebene definieren die zulässigen Konfigurationen von Objekten der operationellen Ebene. Verantwortlichkeiten können nur zwischen Parteien, die mit entsprechenden Verantwortlichkeits- und Parteitypen übereinstimmen, erzeugt werden.*

Auf der operationellen Ebene hält das Modell die alltäglichen Ereignisse des entsprechenden Bereichs fest. Auf der Wissensebene werden die allgemeinen Regeln, die die zulässigen Strukturen bestimmen, festgehalten. Instanzen der Wissensebene bestimmen die Konfiguration von Instanzen der operationellen Ebene. In diesem Beispiel werden Instanzen der Verantwortlichkeit (Verbindungen zwischen tatsächlichen Parteien) durch Verbindungen zwischen Verantwortlichkeitstyp und Parteityp eingeschränkt.

**Beispiel**  Regionen sind in Divisionen aufgeteilt. Dies wird durch einen Verantwortlichkeitstyp für regionale Strukturen geregelt, dessen Auftraggeber die Regionen und dessen Zuständige die Divisionen sind.

**Beispiel** Die Zustimmung eines Patienten ist als Verantwortlichkeitstyp definiert, dessen Auftraggeber die Patienten und dessen Zuständige die Ärzte sind.

Man beachte, wie die Abbildung auf den Parteityp die Bildung eines Untertyps von Partei ersetzt. Dies ist ein Beispiel für das, was Odell [3] als *Powertyp (engl. power type)* bezeichnet. Ein Powertyp liegt vor, wenn eine Abbildung Untertypen definiert. Der Parteityp ist insofern eng mit den Untertypen von Partei verbunden, als daß der Untertyp Region denselben Typ haben muß, wie der Parteityp Region. Konzeptionell kann man die Instanz von Parteityp als dasselbe Objekt wie den Untertyp von Partei betrachten, auch wenn dieser nicht direkt in den allgemein verwendeten Programmiersprachen implementiert werden kann. Der Parteityp ist also ein Powertyp von Partei. Oft wird man entweder nur die Abbildung oder nur die Bildung eines Untertyps benötigen. Besitzen die Untertypen allerdings ein spezifisches Verhalten und hat der Powertyp seine eigenen Merkmale, werden sowohl Untertypen als auch die Abbildung auf einen Powertyp benötigt. (Odell hat für diesen Fall eine besondere Notation [3].)

Diese Reflexion zwischen der Wissensebene und der operationellen Ebene ist ähnlich, aber nicht identisch, da die Eltern- und Kind-Abbildungen auf der Wissensebene mehrwertig, auf der operationellen Ebene jedoch einwertig sind. Das liegt daran, daß die operationelle Ebene die tatsächliche Partei der Verantwortlichkeit aufzeichnet, während die Wissensebene die zulässigen Parteitypen des Verantwortlichkeitstyps festhält. Diese Nutzung einer mehrwertigen Wissensabbildung zur Angabe der zulässigen Typen für eine einwertige operationelle Abbildung ist ein gebräuchliches Muster.

Wissensebene und operationelle Ebene stellen ein gebräuchliches Merkmal von Modellen dar, auch wenn der Unterschied zwischen den Ebenen nicht immer explizit gemacht wird. Ich mache diese Trennungen explizit, denn ich finde, es hilft, meine Gedanken während der Modellierung zu ordnen. Es sind eine Menge Beispiele sowohl für die operationelle Ebene als auch für die Wissensebene in diesem Buch enthalten, insbesondere in Kapitel 3.

**Modellierungsprinzip** *Man sollte ein Modell explizit in eine operationelle Ebene und eine Wissensebene aufteilen.*

Viele Datenmodellierer verwenden den Begriff *Metamodell*, um die Wissensebene zu beschreiben. Ich finde, daß dieser Begriff unglücklich gewählt ist. *Metamodell* kann auch die Modellierungstechnik definieren. So umfaßt ein Metamodell Konzepte wie Typ, Assoziation, Bildung von Typen und Operation (wie die Metamodelle von Rational Softwares Unified Method [1]). Die Wissensebene fällt eigentlich nicht in diese Kategorie, denn sie beschreibt nicht die Notation der operationellen Ebene. Ich verwende den Begriff Metamodell nur zur Beschreibung eines Modells, das die Sprache (Semantik der Notation) für ein Modell beschreibt.[1]

Das Konzept der Verantwortlichkeit stellt eine recht berauschende Abstraktion dar, und wie bei jedem Aufstieg sollte man rechtzeitig innehalten und den Bestand sondieren, bevor ein Höhenrausch einsetzt. Obwohl man im Objektmodell eine sehr einfache Struktur hat, ist viel Wissen in den Instanzen der Wissensebene verborgen. Dementsprechend genügt es nicht, das Objektmodell zu implementieren; die Wissensebene muß auch instantiiert werden. Die Instantiierung der Wissensebene entspricht der Konfiguration des Systems, was eine eingeschränkte und somit einfachere Form der Programmierung darstellt. Es ist jedoch immer noch Programmierung, so daß man sich überlegen sollte, wie man es testen kann.

Reichhaltige Wissensebenen beeinflussen auch die Kommunikation zwischen Systemen. Wenn zwei Systeme miteinander kommunizieren sollen, müssen sie nicht nur ein gemeinsames Objektmodell besitzen, sondern auch über identische Wissensobjekte verfügen (oder zumindest einige Äquivalenzen zwischen den Wissensebenen, wie es in Kapitel 5.4 erörtert wird). Letztendlich läuft es auf folgende Frage hinaus: Wenn die Anzahl der Verantwortlichkeitstypen groß ist, ist es einfacher, die Struktur von Abbildung 2.9 zu verwenden oder die Struktur aus Abbildung 2.5 mit einer expliziten Assoziation für jeden Verantwortlichkeitstyp zu erweitern? Da die Komplexität des Problems nicht vermieden werden kann, kann man sich nur fragen, welches das einfachere Modell ist, wobei man sowohl die Typenstruktur als auch die Wissensobjekte mit einbeziehen muß.

Wie bei jeder typbehafteten Beziehung muß man auf der Hut sein, daß diese nicht zu einer allgemeinen Bezeichnung für jede Beziehung zwischen zwei Parteien wird. Zum Beispiel würden biologische Eltern nicht als Instanz eines Verantwortlichkeitstyps passen, da keine der beiden Parteien für die andere zuständig ist, noch gibt es einen inhärenten Zeitraum; ein Vormund würde jedoch passen.

---

1. Wenn ich natürlich ein Diagramm definiert hätte, das die Instanzen der Verantwortlichkeitstypen und Parteitypen zeigt, würde die Wissensebene als Metamodell für das Diagramm agieren. Diese Art von Diagramm kann verwendet werden, wenn ein kompliziertes Netz von Verantwortlichkeitstypen vorliegt.

## 2.6 Generalisierung des Parteityps

Das derzeitige Modell ist bereits recht ausdrucksstark, jedoch werden einige nützliche Veränderungen weitere Flexibilität ermöglichen. Diese Variationen sind bei jedem Modell nützlich, das eine Aufteilung in wissensbasierte und operationelle Ebenen besitzt.

Man betrachte beispielsweise den Allgemeinmediziner (AM) Dr. Edwards. Bei der Verwendung des Modells aus Abbildung 2.9 kann man ihn als AM oder als Arzt betrachten, aber nicht als beides. Alle Verantwortlichkeitstypen, die für »Arzt« definiert wurden und auch auf AM zutreffen, müßten kopiert werden. Man kann verschiedene Techniken zur Reduzierung des Problems verwenden. Ein Ansatz besteht darin, den Parteitypen Unter- und Obertypen-Beziehungen zu ermöglichen, wie in Abbildung 2.10 dargestellt. Dies führt im Prinzip die Generalisierung von Parteitypen in einer ähnlichen Art und Weise ein, wie sie bei der Generalisierung von Typen funktioniert. Generalisierungen verursachen Änderungen der Bedingungen des Verantwortlichkeitstyps, so daß sowohl der Typ der Partei (aus der Typenabbildung) als auch der Obertyp (aus der Abbildung aller Typen) mit berücksichtigt werden.

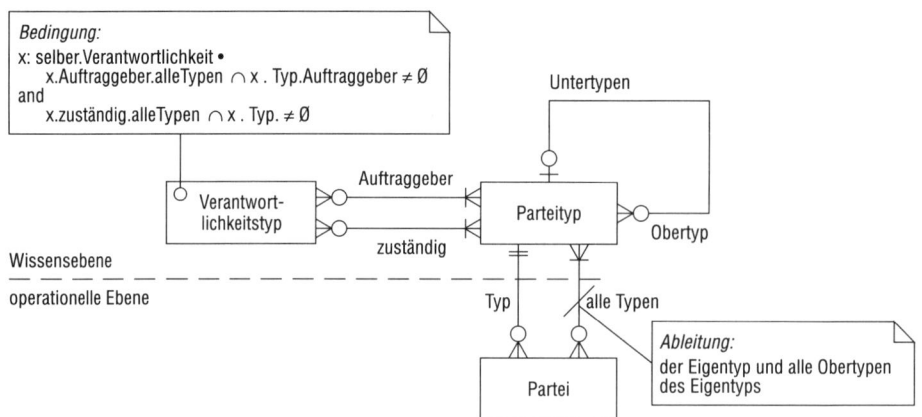

*Abbildung 2.10 Parteitypen dürfen Ober- und Untertypen besitzen*
*Die zusätzliche Generalisierung der Parteitypen vereinfacht die Definition der Wissensebene.*

Abbildung 2.10 bietet eine einfache Vererbungshierarchie des Parteityps. Mehrfachvererbung kann unterstützt werden, indem eine mehrwertige Obertypenabbildung ermöglicht wird. Außerdem unterstützt Abbildung 2.10 nur eine einfache Klassifizierung. Das heißt, wenn Dr. Edwards sowohl AM als auch Kinderarzt ist, dann kann man dies nur durch Erzeugung eines speziellen AM-/Kinderarzt-Parteityps festhalten, der AM und Kinderarzt als Obertyp hat. Mehrfache Klassifizierung erlaubt es der Partei, mehrere Parteitypen außerhalb der Generalisierungsstruktur des Parteityps zu besitzen. Dies kann dadurch ermöglicht werden, daß die Typenabbildung von Partei mehrwertig sein darf.

Vieles in der Beschreibung der Beziehungen zwischen der Wissensebene und der operationellen Ebene verhält sich ähnlich wie die Beziehungen zwischen Objekten und Typen in der Modellierung eines Metamodells.

## 2.7 Hierarchische Verantwortlichkeiten

Die flexible Struktur, die Verantwortlichkeiten bieten, erfordert einen Mehraufwand, um die Bedingungen einiger Verantwortlichkeitstypen durchzusetzen. Zum Beispiel definiert die Organisationsstruktur aus Abbildung 2.3 eine strikte Folge von Ebenen: operierende Einheiten sind in Regionen unterteilt, die in Divisionen unterteilt sind, die wiederum in Verkaufsbüros aufgeteilt sind. Es ist möglich, einen Verantwortlichkeitstyp regionaler Strukturen zu definieren, aber wie kann man die strikten Regeln aus Abbildung 2.3 durchsetzen?

Das erste Problem besteht darin, daß Abbildung 2.3 eine hierarchische Struktur beschreibt. Die Verantwortlichkeitsmodelle besitzen keine Regel, um eine solche Hierarchie in Kraft zu setzen. Dies kann durch die Bereitstellung eines Obertyps des Verantwortlichkeitstyps mit einer zusätzlichen Bedingung angegangen werden, wie in Abbildung 2.11 dargestellt. Diese Bedingung dient – zusammen mit der normalen Bedingung von Verantwortlichkeitstypen – dazu, die hierarchische Natur der Struktur der operationellen Ebene. Ein ähnlicher Untertyp des Verantwortlichkeitstyps kann zur Schaffung einer Struktur eines gerichteten, azyklischen Graphen verwendet werden.

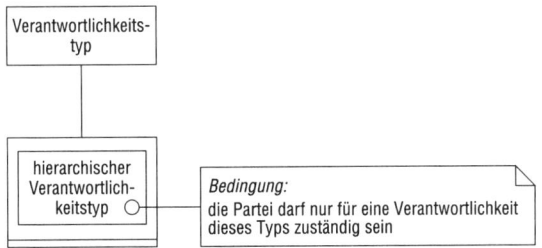

*Abbildung 2.11 Hierarchischer Verantwortlichkeitstyp*

*Die zusätzliche Einschränkung bedeutet, daß die durch Verantwortlichkeiten dieses Typs verbundenen Parteien eine Hierarchie formen müssen.*

Indem man Abbildung 2.11 verwendet, kann man den Fall aus Abbildung 2.3 durch eine Reihe von Verantwortlichkeitstypen unterstützen. Ein Verantwortlichkeitstyp »Regionale Struktur Ebene 1« hat Regionen, die für operierende Einheiten zuständig sind, »Regionale Struktur Ebene 2« hat Divisionen, die für Regionen zuständig sind, und so weiter. Dieser Ansatz funktioniert zwar, wäre jedoch einigermaßen schwerfällig. Alternativ könnte man einen stufenbasierten Verantwortlichkeitstyp verwenden, wie in Abbildung 2.12 dargestellt. In diesem Fall gäbe es nur einen Verantwortlichkeitstyp »Regionale Struktur«. Die Abbildung der Stufen würde auf die Liste der Parteitypen abgebildet – operierende Einheit, Region, Division und Verkaufsbüro. Dieses Modell vereinfacht es, neue stufenbasierte Verantwortlichkeitstypen hinzuzufügen und die Stufen in den Strukturen zu ändern, bei denen es notwendig ist. Der hierarchische Verantwortlichkeitstyp hält die Verantwortung der die Hierarchie formenden Parteien fest, während der stufenbasierte Verantwortlichkeitstyp die Verantwortungen einer festen Folge von Parteitypen aufzeichnet. Der Verantwortlichkeitstyp »Regionale Struktur« wäre sowohl stufenbasiert als auch hierarchisch.

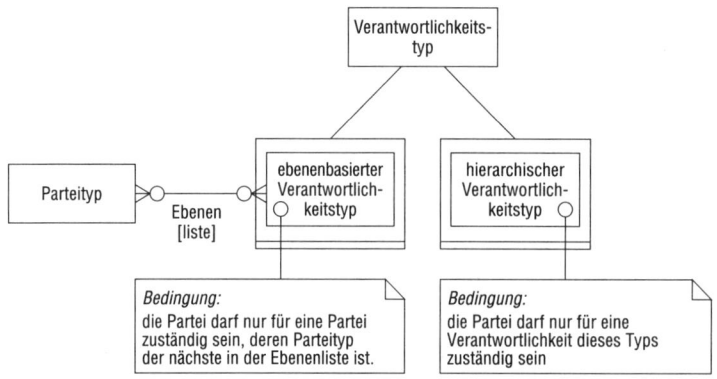

Abbildung 2.12 Stufenbasierter Verantwortlichkeitstyp

*Stufenbasierte Verantwortlichkeiten unterstützen festgelegte Stufen wie Verkaufsbüro, Division und Region.*

Die auf die Untertypen angewendeten Bedingungen wirken mit der auf dem Vertraulichkeitstyp definierten Bedingung zusammen und folgen so den Prinzipien des *Design by Contract* [4]. Im Fall des stufenbasierten Verantwortlichkeitstyps subsummiert dessen Bedingung die des Obertyps und macht die Abbildung von Auftraggeber und Zuständigem überflüssig. Dieses Denken führt zu einem Modell wie in Abbildung 2.13. Es ist wichtig anzumerken, daß Abbildung 2.12 nicht falsch ist. Ein stufenbasierter Verantwortlichkeitstyp ist ein sehr guter Untertyp des Verantwortlichkeitstyps, da die Bedingung des Verantwortlichkeitstyps auch für den stufenbasierten Verantwortlichkeitstyp gilt. Auch gelten weiterhin die Abbildungen von Auftraggeber und Zuständigem, auch wenn sie von der Abbildung der Stufen abgeleitet würden. Ich würde dazu neigen, bei Abbildung 2.12 zu bleiben. Denn der stufenbasierte Verantwortlichkeitstyp wird nicht immer benötigt und kann leicht ohne Verletzung des Modells hinzugefügt werden. Abbildung 2.12 hat auch den Vorteil, daß sie die Beziehung zwischen der Wissensebene und der operationellen Ebene expliziter macht.

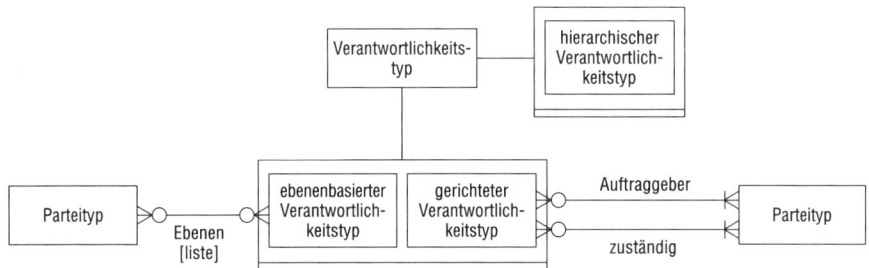

*Abbildung 2.13 Wiederausgleich der Untertypen des Verantwortlichkeitstyps*
*Dies ist eine bessere Möglichkeit, um die Hierarchie des Verantwortlichkeitstyps zu organisieren.*

## 2.8 Operationsbereiche

Verantwortlichkeit bietet bisher eine brauchbare Möglichkeit, um zu beschreiben, wie Parteien zueinander in Beziehung stehen. Der Typ der Verantwortlichkeit beschreibt, welche Beziehungen jede Partei hat. Jedoch gibt es normalerweise noch andere Details, die weitere Aspekte der Bedeutung der Verantwortlichkeit beschreiben. Man betrachte einen Arzt, der als Leberchirurg beschäftigt ist und 1997 20 Lebertransplantationen für das südöstliche Gebiet Londons durchführen soll. Ein Pflegeteam für Diabetiker an einem Krankenhaus könnte gebeten werden, Patienten, die auf Insulin angewiesen sind, im westlichen Massachusetts für die Red Shield HMO (Health Management Organization) zu pflegen.

Solche Details sind die Operationsbereiche der Verantwortlichkeit, wie in Abbildung 2.14 dargestellt. Jeder Operationsbereich definiert einen Teil der Konsequenzen der Verantwortlichkeit für die zuständige Partei. Es ist schwierig, die Attribute eines Operationsbereichs in einer Übersicht aufzuzählen. So sieht man, daß Verantwortlichkeit einige Operationsbereiche hat, von denen jeder ein Untertyp ist, der tatsächliche Merkmale beschreibt.

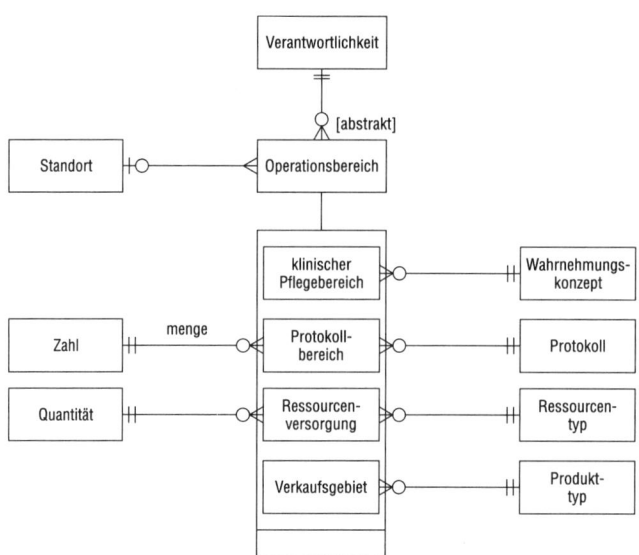

*Abbildung 2.14 Operationsbereich*
*Operationsbereiche definieren die Zuständigkeiten, die entstehen, wenn eine Verantwortlichkeit erzeugt wird. Sie können zur Beschreibung einer Arbeitsstelle genutzt werden.*

**Beispiel** Ein Leberchirurg, der jährlich für 20 Lebertransplantationen im südöstlichen London verantwortlich ist, hat einen Protokollbereich in der Beschäftigungs-Verantwortlichkeit mit einer Menge von 20, dem Protokoll der Lebertransplantationen und dem Ort südöstliches London.

**Beispiel** Ein Pflegeteam für Diabetiker hat eine Verantwortlichkeit für Red Shield. Diese Verantwortlichkeit hätte einen klinischen Pflegebereich, dessen Wahrnehmung die der Diabetiker ist, die Insulin benötigen, und dessen Ort das westliche Massachusetts ist.

**Beispiel** ACM hat einen Vertrag mit Indonesian Coffee Exporters (ICE) über 3.000 Tonnen Java und 2.000 Tonnen Sumatra, über ein Jahr verteilt. Dies wird durch eine Verantwortlichkeit zwischen ACM und ICE mit einem Zeitraum und zwei Ressourcenbeschaffungen (3.000 Tonnen Java pro Jahr und 2.000 Tonnen Sumatra pro Jahr) modelliert.

**Beispiel** Johann Schmitt verkauft die Baureihen 1100 und 2170 der Hochleistungs-Kaffeemaschinen für ACM. Er verkauft sowohl die 1100 als auch die 2170 in New England und verkauft die 2170 in New York. Er hat eine Beschäftigungs-Verantwortlichkeit für ACM mit den Verkaufsgebieten für 1100 in New England, 2170 in New England und 2170 in New York.

Wenn man Operationsbereiche für eine bestimmte Organisation benutzt, dann muß man die bereits vorhandenen Arten der Operationsbereiche und deren Eigenschaften identifizieren. Es ist sehr schwer, in einer Übersicht allgemein über Operationsbereiche zu sprechen, doch wäre die Position ein gemeinsamer Faktor. Die Untertypen des Operationsbereichs dürfen für sich eine Vererbungshierarchie bilden, wenn es viele von ihnen gibt. In besonders komplexen Fällen könnte auch ein Operationsbereichstyp auf der Wissensebene vorhanden sein, um festzuhalten, welche Verantwortlichkeitstypen welche Operationsbereiche haben können.

## 2.9 Position

Oft ist der Operationsbereich einer Person – ihre Zuständigkeiten einschließlich vieler ihrer Verantwortlichkeiten – im voraus als Beschreibung ihrer Arbeitsstelle definiert. Wenn eine Person ihre Arbeitsstelle wechselt, wird ihr Nachfolger eine ganze Menge der Zuständigkeiten erben. Diese Zuständigkeiten sind also eher an die Arbeit als an die Person gebunden.

Man kann mit dieser Situation umgehen, indem man die Position als dritten Untertyp von Partei einführt, wie in Abbildung 2.15 dargestellt. Jede Verantwortung, die für die Arbeitsstelle gleichbleibend ist – wer auch immer diese inne hat –, wird an diese Arbeitsstelle gebunden. Eine Person hat eine Position inne, indem sie eine Verantwortlichkeit für die Position hat. Die Vorstellung ist die, daß eine Person für die Verantwortungen der Position für den Zeitraum verantwortlich ist, in der sie der Position zugewiesen ist.

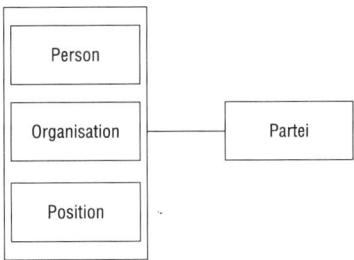

*Abbildung 2.15 Position*
*Positionen werden verwendet, wenn Verantwortlichkeiten und Bereiche durch die Position definiert sind und sie sich nicht ändern, wenn der Inhaber der Position wechselt. Berufungen zu Positionen sind Verantwortlichkeiten.*

**Beispiel** Paul Smith ist Leiter des Entwicklungsteams für Hochleistungsprodukte. Man kann dies durch eine Position für den Leiter des Entwicklungsteams für Hochleistungsprodukte beschreiben. Diese Position hat eine Management-

Verantwortlichkeit für das Entwicklungsteam für Hochleistungsprodukte (eine Partei). Paul Smith hat eine eigene Verantwortlichkeit (des Typs Berufung) für diese Position.

**Beispiel** Die Position des Transplantationschirurgen an einem Krankenhaus hat eine Arbeitsbeschreibung in Form der Anforderung, 50 Nieren- und 20 Lebertransplantationen im Jahr durchzuführen. Diese Position hat eine Verantwortlichkeit für das Krankenhaus und Protokollbereiche für 50 Nieren- und 20 Lebertransplantationen.

Positionen sollten nicht immer verwendet werden, denn durch ihren hohen Grad an Ungerichtetheit erhöhen sie die Komplexität der operationellen Ebene signifikant. Man sollte Positionen nur dann verwenden, wenn es dort signifikante Verantwortlichkeiten gibt, die statisch für die Position sind, und wenn das Personal dieser Position häufiger wechselt. Positionen sind nicht in Modellen notwendig, in denen alle Verantwortungen an eine Person gebunden werden können.

**Literatur**

1. Booch, J. Rumbaugh. *Unified Method for Object-Oriented Development.* Rational Software Corperation, Version 0.8, 1995.[1]

2. Cairns, A. Casey, M. Fowler, M. Thursz, H. Timimi. *The Cosmos Clinical Process Modell.* National Health Service, Information Management Centre, 15 Federick Rd, Birgmingham, B15 1JD, England. Report ECBS20A & ECBS20B, <http://www.sm.ic.ac.uk/medicine/cpm.htm>, 1992.

3. Martin, J. Odell. *Object-Oriented Methods: A Foundation.* Englewood Cliffs, NJ: Prentice-Hall, 1995.

4. Meyer. »Applying 'Design by Contract'«, In: *IEEE Computer*, 25, 10 (1992), S. 40-51.

---

1. Anm. d. Übers.: Zur Zeit der Drucklegung dieser Übersetzung ist das Dokument in der Version 1.1 unter der URL <http://www.rational.com/uml/documentation.html> einzusehen.

# 3 Wahrnehmungen und Messungen

Viele Computersysteme halten Informationen über Objekte der realen Welt. Diese Informationen werden in Computersystemen in Form von Containern, Attributen, Objekten und verschiedenen anderen Repräsentationen aufgenommen. Der typische Vorgang ist die Aufzeichnung einer Information als Attribut eines Objekts. Zum Beispiel würde die Tatsache, daß ich 85 Kilo wiege, als Attribut des Personentyps festgehalten. Dieses Kapitel untersucht, warum dieser Ansatz fehlschlägt, und stellt intelligentere Ansätze vor.

Wir beginnen mit der Besprechung der *Quantität (3.1)* – ein Typ, der eine Zahl mit der assoziierten Einheit verbindet. Durch die Kombination von Zahlen und Einheiten kann die Welt exakter modelliert werden. Mit Quantitäten und den als Objekten modellierten Einheiten kann man auch beschreiben, wie Quantitäten durch ein *Umwandlungsverhältnis (3.2)* konvertiert werden. Das Quantitätsmuster kann erweitert werden, indem man *zusammengesetzte Einheiten (3.3)* benutzt, die komplexe Einheiten explizit in Form ihrer Komponenten repräsentieren. Quantitäten werden in fast allen Computersystem benötigt; monetäre Werte sollten immer durch dieses Muster repräsentiert werden.

Quantitäten können als Attribute von Objekten verwendet werden, um Informationen über diese festzuhalten. Dieser Ansatz versagt allerdings, sobald eine sehr große Anzahl von Attributen vorhanden ist, die den Typ mit Attributen und Operationen aufbläht. In dieser Situation kann die *Messung (3.4)* verwendet werden, um Messungen selbst als Objekte zu handhaben. Dieses Muster ist auch dann hilfreich, wenn man Informationen über individuelle Messungen festhalten muß. An dieser Stelle wird der Zweck der operationellen Ebene und der Wissensebene offensichtlich (siehe Kapitel 2.5).

Messungen erlauben es, quantitative Informationen festzuhalten. *Wahrnehmungen (3.5)* erweitern dieses Muster um den Umgang mit quantitativer Information und erlauben auf diese Weise die Bildung von Untertypen von *Wahrnehmungsbegriffen (3.6)* in der Wissensebene. Es ist auch oft von grundlegender Bedeutung, das *Protokoll (3.7)* für eine Wahrnehmung aufzuzeichnen, so daß klinische Mitarbeiter die Wahrnehmung besser interpretieren und die Genauigkeit und Empfindlichkeit der Wahrnehmung besser bestimmen können.

Einige kleine Muster erweitern dann noch das der Wahrnehmung. Der Unterschied zwischen dem Zeitpunkt, an dem eine Wahrnehmung auftrat, und dem ihrer Aufzeichnung kann mit einer *doppelten Zeitaufzeichnung (3.8)* erfaßt werden. Oft ist es wichtig, Wahrnehmungen, die als falsch erachtet werden, aufzuzeichnen; dies erfordert eine *abgelehnte Wahrnehmung (3.9)*. Die größten Kopfschmerzen bei der Wahrnehmung bereitet einem der Umgang mit der Gewißheit, wozu es oft wichtig ist, Hypothesen über Objekte festzuhalten. Die Bildung von Untertypen wie *aktive Wahrnehmung, Hypothese und Projektion (3.10)* ist eine Möglichkeit, mit diesem Problem umzugehen.

Viele Aussagen über Wahrnehmungen werden unter Verwendung eines Diagnoseprozesses gemacht. Wir schließen auf Wahrnehmungen aufgrund anderer Wahrnehmungen. Die *assoziierte Wahrnehmung (3.11)* kann verwendet werden, um die Nachweiswahrnehmungen zusätzlich zu dem Wissen aufzuzeichnen, das für die Diagnose verwendet worden ist.

Die vorausgegangenen Muster sind alle strukturell und werden zur Aufzeichnung von Wahrnehmungen verwendet. Um zu verstehen, wie sie funktionieren, ist es nützlich, den Prozeß der Wahrnehmung (3.12) zu betrachten, der durch eine ereignisbasierte Technik modelliert werden kann.

Nur wenige Berufsbereiche haben eine so komplexe Nachfrage an Messungen und Wahrnehmungen wie der der Medizin. Die Modelle in diesem Kapitel stammen aus dem aufwendigen Versuch, die Modellierung des Gesundheitswesens aus einer klinischen Perspektive anzugehen – dem Cosmos-Projekt [3] des nationalen Gesundheitsdienstes (NHS) Großbritanniens. In diesem Projekt hat ein Team aus Ärzten, Schwestern und Analytikern in diesem für seine Schwierigkeit bekannten Bereich zusammengearbeitet. Es ist jedoch keine reine Beschreibung des Cosmos-Modells in diesem Buch enthalten. Für die Interessierten sei auf das komplette Modell in [1] verwiesen. Die Ideen dieses Modells können auf andere Gebiete übertragen werden: In Kapitel 4 wird erörtert, wie dies für den Bereich der Unternehmensfinanzen gemacht werden kann.

**Schlüsselkonzepte** Quantität, Einheit, Messung, Wahrnehmung, Wahrnehmungskonzept, Phänomentyp, assoziative Funktion, abgelehnte Wahrnehmung, Hypothese

## 3.1 Quantität

Die einfachste und gebräuchlichste Art, Messungen in heutigen Computersystemen aufzuzeichnen, besteht darin, eine Zahl in ein Feld zu schreiben, das für eine bestimmte Messung entworfen worden ist, so wie die Anordnung in Abbildung 3.1. Das Problem bei dieser Methode besteht darin, daß eine Zahl zur Repräsentation der Größe einer Person nicht besonders gut geeignet ist. Was bedeutet es, wenn man sagt, daß meine Größe 6 ist oder daß mein Gewicht 85 ist? Um der Zahl einen Sinn zu geben, benötigt man Einheiten. Eine Möglichkeit, dies zu tun, besteht darin, eine Einheit als Namen der Assoziation einzuführen (z.B. Gewicht in Kilo). Die Einheit klärt die Bedeutung der Zahl, jedoch bleibt die Darstellung ungünstig. Ein weiteres Problem dieser Technik besteht darin, daß derjenige, der die Aufzeichnung vornimmt, die korrekte Einheit für die Information verwenden muß. Wenn mir jemand sein Gewicht als 80 Kilogramm angibt, was muß ich dann aufzeichnen? Idealerweise hält eine gelungene Aufzeichnung, besonders in der Medizin, genau das fest, was gemessen wurde – nicht mehr und nicht weniger. Die Umwandlung, auch wenn sie deterministisch ist, wird dieser Forderung jedoch nicht vollends gerecht.

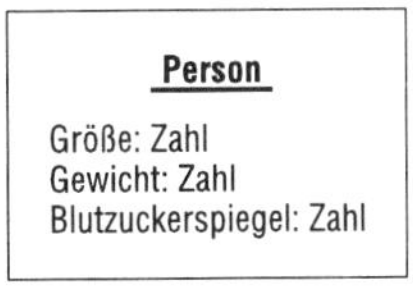

```
        Person
Größe: Zahl
Gewicht: Zahl
Blutzuckerspiegel: Zahl
```

*Abbildung 3.1 Zahlenattribut*
*Dieser Ansatz spezifiziert nicht die Einheiten.*

Ein sehr nützliches Konzept in diesem Kontext ist das der Quantität. Abbildung 3.2 zeigt einen Objekttyp, der Zahlen und Einheiten verbindet, z.B. 6 Fuß oder 85 Kilo. Quantität schließt geeignete arithmetische und vergleichende Operationen mit ein. Zum Beispiel ermöglicht eine Additionsoperation, Quantitäten genauso einfach wie Zahlen zusammenzuzählen, jedoch überprüft sie zudem noch die Einheiten, so daß 34 Zoll nicht zu 68 Kilogramm addiert werden. Quantität ist ein »ganzer Wert« [2], der an der Benutzerschnittstelle interpretiert und angezeigt werden kann (eine einfache Ausgabeoperation kann die Zahl und die Einheit anzeigen). Auf diese Weise wird Quantität zu einem so nützlichen und weit verbreiteten Attribut wie Integer oder Datum.

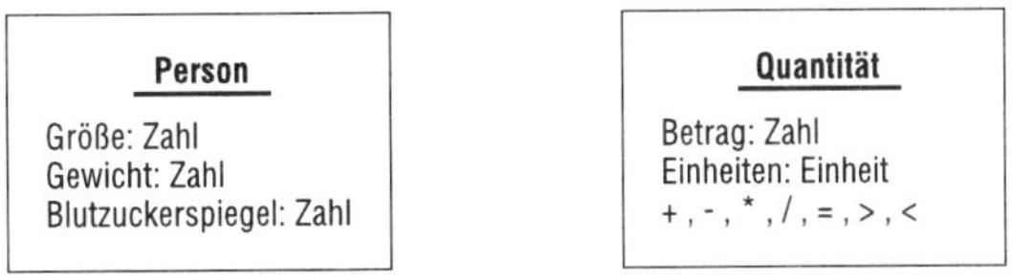

```
        Person                          Quantität
Größe: Zahl                      Betrag: Zahl
Gewicht: Zahl                    Einheiten: Einheit
Blutzuckerspiegel: Zahl          + , - , * , / , = , > , <
```

*Abbildung 3.2 Messungen als Attribute, die Quantität verwenden*
*Quantität sollte immer dort verwendet werden, wo Einheiten benötigt werden.*

**Beispiel** Man kann ein Gewicht von 85 Kilo als eine Quantität mit dem Wert 85 und der Einheit Kilo angeben.

Monetäre Werte sollten auch als Quantitäten repräsentiert werden (ich verwende den Begriff *Geld* in diesem Buch), deren Einheit die Währung ist. Durch Quantitäten kann man sehr einfach mit mehreren Währungen umgehen und ist so nicht an eine einzige Währung gebunden (wenn nur mein eigenes Finanzprogramm dieses tun würde!). Geldobjekte können auch die Repräsentation des Wertes steuern. Oft treten Rundungsprobleme in Finanzsystemen auf, wenn Fließkommazahlen verwendet werden, um monetäre Werte zu repräsentieren; monetäre Quantitäten können die Verwendung von Festkommazahlen für das Wertattribut erzwingen.

**Beispiel**  80 Dollar werden durch eine Quantität mit einem Wert von 80 und der Einheit US-Dollar repräsentiert.

Die Verwendung von Quantität ist ein wichtiges Merkmal der objektorientierten Analyse. Viele Modellierungsansätze unterscheiden zwischen Attributen und Assoziationen. Assoziationen verbinden Typen im Modell, und Attribute enthalten einem Attributtyp entsprechende Werte. Die Frage ist, was macht etwas eher zu einem Attribut als zu einer Assoziation? Normalerweise sind Attribute die typischen atomaren Typen der meisten Softwareentwicklungsumgebungen (Integer, Real, Zeichenkette, Datum usw.). Typen wie die Quantität passen nicht zu der Art von Entscheidung zwischen Attribut und Assoziation. Einige Modellierer sagen, daß Quantität als Assoziation modelliert werden sollte (da es sich nicht um einen der typischen atomaren Typen handelt), während andere sie als Attribut empfehlen (da es ein separater, weit verbreiteter Typ ist). In der konzeptionellen Modellierung ist es egal, welchem Lager Sie zuneigen, es ist nur wichtig, nach solchen Typen wie der Quantität zu suchen und sie einzusetzen. Da ich nicht zwischen Attributen und Abbildungen unterscheide, wird es bei mir nicht zu einem Streitpunkt. (Ich führe diesen Punkt in dieser Ausführlichkeit aus, da Typen wie Quantität auffallend selten in den meisten Modellen zu finden sind, die ich gesehen habe.)

**Modellierungsprinzip**  *Wenn mehrere Attribute über ein Verhalten miteinander interagieren, das bei verschiedenen Typen verwendet werden könnte, dann sollte man die Attribute zu einem neuen, grundlegenden Typ kombinieren.*

## 3.2 Umwandlungsverhältnis

Einheiten, die explizit im Modell repräsentiert werden, sind sehr nützlich. Der erste Dienst, den Einheiten uns leisten können, besteht darin, Quantitäten von einer Einheit in die andere zu überführen. Wie in Abbildung 3.3 gezeigt wird, kann man Objekte verwenden, die das Umwandlungsverhältnis zwischen Einheiten

## 3.2 Umwandlungsverhältnis

und einer der Quantität hinzugefügten Operation, `wandleIn(Einheit)`, wiedergeben. Die Operation liefert dann eine neue Quantität in der angegebenen Einheit. Diese Operation analysiert dazu die Umwandlungsverhältnisse auf der Suche nach einem Weg von der Quantität des erhaltenden Objekts zu der gewünschten Quantität.

**Beispiel** Man kann zwischen Zoll und Fuß konvertieren, indem man ein Umwandlungsverhältnis von Fuß zu Zoll mit der Zahl 12 definiert.

*Abbildung 3.3 Hinzufügen von Umwandlungsverhältnissen zu Einheiten*

**Beispiel** Man kann zwischen Zoll und Millimeter konvertieren, indem man ein Umwandlungsverhältnis von Zoll zu Millimeter mit der Zahl 25,4 definiert. Man kann dann das Verhältnis mit dem Umwandlungsverhältnis von Fuß zu Zoll kombinieren, um von Fuß nach Millimeter zu konvertieren.

Umwandlungsverhältnisse können die meisten, aber nicht alle Arten von Umwandlungen durchführen. Eine Umwandlung von Celsius nach Fahrenheit erfordert etwas mehr als eine einfache Multiplikation. In diesem Fall ist eine individuelle Instanzmethode (siehe Kapitel 6.6) notwendig.

Wenn man viele verschiedene Einheiten konvertieren muß, kann man in Betracht ziehen, die Dimensionen[1] einer Einheit festzuhalten. Zum Beispiel hat die Kraft die Dimension $[MLT^{-2}]$, und man benötigt darüber hinaus einen Skalar für Einheiten, die keine S.I.-Einheiten[2] sind. Mit den Dimensionen und dem Skalar kann man die Umwandlungsverhältnisse automatisch berechnen, auch wenn es einer gewissen Arbeit bedarf.

Man sollte beachten, daß die Zeit nicht korrekt zwischen Tagen und Monaten konvertiert werden kann, da die Anzahl der Tage in einem Monat nicht konstant ist.

Wenn man mehrere alternative Möglichkeiten der Umwandlung hat, kann man diese in Testfällen verwenden. Der Test sollte überprüfen, ob die Umwandlung in beide Richtungen funktioniert.

---

1. Physikalische Dimension
2. Anm. d. Übers.: Gemeint sind die Einheiten, die durch das International System of Units definiert sind.

Für monetäre Werte, deren Einheiten Währungen sind, bleiben die Umwandlungsverhältnisse nicht über einen Zeitraum konstant. Dieses Problem läßt sich beseitigen, wenn man den Umwandlungsverhältnissen Attribute gibt, die die Zeit der Anwendbarkeit angeben.

Wenn zwischen Einheiten umgewandelt wird, kann man entweder Umwandlungsverhältnisse, wie hier beschrieben, verwenden oder Szenarien, wie in Kapitel 9.4 beschrieben. Ich verwende Szenarien, wenn sich die Umwandlung häufig ändert und ich über viele Mengen (engl. *sets*) konsistenter Umwandlungen Bescheid wissen muß. Ansonsten ist das einfachere Umwandlungsverhältnis das bessere Modell.

## 3.3 Zusammengesetzte Einheiten

Einheiten können entweder atomar oder zusammengesetzt sein. Eine zusammengesetzte Einheit ist eine Kombination aus atomaren Einheiten, wie Quadratmeter oder Meter pro Sekunde. Eine elegante Umwandlungsoperation könnte Umwandlungsverhältnisse für atomare Einheiten verwenden, um eine zusammengesetzte Einheit umzuwandeln. Die zusammengesetzte Einheit müßte sich die atomaren Einheiten und ihre Potenzen merken. Abbildung 3.4 zeigt ein Beispiel eines einfachen Modells, das zusammengesetzte Einheiten umwandeln kann. Man beachte, daß die Werte der Potenz positiv und negativ sein können.

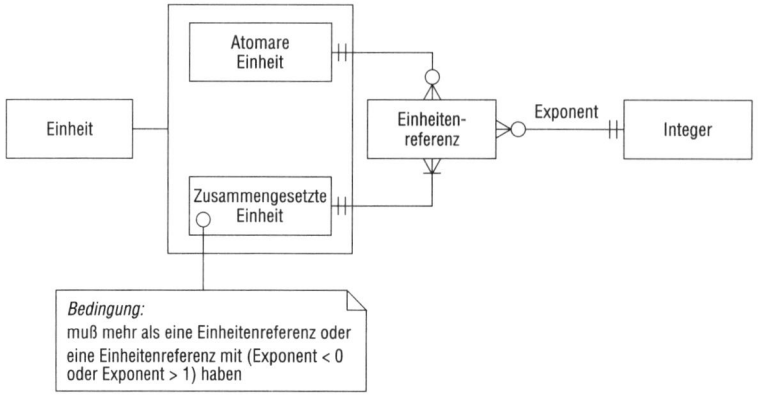

*Abbildung 3.4 Zusammengesetzte Einheiten*
*Dieses Modell kann für die Beschleunigung und ähnliche Phänomene verwendet werden.*

**Beispiel** Man möchte eine Fläche von 150 Quadratmetern durch eine Quantität repräsentieren, deren Zahl 150 und deren Einheit eine zusammengesetzte Einheit mit einer Einheit Quadratmeter ist.

Eine Abwandlung dieses Modells macht sich den Vorteil der Repräsentation von Abbildungen (engl. *mappings*) mittels Multimengen zunutze. Anders als die normale Menge erlauben Multimengen die mehrfache Verwendung eines Objekts in einer Abbildung, wie in Abbildung 3.5 dargestellt. Multimengen sind insbesondere bei einer Beziehung mit einem einzigen numerischen Attribut nützlich.

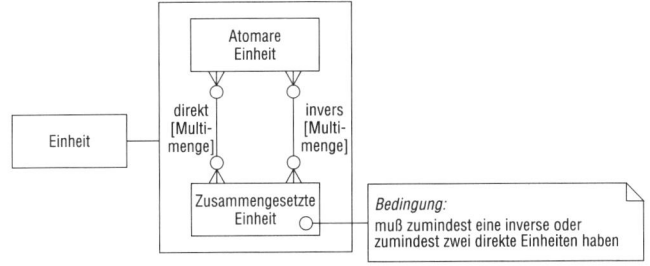

*Abbildung 3.5 Zusammengesetzte Einheiten mit Multimengen*
*Dieses Modell ist kompakter als das aus Abbildung 3.4.*

**Beispiel** Die Beschleunigung aufgrund der Gravitation kann als Quantität mit der Zahl 9,81 und einer zusammengesetzten Einheit mit der direkten Einheit Meter und der inversen Einheit von Sekunden und Sekunden ausgedrückt werden.

Der Unterschied zwischen Abbildung 3.4 und 3.5 ist nicht groß. Ich habe eine leichte Präferenz für Abbildung 3.5, da sie den Verweis auf Einheit vermeidet – ein Typ, der nicht viel leistet. Die Wahl zwischen diesen Modellen betrifft die meisten Klienten einer zusammengesetzten Einheit nicht. Davon sind nur solche Klienten betroffen, die die zusammengesetzte Einheit in atomare Einheiten untergliedern müssen. Die meisten Klienten dieses Typs benötigen nur eine druckbare Darstellung. Offensichtlich muß man Abbildung 3.4 verwenden, wenn die Methode keine Multimengen in Abbildungen gestattet.

## 3.4 Messungen

Die Modellierung von Quantitäten als Attribute kann für eine Abteilung eines Krankenhauses nützlich sein, die ein paar Dutzend Messungen für jeden stationär aufgenommenen Patienten sammelt. Wenn man jedoch alle Bereiche der Medizin anschaut, findet man Tausende von potentiellen Messungen, die für eine Person durchgeführt werden könnten. Die Definition eines Attributs für jede Messung würde bedeuten, daß es zu einer Person Tausende von Operationen gäbe – eine unhaltbar komplexe Schnittstelle. Eine Lösung besteht darin, alle möglichen meßbaren Sachen als Objekte zu betrachten (Größe, Gewicht, Blut, Zuckerwert usw.) und den Objekttyp »Phänomentyp« einzuführen, wie in Abbildung 3.6 angegeben. Ein Patient hätte dann viele Messungen, wobei jede einem spezifischen Typ des Phänomens eine Quantität zuordnen würde. Die Person besäße nur ein Attribut für alle Messungen, und die Komplexität der Handhabung der Messungen würde auf das Abfragen tausender Instanzen der Messung und des Typs eines Phänomens verschoben. Man kann dann der Messung weitere Attribute hinzufügen, um solche Dinge wie den Durchführenden, den Zeitpunkt, den Ort usw. aufzuzeichnen.

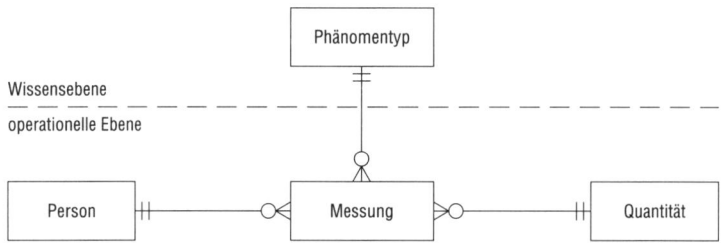

*Abbildung 3.6 Einführung von Messung und Phänomentyp*
*Dieses Modell ist bei vielen möglichen Messungen nützlich, die die Person sonst zu komplex machen würden. Die Typen eines Phänomens sind Dinge, von denen man weiß, daß man sie messen kann. Solches Wissen befindet sich auf der Wissensebene des Modells.*

**Beispiel** Hans Schmitt ist 1,80 Meter groß, was durch eine Messung repräsentiert werden kann, deren Person Hans Schmitt ist, deren Phänomentyp die Größe ist und deren Quantität 1,80 Meter ist.

**Beispiel** Hans Schmitt hat eine maximale Atemflußgeschwindigkeit (wieviel Luft wie schnell aus den Lungen geblasen werden kann) von 180 Litern pro Minute. Dies kann als eine Messung repräsentiert werden, deren Person Hans Schmitt ist, deren Phänomentyp die Spitzenrate der Ausatmung ist und deren Quantität 180 Liter pro Minute ist.

**Beispiel** Eine Betonplatte besitzt eine Stärke, die durch eine Kraft von 4.000 Pfund pro Quadratzoll angeben wird. Hier wird die Person durch eine Betonplatte mit einer Messung ersetzt, deren Phänomentyp Stärke und deren Quantität 4.000 Pfund pro Quadratzoll ist.

Dieses Modell besitzt eine einfache Trennung, die sich in der weiteren Analyse als sehr nützlich herausstellte. Messungen sind als Teil der tagtäglichen Operationen eines auf diesem Modell basierenden Systems erzeugt worden. Phänomentypen werden jedoch viel seltener erzeugt, denn sie repräsentieren das Wissen darüber, welche Dinge gemessen werden müssen. So entstand das Zwei-Ebenen-Modell: Die *operationelle Ebene* besteht aus den Messungen, und die *Wissensebene* besteht aus den Phänomentypen (siehe auch Kapitel 2.5). Auch wenn dies in diesem einfachen Beispiel nicht wichtig erscheint, wird man doch sehen, daß die Betrachtung dieser beiden Ebenen sehr nützlich ist, wenn die Modellierung später in diesem Buch noch tiefergehender betrachtet wird. (Obwohl sich in Abbildung 3.6 noch eine Trennline befindet, ist sie in den meisten folgenden Abbildungen weggelassen worden; dennoch besteht die Konvention, wissensorientierte Konzepte in der oberen Hälfte der Abbildung darzustellen.)

**Modellierungsprinzip** *Auf der operationellen Ebene finden sich solche Konzepte, die sich tagtäglich ändern. Ihre Konfiguration ist durch eine Wissensebene eingeschränkt, die sich wesentlich seltener verändert.*

**Modellierungsprinzip** *Wenn ein Typ sehr viele ähnliche Assoziationen hat, dann sollte man diese Assoziationen zu Objekten eines neuen Typs machen. Man erzeugt dann einen Typ auf der Wissensebene, um zwischen diesen zu unterscheiden.*

Man kann wahlweise die Einheit der Messung dem Phänomentyp hinzufügen oder Zahlen für die Messung statt einer Quantität verwenden. Ich bevorzuge den Erhalt der Quantitäten bei Messung, so daß ich leicht verschiedene Einheiten für einen Phänomentyp unterstützen kann. Eine Menge von Einheiten beim Phänomentyp kann dazu verwendet werden, die Einheit einer eingegebenen Messung zu überprüfen, und bietet dem Benutzer eine Liste, aus der er wählen kann.

## 3.5 Wahrnehmung

Genauso wie es viele quantitative Aussagen gibt, die man über einen Patienten machen kann, gibt es auch viele wichtige qualitative Aussagen, wie das Geschlecht, die Blutgruppe und die Angabe, ob der Patient Diabetes hat oder nicht. Für diese Aussagen kann man keine Attribute verwenden, da es eine Vielzahl an Auswahlmöglichkeiten gibt. Ein Konstrukt ähnlich dem für die Messungen ist deshalb nützlich.

Man betrachte das Problem, das Geschlecht eines Patienten festzuhalten, das zwei mögliche Werte hat: Männlich oder weiblich. Man kann das Geschlecht als das ansehen, was man mißt, wobei männlich und weiblich zwei Werte dafür darstellen, genauso wie jede positive Zahl einen bedeutungstragenden Wert für die Größe einer Person darstellt. Man kann aber auch einen neuen Typ erschaffen, Kategoriewahrnehmung, der sich wie eine Messung verhält, aber eine Kategorie anstatt einer Quantität besitzt, was in Abbildung 3.7 gezeigt wird. Außerdem kann ein weiterer neuer Typ der Wahrnehmung eingeführt werden, der als Obertyp einer Messung und einer qualitativen Wahrnehmung fungiert.

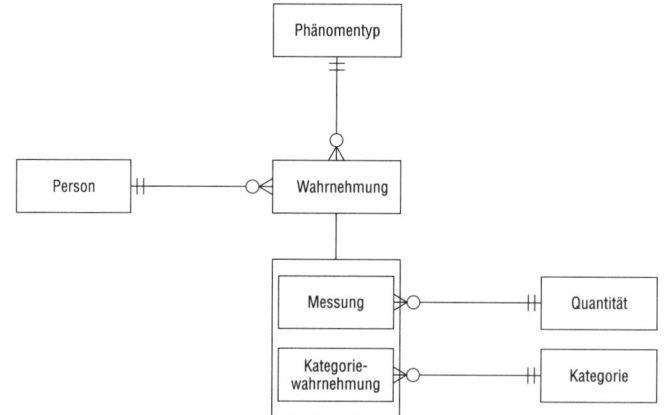

*Abbildung 3.7 Wahrnehmungen und Kategoriewahrnehmungen*
*Dieses Modell unterstützt qualitative Messungen, wie die der Blutgruppe A.*

Anhand von Abbildung 3.7 kann man sagen, daß das Geschlecht eine Instanz von Phänomentyp ist und männlich und weiblich Instanzen von Kategorie sind. Um festzuhalten, daß eine Person männlich ist, erzeugt man eine Wahrnehmung mit einer Kategorie für männlich und einen Phänomentyp für Geschlecht.

Nun muß man überlegen, wie man verzeichnen kann, daß bestimmte Kategorien ausschließlich für bestimmte Phänomentypen verwendet werden können. »Groß«, »von durchschnittlicher Größe« und »klein« können Kategorien für den Phänomentyp Größe sein, während A, B, A/B und 0 Kategorien des Phänomentyps Blutgruppe sein können. Dies kann durch eine Beziehung zwischen Kategorie und Phänomentyp bewerkstelligt werden. Die interessante Frage ist dann die nach der Kardinalität der Abbildung von Kategorie zu Phänomentyp. Man kann fragen, ob das Objekt A, das bei der Blutgruppe verwendet wird, potentiell mit mehr als einem Phänomentyp verbunden werden kann. Natürlich ist das so: Man klassifiziert die Leberfunktion anhand der Größe der Childs-Pugh-Skala[1], die die Werte A (angemessen), B (moderat) und C (gering) hat. Dies ruft die Frage hervor, was man mit A meint. Wenn man nur die Zeichenkette, die aus dem Zeichen 'A' besteht, meint, dann ist die Abbildung mehrwertig, und die Kategorie ist vom

---

1. Die Childs

Phänomentyp unabhängig. Die Bedeutung der Kategorie ist nur dann klar, wenn ein Phänomentyp durch eine qualitative Wahrnehmung eingebracht worden ist. Die Alternative besteht darin, die Abbildung einwertig zu machen, wobei die Kategorie nur innerhalb des Kontextes des Phänomentyps definiert ist; d.h., es ist nicht A, sondern die Blutgruppe A.

Worin besteht der Unterschied? Der einwertige Fall erlaubt es, nützliche Informationen über die Kategorien festzuhalten, wie z.B., daß A bezüglich der Leberfunktion besser ist als B, während keine solche Ordnung für die Blutgruppen existiert.

Meine anfänglichen Untersuchungen des klinischen Prozesses brachten eine geläufige Reihenfolge zum Vorschein: Der Patient kommt ins Krankenhaus, es werden Hinweise über den Zustand des Patienten gesammelt, und ein Arzt macht eine Beurteilung. Zum Beispiel könnte ein Patient kommen und sich über übermäßigen Durst, Gewichtsverlust und häufiges Urinieren (Polyurie) beklagen. Dieses würde einen Arzt dazu veranlassen, Diabetes zu diagnostizieren. Einige Dinge sind bei der Aufzeichnung dieser Diagnose wichtig. Erstens ist es nicht ausreichend, einfach zu bemerken, daß der Patient Diabetes hat; der Arzt muß auch explizit die Hinweise, die zu dieser Diagnose geführt haben, aufzeichnen. Zweitens hat der Arzt diese Schlußfolgerung nicht einfach aus der Luft gegriffen. Zufällige Beweise werden nicht in wahllose Schlußfolgerungen umgesetzt. Der Arzt muß sich auf klinisches Wissen stützen.

Man betrachte die Plazierung dieses Prozesses im Modell, das man bisher hat. Der Patient leidet an Gewichtsverlust. Man kann dies durch einen Phänomentyp für die Gewichtsänderung erfassen, der mit den Kategorien »Zugenommen«, »Abgenommen« und »Stagniert« verbunden ist. Genauso gibt es einen Phänomentyp für Diabetes mit Kategorien für »Vorhanden« und »Abwesend«. Man kann die Verbindung zwischen den Wahrnehmungen durch eine geeignete rekursive Beziehung der Wahrnehmung festhalten, wie dies in Abbildung 3.8 gezeigt wird. Man kann so also die Verbindung der Wahrnehmung der Diabetes und ihrem Nachweis festhalten. Darüber hinaus muß man das klinische Wissen über die Verbindung zwischen dem Gewichtsverlust und der Diabetes aufnehmen. Bei der Verwendung des Modells aus Abbildung 3.7 wird einem dies schwerfallen. Der Phänomentyp der Gewichtsänderung und die Kategorie »Abgenommen« sind nur dann verbunden, wenn eine Wahrnehmung gemacht wurde. Man braucht eine Möglichkeit, um auszudrücken, daß der Gewichtsverlust – was ohne irgendeine Wahrnehmung passieren kann – auf die Wissensebene gehört. Die einwertige Abbildung der Kategorie auf den Phänomentyp bietet diese Möglichkeit. (In Kapitel 3.11 wird dies weitergehend erläutert.)

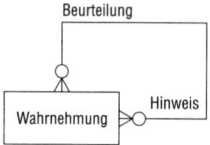

*Abbildung 3.8 Rekursive Beziehung, um Nachweise und Beurteilungen festzuhalten*

Dies war der zwingende Beweis, um die Abbildung der Kategorie auf den Phänomentyp einwertig zu gestalten. Dadurch wurde die Kategorie auf die Wissensebene verschoben und in Phänomen umbenannt, wie dies in Abbildung 3.9 zu sehen ist. Phänomene definieren die möglichen Werte für einen Phänomentyp.

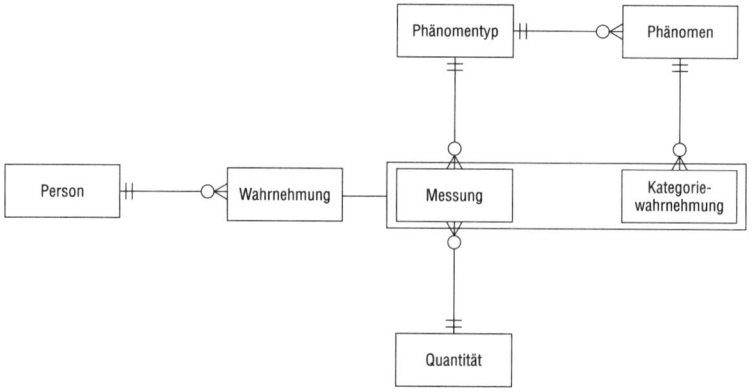

*Abbildung 3.9 Phänomen (zuvor Kategorie) auf der Wissensebene*
*Die Plazierung von qualitativen Aussagen (wie die Blutgruppe A) auf der Wissensebene erlaubt es, sie in Regeln zu verwenden.*

**Beispiel** Die Tatsache, daß eine Person Blutgruppe A hat, wird durch eine Kategoriewahrnehmung einer Person angezeigt, deren Phänomen Blutgruppe A ist. Das Blutgruppe-A-Phänomen ist mit dem Phänomentyp Blutgruppe verbunden.

**Beispiel** Man kann einen niedrigen Ölstand in einem Auto durch eine Kategoriewahrnehmung des Autos modellieren. Der Phänomentyp ist der Ölstand mit den möglichen Phänomenen »übervoll«, »in Ordnung« und »niedrig«.

Das Modell in Abbildung 3.9 funktioniert gut für Kategoriewahrnehmungen mit verschiedenen Werten für einen Phänomentyp. Viele Wahrnehmungen umfassen lediglich eine Aussage über Abwesenheit oder Anwesenheit und keine Reihe von Werten. Krankheiten sind ein gutes Beispiel dafür: Diabetes ist entweder vorhanden oder nicht. Man kann Abbildung 3.9 mit den Phänomenen »Diabetes vorhanden« und »Diabetes nicht vorhanden« verwenden. Diese Fähigkeit der ex-

## 3.5 Wahrnehmung

pliziten Erfassung der Tatsache, daß Diabetes nicht feststellbar ist, ist wichtig, aber es kann auch vernünftig sein, festzuhalten, daß der Patient nicht abgenommen hat. (Wenn ein Patient Symptome von Diabetes zeigt, aber nicht abgenommen hat, dann weist dies gerade nicht auf Diabetes hin. Dies impliziert nicht, daß das Gewicht zunimmt oder gleichbleibt, sondern lediglich, daß es keinen Gewichtsverlust gibt.) In der Tat kann man die Abwesenheit jedes Phänomens erfassen, insbesondere um hypothetische Diagnosen auszuschließen. So erlaubt das Modell aus Abbildung 3.10 jeder Kategoriewahrnehmung »Anwesenheit« und »Abwesenheit«. Dazu ist das Wahrnehmungskonzept als Obertyp von Phänomen hinzugefügt worden. Dies erlaubt es, daß Diabetes ein Wahrnehmungskonzept ohne jegliche Verbindung zum Phänomentyp ist.

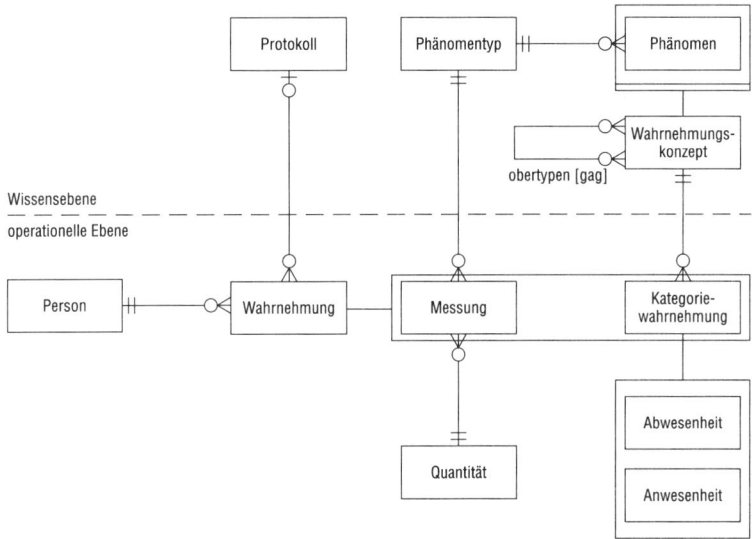

*Abbildung 3.10 Abwesenheit und Anwesenheit von Wahrnehmungskonzepten*
*Die Abwesenheit eines Phänomens kann genauso wertvoll wie seine Anwesenheit sein.*

**Beispiel** Man hält die Tatsache, daß Hans Schmitt Diabetes hat, durch eine Wahrnehmung von Hans Schmitt fest, die mit dem Wahrnehmungskonzept Diabetes verbunden ist.

**Beispiel** Man repräsentiert aufbrechenden Beton in einem Tunnel durch eine Wahrnehmung, bei der der Tunnel an die Stelle der Person tritt, und durch ein Wahrnehmungskonzept aufbrechenden Betons. Es bedarf auch eines Merkmals für die Wahrnehmung, damit man die Stelle im Tunnel angeben kann, an der der Beton aufbricht. (Wahrnehmungen in der Medizin benötigen darüber hinaus für einige Wahrnehmungskonzepte einen anatomischen Ort.)

## 3.6 Bildung von Untertypen von Wahrnehmungskonzepten

Abbildung 3.10 führt eine Obertyp-Beziehung ein, die die Generalisierung von Wahrnehmungskonzepten erlaubt. Dies ist in der Medizin recht gebräuchlich und ist auch nützlich, denn Wahrnehmungen können auf allen Ebenen der Generalisierung gemacht werden. Wenn die Wahrnehmung der Anwesenheit eines Untertyps gemacht worden ist, kann man auch davon ausgehen, daß alle Obertypen anwesend sind. Wird jedoch die Wahrnehmung gemacht, daß ein Untertyp nicht anwesend ist, impliziert dies weder die Anwesenheit noch die Abwesenheit der Obertypen. Die Wahrnehmung der Abwesenheit der Obertypen impliziert allerdings die Abwesenheit aller Untertypen. So wird die Anwesenheit in der Obertypen-Hierarchie nach oben hin verbreitet, während die Abwesenheit nach unten hin verbreitet wird.

**Beispiel** Diabetes ist ein Wahrnehmungskonzept mit zwei Untertypen: Typ-I-Diabetes und Typ-II-Diabetes. Eine Wahrnehmung, daß Typ-I-Diabetes für Hans Schmitt anwesend ist, impliziert, daß auch Diabetes für Hans Schmitt anwesend ist.

**Beispiel** Blutgruppe A wird polymorph genannt, da die Untertypen A1 und A2 gebildet werden können. Die anderen Blutgruppen sind nicht polymorph.

## 3.7 Protokoll

Ein wichtiges Wissenskonzept für die Aufzeichnung von Wahrnehmungen ist das Protokoll – die Methode, durch die die Wahrnehmungen gemacht worden sind. Man kann die Körpertemperatur einer Person durch Plazieren des Thermometers in Mund, Achselhöhle oder im Rektum messen. Normalerweise können die Temperaturwerte durch diese Methoden als gleich angesehen werden, aber trotzdem ist es unerläßlich festzuhalten, welche Methode verwendet worden ist. So ist es im Gesundheitswesen eine allgemein anerkannte Praxis, jeweils den Test festzuhalten, der verwendet worden ist, um eine Wahrnehmung aufzuzeichnen.

Einer der Nutzen eines Protokolls besteht darin, daß es verwendet werden kann, um die Genauigkeit und Empfindlichkeit einer Messung zu bestimmen. Diese Information kann in der Messung selbst festgehalten werden, normalerweise basiert sie jedoch auf dem Protokoll, das für die Wahrnehmung verwendet worden ist. Das Festhalten im Protokoll gestaltet es einfacher, diese Information zu erfassen.

## 3.8 Doppelte Zeitaufzeichnung

Wahrnehmungen haben oft einen beschränkten Zeitraum, während dem sie angewendet werden können. Das Ende des Zeitraums gibt an, ab wann die Wahrnehmung nicht mehr anwendbar ist. Dieses Zeitintervall unterscheidet sich von der Zeit, zu der die Wahrnehmung erfolgt ist. So gibt es zwei Zeitaufzeichnungen (die Zeiträume oder Zeitpunkte sein können) für jede Wahrnehmung: Eine hält fest, wann die Wahrnehmung angewendet werden kann, und die zweite besagt, wann die Wahrnehmung aufgezeichnet worden ist. Dies wird in Abbildung 3.11 gezeigt.

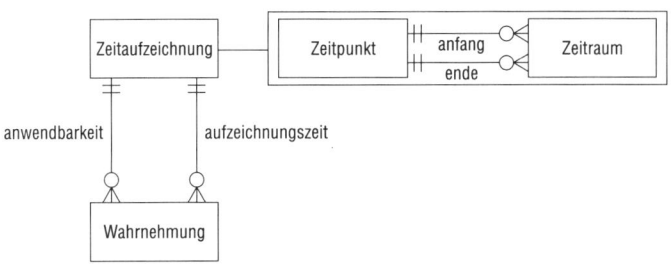

*Abbildung 3.11 Doppelte Zeitaufzeichnung für eine Wahrnehmung*

*Durch eine Zeitaufzeichnung kann man sowohl Intervalle als auch einzelne Zeitpunkte festhalten. Die meisten Ereignisse haben eine unterschiedliche Auftritts- und Aufzeichnungszeit.*

**Beispiel** Bei einem Arzttermin am 1. Mai 1997 erzählt Hans Schmitt seinem Arzt, daß er vor 6 Monaten eine Woche lang Brustschmerzen gehabt hat. Der Arzt hält dies als eine Wahrnehmung der Anwesenheit des Wahrnehmungskonzepts »Brustschmerzen« fest. Die anwendbare Zeit ist ein Zeitraum vom 1. November 1996 bis zum 8. November 1996. Die Aufzeichnungszeit ist der Zeitpunkt 1. Mai 1997. (Man beachte, daß auch Möglichkeiten zur Aufzeichnung ungefährer Zeitpunkte in diesem Fall sinnvoll wären.)

## 3.9 Abgelehnte Wahrnehmung

Unausweichlich macht man Fehler bei der Durchführung von Wahrnehmungen. Im Fall von medizinischen Aufzeichnungen kann man diese jedoch nicht einfach löschen. Es können bereits Behandlungen auf diesen Fehlern basieren, die normalerweise gesetzlich beschränkt sind. Um diese Überlegungen umsetzen zu können, kann man Wahrnehmungen als abgelehnte Wahrnehmungen klassifizieren, wenn man herausfindet, daß sie nicht stimmten oder auch immer noch nicht stimmen, wie dieses in Abbildung 3.12 gezeigt wird. (Man beachte den Unterschied zwischen diesen Wahrnehmungen und der Wahrnehmung, die richtig war, aber nicht mehr wahr ist, so wie ein geheilter gebrochener Arm. Ein geheilter gebrochener Arm wird niemals abgelehnt, doch wurde für die Aufzeichnung über den Zeitraum, in dem der Zustand »gebrochener Arm« gültig war, ein Enddatum angegeben.) Abgelehnte Wahrnehmungen müssen mit der Wahrnehmung verbunden werden, die zur Ablehnung geführt haben.

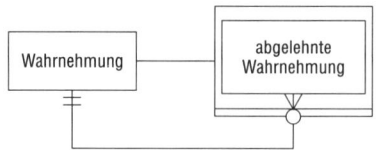

*Abbildung 3.12 Abgelehnte Wahrnehmungen*
*Wahrnehmungen können nicht gelöscht werden, wenn der vollständige Pfad einer Prüfung benötigt wird.*

**Beispiel** Hans Schmitts Bluttest zeigt einen hohen Durchschnittswert für das Blutkörperchenvolumen. Dieses kann entweder auf perniziöse Anämie oder Alkoholmißbrauch zurückzuführen sein. Hans Schmitt sagt dem Arzt, daß er nur wenig Alkohol trinkt. Dies zeigt die Anwesenheit bösartiger Anämie an, was zu weiteren Untersuchungen und Behandlungen führt. Sechs Monate später wird entdeckt, daß Hans Schmitt stark trinkt. Diese Information gibt an, daß die Wahrnehmung der perniziösen Anämie durch eine Wahrnehmung für Alkoholmißbrauch abgelehnt werden sollte. Die abgelehnte Wahrnehmung für perniziöse Anämie muß erhalten bleiben, um die bereits durchgeführten Behandlungen zu erklären.

## 3.10 Aktive Wahrnehmung, Hypothese und Projektion

Wenn Wahrnehmungen festgehalten werden, sind auch viele Stufen der Zusicherung gegeben. Ein Arzt kann mit einen Patienten konfrontiert werden, der alle klassischen Symptome der Diabetes zeigt. Der Arzt hält daraufhin fest, daß er denkt, daß der Patient wahrscheinlich Diabetes hat. Solange jedoch keine Untersuchung durchgeführt worden ist, kann er nicht sicher sein, wobei auch eine Untersuchung nicht immer eine hundertprozentige Sicherheit gibt. Ein Ansatz, diese Art von Information festzuhalten, besteht darin, der Wahrnehmung eine Wahrscheinlichkeit hinzuzufügen. Jedoch ist diese Methode unklar und erscheint nicht gerade natürlich. Die Alternative besteht in der Verwendung zweier Klassifikationen: Aktive Wahrnehmung und Hypothese, wie in Abbildung 3.13 gezeigt wird. Die Unterscheidung ist fein: Eine aktive Wahrnehmung ist eine, an die der

Arzt derzeit glaubt und die er wahrscheinlich als Basis für eine Behandlung benutzen wird. Eine Hypothese führt mit größerer Wahrscheinlichkeit zu weiteren Untersuchungen.

*Abbildung 3.13 Aktive Wahrnehmung, Hypothese und Projektion*

**Beispiel** Ein Patient mit Wahrnehmungen für die Anwesenheit von Durst, Gewichtsverlust und Polyurie zeigt Diabetes an. Allein anhand dieser Symptome würde ein Arzt jedoch eine Hypothese über Diabetes machen und eine Messung des nüchternen Blutzuckers anordnen. Das Ergebnis dieses Tests gibt an, ob der Hypothese zugestimmt wird oder ob sie abgelehnt wird.

Beide Untertypen, aktive Wahrnehmung und Hypothese, repräsentieren Wahrnehmungen des derzeitigen Zustands des Patienten. Projektionen sind Wahrnehmungen, von denen der Arzt denkt, daß sie in der Zukunft auftreten werden. Oft entscheiden sich Ärzte zu einer Behandlung aufgrund der Betrachtung von möglichen zukünftigen Bedingungen. Wenn die Voraussage stimmt, wird sie mit einer weiteren aktiven Wahrnehmung erfaßt.

**Beispiel** Wenn ein Patient rheumatisches Fieber oder eine daraus entstandene rheumatische Drüsenkrankheit hat, dann besteht ein Risiko für Endokarditis. Das Risiko wird als Projektion für Endokarditis festgehalten. Behandlungen werden dann auf dieser Projektion beruhen.

Die Gewißheit über Wahrnehmungen sorgte für reichlich Diskussionsstoff während des Cosmos-Projekts. Zu diesem Thema sind mehr Änderungen durchgeführt worden und mehr Zeit wurde sowohl vom Team als auch vom Qualitätssicherungsgremium investiert, als bei irgendeinem anderen Teil des Modells. Das endgültige Modell spiegelt die Sicht der Ärzte auf das wider, was als das Natürlichste angesehen wurde. Der klassische Ansatz der Zuweisung von Wahrscheinlichkeiten mag Science-Fiction-Fans sinnvoll erscheinen, die Ärzte sahen das allerdings nicht so (die Fragen wie »Was soll der Unterschied zwischen 0,8 und 0,7 bewirken?« voraussagen konnten). Mit aktiven Wahrnehmungen und Hypothesen ist das endgültige Konzept klarer, obgleich die Wahl der zu verwendenden Klassifikation noch problematischer ist. Zum Schluß konnte nur die Gruppe der erfahrenen Ärzte des Projekts eine nützliche Entscheidung zu diesem Thema auf eine fast instinktive Art fällen. Der professionelle Analytiker des Teams konnte in diesem Fall nur auf formale Konsequenzen hinweisen.

## 3.11 Assoziierte Wahrnehmung

An dieser Stelle kann man sich mit Möglichkeiten zur Erfassung der Beweiskette für eine Diagnose beschäftigen. Die Grundidee besteht darin, daß man es Wahrnehmungen erlaubt, miteinander verbunden zu werden (der Durst des Patienten weist auf seine Diabetes hin), und Wahrnehmungskonzepten ebenfalls die Verbindung gestattet (Durst weist auf Diabetes hin). So sieht man, daß die Wissensebene und die operationelle Ebene einander widerspiegeln, wie auch in Abbildung 3.14 gezeigt wird. Diese Spiegelungen werden durch Assoziationen verbunden, die zeigen, wie Konzepte der Wissensebene auf die operationelle Ebene angewendet werden. In diesem Fall treten Verbindungen nicht nur zwischen den Wahrnehmungen und den Wahrnehmungskonzepten auf, sondern auch zwischen den Verbindungen der Hinweisschlüsse. Wenn also der Durst des Patienten darauf hinweist, daß der Patient Diabetes hat, dann macht man Gebrauch von der allgemeinen Verbindung zwischen Durst und Diabetes, was man auch explizit festhalten sollte. Abbildung 3.14 zeigt, wie man Typen erzeugt, um nicht nur einfach Wahrnehmungen und Wahrnehmungskonzepte aufzunehmen, sondern auch Typen für die Verbindungen in der operationellen Ebene (assoziierte Wahrnehmung) und der Wissensebene (assoziative Funktion).

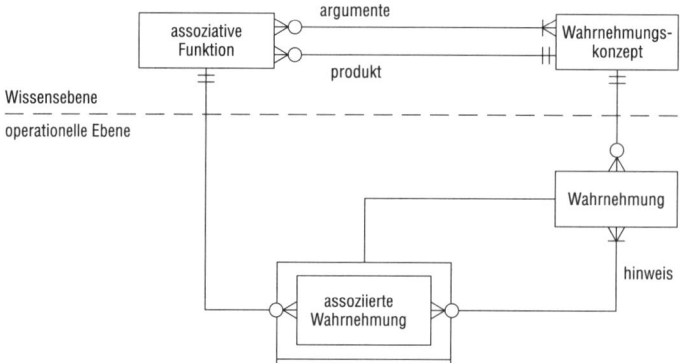

*Abbildung 3.14 Verbindungen zwischen Wahrnehmungen*

*Tatsächliche Beweisketten für einen Patienten werden auf der operationellen Ebene aufgenommen. Die Wissensebene gibt an, welche Ketten möglich sind.*

**Beispiel** Ein Arzt beobachtet Gewichtsverlust, Durst und Polyurie bei einem Patienten und macht eine assoziierte Wahrnehmung (und Hypothese) für Diabetes, die auf den Beweiswahrnehmungen basiert. Die assoziierte Wahrnehmung ist mit einer assoziativen Funktion verbunden, deren Beweise die Wahrnehmungskonzepte – Gewichtsverlust, Durst und Polyurie – sind und deren Produkt Diabetes ist.

**Beispiel** Wenn mein Auto nicht anspringt und die Lichter nicht funktionieren, dann sind diese beiden Wahrnehmungen Hinweise für die assoziierte Wahrnehmung einer leeren Batterie. Auto startet nicht, Lichter funktionieren nicht und Batterie leer sind allesamt Wahrnehmungskonzepte, die durch eine assoziative Funktion verbunden werden.

Man beachte, daß die Wissensebene und die operationelle Ebene keine genauen Spiegelbilder voneinander sind. Die assoziierte Wahrnehmung ist ein Untertyp von Wahrnehmung, aber die assoziative Funktion ist kein Untertyp des Wahrnehmungskonzepts. Es erschien natürlich, die assoziierte Wahrnehmung zum Untertyp der Wahrnehmung auf der operationellen Ebene zu machen, da auf der operationellen Ebene eine bestimmte Wahrnehmung mit untermauernder Beweislage gemacht wird. Auf der Wissensebene wird die Regel von Hinweisen und Schlüssen festgehalten. Ein Wahrnehmungskonzept kann mehrere assoziative Funktionen haben, für die es das Ergebnis ist, jedoch gibt es für eine bestimmte Wahrnehmung nur genau eine Menge an Wahrnehmungen als Beweis.

## 3.12 Wahrnehmungsprozeß

Dieses Kapitel hat sich auf die statischen Elemente der Wahrnehmung konzentriert: Was eine Wahrnehmung und eine Messung ist und wie man diese festhalten kann, um die Analyse zu unterstützen, die die Ärzte auf ihrer Grundlage erstellen müssen. Es ist wichtig, daß man sich in der Modellierung ein allgemeines, statisches Konzept vorstellen kann, daß aber der Verhaltensteil viel wesentlicher vom individuellen Fachbereich abhängt. Natürlich impliziert ein statisches Modell eine große Menge an Verhaltensweisen. Verhaltensweisen existieren für die Erzeugung von Wahrnehmungen und bieten verschiedene Möglichkeiten, entlang der Assoziationen zu navigieren, um zu verstehen, wie solche Wahrnehmungen mit anderen Wahrnehmungen zusammenpassen. Das Verhalten, das man allerdings nicht implizieren kann, ist die Reihenfolge der Wahrnehmungen, die in einem Fachbereich normalerweise gemacht wird. Oft verfolgt ein Arzt eine bestimmte Route, an der sich seine Wahrnehmungen orientieren. Das Vorgehen eines Fachbereichs könnte es sein, diese Route in Form eines Protokolls höherer Ebene festzuhalten (siehe Kapitel 8). Es ist jedoch schwer und oft sogar unmöglich, einen allgemeinen Prozeß zu entwerfen, der von allen Ärzten verwendet werden kann.

Es ist jedoch möglich, einen Rahmen für den Prozeß zu skizzieren, der bei der Erstellung von Wahrnehmungen abläuft. Ich beginne mit der Betrachtung, wie das Erstellen einer neuen Wahrnehmung weitere Wahrnehmungen anstoßen könnte, was in Abbildung 3.15 dargestellt ist. Wenn Ärzte Wahrnehmungen machen, betrachten sie auch immer die Möglichkeit anderer assoziierter Wahrnehmungen. Sie verwenden die assoziativen Funktionen, die sie kennen, um zu einer Liste der möglichen Wahrnehmungskonzepte zu gelangen, die mit der auslösenden Wahrnehmung assoziiert sein könnten. Sie können dann – wenn nötig – weitere Wahrnehmungen vorschlagen.

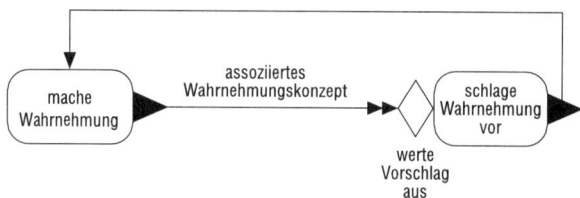

*Abbildung 3.15 Das Erstellen einer Wahrnehmung löst weitere Wahrnehmungen aus. Weitere Wahrnehmungen werden durch die Wissensebene nahegelegt.*

In Abbildung 3.15 ist die nebenläufige Auslöserregel mit »assoziierte Wahrnehmungskonzepte« beschriftet. In Ereignisdiagrammen haben Auslöserregeln zwei Zwecke. Als erstes zeigen sie Ursache und Wirkung an. Wenn man Geschäftsprozesse betrachtet, ist dies normalerweise ausreichend; wenn man sich jedoch tiefergehend damit befaßt, sieht man einen zweiten Zweck: Jede Operation hat eine Eingabe und eine Ausgabe. Der Auslöser, der zwei Operationen miteinander verbindet, muß angeben, wie man von der Ausgabe der auslösenden Operation zur Eingabe der ausgelösten Operation gelangt. In vielen Fällen ist dies trivial, da es sich um dasselbe Objekt handelt (genauso, wie der Auslöser von »schlage Wahrnehmung vor« zu »mache Wahrnehmung«, der in Abbildung 3.15 zu sehen ist). Trotzdem können sie immer noch komplex werden, wie dies beim Auffinden von assoziierten Wahrnehmungskonzepten der Fall ist.

Wenn man eine komplexere Auslöserregel hat, kann man die Auslöserregel durch ein weiteres Ereignisdiagramm darstellen. Abbildung 3.16 und 3.17 zeigen dies für den Auslöser des assoziierten Wahrnehmungskonzepts. Man beginnt beim Auffinden aller assoziativen Funktionen, deren Eingabe das initiale Wahrnehmungskonzept der Wahrnehmungen enthält. Man überprüft dann jede dieser assoziativen Funktionen. Für jede Funktion, deren Auswertung True ergibt, sucht man das Produkt und fügt es der Antwort hinzu. Da diese Ereignisdiagramme nur eine Anfrage der Auslöserregel beschreiben, müssen alle Operationen dem Zugriff dienen und dürfen dementsprechend keinen beobachtbaren Zustand irgendeines Objekts verändern.

## 3.12 Wahrnehmungsprozeß

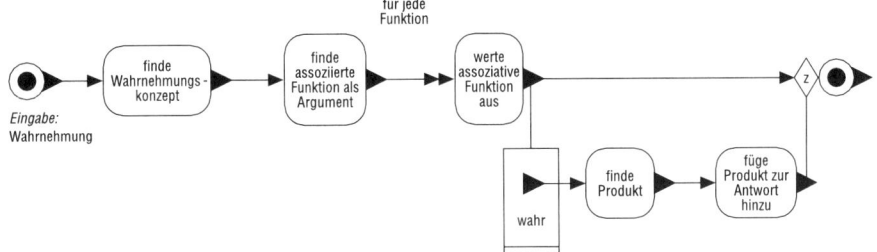

*Abbildung 3.16 Ereignisdiagramm für die Anfrage zum Auffinden assoziierter Wahrnehmungen*

Dies verbirgt sich hinter dem nebenläufigen Auslöser von Abbildung 3.15 bzw. in der Operation von Abbildung 3.18.

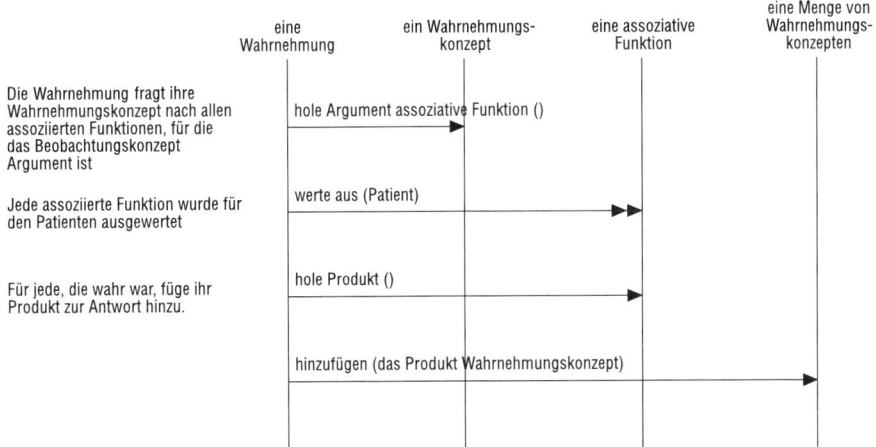

*Abbildung 3.17 Ein Interaktionsdiagramm für das Auffinden möglicher Wahrnehmungskonzepte, die durch eine Wahrnehmung impliziert werden.*

Dieses Interaktionsdiagramm unterstützt Abbildung 3.16.

Wenn die Anfrage an eine Auslöserregel komplex ist, kann man die Anfrage als Operation repräsentieren, wie dies in Abbildung 3.18 erfolgt ist. Jede der Methoden ist korrekt.

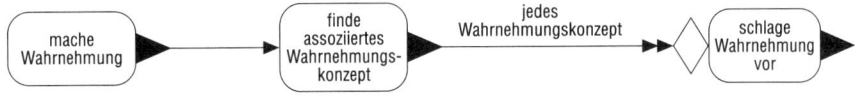

*Abbildung 3.18 Explizite Benennung der Anfrage als Operation*

Dies ist äquivalent zu Abbildung 3.15. Man kann entweder Anfragen als Operationen darstellen oder sie als Teil eines Auslösers ansehen, wobei die Einfachheit durch Kompaktheit ersetzt wird.

Selbst nach der Anfrage gibt es noch eine Kontrollbedingung (prüfe Vorschlag), bevor eine Wahrnehmung vorgeschlagen wird. Die Anfrage regt – basierend auf den assoziierten Funktionen – mögliche Wahrnehmungskonzepte an, die in Betracht gezogen werden könnten. Dieser Schritt könnte auf einfache Weise durch Software in einem entscheidungsunterstützenden System durchgeführt werden. Die Kontrollbedingung repräsentiert den Extraschritt bei der Entscheidung, ob das angeregte Wahrnehmungskonzept einen Test wert ist. Im Cosmos-Projekt erschien es uns nicht so, als wenn wir diesen Prozeß formal modellieren könnten, was impliziert, daß dieser Schritt über eine Software hinaus geht und nur im Kopf eines Arztes durchgeführt werden kann.

Abbildung 3.19 enthält zusätzliche Auslöser, die von Projektionen und aktiven Wahrnehmungen stammen. Die Auslöser zum Vorschlagen einer Intervention funktionieren auf ähnliche Weise wie im vorherigen Fall. Man regt durch den Arzt bewertete Interventionen an, bevor man sie vorschlägt. Dies verstärkt die Tatsache, daß, obgleich jede Wahrnehmung zur Durchführung weiterer Wahrnehmungen führen kann, doch nur aktive Wahrnehmungen oder Projektionen (keine Hypothesen) zu Interventionen führen. (Eine Intervention ist eine Aktion, die eine Änderung des Zustands des Patienten entweder beabsichtigt oder riskiert.) Die Anfrage an einen Auslöser funktioniert auf eine ähnliche Art auf der Wissensebene, schließt jedoch Startfunktionen ein, die kurz in Kapitel 8.7 besprochen werden.

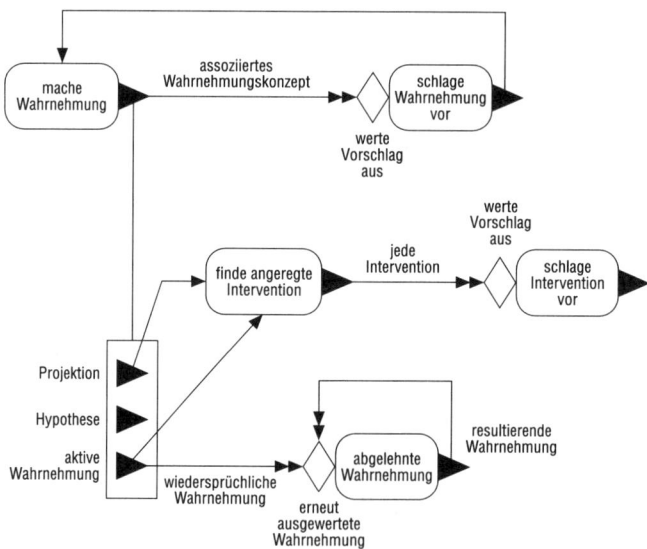

*Abbildung 3.19 Ereignisdiagramm für den Prozeß des Arbeitens mit Wahrnehmungen*
*Dies erweitert Abbildung 3.15 um ähnliche Auslöser für Interventionen und Projektionen.*

Der letzte Auslöser in Abbildung 3.19 zeigt, wie das Auftreten einer aktiven Wahrnehmung anderen Wahrnehmungen widersprechen kann und so zu den abgelehnten Wahrnehmungen führt. Dies kann wiederum assoziative Funktionen betreffen, jedoch sucht man diesmal nach einem Widerspruch. Wenn einmal eine Wahrnehmung (die eine Hypothese sein darf) abgelehnt ist, müssen die nachfolgenden Wahrnehmungen, die von der abgelehnten Wahrnehmung unterstützt wurden, neu überdacht werden.

Das Interessante an der Arbeit, die zu diesen Mustern geführt hat, ist die Art, auf die die Abstraktionen gefunden worden sind. Auch wenn das hier diskutierte Endergebnis normal strukturiert ist, spielte doch die Modellierung des Verhaltens eine zentrale Rolle, um zu verstehen, wie die Konzepte funktionierten. Die Tatsache, daß Ärzte die Modellierung selbst durchführten, war sehr wichtig. Die Abstraktion der Wahrnehmung ist zentral für dieses Muster; es verbindet Anzeichen, Symptome und Diagnosen, was Ärzte lange Zeit als sehr schwierig angesehen haben. Jedoch konnten nur sie die Abstraktionen herausarbeiten, da sie den gesamten Modellierungsprozeß miterlebten. Ich bezweifle, daß Softwareingenieure jemals Ärzte von der Korrektheit einer solchen Abstraktion hätten überzeugen können. Und es gibt gute Gründe, daran zu zweifeln, da Softwareingenieure niemals dieses tiefe Verständnis von der Medizin haben können. Die besten konzeptionellen Modelle werden durch Experten des entsprechenden Bereichs erstellt, die auch meistens die besten konzeptionellen Modellierer sind.

**Literatur**

1. Cairns, A. Casey, M. Fowler, M. Thursz, H. Timimi. *The Cosmos Clinical Process Modell*. National Health Service, Information Management Centre, 15 Federick Rd, Birgmingham, B15 1JD, England. Report ECBS20A & ECBS20B, *<http://www.sm.ic.ac.uk/medicine/cpm.htm>*, 1992.

2. Cunningham. *The CHECKS Pattern Language of Information Integrity*. In: *Pattern Languages of Program Design*, Coplien, J.O. und Schmidt, D.C., Reading, MA: Addison-Wesley, 1995, S. 145-155.

3. M. Thursz, M. Fowler, T. Cairns, M. Thick, G. Gold. *Clinical Systems Design*. In: Proceedings of IEEE 6th International Symposium on Computer Based Medical Systems, 1993.

# 4 Wahrnehmungen für Unternehmensfinanzen

Um dieses Kapitel vollständig verstehen zu können, sollten Sie zuerst Kapitel 3 lesen.

In großen Unternehmen ist es zwar einfach, auf hoher Ebene Probleme zu identifizieren, jedoch ist es erheblich schwieriger, die Ursachen für diese Probleme herauszufinden. In solchen Unternehmen entsteht eine Flut von Informationen, in der schnell derjenige untergehen kann, der versucht, sie zu analysieren.

So ist z. B. der Umsatz eines der wesentlichen Maße für die Leistung einer Firma. Wenn der Umsatz einen nennenswerten Rückgang erfährt, muß eine Analyse zur Ermittlung der Ursachen stattfinden. Eine solche Analyse für Aroma Coffee Makers (ACM) zeigte, daß der Erlös aus den Verkäufen der Geräte zurückging, obgleich die Kosten immer noch beträchtlich waren. Dies betraf die nordöstliche Region am stärksten. Weiter zeigte sich, daß die Hochleistungskaffeemaschinen der Produktreihe 11-00 erheblich unter dem geplanten Umsatz lagen. Besonders der Verkauf an Behörden ließ zu wünschen übrig. Viele dieser Analysen befassen sich mit Zahlen, jedoch können weitere Analysen eher qualitativer als quantitativer Natur sein. Vielleicht ist die schlechte Leistung auf Umstände wie einen schlechten Kompensationsplan für den Verkauf, staatliche Budgetkürzungen, einen heißen Sommer oder die starke Präsenz der Konkurrenz in diesem Gebiet zurückzuführen.

Vieles ähnelt dem diagnostischen Prozeß, der auch von Ärzten durchgeführt wird, um die Symptome eines Patienten zu untersuchen. Vom offensichtlichen Symptom verfolgt man die Fährte zu wahrscheinlichen Auslösern zurück, wobei man sich von seinem Fachwissen leiten läßt. Man hofft, die Ursachen zu finden und sie dann behandeln zu können. Mit der Erkenntnis, daß es sich um ähnliche Prozesse handelt, läßt sich die Hypothese aufstellen, daß man das medizinische Modell auch auf den Bereich der Unternehmensfinanzen anwenden kann.

Kapitel 3 beschreibt, wie qualitative und quantitative Aussagen über Patienten im Gesundheitswesen gemacht werden können. Am Ende des Kapitels hatte ich kurz angemerkt, daß dieses Modell auch in anderen Kontexten angewendet werden kann, wie bei der Analyse der Unternehmensfinanzen. In diesem Kapitel betrachten wir nun die Möglichkeiten zur Übertragung. Das Modell funktioniert zwar sehr gut, jedoch sind einige Veränderungen notwendig. Glücklicherweise sind die Muster, die diese Veränderungen enthalten, Erweiterungen des existierenden Modells und keine eigentlichen Änderungen.

Das erste Muster ersetzt die Person durch etwas, was das zu analysierende Unternehmenssegment beschreibt. Dieses *Unternehmenssegment (4.1)* beschreibt einen Teil des Unternehmens, der sich durch eine Klassifizierung gemäß einiger Dimensionen definiert. Jede Dimension repräsentiert eine Möglichkeit, das Unternehmen hierarchisch zu untergliedern, z.B. nach Standort, Produktart oder Markt. Das Unternehmenssegment ergibt sich als eine Kombination dieser Dimensionen; dies ist eine Technik, die oft auch bei mehrdimensionalen Datenbanken verwendet wird.

Das Muster *Messungsprotokoll (4.2)* beschreibt, wie Messungen aus anderen Messungen berechnet werden können, indem man Formeln, die Exemplare von Modelltypen sind, verwendet. In Kapitel 3 wird erörtert, wie jede Messung einen Phänomentyp bestimmt; hier wird nun besprochen, wie das Messungsprotokoll Wege zur Erzeugung von Messungen für bestimmte Phänomentypen definiert. Es werden drei Variationen von Messungsprotokollen abgedeckt. Ein *kausales Messungsprotokoll (4.2.1)* beschreibt, wie verschiedene Phänomentypen kombiniert werden, um einen anderen zu berechnen (Beispiel: Verkaufsumsatz ist ein Produkt der verkauften Einheiten und des Durchschnittspreises). Ein *vergleichendes Messungsprotokoll (4.2.2)* beschreibt, wie ein einzelner Phänomentyp zwischen *Zustandstypen (4.2.3)* variieren kann (Beispiel: Abweichungen des aktuellen vom geplanten Verkaufsumsatz). *Dimensionskombinationen (4.2.5)* verwenden die im Muster Unternehmenssegment definierten Dimensionen zur Berechnung von zusammengefaßten Werten (Beispiel: Berechne den nordöstlichen Verkaufsumsatz durch Summieren der Werte der einzelnen Staaten). Jeder dieser Untertypen des Messungsprotokolles verwendet Polymorphie, um den Wert zu bestimmen.

Oft werden qualitative Phänomene verwendet, um quantitative Phänomentypen zu beschreiben. In diesem Fall kann man ein Phänomen durch eine Verbindung mit einem Wertebereich für den Phänomentyp definieren. Als erstes benötigt man *einen Bereich (4.3)*, der es erlaubt, einen Bereich zwischen zwei Quantitäten und verschiedene Operationen zu beschreiben, die man mit dem Bereich durchführen will. Man kann dann ein *Phänomen mit Bereich (4.4)* entweder durch Hinzufügen eines Bereichs zum Phänomen, unter Verwendung eines *Phänomens mit Bereichsattribut (4.4.1)* oder durch Nutzung einer *Bereichsfunktion (4.4.2)* definieren.

Man kann die Muster, die in diesem Kapitel untersucht werden, mit denen aus Kapitel 3 verbinden, um die Finanzdaten eines Unternehmens zu analysieren. Kapitel 4.5 zeigt, wie man diese Muster benutzen kann, um die Gründe für die Probleme großer Konzerne zu identifizieren.

Die Modelle in diesem Kapitel basieren auf Arbeiten eines Teams in einem großen Fertigungsunternehmen. Dieses Team untersuchte die Übertragbarkeit eines Modells aus dem Gesundheitswesen auf Unternehmensfinanzen und fand, daß es eine sehr nützliche Grundlage bietet. Die Modelle in diesem Kapitel wurden prototypisch in C++ umgesetzt.

**Schlüsselkonzepte** Unternehmenssegment, Dimension, Messungsprotokoll, Zustandstyp

## 4.1 Unternehmenssegment

Der bemerkenswerteste Unterschied zwischen dem in diesem Kapitel untersuchten Problem und dem in Kapitel 3 besteht darin, daß hier kein einzelner Patient betrachtet wird. In einigen Fällen wird die gesamte Firma betrachtet, in anderen Fällen werden nur Teile der Firma untersucht, wie z.B. die Verkäufe der 10-11 Expressomaschinen an die Behörden in der nordöstlichen Region. Für diese Betrachtung könnte man jeden Teil der Firma, genau wie die gesamte Firma, als getrennte Parteien ansehen. Es ist dabei jedoch wichtig, daß man die Beziehungen der einzelnen Geschäftsgebiete versteht.

Daher muß man die Abbildung der Behandlung auf den Patienten so ändern, daß sie auf einen anderen Typ verweist. Dies ist ein Aspekt, den ich bei der Erörterung der Abbildungen in Kapitel 3 übersprungen habe. Tatsächlich ist es kein so großes Problem, wie es zunächst erscheint. Das ursprüngliche Cosmos-Modell [1], auf dem Kapitel 3 basiert, verfügt nicht über eine Verbindung von Wahrnehmung zu Person. In Wirklichkeit geht die Verbindung zu einem Typ namens Pflegeobjekt. Pflegeobjekt selbst ist eine Generalisierung von Patient und Population. Population ist eine Gruppe von Personen und wird dazu benutzt, Wahrnehmungen von Personengruppen zu betrachten, was insbesondere für die öffentliche Gesundheit wichtig ist.

Für die Unternehmensfinanzen wird ein neuer Untertyp des Pflegeobjekts benötigt, der Unternehmenssegment genannt wird und in Abbildung 4.1 dargestellt ist. Ein Unternehmenssegment ist ein Teil einer Firma, der auf eine ganz besondere Art definiert ist.

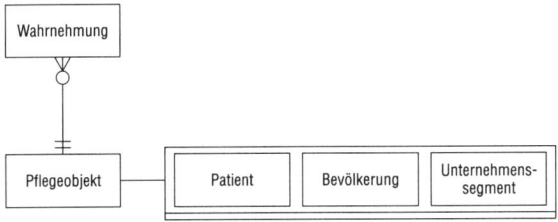

*Abbildung 4.1 Pflegeobjekt und dessen Untertypen*
*Der Patient aus Kapitel 3 ist eine Art von Pflegeobjekt, das wahrgenommen werden kann.*

Wenn man ein Unternehmen betrachtet, dann sieht man, daß es nach verschiedenen Kriterien unterteilt werden kann. So kann es entsprechend der organisatorischen Einheit, des geographischen Standorts, des Produkts, des industriellen Sektors, in dem das Produkt verkauft wird, usw. zerlegt werden. Jede dieser Methoden zur Teilung kann mehr oder weniger unabhängig durchgeführt werden. Zudem kann jede durch eine Hierarchie dargestellt werden. Eine multinationale Firma kann z.B. zuerst anhand des Marktes (z.B. USA) unterteilt werden, dann anhand der Region (z.B. Nordosten), dann anhand des Gebiets (z.B. New Hampshire). Jede dieser unabhängigen Hierarchien ist eine Dimension des Unternehmens. New Hampshire und Nordosten sind Elemente unterschiedlicher Ebenen der geographischen Dimension. Ein Unternehmenssegment ist eine Kombination von Dimensionselementen, wobei eines für jede Dimension des Unternehmens gegeben sein muß. So kann der Teil von ACM, der durch Nordosten, 10-11 und Behörden angegeben ist, als das Unternehmenssegment mit den Dimensionselementen Nordosten aus der geographischen Dimension, 11-10 aus der Produktdimension und Behörden aus der Industriedimension definiert werden, wie in Abbildung 4.2 dargestellt ist. Dieser Ansatz der Analyse, der oft als Sternschema (engl. *star schema*) [4] bezeichnet wird, wird allgemein in mehrdimensionalen Datenbanken verwendet [2].

Mit dem so definierten Unternehmenssegment kann nun ein Modell der Beziehungen zwischen den verschiedenen Typen geformt werden, wie in Abbildung 4.3 dargestellt. Man kann Dimensionselemente zu Hierarchien zusammenfassen. Dabei können viele Hierarchien von Dimensionselementen definiert werden. Man beachte, daß die Bedingung an die Elternbeziehungen in Hierarchien notwendig ist, denn die Kardinalitäten allein erzwingen noch keine Hierarchie (sie erlauben Zyklen). Das Unternehmenssegment muß ein Element aus jeder Hierarchie haben, wie durch die drei Assoziationen vom Unternehmenssegment angedeutet ist. Die Bedingung für das Dimensionselement stellt sicher, daß sich die Hierarchien alle in der gleichen Dimension befinden. Das Modell stellt die Situation ganz gut dar, jedoch hat es auch einige Nachteile. Zuerst einmal sind die Konzepte Dimension und Dimensionsebene nicht sauber definiert, obwohl sie hergeleitet werden können. Zweitens würde das Hinzufügen einer neuen Dimension eine Modelländerung nach sich ziehen.

Das Modell in Abbildung 4.4 verwendet einen expliziten Dimensionstyp. Jede Dimension enthält eine Hierarchie von Dimensionselementen. Das Unternehmenssegment benötigt dann eine Verbindung zu einem Dimensionselement in jeder Dimension. Man erreicht dies durch die Verwendung schlüsselbasierter Abbildungen (siehe Kapitel 15.2). In Verbindung mit einer Kardinalität gibt diese Ableitung dann an, daß es für jede Instanz des Schlüssels (Dimension) ein und nur ein Dimensionselement gibt.

## 4.1 Unternehmenssegment

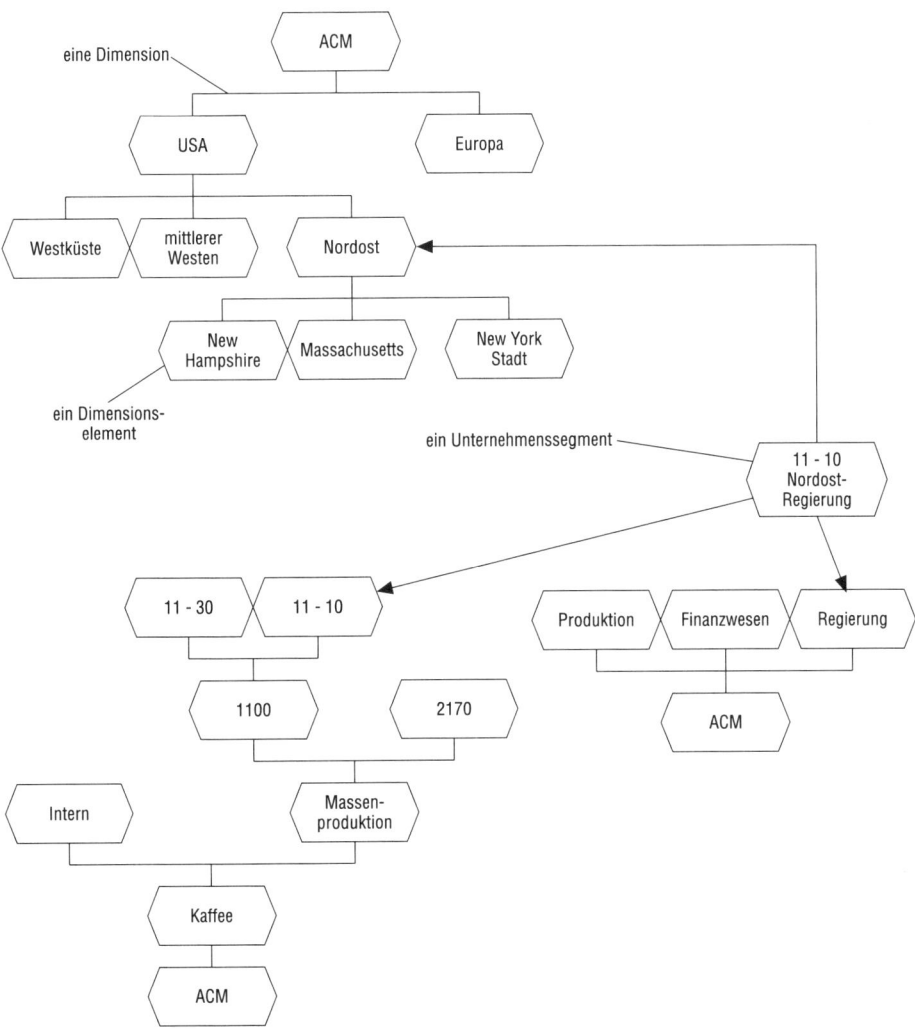

*Abbildung 4.2 Unternehmenssegmente und ihre Verbindung zu Elementen in den Dimensionen
Ein Unternehmenssegment ist die Kombination von Elementen aus den jeweiligen Dimensionen.*

**Beispiel** Man kann das Unternehmenssegment (11-0, Nordost, Behörden) durch das Verbinden mit den Dimensionselementen 11-10, Nordosten und Behörden definieren. 11-10 ist aus der Produktionsdimension, Nordosten aus der geographischen Dimension und Regierung aus der Industriedimension.

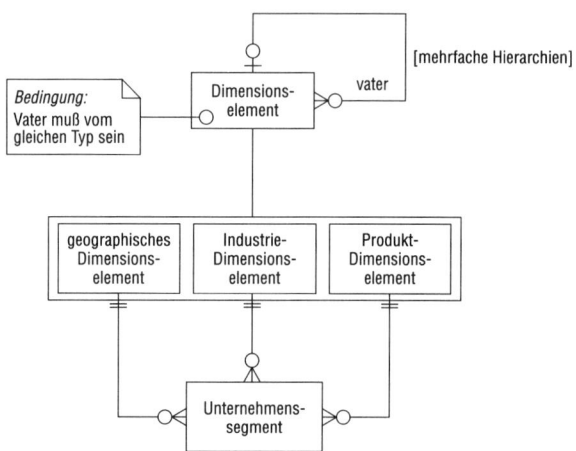

*Abbildung 4.3 Definition von Unternehmenssegmenten mittels Dimensionselementen*

*Die Verwendung dieses Modells erzwingt das Hinzufügen eines neuen Untertyps bei jeder neuen Dimension.*

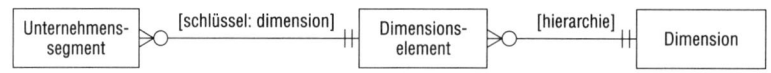

*Abbildung 4.4 Definition von Unternehmenssegmenten mittels Dimensionen und Dimensionselementen*

*Dieses Modell erlaubt es, neue Dimensionen hinzuzufügen, ohne das Modell zu verändern. Es ist zudem kompakter.*

Man beachte, daß jede Hierarchie ein oberstes Element haben muß, das nicht notwendigerweise eine benannte Sache sein muß. Eine allgemeine Konvention ist, das oberste Element als »Alle« zu bezeichnen, was angibt, daß jedes Segment, das auf »Alle« verweist, keine weitere Differenzierung bezüglich dieser Dimension aufweist. Eine andere Konvention wäre es, wenn man die Abbildung für das Dimensionselement optional beläßt; dann würde »Null« die Spitze des Baums angeben. Der vorherige Ansatz ist jedoch trotz des leicht künstlichen obersten Elements konsistenter.

**Beispiel** Wenn man eine Dimension Verkaufskanal hinzufügt, dann hat das Unternehmenssegment (11-10, Nordosten, Behörden) eine Verbindung zum obersten Dimensionselement der Dimension Verkaufskanal. Man nennt dieses Dimensionselement Alle.

Das Hinzufügen eines Typs in die Dimensionsebene ist nicht ganz offensichtlich. Natürlich hat jedes Dimensionselement eine Dimensionsebene, jedoch muß diese Ebene dann aus der Position in der Dimensionshierarchie berechnet werden. Das Modell in Abbildung 4.5 weist zu diesem Zweck jeder Dimension eine Liste zu, um die Dimensionselemente zu definieren. Das Dimensionselement benutzt seine Ebene in der Hierarchie und die Liste der Dimensionsebenen, um seine Dimensionsebene zu bestimmen.

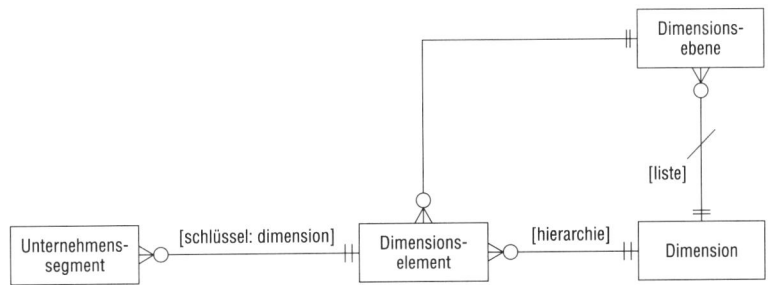

Abbildung 4.5 *Hinzufügen von Dimensionsebenen zu Abbildung 4.4*
*Dimensionsebenen erlauben es, jede Ebene einer Dimension benennen zu können.*

**Beispiel** Im ACM-Beispiel hat die geographische Dimension eine Liste von Dimensionsebenen: Markt, Region und Gebiet. New Hampshire ist in der Hierarchie mit »Nordosten« als Elternteil verzeichnet, dessen Elternteil »USA« ist und deren Elternteil wiederum »Alle« ist. Da es drei Ebenen tief angesiedelt ist, ist die Dimensionsebene New Hampshire die dritte in der Liste, nämlich Gebiet.

### 4.1.1 Definieren der Dimensionen

Wie kann man Dimensionen definieren? Die einfachste Definition besteht darin, daß es sich um Arten handelt, wie eine große Organisation anhand einiger organisatorischer Strukturen unterteilt werden kann. Jedoch ist dieses nicht generell eine besonders zufriedenstellende Definition. Eine Organisation kann je nach Situation auf viele Arten aufgeteilt werden. Außerdem sind einige Dimensionen nicht unbedingt für ein Organisationssystem geeignet. Das Modell aus Abbildung 4.2 enthält eine Aufteilung anhand der Industriekunden, an die ACM verkauft, was aber keine Organisationsstruktur innerhalb von ACM darstellen muß.

Man kann bessere Definitionsarten von Dimensionen finden, wenn man die Enden der Hierarchie betrachtet und sich fragt, was dort durch die Dimensionen klassifiziert wird. Im Beispiel sieht man, daß ACM sich auf den Verkauf und die Vermietung von Kaffeemaschinen konzentriert. Man kann also diese Dimension entsprechend danach klassifizieren, welche Maschine verkauft wurde, in welchem Verkaufsgebiet sie verkauft wurde und an welchen Kundenkreis sie verkauft wurde. Die Dimensionen stammen von der Klassifikation des *Brennpunkt-Ereignisses*, welches die Tatsachentabelle eines Sternschemas ist [4].

Um die Dimensionen für diese Art der Analyse zu bestimmen, muß man zuerst einmal verstehen, welches das Brennpunkt-Ereignis ist. Dann kann man die Arten betrachten, nach denen das Brennpunkt-Ereignis klassifiziert werden kann. Aus Abbildung 4.2 ergibt sich, daß das Brennpunkt-Ereignis ein Produkt umfaßt, das eine Produktfamilie hat, die eine Produktgruppe hat, die sich auf ein Getränk bezieht. In der Verkaufsdimension sieht man ein Gebiet, eine Region und einen Markt.

Diese Dimensionen und Ebenen sollten durch Geschäftsanalytiker definiert werden; Abbildung 4.6 zeigt z.B. eine gute Möglichkeit, wie dies getan werden kann. Wie Abbildung 4.6 andeutet, kann diese Struktur komplex werden. Die Dimensionen sind nicht notwendigerweise vollständig unabhängig. Man beachte z.B., wie sich die Preisspannendimension mit der Produktdimension überschneidet. Dies zeigt, daß jedes Produkt ein bestimmtes Elternteil bezüglich der Produkt- und Preisspannendimension haben wird. Das Modell aus Abbildung 4.5 müßte verändert werden, um diesem wirklich gerecht zu werden, auch wenn es fragwürdig ist, ob sich dieses Vorhaben lohnt, da es das Modell um einiges komplizierter gestaltet. Dieses Problem kann aber durch den Dimensionserzeugungsprozeß angegangen werden.

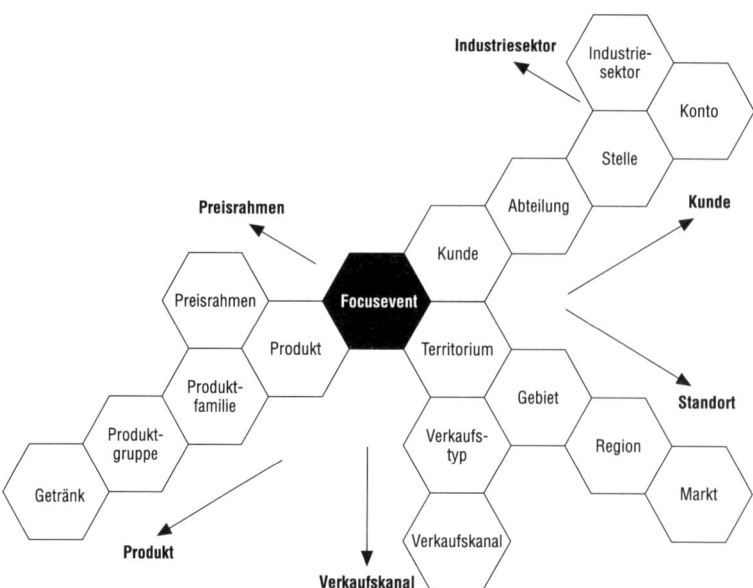

*Abbildung 4.6 Ein Tilak-Diagramm, das eine typische Menge von Dimensionen und Ebenen zeigt Dies ist ein nützliches Diagramm, wenn man nicht mehr als sechs Aufspaltungen von einer Ebene hat, was in der Praxis zumeist der Fall ist.*

Die Dimensionen müssen nicht bis in die untersten Ebenen meßbar sein. In solch einem Fall kann es sinnlos oder sogar unmöglich sein, hinab bis zu einem individuellen Bereich eines Verkäufers oder eines individuellen Kunden zu analysieren. In diesem Fall sind die Dimensionen nur teilweise bis hinab zum zugrundeliegenden Ereignis ausgearbeitet. Es ist trotzdem nützlich zu verstehen, welches die unteren Ebenen sind, und zwar sowohl für die zukünftige Entwicklung als auch als Grundlage zum Verständnis der höheren Ebenen.

Eine vollständige Analyse des Kundenbereichs würde die Erstellung eines Geschäftsmodells für das Kundengebiet einschließen. Dies würde auch ein Strukturmodell einschließen, anhand dessen die Dimensionen genau definiert würden. Jede Dimension sollte dann einen hierarchischen Pfad entlang des Strukturmodells repräsentieren. Eine detaillierte Beschreibung dieses Prozesses würde jedoch den Rahmen dieses Kapitels sprengen. Für den weiteren Verlauf der Besprechung sei angenommen, daß die Dimensionen bereits bestimmt worden sind.

Die Dimensionen können explizit durch die Anwender des Analysesystems definiert werden. Alternativ können sie aus Datenbanken des Unternehmens bestimmt werden. Für letzteres benötigt jede Dimension eine Aufbauoperation, um festzulegen, wie unternehmensinterne Datenbanken abgefragt werden können. Dieses erlaubt es dem System, mit der Zeit Knoten zur Dimension hinzuzufügen.

## 4.1.2 Eigenschaften von Dimensionen und Unternehmenssegmenten

Eine wichtige Regel bezüglich Dimensionen ist, daß Messungen für Dimensionen der unteren Ebenen mit denen der oberen Ebenen richtig verbunden werden können. So kann man die Werte für den Verkauf aller Unterregionen der Nordost-Region addieren, wenn man die Verkaufseinkünfte für den Nordosten bestimmen möchte. Jede definierte Dimension muß diese Eigenschaft unterstützen. Normalerweise werden Dimensionen durch Addition kombiniert, es gibt jedoch einige Ausnahmen (siehe Kapitel 4.2.5).

Neben der Definition von Dimensionen durch Geschäftsstrukturen ist eine andere allgemeine Dimension die Zeit. Zeit wird als eine Dimension behandelt, indem das zugrundeliegende Ereignis in ein Zeitintervall eingeordnet wird. Wenn diese Intervalle Monate sind, dann kann man von Zahlen wie Einkünften von (11-10, Nordosten, März 1994) sprechen. Dies impliziert ein Dimensionselement für März 1994, das ein Kind des Dimensionselements für 1994 wäre. Die Zeitdimension erfüllt die zuvor besprochene Eigenschaft der Kombinationsmöglichkeit, vorausgesetzt Zahlen gelten nur für diesen Monat (und sind keine kummulierten Verkaufszahlen seit Jahresbeginn). Man kann kummulierte Zahlen seit Jahresbeginn einfach aus den Zahlen für die einzelnen Monate berechnen, aber typischerweise nicht durch Kombinieren entlang einer Dimension.

Unternehmenssegmente teilen eine interessante Eigenschaft mit grundlegenderen Typen: Alle Unternehmenssegmente existieren konzeptionell. Jedoch gibt es keine Notation für das konzeptionelle Erzeugen der Zahl 5, der Quantität 5 Dollar oder des Datums 01.01.2314. Diese Dinge existieren alle im Kopf, müssen aber vielleicht im Computer als Objekt erzeugt werden. Unternehmenssegmente teilen diese Eigenschaft. Sind einmal alle Dimensionen mit ihren Dimensionselementen spezifiziert, dann existieren alle Unternehmenssegmente konzeptionell, auch wenn sie nicht als Softwareobjekte erzeugt werden können.

Diese gemeinsame Eigenschaft wirft die Frage auf, ob ein Unternehmenssegment als grundlegender Typ behandelt werden sollte (siehe Abschnitt A.1.5). Wenn ja, dann sollte es keine Ableitungen zu nicht grundlegenden Objekten haben. Ein Dimensionselement und eine Wahrnehmung (von einem Pflegeobjekt geerbt) sind beide nicht grundlegend. Auch wenn letzteres noch ausgeklammert werden könnte, ist das Dimensionselement doch Teil der Definition des Unternehmenssegments und kann deshalb nicht entfernt werden. Auch ist es sinnvoll, die Ableitung des Unternehmenssegments zur Wahrnehmung beizubehalten, da eine häufige Anfrage darin besteht, alle Wahrnehmungen für ein gegebenes Unternehmenssegment aufzufinden. Insgesamt betrachtet scheint es so zu sein, daß Unternehmenssegmente nicht grundlegend sind, trotz der Eigenschaft der universellen konzeptionellen Existenz.

Wenn man Unternehmenssegmente als nicht grundlegend ansieht, hat das einen Effekt auf die Schnittstelle. Die Erzeugungsoperation ist eigentlich eine Finde-oder-Erzeuge-Operation. Die Operation sieht zuerst nach, ob die erforderliche Instanz des Unternehmenssegments existiert; wenn dem so ist, liefert die Operation diese Instanz zurück, wenn nicht, dann wird die Instanz erzeugt. (Man kann die Operation auch als Finde-Operation ansehen, die die Instanz stillschweigend erzeugt, wenn es notwendig ist.)

## 4.2 Das Messungsprotokoll

Die unternehmensbezogene Analyse, die zuvor erörtert worden ist, benutzt eine große Anzahl von Messungen. Diese Messungen sind nicht von Hand eingegeben worden; normalerweise sind sie entweder aus einer der vielen Datenbanken geladen oder aus anderen Messungen berechnet worden. Man muß sich merken, wie diese Messungen erstellt worden sind, d.h. das Protokoll verwahren, das man zur Erzeugung der Messung verwendet hat. Abbildung 4.7 zeigt eine generelle Anordnung von Messung und Protokollen, die dem in Kapitel 3 in vielem ähnelt.

In Abbildung 4.7 werden zwei Arten von Messungsprotokollen dargestellt. Quellmessungsprotokolle verweisen auf Anfragen an Datenbanken des Unternehmens. Normalerweise weiß ein Objekt, auf welche Datenbank es logisch zugreift, auch wenn sich die tatsächlichen Befehle in anderen Ebenen befinden. Der Anwender sollte entscheiden, auf welche Datenbank zugegriffen wird. Ein berechnetes Messungsprotokoll stellt eine durchgeführte Berechnung auf Messungen dar, die bereits in dieser Domäne vorhanden sind.

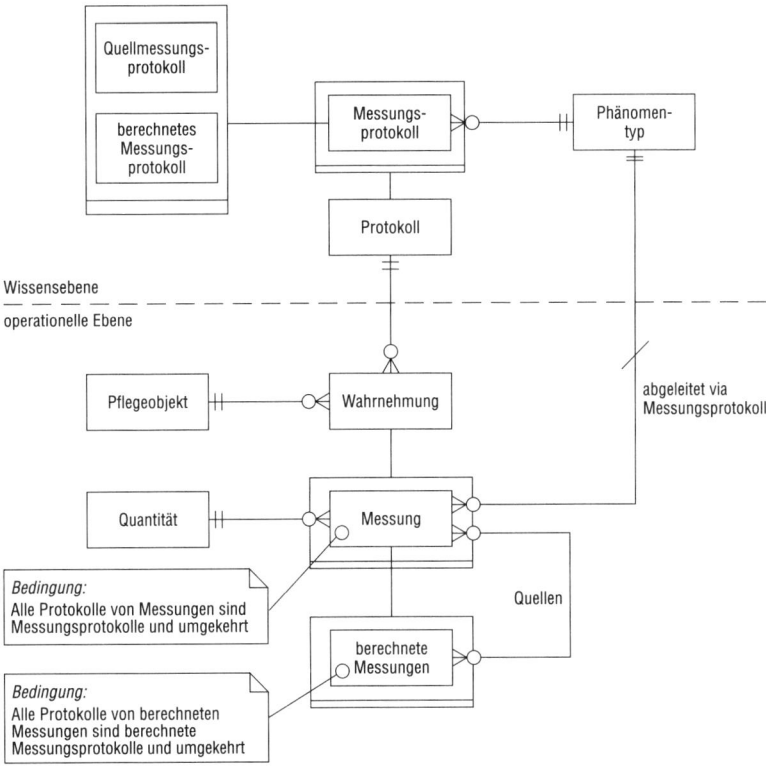

*Abbildung 4.7 Messung und Messungsprotokolle*
*Quellmessungen stammen aus einer Datenbank, berechnete Messungen verwenden Formeln.*

Ein wichtiger Punkt dieses Modells – eine Reflektion seines klinischen Hintergrunds – ist, daß jeder Phänomentyp mehrere Messungstypen zur Bestimmung seines Wertes haben kann. Dieser Punkt mag einigen Lesern merkwürdig erscheinen. Was ist der Sinn einer Messung, die auf mehr als eine Art berechnet werden kann? Wenn es mehr als eine Formel gibt, dann handelt es sich doch sicherlich um einen anderen Phänomentyp. Der erste und offensichtlichste Punkt ist, daß der Phänomentyp sowohl Berechnungen als auch Quellprotokolle haben kann. Man kann unterschiedliche Protokolle zu unterschiedlichen Zeitpunkten verwenden. Es können auch unterschiedliche Quellprotokolle vorhanden sein: welches verwendet wird, hängt von der Systemverfügbarkeit ab. Einige Datenbanken sind zuverlässiger als andere, jedoch ist die Verfügbarkeit niemals hundertprozentig.

Genauso könnte sich der Benutzer überlegen, verschiedene Berechnungen zur Ermittlung desselben Phänomentyps zu benutzen. Welche Berechnung der Anwender auswählt, könnte von der Verfügbarkeit von Quellen oder der Meinung des Anwenders über detaillierte Punkte der Berechnung abhängen. Ein gutes Beispiel hierfür ist der Wert eines Inventars. Normalerweise wird das Inventar nur am Ende eines Jahres per Hand durchgezählt, jedoch muß sein Wert auch zu anderen Zeitpunkten geschätzt werden. In beiden Fällen wird der Wert für weitere Finanzinformationen genutzt.

Einige Nutzer dieses Modells möchten sich vielleicht aussuchen können, welche Messungsprotokolle sie benutzen wollen, um zu einem Wert zu gelangen. Andere jedoch wollen lediglich einen Phänomentyp und überlassen es dem System zu entscheiden, wie der Wert bestimmt werden soll. Im letzteren Fall wird eine Priorisierung der Messungsprotokolle eines Phänomentyps benötigt. Dies kann man erreichen, indem man den Phänomentyp und die Messungsprotokolle in Form einer Liste abbildet. Der Kopf der Liste definiert dann das bevorzugte Protokoll usw.

Man beachte, daß hier auch berechnete Messungen vorkommen, die eine Verbindung zurück zu ihren Quellmessungen haben. Dieses folgt der generellen Regel, daß das Ergebnis einer Berechnung, wenn es als Objekt behandelt wird, seine Berechnung (das Protokoll) und die Eingaben zu diesem Protokoll (die Quellen) kennen sollte.

### 4.2.1 Festhalten der Berechnungen

Die berechneten Messungsprotokolle umfassen die Formeln, nach denen sie berechnet worden sind, wie in Abbildung 4.8 gezeigt wird. Dies ist ein Beispiel für eine individuelle Instanzmethode (siehe Kapitel 6.6). Die Formeln für berechnete Messungsprotokolle sind oft sehr einfach, so daß man einen einfacheren Interpreter [3] verwenden und die Formeln in der Art einer Tabellenkalkulation festhalten kann.

## 4.2 Das Messungsprotokoll

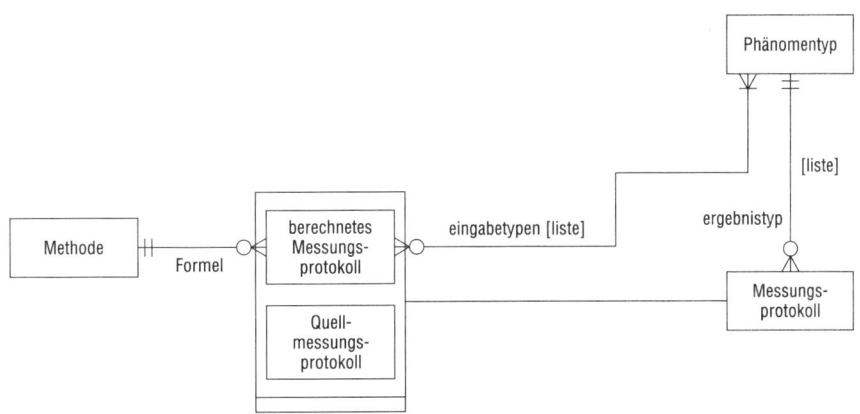

*Abbildung 4.8 Methoden für berechnete Messungsprotokolle*

Ein wichtiges Merkmal des Modells ist die Art der Präsentation der Argumente. Jedes berechnete Messungsprotokoll hat eine Liste von Argumenten. Diese Liste repräsentiert die Phänomentypen, die in der Formel kombiniert sind. Man beachte, daß die Abbildung eine Liste ist. Damit eine Formel einen Sinn ergibt, müssen die Elemente in der Abbildung identifizierbar sein. Eine Liste ist eine gute Möglichkeit, dies zu bewerkstelligen. Alternativ können die Elemente mit Zeichenketten als Schlüssel versehen werden.

**Beispiel** Verkaufseinkünfte sind ein Phänomentyp mit einer kausalen Berechnung als Messungsprotokoll. Die Argumente der kausalen Berechnung sind eine Liste von zwei Phänomentypen – Anzahl der Verkäufe und Durchschnittspreis. Die Methode ist die Formel arg[1] * arg[2].

**Beispiel** Der Index der Körpermasse ist ein Phänomentyp in der Medizin. Er hat eine kausale Berechnung mit den Argumenten Gewicht und Größe. Die Methode ist die Formel Gewicht/Größe$^2$.

### 4.2.2 Vergleichende und kausale Messungsprotokolle

In einer Unternehmensfinanzanwendung sind die Messungen keine absoluten Werte. Die Anwender sind normalerweise nicht so sehr an Zahlen interessiert, die sagen, daß die Einnahmen *x Dollar* betragen, sondern vielmehr an Unterschieden zwischen den aktuellen und den geplanten Zahlen oder den Einnahmen aus diesem Jahr im Vergleich zu den Einnahmen des vorigen Jahres.

Um diese vergleichenden Berechnungen zu betrachten, müssen die verschiedenen Arten von Messungen, die auftreten können, beschrieben werden. Typische Vergleiche finden zwischen einem aktuellen Wert und einem vorherigen oder einem geplanten Wert statt. Vorherige Werte können entweder durch Anschauen der Anwendbarkeitszeit-Referenz oder eine Messung für das Unternehmenssegment, das eine vorherige Zeitdimension hat, betrachtet werden. Geplante Messungen erzwingen eine Unterscheidung zwischen aktuellen und geplanten Werten, die mit den aktiven und den geplanten Wahrnehmungen korrespondieren, die in Kapitel 3.10 erörtert wurden. Zudem muß die sich in der Planung befindliche Wahrnehmung festhalten, welcher Plan ihre Quelle war, so daß man zwischen jährlichen Plänen, vierteljährlichen Prognosen und dergleichen unterscheiden kann, wie in Abbildung 4.9 dargestellt ist.

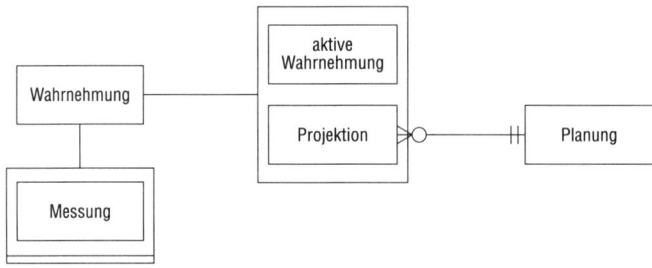

*Abbildung 4.9 Arten der Wahrnehmung zur Unterstützung von geplanten und aktuellen Werten*

An diesem Punkt sollte eine grundlegende Unterscheidung zwischen zwei Typen von Berechnungen offensichtlich sein. Die eine Art berechnet einen Wert für einen Phänomentyp anhand von Werten anderer Phänomentypen. So kann man z. B. die Verkaufseinkünfte durch Multiplikation der Anzahl der Verkäufe mit dem Durchschnittspreis berechnen. Diese Art von Berechnung wird als kausale Berechnung bezeichnet, denn sie folgt der Analyse nach Ursache und Wirkung. Kausale Berechnungen können jede Anzahl von Eingabe-Phänomentypen und jegliche Beziehungen zu Eingabe-Phänomentypen haben, und die Formeln, nach denen sie berechnet werden, können beliebige Ausdrücke sein.

Vergleichende Berechnungen andererseits sind strukturierter. Sie benötigen immer zwei Messungen als Eingabe, die den gleichen Phänomentyp haben müssen. Der Phänomentyp der Messung der Ausgabe kann immer anhand der Form der Berechnung und des Phänomentyps der Eingaben abgeleitet werden. Wenn man also die Abweichung der Anzahl der Verkäufe betrachtet, dann sind die Eingaben vom Phänomentyp Anzahl der Verkäufe, und der Phänomentyp der Ausgabe ist die Abweichung der Anzahl der Verkäufe. Die Formeln für diese Berechnung werden im allgemeinen aus einer ziemlich begrenzten Menge stammen: Sie ermitteln die absolute Abweichung (x-y) oder die prozentuale Abweichung ((x-y)/y).

Der Unterschied zwischen diesen beiden Arten der Berechnung kann durch die Bildung von Untertypen des berechneten Messungsprotokolls formalisiert werden, wie in Abbildung 4.10 dargestellt ist. Das berechnete Messungsprotokoll enthält die Schlüsselelemente der Struktur. Jedes berechnete Messungsprotokoll hat einen einzelnen Ergebnistyp und mehrere Eingabetypen. Für vergleichende Berechnungen sind die Argumente auf zwei beschränkt, die den gleichen Phänomentyp haben müssen. Alle berechneten Messungsprotokolle haben eine Methode, die die Formel zur Berechnung eines neuen Wertes aus den Eingaben enthält. Zwei Protokolle können sich eine Methode teilen, z. B. wird die Methode arg1-arg2 von allen Protokollen verwendet, die eine absolute Abweichung für Phänomentypen bestimmen. Tatsächlich ist dieser Fall so häufig, daß es sich lohnt, einen speziellen Untertyp anzulegen, der die Methode an den Typ bindet.

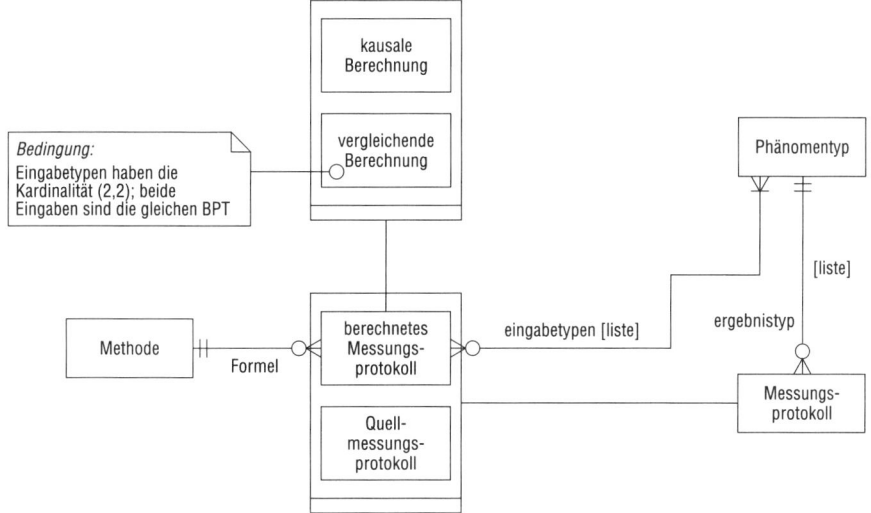

*Abbildung 4.10* Arten der Berechnung, wie sie durch berechnete Messungsprotokolle dargestellt werden

*Kausale Berechnungen verbinden verschiedene Phänomentypen, vergleichende Berechnungen zeigen Unterschiede in einem Phänomentyp zwischen Zustandstypen.*

### 4.2.3 Zustandstyp: Definieren des geplanten und aktuellen Zustands

Messungen, die durch Quellmessungsprotokolle oder berechnete Messungsprotokolle bestimmt worden sind, werden immer durch ihr Messungsprotokoll bestimmt. Das Messungsprotokoll ermöglicht dies nach dem Factory-Method-Muster [3].[1] Ein Klient bittet das Messungsprotokoll, eine Messung zu erzeugen. Der Klient muß dem Messungsprotokoll dabei das Pflegeobjekt mitteilen, das referenziert werden muß. Der Klient muß dem Protokoll auch mitteilen, ob es sich um einen geplanten oder einen tatsächlichen Wert handelt: Für den geplanten Wert muß er den Plan angeben und für den tatsächlichen Wert das Datum.

Das Modell in Abbildung 4.9 hat diesbezüglich eine Schwäche. Es gibt keine einfache Möglichkeit, wie man die für das Protokoll notwendigen Informationen angibt. Abbildung 4.9 bietet eine gute Möglichkeit, um diese Informationen aus einer bestehenden Messung zu bestimmen. Sie bietet aber keine angemessene, eindeutige Möglichkeit, um diese Informationen zu erfragen. Dieses kann jedoch durch das Modell aus Abbildung 4.11 erreicht werden, welches die Eigenschaften in einem einzigen Zustandstyp zusammenfaßt. Zu diesem abstrakten Zustandstyp existieren zwei Untertypen. Tatsächliche Zustandstypen können eine Verschiebung bezüglich der Zeit haben. Für die derzeitigen Werte gibt es keine Verschiebung (oder sie ist Null). Vor sechs Monaten oder vor einem Jahr würde also die entsprechende Verschiebung haben. Geplante Zustandstypen haben den geeigneten Plan, genauso wie Vorhersagen.

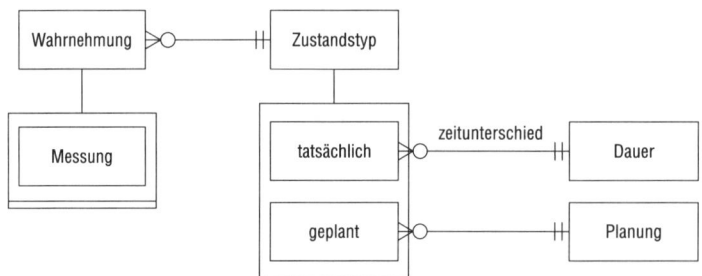

*Abbildung 4.11 Zustandstyp als Alternative zu Abbildung 4.9*
*Diese Alternative macht es einfacher, die Art der benötigten vergleichenden Messung zu spezifizieren (siehe Abbildung 4.12).*

**Beispiel** Ein Unternehmen mißt vier Arten von Finanzwerten: den aktuellen Wert, vorheriges Jahr, Jahresplan und die letzte vierteljährliche Prognose. Der Ist-Zustand wäre ein tatsächlicher Zustandstyp mit einer zeitlichen Abweichung von Null. Das vorherige Jahr ist ein Ist-Zustand mit einer zeitlichen Verschiebung von

---

1. Man beachte, daß der Grund hierfür darin liegt, daß die Methode der Erzeugung viel mehr variiert als der Typ des endgültigen Ergebnisses. Dieses ist ein anderer Grund für die Verwendung des Factory-Method-Musters zusätzlich zu denen, die von Gamma et. al. (3) angegeben werden.

## 4.2 Das Messungsprotokoll

einem Jahr. Der Jahresplan ist ein geplanter Zustandstyp, der mit dem Jahresplan verbunden ist. Die vierteljährliche Prognose ist ein geplanter Zustandstyp, der mit der letzten vierteljährlichen Prognose verbunden ist. Alle vierteljährlichen Prognosen sind Instanzen der Planung.

Letztendlich ist das Wissen über die Art der Wahrnehmung von der Wahrnehmung zu einem eigenen Typ verschoben worden. Dieser Typ kann alle möglichen Variationen unabhängig von existierenden Wahrnehmungen aufzählen. Der Typ verbleibt in der Wissensebene, so daß man neue Messungen berechnen kann, aber man beschränkt sich nicht auf die Wissensebene. Man beachte, daß dieses nicht mit dem Modell aus Abbildung 4.9 inkonsistent ist. Beide drücken die gleichen Dinge auf etwas unterschiedliche Weise aus, und beide können zur gleichen Zeit unterstützt werden.

Nun muß der Klient nur noch den Zustandstyp für das Messungsprotokoll spezifizieren, um genügend Informationen für die Erzeugung der Messung zu haben, vorausgesetzt, das Protokoll ist ein kausales Protokoll. Vergleichende Berechnungen benötigen zwei Eingaben mit jeweils einem Zustandstyp. Eine Art des Umgangs damit wäre, die Erzeugungsoperation für eine Messung so zu verändern, daß für kausale Messungen ein Zustandstyp und für vergleichende Messungen zwei Zustandstypen erforderlich sind. Eine andere Methode besteht darin, vergleichende Zustandstypen zuzulassen, wie in Abbildung 4.12 dargestellt ist. Ich bevorzuge letztere Methode, da der Vergleich nun ein eigenständiges Objekt ist und die Schnittstelle für die Erzeugung aller Messungen gleich ist.

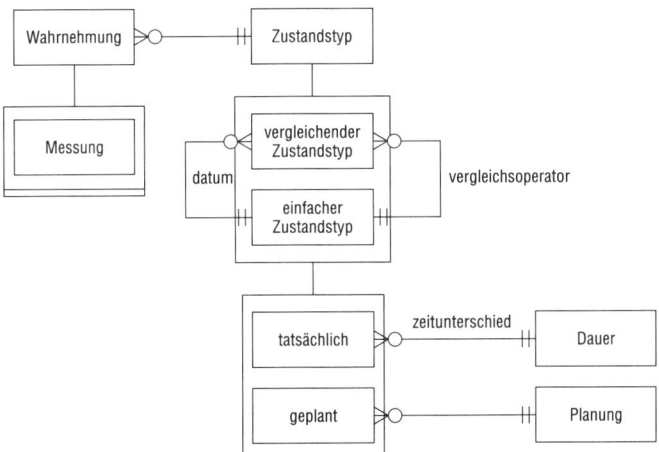

*Abbildung 4.12 Verwendung eines vergleichenden Zustandstyps zur Erleichterung der Spezifikation von vergleichenden Messungen*

**Beispiel** Das ACM-Management möchte die Abweichungen der tatsächlichen von den geplanten Verkaufsumsätzen sehen. Um diese Anfrage beantworten zu können, muß das Modell einen Phänomentyp für die Verkaufsumsätze und einen Phänomentyp für die Abweichung der Verkaufsumsätze enthalten. Die Abweichung der Verkaufsumsätze ist eine vergleichende Berechnung mit einer Methode arg[1]-arg[2]. Die Anfrage erzeugt eine Wahrnehmung der Abweichung der Verkaufsumsätze mit einem vergleichenden Zustandstyp. Der Zustandstyp hat einen Wert der Planung und einen Vergleichsoperator von dem Ist-Wert.

### 4.2.4 Erzeugen einer Messung

Nachdem wir gesehen haben, wie eine neue Messung angefordert wird, kann jetzt der Prozeß der Erzeugung einer Messung betrachtet werden, der in Abbildung 4.13 und 4.14 dargestellt ist. Der Prozeß umfaßt drei Schritte: Finden der Argumente, Ausführen der Formel und Erzeugen eines neuen Messungsobjekts mit dem resultierenden Wert.

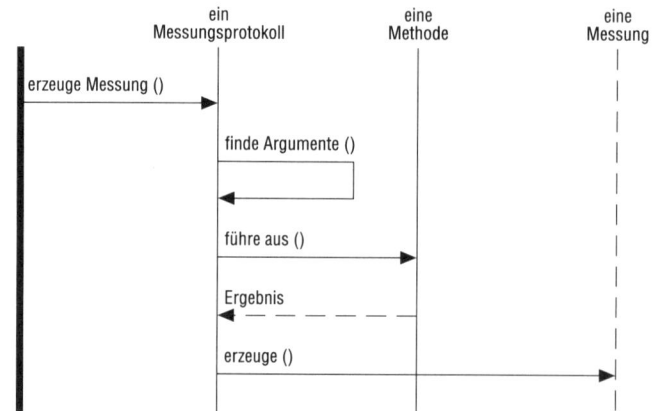

*Abbildung 4.13 Interaktionsdiagramm für die Erzeugung einer Messung*

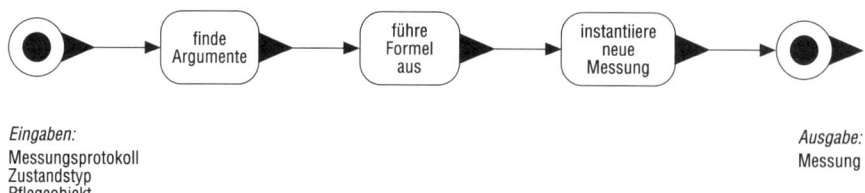

*Abbildung 4.14 Ereignisdiagramm zur Beschreibung des Erzeugungsprozesses einer Messung*

## 4.2 Das Messungsprotokoll

Die Operation zum Auffinden der Argumente ist polymorph, sie hängt davon ab, ob man ein kausales oder ein vergleichendes Messungsprotokoll hat. Das kausale Protokoll, das in Abbildung 4.15 gezeigt wird, muß alle Messungen des gleichen Zustandstyps und Pflegeobjekts finden, deren Phänomentyp den Eingabetypen des Protokolls entspricht. Die vergleichende Formel, die in Abbildung 4.16 gezeigt wird, sucht nach zwei Messungen, deren Phänomentyp der des Eingabetyps ist, die das gleiche Pflegeobjekt haben und deren Zustandstypen der Wert und der Vergleichsoperator für das Protokoll sind.

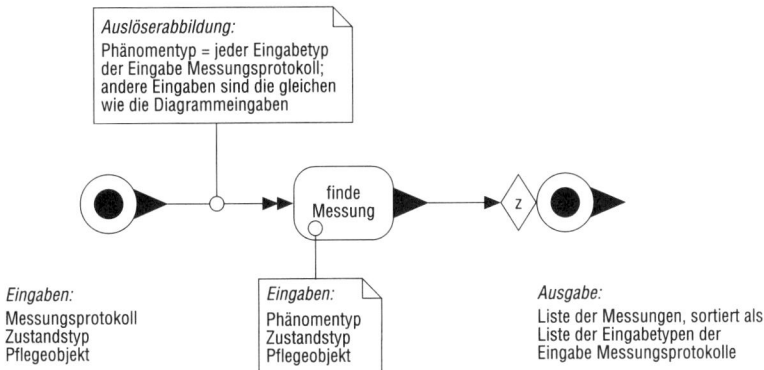

*Abbildung 4.15* Die Operation zum Auffinden der Argumente für eine kausale Berechnung
*Diese Operation findet eine Messung für jeden Argumenttyp, wobei alle anderen Faktoren gleich sind.*

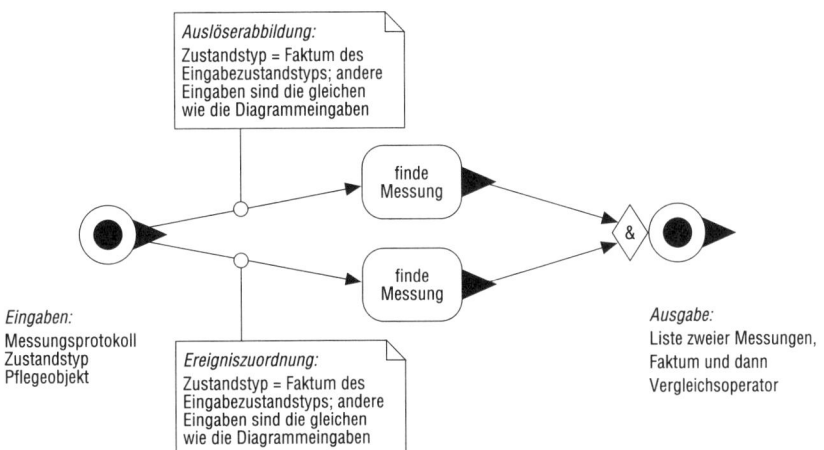

*Abbildung 4.16* Die Operation zum Auffinden der Argumente für vergleichende Berechnungen
*Diese Operation findet ein Argument für jeden Teil eines vergleichenden Zustandstyps.*

Wenn die Argumente gefunden sind, kann man sie an die Formel weitergeben und dann eine Messung mit dem resultierenden Wert erzeugen.

## 4.2.5 Dimensionskombinationen

Die dritte Art der Berechnung ist die Kombination von Werten innerhalb einer Dimension. Das obige Beispiel handelte von der Berechnung der Verkaufseinkünfte für den Nordosten durch Addition der Werte der Verkäufe aller Unterregionen der Nordost-Region. Genauer gesagt: die Messung eines Phänomentyps für ein Unternehmenssegment, das den Nordosten referenziert, kann dadurch berechnet werden, daß alle Messungen des Phänomentyps aufgefunden werden, die mit Unternehmenssegmenten verbunden sind, die untergeordnete Regionen des Nordost-Dimensionselements referenzieren und ansonsten über die gleichen Dimensionselemente der anderen Dimensionen verfügen. Diese Werte werden dann zu einem neuen Wert addiert.

Auf diese Weise kann man ein Protokoll der Dimensionskombination hinzufügen, wie in Abbildung 4.17 dargestellt. Man muß dabei die Dimension spezifizieren, die kombiniert wird. Die Berechnung benötigt keine Eingabetypen, da der Phänomentyp immer dem Ausgabetyp entspricht. Man kann also darüber nachdenken, die Kardinalität der Ableitung der Eingabetypen auf Null zu setzen. Ich denke jedoch, daß man den Sinn besser erhalten kann, wenn man die Abbildungen obligatorisch definiert und eine Bedingung hinzufügt. Die Erzeugung der Messung folgt den normalen Schritten aus Abbildung 4.14, wobei die Operation zum Auffinden der Argumente entsprechend Abbildung 4.18 verändert wird.

Die Rolle der Berechnungsmethode ist sehr einfach: Sie nimmt alle Argumente und fügt sie zusammen. Normalerweise wird die Addition zum Kombinieren verwendet, aber nicht immer. Der Phänomentyp Durchschnittspreis ist z.B. bei der Dimensionskombination nicht addiert worden. Statt dessen wurde ein Mittelwert gebildet. Diese Variationen hängen vom Phänomentyp ab, daher benötigt jeder Phänomentyp eine Kombinationsmethode. Die Berechnungsmethode wendet die Kombinationsmethode auf die Argumente an, um das Ergebnis zu bestimmen.

Man beachte, daß die vergleichenden Protokolle und die Protokolle der Dimensionskombination automatisch generiert werden können. So kann für die Dimensionskombination ein Protokoll für jede Kombination von Phänomentyp und Dimension definiert sein. Für die vergleichende Berechnung kann ein Protokoll für jede Kombination von Phänomentyp und Art der vergleichenden Berechnung definiert sein.

## 4.2 Das Messungsprotokoll

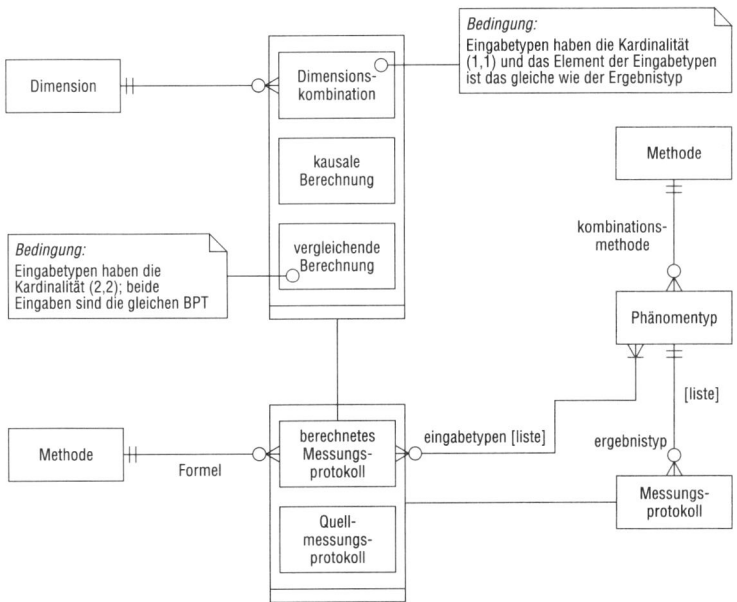

*Abbildung 4.17 Hinzufügen der Dimensionskombination zum berechneten Messungsprotokoll*

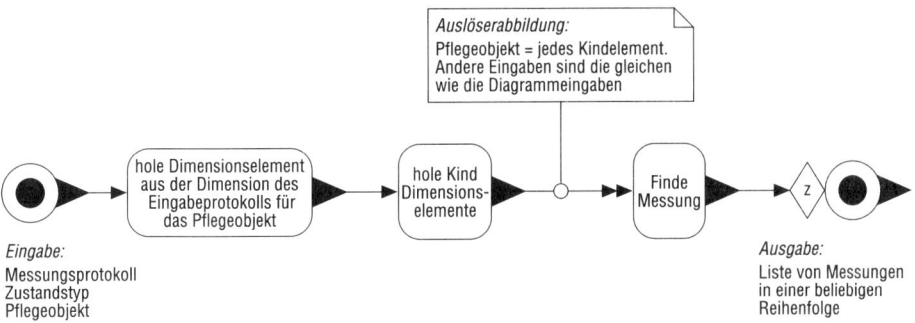

*Abbildung 4.18 Die Operation zum Auffinden von Argumenten für Berechnungen durch Dimensionskombination*

*Diese Operation findet eine Messung für jedes untergeordnete Unternehmenssegment in der angegebenen Dimension.*

Berechnete Messungen sind hier genauso nützlich wie im Gesundheitswesen. Trotzdem wurden berechnete Messungen in diesem Kapitel statt in Kapitel 3 diskutiert, da sie ausgiebig während unser Arbeit zum Thema Unternehmensfinanzen verwendet wurden. So sind sie ein Beispiel dafür, wie die Übernahme eines Modells in einen anderen Bereich weiteres Nachdenken verursachen kann, das wiederum positive Rückwirkungen auf den ursprünglichen Bereich haben kann.

## 4.3 Bereich (Intervall)

Bisher haben wir betrachtet, wie Messungen – sowohl berechnete als auch aus der Quelle angegebene – verwendet werden können, um die finanzielle Leistung eines Unternehmens zu untersuchen. Das Muster Messungsprotokoll bietet eine gute Möglichkeit, um diese Informationen quantitativ zu betrachten. Um einem Dickicht aus Zahlen einen Sinn zu geben, ist es jedoch oft nützlich, Messungen nach Kategorien zu gruppieren. Vielleicht möchte man die absoluten Umsätze in eine Menge von Abschnitten unterteilen, oder man kann alle vergleichenden Messungen, die eine Abweichung von zehn Prozent nach unten liefern, als Problem hervorheben.

Der erste Schritt besteht darin, Bereiche von Messungen zu beschreiben, was die Aufgabe dieses Musters ist. Der zweite Schritt besteht darin, diese Bereiche zu einem breiteren System von Wahrnehmungen zu verbinden, wie es in Kapitel 4.4 besprochen wird.

Man trifft oft auf die Notwendigkeit, einen Bereich von einigen Werten anzugeben. Der Bereich kann aus Zahlen (wie 1..10), Datumsangaben (wie 1.1.95..5.5.95), Quantitäten (wie 10..20 kg) oder sogar Zeichenketten (wie AAA..AGZ) bestehen. Normalerweise ist ein Bereich in dem Typ enthalten, der ihn verwendet, indem der Typ jeweils eine Ableitung für den oberen und den unteren Wert bekommt, wie in Abbildung 4.19 dargestellt ist.

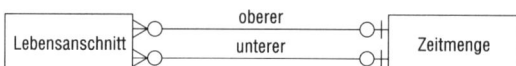

*Abbildung 4.19 Repräsentation eines Bereichs mit oberer und unterer Grenze in dem Typ, der ihn verwendet*

*Ich empfehle diesen Ansatz eines Bereichs nicht; man sollte statt dessen einen Bereichstyp verwenden.*

Das Problem dieses Ansatzes besteht darin, daß es in Bereichen noch mehr Möglichkeiten gibt als den oberen und unteren Wert. So möchte man wissen, ob ein bestimmter Wert innerhalb des Bereichs liegt, ob sich zwei Bereiche überlappen, ob zwei Bereiche aneinander grenzen oder ob eine Menge von Bereichen einen fortlaufenden Bereich bildet. Ein solches Verhalten müßte für alle Typen kopiert werden, die obere und untere Werte haben. Die Lösung besteht darin, den Bereich zu einem eigenen Objekt zu machen, wie in Abbildung 4.20 gezeigt ist. In dieser Situation sind alle Verantwortlichkeiten, die zu Bereichen gehören, im Bereich enthalten und müssen nicht zu den Typen kopiert werden, die Bereiche verwenden.

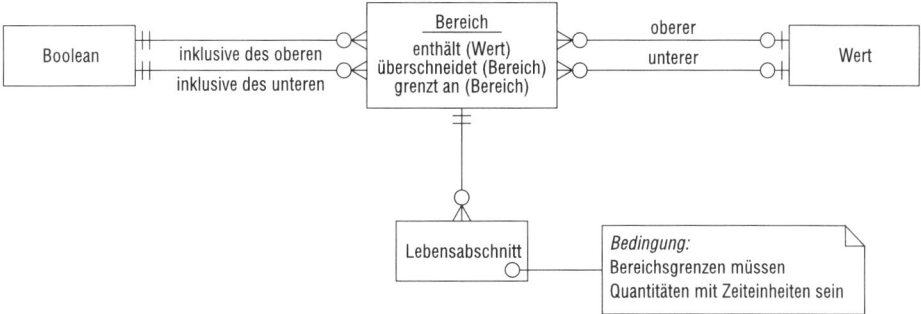

*Abbildung 4.20 Verwendung eines expliziten Bereichsobjekts*

*Dies sollte immer dann getan werden, wenn ein oberer und ein unterer Wert benötigt werden. Die obere und untere Ableitung sind dabei optional, so daß offene Bereiche erlaubt sind wie »weniger als 6 Monate«. Die Booleschen Werte werden benötigt, um zwischen »weniger als 6 Monate« und »weniger oder gleich 6 Monate« zu unterscheiden.*

Allgemein kann ein Bereich aus zwei beliebigen Größenklassen geformt werden. Ein Wert sei dabei ein Typ, der die vergleichenden Operationen (>, <, =, >=, <=) definiert. Der Bereich benötigt nur diese Operationen, um seine eigenen Schlüsseloperationen zu definieren: enthält, überlappt und grenzt an. Wenn ein Bereich verwendet wird, gibt normalerweise der verwendende Typ die Wertemenge an, die für den Bereich verwendet werden soll. Es gibt einige Möglichkeiten, die Arten der benötigten Werttypen zu modellieren. Eine Möglichkeit besteht darin, einen Untertyp zu deklarieren, genauso wie man es beim Zeitintervall macht (ein Bereich, dessen Wertemenge Zeitpunkte sind). Eine andere Möglichkeit besteht in der Verwendung einer Bedingung, wie in Abbildung 4.20 zu sehen ist. Eine dritte Möglichkeit besteht in der Verwendung von so etwas wie parameterisierbaren Klassen, wobei ein Bereich von Integerwerten durch einen Typ Bereich<Integer> definiert ist. Konzeptionell sind all diese Modellierungstechniken jedoch äquivalent; daher kann man diejenige verwenden, die einem am einfachsten erscheint. Bei der Implementierung muß etwas vorsichtiger ausgewählt werden, da die einzugehenden Kompromisse der Alternativen je nach Implementierungsumgebung variieren. Die Wahl des konzeptionellen Modells impliziert nichts für die Implementierung.

## 4.4 Phänomen mit Bereich

Bereiche bieten die Möglichkeit, Kategorien für Messungen zu definieren. Man muß diese nun in ein erweitertes Modell von Wahrnehmung und Messung einfügen. Dazu kann man Phänomene für verschiedene Phänomentypen anlegen. Wenn der Phänomentyp »prozentuale Abweichung des Umsatzes« heißt, kann man ein Phänomen für das Umsatzproblem anlegen, das auftritt, wenn die prozentuale Umsatzabweichung niedriger als -10 Prozent ist. Dies impliziert, daß eine Messung von -12 Prozent Umsatzabweichung auch eine Kategoriewahrnehmung (siehe Kapitel 3.5) des Umsatzproblems impliziert.

Zuerst muß die Frage beantwortet werden, ob es sich dabei um eine oder zwei Wahrnehmungen handelt. Entsprechend dem Modell aus Abbildung 3.9, in dem Wahrnehmungen entweder Messungen oder Kategoriewahrnehmungen sind, kann eine Wahrnehmung nicht beides sein. Man kann einer Wahrnehmung erlauben, beides zu sein, wenn man das Modell aus Abbildung 4.21 verwendet. Die Wahl zwischen den beiden Modellen hängt davon ab, wie man den konzeptionellen Prozeß sieht. Betrachtet man eine Messung und die damit verbundene Wahrnehmung des Umsatzproblems als zwei aufeinanderfolgende, separate Schritte, liegt die Verwendung von Abbildung 3.9 nahe. Man kann die Messung und die Wahrnehmung aber auch als einen Prozeß ansehen. In einfachen Fällen wie diesem haben die Bereichsexperten, mit denen ich gearbeitet habe, die letztere Variante bevorzugt.

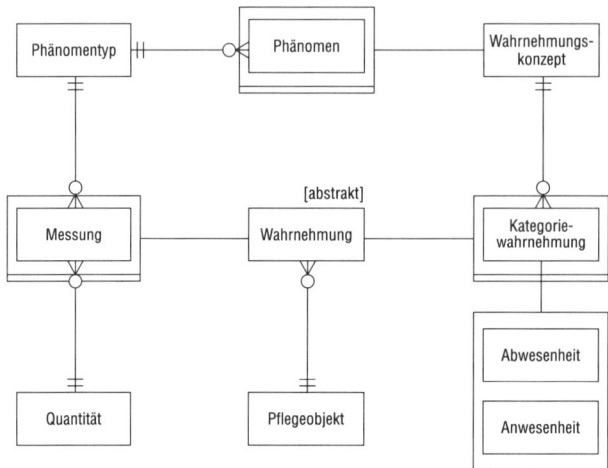

*Abbildung 4.21 Man kann einer Wahrnehmung erlauben, sowohl eine Messung als auch eine Kategoriewahrnehmung zu sein*

*Die Auszeichnung mit [abstrakt] impliziert, daß eine Wahrnehmungsinstanz nur von den Untertypen gebildet werden kann.*

Da man nun einen wohldefinierten Bereich hat, erscheint es natürlich, den Computer automatisch jede solche Messung mit dem relevanten Phänomen verbinden zu lassen. Dazu benötigt man eine Möglichkeit, den Bereich innerhalb der Wissensebene zu definieren.

## 4.4.1 Phänomen mit Bereichsattribut

Der einfachste Ansatz besteht darin, einem Phänomen einen Bereich hinzuzufügen, wie dies in den Abbildungen 4.22 und 4.23 gezeigt wird. Dann kann man bei der Erzeugung einer neuen Messung nachsehen, ob sie in den Bereich irgendeines Phänomens der Phänomentypen der Messung fällt. Man muß darüber nachdenken, ob der Bereich eines Phänomentyps keine Überlappungen oder kein vollständiges Enthaltensein aufweisen soll. Jede dieser Anforderungen zeigt die Notwendigkeit einer Bedingung.

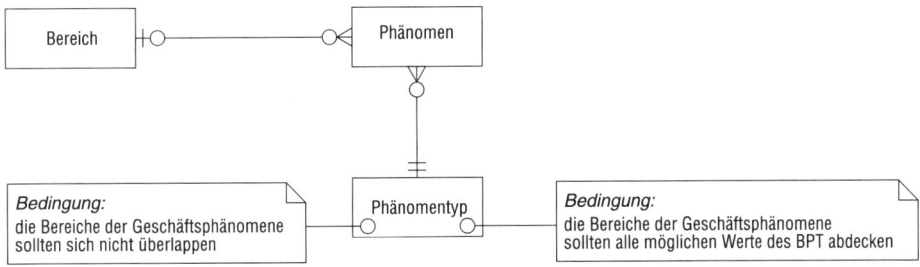

*Abbildung 4.22  Hinzufügen eines Bereichs zum Phänomen*

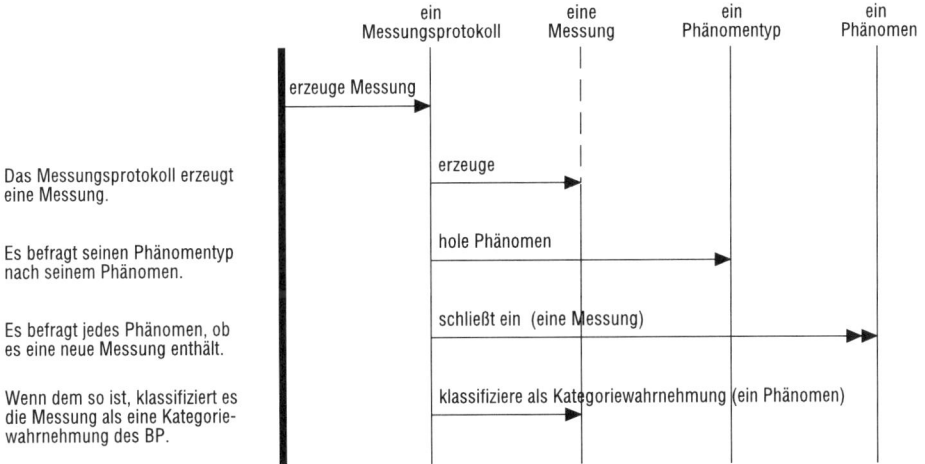

*Abbildung 4.23  Interaktionsdiagramm für die Erzeugung einer Messung und die Überprüfung der Phänomene*

*Die Verantwortlichkeit für die Überprüfung des Phänomens kann genausogut vom Messungsobjekt übernommen werden. Ich bevorzuge jedoch dieses Protokoll, da ich denke, daß es dort besser plaziert ist, um überschrieben zu werden.*

**Beispiel** Die prozentuale Abweichung der Umsätze ist in vier Kategorien unterteilt: Höher als 5% ist gut, 5% bis -5% ist OK, -5% bis -10% ist bedenklich, und weniger als -10% ist ein Problem. Dies kann durch vier Phänomene für den Phänomentyp prozentuale Abweichung des Umsatzes (PAU) repräsentiert werden. Das Phänomen PAU-gut hat einen Bereich ohne obere Grenze und mit 5 als unterer Grenze, das Phänomen PAU-OK hat einen Bereich mit der oberen Grenze 5 und der unteren Grenze -5, das Phänomen PAU-bedenklich hat einen Bereich mit der oberen Grenze von -5 und einer unteren Grenze von -10, das Phänomen PAU-Problem hat einen Bereich mit der oberen Grenze -10 und keiner unteren Grenze. Es ist wichtig, genau zu prüfen, welches die Grenzen sind, und diese Informationen in die Bereiche mit aufzunehmen; so muß man definieren, ob genau 5% noch PAU-gut oder schon PAU-OK ist.

**Beispiel** Der Index des Körpermasse wird verwendet, um vier Gruppen zu definieren: normal 20-25kg/m$^2$, übergewichtig 25-30kg/m$^2$, fettleibig 30-40kg/m$^2$, krankhaft fettleibig >40kg/m$^2$. Dies wird durch vier Phänomene des Phänomentyps Index der Körpermasse repräsentiert. Das Phänomen übergewichtig würde einen Bereich mit der unteren Grenze von 25kg/m$^2$ und einer oberen Grenze von 30kg/m$^2$ haben. Jeder der anderen Phänomene würde ähnliche Bereiche haben.

### 4.4.2 Bereichsfunktion

Ein alternativer Ansatz besteht in der Erzeugung einer eigenen Bereichsfunktion als Untertyp einer assoziativen Funktion, wie in Abbildung 4.24 und Abbildung 4.25 gezeigt. Dieses ist nützlich, wenn verschiedene Bereiche je nach Kontext, der durch ein Wahrnehmungskonzept beschrieben wird, angewendet werden. Dieses Modell erlaubt, daß verschiedene Reihen von Bereichen vorhanden sind, abhängig davon, welches Wahrnehmungskonzept angewendet wird. Die Bereichsfunktion wertet einige Ausdrücke der Argumente aus, wie dies bei einer assoziativen Funktion auch getan wird, jedoch überprüft sie auch, ob die Messung in den Bereich des Phänomentyps fällt. Wenn beides gegeben ist, dann wird das Wahrnehmungskonzept Produkt angewendet. Die Entwicklung von Bedingungen, um sicherzustellen, daß nur eine Bereichsfunktion für jede Messung TRUE ist, ist schwieriger, als wenn Bereiche direkt auf Phänomene angewendet werden.

## 4.4 Phänomen mit Bereich

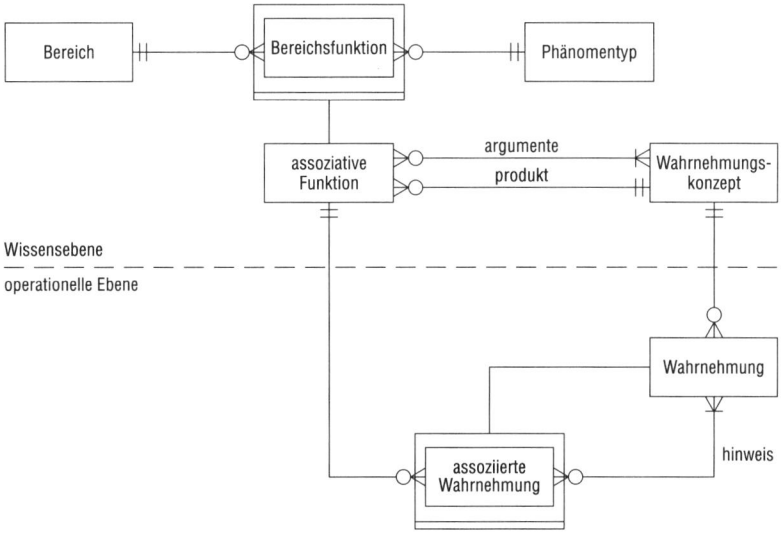

*Abbildung 4.24  Bereichsfunktion*

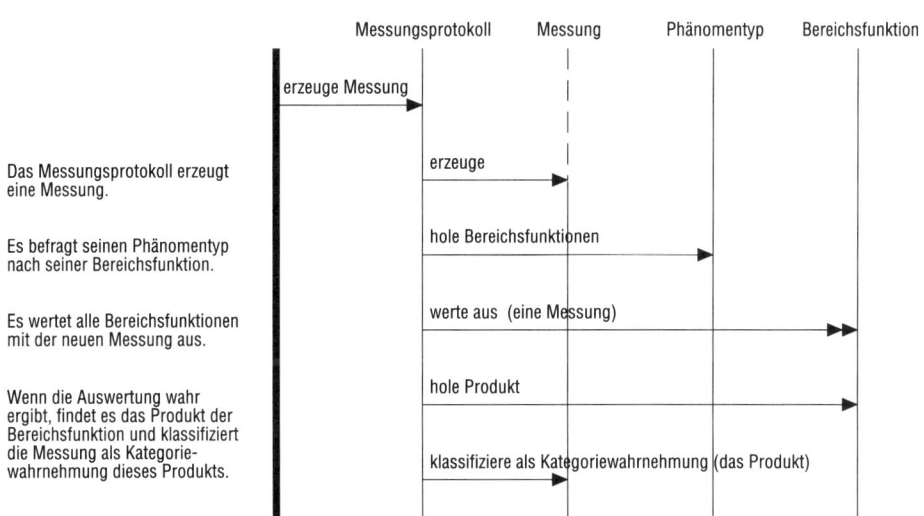

*Abbildung 4.25  Erzeugung einer Messung und Überprüfung der Bereichsfunktionen*

**Beispiel**  Bestimmte Unternehmenssegmente sind als zentrale Schlüsselsegmente definiert. Für diese Segmente ist das Problem der prozentualen Abweichung des Umsatzes (PAU) bei -5% statt -10% definiert. Um dieses handhaben zu können, wird ein Wahrnehmungskonzept für Schlüsselsegmente definiert. Die Segmente, die Schlüsselsegmente sind, hätten eine geeignete Wahrnehmung, die auf sie angewendet wird. (Dies gibt einem auch die Möglichkeit, die Eigenschaft, ob etwas als Schlüsselsegment eingestuft wird, im Laufe der Zeit zu verändern.) Man würde also eine Bereichsfunktion mit dem Argument {Schlüsselsegment}, dem Produkt PAU, einem Bereich von <5% und einem Phänomentyp von PAU definieren.

**Beispiel** Der normale Bereich einer Person in bezug auf Beta-HCG erhöht sich während einer Schwangerschaft. Um dies darzustellen, würde man zwei Bereichsfunktionen mit dem Produkt normaler Beta-HCG benötigen. Eine Bereichsfunktion hätte Argumente für Schwangerschaft und die andere Argumente für Nicht-Schwangerschaft. Der Phänomentyp der Bereichsfunktion wäre Beta-HCG.

Beide Ansätze haben ihre Vorzüge, und es kann Gründe geben, sie zusammen zu verwenden. Das direkte Binden an das Phänomen ist sicherlich die einfachste Art, dies zu tun, und es ist die geeignete Art, wenn es genau die Situation beschreibt. Bereichsfunktionen sind komplexer, können aber auch kompliziertere Situationen abbilden. Man sollte – wenn möglich – die direkte Bindung an das Phänomen verwenden, und die Bereichsfunktion nur dann, wenn man muß. Wenn die Situation so komplex wird, daß sie durch die hier beschriebenen Modelle nicht mehr behandelt werden kann, sollte man der Bereichsfunktion Merkmale zuordnen, und das entweder direkt oder durch Bildung von Untertypen.

## 4.5 Verwenden des resultierenden Frameworks

Bisher hat das Kapitel Muster beschrieben, die Erweiterungen der Muster aus Kapitel 3 darstellen. Nun kann man betrachten, wie diese Modelle verwendet werden können.

Zuerst betrachten wir den Gesamtgewinn von ACM. Dies ist eine Messung, deren Unternehmenssegment die gesamte Firma ist; die Dimensionselemente des Unternehmenssegments sind alle an der Spitze der einzelnen Dimensionshierarchien. Normalerweise wäre die Messung kein absoluter Wert; vielmehr wäre sie ein vergleichender Wert mit einem Plan oder einem vorherigen Zeitintervall. Darüber hinaus könnte die Tatsache, daß der Gesamtgewinn ein Problem darstellen kann, durch Hervorhebung gemäß eines vereinbarten Phänomens angezeigt werden. Der Analytiker würde dann damit beginnen, daß er nach Problemwahrnehmungen sucht, die durch Phänomene definiert sind.

Um festzustellen, daß das Problem mit dem Gewinn aus dem Geräteverkauf zusammenhängt, muß die kausale Berechnung des Gesamtgewinns in Form der Subtraktion von Verkaufseinnahmen und Kosten zurückverfolgt werden. Man beachte, daß die kausale Berechnung einen möglichen Weg der Analyse angibt, egal ob die Messung auf diesem Weg durchgeführt worden ist oder nicht. Es könnte sein, daß diese letzte Zahl eigentlich aus der Datenbank stammt. (Aufgrund inkorrekter Daten kann es passiern, daß sie nicht genau dem Ergebnis der Formel entspricht.)

Der nächste Schritt besteht in der Verwendung von Protokollen für Dimensionskombinationen. Die Betrachtung der Standortdimension zeigt, daß der Nordosten eine höhere Abweichung hat. Man kann sich nun auf das Unternehmenssegment konzentrieren, das auf das Dimensionselement Nordost in der Standortdimension weist und auf die obersten Elemente aller anderen Dimensionen. Eine zweimalige Wiederholung dieses Prozesses führt zum Unternehmenssegment mit dem Standort Nordost, zur 1100-Produktfamilie und dem industriellen Bereich Behörden.

Es kann hier eine bestimme Menge von Zwischenschritten geben. So ist der Weg nicht unbedingt ein direkter, wenn vergleichende Berechnungen beteiligt sind. Denn der Gesamtgewinn sollte nicht dadurch berechnet werden, daß die Abweichung der Kosten von der Abweichung der Verkaufseinkünfte subtrahiert wird. Ein wahrscheinlicheres Szenario ist, daß die aktuellen und geplanten Verkaufsgewinne berechnet wurden und diese dann in kausalen Berechnungen verwendet wurden. Bei absoluter Abweichung werden alle Möglichkeiten funktionieren, jedoch gilt dies nicht für die prozentuale Abweichung. Die Anwesenheit oder Abwesenheit von Protokollen wird anzeigen, was geeignete Berechnungen sein werden und was nicht.

Man kann alternative Wege verfolgen. Anstatt zuerst die kausale Berechnung und dann die Dimensionskombination zu nutzen, könnte man auch zuerst eine Teilung anhand der Standortdimension vornehmen, dann die kausale Berechnung nutzen und daran anschließend eine andere Aufteilung von Dimensionen verfolgen. Es gibt viele mögliche Wege der Analyse, und es müssen nicht die gleichen sein, die für die Berechnung der Zahlen verwendet worden sind.

Man kann qualitative Aussagen wie »ein starker Konkurrent kann eine Senkung der Verkäufe verursachen« durch die Verwendung der assoziativen Funktionen aus Kapitel 3.11 beschreiben. Quantitative und qualitative Wahrnehmungen sind durch die Zuweisung von Phänomenen mit Bereichen miteinander verbunden.

Anwendungen können verschiedene Techniken verwenden, um die Strukturen zu erforschen. Derzeitige multidimensionale Datenbanken neigen zu einer Ad-hoc-Erforschung durch den Anwender, was eine maximale Flexibilität bietet. Eine andere Alternative besteht darin, einen Zerlegbarkeitspfad (engl. *decomposition path*) durch Definition einer Hierarchie von Protokollen anzulegen. Diese Techniken haben sich als effektiv herausgestellt, um schnell zur Wurzel des Problems zu gelangen. Solche hierarchischen Analyseanwendungen können auf einfache Weise in diesem Framework aufgebaut werden. Andere Ansätze verwenden Agenten, um innerhalb der Struktur interessante Messungen hervorzuheben.

Dieses Kapitel spiegelt einen tatsächlichen Versuch wider, das Modell des Gesundheitswesens in die Welt der Unternehmensfinanzen zu übertragen. Die Erweiterungen gegenüber dem Modell des Gesundheitswesens können als Feedback dort wieder einbezogen werden. Messungsprotokolle sind sicherlich anwendbar; das Unternehmenssegmentmuster kann in der Epidemiologie hilfreich sein, auch wenn dies erst noch analysiert werden muß. Indem ich Mustern die Migration erlaube, erhoffe ich mir, daß mehr und mehr nützliche Muster entstehen, und zwar Muster, die wahrscheinlich nie entstanden wären, wenn man dazu neigen würde, Muster auf ihre eigentliche Umgebung zu beschränken.

**Literatur**

1. T. Cairns, A. Casey, M. Fowler, M. Thursz, H. Timimi. *The Cosmos Clinical Process Modell*. National Health Service, Information Management Centre, 15 Federick Rd, Birgmingham, B15 1JD, England. Report ECBS20A & ECBS20B, <http://www.sm.ic.ac.uk/medicine/cpm.htm>, 1992.

2. E.X. Dejesus. *Dimensions of Data*. In: *Byte*, April 1995, S. 139-148.

3. E. Gamma, R. Helm, R. Johnson, J. Vlissides. *Design Patterns: Elements of Reusable Object-Oriented Software*. Reading, MA: Addison-Wesley, 1995.
   In deutscher Übersetzung: *Entwurfsmuster: Elemente wiederverwendbarer objektorientier Software*. Bonn: Addison-Wesley, 1996.

4. S. Peterson. *Stars: a pattern language for query-optimized schemas*. In: *Pattern Languages of Program Design*, J.O. Coplien, D.C. Schmidt, Reading, MA: Addison-Wesley, 1995, S. 163-177.

# 5 Bezugnahme auf Objekte

Ein Großteil des objektorientierten Paradigmas konzentriert sich auf den Gedanken der Objektidentität. In einem objektorientierten Computersystem besitzt jedes Objekt eine eindeutige ID, die gewährleistet, daß es direkt angesprochen werden kann. Dies wirkt sich auch auf unser konzeptionelles Denken aus. Wenige objektorientierte Methoden verwenden primäre und sekundäre Schlüssel, die eine wichtige Rolle in der traditionellen Modellierung von Daten spielen. Man benötigt aber weiterhin eine Möglichkeit, sich auf ein bestimmtes Objekt beziehen zu können: Man muß z.B. eine bestimmte Person finden, der man eine Rechnung schicken will, oder ein Arzt muß in der Krankendatei eines Patienten vermerken, daß dieser Diabetes hat. Dazu bieten Objektsysteme mächtige Suchmöglichkeiten, die die natürlichen Beziehungen zwischen konzeptionellen Objekten ausnutzen. Manchmal benötigt man allerdings einen expliziteren Bezeichner.

Der einfachste Bezeichner für ein Objekt ist ein *Name (5.1)*, d.h. eine Zeichenfolge, die für gewöhnlich ein Objekt bezeichnet. Allerdings ist dabei nicht gewährleistet, daß ein Name unter allen denkbaren Umständen auf ein spezifisches Objekt verweist. Daher könnte man auf eine künstlichere Lösung angewiesen sein: Auf einen Bezeichner im Kontext eines *Identifikationsschemas (5.2)*.

Die Situation stellt sich noch komplizierter dar, wenn man sich klarmacht, daß Objekte nicht immer so wohldefiniert und statisch sind, wie man es sich vorstellt. In der realen Welt begegnet man leicht Situationen, in denen man denken könnte, daß etwas, von dem man annimmt, daß es zwei Objekte darstellt, tatsächlich nur eins ist. In diesem Fall muß man eine *Objektverschmelzung (5.3)* durchführen. Da man dies auch fälschlicherweise tun kann, benötigt man gleichermaßen eine Möglichkeit, um Objekte zu einem späteren Zeitpunkt wieder trennen zu können. Die Verschmelzung könnte durch Kopieren und Ersetzen, durch Ablösung (engl. *superseding*) oder durch die Dichotomie zwischen dem Wesen (engl. *essence*) und der Erscheinung (engl. *appearance*) eines Objekts realisiert werden. Manchmal hat man einzelne Objekte, die eigentlich dieselben sein sollten; man ist sich dessen aber nicht ganz sicher oder kann sich mit den anderen Beteiligten nicht einigen. An dieser Stelle kann man dann nur festhalten, daß eine *Objektäquivalenz (5.4)* besteht.

Man sollte im Hinterkopf behalten, daß dieses Kapitel konzeptionelle Referenzen auf Objekte behandelt – Referenzen, die Menschen verwenden. Diese Referenzen tauchen in einem Modell zusätzlich zu den von der Software benutzten Objektidentitätsschemata auf. In diesem Kapitel werden von mir keine Techniken der Identifizierung durch Software besprochen, dennoch gehe ich davon aus, daß sie in jeder OO-Implementierung existieren.

**Schlüsselkonzepte** Bezeichner, Identifikationsschema, abgelöstes Objekt, Wesen eines Objekts, Äquivalenz

## 5.1 Name

Eine Übung, die ich in meinen OO-Entwurfskursen aufgebe, besteht darin, die Einzelheiten einer Geburt aufzuzeichnen. Dazu muß man zuerst den Geburtsort und das Krankenhaus festhalten. Als Anhaltspunkt weise ich darauf hin, daß man den Namen der Stadt automatisch erhält, wenn man weiß, in welchem Krankenhaus jemand geboren ist, da jedes Krankenhaus nur in einer Stadt liegt. Da bleibt es natürlich nicht aus, daß jemand darauf hinweist, daß es in vielen Städten der Welt St. Marienhospitäler gibt.

Der hier vorliegende Fehler ist einer der ältesten in der Logik und Philosophie – die Verwechslung des Namens einer Sache mit der Sache an sich. Ein Krankenhaus ist natürlich viel mehr als eine Buchstabenfolge: Da gibt es Gebäude, eine Verwaltung, Leute, ein Rechtssubjekt, kurzum viele Dinge, die das St. Marienhospital auf der Isle of Wight vom St. Marienhospital in London unterscheiden. Natürlich würde niemand die beiden miteinander verwechseln, wenn er es mit den tatsächlichen Objekten zu tun hätte. Die Schlußfolgerung daraus lautet, daß es viele Krankenhausobjekte geben mag, die denselben Namen tragen, doch ist dieser nur eine Buchstabenfolge, die mit dem Krankenhaus verbunden ist, nicht das Krankenhaus selbst. Da man Objekte und nicht Namen modelliert, ist es völlig legitim zu sagen, daß jedes Krankenhaus nur in einer Stadt liegt.

Was ist nun ein Name? Eine informelle Möglichkeit, ein Objekt zu identifizieren. Die Betonung liegt dabei auf informell, da Namen fast ausschließlich auf konventionalisierter Verwendung, statt auf irgendeiner anderen Eigenschaft beruhen. Die Zeichenkette »Martin« ist ein praktischer Bezeichner, der in vielen Situationen ausreicht, um mich zu identifizieren. Allerdings habe ich mal mit einer anderen Person namens Martin zusammengewohnt. Da wir beide dieselbe Zeichenfolge besaßen, war ihr Wert als Bezeichner reduziert. In unserem Freundeskreis war »Martin« zwar immer noch der gebräuchlichste Bezeichner, doch kam es ab und an zu Verwechslungen. In vielen Anwendungen hält man es für sinnvoll, einer Person einen einzigen Namen zuzuweisen, wie dies in Abbildung 5.1 zu sehen ist, obwohl dieser Name strukturiert sein könnte. Ausgeklügeltere Beispiele weisen einer Person viele Namen zu, so daß man wie in Abbildung 5.2 Aliasnamen verwenden kann. So könnte man sich z.B. durch die Zeichenkette »Martin F« auf mich beziehen, um mich und den anderen Martin auseinanderhalten zu können.

## 5.1 Name

*Abbildung 5.1 Objekt mit einem Namen*

*Dieses Modell impliziert, daß nicht unbedingt jedes Objekt einen Namen tragen muß. Man könnte argumentieren, daß der fehlende Name eine Referenz auf eine leere Zeichenkette impliziert, da die Abbildung (engl. mapping) obligatorisch ist. In jedem Fall verdeutlicht dieses Modell, daß eine Zeichenkette als Name für viele Objekte verwendet werden kann. Konzeptionell gesehen sind alle äquivalenten Zeichenketten dieselben Zeichenketten, d.h. man hat keine identischen Kopien*

*Abbildung 5.2 Objekt mit vielen Namen*

*Hier wird ein Objekt mit Aliasnamen modelliert. Als Abwandlung könnte man einen (gebräuchlichen) Namen und mehrere Aliasnamen verwenden.*

Namen sind oft sehr nützlich, um Objekte zu identifizieren, doch würde niemand, der ernsthaft ein Personenspeicherungssystem aufbauen will, einen Namen als einzigen Bezeichner einer Person verwenden. Menschen haben viele Namen, derselbe Name wird von unterschiedlichen Leuten verwendet, und Leute ändern ihre Namen. All diese Faktoren machen Namen zu unverläßlichen Bezeichnern, obschon sie immer noch die bei weitem am häufigsten verwendeten Bezeichner sind.

Es gibt noch einen weiteren Aspekt, den man bezüglich Namen und Bezeichnern im Hinterkopf behalten sollte: Ein Name stellt eine kompakte Möglichkeit dar, um jemandem etwas über ein Objekt mitzuteilen; er kann einige Eigenschaften eines Objekts beschreiben. Nennt man ein Automodell 16GL, so sagt das etwas über den Motor und den Komfort des Wagens aus. Obwohl dieser Name einen kompakten Bericht über das Modell darstellt, ist er kein Bezeichner, da viele Modelle 16GL heißen könnten.

Ein echter Bezeichner besitzt mehrere Eigenschaften: Er muß den Benutzer verläßlich auf genau ein einziges Objekt verweisen, und zwar immer, bei jeder Verwendung, tun. Abbildung 5.3 illustriert ein gebräuchliches Modell eines Bezeichners. Abweichend vom Normalfall bei grundlegenden Objekten ist die Rückabbildung auf das Objekt einwertig.

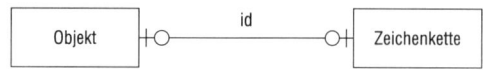

*Abbildung 5.3 Ein Bezeichner für ein Objekt*

*Dieses Modell impliziert, daß nicht alle Objekte einen Bezeichner besitzen, was selbst dann konzeptionell richtig sein kann, wenn es im Softwaresystem nicht 'TRUE' ist. Da die ID eine Zeichenkette ist, identifizieren nicht alle Zeichenketten ein Objekt. Um aber ein echter Bezeichner zu sein, sollte er zumindest eins identifizieren. Würde man einen Bezeichnertyp benutzen – was für gewöhnlich vorzuziehen wäre – besäße dieser eine obligatorische Abbildung auf ein Objekt.*

## 5.2 Identifikationsschema

In einfachen Systemen hat man für gewöhnlich einen einzigen Bezeichner für jedes einzelne Objekt. Komplexere Systeme besitzen allerdings viele Bezeichner für ein Objekt. Im Gesundheitswesen findet man viele Schemata, die Patienten identifizieren: Jedes Krankenhaus weist ihnen Fallnummern zu, wobei die einzelnen Abteilungen wiederum individuelle Nummern haben. Im Bankenwesen werden verschiedene Schemata zur Identifizierung von Banken verwendet: SWIFT, Sortierungscodes, CHAPS etc. Dieser allgemeinere Ansatz kann mit einem Modell realisiert werden, das ähnlich wie in Abbildung 5.4 aufgebaut ist.

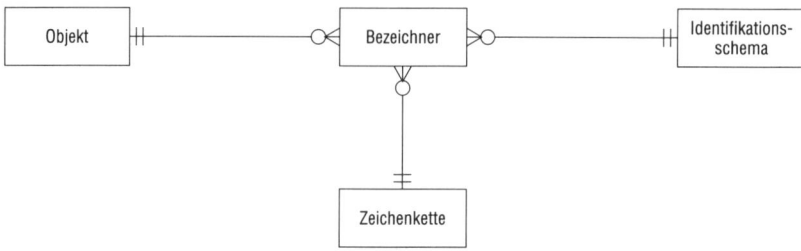

*Abbildung 5.4 Identifikationsschemata*

**Beispiel** Die internationale Krankheitsklassifizierung der Weltgesundheitsorganisation verwendet den Code E10 für Diabetes des Typs I. Dies kann durch einen Bezeichner mit der Zeichenkette »E10«, dem Identifikationsschema ICD-10 und einem Objekt »die Krankheit Diabetes Mellitus Typ I« repräsentiert werden.

**Beispiel** Angenommen, ich hätte die Paßnummer 123456. Diese wird als Bezeichner mit der Zeichenkette »123456«, dem britischen Paß-Identifikationsschema und dem Objekt »ich« repräsentiert. Situationsabhängig könnte allerdings das Objekt mein Paß sein.

## 5.2 Identifikationsschema

Identifikationsschemata stellen den Kontext dar, in dem ein Objekt identifiziert wird. Ein einziges Konto besitzt getrennte SWIFT- und CHAPS-Zahlen. Dieselbe Zeichenfolge kann in SWIFT und in CHAPS auf zwei verschiedene Banken deuten, was allerdings kein Problem darstellt, wenn sich diese Zeichenketten in verschiedenen Schemata befinden.

Obwohl das Modell in Abbildung 5.4 einen Anfang darstellt, ist es nicht umfassend. Seine primitive Form enthält keinen Mechanismus, der eine Zeichenkette davor bewahren würde, innerhalb eines Schemas mehr als ein Objekt zu repräsentieren. Hier stellt die Eindeutigkeitsbedingung [1] ein nützliches Konzept dar, um anzuzeigen, daß eine bestimmte Kombination von Abbildungen eindeutige Werte für einen Objekttyp besitzen muß.

Stellen Sie sich eine Eindeutigkeitsbedingung für das Abbildungsidentifikationsschema und die Zeichenkette vor. Solch eine Bedingung würde bedeuten, daß zwei Bezeichner nicht dasselbe Identifikationsschema und dieselbe Zeichenkette besitzen dürfen. Da die Abbildung vom Bezeichner auf das Objekt einwertig ist, identifiziert die Kombination aus Identifikationsschema und Zeichenkette ein einziges Objekt – genau das, was man braucht. Es gibt allerdings noch andere Möglichkeiten, die eine Betrachtung lohnen. Wie wäre es mit einer Eindeutigkeitsbedingung für das Objekt und die Zeichenkette? Dies würde bedeuten, daß ein bestimmtes Objekt und eine bestimmte Zeichenkette eindeutig auf ein Identifikationsschema verweisen. Mit anderen Worten: Ein Objekt kann nicht in zwei verschiedenen Identifikationsschemata dieselbe Zeichenkette besitzen. Doch ist diese Art der Eindeutigkeitsbedingung nicht nur nicht durchsetzbar, sondern auch unpraktisch. Man benutzt vorzugsweise dieselbe Zeichenkette für verschiedene Schemata, um sich nicht zu viele Bezeichner merken zu müssen. Als Beispiel denke man an Bankkarten-PINs und Sozialversicherungsnummern.

Eine Eindeutigkeitsbedingung für das Identifikationsschema und das Objekt würde bedeuten, daß innerhalb eines Schemas nur eine Zeichenkette ein Objekt identifizieren kann. Dies würde Aliasnamen innerhalb eines Identifikationsschemas ausschließen. Aliasnamen sind zwar nützlich, doch nicht absolut notwendig; in Fällen, in denen Leute den Bezeichner mit dem eigentlichen Objekt verwechseln, können sie unpraktisch, aber nicht notwendigerweise verheerend sein. Eine Bedingung für alle drei Abbildungen würde unbrauchbare Duplikate der Bezeichner verhindern, aber das Gesamtbild nicht grundsätzlich verändern.

Der zweite Teil einer Eindeutigkeitsbedingung besagt, daß der Bezeichner eines Objekts nicht verändert werden kann. Dies impliziert, daß innerhalb eines Schemas dieselbe Zeichenkette nicht von einem Objekt auf ein anderes verschoben werden kann. Dies läßt sich dadurch durchsetzen, daß man sicherstellt, daß Bezeichner nicht gelöscht und Abbildungen vom Bezeichner nicht verändert werden können – d.h., sie werden bei der Erzeugung zugewiesen und können sich nicht ändern. Ist ein Bezeichner erst einmal zugewiesen, ist er das für immer. In der Wirklichkeit werden Bezeichner in einigen Schemata wiederverwendet, doch können nur vorher nicht benutzte Bezeichner recycelt werden.

Wie werden Eindeutigkeitsbedingungen in einer typischen objektorientierten Sprache implementiert? Zur Beantwortung dieser Frage stellt die Unveränderbarkeit von Bezeichnern eine große Hilfe dar. Sie verhindert, daß die Abbildungen innerhalb der Software auf den neuesten Stand gebracht werden, so daß es keine öffentliche Modifikatorenoperation gibt. Die Abbildungen müssen während der Erzeugungsoperation gemacht werden, indem die Werte als Argumente übergeben werden. Währenddessen muß eine Überprüfung sicherstellen, daß kein anderer Bezeichner mit derselben Kombination von Abbildungen, die die Eindeutigkeitsbedingung ausmachen, existiert.

Für gewöhnlich ist das Identifikationsschema für die Überprüfung des Formats der von den Bezeichnern verwendeten Zeichenketten verantwortlich. Diese Überprüfung findet während der Erzeugung der Bezeichner statt. Enthält die Zeichenkette bedeutungstragende Informationen über das referenzierte Objekt, sollten auch diese überprüft werden. Man könnte z.B. einen Bezeichner U123 haben, bei dem das U anzeigt, daß ich in der USA lebe. Doch würde er bei meiner Rückkehr nach England ein Problem darstellen. Im allgemeinen stellt es eine schlechte Praxis dar, Informationen über die Eigenschaften eines Objekts in die das Objekt identifizierende Zeichenkette einzubetten, da dies impliziert, daß sich die Zeichenkette ändert, wenn sich die Eigenschaften verändern. Daher erzeugt man besser eine getrennte Zeichenkette, die diese Art der kompakten Information liefert.

## 5.3 Objektverschmelzung

Ein Objekt stellt man sich im allgemeinen als komplette Einheit vor: Ist es einmal identifiziert, wird es für immer auf dieselbe Art wiedererkannt. Leider sind die Wechselfälle des echten Lebens nicht so einfach. Man stelle sich einen Patienten vor, der in einem Krankenhaus aufgenommen und behandelt wird. Nach einigen Tagen bemerkt man, daß er auch ein ambulanter Patient einer anderen Abteilung ist. Dennoch wurde für ihn eine separate Akte im Computersystem erstellt. Diese Situation ist keineswegs ungewöhnlich, und es dauert oft Wochen oder sogar Monate, bis dieser doppelte Eintrag bemerkt wird.

Dieser doppelte Eintrag betrifft nicht nur das Computersystem, sondern auch die Wahrnehmung des Krankenhauspersonals. Es ist nicht nur für das Computersystem, sondern auch für den klinischen Prozeß überaus wichtig zu erkennen, daß derselbe Patient, der jetzt wegen eines linksventrikulären Versagens behandelt wird, schon vor einem Jahr wegen Thyrotoxikose (Überaktivität der Schilddrüse) in Behandlung war. Dazu bedarf es eines konzeptionellen Mechanismus, der diese beiden Objekte miteinander verknüpft.

Dazu werde ich drei Strategien skizzieren: Kopieren und Ersetzen, Ablösung und die Dichotomie zwischen Wesen und Erscheinung eines Objekts.

### 5.3.1 Kopieren und Ersetzen

Für gewöhnlich besteht die erste Strategie, an die man denkt, darin, alle Eigenschaften eines Objekts auf ein anderes zu kopieren und das kopierte Objekt danach zu löschen (Kopieren und Ersetzen). Dadurch würde der Bezeichner auf das alte, gelöschte Objekt verändert, so daß er auf das übriggebliebene Objekt verweisen würde, was eine Verletzung der Unveränderbarkeitsregel darstellen würde. Diese Strategie funktioniert, wenn man Aliasbezeichner zuläßt, doch bleibt das Problem, wie man alle Referenzen auf das gelöschte Objekt innerhalb der Software behandelt. Wenn man nicht alle diese Referenzen auffangen kann, läuft man schnell Gefahr, eine ins Nichts weisende Referenz zu bekommen, was schmerzhafte Auswirkungen haben kann.

**Beispiel** Johann Schmitt kommt in die Notaufnahme und erhält die Krankenhausnummer JS777. Später stellt sich heraus, daß er schon unter der Nummer JS123 registriert war. Dementsprechend müssen die Informationen des JS777-Objekts der Akte des JS123-Objekts hinzugefügt werden. Alle Referenzen auf das JS777-Objekt müssen auf das JS123-Objekt umgesetzt werden und das JS777-Objekt ist zu löschen.

### 5.3.2 Ablösung

Die zweite Strategie besteht darin, das Objekt wie in Abbildung 5.5 abzulösen. Ein Objekt wird als abgelöst klassifiziert und mit dem anderen aktiven Objekt verknüpft. Künftig werden alle Arbeiten am aktiven Objekt ausgeführt, während das abgelöste Objekt aus historischen Gründen archiviert wird. Referenzen auf das abgelöste Objekt müssen nicht ersetzt werden. Entweder werden die gegenwärtigen Daten des abgelösten Objekts auf das aktive Objekt kopiert, oder alle Nachrichten an das aktive Objekt müssen die Daten aller Objekte, die der Empfänger abgelöst hat, überprüfen. Alle Nachrichten an das abgelöste Objekt werden an das aktive Objekt weitergeleitet. Sind alle Daten kopiert, kann das aktive Objekt das Vorhandensein abgelöster Objekte gefahrlos ignorieren.

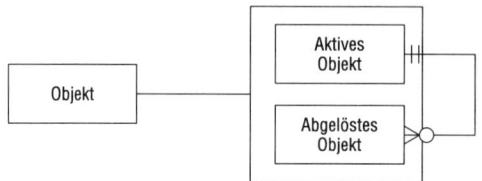

*Abbildung 5.5 Ein Objekt, das durch ein anderes abgelöst wurde*

**Beispiel** Bei dieser Strategie wird das JS777-Objekt als abgelöst und das JS123-Objekt als aktives Objekt markiert. Alle an JS777 gerichteten Nachrichten werden an JS123 weitergeleitet.

**Beispiel** Wissenschaftler haben zwei Varianten von Hepatitis gefunden: Posttransfusions-Hepatitis und Nicht-A-nicht-B-Hepatitis. Im Laufe der Zeit wurden sie zusammengefaßt und man nannte sie Hepatitis C. Dies läßt sich als Ablösung sowohl der Posttransfusions-Hepatitis als auch der Nicht-A-nicht-B-Hepatitis und Verknüpfung zu einem aktiven Hepatitis-C-Objekt darstellen.

Konzeptionell gesehen sind die Strategien der Kopie und Ersetzung und der Ablösung ziemlich gleich. Der einzige Unterschied besteht darin, daß man sich anschauen kann, was ursprünglich mit dem abgelösten Objekt verknüpft war. Dies kann wichtig sein: Wenn ein Krankenhaus Herrn Schmitt behandelt, ohne zu bemerken, daß die beiden Patienten JS123 und JS777 dieselben sind, würde nur die Strategie der Ablösung korrekt wiedergeben, was geschehen ist.

### 5.3.3 Wesen/Erscheinung

Zuletzt wird das Wesen-/Erscheinungsmodell in Abbildung 5.6 erörtert. Das Objekt bleibt weitgehend unverändert, hinter ihm steht allerdings ein weiteres Objekt – sein eigentliches Wesen. Dieses Wesen existiert nur, um Objekte miteinander zu verbinden. Darüber hinaus besitzt es keine anderen Eigenschaften. In dieser Strategie findet die Verschmelzung durch Verbindung der Objekte zu einem einzigen Wesen des Objekts statt. Dies impliziert insofern eine Modifikation der Nachrichtenübermittlung, als Objekte über ihre anderen Erscheinungsformen Bescheid wissen und diese bei der Beantwortung berücksichtigen müssen.

*Abbildung 5.6 Wesen und Erscheinung eines Objekts*

**Beispiel** In der Wesen-/Erscheinungsstrategie wird ein neues Wesen eines Objekts mit den Erscheinungsformen JS123 und JS777 erzeugt.

**Beispiel** Dieses Modell läßt sich nicht gut auf das vorherige Hepatitis-Beispiel anwenden, da die Konzepte der Posttransfusions- und Nicht-A-nicht-B-Hepatitis fallengelassen wurden, und Hepatitis C der allgemein anerkannte Begriff wurde.

Die obige Betrachtung konzentrierte sich auf die Verschmelzung von Objekten. Es könnte allerdings später notwendig werden, diese Verschmelzung rückgängig zu machen. Das Krankenhaus könnte z.B. nach einigen Monaten bemerken, daß die beiden miteinander »verschmolzenen« Patienten doch zwei verschiedene Personen waren. Die Trennung der Objekte ist mit der Wesen-/Erscheinungsstrategie am einfachsten, da sie die ursprünglichen Objekte sichert. Daher ist sie am günstigsten, wenn man sich bei einer Verschmelzung nicht sicher ist, ob diese längerfristig Bestand hat.

**Beispiel** Sollte sich herausstellen, daß die beiden Johann Schmitts schließlich doch zwei verschiedene Patienten sind, muß man das sie verbindende Wesen des Objekts entfernen.

## 5.4 Objektäquivalenz

Die vorangegangenen Abschnitte konzentrierten sich darauf festzustellen, wie ein Objekt von verschiedenen Personen auf unterschiedliche Arten wahrgenommen werden kann. Daran schließt sich nun ein analoger Gedanke (jedoch mit einem feinen Unterschied) an: Unterschiedliche Objekte können als äquivalent betrachtet werden. In der Terminologie der Medizin finden sich z.B. mehr oder weniger standardisierte Wörter, die verschiedene klinische Zustände beschreiben. Dabei liegt die Betonung allerdings auf »mehr oder weniger«. Die Definitionen sind halbwegs präzise – sicherlich im Vergleich zu den meisten Begriffen in der Softwareentwicklung – aber nicht vollständig. Um mit dieser Ungenauigkeit umzugehen, wurden verschiedene Kodierungsschemata für medizinische Begriffe aufgestellt, was bedeutet, daß man mehrere solcher Schemata hat, aus denen man auswählen muß.

Man könnte ein Kodierungsschema auch als Identifikationsschema für die eigene Terminologie verwenden. Wenn also ein bestimmter Arzt eine bestimmte Menge biologischer Phänomene verwendet, kann er diese auf die verschiedenen Kodierungsschemata abbilden, indem er diese Schemata als ein Identifikationsschema behandelt. Andere Ärzte können dies ebenso tun. Dadurch lassen sich Informationen übertragen, zumindest auf der durch das Kodierungsschema vorgegebenen Granularitätsebene. Ein wichtiger Punkt, der hier nicht verschwiegen werden soll, ist der, daß man sich oft nicht universell auf die Äquivalenz einigen kann. Einige Beteiligte finden vielleicht, daß die beiden Objekte gleich sind, während andere dies nicht tun. Das in Abbildung 5.7 gezeigte Modell fängt dies dadurch ab, daß es eine Äquivalenz definiert, die von bestimmten Beteiligten so gesehen wird. Dementsprechend kann man diese Äquivalenz nur dann benutzen, wenn man sie selbst gutheißt.

**Beispiel** Viele Ärzte denken, daß die Krankheiten Hepatitis G und Hepatitis GBC dieselben sind, was allerdings nicht von allen so gesehen wird. Dies kann durch eine Äquivalenz zwischen diesen beiden Krankheiten repräsentiert werden. Benötigt ein Arzt, der diese Äquivalenz billigt, eine Liste aller Patienten, die an Hepatitis G leiden, bekommt er auch eine Aufstellung über Kranke, die an Hepatitis GBC leiden.

*Abbildung 5.7 Äquivalenzen zwischen Objekten*

**Literatur**

1. J. Martin, J. Odell. *Object-Oriented Methods: A Foundation*. Englewood Cliffs, NJ: Prentice-Hall, 1995.

# 6 Inventar und Rechnungswesen

Ein hoher Anteil kommerzieller Computersysteme kann den Geldfluß durch ein Unternehmen verfolgen und dabei aufzeichnen, wie Geld eingenommen und ausgegeben wird. Diese grundlegende Idee im Rechnungswesen und beim Inventar anzuwenden, ergibt sich aus der Notwendigkeit, die Bewegungen von Geld und Waren zwischen den verschiedenen Geld- und Warentöpfen aufzeichnen zu müssen.

Die Inventar- und Rechnungswesenmuster in diesem Kapitel sind aus dieser grundlegenden Konzeption entstanden. Sie stellen eine Menge an Kernkonzepten dar, die man als Basis für Finanzbuchhaltung, Inventar- oder Ressourcenmanagement verwenden kann. Die Muster beschreiben diese Prozesse nicht direkt, sondern eher die zugrundeliegenden Ideen, aus denen Prozesse aufgebaut werden können. Kapitel 7 entwickelt ein einfaches Beispiel, das diese Ideen verwendet, um Telefonrechnungen zu schreiben.

In Kapitel 6 verwende ich ein einfaches Finanzbeispiel, um die Grundzüge des Rechnungswesens und des Inventars zu erklären. Obwohl die von mir verwendete Terminologie jener der traditionellen Finanzbuchhaltung ähnelt, ist sie dennoch nicht dieselbe. Bei meiner Suche nach einem abstrakten Modell wurde mir klar, daß ich neue Begriffe und Konzepte brauchte. Ein besonderes Merkmal der Muster in diesem Kapitel stellt die Art und Weise dar, nach denen die Verarbeitungsregeln in das Kontensystem eingebettet werden. Dieser Ansatz ermöglicht es den Konten, sich selbst zu aktualisieren und zu verwalten. So verwandelt sich ein traditionell passives Aufzeichnungssystem in ein aktives System, das durch angemessene Verknüpfung der Konten konfiguriert werden kann.

Das erste Muster ist das eines *Kontos (6.1)*. Ein Konto repräsentiert Dinge von Wert – Waren oder Geld –, die nur durch Buchungen hinzugefügt oder entfernt werden können. Die Positionen bieten einen Überblick über den Verlauf aller Veränderungen am Konto. Verwendet man ein Konto, um den Verlauf der Veränderungen an einem Wert aufzuzeichnen, muß man sicherstellen, daß Posten nicht verlorengehen. *Transaktionen (6.2)* erhöhen den Grad der Überprüfbarkeit der Bücher, indem Positionen miteinander verbunden werden. Bei einer Transaktion müssen die von einem Konto abgezogenen Posten auf einem anderen deponiert werden; Posten können nicht erzeugt oder gelöscht werden.

Es gibt zwei Arten von Transaktionen: Eine zweigliedrige Transaktion bewegt einen Betrag von einem Konto auf ein anderes. Eine mehrgliedrige Transaktion kann auf mehreren Konten Positionen haben, solange die Transaktion als ganze ausgeglichen ist.

Konten können durch ein *Sammelkonto (6.3)*, das den Großteil des Berichtverhaltens eines Kontos auf Kontengruppen anwendet, gruppiert werden. Manche Kontopositionen werden nicht so entworfen, daß sie in einem ausgeglichenen Verhältnis bleiben; diese Aufgabe behandelt ein *Memokonto (6.4)*.

Ein Konto kann feste Regeln enthalten, die bestimmen, wie Beträge zwischen Konten transferiert werden. *Transferregeln (6.5)* ermöglichen es, aktive Kontonetzwerke aufzubauen, die einander aktualisieren und Geschäftsregeln reflektieren. Dazu brauchen Instanzen einer *Transferregel* ihre eigenen ausführbaren Methoden; ein Anspruch, der das wichtige Modellierungskonzept einer *individuellen Instanzmethode (6.6)* einführt. Individuelle Instanzmethoden können aus einer Kombination einzelner Untertypen, dem Strategiemuster, einer internen Case-Anweisung, einem Interpreter und einer parametrisierten Methode implementiert werden.

Das Muster *Ausführung einer Transferregel (6.7)* beschreibt Möglichkeiten, mit denen *Transferregeln* ausgelöst werden können: indem eine Transaktion erzeugt wird, indem ein Konto darum gebeten wird, seine Regeln zu verarbeiten indem eine *Transferregel* gebeten wird zu feuern oder indem ein Konto gebeten wird, sich selbst zu aktualisieren und somit seine Vorgänger rückwärtsgerichtet zu feuern.

Um *Transferregeln* mit vielen Konten zu verwenden, braucht man eine Möglichkeit, *Transferregeln für viele Konten (6.8)* zu definieren. Eine besteht darin, eine Wissensebene zu verwenden. In diesem Fall werden *Transferregeln* anhand der Kontotypen definiert. Eine weitere Möglichkeit besteht darin, *Transferregeln* an Sammelkonten zu koppeln.

In einem Buchhaltungssystem brauchen verschiedene Objekte Untermengen der Konteneinträge und deren Saldi, die beide wiederum ein Muster für die *Auswahl von Positionen (6.9)* benötigen. Dieses ist immer dann nützlich, wenn man eine Auswahl der Objekte aus einer Abbildung mehrerer Werte braucht. Alternativ könnte man die komplette Menge zurückgeben und die Auswahl dem Klienten überlassen oder einen Kontenfilter benutzen.

Große Netzwerke von *Transferregeln* kann man in Gruppen aufteilen, indem man das *Kontenpraxis*-Muster *(6.10)* verwendet. Bei langen Berechnungen muß man oft an vorherige Stellen zurückgehen, um nachvollziehen zu können, warum verschiedene Transaktionen ihre jeweiligen Resultate hervorgebracht haben; dazu verwendet man das Muster *Quellen einer Position (6.11)*.

*Kontoauszüge und Einkommenserklärungen (6.12)* unterscheiden zwischen Konten, die die Aufbewahrung von Posten aufzeichnen, und Konten, die aufzeichnen, woher Posten kommen oder wohin sie gehen. Verschiedene Leute besitzen dennoch meist gleiche Ansichten von einem Konto; z.B. gleicht meine Ansicht von meinem Bankkonto der Ansicht meiner Bank. Das eine ist ein *korrespondierendes Konto (6.13)* zum anderen.

Die daraus resultierenden Muster sind einigermaßen abstrakt; besondere Fälle brauchen für die alltägliche Praxis ein *spezialisiertes Kontenmodell (6.14)*. Solche Konten werden durch Bildung von Untertypen der allgemeinen Buchführungsmuster entwickelt.

Das letzte Muster in diesem Kapitel beschreibt *Buchungseinträge für mehrere Konten (6.15)*. Mit ihm kann man die verschiedenen Wege der Positionen wiedergeben. Dazu gibt es zwei alternative Techniken: die Verwendung von Memoeinträgen oder abgeleiteten Konten. Man kann abgeleitete Konten anstelle von Kontenmustern verwenden, wenn man das Wiedergabeverhalten von Konten benötigt, aber nicht deren Saldo- und Prüfungsmöglichkeiten.

Diese Modelle resultieren aus den Ideen, die während mehrerer Projekte erarbeitet wurden. Sie stammen aus einer Arbeit an einem Kundenservicesystem für einen amerikanischen Versorgungsbetrieb und wurden während einer Studie über die Kontenstrukturen einer internationalen Telekommunikationsfirma weiterentwickelt. Sie beziehen sich auch stark auf eine neue Entwicklung eines Lohnsummensystems für eine große amerikanische Produktionsfirma.

**Schlüsselkonzepte**  Konto, Transaktion, Position, Transferregel

## 6.1 Konto

Auf vielen Gebieten ist es wichtig, nicht nur den gegenwärtigen Wert eines Postens aufzuzeichnen, sondern auch alle Details jeder Veränderung, die diesen Wert betrifft. Ein Bankkonto muß jede Abbuchung und Einzahlung festhalten; eine Inventaraufzeichnung muß jede Gelegenheit, bei der ein Posten hinzugefügt oder entfernt wurde, vermerken.

Ein Konto gleicht einem quantitativen Attribut, mit einer zusätzlichen Position für jede Veränderung an seinem Wert, wie in Abbildung 6.1 zu sehen ist. Der Saldo, der den derzeitigen Wert des Kontos repräsentiert, ist der Nettoeffekt aller Positionen, die mit dem Konto verbunden sind. Dies bedeutet nicht, daß der Saldo bei jeder Anfrage neu kalkuliert werden muß. Abgeleitete Werte können zwischengespeichert werden, obwohl dieser Zwischenspeicher für den Benutzer des Kontos unsichtbar bliebe. Ein Klient kann durch Verwendung der Positionen auch die Veränderungen über einen bestimmten Zeitraum und die volle Summe der Einzahlungen oder Abbuchungen nachvollziehen (siehe Kapitel 6.9). Das Zeichen am Betrag zeigt an, ob die Position eine Einzahlung oder eine Abbuchung ist. Ein Auszug ist eine Liste aller Buchungen, die auf einem Konto über einen bestimmten Zeitraum ausgeführt wurden.

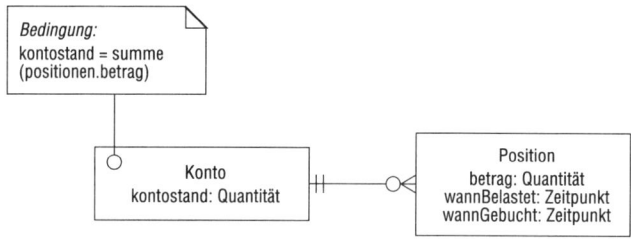

*Abbildung 6.1 Konto und Position*
*Die Buchungen zeichnen jede Veränderung des Kontos auf.*

**Beispiel** Ich hebe 100 Dollar von meinem Girokonto ab. Dies wird durch eine Position mit dem Betrag -100 Dollar auf meinem Girokonto repräsentiert.

**Beispiel** Ich kaufe 4 Pakete Standardbriefpapier in einem Laden. Der Laden repräsentiert dies als Position auf seinem Standardbriefpapierkonto mit einem Betrag von -4 Paketen.

**Beispiel** Im Januar verbrauche ich 350 KWh. Dies wird als ein Position mit dem Betrag 350 KWh auf meinem privaten Elektrizitätsverbrauchskonto repräsentiert.

**Modellierungsprinzip** *Ein Konto zeichnet den Verlauf der Veränderungen an einem Wert auf.*

Um von einer Implementierung den Saldo berechnen zu lassen, bildet man aus einer Gruppe von Positionen eine Gruppe von Quantitäten. Dazu besitzt Smalltalk eine spezifische Operation, collect. Die Gefahr besteht allerdings darin, daß die collect-Operation die Objekte genauso gruppiert wie das Original. Daher bringt die Anwendung von collect auf eine Menge von Positionen eine Menge von Quantitäten hervor. Mengen erlauben keine Duplikate; hat man also zwei Positionen mit demselben Betrag, wird nur die Quantität der ersten Position gezählt, so daß der Saldowert unkorrekt ist. Um Gruppen grundlegender Werte zu bilden, ist es oft besser, eine Multimenge (engl. *bag*) zu benutzen, die Duplikate erlaubt. In C++ ist dieses Problem weniger verbreitet, da collect-Operationen ungebräuchlicher und schwieriger anzuwenden sind; statt dessen verwenden C++-Anwender einen externen Wiederholungsoperator [1], der dieses Problem nicht hat. Dennoch sollten Testfälle zur Kontrolle immer Positionen mit gleichen Werten beinhalten (genauso wie Positionen, bei denen jedes Attribut gleich ist).

Abbildung 6.1 zeigt zwei Zeitpunkte für die Position an: einer weist auf den Termin der Belastung und der andere auf den Zeitpunkt der Buchung der Position auf das Konto. Dies ist besonders wichtig, wenn rückwirkende Belastungen auftreten. Ein Preis für eine Belastung hat sich möglicherweise zwischen dem Belastungs- und dem Buchungsdatum geändert, so daß beide Daten benötigt werden. Man muß sowohl den Verlauf der Ereignisse kennen als auch das Wissen über diesen Verlauf besitzen (siehe Kapitel 15.3.1). Zeitpunkte beinhalten sowohl die Tageszeit als auch das Datum; viele Anwendungen begnügen sich nur mit dem Datum

**Beispiel** Ich esse am 1. April in Jaes Café. Die Kreditkartengesellschaft erhält von meiner Bezahlung am 4. April Nachricht. Die Position hat ein Belastungsdatum vom 1. April und ein Buchungsdatum vom 4. April.

## 6.2 Transaktionen

Positionen sind zur Aufzeichnung von Veränderungen an einem Konto sehr nützlich. Diese Veränderungen bringen für gewöhnlich die Bewegung eines Postens von einem Konto auf ein anderes mit sich. Wenn ich Geld von meinem Bankkonto abhebe, füge ich Geld meinem Portemonnaie oder meinem Girokonto hinzu. Bei vielen Posten genügt es nicht, die Ein- und Abgänge aufzuzeichnen; man muß auch aufzeichnen, woher sie kommen und wohin sie gehen.

Die Transaktion ist bei der expliziten Verbindung einer Abbuchung von einem Konto mit einer Einzahlung auf einem anderen Konto hilfreich, wie in Abbildung 6.2 zu sehen ist. Der Ansatz der doppelten Position spiegelt ein sehr grundlegendes Prinzip des Rechnungswesens wider, nämlich daß Geld (oder etwas anderes, für das wir ein Konto pflegen müssen) nie erzeugt oder gelöscht wird, es bewegt sich einfach von einem Konto auf ein anderes.

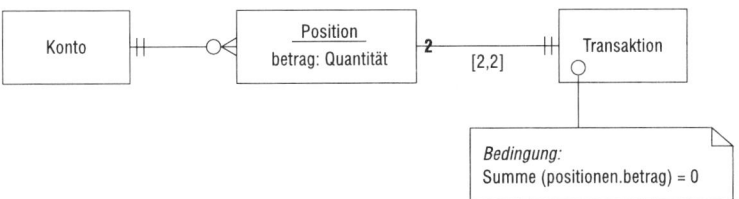

*Abbildung 6.2 Eine Transaktion mit zwei Positionen*

**Beispiel** Ich verwende meine Kreditkarte, um 500 Dollar bei Boston Airlines für ein Flugticket zu bezahlen. Dies ist eine Transaktion vom Kreditkartenkonto auf das Konto von Boston Airlines mit einem Betrag von 500 Dollar. Später mache ich eine Transaktion von meinem Girokonto auf das Kreditkartenkonto, um den Saldo des Kreditkartenkontos auf Null zu bringen.

**Beispiel** Aroma Coffee Makers (ACM) transportiert 5 Tonnen Arabischen Mokka von New York nach Boston. Dies ist eine Transaktion vom New Yorker Konto auf das Bostoner Konto mit einem Betrag von 5 Tonnen.

In komplexen Rechnungswesenstrukturen strebt man danach, die Konten zu verschiedenen Zeitpunkten im Geschäftszyklus auszugleichen – d.h. auf Null zu bringen. Durch das Prinzip der Erhaltung im Modell vereinfacht sich das Aufspüren von »Lecks« im System. Obwohl es bei Konten nicht erforderlich ist, Transaktionen zu verwenden, bevorzuge ich diese Vorgehensweise.

**Modellierungsprinzip** *Bei der Arbeit mit Konten folgt man dem Prinzip der Erhaltung: Der Posten, über den Buch geführt werden soll, kann nicht erzeugt oder gelöscht werden, sondern nur von einer Stelle an eine andere bewegt werden. Dies vereinfacht es, Lecks zu finden und zu vermeiden.*

### 6.2.1 Mehrgliedrige Transaktionen

Abbildung 6.2 impliziert, daß jede Transaktion aus einer einzelnen Abbuchung und einer entsprechenden Einzahlung besteht. Man kann jedoch viele Abbuchungen und Einzahlungen in einer Transaktion unterbringen. Angenommen, ich erhielte 3.000 Dollar von der Megabank und 2.000 Dollar von Total Telecommunications. Ich entschließe mich, beide Schecks auf mein Scheckkonto einzuzahlen. Mein Kontoauszug wird ein Haben von 5.000 Dollar anzeigen. Man beachte, daß obwohl zwei Schecks auf meinem Konto eingegangen sind, nur eine einzige Position angezeigt wird. Diese Transaktion wird durch das in Abbildung 6.3 dargestellte mehrgliedrige Transaktionsmodell repräsentiert. Die obere Grenze wird bei der Abbildung (engl. *mapping*) der Transaktion auf die Position angehoben. Die vorrangige Regel ist die, daß die Positionen in Hinblick auf die komplette Transaktion ausgeglichen werden müssen; zwischen den einzelnen Positionen ist aber keine Übereinstimmung erforderlich. Daher kann ich die Situation meines Bankkontos mit einer Transaktion modellieren, die aus drei Positionen besteht: [Konto: Girokonto, Betrag: 5.000 Dollar], [Konto: Megabank, Betrag: (3.000 Dollar)], [Konto: Total Telecommunications, Betrag (2.000 Dollar)]. Die Transaktion muß sicherstellen, daß kein Geld erzeugt oder gelöscht wird.

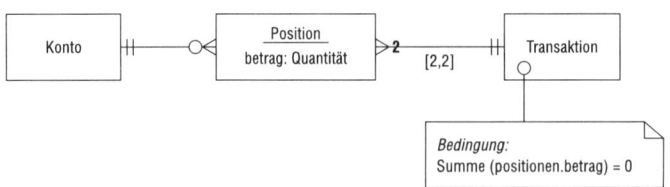

*Abbildung 6.3 Mehrgliedrige Transaktionen*
*Sie ermöglichen eine höhere Flexibilität bei der Gestaltung einer Transaktion als das zweigliedrige Modell.*

**Beispiel** Aroma Coffee Makers zieht 5 Tonnen Kaffee aus New York ab und schickt 2 Tonnen nach Boston und 3 Tonnen nach Washington. Dies ist eine einzelne Transaktion mit drei Positionen: [Konto: New York, -5 Tonnen], [Konto: Boston, 2 Tonnen], [Konto: Washington, 3 Tonnen].

Das zweigliedrige Modell stellt einen besonderen Fall des mehrgliedrigen Modells dar, in dem die Transaktion nur zwei Positionen besitzt. In einigen Anwendungen überwiegt das zweigliedrige Modell, das dann wie in Abbildung 6.4 dargestellt werden kann. Andere Anwendungen hingegen besitzen möglicherweise eine hohe Anzahl mehrgliedriger Transaktionen. Ich empfehle den mehrgliedrigen Ansatz, da er höhere Flexibilität bietet. Zweigliedrige Transaktionen können einfach durch eine besondere Erzeugungsoperation einer mehrgliedrigen Transaktion hervorgebracht werden. Der restliche Teil dieser Besprechung geht vom mehrgliedrigen Modell aus.

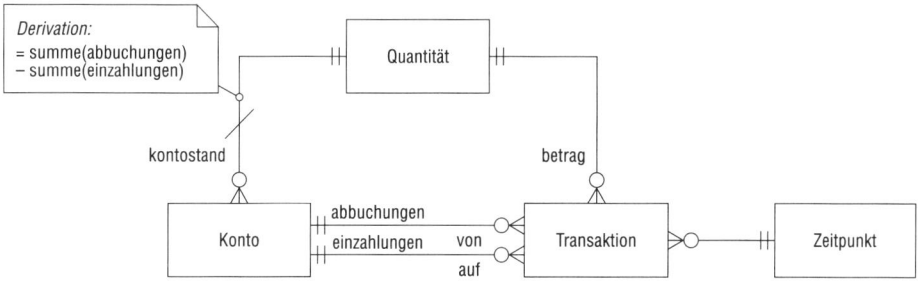

*Abbildung 6.4 Ein Modell einer zweigliedrigen Transaktion, die keine Positionen verwendet*

*Dieses Modell findet man bei durchgehend zweigliedrigen Transaktionen. Im großen und ganzen besitzt es dieselben Fähigkeiten wie in Abbildung 6.2. Dennoch bevorzuge ich das Modell in Abbildung 6.2, da es einfacher auf eine mehrgliedrige Transaktion portiert werden kann.*

Die beiderseitig obligatorische Beziehung zwischen Transaktion und Position stellt uns vor die Frage nach dem Huhn und dem Ei. Aufgrund einer Bedingung kann man keine Position erzeugen, ohne eine Transaktion hervorzubringen. Ebenso kann man keine Transaktion ohne eine Position erzeugen, da die Transaktion demselben Zwang unterliegt.

Dies kann durch eine Erzeugungsoperation für eine Transaktion gelöst werden, die eine Liste partiell definierter Positionen oder sogar eine Felderliste mit angemessenen Argumenten annimmt. Eine Position hätte somit ihre private Erzeugungsoperation; man könnte aber dennoch durch das Resultat der Transaktion auf sie zugreifen. Dies wäre dann die einzige Stelle, an der Positionen erzeugt werden könnten. Offensichtlich verletzen Objekte während der Ausführung dieser Erzeugungsoperation ihre Bedingungen. Deren Regel besagt aber, daß *öffentliche* (engl. *public*) Operationen erst abgeschlossen werden sollten, wenn alle Bedingungen erfüllt sind [5]. Diese Regel greift, wenn ausschließlich die Erzeugungsroutine der Transaktion öffentlich gemacht wird.

## 6.3 Sammelkonto

In einem Kontensystem ist es oft nützlich, Konten zu gruppieren. Ich könnte z. B. meine Total Telecommunications- und Megabankkonten zu einem Geschäftseinkommenskonto gruppieren. Genauso will ich meine Miet- und Verpflegungskosten zu persönlichen Ausgaben und meine Geschäftsreisekosten und Büroausgaben zu Geschäftsausgaben zusammenfassen. Diese Art der Struktur kann durch eine einfache Hierarchie detaillierter Konten und Sammelkonten, wie sie in Abbildung 6.5 zu sehen ist, unterstützt werden.

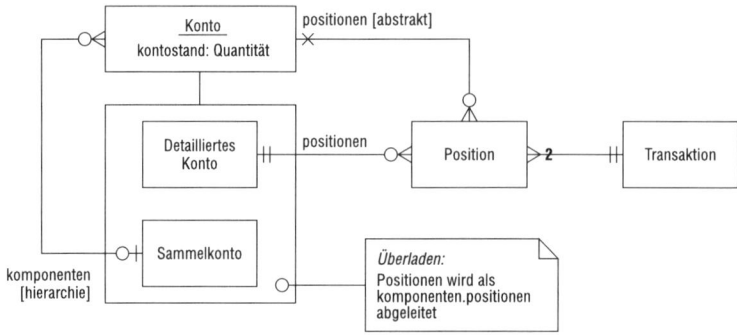

*Abbildung 6.5 Sammelkonten und detaillierte Konten*

*Ein Sammelkonto kann sich sowohl aus Sammelkonten als auch aus detaillierten Konten zusammensetzen. Dadurch ergibt sich eine Hierarchie, wobei die detaillierten Konten die Terminalen bilden (ein Beispiel für solch eine zusammengesetzte Hierarchie findet sich in [1]). Die Positionen eines Sammelkontos werden rekursiv von den Positionen der Komponenten abgeleitet.*

In dieser hierarchischen Struktur kann man Konten zu Sammelkonten zusammenfassen. Man sollte das System so einschränken, daß Positionen nur an detaillierte Konten und nicht an Sammelkonten geschickt werden dürfen. Sammelkonten können dennoch wie Konten behandelt werden, da ihre Positionen in Übereinstimmung mit den Positionen ihrer Komponenten abgeleitet werden. Ein Sammelkonto, das wiederum Sammelkonten enthält, sucht rekursiv in seinen Komponenten nach Positionen, in den Komponenten der Komponenten und so weiter. Diese Ableitung der Positionenabbildung ermöglicht die Beschreibung des Saldoattributs und aller anderen Operationen und Attribute, die auf Positionen beruhen, auf der Ebene der Obertypen.

## 6.3 Sammelkonto

**Beispiel** Ich habe ein Sammelkonto für Flugreisen mit detaillierten Konten für Flugreisen für die Megabank und Flugreisen für Total Telecommunications.

**Beispiel** Aroma Coffee Makers besitzt ein Sammelkonto für Kaffee mit detaillierten Konten für jedes Lagerhaus. Auf diese Weise kann die Firma die gesamte Kaffeemenge ermitteln, die sie derzeit besitzt.

Man beachte, daß das Verhältnis der Komponenten untereinander gekennzeichnet werden muß, um anzuzeigen, daß es sich um eine Hierarchie handelt. Um diese Bedingung in Kraft zu setzen, reichen die Kardinalitäten nicht aus. In dieser Struktur darf es keine Zyklen geben.

Die Trennung zwischen Sammelkonten und detaillierten Konten ist in der Buchhaltung recht üblich, sie ist aber nicht absolut notwendig. Das Modell in Abbildung 6.6 veranschaulicht das Entfernen dieser Unterscheidung. In diesem Fall kann eine Buchung auf jedes Konto gemacht werden, und alle Konten können in einer hierarchischen Struktur angeordnet werden. Dies kann durch zwei Abbildungen vom Konto auf die Position erreicht werden: eine, die anzeigt, welche Positionen auf dieser Ebene gesendet werden, und eine weitere, um die Positionen auf Unterkonten zu addieren. Die erste sollte die Fähigkeit besitzen, aktualisiert zu werden. Die andere ist abgeleitet (sie besitzt keine Fähigkeit, auf den neuesten Stand gebracht zu werden) und wird für Kontostände, Erklärungen und andere Merkmale, die sich im Modell der Abbildung 6.5 auf der Ebene der Obertypen befinden, verwendet.

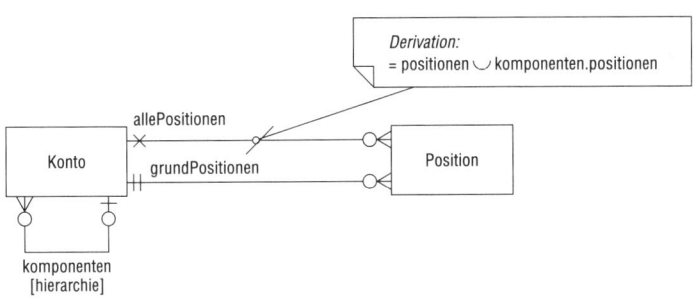

*Abbildung 6.6 Kontenhierarchien ohne getrennte Sammelkonten und detaillierte Konten
Dieses Modell kann man verwenden, um Positionen auf Sammelkonten zu transferieren.*

Bis hierher sind wir Konventionen gefolgt, die besagen, daß Konten in einer Hierarchie angeordnet werden müssen, und daß Positionen nur auf ein Konto gebucht werden. Mit diesen Annahmen werden wir noch einige Zeit weiterarbeiten, aber später, in Kapitel 6.15, werden wir uns einige alternative Möglichkeiten überlegen.

## 6.4 Memokonto

Benjamin Franklin sagte einst: »In dieser Welt gibt es nichts Gewisses außer dem Tod und den Steuern.« Die Widrigkeit, Steuern zu zahlen, können wir nicht aus der Welt schaffen, aber ich denke, daß sie einigermaßen erträglich wird, wenn man Überraschungen bei der Steuerzahlung vermeidet. Immer wenn ich Geld verdiene, überweise ich einen Teil davon auf ein Konto für Steuerverpflichtungen. Somit weiß ich, wieviel Geld wirklich mir gehört und wieviel ich der Steuer schulde.

Beachten Sie, daß bei diesem Plan kein echtes Geld bewegt wird. Es gibt keine Auszahlung von meinem Scheckkonto, bis ich die Steuern zahlen muß. Darüber hinaus legt meine Kategorie Steuer Bundes- und Landessteuern zusammen.[1] Wenn ich tatsächlich bezahle (oder Schätzungen zahle), nehme ich Transaktionen von meinem Scheckkonto auf die Konten Bundes- und Landessteuern vor. Dementsprechend muß ich mein Konto für Steuerverpflichtungen um dieselben Summen reduzieren, aber wiederum fließt zwischen den echten Konten (Scheckkonto, Bundessteuern, Landessteuern) und dem Konto für Steuerverpflichtungen kein Geld. Es fungiert für mich als Notiz darüber, wieviel Geld ich dem Finanzamt schulde, daher bezeichne ich es als *Memokonto*.

Ein Memokonto enthält Geldmengen, aber kein echtes Geld. Es ist wichtig, daß kein echtes Geld von einem oder auf ein Memokonto entweicht. Also mache ich in meinem Steuerbeispiel bei einer Geldübertragung von meinem Einkommenskonto auf mein Scheckkonto gleichzeitig eine Buchung auf mein Memokonto für Steuerverpflichtungen. Das Memokonto wird ein weiterer Untertyp des Kontos, für das ich sicherstellen muß, daß Transaktionen kein Geld zwischen diesem und anderen Konten bewegen. Dazu stellt man sicher, daß die Saldobedingung bei Transaktionen Memokonten ausschließt.

Bei Transaktionen muß immer Geld zwischen Konten bewegt werden. Geld darf nicht erzeugt oder gelöscht werden. Dies impliziert, daß bei einer Buchung auf das Konto für Steuerverpflichtungen irgendwo eine Saldoposition erzeugt wird. Da es u. U. schwierig sein kann, ein vernünftiges Konto für eine solche Position zu finden, erzeugen Buchhalter häufig ein Kontrakonto. Dementsprechend hätte das Konto für Steuerverpflichtungen ein Kontrakonto für Steuerverpflichtungen, das als anderes Ende aller Positionen im Konto für Steuerverpflichtungen fungiert, seien es Abbuchungen oder Einzahlungen. Dieser Ansatz kann mit dem gebräuch-

---

1. Anm. d. Übersetzer: Im folgenden finden sich einige Eigenheiten des amerikanischen Steuersystems.

lichen Modell realisiert werden, aber es ist nicht zwingend notwendig. Wenn die Bedingung der Kontostandsüberprüfung Memokonten ignoriert, dann sind einseitige Buchungen auf diese Konten erlaubt. Ein Kontrakonto kann immer automatisch generiert werden. Dieser Ansatz impliziert, daß die untere Grenze der Abbildung von Transaktion auf Position auf 1 reduziert werden kann.

**Beispiel** Immer wenn ich eine Auszahlung von einem Kunden erhalte, zeichne ich sie als Transaktion von einem Kundeneinkommenskonto auf mein Scheckkonto auf. Darüber hinaus trage ich einen Teil dieser Summe auf mein Memokonto für Steuerverpflichtungen ein. Wenn die Zeit kommt, um geschätzte Steuern zu zahlen, nehme ich eine Transaktion von meinem Scheckkonto auf mein staatliches Steuerkonto vor. Dieser Transaktion füge ich eine dritte Position hinzu, um die Summe auf meinem Memokonto für Steuerverpflichtungen um denselben Betrag zu reduzieren.

Wenn man natürlich keine Transaktionen verwendet, bekommt man auch keine Probleme mit dem Saldo und kann die Positionen ohne Sorgen transferieren. Allerdings besteht die Gefahr, daß echtes Geld einfacher auf Memokonten (oder ins Nichts) entweicht.

## 6.5 Transferregeln

Durch ein Memokonto kann ich einen Transfer auf ein Konto für Steuerverpflichtungen tätigen, ich muß mich aber immer noch daran erinnern, es zu tun. Da ich immer 45 Prozent jeder Position des Honorareinkommens auf ein Memokonto für Steuerverpflichtungen eintrage, sollte ein Computersystem in der Lage sein, dies automatisch für mich zu erledigen.

Dazu braucht das System eine Regel, die sich ein besonderes Konto anschaut und eine Position aus einer vorhergehenden erzeugt. Ein einfaches Beispiel dieser Art von Regel wird in Abbildung 6.7 veranschaulicht. Eine Transferregel wird durch die Spezifizierung eines Kontos als Auslöser (engl. *Trigger*) beschrieben. Jede Position im Auslöserkonto veranlaßt, daß eine neue Buchung vorgenommen wird, die den Wert der ursprünglichen Position, multipliziert mit dem Multiplikator, besitzt.

**Beispiel** Meine Steuerverpflichtung kann von einer Transferregel mit dem Honorareinkommenskonto als Auslöser, dem Konto für Steuerverpflichtungen als Ausgabe und dem Multiplikator 0,45 bearbeitet werden.

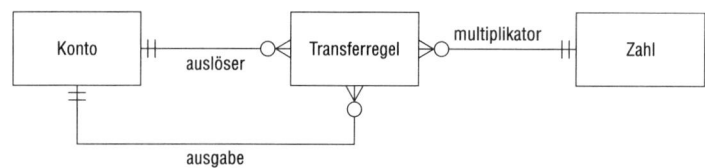

*Abbildung 6.7 Eine einfache Struktur für Transferregeln, die mit einem Faktor multiplizieren*
*Für jede Position im Auslöserkonto transferiert man eine Position auf das Ausgabekonto (engl. output account) in Form des Wertes der auslösenden Position, multipliziert mit dem Multiplikator.*

Häufig kann man durch solch eine Multiplikation mit einem skalaren Wert Transferregeln abarbeiten, doch kann solch ein Prozeß recht komplex werden. Man stelle sich eine abgestufte Einkommenssteuer vor: Für die ersten 300 Pfund müssen keine Steuern gezahlt werden, die nächsten 2.500 Pfund werden mit 20 Prozent besteuert, der Rest mit 40 Prozent. Ein einfacher skalarer Multiplikator reicht hier nicht mehr aus. Dementsprechend sollte man Transferregeln so gestalten, daß sie beliebige Algorithmen verarbeiten können und somit ein hohes Maß an Flexibilität bieten.

Um Transferregeln diese Flexibilität zu geben, muß man eine Kalkulation mit jeder Instanz einer Transferregel verknüpfen, da jede Regel eine unterschiedliche Art besitzt, die Summe der neuen Position zu berechnen. Konzeptionell bedeutet dies, daß jede Instanz einer Transferregel ihre eigene Methode haben muß, um die Berechnung durchzuführen, wie in Abbildung 6.8 gezeigt wird. Die oberflächliche Notation verdeckt ein signifikantes Problem. Gebräuchliche Objektsysteme erlauben, daß das Verhalten durch Polymorphie und Vererbung variiert; dies ist aber klassenbasiert: Das Verhalten variiert mit der Klasse des Objekts. Man will aber, daß sich das Verhalten mit jeder individuellen Instanz verändert, wozu man das Muster *individuelle Instanzmethoden* benötigt, das in Kapitel 6.6 besprochen wird. (In Kapitel 9.2 wird ein ähnliches Problem besprochen.)

*Abbildung 6.8 Transferregeln mit Methoden zur Berechnung von Werten für Positionen*
*Diese Notation besagt, daß jede Instanz einer Transferregel ihre eigene Berechnungsmethode besitzt.*

## 6.5.1 Umkehrbarkeit

Eine wichtige Eigenschaft von Transferregeln besteht darin, daß sie *umkehrbar* sein müssen. Für gewöhnlich kann man keine falsche Position löschen, weil sie entweder zu einer Position geführt hat, die Teil einer Auszahlung ist, oder auf einer Rechnung auftaucht. Dies kann man nur durch eine Umkehrung (engl. *reversal*) ändern, die eine identische, aber gegensätzliche Position darstellt. Daher muß jede Transferregel sicherstellen, daß zwei identische Positionen, die aber mit unterschiedlichen Vorzeichen behaftet sind, beide im Auslöserkonto auftauchen und einander bei der weiteren Verarbeitung vollständig ausschließen. Die Umkehrung kann man testen, indem man solche Gegensatzpaare in Routinen für eine Transferregel einfügt und sicherstellt, daß ihre Ausgabesummen gleichermaßen äquivalent wie gegensätzlich sind.

## 6.5.2 Aufgabe von Transaktionen

Auf einigen Konten werden fast alle Transaktionen durch Transferregeln erzeugt. Durch Eingabekonten (engl. *input accounts*) werden initiale Positionen aus der Außenwelt aufgezeichnet. Alle weiteren Kontenpositionen werden durch Transferregeln erzeugt. Das Risiko, Transaktionen nicht zu verwenden, wird reduziert, da alle Positionen aus den initialen Positionen und den Transferregeln vorhersagbar sind. Die Verantwortung für die Überprüfung, daß nichts entweicht, wird von der operationalen Verwendung des Systems auf den Entwurf der Transferregeln überführt. Entfernt man Transaktionen, dann ist es immer noch nützlich, die Spur von Ursache und Wirkung zwischen Positionen im Auge zu behalten. Insgesamt bevorzuge ich es, Transaktionen beizubehalten, da sie die Buchprüfung trotz geringer Zusatzkosten vereinfachen. Verwendet man Transaktionen nicht, braucht man dennoch irgendeinen Mechanismus zur Buchprüfung.

## 6.6 Individuelle Instanzmethode

Ein konzeptionelles Modell sollte eine Situation aus praktischen Gründen für den Domänenexperten so natürlich wie möglich repräsentieren. Abhängigkeiten von einer bestimmten Implementationsumgebung sollten möglichst minimiert werden. Ein Computerentwurf sollte menschliches Denken wiedergeben, nicht umgekehrt. Diese Philosophie spiegelt sich in dem Diagramm wieder, das Abbildung 6.8 zeigt. Nach der Definition dieses konzeptionellen Modellierungskonstrukts muß man eine allgemeine Art seiner Implementierung entwickeln. Daher lautet die Frage nicht »Wie verknüpft man Berechnungen mit individuellen Transferregeln?«, sondern: »Wie teilt man Methoden Instanzen zu?«. Dies folgt dem in Kapitel 14 besprochenen Transformationsansatz. Das Modell in Abbildung 6.9 sollte man hinter einer einzigen Schnittstelle implementieren können. Dies folgt dem vorrangigen Prinzip des schablonenbasierten Entwurfs: *Das Modell sollte die Schnittstelle der Klassen definieren*. Implementationen sollte man ohne Änderung der Schnittstelle austauschen können.

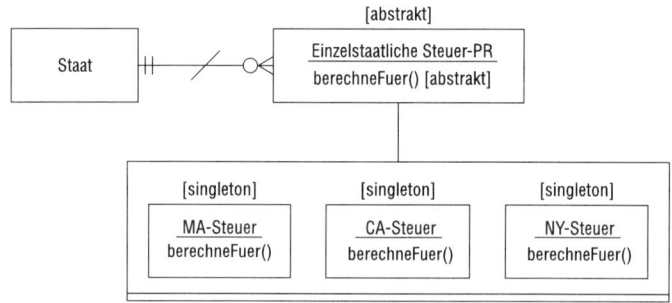

*Abbildung 6.9 Verwendung von Singletonklassen zur Implementierung individueller Instanzmethoden*

## 6.6.1 Implementierung mit einer Singletonklasse

Verhalten läßt sich durch eine polymorphe Operation variieren, die auf der Bildung von Unterklassen basiert. Die einfachste Möglichkeit besteht darin, für jede Instanz der Transferregel eine Unterklasse zu bilden und somit eine Anzahl von Singletonklassen zu erzeugen. Hier sind alle Standardmethoden und -eigenschaften der Transferregel inhärent, und die Untertypen implementieren lediglich die verschiedenen berechneFuer-Methoden.

Das Hauptproblem bei diesem Ansatz besteht darin, daß die Untertypen ziemlich künstlich sind. Sie existieren nur aufgrund der Tatsache, daß man berechneWert nicht pro Instanz variieren kann. Diese Künstlichkeit läßt diesen Ansatz nicht gerade perfekt erscheinen. Ein weiteres Problem besteht darin, daß dieser Ansatz zu vielen Klassen führt, was bei manchen Leuten einiges Unbehagen auslöst. Klassen stellen allerdings kein besonders großes Problem dar, da sie sowohl klein als auch sehr eingeschränkt sind. Berechnungsmethoden können durch Manipulation der Klassenhierarchie geteilt (engl. *shared*) werden. Dennoch kann die Verarbeitungsoperation der Transferregel auch der Polymorphie zum Opfer fallen; die beiden Polymorphien stimmen möglicherweise nicht überein.

## 6.6.2 Implementierung mit dem Strategiemuster

Auf den ersten Blick sieht die in Abbildung 6.10 gezeigte Implementierung des Strategiemusters [1] dem Muster, das einelementige Mengen verwendet, sehr ähnlich. Der Hauptunterschied besteht darin, daß Abbildung 6.10 die Bildung von Untertypen auf ein einzelnes Methoden- oder Strategieobjekt ausführt. Die Transferregel ist einfacher, da die ganze Angelegenheit der Methodenwahl eliminiert wird. Die Transferregel weiß nur, daß sie ein Methodenobjekt bitten kann, die Berechnung durchzuführen.

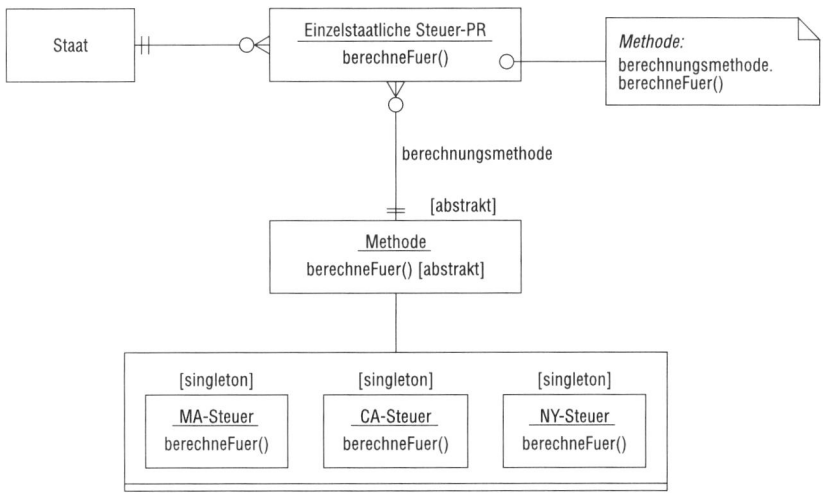

*Abbildung 6.10 Verwendung der Strategiemusterimplementation [1] für individuelle Instanzmethoden*

Abbildung 6.11 zeigt die in einem Beispielfall auftretenden Interaktionen. Ein Konto bittet eine Prozeßregel, es zu verarbeiten. Die Prozeßregel bekommt alle Positionen, die nicht von dieser Regel verarbeitet wurden (siehe Kapitel 6.7.2). Für jede dieser Positionen ruft sie ihre Methode auf, um den Wert der neuen Position zu berechnen. Möglicherweise ist die Methode einigen Parametern untergeordnet; so variieren Steuersätze z.B. oft in Abhängigkeit davon, ob jemand verheiratet ist oder nicht. Die Methode gibt das Ergebnis an die Transferregel zurück, die dann die neue Position erzeugt.

Man sollte betonen, daß dieses Methodenobjekt keine »freie Unterroutine« in der Art funktionaler Entwürfe (oder einiger OO-Ansätze) ist. Die Methode wird innerhalb der Transferregel gekapselt, da nur die Transferregel darauf verweisen und sie verwenden kann.

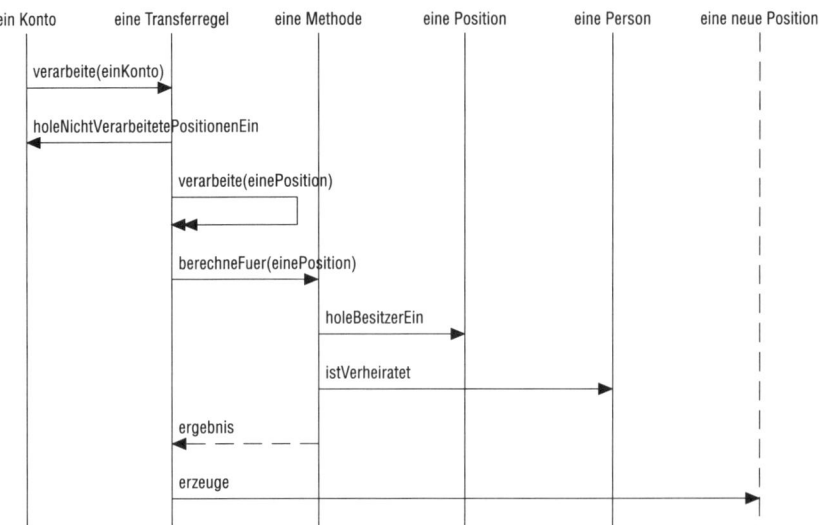

*Abbildung 6.11 Interaktionsdiagramm für die Verwendung des Strategiemusters*
*Die Methode bekommt alle notwendigen Informationen durch Anfrage an die bereitgestelle Position.*

Methoden von Transferregeln können von Objekten geteilt werden. Ein Beispiel dafür stellt die unmodifizierte Steuermethode dar, die einen unmodifizierten Steuersatz mit einigen Standardabzügen anwendet. Ist die Methode für mehrere Arten von Steuern dieselbe, wobei nur der Steuersatz variiert, dann kann eine Methode entworfen werden, die die Transferregel nach ihrem unmodifizierten Satz fragt, ansonsten aber die Wiederverwendung der Verarbeitung erlaubt. Diese Methode kann als Kreuzung zwischen den Implementierungen des Methodenobjekts und jenen der parametrisierten Methode (siehe Kapitel 6.6.4) gesehen werden.

Eine Abwandlung dieses Ansatzes in Smalltalk stellt die Verwendung eines Blocks als Methode dar. Dadurch schließt man das Bedürfnis nach einer neuen Methodenklasse aus und eliminiert die Unterklassen der Methodenklasse. Blöcke sind in ihrer Verwendung elegant, können aber sehr schwierig zu debuggen sein: Tritt ein Fehler im Code des Blocks auf, kann es schwierig werden, das Geschehen zu verfolgen. Ist der Block allerdings einfach, funktioniert dieser Ansatz sehr gut.

### 6.6.3 Implementierung mit einer internen case-Anweisung

Wenn man mit der Erzeugung von Unterklassen zur ausschließlichen Behandlung einer polymorphen Methode konfrontiert wird, kann man sich fragen, warum man sich darum kümmern sollte. Statt dessen kann man eine Reihe privater Operationen für die Transferregel verwenden: `berechneStaatlicheSteuern`, be-

# Das ist unser handfestes DANKESCHÖN, wenn Sie uns diese Karte zurückschicken!

... die aktuellste Verlagsinformation

Gratis für Sie: das Mini-Abo!
## PC Professionell

Wenn Sie diese Karte ausgefüllt einsenden, erhalten Sie im Laufe der nächsten 3-4 Monate kostenlos zwei reguläre Ausgaben der anerkannten Computerfachzeitschrift PC Professionell aus dem Haus Ziff-Davis. Das Abo beinhaltet natürlich keine Verpflichtung und verlängert sich nicht automatisch; es ist nur einmal abrufbar.

**Viel Spaß damit und viele Grüße ...
Ihr Verlagsteam**

ADDISON-WESLEY

## Absender

Firma

ggf. Abt.

Name / Vorname

Straße / Nr.
(bitte kein Postfach angeben)

PLZ / Ort

Telefon

Telefax

E-Mail

Datum

Bitte freimachen, falls DM 1,– zur Hand, oder Rückseite faxen !

Antwort

**Addison Wesley Longman**
Verlag GmbH
Wachsbleiche 7-12

D - 53111 Bonn

**Absender**

Firma _____

ggf. Abt. _____

Name / Vorname _____

Straße / Nr. (bitte kein Postfach angeben) _____

PLZ / Ort _____

Telefon _____

Telefax _____

E-Mail _____

Datum _____

**Einfach per Fax an:
(0 21 91) 99 11 11**

**ADDISON-WESLEY**

❏ **Ja**, ich will über Bücher von Addison-Wesley informiert werden, und ich will das Gratis-Abo PC Professionell.
❏ Nein danke, ich verzichte auf das Mini-Abo.

Diese Karte lag im folgenden Buch

**Titel** _____

**ISBN** _____

Dieses Buch habe ich gekauft,...
❏ weil mich der Titel angesprochen hat
❏ weil mir der Autor bekannt war
❏ weil mir Addison-Wesley bekannt war
❏ weil: _____

Dieses Buch ❏ würde ich noch einmal kaufen ❏ würde ich nicht mehr kaufen
weil:
_____
_____
_____

rechneMassSteuern, berechneVerkaufsprovision und so weiter. Dann hat ein einzelnes berechneFuer bei der Transferregel eine einfache case-Anweisung, die sich aussucht, welche private Methode sie abhängig von der empfangenden Instanz verwendet, wie in Abbildung 6.12 gezeigt wird.

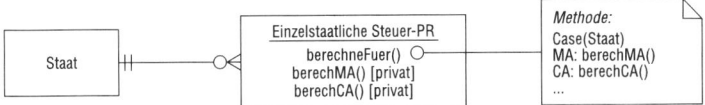

Abbildung 6.12 *Verwendung einer internen case-Anweisung für eine individuelle Instanzmethode*
*Dies stellt keine Verletzung der Prinzipien der Objektorientierung dar, solange die case-Anweisung innerhalb der Transferregel gekapselt ist.*

Objektdesigner schrecken zwar oft vor der Vorstellung zurück, case-Anweisungen so zu verwenden, aber in dieser Situation lassen sich einige gute Gründe dafür anführen. Die Implementierung wird durch das Hinzufügen einer neuen privaten Operation und eines Satzes an die case-Anweisung modifiziert. Dies unterscheidet sich nicht sehr von den neuen Unterklassen, die auch bei der Strategie- und der Singletonimplementierung benötigt werden. Ist die Anzahl der Methoden hoch, hat man eine große (aber einfache) case-Anweisung oder eine hohe Anzahl an Unterklassen. In diesem Fall muß man zwischen den Vor- und Nachteilen der Verwaltung einer großen Menge an Singletonklassen und der Notwendigkeit, die case-Anweisung mit jeder neuen Transferregel zu verändern, abwägen.

### 6.6.4 Implementierung mit einer parametrisierten Methode

Die Strategie der parametrisierten Methode verwendet eine einzelne Methode in der Transferregel und behandelt das unterschiedliche Verhalten durch Bedingungen, die auf Eigenschaften der Transferregel oder verwandter Klassen beruhen. Haben z.B. alle Positionen einen unmodifizierten Prozentsatz, dann kann die Transferregel den Prozentsatz enthalten, wie in Abbildung 6.13 gezeigt wird. Besitzen einige Transferregeln unterschiedliche Prozentsätze für Verheiratete und Ledige, dann kann jeweils ein Satz in der Transferregel enthalten sein, so daß die Methode den Angestellten nach seinem Familienstand fragt und dann den entsprechenden Satz verwendet.

Diese Strategie funktioniert, wenn alle Variationen bei der Berechnung durch die Veränderung einiger weniger Parameter berücksichtigt werden können. In solchen Fällen müssen wir das Modell so gestalten. Individuelle Instanzmethoden gibt es nur in Fällen, in denen die Situation komplizierter ist. Dies stellt eine potentielle Implementierung dar, da man in einigen Fällen Parametrisierung mit weiteren Techniken kombinieren kann.

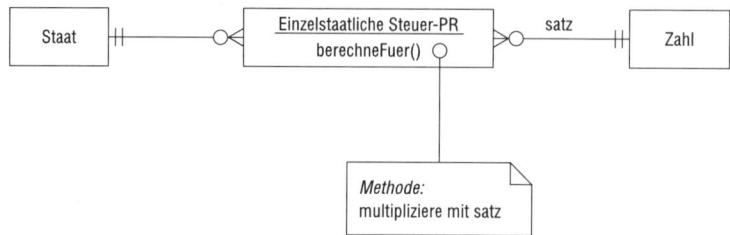

*Abbildung 6.13 Verwendung einer parametrisierten Transferregel*

### 6.6.5 Implementierung mit einem Interpreter

Ist die Methode einfach, dann kann man sie als Zeichenkette in eine einfache Sprache übertragen und dafür einen Interpreter bauen. Jede Instanz der Methode enthält eine besondere Zeichenkette, und die Methodenklasse kann die Zeichenkette (vielleicht unter Verwendung des Interpretermusters [1]) interpretieren.

Methoden, die aus einfachen Formeln mit arithmetischen Operatoren, Klammern und einigen einfachen Funktionen bestehen, stellen gute Kandidaten für diese Implementierung dar. In einer einfachen Sprache ist es nicht allzu schwierig, einen Interpreter zu bauen. Die einzige Beschränkung besteht in den Ausdrucksmöglichkeiten der Sprache.

### 6.6.6 Auswahl einer Implementierung

Jede Implementierung funktioniert gut und kann hinter einer einzelnen Operation versteckt werden. Nach Möglichkeit verwende ich die parametrisierte Methode. Meine nächste Wahl fällt auf die Implementierung der parametrisierten Methode in Verbindung mit einem der anderen Muster, um herauszufinden, ob ich eine Mischung finden kann, die nur einige wenige unterschiedliche Methoden zur Behandlung der größeren Variationen und viele Parameter zur Behandlung der kleineren Variationen verwendet. Im ersten Fall sollte man entweder einelementige Mengen oder interne case-Anweisungen verwenden. Gibt es viele Varianten, dann ist das Strategiemuster am besten. Im Ganzen ist das Strategiemuster nie wesentlich schlechter als einelementige Mengen oder interne case-Anweisungen, aber es könnte auf den ersten Blick ein wenig schwieriger zu verstehen sein. Kann die Methode in einer einfachen Sprache ausgedrückt werden, wie z.B. einer einfachen arithmetischen Formel, dann stellt der Interpreter eine gute Idee dar. Mit der Verbreitung der »Gang of Four«-Muster wird die Kombination des Strategiemusters mit einer parametrisierten Methode die vorherrschende Wahl werden.

Alle oben vorgestellten Strategien zeigen Möglichkeiten auf, mit denen das Problem individueller Instanzmethoden behandelt werden kann. Man kann sagen, daß das in Abbildung 6.8 gezeigte Modell die Analyseanweisung der Spezifikation darstellt; Designer sollten die für ihre jeweilige Implementierungsbedingungen günstigste Strategie wählen. Das Prinzip, nach dem ein Analysemodell eine einzelne Schnittstelle definiert, die vielfältig implementiert werden kann, bildet das Fundament des Ansatzes, Entwurfsschablonen für die Entwicklung zu verwenden.

Viele Designer bevorzugen vermutlich eine andere Möglichkeit zur Modellierung des Problems als die in Abbildung 6.8 gezeigte. Möglicherweise favorisieren sie einen Ausdruck, der den anderen Strategien näherkommt. Die Trennung der Analyse von der Implementation kann aber immer noch von ihnen nachvollzogen werden, wenn sie eine andere Implementierung hinter derselben Schnittstelle ersetzen. Andere Designer modellieren vielleicht lieber in derselben Form wie die Implementierung. In dieser Situation wägen sie die Vor- und Nachteile zwischen Implementierungsunabhängigkeit und einer größeren Übergangslosigkeit zwischen dem Analysemodell und der Implementierung ab.

Dies veranschaulicht die Schwierigkeit, eine klare Linie zwischen Analyse und Entwurf zu ziehen. Genauso wie verschiedene Kombinationen von Klassen einer bestimmten Schnittstelle in der Software genügen, kann man verschiedene Kombinationen von Typen verwenden, um dieselbe Situation in konzeptionellen Modellen zu gestalten. Die Wahl der Typen kann die Wahl der Klassen beeinflussen. Der vorherrschende Einfluß ist jener, daß die Wahl der Typen die Schnittstelle der Klassen definiert; was aber hinter dieser Schnittstelle steckt, muß nicht unbedingt mit dem konzeptionellen Bild übereinstimmen.

## 6.7 Ausführung der Transferregel

Bis jetzt haben wir uns angesehen, wie eine Transferregel strukturiert ist und wie sie auf das Feuern, d. h. auf einen Ausführungsbefehl, reagiert. Dies ist ein günstiger Moment, um einen Schritt zurückzugehen und einige Strategien anzuschauen, die zum Feuern der Transferregeln verwendet werden können. Zuerst möchte ich betonen, daß Transferregeln derart gestaltet werden sollten, daß sie durch verschiedene Ansätze abgefeuert werden können. Es ist wichtig, die Strategie des Feuerns von Transferregeln von den eigentlichen Regeln so klar wie möglich zu trennen, um die Vermischung dieser beiden Mechanismen zu reduzieren.

## 6.7.1 Promptes Feuern

Bei diesem Ansatz werden Transferregeln abgefeuert, sobald eine angemessene Position auf einem Auslöserkonto eingetragen wird. Es gibt zwei Möglichkeiten, dies zu realisieren. In einem ersten Ansatz kann man die Verantwortlichkeit in die Transaktion oder die Methoden zur Erzeugung von Positionen verlagern, wie in Abbildung 6.14 gezeigt wird. Die Erzeugung einer Transaktion führt dazu, daß mehrere Positionen auf Konten transferiert werden. Jeder Transfer einer Position löst eine Suche nach Transferregeln aus, die dieses Konto als Auslöser verwenden. Jede dieser Transferregeln wird dann abgefeuert.

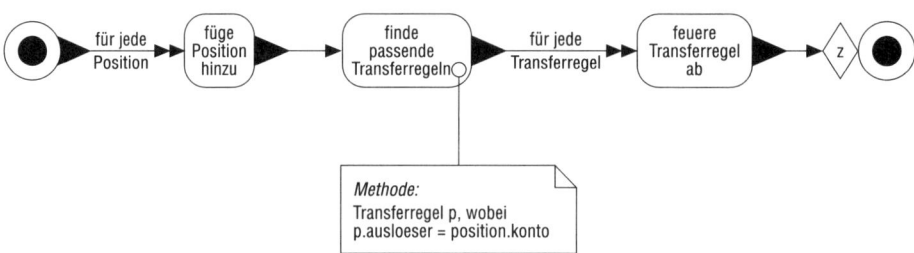

*Abbildung 6.14 Ereignisdiagramm, das zeigt, wie die Erzeugung einer Transaktion Transferregeln auslösen kann*

Das Auffinden und Feuern von Transferregeln kann entweder während der Erzeugung von Transaktionen oder in den individuellen Methoden zur Erzeugung einer Position geschehen, wie Abbildung 6.15 verdeutlicht. Die zweite Methode stellt eine bessere Strukturierung des Prozesses dar.

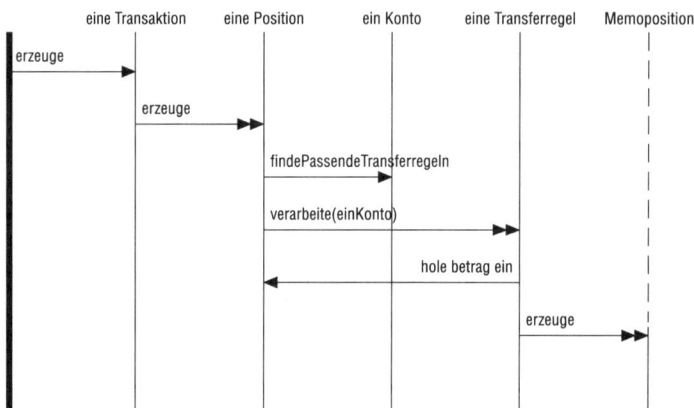

*Abbildung 6.15 Interaktionsdiagramm für das Feuern von Transferregeln innerhalb der Erzeugung einer Position*

Ein zweiter Ansatz besteht darin, Transferregeln zu Beobachtern (engl. *observers*) ihrer Auslöserkonten zu machen [1]. Wenn eine Transferregel aufgestellt wird, meldet sie sich beim Auslöserkonto an. Wird eine Position mit einem Konto verbunden, schickt dieses Konto an alle Beobachter die Nachricht, daß ein beachtenswertes Ereignis stattgefunden hat. Die Transferregel befragt dann das Konto, um herauszufinden, was passiert ist, und entdeckt die neue Position. Dann generiert sie die entsprechende neue Position auf dem Memokonto. Der Vorteil dieses Schemas besteht darin, daß die Transaktion nicht mehr die Transferregel aktivieren muß. Der Beobachter stellt einen sehr nützlichen Mechanismus dar, aber ich benutze ihn eher, um sicherzustellen, daß die Sichtbarkeiten nur vom Beobachter zum Beobachteten hin verlaufen, besonders wenn sie sich in unterschiedlichen Paketen befinden. Ich verwende Beobachter nur, wenn es absolut notwendig erscheint, da zu viele Beobachter das Debuggen erschweren. Ich glaube nicht, daß ich die Transferregeln in ein eigenes Paket plazieren würde, so daß ich keinen Beobachter benötige.

### 6.7.2 Kontenbasiertes Feuern

Kontenbasiertes Feuern verlagert die Verantwortlichkeit des Feuerns von den Transaktionen auf das Konto. Positionen können dem Konto hinzugefügt werden, ohne daß eine der Transferregeln gefeuert wird. Zu irgendeinem Zeitpunkt wird dem Konto befohlen, sich selbst zu verarbeiten; danach feuert es seine nach außen gehenden Transferregeln für alle Positionen, die seit dem Zeitpunkt eingetroffen sind, zu dem es sich zuletzt verarbeitet hat, wie in Abbildung 6.16 zu sehen ist.

Beim kontenbasierten Feuern muß das Konto registrieren, welche Positionen noch nicht verarbeitet wurden. Dazu unterhält es eine separate Kollektion aller noch nicht verarbeiteten Positionen (sie stehen in einer Liste, und das Konto achtet darauf, welche Position zuletzt verarbeitet wurde), oder es zeichnet den Zeitpunkt der letzten Verarbeitung und Rückmeldung von Positionen auf, die nach dieser Zeit gebucht wurden (anhand der Eigenschaft, wann sie verbucht wurden).

Kontenbasiertes Feuern kann in einem zyklusbasierten Buchführungssystem verwendet werden, bei dem Konten einmal am Tag verarbeitet werden. In diesem Fall muß man sorgfältig darauf achten, daß sie in der richtigen Reihenfolge verarbeitet werden. Bestimmte Konten müssen vor anderen Konten verarbeitet werden, die möglicherweise durch deren ausgehende Verarbeitungsregeln betroffen werden. Diese Abhängigkeiten können automatisch durch das Anschauen der Verarbeitungsregeln bestimmt werden.

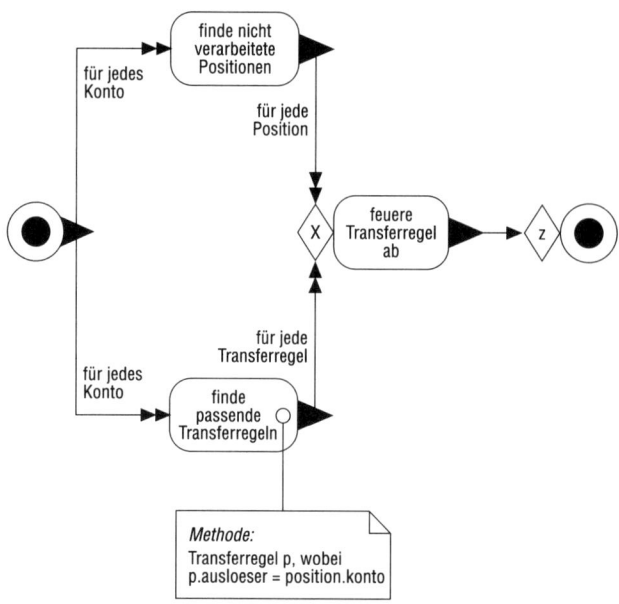

*Abbildung 6.16 Zyklisches Feuern von Konten*

*Die X-Notation zeigt an, daß die Operation zum Feuern der Transferregel für jede Kombination von Transferregel und unverarbeiteter Position ausgeführt wird.*

### 6.7.3 Auf Transferregeln basiertes Feuern

Beim transferregelbasierten Feuern wird der Transferregel explizit befohlen, durch irgendeinen externen Agenten ausgeführt zu werden. Sie schaut sich ihre Eingaben an, um herauszufinden, welche neuen Positionen aufgetreten sind. Als solches ist das transferregelbasierte Feuern dem kontenbasierten Feuern ähnlich und weist viele derselben Vor- und Nachteile auf. Der Hauptunterschied ist folgender: Da ein Konto viele Transferregeln besitzen kann, verschiebt sich die Verantwortlichkeit für die Entscheidung, welche Positionen noch nicht verarbeitet wurden, vom Konto auf die Transferregel. Dies macht die Situation im allgemeinen komplizierter, so daß ich das kontenbasierte Feuern bevorzuge.

### 6.7.4 Rückwärtsgerichtetes Feuern

Rückwärtsgerichtetes Feuern stellt eine Variante des kontenbasierten Feuerns dar: Die Konten verarbeiten sich nicht nur selbst, sie sorgen auch dafür, daß alle Konten, die von ihnen abhängig sind, sich selbst verarbeiten. Mit diesem Ansatz kann man den Status eines jeden Kontos ermitteln, d. h. überprüfen, ob es schon aktualisiert worden ist.

Dieser Prozeß wird in Gang gesetzt, indem man ein Konto nach seinen Positionen fragt, wie in Abbildung 6.17 dargestellt ist. Zuerst aktualisiert das Konto sich selbst. Das Konto verwendet die Transferregeln, um festzustellen, welche Konten Auslöser für eine Transferregel sind, die sich selbst als Ausgabe hat. Diese werden dann gebeten, sich selbst auf den neuesten Stand zu bringen, was einen rekursiven Prozeß darstellt, wie in den Abbildungen 6.18 und 6.19 gezeigt wird. Der gesamte Kontengraph wird aktualisiert, indem einfach ein Konto, das am Ende der Kette steht, gebeten wird, sich selbst zu aktualisieren.

*Abbildung 6.17 Anfordern eines detaillierten Kontos für seine Positionen durch rückwärtsgerichtetes Feuern*

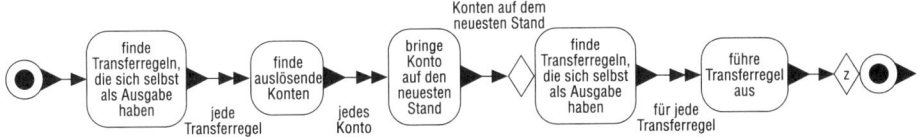

*Abbildung 6.18 Methode, um ein Konto zu aktualisieren*

*Diese Operation wird für jedes Konto, das eine Eingabe für das verarbeitende Konto darstellt, rekursiv aufgerufen.*

### 6.7.5 Vergleich der Ansätze zum Feuern

Die vordringlichsten Punkte, die man bei der Auswahl eines Ansatzes zum Feuern in Erwägung ziehen sollte, sind die Zeit, die die Ausführung einer Transferregel in Anspruch nimmt (eine Implementierungsentscheidung) und der Zeitpunkt, zu dem man einen Fehler abfangen möchte. Promptes Feuern (engl. *eager firing*) ermöglicht das Abfangen von Fehlern, sobald sie gefunden werden. Dies läßt mehr Zeit, die Fehlerquelle zu finden. Dazu muß man allerdings alle Berechnungen machen, während die Positionen vorgenommen werden. Kontenbasiertes und rückwärtsgerichtetes Feuern bieten eine höhere Flexibilität bezüglich des Zeitpunkts der Berechnung. Verarbeitet man Konten in einer Stapelmethode (engl. *batch method*), kann man alle Positionen aus einer Datei einlesen und die Transferregeln dann nach Belieben feuern, vielleicht über Nacht. Je eher man feuert, desto zügiger findet man mögliche Fehler.

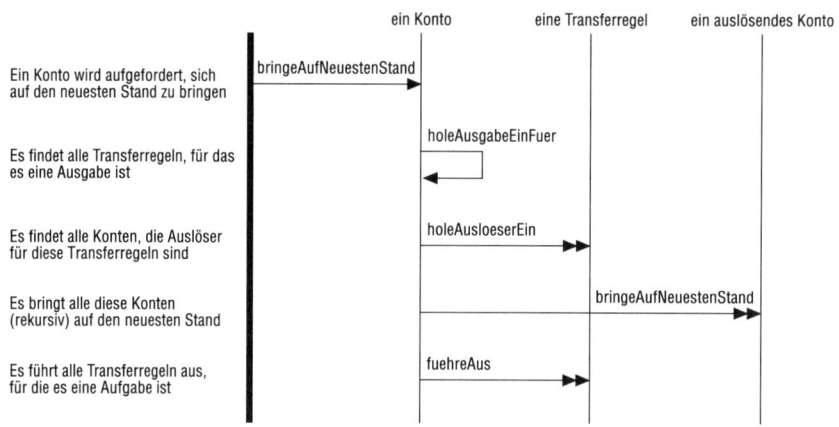

*Abbildung 6.19 Interaktionsdiagramm für die Aktualisierung eines Kontos bei kontenbasiertem Feuern*

Der Unterschied zwischen kontenbasiertem und rückwärtsgerichtetem Feuern besteht eigentlich in der Entscheidung, ob man die zusätzliche Komplexität beim Aufbau des rückwärtsgerichteten Feuerns behandeln will oder nicht. Rückwärtsgerichtetes Feuern ist schwieriger aufzubauen als kontenbasiertes; ist dieser Schritt aber erst erledigt, ist es einfacher zu handhaben. Daher würde ich kontenbasiertes Feuern für einfache Kontenstrukturen und rückwärtsgerichtetes Feuern für komplexe Kontenstrukturen verwenden. Insgesamt halte ich promptes Feuern für wenig flexibel. Dennoch erhalte ich alle Vorzüge dieses Ansatzes, indem ich sicherstelle, daß Transferregeln gefeuert werden, sobald ich Positionen hinzufüge (aber nicht als Teil der Erzeugung einer Position). Dieser zusätzliche Schritt bewahrt mir die Option, diese Möglichkeit je nach Bedarf anzuwenden, was beim prompten Feuern nicht der Fall ist. Wenn ich genügend Verarbeitungskapazitäten besitze, so daß die Transferregeln nichts kosten, macht es keinen Unterschied.

Darüber hinaus gibt es keinen Grund, warum man die Ansätze zum Feuern nicht vermischen sollte. Einkommenskonten könnten promptes Feuern innerhalb einiger Schichten der Vermögenskonten verwenden und für den Rest des Wegs rückwärtsgerichtetes Feuern benutzen. Dennoch macht die Verwendung mehr als eines Feuerschemas das System komplexer und verwirrender, so daß ich die Ansätze normalerweise nicht miteinander vermische, wenn es dafür keine guten Gründe gibt.

Diese Art des Ansatzes ist immer noch so neu, daß sich die den verschiedenen Feuerschemata inhärenten Vor- und Nachteile immer noch entdecken lassen. Da dies ein sich sehr im Fluß befindliches Gebiet darstellt, ist es wichtig, die Flexibilität zu bewahren, so daß man das Feuerschema immer noch ändern kann, wenn man das System in Aktion sieht.

## 6.8 Transferregeln für viele Konten

Bisher habe ich nur das auf mich und meine eigenen Kontenentwürfe beschränkte Beispiel betrachtet. Dies wird nun so ausgebaut, daß man viele Leute behandeln kann. Die Transferregeln sollten konsistent sein, so daß eine einzige für die staatlichen Steuern verwendet werden kann, um die staatliche Steuerschuld für alle Beteiligten zu bestimmen.

Durch diese Erweiterung gibt es keine Transferregel mehr, die sich auf ein einzelnes Konto auswirkt. Jeder Angestellte braucht ein eindeutiges Konto, doch sollte die Transferregel für die staatliche Steuerschuld so programmiert werden, daß sie für alle Angestellten funktioniert. Man sollte nicht für jeden Angestellten eine separate Transferregel erstellen müssen.

Dies kann auf zwei Weisen geschehen. Die erste besteht darin, die Idee des Wissens und der operationalen Schichten zu verwenden (siehe Abschnitt 2.5). Man stellt die Transferregeln auf der Wissensebene auf und verbindet sie mit Kontotypen, wie in Abbildung 6.20 gezeigt wird. Dementsprechend bekommt man Kontotypen für Honorareinkommen, Einnahmen vor der Steuer, Nettoeinnahmen usw. Positionen, die auf Konten auftauchen, überprüfen die Transferregeln auf ihren Kontotyp und fügen somit den oben besprochenen Ausdrucksarten effektiv eine Ablenkungsschicht (engl. *level of indirection*) hinzu.

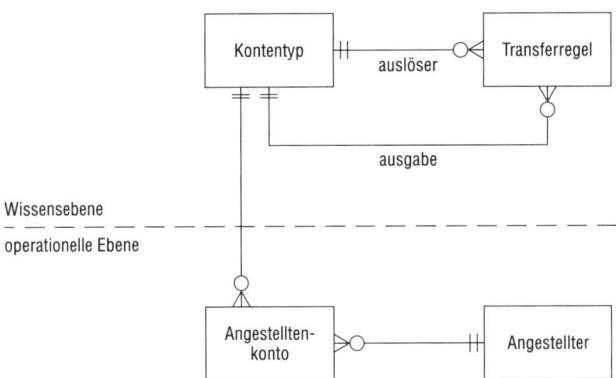

*Abbildung 6.20 Verwendung von Kontotypen*

*Hier wird eine Wissensebene eingeführt, auf der die Transferregel definiert werden kann.*

**Beispiel** Alle Angestellten sammeln alle 18 Arbeitstage 1 Urlaubstag an. Dies könnte als Transferregel mit einem Auslöser des Kontotyps gearbeitete Tage und einer Ausgabe des Kontotyps angesammelte Urlaubstage repräsentiert werden. Diese Methode stellt sicher, daß der Saldo des angesammelte Urlaubstagekontos

$^1/_{18}$ des Saldos der gearbeiteten Tage beträgt. Jedesmal, wenn das Angestelltenkonto ausgelöst wird, sucht es nach Transferregeln, die gemäß seinem Kontotyp definiert wurden und dem zur Auslösung verwendeten Typ entsprechen.

Dennoch stellt eine Trennung Wissen/Operation, obschon reizvoll, nicht die einzige Möglichkeit zur Bewältigung dieser Situation dar. Ein zweiter Ansatz besteht darin, Sammelkonten zu verwenden. Eine Transferregel, die durch ein Sammelkonto definiert wird, wird durch eine Buchung auf ein Tochterkonto des Sammelkontos aktiviert (oder das Konto selbst wird aktiviert, wenn man den Transfer auf ein Sammelkonto erlaubt). Das Ausgabekonto kann entsprechend für ein Sammelkonto definiert werden, und zwar mit der Interpretation, daß dies eine Position auf das angemessene Tochterkonto hervorruft.

**Beispiel** In diesem Fall gibt es Sammelkonten für gearbeitete Tage und den angesammelten Urlaub. Die Transferregel ist dieselbe wie in obigem Beispiel. Anstatt den Kontotyp für die Transferregel zu überprüfen, werden die Sammelkonten überprüft.

Die Auswahl zwischen den beiden Methoden hängt vom Grad des Unterschieds zwischen dem Konto und dessen Typ ab. Sind alle Transferregeln für den Kontotyp definiert und werden Buchungen auf Konten gemacht, dann ist die Trennung Wissen/Operation sinnvoll. Dennoch tritt diese Situation manchmal nicht auf. Buchungen können auf einer allgemeineren Ebene gemacht werden, vielleicht um ein allgemeines Honorar für die Gesellschaft anzuzeigen (was das in Abbildung 6.6 gezeigte Modell notwendig machen würde). Gleichermaßen können Transferregeln mit jeder individuellen Auszahlung variieren: Dies könnte notwendig sein, um z.B. Abzüge für einen Autokredit zu bearbeiten. Treten solche Situationen auf, nimmt man diese Trennung besser nicht vor.

Es gibt keinen allgemeingültigen Ansatz. In jeder einzelnen Situation ist es notwendig, herauszufinden, welches Modell sich am besten eignet. Der Schlüsselfaktor ist der Grad des Unterschieds im Verhalten der möglichen Konten und Kontotypen.

In jedem der beiden Fälle muß die Transferregel bestimmen, wie sie die richtige Ausgabebuchung vornimmt. In vielen der obengenannten Beispiele sucht die Transferregel einfach nach dem Konto für denselben Angestellten wie die auslösende Position. Dennoch sind komplexere Situationen möglich. Man stelle sich vor, daß ein Honorar für einen Juniorberater dazu führt, daß ein Prozentsatz dieses Honorars auf das Memokonto des Managers dieses Beraters transferiert wird. In diesem Fall muß der Transferregel mitgeteilt werden, wie sie den glücklichen Manager findet.

## 6.8 Transferregeln für viele Konten

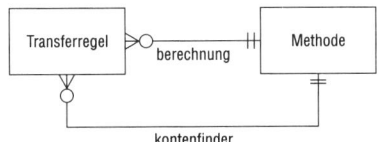

*Abbildung 6.21 Verwendung einer Methode zum Auffinden eines Kontos*
*Zur Auffindung eines Ausgabekontos und zur Berechnung des Wertes der Transaktion werden getrennte Methoden verwendet.*

Dazu kann man eine zweite Methode angeben, um das entsprechende Ausgabekonto zu finden, wie man in Abbildung 6.21 sieht. Diese befragt die entstehende Position nach ihrem Angestellten und diesen dann wiederum nach seinem Manager. Dies stellt den höchsten Grad der Flexibilität dar, verursacht aber zusätzlichen Aufwand, da ein zweites Methodenobjekt, wie in Abschnitt 6.6 vorgeschlagen, implementiert werden muß.

Hier stößt man auf ein weiteres Problem. Bei allgemeinen Transferregeln kommen möglicherweise nicht alle Angestellten für das Feuern der Transferregel in Frage. Transferregeln können z.B. zur Bearbeitung jeder einzelstaatlichen Steuer aufgestellt werden. Eine Transferregel für die einzelstaatliche Illinois-Steuer sollte aber nur feuern, wenn der Angestellte ein Einwohner von Illinois ist. Dies legt eine dritte Methode nahe, die die Auswahlbedingung ausdrückt, wie in den Abbildungen 6.22 und 6.23 zu sehen ist.

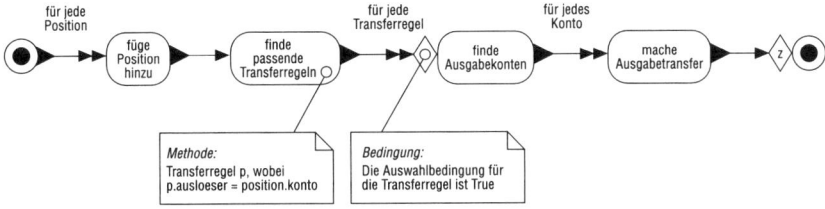

*Abbildung 6.22 Ereignisdiagramm, das die Verwendung der Methoden zum Auffinden von Konten und Auswahlbedingungen zeigt, wenn sie zur Abbildung 6.14 hinzugefügt werden*

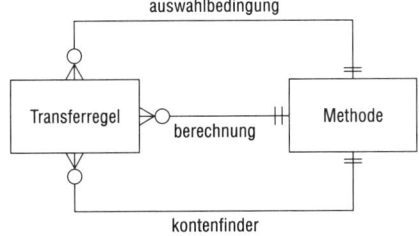

*Abbildung 6.23 Hinzufügen einer Auswahlbedingung zu den obigen Regeln*

## 6.9 Auswahl von Positionen

In vielen Situationen muß eine Transferregel eine Untermenge von Positionen aus ihrem Auslöserkonto auswählen. Vielleicht will sie sich alle seit einem bestimmten Datum verbuchten Positionen, den Saldo aller im Juli belasteten Positionen oder Positionen gefährlicher Güter (die einen Untertyp von Position verwenden müßten) anschauen. Es gibt drei Möglichkeiten, um eine Auswahl durchzuführen: Entweder bekommt man alle Positionen zurück und trifft dann eine Auswahl oder man gibt eine für die Auswahl spezifische Methode an oder man verwendet einen Filter.

Die erste Technik stellt die einfachste dar: Das Konto gibt alle Positionen zurück, und der Klient verarbeitet diese Zusammenstellung, um die von ihm benötigten Positionen auszuwählen. Dies erfordert kein zusätzliches Verhalten für das Konto, sondern schiebt die gesamte Verantwortung dem Klienten zu. Müssen viele Klienten ähnliche Auswahlen vornehmen, kann es zu einer Häufung von Wiederholungen kommen. Handelt es sich dabei um viele Positionen, kommt es beim Transfer der Menge möglicherweise zu Zusatzkosten, besonders wenn diese kopiert werden muß. Man erinnere sich daran, daß ein Konto niemals einen ungeschützten Verweis auf seine eigene Art, Positionen zu speichern, ausgeben sollte (siehe Kapitel 14.1). Die Verwendung dieses Ansatzes bei Positionen bedeutet auch, daß der Klient für deren Summierung verantwortlich ist, um den Saldo zu erhalten.

Benötigen viele Klienten die gleiche Art von Auswahl, wie z.B. Positionen innerhalb einer Zeitspanne, dann kann dem Konto ein zusätzliches Verhalten hinzugefügt werden (wie z.B. ein positionenBelastetWaehrend (Zeitraum)). Dies hat den Vorteil, die Klienten davor zu bewahren, wiederholt denselben Auswahlprozeß zu durchlaufen. Man kann ihnen noch mehr Aufwand ersparen, indem man eine Methode zur Verfügung stellt, die einen Saldo über einen bestimmten Zeitraum angibt (wie z.B. saldoBelastetWaehrend (Zeitraum)). Das Problem bei dieser Lösung besteht allerdings darin, daß bei vielen solchen Selektionen die Kontenschnittstelle sehr groß wird.

Ein Filter (siehe Kapitel 9.2) ist ein Objekt, das eine Anfrage kapselt. Verwendete man dieses Muster hier, bekäme man einen Kontenfilter. Ein Kontenfilter schließt einige Operationen zur Bestimmung der Bedingungen der Anfrage ein. Ist der Filter erst einmal eingerichtet, wird er auf das Konto angewendet, um die Antwort zu bekommen, wie in Abbildung 6.24 zu sehen ist. Das Konto verwendet den Filter, um die Untermenge der Positionen auszuwählen, indem es konzeptionell jede Position mit der istEnthalten-Methode des Filters überprüft. Dabei kann es sein eigenes Wissen über die Art und Weise, in der Positionen gespeichert werden, verwenden, um diesen Prozeß zu optimieren. Mit diesem Ansatz kann das Konto die meisten Selektionen an Positionen mit `positionenVerwenden (Kontenfilter)` unterstützen und entsprechende Saldi mit `saldiVerwenden (einenKontenfilter)` zurückgeben. Man beachte, daß in dem Fall, daß Untertypen von Positionen zusätzliche Merkmale besitzen, die als Grundlage für die Auswahl verwendet werden, möglicherweise Untertypen des Kontenfilters für jeden Typ von Position benötigt werden.

Bei einer mehrwertigen Assoziation fange ich an, indem ich alle Objekte zurückgebe, und überlasse es dem Klienten, sie auszuwählen. Gibt es einige wenige häufig verwendete Selektionen, könnte man sich ein zusätzliches Verhalten überlegen, aber nur für einige wenige Verhaltensweisen. Resultiert eine Auswahl in zu vielen Wiederholungen, um alle Objekte zurückzugeben, gibt es aber gleichzeitig zu viele hinzuzufügende Verhaltensweisen, richte ich einen Filter ein. Die Einrichtung und Pflege eines Filters erfordert einiges an zusätzlicher Arbeit, so daß ich ihn nur verwende, wenn ich es wirklich muß. Dies ist häufig bei Konten und ihren Positionen der Fall.

## 6.10 Buchführungspraxis

Bei großen Kontennetzwerken mit vielen Transferregeln wird das Netzwerk schnell zu groß, um damit fertigzuwerden. In dieser Situation braucht man Möglichkeiten, um das Netzwerke in Teile aufzuspalten. Man bedenke die Rechnungsstellungsprozeduren eines Versorgungsbetriebs, der den verschiedenen Kundentypen Rechnungen mit unterschiedlichen Prozeduren ausstellt. Dies kann als Netzwerk von Konten repräsentiert werden. Jeder Kundentyp hat verschiedene Regeln und kann mit einem leicht veränderten Kontennetzwerk bearbeitet werden.

Eine spezielles Kontennetzwerk stellt eine Buchführungspraxis dar. Konzeptionell gesehen ist eine Buchführungspraxis einfach eine Kollektion von Transferregeln, wie man in Abbildung 6.25 sieht. Die Vorstellung ist, daß jedem Kundentyp eine Buchführungspraxis zur Bearbeitung der Rechnungsstellung zugewiesen wird.

**Beispiel** Ein Elektrizitätsversorgungsunternehmen teilt seine Kunden in Privathaushalten in Kategorien von normalen und Sozialanschlüssen auf. Die Kategorie »Sozialanschluß« ist für Leute vorgesehen, von denen der Staat denkt, daß sie nur minimale Kosten aufbringen sollten. Die normalen Kunden werden in drei verschiedene Kostenpläne je nach ihrer Wohnlage eingeteilt. Dies wird durch vier Buchführungspraktiken bearbeitet, eine für Sozialanschlüsse und eine für jedes der drei Wohngebiete.

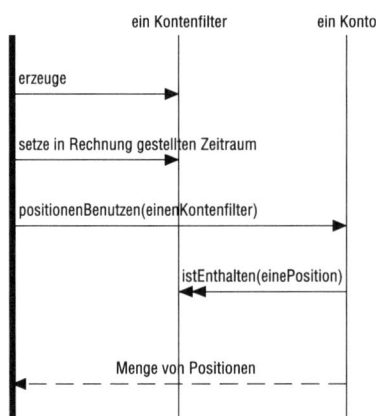

*Abbildung 6.24 Interaktionsdiagramm für die Verwendung eines Kontenfilters*

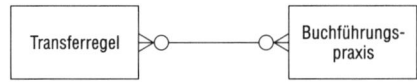

*Abbildung 6.25 Buchführungspraxis*

*Die Buchführungspraxis werden zur Bündelung von Transferregeln in logische Gruppen verwendet.*

**Beispiel** ACM hat viele Mitarbeiter, die Gewerkschaften angehören, und jede Gewerkschaft handelt unterschiedliche Tarifabschlüsse aus. ACM besitzt eine Bezahlungspraxis für jede Gewerkschaft.

Dieselbe Transferregel kann in mehr als einer Praxis existieren. Dies ist oft der Fall, wenn dasselbe Verhalten praxisübergreifend gebraucht wird. Man muß sich über den Unterschied zwischen dem Kopieren einer Regel aus einer Praxis (was zu zwei identischen Regeln führt) und dem Vorhandensein ein und derselben Regel in mehr als einer Praxis im klaren sein. Das Vorhandensein einer Regel in mehr als einer Praxis impliziert, daß sie sich bei einer Veränderung für alle Praktiken ändert, die sie verwenden. Kopien ermöglichen es, eine Kopie zu verändern, ohne daß sich die eigentlichen Regeln ändern.

Buchführungspraktiken werden einem Benutzerobjekt zugewiesen, so daß jeder Benutzer eine einzelne Buchführungspraxis besitzt. Dementsprechend verwendet jeder Kunde eines Elektrizitätsversorgungsbetriebs oder jeder Angestellte eines Unternehmens eine spezielle Buchführungspraxis. Diese Zuweisung kann manuell vorgenommen oder durch eine Regel bestimmt werden.

**Beispiel** Bei ACM wird die Bezahlungspraxis jedem Arbeiter aufgrund seiner Gewerkschaftszugehörigkeit zugewiesen.

## 6.10 Buchführungspraxis

Statt einer Buchführungspraxis kann man eine Transferregel verwenden, die Positionen abhängig von einem Attribut des Angestellten aufteilt. Statt einer Praxis für jede Gewerkschaft kann man nur eine Praxis verwenden. Die erste Transferregel schaut sich die Gewerkschaft des Angestellten an, für den die Buchung gemacht wird, und erstellt eine Position für das entsprechende Gewerkschaftskonto (vgl. das Beispiel dieser Art von geteilter Transferregel in Kapitel 7.6).

Ich bevorzuge die Verwendung getrennter Praktiken, wenn das Problem komplex ist, unter der Voraussetzung, daß man einem Benutzer für einen Zeitraum eine Praxis zuweisen kann. Alle Aufteilungen, die sich für die jeweilige Position ändern (so wie die Abend-/Tagaufteilung, die in Kapitel 7.6 besprochen wird), müssen eine Transferregel besitzen, damit man sie bearbeiten kann. Verändert ein Benutzer seine Buchführungspraxis, kann man eine historische Abbildung (siehe Abschnitt 15.3) verwenden, um diese Veränderungen aufzuzeichnen.

Wenn verschiedene Stufen der Verarbeitung logisch getrennte Gruppen von Transferregeln besitzen, kann man die Regeln in verschiedene Praxistypen aufteilen und einem Benutzer eine Praxis jedes Typs zuweisen. In Abbildung 6.26 kann eine Buchführungspraxis Benutzer haben, die (im allgemeinen) jedes Objekt sein können. In einem bestimmten Modell wären Benutzer natürlich Kunden, Angestellte oder ähnliches. Jeder Benutzer besitzt eine Buchführungspraxis jedes Typs, eine Bedingung, die durch die schlüsselbasierte Abbildung (siehe Kapitel 15.2) in Kraft gesetzt wird.

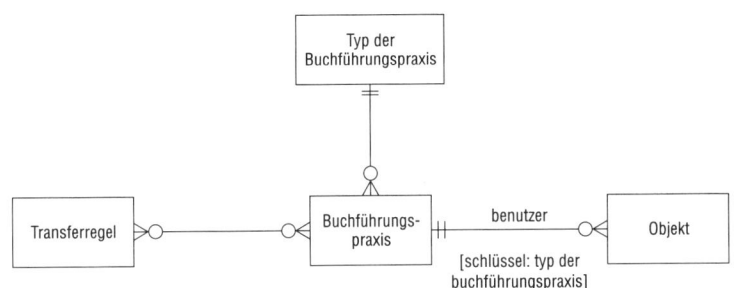

*Abbildung 6.26  Buchführungspraxistyp*
*In größeren Buchführungsnetzwerken definiert man eine Konfiguration von Buchführungspraktiken, die für jedes Objekt, das sie verwendet, variiert.*

**Beispiel** Ein Versorgungsunternehmen hat mehrere Praktiken für die Rechnungsschreibung an seine Kunden in Privathaushalten, aber alle diese Kunden werden gleichermaßen besteuert. Dies kann man durch getrennte Belastungs- und Besteuerungspraktiken bearbeiten. Alle Kunden in Privathaushalten besitzen dieselbe Besteuerungspraxis, obwohl sie getrennte Belastungspraktiken haben.

Ein logischer Abschluß dieser Betrachtung besteht darin, Buchführungspraktiken und Transferregeln als Teile desselben Ganzen zu behandeln [1]. Dies ermöglicht die Zusammensetzung von Praktiken für viele Ebenen. Bis jetzt habe ich dafür noch keinen großen Bedarf gesehen, so daß ich es nicht weiter untersucht habe.

## 6.11 Quellen einer Position

Oft ist es wichtig zu wissen, warum eine bestimmte Position in einer besonderen Form auf dem Konto auftaucht. Wenn z.B. ein Kunde anruft, um nach einer speziellen Position zu fragen, kann das derzeitige Modell einige Informationen darüber liefern, wie die Position erzeugt wurde. Der derzeitige Zustand des Kontos läßt sich anhand der Daten der anderen Positionen bestimmen. Darüber hinaus kann man angeben, welche Transferregel die Position berechnet hat.

Das in Abbildung 6.27 gezeigte Modell kann solche Kundenanfragen bearbeiten, indem sich jede Transaktion merkt, durch welche Transferregel sie erzeugt wurde und welche Positionen als Eingaben für die Transaktion verwendet wurden. (Verwendet man keine Transaktionen, ergibt sich die Verbindung von Position zu Position.)

**Beispiel** Für eine Arbeit bei ACM habe ich 2.000 Dollar erhalten, die ich als Transaktion vom Honorareinkommenskonto auf mein Scheckkonto aufgezeichnet habe. Meine Transferregel hat eine getrennte Transaktion auf mein Konto für Steuerverpflichtungen erzeugt. Die 45-Prozent-Transferregel gilt als Erzeuger; die Quellen für diese Transaktion enthielten die Abbuchung vom Honorareinkommenskonto.

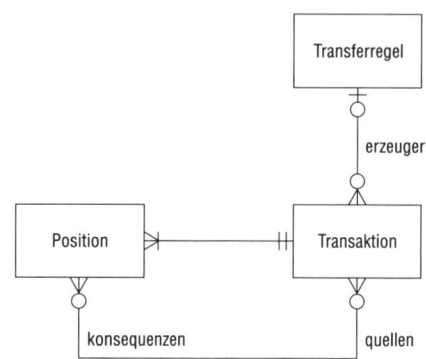

*Abbildung 6.27 Quellen für eine Transaktion*
*Hier wird ein vollständiger Pfad für jede Position in beide Richtungen aufgezeichnet.*

Durch dieses Muster kann man Ketten von Einträgen und Transaktionen über die Buchführungsstruktur erzeugen. Jede Position kann alle Ursachen und Wirkungen durch rekursive Verwendung der Quellen und Folgenabbildungen (engl. *consequences mappings*) bestimmen.

**Modellierungsprinzip** *Um zu wissen, warum eine Berechnung auf eine bestimmte Art zustandegekommen ist, repräsentiert man das Ergebnis der Berechnung als Objekt, das sich die Berechnung, durch die es erzeugt wurde, und die verwendeten Eingabewerte merkt.*

## 6.12 Bilanz und Gewinn- und Verlustrechnung

Benutzt man Konten, um ein System zu beschreiben, kann es sinnvoll sein, zwischen der Bilanz einerseits, Gewinn- und Verlustrechnungskonto andererseits zu unterscheiden, wie man in Abbildung 6.28 sieht. Mein Scheckkonto ist ein Vermögenskonto und mein Kreditkartenkonto ist ein Belastungskonto. Sie geben für jeden Zeitraum wieder, wieviel Geld ich besitze (oder im Falle des Kreditkartenkontos nicht besitze). Diese tauchen in meiner Bilanz auf. Einnahmen- und Ausgabenkonten spiegeln wider, woher Geld kommt oder wohin es geht. Ich besitze ein Einkommenskonto für meinen Arbeitgeber, ein weiteres Einkommenskonto für Zinsen meiner Ersparnisse, ein Ausgabenkonto für Reisen, ein weiteres für Verpflegung usw. Die Kontostände meiner Einnahmen- und Ausgabenkonten spiegeln nicht das Geld wider, das ich zur Zeit besitze, sondern nur meine Klassifikation davon, wo es herkommt und wo es hingeht.

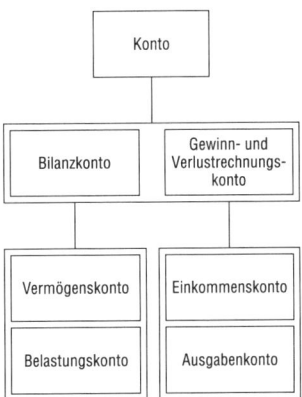

*Abbildung 6.28 Vermögens-, Einnahmen- und Ausgabenkonten*
*Dies sind die Kontenarten, die man normalerweise in der Finanzbuchhaltung vorfindet. Die Konzepte sind auch an anderer Stelle nützlich, um zwischen Posten und der Klassifikation davon, woher sie kommen und wo sie hingehen, zu unterscheiden.*

Konten werden im allgemeinen in einem Muster verwendet, in dem Dinge über ein Einnahmekonto in die Welt kommen, mehrere Vermögenskonten durchlaufen und durch ein Ausgabenkonto abgestoßen werden. Alle vom System gesicherten Vermögen werden auf speziellen Vermögenskonten aufbewahrt, doch sind viele Vermögenskonten nur Abwicklungsorte, die regelmäßig ausgeglichen werden müssen. Belastungskonten müssen ebenfalls fast immer an einem Punkt ausgeglichen werden (was für eine Schuld mit langer Laufzeit, wie z.B. eine Hypothek, in der fernen Zukunft liegt).

**Beispiel** Ich kaufe von Boston Airlines ein Ticket mit meiner Kreditkarte. Mein Kreditkartenkonto ist ein Belastungskonto, und das Boston Airlines-Konto ist ein Ausgabenkonto. Beide Konten werden von mir klassifiziert, und ich bin der Besitzer des Kreditkartenkontos (es ist meine Belastung).

**Beispiel** ACM kauft 3 Tonnen Kaffee von Indonesian Coffee Importers. ACM besitzt ein Einnahmenkonto für Indonesian Coffee Importers, um den Transfer der 3 Tonnen Kaffee auf das New Yorker ACM-Konto aufzuzeichnen. Das New Yorker Konto ist ein Vermögenskonto, das ACM gehört.

An dieser Stelle kann ich schnell erklären, warum ich die Ausdrücke *Sollposten* (engl. *debit*) und *Habenposten* (engl. *credit*) vermieden habe. Dies sind wohlbekannte Ausdrücke, die sich auf Konten beziehen, doch habe ich sie zugunsten von *von*, *nach*, *Einzahlung* und *Abbuchung* ignoriert. Der Grund besteht darin, daß Soll- und Habenposten nicht einheitlich im Sinne von Einzahlung und Abbuchung verwendet werden. Bei Einkommenserklärungskonten erhöhen Habenposten ein Konto und Sollposten verringern es, was für den Laien Sinn macht. Bei Bilanzkonten erhöhen Sollposten allerdings das Vermögen (d.h. sie sind Einzahlungen) und Habenposten verringern das Vermögen. Das mag für Nicht-Buchhalter verwirrend erscheinen, aber es entspricht gebräuchlicher Buchführungskonvention. Daher habe ich die Begriffe *Sollposten und Habenposten vermieden, zum Teil, weil sie die* Nicht-Buchhalter unter den Lesern verwirren könnten, aber auch, weil wir mit einem abstrakteren Modell als die normale Finanzbuchhaltung arbeiten.

## 6.13 Korrespondierendes Konto

Obwohl Einnahmen- und Ausgabenkonten extern sind – das Geld gehört mir nicht – sind sie insofern meine Konten, als daß ich die Klassifikation auswähle. Die Bankenansicht von Konten verdeutlicht dies. Ich besitze ein Scheckkonto, das in meinem persönlichen Kontensystem als Vermögenskonto fungiert. Die Bank besitzt in ihrem Kontensystem ein Konto, das bemerkenswert gleich aussieht. Die Bank klassifiziert das Bankenkonto, aber ich besitze dessen Vermögen. Man

## 6.13 Korrespondierendes Konto

könnte dies als dasselbe Konto ansehen, wie das in meinem Kontensystem, was aber nicht funktionieren würde. Ich könnte z. B. am 1. März eine Position für eine Abbuchung vom Bankautomaten transferieren, was dem Tag entspricht, an dem ich die Abbuchung tätige. Die Bank transferiert dieselbe Abbuchung am 2. März, da dies der nächste Arbeitstag der Bank ist. Die beiden Konten verweisen auf dasselbe Vermögen, aber sie sind nicht dieselben, da ihre Positionen voneinander abweichen. Diese beiden Konten sollten besser als korrespondierend angesehen werden. Von korrespondierenden Konten erwartet man, daß sie auf eine bestimmte Art übereinstimmen und normalerweise an einem Punkt miteinander in Einklang gebracht werden. Dies passiert, wenn ich mein Scheckbuch (mein Konto) mit dem Kontoauszug (dem Konto der Bank) abgleiche. Der Prozeß des Ineinklangbringens ist entweder genau, oder er erlaubt einige Ungenauigkeiten, wie z. B. einen leichten Unterschied bei den Daten.

Abbildung 6.29 verdeutlicht diese Situation. Nur Bilanzkonten haben Besitzer; Gewinn- und Verlustrechnungskonten haben keine Vermögen, so daß die Frage nach dem Besitz nicht auftritt. Alle Konten haben einen Klassifizierer, um anzuzeigen, wer die Konten erzeugt und sie manipuliert; ich habe Partei verwendet (siehe Abschnitt 2.1). Die Beziehung der korrespondierenden Konten weist einige besondere Eigenschaften auf: Symmetrie und transitive Eigenschaften (engl. *transitivity*) [3]. Zuerst ist sie *symmetrisch*: Entspricht Konto $x$ dem Konto $y$, dann korrespondiert Konto $y$ mit Konto $x$. Die gebräuchliche Voreinstellung bei Assoziationen ist die Asymmetrie. Transitive Eigenschaften zeigen an, daß in dem Fall, daß Konto $y$ mit Konto $x$ korrespondiert und Konto $z$ Konto $y$ entspricht, Konto $z$ mit Konto $x$ korrespondiert.

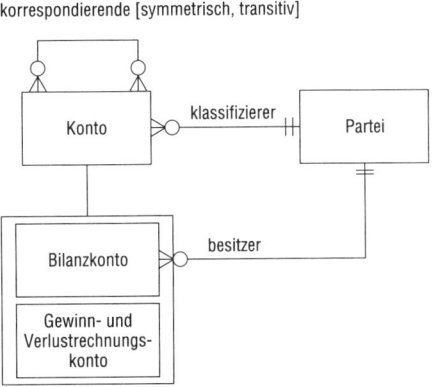

*Abbildung 6.29 Korrespondierende Konten*

## 6.14 Spezialisiertes Kontenmodell

Ich habe mehrere Beispiele angegeben, um zu zeigen, daß dieses Modell sowohl als Basis für die Finanzbuchführung als auch zur Bestandsverfolgung verwendet werden kann. Bei den Buchführungsmodellen ist es üblich, einen Untertyp zu erzeugen, um die Informationen für eine spezielle Domäne zu speichern. Man betrachte z.B. das Inventarmanagement – ein Problem, das für die Verwendung von Konten angemessen ist. Man kann ein Konto für jede Kombination von Gütern und Orten formen (und ihm einen weniger buchhalterischen Namen geben, wie z.B. Bestand). Wenn man also Macallan-, Talisker- und Laphroaig-Whiskeyflaschen zwischen London, Paris und Amsterdam verfolgen will, benötigt man neun Bestände (Vermögenskonten, wie z.B. London-Macallan, London-Talisker, Paris-Talisker usw.). Bei jeder Bewegung der Güter von einem Ort zum anderen erzeugt man einen Transfer (Transaktion), um die Bewegung zu bearbeiten. Wie schon beim Geld zu beobachten war, müssen sich auch die Transfers ausgleichen. Darüber hinaus muß die Art des Objekts während der gesamten Bewegung dieselbe sein. Abbildung 6.30 verdeutlicht diese Erweiterung des Kontomodells.

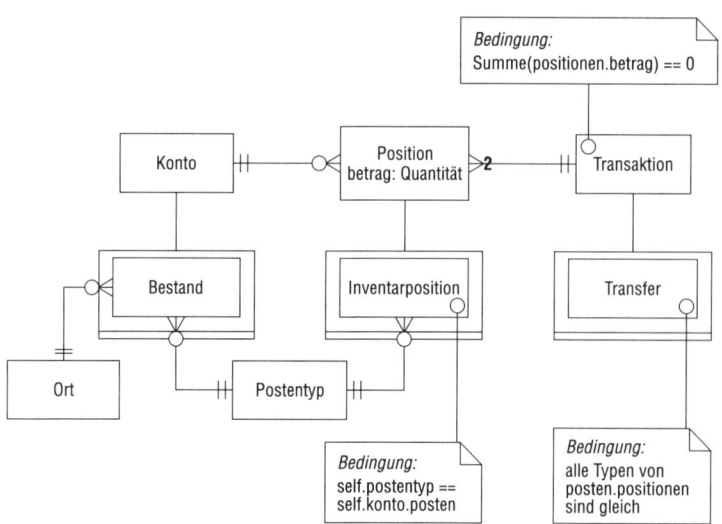

*Abbildung 6.30 Spezialisierung des Kontenmodells zur Unterstützung von Inventaren*
*Diese Art der Spezialisierung sollte vorgenommen werden, um das Buchführungsmodell in einer besonderen Domäne zu verwenden.*

Dieser Ansatz könnte auch bei der Verfolgung sowohl ausgehender als auch hereinkommender Bestellungen funktionieren. Jeder Lieferant hätte ein Einnahmenkonto, vielleicht auch mehr als eins, wenn der Ort des Lieferanten wichtig ist.

Gleichermaßen bekäme jeder Kunde ein Ausgabenkonto. Man kann Bestellungen auf zwei Arten verfolgen: Durch Untertypen des Transfers, entweder Bestellt oder Tatsächlich, oder man könnte eine weitere Menge an Beständen für Bestellungen vorsehen, so daß man z.B. London-Talisker-Bestellt und London-Talisker-Tatsächlich hätte. Wird eine Bestellung aufgegeben, machte man einen Transfer vom Bestellt-Bestand des Lieferanten zum Bestellt-Bestand des Lieferorts. Wenn die Bestellung geliefert wird, macht man den Transfer zwischen dem Bestellt-Bestand und dem Tatsächlich-Bestand an diesem Ort. Dies gleicht der Verwendung eines Außenständekontos in Finanzbüchern.

Man kann Sammelbestände verwenden, um einen Gesamtüberblick zu gewinnen. Ein Sammelbestand aller bestellten Bestände kann die gesamte bestellte Position angeben; so gibt ein Sammelbestand von Talisker die Gesamtsumme von Talisker an allen Orten an.

## 6.15 Positionen auf mehrere Konten buchen

Ein weit verbreitetes Problem bei der Handhabung von Konten entsteht dann, wenn eine Position an mehr als einer Stelle gebucht werden kann. Angenommen ich zahle z.B. 500 Dollar für mein Flugticket, um an der OOPSLA-Konferenz teilzunehmen. Buche ich dies auf ein OOPSLA-Konto (damit ich mir ausrechnen kann, wieviel es mich gekostet hat, an OOPSLA teilzunehmen) oder auf ein Flugreisenkonto (so daß ich ausrechnen kann, wieviel ich für Flugreisen ausgegeben habe)? Dies kann man auf verschiedene Arten angehen, die einige nützliche Punkte über die Verwendung von Konten verdeutlichen und gleichzeitig komplexere Kontostrukturen als die vorgenannten einfachen Kontohierarchien veranschaulichen.

Eine typische Rechnung eines Beraters verdeutlicht dies. Angenommen, ich berate ACM drei Tage lang. Für diese Arbeit berechne ich 6.000 Dollar. Zusätzlich sammeln sich noch einige Ausgaben an: 500 Dollar für die Flugreise, 250 Dollar für das Hotel, 150 Dollar für einen Mietwagen und 100 Dollar für Verpflegung. Wie berechne ich dies, oder genauer gesagt, wie berechne ich dies, wenn ich ein anständiges Buchführungssystem habe? Natürlich brauche ich ein Konto für ACM, so daß ich der Firma eine Rechnung schicken kann. Dennoch reicht ein Konto nicht aus. Ich will wissen, wieviel ich bei verschiedenen Kunden verdiene. Wenn ich diese Analyse anstelle, will ich die Ausgaben nicht sehen, da sie kein eingenommenes Geld darstellen. Genausowenig haben auch Schätzungen meiner Steuerverbindlichkeiten etwas bei den Ausgaben zu suchen. Dies deutet darauf hin, daß ich getrennte Konten für ACM-Honorare und ACM-Ausgaben verwenden könnte. Meine Rechnung an ACM setzt sich dann aus einem Sammelkonto dieser beiden Konten zusammen, wie es in Abbildung 6.31 zu sehen ist. Das Problem damit besteht darin, daß ich ein getrenntes Konto für alle eingenommenen Honorare brauche. Dieses Honorarkonto enthielte Konten für ACM-Honorare, Megabank-Honorare und andere Kunden. Dies funktioniert auch als Sammelkonto, durchbricht aber die hierarchische Einschränkung der Abbildungen 6.5 und 6.6. Daher muß ich das Modell verändern, um es einem detaillierten Konto zu ermöglichen, mehrere Sammelkonten als Erzeuger zu haben, wie in Abbildung 6.32 gezeigt wird.

Das in Abbildung 6.32 gezeigte Modell ermöglicht es den Konten, einen gerichteten azyklischen Graphen zu bilden. Daher kann ein Konto viele Erzeuger haben; man vermeidet aber Zyklen (ein Konto kann nicht sein eigener Großvater sein). Diese Struktur erlaubt mehrere Sammelkonten.

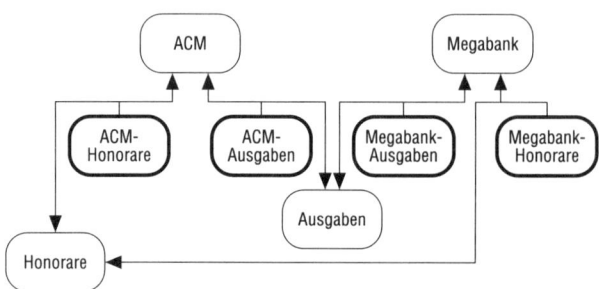

*Abbildung 6.31 Eine typische Honorar-/Ausgabenstruktur*
*Die fett eingerahmten Symbole sind detaillierte Konten, deren Summierung durch die Pfeile verdeutlicht wird*

Dennoch gilt es, einen kleinen Schönheitsfehler zu beachten. Was passiert im Falle der Kontostruktur in Abbildung 6.33? Das Konto $X$ summiert sich über ACM und die Honorare, so daß das ACM-Honorarkonto doppelt gezählt wird.

Ausgehend vom Modell in Abbildung 6.32 könnte man immer noch einen korrekten Kontostand für $X$ bekommen. Der Saldo definiert sich über eine abgeleitete Menge von Einträgen. Mengen erlauben keine Duplikate, so daß alle Positionen in ACM-Honorare nur einmal in $X$ erscheinen werden, und somit einen korrekten Kontostand von $X$ liefern. Dennoch ist dieser Saldo nicht gleich den Summen der Kontostände der Honorare und ACM, was sich als verwirrend herausstellen könnte. Stellt dies ein Problem dar, braucht man eine Einschränkung der Beziehungen der Komponenten, die eine Auswahl der sich überschneidenden Komponenten verbieten würde. Dies ist vernünftig, da es schwierig ist, ein Beispiel zu finden, in dem ein Konto wie *X* nützlich wäre. Die Definition dieser Art von Konto käme eher einem Zufallsprodukt gleich denn einem Entwurf.

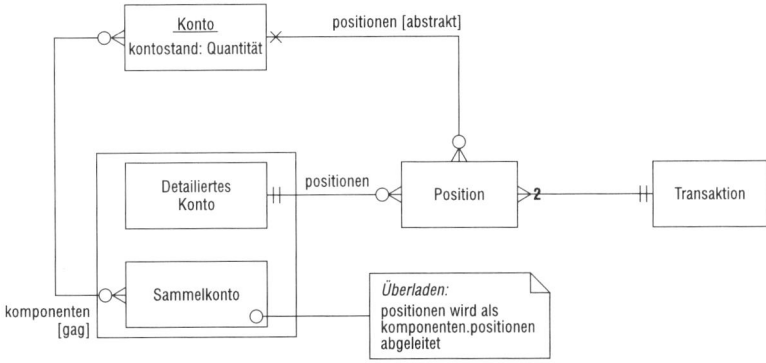

Abbildung 6.32 Mehrere Sammelkonten werden zugelassen

*Dieses Diagramm ersetzt die Hierarchie in Abbildung 6.5 durch einen gerichteten azyklischen Graphen.*

### 6.15.1 Verwendung von Memopositionen

Auf dieser Ebene funktioniert das Modell, man sollte sich aber noch einige weitere Details anschauen. Möglicherweise entsteht das Bedürfnis, die Ausgaben noch detaillierter aufzulösen. Man könnte durch Steuervorschriften gezwungen sein, Ausgaben für Reisen, Unterkunft und Verpflegung zu trennen (z. B. ACM-Flugreisekosten, ACM-Unterkunft, Megabank-Flugreisekosten usw.) Dies könnte durch Aufsplittung jedes Ausgabekontos in detaillierte Konten geschehen, doch könnte dies aufgrund der komplexen Kombinationskonten schwierig zu handhaben sein. Daher erscheint es ratsam, andere Optionen zu erwägen.

Eine Möglichkeit besteht darin, die Einträge in Memokonten zu verwenden. Daher würden 500 Dollar für ein Ticket für einen Besuch der ACM-Geschäftszentrale zu Einzahlungen sowohl auf dem ACM-Ausgabenkonto als auch auf einem Flugreisekostenkonto führen. Bei dieser Methode entfällt die Notwendigkeit für ein ACM-Flugreisekostenkonto, doch macht sie zusätzliche Buchungen notwendig. Eine Transferregel könnte damit zu einem gewissen Grade umgehen, aber trotzdem braucht man eine Aussage darüber, welches Ausgabenkonto benötigt wird. Dies könnte über eine spezielle Erzeugung einer Ausgabentransaktion geschehen, die Parameter von von-Konto, auf-Konto und dem Ausgabentyp des Memokontos entgegennimmt.

Die Auswahl, ob das ACM-Ausgabenkonto oder das Flugreisekostenkonto ein Memokonto sein sollte, hängt von der anschließenden Verwendung des Kontos ab. Wird das ACM-Ausgabenkonto dazu verwendet, die Zahlung von Rechnungen zu verfolgen, während das Flugreisekostenkonto ausschließlich der Steuererklärung dient, dann wäre das Flugreisekostenkonto das geeignetere Memokonto. In der Auswahl, welche Konten nun den eigentlichen Geldfluß im Vergleich zum Memokonto enthalten, liegt eine gewisse Willkür.

### 6.15.2 Abgeleitete Konten

Ein anderer Ansatz besteht darin, wie in Abbildung 6.34 abgeleitete Konten zu verwenden. In diesem Fall werden die Positionen dadurch spezifiziert, daß man dem abgeleiteten Konto einen Filter zur Verfügung stellt (siehe Kapitel 6.9), der übereinstimmende Positionen auswählt. Damit das funktioniert, braucht das abgeleitete Konto etwas, worauf seine Ableitung basiert. Ein Untertyp der Position, der eine Ausgabenkategorie (engl. *expense category*) unterstützt, wäre günstig; dann würde ein Konto, dessen Überprüfung auf Zugehörigkeit »Ausgabenkategorie = Flugreisekosten« ergibt, die gewünschte Information erzeugen.

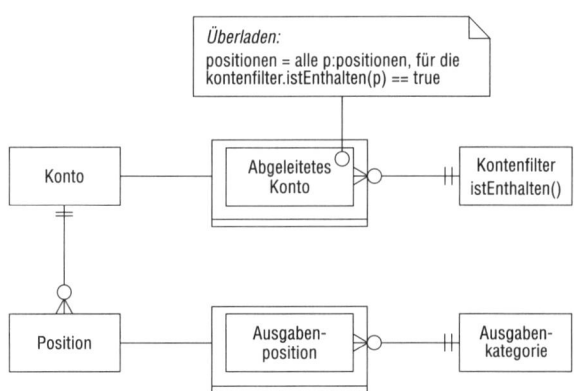

*Abbildung 6.33 Einführung abgeleiteter Konten*

Diesen Ansatz könnte man noch weiterführen. Warum gibt man die Verwendung von Konten nicht generell auf und benutzt statt dessen etwas wie in Abbildung in 6.35? Dann kann man bereits durch Anfragen an die Ausgaben herausfinden, was passiert.

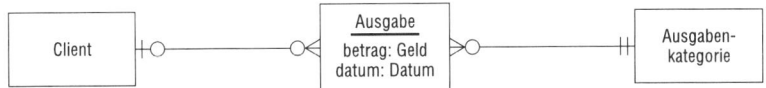

*Abbildung 6.34 Ausgaben so definiert, daß das Buchführungsmodell aufgegeben werden kann*

*Ein abgeleitetes Konto kann es immer noch ermöglichen, das gesamte Berichtverhalten zu verwenden, man verliert allerdings das verfolgende Verhalten.*

Diese Frage hilft bei der Definition, warum Konten nützlich und abgeleitete Konten wertvoll sind. Konten funktionieren am besten innerhalb relativ statischer Strukturen, in denen komplexe Vermögensbewegungen verfolgt werden müssen. Sind die Bewegungen simpel, wie z.B. eine einfache Zuweisung einer Ausgabe an die Flugreisekosten, werden Konten nicht wirklich gebraucht. Dennoch kann man sich eine Situation vorstellen, in der ich z.B. sowohl die Megabank als auch ACM auf einer Reise besuche und zwei Drittel der Flugreisekosten der einen und ein Drittel der anderen Firma berechne. Für diese Art mehrgliedriger Transaktionen sind Konten gut geeignet. Dennoch hat das Modell in Abbildung 6.35 damit ein echtes Problem. Wie teile ich in diesem Modell eine einfache Zahlung auf? Man beachte, daß das Modell in Abbildung 6.35 noch ein weiteres Problem besitzt: Es macht keine Aussagen darüber, woher das Geld kommt. Man könnte ihm eine Kreditkartenverbindung hinzufügen, dann sehen die Ausgaben aber sehr nach einer zweigliedrigen Transaktion aus.

Die Verwendung von Attributen für abgeleitete Konten ist effektiv, wenn die Kontenstruktur nicht sehr statisch ist. Gibt es viele mögliche Informationsstücke, ermöglicht es das abgeleitete Konto, diese Informationsstücke durch dieselben Einrichtungen zur Berichterstattung, die Konten besitzen, einfach zu berechnen. Dennoch besitzen sie ausschließlich diese Einrichtungen zur Berichterstattung. Man kann nicht auf abgeleitete Konten transferieren, und daher kann man sie auch nicht verwenden, um zu verfolgen, wie die Vermögen ansteigen oder abnehmen.

Dementsprechend hat man jedesmal, wenn man versucht, einen Aspekt einer Position zu repräsentieren, die Wahl zwischen einem Attribut einer Position oder einer neuen Kontenebene. Die Entscheidung beruht darauf, welchen Teil des Kontenverhaltens man benötigt. Ist es einfach der Aspekt der Berichterstattung, kann man ein Attribut verwenden und das Konto ableiten, wenn es gebraucht wird. Andernfalls benötigt man eine neue Kontenebene.

## Literaturhinweise

Ich kann einige andere Quellen für Informationen über Konten angeben, die eine andere Sichtweise einnehmen als die, die in diesem Kapitel präsentiert wird. In Hay [2] findet sich ein Kapitel, das der Buchführung gewidmet ist. Sein grundlegendes Konzept zu Konten und Transaktionen gleicht sehr dem meinen, obwohl er nichts zu Transferregeln sagt. Er behandelt Kontentypen, die in Unternehmen eingesetzt werden, wesentlich intensiver und bespricht auch die in Unternehmen gebräuchlichen Transaktionen und wie sie in sein Buchführungsmodell passen. Auch präsentiert er eine Wissensebene für diese Konten- und Transaktionstypen.

An der University of Illinois in Urbana-Champaign ist viel zur Entwicklung eines Buchführungs-Frameworks erarbeitet worden [4][1]. Hier findet sich ein ganz anderer Ansatz als bei Hay und mir. Informationen über eine Rechnung werden z.B. als »Transaktion« höherer Ebene von einem Konto höherer Ebene behandelt. Diese »Transaktion« kann dann in »Transaktionen« niedrigerer Ebene von Konten niedrigerer Ebene aufgeschlüsselt werden. Keefers Verwendung des Wortes *Transaktion* ist von der meinen sehr verschieden: Sie folgt nicht dem Prinzip der Erhaltung. Eine »Transaktion« höherer Ebene könnte eine Rechnung mit all ihren Posten pro Zeile (engl. *line items*) sein. Daher konzentriert sich das Framework darauf, dies in »Transaktionen« niedrigerer Ebene aufzuschlüsseln, wie z.B. die Posten pro Zeile selbst. Dementsprechend ist das Framework so gestaltet, daß eine Ansammlung von Positionen in deren Komponenten aufgeschlüsselt wird, im Gegensatz zu meinem Ansatz eines Kontennetzwerks und des Transfers zwischen den Konten.

## Literatur

1. E. Gamma, R. Helm, R. Johnson, J. Vlissides. *Design Patterns: Elements of Reusable Object-Oriented Software*. Reading, MA: Addison-Wesley, 1995.
   In deutscher Übersetzung: *Entwurfsmuster: Elemente wiederverwendbarer objektorientier Software*. Bonn: Addison-Wesley, 1996.

2. D. Hay. *Data Model Patterns: Conventions of Thought*. New York, NY: Dorset House, 1996.

3. S. K. Langer. *An Introduction to Symbolic Logic*. Third Edition. New York, NY: Dover, 1967.

4. P. D. Keefer. *An Object-Oriented Framework for Accounting Systems*. University of Illinois at Urbana-Champaign <ftp://st.cs.uiuc.edu/pub/Smalltalk/st80_vw/accounts/thesis.ps>, 1994.

5. B. Meyer. »Applying 'Design by Contract'«, in *IEEE Computer*, 25, 10 (1992), S. 40-51.

---

1. Siehe *http://st-www.cs.uiuc.edu/users/johnson/Accounts.html*

# 7 Verwendung der Buchführungsmodelle

Um dieses Kapitel vollständig zu verstehen, muß man zuerst das Kapitel 6 gelesen haben. Das Kapitel 7 ist ein ungewöhnliches Kapitel in diesem Buch. Anstatt eine Gruppe von Mustern zu beschreiben, zeigt dieses Kapitel, wie man die in Kapitel 6 präsentierten Muster verwenden kann. Das ist eine schwierige Aufgabe, da die Buchführungsmuster in Kapitel 6 ziemlich abstrakt sind. Um zu verstehen, wie die Muster wirklich funktionieren, schaut man sich am besten ein voll funktionstüchtiges Beispiel an.

Dieses Kapitel beschreibt Konten und Transferregeln, die in einem Modell für eine Telefongesellschaft, Total Telecommunications (TT), verwendet wurden. In bester Lehrbuchtradition sind die hier dargebotenen Beispiele ein wenig simpel. Sie sollten aber ausreichen, um zumindest ein Gefühl dafür zu vermitteln, wie die Modelle funktionieren. Das Ziel besteht darin, die Verwendung des Buchführungsmodells zu veranschaulichen und nicht darin, eine Telefongesellschaft zu modellieren.

Da dies ein Beispielkapitel ist, habe ich einigen Quelltext verwendet, um die Beispiele zu veranschaulichen. Ich habe Digital Smalltalk C++ vorgezogen, weil Smalltalk es mir einfacher macht, die grundlegenden Ideen zu vermitteln. Die Konzepte sollten einfach auf C++ übertragbar sein. Ich habe die Muster aus Kapitel 14 zur Umwandlung der Modelle verwendet. Darüber hinaus habe ich Kent Becks Codemuster [1] mit einigen Abwandlungen benutzt. Ich muß betonen, daß ich keine Versuche unternommen habe, den Quelltext zu optimieren. Außerdem habe ich nicht den vollständigen Quelltext, sondern nur wichtige Stellen daraus angeführt.

TTs Rechnungsschreibungsplan ist sehr einfach. Alle Anrufe werden in Tag- und Abendanrufe unterteilt. Die Tagesperiode erstreckt sich von 7 Uhr bis 19 Uhr. Die Klassifizierung beruht auf der Zeit, zu der der Anruf anfängt.[1] Anrufe zur Tagesperiode kosten in der ersten Minute 98 Cent und 30 Cent für jede darauffolgende Minute. Anrufe zur Abendperiode kosten in der ersten Minute 70 Cent, 20 Cent für die nächsten 20 Minuten und danach 12 Cent. Die Regierung erhebt 6 Prozent Steuern auf die ersten 50 Dollar an Telefonanrufen in einem Kalendermonat und 4 Prozent auf darauffolgende Anrufe.

---

1. Zur Vereinfachung habe ich die Fälle ausgelassen, in denen Anrufe die Zeitgrenze überschreiten.

Das Kapitel beginnt mit einer Besprechung des *strukturellen Modells (7.1)*, das natürlich auf den in Kapitel 6 präsentierten Mustern beruht. Danach werden wir einige interessante Eigenschaften der *Implementierung der Struktur (7.2) beschreiben*. Um die Objekte einzurichten, beginnen wir mit neuen Telefondiensten (7.3) und fahren dann mit Anrufen fort (7.4). Dann werfen wir einen ersten Blick auf die Transferregeln und untersuchen den Quelltext für die *Implementierung kontenbasierten Feuerns (7.5)*. Es werden drei Beispiele für Transferregeln vorgestellt: *Aufteilung der Anrufe in Tag und Abend (7.6)*, *Zeit in Rechnung stellen (7.7)* und *Berechnung der Steuern (7.8)*. Jede Regel veranschaulicht einen besonderen Verhaltensaspekt. Die ersten beiden Regeln arbeiten auf einer Per-Position-Basis; ein gemeinsamer Obertyp – die Jede-Position-Transferregel – bearbeitet das allgemeine Verhalten. Die Aufteilung der Rechnung in Tag und Abend wird durch einen einfachen einelementigen Mengen-Untertyp der Jede-Position-Transferregel bearbeitet. Für Tag- und Abendanrufe werden unterschiedliche Maßstäbe benötigt, aber da der grundlegende Prozeß derselbe ist, kann man ein durch eine Preistabelle parametrisiertes Objekt verwenden. Dadurch kann jede Transferregel bearbeitet werden, die nach einem Maßstab abgerechnet hat, der auf der Länge des Aufrufs basiert. Die als Strategieobjekt verwendete Preistabellenklasse kann somit für jede auf der Länge beruhende Berechnung benutzt werden. In der Tat wird sie für die nächste Transferregel verwendet, die die Steuern berechnet. Anders als die vorherigen Regeln muß diese auf einer monatlichen Basis arbeiten; man kann aber trotzdem nicht davon ausgehen, daß sie einmal pro Monat ausgeführt wird.

Die drei Transferregelklassen sollten veranschaulichen, wie man die Buchführungs-/Inventarmuster verwenden kann, um sowohl finanzielle als auch nichtgeldliche Transaktionen zu verdeutlichen.

Bei der Entwicklung des Quelltextes fange ich bevorzugt mit dem Aufbau eines Grundgerüsts des strukturellen Modells an. Ich bilde dann Prototypen und bemühe mich im folgenden, das strukturelle Modell auf den neuesten Stand zu bringen (andernfalls vergesse ich, wo ich bin). Bei schwierigen Verhaltensmustern verwende ich anfangs oder auch während der Programmierung Ereignis- oder Interaktionsdiagramme. An wichtigen Stellen dokumentiere ich meine Vorgehensweise bei diesen Verhaltensmustern durch Diagramme, die den Endzustand eines Quelltextes widerspiegeln (wie ich es in diesem Buch getan habe). Sie sind allerdings kein Ersatz für den Quelltext; sie sollen die Funktionalität des Quelltextes verdeutlichen. (Dennoch können Ereignisdiagramme mit einem geeigneten Werkzeug als Quelltext verwendet werden.)

## 7.1 Strukturelle Modelle

Am besten fängt man mit den strukturellen Modellen an, da sie einen Überblick über die verschiedenen Teile des endgültigen Modells erlauben. Abbildung 7.1 zeigt die Pakete innerhalb des Modells. Ich habe es in zwei Pakete geteilt: Telefondienste und Konto. Ein Vorteil eines Buchführungs-Frameworks besteht darin, daß es für verschiedene Industriezweige verwendet werden kann, so daß das Buchführungsmodell möglichst von industriespezifischen Konzepten getrennt bleiben sollte (d.h. davon nicht gesehen werden kann).

Abbildung 7.1 Die Pakete für das TT-Beispiel

Das Kontopaket enthält die abstrakten Buchführungstypen, die durch das Telefondienstepaket für diese spezifische Domäne erweitert werden.

Abbildung 7.2 zeigt das Buchführungsmodell für TT, das auf den Mustern aus Kapitel 6 basiert. Dieses Modell besitzt drei Verbindungen von der Transferregel zum Konto. Auslöser und Ausgabe sind bekannt, aber die schlüsselbasierte Ausgabe ist neu. Dies ermöglicht mehrere Ausgabekonten für jene Transferregeln, die sie benötigen. Der Bedarf wird mit den weiteren Beispielen in diesem Kapitel klar.

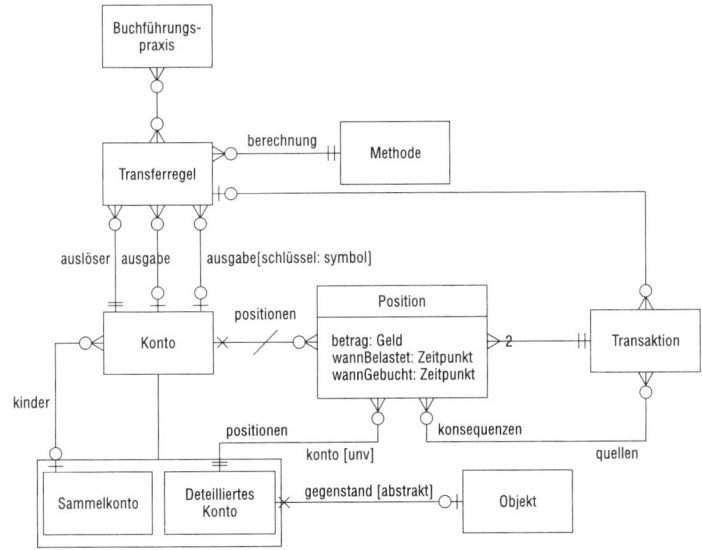

Abbildung 7.2 Buchführungsmodell für TT

Abbildung 7.3 zeigt das Modell des Telefondienstes. Kunden können mehrere Telefonanschlüsse besitzen. Eigentlich ist ein Telefondienst ein Anschluß, der einem Kunden zugewiesen ist. Jeder Telefondienst ist an eine Buchführungspraxis geknüpft, die beschreibt, wie er in Rechnung gestellt wird. Dieses Diagramm veranschaulicht, warum dem in Abbildung 7.2 gezeigten detaillierten Konto die Subjekt-Abbildung hinzugefügt wurde. Man braucht eine Möglichkeit, um herauszufinden, worüber das detaillierte Konto Buch führt, will aber nicht, daß das Kontenpaket für das Telefondienstepaket sichtbar ist, da dies die Wiederverwendung gefährden würde. Daher bildet man einen Untertyp des detaillierten Kontos. Dadurch erstreckt sich die Sichtbarkeit nur vom Untertyp zum Obertyp. Dem Dienstekonto ist es durchaus erlaubt, den Telefondienst zu kennen, da sie sich beide im Telefondienstepaket befinden. Dennoch könnte es einen Verweis auf ein detailliertes Konto geben, ohne daß man weiß, daß es sich dabei um ein Dienstekonto handelt. Die abstrakte Abbildung auf das detaillierte Konto besagt, daß es mit einem Objekt (von unspezifiziertem Typ) als Unterobjekt verknüpft sein könnte. All dies wird durch Untertypen des detaillierten Kontos implementiert – ein klassischer Fall von Polymorphie.

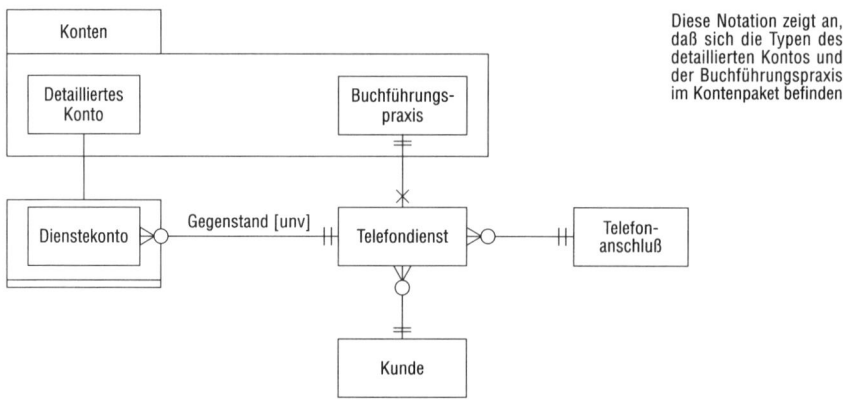

*Abbildung 7.3 Das strukturelle Modell des Telefondienstes*

## 7.2 Implementieren der Struktur

Zur Implementierung der Modelle kann man Entwurfsschablonen verwenden, die auf den in Kapitel 14 beschriebenen Mustern basieren. Alle Assoziationen werden durch Zugriffs- und Modifikationsoperationen repräsentiert. Abbildungen einzelner Werte (engl. *single-valued mappings*) folgen der üblichen Smalltalk-Konvention. Daher wird eine Abbildung namens Auslöser auf die Transferregel durch die Zugriffsoperation trigger und den Modifikator trigger: anAccount implementiert. Abbildungen mehrerer Werte (engl. *multivalued mappings*) – z.B. Transferregeln auf die Buchführungspraxis – haben die Zugriffsoperation postingRules und die Modifikatoren addPostingRule: aPostingRule und removePostingRule: aPostingRule.

Die Operation für Positionen auf dem Konto ist polymorph – das detaillierte Konto gibt eine Instanzvariable zurück, wohingegen sich das Sammelkonto über seine Komponenten summiert (wie in Listing 7.1 zu sehen ist).

```
Account>>entries
   ^self subclassResponsibility
SummaryAccount>>entries
   |answer|
   answer := SortedCollection sortBlock:[:a :b| a whenBooked > b whenBooked].
   self detailAccounts
      inject: answer
      into:
         [:total :each |
         total addAll: each entries;
         yourself].
   ^answer
Detail Account>>entries
   ^entries copy
```

*Listing 7.1 Die Positionen eines Kontos erhalten*

Dieses Modell besitzt keine Kontentypen. Die Transferregeln werden durch Sammelkonten definiert. Für die Beispiele in diesem Kapitel könnte man zur Definition der Transferregeln entweder Kontentypen oder Sammelkonten verwenden. Sammelkonten sind ein wenig komplizierter, wodurch sie zur Veranschaulichung besser geeignet sind. Die definierten Sammelkonten höherer Ebene stehen in einer Klassenvariablen in der Kontenklasse. Man greift auf sie über die Klassenmethode findWithName: aString zugreifbar (entsprechend dem Stil von Kapitel 14.5.1).

Verschiedene Teile des Quelltextes müssen ein Dienstekonto für einen speziellen Telefondienst unter einem besonderen Sammelkonto finden. Es fällt nicht schwer, sich dafür verschiedene Möglichkeiten auszudenken: Indem man einen Telefondienst darum bittet, das Konto unter einem vorgegebenen Sammelkonto zu finden, oder indem man ein Sammelkonto bittet, einen an einen Telefondienst gebundenen Nachkommen zu finden. Es ist also nicht so einfach zu entscheiden, welche dieser Möglichkeiten die beste darstellt. Darüber hinaus impliziert jede einen gewissen Navigationspfad, von dem einer besser sein könnte als der andere. In solchen Fällen kann man eine völlig andere Technik anwenden: Erzeugung einer Klassenmethode nach Kapitel 14.5.1. Dann kann man die Methode mit einem der beiden Pfade implementieren und sie ohne Veränderung der deklarativen Schnittstelle ändern. Dadurch behält man auch den Überblick über die finde-Methoden, wie in Listing 7.2 zu sehen ist.

```
ServiceAccount class>>findWithphoneService: aPhoneService topParent:
aTopSummaryAccount
    ^aPhoneService serviceAccounts detect: [:i|  i parentTop =
aTopSummaryAccount]
PhoneService»accountNamed: aString
    ^ServiceAccount
        findWithPhoneService: self
        topParent: (Account findWithName: aString)
```

Listing 7.2 Auffinden eines bestimmten Kontos

In der Praxis ist es oft wesentlich günstiger, eine Methode für Telefondienste, wie z. B. `accountNamed: aString` zu verwenden. Sie ruft `findWithPhoneService: topParent` auf und bietet die Vorteile beider Ansätze.

Alle hier gezeigten Beispiele verwenden zweigliedrige Transaktionen, obwohl das Modell mehrgliedrige Transaktionen unterstützt. Eine zweigliedrige Transaktion kann man mit den in Listing 7.3 gezeigten besonderen Erzeugungsmethoden für Transaktionen hervorbringen. Eine Methode trägt die komplette Information inklusive der Quelleinträge und der Transferregel zur Erzeugung. Die andere Methode wird für die zu Anfang eingelesenen initialen Attribute verwendet.

Das Listing zeigt einige Programmiertechniken. Eine Konstruktorparametermethode [1] (der ein `set` vorangestellt ist) initialisiert das neue Objekt mit Parametern. Innerhalb der Parametermethode zur Erzeugung wird die Überprüfung der Vorbedingung durch die `require:`-Nachricht erledigt. Durch Redefinition der `require:`-Nachricht kann die Überprüfung entfallen und die Performanz gesteigert werden. Ein weiteres Element aus Design by Contract [3] stellt die Verwendung der Invariantenüberprüfung dar.

## 7.3 Einrichten neuer Telefondienste

Die Erzeugung eines neuen Telefondienstes ist nicht nur eine Frage der Instantiierung eines Telefondiensteobjekts. Um das Kontensystem in Schwung zu bringen, müssen auch Dienstekonten erzeugt werden. Obwohl dieses Beispiel nicht mehr als eine Buchführungspraxis enthält, sollte es dennoch flexibel genug sein, um Konten für die Verwendung jedweder Buchführungspraxis einzurichten, wie in den Abbildungen 7.4 und 7.5 und im Listing 7.4 zu sehen ist.

```
Transaction class>>newWithAmount: aQuantity from: fromAccount to: toAccount
whenCharged: aTimepointOrDate
    ^self
      newWithAmount: aQuantity
      from: fromAccount
      to: toAccount
      whencharged: aTimepointOrDate
      creator: nil
      sources: Set new
newWithAmount: aQuantity from: fromAccount to: toAccount whenCharged:
aTimepointOrDate creator: aPostingRule sources: aSetOfEntries
^self new
    setAmount: aQuantity
    from: fromAccount
    to: toAccount
    whencharged: aTimepointOrDate
    creator: aPostingRule
    sources: aSetOfEntries
Transaction>>setAmount: aMoney from: aDebitAccount to: aCreditAccount
whencharged:
aTimepointOrDate creator: aPostingRule sources: aSetOfEntries
    "private"
      self require:
        [aMoney isKindOf: Money.
        aDebitAccount isKindOf: ServiceAccount.
        aCreditAccount isKindOf: ServiceAccount.
        (aTimepointOrDate isKindOf: Date) or: [aTimepointOrDate isKindOf:
Timepoint].
            (creator == nil) or: [creator isKindOf: PostingRule]].
          self initialize.
          self addEntry: (Entry new
              setAccount: aCreditAccount
              amount: aMoney
              charged: aTimepointOrDate).
          self addEntry: (Entry new
              setAccount: aDebitAccount
              amount: aMoney negated
              charged: aTimepointOrDate).
          creator:= aPostingRule.
          aSetOfEntries do: [:i| self sourcesAdd: i].
          self checkInvariant.
Object>>require: aBooleanBlock
  aBooleanBlock value ifFalse: [self error: 'Precondition Violation']
Transaction>>checkInvariant
          balance
```

```
balance := entries
    inject: Quantity zero
    into: [:total :each  total := total + each amount].
self require: [balance = Quantity zero].
```

*Listing 7.3  Erzeugung einer zweigliedrigen Transaktion*

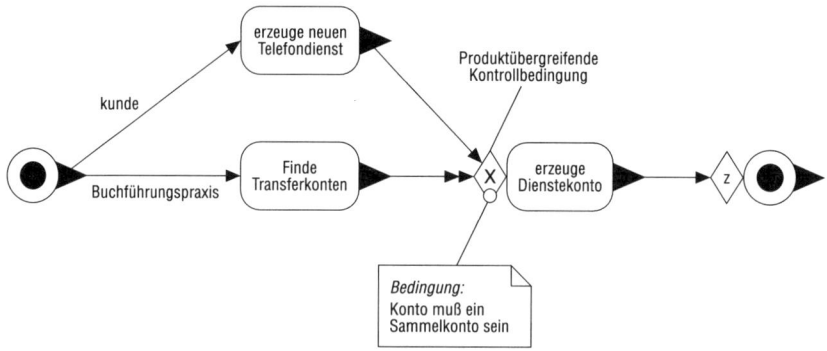

*Abbildung 7.4  Ereignisdiagramm zur Erzeugung eines neuen Telefondienstes*

Dieses Diagramm verwendet eine produktübergreifende Kontrollbedingung (eine Erweiterung der normalen Ereignisdiagramme). Die Kontrollbedingung wird für jede Kombination ihrer eingehenden Auslöser (engl. incoming triggers) ausgewertet, in diesem Fall für jede Kombination eines neuen Telefondienstes und eines Transferkontos. Für jeden Telefondienst und jedes Sammeltransferkonto in der Buchführungspraxis ruft es die Operation zur Erzeugung eines Dienstekontos auf.

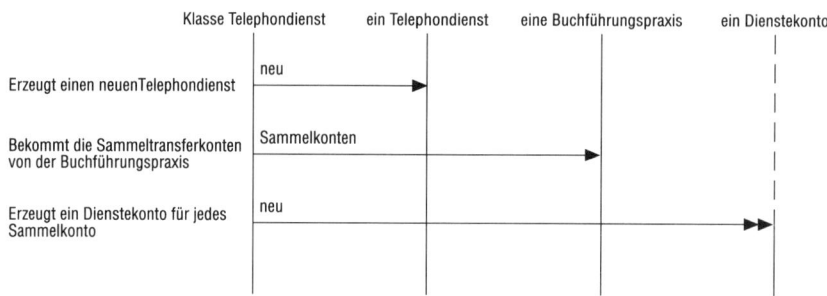

*Abbildung 7.5  Interaktionsdiagramm zur Erzeugung eines neuen Telefondienstes*

Um zu bestimmen, welche Konten benötigt werden, wird die Buchführungspraxis nach ihren Transferkonten gefragt, wie in Abbildung 7.6 und Listing 7.5 zu sehen ist. Eine Buchführungspraxis kann Transferregeln beinhalten, die auf detaillierte Konten verweisen (obwohl dies hier nicht der Fall ist). Daher müssen die Transferkonten so gefiltert werden, daß nur die Sammelkonten übrigbleiben.

## 7.3 Einrichten neuer Telefondienste

```
PhoneService class>>newWithAccountingPractice: anAccountingPractice
customer:aCustomer phoneLine: aPhoneLine
  ^self new
    setAccountingPractice: anAccountingPractice
    customer: aCustomer
    phoneLine: aPhoneLine
PhoneService>>setAccountingPractice: anAccountingPractice customer: aCustomer
phoneLine: astring
  |newObj summaryAccounts|
  self require:
    [(anAccountingPractice isKindOf: AccountingPractice) &
    (aCustomer isKindOf: Customer)].
  name := (aCustomer name), '#', (aCustomer phoneServices size + 1)
printString.
  accountingPractice := anAccountingPractice.
  self setCustomer: aCustomer.
  line := aString.
  self createServiceAccounts.
  ^self
PhoneService>>createServiceAccounts
  "private - initializing"
  (self accountingPractice summaryAccounts) do:
    [:each | ServiceAccount newWithphoneService: self parent: each].
```

*Listing 7.4 Einrichten eines neuen Telefonanschlusses*

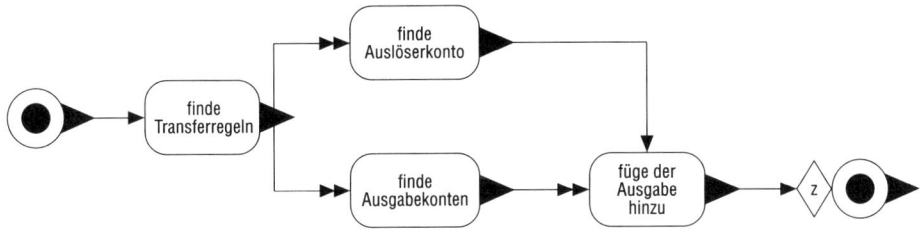

*Abbildung 7.6 Auffinden von Transferkonten*

Man sucht das auslösende Konto und alle Ausgabekonten für jede Transferregel.

```
AccountingPractice>>summaryAccounts
    ^self postingAccounts select: [:each | each isSummary]
AccountingPractice>>postingAccounts
  |answer|
  answer := Set new.
```

```
postingRules do:
  [:each |
  answer add: each trigger.
  answer addAll: each outputs].
^answer
```

*Listing 7.5 Sammelkonten für eine Buchführungspraxis bereitstellen*

## 7.4 Einrichten der Anrufe

Telefonanrufe werden als Transaktionen von einem Netzwerkkonto auf ein grundlegendes Zeitkonto modelliert. Die Einheit für Positionen von Telefonanrufen sind Minuten.

Die folgende Methode veranschaulicht die Einrichtung eines Telefondienstes und die Anmeldung einiger Beispielanrufe. Man beachte, daß der Dienst auf einer Klasse namens Scenario1 basiert, wie in Listing 7.6 gezeigt wird. Testmethoden können recht komplex werden; daher empfiehlt es sich, sie in ein Szenarienobjekt (*Szenario* wird hier im Sinne eines Verwendungsfalles und nicht nach seiner Definition in Kapitel 9.4 benutzt) einzubetten, um sie unter Kontrolle zu haben, wenn keine richtige Testumgebung vorhanden ist. Die Variablen basicAccount und the-Service sind Klassenvariablen dieser Testklasse.

Die Verwendung benutzerdefinierter grundlegender Klassen wie z.B. Quantität kann die Erzeugung neuer Objekte erschweren. Daher besitzt Quantität eine Methode n: aString, die eine neue Quantität aus der Zeichenkette erzeugt. Dies ist eine persönliche Konvention, die ich verwende, da fromString: aString recht unhandlich werden kann.

```
Scenario1>>setupCalls
  |adams  network |
  self init.
  adams := Customer new name: 'Adams'; persist.
  theService := PhoneService
    newWithAccountingPractice: (AccountingPractice basicBillingPlan)
    customer: adams
    phoneLine: (PhoneLine new name: '617 123 1234').
  network := theService accountNamed: 'Network'.
  basicAccount := ServiceAccount findWithPhoneService: theService topParent
                   (Account findWithName: 'Basic Time').
Transaction
  newWithAmount: (Quantity n:'10 min')
  from: network
  to: basicAccount
```

```
        whenCharged: (Timepoint
            date: 'jan 1 1995'
            time: '13:15').
Transaction
    newWithAmount: (Quantity n:'8 min')
    from: network
    to: basicAccount
    whenCharged: (Timepoint
            date: 'jan 1 1995'
            time: '14:25').
Transaction
    newWithAmount: (Quantity n:'6 min')
    from: network
    to: basicAccount
    whenCharged: (Timepoint
            date: 'jan 1 1995'
            time: '19:05').
Transaction
    newWithAmount: (Quantity n:'33 min')
    from: network
    to: basicAccount
    whenCharged: Timepoint
            date: 'jan 1 1995'
            time: '28:20').
^basicAccount
```

*Listing 7.6 Einrichten von Testanrufen*

## 7.5 Kontenbasiertes Feuern implementieren

Hier verwendet man das kontenbasierte Auslöseschema (siehe Abschnitt 6.7.3). Jedes Konto besitzt eine Methode, um sich selbst durch Abfeuern aller Transferregeln zu verarbeiten, die es als Auslöser verwenden, wie in Listing 7.7 zu sehen ist.

```
Detail Account>>process
    self allOutboundRules do: [:j| j processAccount: self].
    lastProcessed := entries last
all OutboundRules
    "private"
    |answer|
    answer := self triggerFor.
    self allParents do: [:i| answer addAll: i triggerFor].
    ^answer
```

*Listing 7.7 Ein Konto feuert ausgehende Transferregeln ab*

*Positionen stehen in orderedCollection, wobei neue ans Ende angefügt werden. Die Instanzvariable lastProcessed behält den Zustand der Verarbeitung im Auge.*

## 7.6 Trennung der Anrufe in Tag und Abend

Um die Anrufe nach Tag- und Abendanrufen zu trennen, schaut man sich jede Position an, beachtet deren Zeit und führt dann eine Transaktion vom grundlegenden Zeitkonto entweder auf das Tages- oder Abendkonto aus.

Eine Transferregel, die auf einer Per-Position-Basis operiert, ist recht gebräuchlich. Dazu kann man einen abstrakten Untertyp der Transferregel namens Jede-Position-Transferregel (die Klasse EachEntryPR) erzeugen. Dieser Untertyp ruft die Operation processEntry: anEntry auf jeder noch nicht verarbeiteten Position des auslösenden Kontos auf, wie in Abbildung 7.7 und Listing 7.8 gezeigt wird.

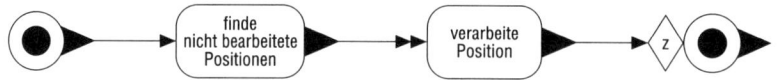

Abbildung 7.7 *Methode der Jede-Position-Transferregel zur Verarbeitung eines Kontos*
*Man verwendet die Operation zur Verarbeitung einer Position für jede noch nicht verarbeitete Position*

```
EachEntryPR>>processAccount: anAccount
    self currentInput: anAccount.
    anAccount unprocessedEntries do: [:each | self processEntry: each]
    self clean.
EachEntryPR>>processEntry: anEntry
    self subclassResponsibility
Detail Account>>unprocessedEntries
    self isUnprocessed ifTrue: [^ entries copy].
    ^entries
        copyFrom: self firstUnprocessedIndex
        to: entries size.
Detail Account>>isUnprocessed
    "private"
    ^lastprocessed isNil
Detail Account>>firstUnprocessedIndex
    "private"
    ^(entries indexOf: lastProcessed) + 1
```

Listing 7.8 *Ein auslösendes Konto wird durch eine* EachEntryPR *verarbeitet*

Die Nachricht currentInput: lädt eine Instanzvariable, die das momentan durch die Transferregel verarbeitete Dienstekonto enthält, was in Listing 7.9 zu sehen ist. Auf sie wird durch private Methoden zugegriffen, und sie ist nur innerhalb der Ausführung von processAccount definiert. In solchen Fällen wird oft eine temporäre private Instanzvariable verwendet, da Transferregeln im allgemeinen (jedoch

## 7.6 Trennung der Anrufe in Tag und Abend

nicht in diesem Fall) als Instanzen definiert sind. Daher kann man sie nicht zum Aufruf der Regel instantiieren. Alternativ kann man die definierte Instanz der Transferregel als Prototyp [2] behandeln und sie zur Ausführung nachbauen (engl. *clone*).

```
PostingRule>>currentInput: anAccount
    "private"
    self require: [currentInput isNil].
    currentInput := anAccount.
    self setCurrentOutputs
PostingRule>>setCurrentOutputs
    "private"
    currentOutputs := Dictionary new.
    outputs associationsDo:
        [: each |
        currentOutputs
            at: each key
            put: (ServiceAccount
                findWithPhoneService: (currentInput phoneService)
                topParent: each value)]
PostingRule>>clean
    "private"
    currentInput = nil.
    currentOutputs := nil.
```

*Listing 7.9 Einrichtung der derzeitigen Ein- und Ausgaben*

Die Nachricht currentInput: richtet auch die derzeitigen Ausgabedienstekonten für denselben Telefondienst wie den als Eingabe verwendeten ein.

Diese Methode führt nicht die eigentliche Berechnung und Buchung aus. Statt dessen wird dies durch processEntry: erledigt, die abstrakt ist und durch Unterklassen definiert werden sollte. Daher sieht man hier drei Ebenen der Bildung von Unterklassen. PostingRule definiert die grundlegende Schnittstelle und die Dienste der Transferregeln. Die Methode zur Verarbeitung von Konten mit EachEntryPR ist eine Schablonenmethode[1], die die Schritte zur Verarbeitung eines Kontos Position für Position skizziert, es aber einer Unterklasse überläßt, wie jede Position zu verarbeiten ist.

Für diese Transferregel kann man eine neue Unterklasse von EachEntryPR namens EveningDaySplitPR definieren. Dies ist ein Beispiel für die Implementation einer Singletonklasse (siehe Abschnitt 6.6.1). Die passenden Konten werden fest in diese Klasse codiert und zum Zeitpunkt der Initialisierung eingerichtet, wie in Listing 7.10 gezeigt wird.

---

1. Eine Schablonenmethode ist ein Grundgerüst eines Algorithmus, das einige Schritte zu Unterklassen (2) verschiebt.

**EveningDaySplitPR>>initialize**
```
super initialize.
outputs := Dictionary new
outputs
  at: #evening
  put: (Account findWithName: 'Evening Time').
outputs
  at: #day
  put: (Account findWithName: 'Day Time')
```

*Listing 7.10 Initialisierung der Verarbeitungsregel zur Tag-/Abendtrennung*

Zur Trennung wird die processEntry:-Methode außer Kraft gesetzt, was in Abbildung 7.8 und im Listing 7.11 zu sehen ist.

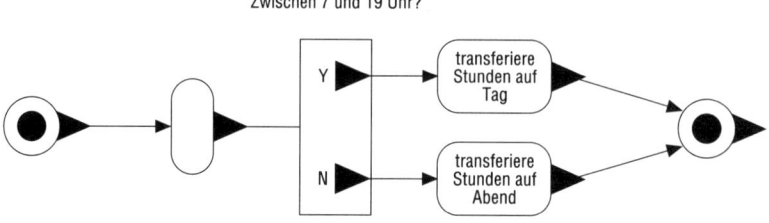

*Abbildung 7.8 Die Methode der Transferregel für die Trennung von Tag/Abend für die Operation zur Verarbeitung einer Position*

**EveningDaysplitPR>>processEntry: anEntry**
```
Transaction
    newWithAmount: (anEntry amount)
    from: (anEntry account)
    to: (self outputFor: anEntry)
    whenCharged: (anEntry timepoint)
    creator: self
    sources: (Set with: anEntry)
```
**EveningDaySplitPR>>outputFor: anEntry**
```
^(anEntry timepoint time > (Time fromString:'19:00')) |
 (anEntry timepoint time < (Time fromString: '07:00'))
      ifTrue: [self currentOutputs at: #evening ]
      ifFalse: [self currentOutputs at: #day].
```

*Listing 7.11 Auf diese Weise verarbeitet die Transferregel für die Trennung von Tag/Abend eine Position*

## 7.7 Zeit in Rechnung stellen

Die Berechnung sowohl der Anrufe am Tag als auch am Abend geschieht nach demselben Muster, wie in Abbildung 7.9 gezeigt wird. Wiederum werden Gebühren auf einer Per-Position-Basis berechnet, also wird eine Unterklasse von EachEntryPR verwendet. Es werden zwei Transferregeln verwendet – eine für den Tag und eine für den Abend. Für beide wird dieselbe Klasse, TransformPR, benutzt.

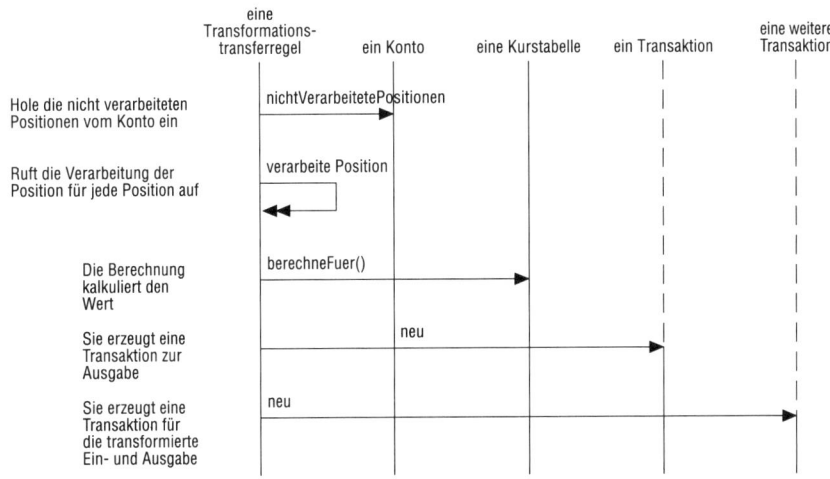

*Abbildung 7.9  Interaktionsdiagramm für die Verarbeitung eines Kontos mit einer Transformations-Transferregel.*

Ein besonderes Merkmal dieser Transferregel ist, daß sie durch eine Position in Minuten ausgelöst wird, aber Positionen in Dollars hervorbringt; daher der Ausdruck *Transformation*. Ihre tatsächliche Reaktion besteht darin, zwei Transaktionen zu erzeugen. Eine transferiert die Minuten zurück zum Netzwerkkonto und vervollständigt somit den Zyklus für die Minuten. Die andere generiert eine neue Transaktion in der Geldwelt: von einem Netzwerkeinnahmenkonto auf ein Aktivitätenkonto, wie es in Abbildung 7.10 und im Listing 7.12 zu sehen ist.

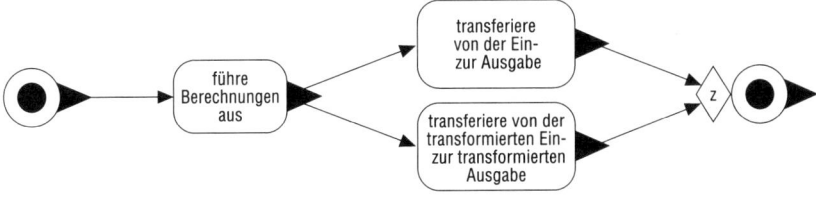

*Abbildung 7.10  Ereignisdiagramm für die Methode einer Transformations-Transferregel für die Operation zur Verarbeitung einer Position*

```
TransformPR»processEntry: anEntry
    Transaction
      newWithAmount: (anEntry amount)
      creator: self
      from: (anEntry account)
      timepoint: (anEntry timepoint)
      to: (self currentOutputs at: #out)
      sources: (Set with: anEntry)
     Transaction newWithAmount: (self transformedAmount: anEntry)
      creator: self
      from: (self currentOutputs at: #transformedFrom)
      timepoint: (anEntry timepoint)
      to: (self currentOutputs at: #transformedTo)
      sources: (Set with: anEntry).
TransformPR>>transformedAmount: anEntry
      "private"
      ^self calculationMethod calculateFor: anEntry amount
```

Listing 7.12 *Art und Weise, in der eine Transformations-Transferregel eine Position verarbeitet*

Die `transformedAmount` wird durch ein Methodenobjekt (siehe Kapitel 6.6.2), genauer gesagt durch eine Gebührentabelle, berechnet, wie sie in den Tabellen 7.1 und 7.2 zu sehen ist. Die Methodenklasse definiert die abstrakte `calculateFor:`-Methode. Die Gebührentabelle ist eine Unterklasse, die eine zweispaltige Tabelle von Mengen speichert, um die Art von abgestufter Gebühr hervorzubringen, die das Problem verlangt. Sie wird unter Verwendung einer Datenliste implementiert. Die Schlüsselbegriffe der Datenliste kennzeichnen die unterschiedlichen Schwellwertpunkte, und die entsprechenden Werte zeigen den Gebührensatz, der bis zu dem jeweiligen Schwellwert gilt. Listing 7.13 veranschaulicht, wie der abendliche Gebührensatz eingerichtet wird. Der Spitzensatz kennzeichnet, welcher Satz gilt, wenn man erst einmal den Spitzenschwellwert überschritten hat.

| Länge des Anrufs | Kosten |
| --- | --- |
| Bis zu 1 min | 98 Cent |
| > 1 min | 30 Cent |

Tabelle 7.1 *Gebühren für Anrufe am Tag*

| Länge des Anrufs | Kosten |
| --- | --- |
| Bis zu 1 min | 70 Cent |
| 1-20 min | 20 Cent |
| > 20 min | 10 Cent |

Tabelle 7.2 *Gebühren für Anrufe am Abend*

## 7.7 Zeit in Rechnung stellen

```
RateTable>>eveningRateTable
    | answer |
    answer := RateTable new.
    answer
        rateAt: (Quantity n: '1 min')
        put: (Quantity n: '.7 USD').
    answer
        rateAt: (Quantity n: '21 min')
        put: (Quantity n: '.2 USD').
    answer topRate: (Quantity n: '.12 USD').
    ^answer
```

*Listing 7.13 Einrichten des abendlichen Gebührensatzes im Gebührentabellenobjekt*

Listing 7.14 zeigt, wie die Gebührentabelle danach die Summe berechnet. Dies geschieht in zwei Teilen: indem jeder Schritt in der Gebührentabelle gemacht wird und, jede Summe über dem Spitzenschwellwert addiert wird. Es macht wenig Sinn, dafür ein Diagramm zu zeichnen; die Tabellen zeigen aus einer konzeptionellen Perspektive sehr klar, was gebraucht wird. Bei diesem System sollte man vor allem darauf achten, daß sowohl positive als auch negative Zahlen durch Verwendung absoluter Werte in gleicher Weise bearbeitet werden können.

```
RateTable>>calculateFor: aQuantity
    | answer input|
    self require: [aQuantity unit = self thresholdUnits].
    input := aQuantity abs.
    answer := (self tableAmount: input) + (self topRateAmount: input).
    ^aQuantity positive
        ifTrue: [answer]
        ifFalse: [answer negated]
RateTable>>tableAmount: aQuantity
    "private"
    | input sortedKeys lastKey thisRowKeyAmount answer|
    sortedKeys := table keys asSortedCollection.
    lastKey := Quantity zero.
    answer := Quantity zero.
    sortedKeys do:
        [:thisKey |
        thisRowKeyAmount := ((aQuantity min: thisKey) - lastKey) max: Quantity zero.
        answer := answer + ((table at: thisKey) * thisRowKeyAmount amount).
            lastKey := thisKey].
        ^answer
```

```
RateTable>>topRateAmount: aQuantity
     | amountOverTopRateThreshold |
     amountOverTopRateThreshold := aQuantity - self topRateThreshold.
     amountOverTopRateThreshold positive
          ifTrue: [^self topRate * amountOverTopRateThreshold amount]
          ifFalse: [^Quantity zero].
RateTable>>topRateThreshold
   ^table keys asSortedCollection last
```

*Listing 7.14 Auf diese Weise berechnet eine Gebührentabelle einen Wert für eine Eingabemenge*

## 7.8 Berechnung der Steuern

Die letzte Transferregel zeigt die Berechnung der Steuern. Diese unterscheidet sich von den vorherigen Regeln insofern, als daß sie nicht auf einer Per-Position-Basis operiert. Diese Transferregel muß sich alle Gebühren, die über den Zeitraum eines Monats anfallen anschauen, um die Steuern festzusetzen.

Eine weitere Schwierigkeit besteht darin, daß man nicht sicherstellen kann (oder es gar nicht erst will), daß die Transferregel nur einmal am Ende des Monats ausgeführt wird. Daher sollte die Buchung jegliche Steuern in Erwägung ziehen, die schon für diesen Monat aufgrund eines früheren Abfeuerns berechnet wurden. Dies folgt dem Prinzip, nach dem die Transferregeln unabhängig vom Zeitpunkt ihres Abfeuerns definiert werden sollten. Dies erhöht die Flexibilität und reduziert die Kopplung im Modell.

Die Klasse MonthlyChargePR ist ein Untertyp der Transferregel und implementiert daher verarbeiteKonto, wie in Abbildung 7.11 und Listing 7.15 gezeigt wird.

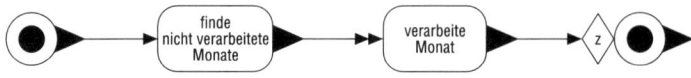

*Abbildung 7.11 Die Methode der Transferregel, die die monatliche Gebühr zur Verarbeitung eines Kontos berechnet*

```
MonthlyChargePR>>processAccount: anAccount
   self currentInput: anAccount.
   (self monthsToProcess: anAccount) do: [:each | self processForMonth: each].
   self clean
MonthlyChargePR>>monthsToProcess: anAccount
    ^(anAccount unprocessedEntries collect:
        [:each | each whenCharged date firstDayOfMonth]) asSet.
```

*Listing 7.15 Auf diese Weise verarbeitet eine Transferregel zur Berechnung der monatlichen Gebühr ein Konto*

Dieser Prozeß basiert auf dem Kontostand über einen Zeitraum, statt auf jeder Position.

Jeder Monat wird mit `processForMonth:` verarbeitet, wie in Abbildung 7.12 und Listing 7.16 gezeigt wird.

Die abschließende Transaktion geht vom Ausgabekonto auf das Eingabekonto, da das Aktivitätenkonto aufgrund der Steuerschuld anwächst.

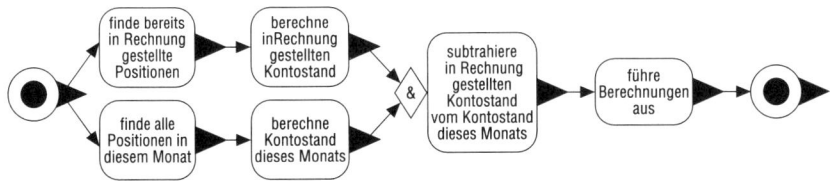

Abbildung 7.12 Ereignisdiagramm für die Verarbeitung eines Monats

```
MonthlyChargePR>>processForMonth: aDate
    | inputToProcess totalToCharge |
    inputToProcess := (self inputBalance: aDate) - (self outputAlreadyCharged:
    aDate).
    totalToCharge := (self calculationMethod calculateFor: inputToProcess) - (self
    outputAlreadyCharged: aDate).
    Transaction
        newWithAmount: total ToCharge
        creator: self
        from: self currentOutput
        timepoint: aDate lastDayOfMonth
        to: self currentInput
        sources: (self currentInput entriesChargedInMonth: aDate).
MonthlyChargePR>>inputBalance: aDate
    ^self currentInput balanceChargedInMonth: aDate.
MonthlychargePR>>outputAlreadyCharged: aDate
    ^(self currentOutput balancechargedInMonth: aDate) negated
```

Listing 7.16 Auf diese Weise verarbeitet eine Transferregel einen Monat zur Berechnung der monatlichen Gebühr

## 7.9 Abschließende Bemerkungen

Dies ist ein sehr einfaches Beispiel, so daß es schwierig ist, daraus viele Schlüsse zu ziehen. Sie könnten überzeugend argumentieren, daß das Problem in einfacherer Form ohne den ganzen Framework-Kram angegangen werden kann. Dennoch ist das Framework für die Skalierbarkeit nützlich. Ein echtes Geschäft hat vielleicht eine Handvoll Praktiken, von denen jede wiederum einige Transferregeln besitzt. Mit dieser Struktur repräsentiert man einen neuen Rechnungsschreibungsplan durch eine Buchführungspraxis. Baut man eine neue Praxis, so erzeugt man ein Netz neuer *Instanzen* der Transferregel. Dies kann man im laufenden Betrieb ohne Rekompilierung oder Neuaufbau des Systems erreichen. Es wird unausweichlich Situationen geben, in denen man einen neuen Untertyp einer Transferregel benötigt, doch sollten diese Anlässe selten sein.

### 7.9.1 Die Struktur der Transferregeln

Abbildung 7.13 zeigt die in diesem Kapitel besprochene Generalisierungsstruktur der Transferregeln. Die abstrakte Klasse Transferregel besitzt eine abstrakte `processAccount`-Methode. Jeder der Untertypen implementiert `processAccount`. Die Transferregel für jede Position implementiert diese Methode durch Aufruf einer anderen abstrakten Methode, `processEntry`, für jede Position. Die weiteren Untertypen implementieren `processEntry` für jede Position. Die Methode der Transferregel zur Trennung von Tag und Abend ist fest codiert, wohingegen die Transformations-Transferregel an eine Gebührentabelle deligiert. Das Beispiel zeigt, wie eine Kombination aus abstrakten Methoden, Polymorphie und Delegation eine Struktur bereitstellen kann, die eine Vielzahl von Transferregeln in einer organisierten Struktur unterstützt.

Dies ist allerdings nicht die einzige verwendbare Struktur der Transferregeln. Eine weitere Alternative bestünde darin, die beiden Schritte zur Berechnung der Gebühr zu einem zusammenzufassen. Solch eine Transferregel hätte zwei Gebührentabellen, eine für Tages- und eine für Abendgebühren, und wäre sowohl für die Trennung als auch für die Rechnungsstellung der Gebührentabelle zuständig.

Zur Entscheidung, wie man die Transferregeln aufteilt, gibt es keine Richtlinien. Das grundlegende Ziel besteht darin, neue Praktiken bauen zu können, ohne einen neuen Untertyp einer Transferregel zu brauchen. Die Menge der Untertypen der Transferregel sollte so klein wie möglich gehalten werden, da dies das Verständnis und die Pflege der verschiedenen Typen von Transferregeln erleichtert. Dennoch benötigt man diese Untertypen, um alle erforderlichen Funktionen bereitzustellen, so daß man sie für neue Praktiken zusammenstellen kann. Ein Ziel sollte darin bestehen, neue Untertypen der Transferregeln so selten wie möglich bauen zu müssen.

Einfachere Transferregeln führen zu größeren Praktiken und sind für gewöhnlich in größerem Rahmen verfügbar. Anfangs definiere ich Transferregeln mit eher geringen Verhaltensweisen. Sehe ich eine häufig verwendete Kombination von Transferregeln, baue ich eine funktionellere Regel, um diese Kombination zu repräsentieren.

## 7.9.2 Wann man das Framework nicht verwenden sollte

Eine Alternative zur Verwendung dieses Frameworks besteht darin, pro Rechnungsschreibungsplan nur eine Klasse zu haben, die das gesamte Verhalten (Tag-/Abendtrennung, Rechnungsstellung und Berechnung der Steuern) bearbeitet, wie es in Abbildung 7.14 gezeigt wird. Die Klasse sähe sich alle Positionen eines Monats an und würde eine Rechnung ausstellen. Für jeden Rechnungsschreibungsplan gäbe es ein solches Objekt.

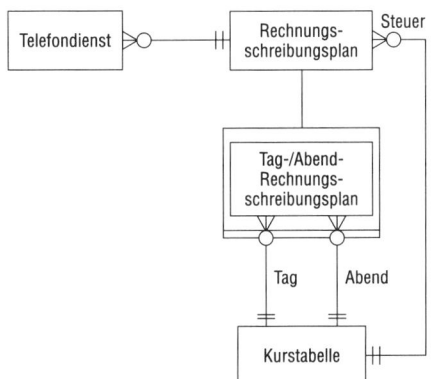

*Abbildung 7.13 Verwendung eines Rechnungsschreibungsplans*
*Ein Rechnungsschreibungsplan ist einfach, aber nicht sehr flexibel.*

Dieser Ansatz ist recht plausibel. Obwohl es möglicherweise viele Rechnungsschreibungspläne gibt, gibt es für gewöhnlich einige grundlegende Methoden zur Rechnungsschreibung, die parametrisiert werden können, wie die Transformations-Transferregel für viele verschiedene Kurspläne (engl. *rate schedules*) parametrisiert werden kann. Solch ein Typ würde für dieses Problem durch eine Abendkurs-, eine Tageskurs- und eine Steuergebührentabelle parametrisiert.

Die Schlüsselfrage ist: Wie viele Untertypen des Rechnungsschreibungsplans gibt es? Wenn man alle Rechnungsschreibungsstrukturen mit einer Handvoll Untertypen des Rechnungsschreibungsplans repräsentieren kann (obwohl es Hunderte von Instanzen gäbe), ist die Verwendung eines Typs von Rechnungsschreibungsplan plausibel. Die Stärke des Buchführungsmodells besteht darin, daß es den Aufbau des Äquivalents neuer Untertypen des Rechnungsschreibungsplans ermöglicht, indem es die Transferregeln und Kontenobjekte zusammenführt. Dies stellt einen gewaltigen Vorteil dar, wenn man es mit einer großen oder einer sich häufig ändernden Menge der Untertypen von Rechnungsschreibungsplänen zu tun hat.

Eine andere Sichtweise besteht darin, den Rechnungsschreibungsplan als Transferregel zu betrachten, die in einem Schritt vom grundlegenden Zeitkonto auf das Aktivitätenkonto bucht. Die Verwendung von Konten wäre immer noch nützlich, um den Verlauf der Telefongespräche und -gebühren als Eingabe und Resultat des Rechnungsschreibungsplans anzugeben. Dadurch verlöre man allerdings die Zwischensummen.

### 7.9.3 Diagramme zur Buchführungspraxis

Ein Diagramm unterstützt häufig die Visualisierung eines komplexen Problems. Die Abbildungen 7.15 und 7.16 stellen Vorschläge (und ganz sicher unverbindliche Empfehlungen) in diese Richtung dar. Komplexe Praktiken werden durch diese Art von Diagrammen unterstützt. Man kann sich vorstellen, daß man ein System durch Zeichnung von Diagrammen bauen könnte und den Anteil der erforderlichen Programmierkenntnisse verringern und somit die Produktivität dieser Anwendungen erhöhen würde.

In der Praxis sollte dies in eine Diagrammform münden, die einfach ist, aber dennoch die Schlüsselinformationen vermittelt. Abbildung 7.15 hat den Vorteil, einfach zu sein und die hauptsächlichen Auslöse- und Ausgabebeziehungen zu zeigen. Dennoch sieht man hier nicht den kompletten Ablauf der Kontenposten wie in Abbildung 7.16. Verwendet man diese Muster, rate ich auch dringend dazu, Diagramme zu benutzen. Man sollte mit den von mir hier vorgeschlagenen Mustern anfangen und dann das Standarddiagramm zu einem möglichst nützlichen Modell entwickeln (lassen Sie mich wissen, wie das aussieht).

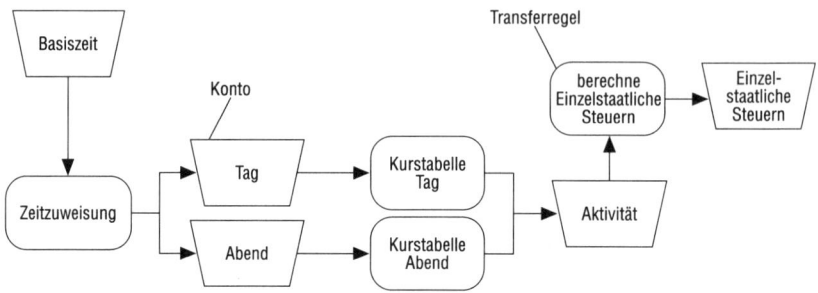

*Abbildung 7.14 Eine einfache Art, um den Entwurf von Prozeßregeln und Konten in ein Diagramm zu fassen*

Es zeigt das Auslöser- und das Hauptkonto für jede Transferregel, verbirgt aber den kompletten Ablauf der Transaktionen.

## 7.9 Abschließende Bemerkungen

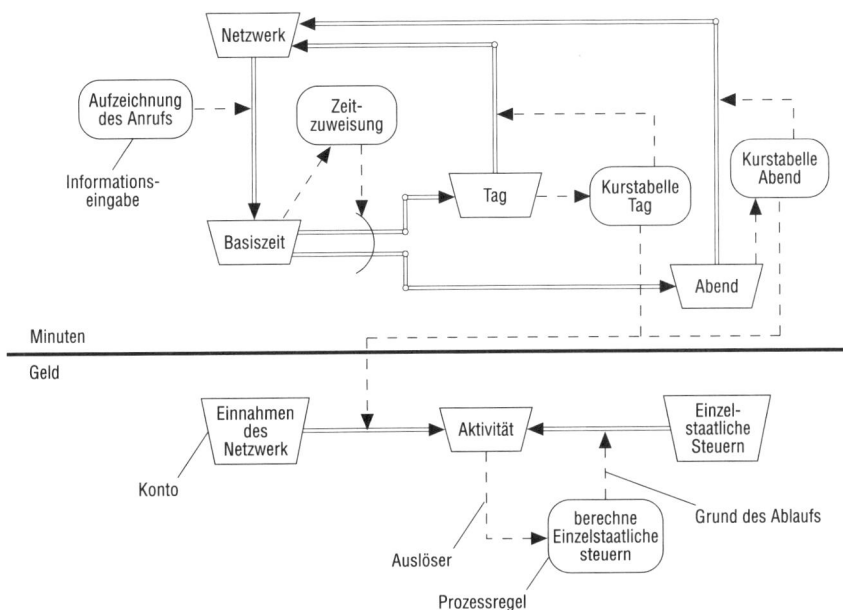

*Abbildung 7.15 Ein ausdrucksstärkeres Diagramm der Konten und Prozeßregeln*

*Dieses Diagramm macht den Ablauf der Transaktionen explizit. Jede Transferregel wird durch ein einzelnes Konto ausgelöst und ruft eine Reihe von Abläufen hervor. Die Richtung des Ablaufs zeigt die Stellen, an denen Posten abgebucht und deponiert werden. Das Diagramm bietet mehr Informationen und ist daher komplizierter.*

## Literatur

1. K. Beck. *Smalltalk: Praxisnahe Gebrauchsmuster*. Haar bei München: Markt und Technik, 1997.

2. E. Gamma, R. Helm, R. Johnson, J. Vlissides. *Design Patterns: Elements of Reusable Object-Oriented Software*. Reading, MA: Addison-Wesley, 1995. In deutscher Übersetzung: *Entwurfsmuster: Elemente wiederverwendbarer objektorientier Software*. Bonn: Addison-Wesley, 1996.

3. B. Meyer. *Applying* »Design by Contract,« In *IEEE Computer*, 25, 1

# 8 Planen

Der Vorgang des Planens ist ein grundlegender Teil jeglicher größerer Unternehmung. Viele Manager verbringen die meiste Zeit mit der Entwicklung und Verfolgung von Plänen. Dieses Kapitel vermittelt einige grundlegende Muster für das Planen. Die Muster beschreiben sowohl individuelle Pläne als auch Protokolle – Standardprozeduren, die wiederholt angewendet werden können.

Jede Aktion, die innerhalb einer Domäne ausgeführt werden kann, kann auch aufgezeichnet werden. Das Muster der *vorgeschlagenen und implementierten Aktionen (8.1)* unterteilt die möglichen Zustände einer Aktion in zwei wichtige Untertypen. Der eine repräsentiert das Vorhaben und der andere das, was wirklich passiert. Das Ende einer Aktion ist in ähnlicher Weise in *vollständige und abgebrochene Aktionen (8.2)* unterteilt. Unter einer abgebrochenen Aktion versteht man die endgültige Stornierung einer Aktion; temporäre Sperren einer Handlung werden durch ein *zeitweiliges Aussetzen (8.3)* repräsentiert.

Ein *Plan (8.4)* wird benutzt, um eine Gruppe vorgeschlagener Aktionen zusammenzuhalten. In diesem Abschnitt werden die Strukturen von Plänen besprochen, die die Abhängigkeit und Sequenzierung einer Gruppe von Aktionen aufzeichnen, während sie es einer individuellen Aktion ermöglichen, in mehreren Plänen vorzukommen. Letztere Eigenschaft ist unabdingbar, um mehrere Pläne miteinander in Einklang zu bringen, die eigentlich einmalige Anordnungen sind. Ein *Protokoll (8.5)* wird für Standardpläne benutzt, die häufig wiederholt werden.

Um eine Aktion auszuführen, benötigt man Ressourcen. Das Muster der *Ressourcenzuteilung (8.6)* beschreibt Protokolle für vorgeschlagene und implementierte Aktionen. Zwei Arten von Ressourcen werden betrachtet: Verbrauchsgüter, die von den Aktionen benötigt werden, und Werte, die im Laufe der Zeit verbraucht werden.

Bisher hat sich die Erörterung von Plänen hauptsächlich mit dem Planen und Überwachen von Aktionen beschäftigt und dabei die Wirkungen dieser Aktionen vernachlässigt. Das letzte Muster beschäftigt sich mit *Ergebnis- und Startfunktionen (8.7)*, die die Muster dieses Kapitels mit den in Kapitel 3 entwickelten Wahrnehmungs- und Meßmustern verbinden. Durch diese Funktionen läßt sich ausdrücken, was eine Aktion möglicherweise erreicht hat (Ergebnis), was ein Protokoll leisten soll (Ergebnisfunktion) und welche Bedingungen die Entscheidungsfindung, ob ein Protokoll gestartet werden soll (Startfunktion), beeinflussen.

Die Planung ist ein komplexes Gebiet, und die in diesem Kapitel vorgestellten Muster erheben, mehr noch als in den anderen Kapiteln, keinen Anspruch auf Vollständigkeit. Sie entstammen dem Cosmos Clinical Process Model [1], und ihre Konstrukte sind daher entschieden in die Richtung der Gesundheitsplanung gelenkt. Die Ressourcenaspekte haben ihren Ursprung in unveröffentlichten Gesprächen mit den Entwicklern und Benutzern von Cosmos und sind von der NHS[1] Common Basis Specification [2] beeinflußt.

**Schlüsselkonzepte** Vorgeschlagene Aktion, implementierte Aktion, Plan, zeitweiliges Aussetzen, Ressourcenzuteilung, Werte, Verbrauchsgüter, temporäre Ressourcen, Startfunktion, Ergebnisfunktion

## 8.1 Vorgeschlagene und implementierte Aktion

Die Basis jeglichen Plans besteht aus den grundlegenden Aktionen, die Menschen tätigen. Es ist schwierig, mehr als eine skizzenhafte Beschreibung von dem zu geben, was eine Aktion auszeichnet. Ein Plan kann grobgestaltet sein und aus großen Aktionen bestehen, oder er kann feingestaltet sein und aus kleinen Aktionen bestehen. Aktionen können eine ganze Anzahl von Eigenschaften haben, je nachdem durch wen, wann und wo sie auftreten. Mit solch groben Eigenschaften ist es schwierig, mehr als nur allgemein generische Begriffe von Teilnehmern, Zeitbezügen und Orten anzugeben, wie sie in Abbildung 8.1 dargestellt sind.

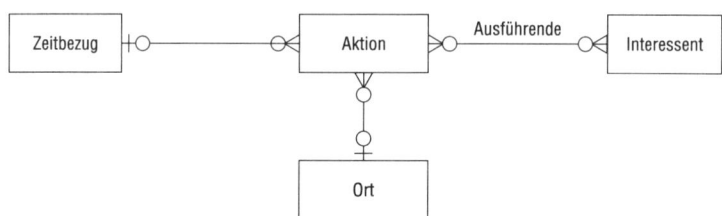

*Abbildung 8.1 Eigenschaften von Aktionen*

Bei der Erstellung und Überwachung von Plänen muß man die vielfältigen Zustände beachten, die eine Aktion durchschreitet. Sie kann zeitlich geplant, mit Ressourcen und Personen versehen, begonnen und vollendet sein. Ein Zustandsübergangsdiagramm kann diese Zustände und die in ihnen impliziten Übergänge aufzeichnen. Es ist schwierig, Regeln über diese Übergänge aufzustellen. Die zeitli-

---

1. Anm. d. Übers.: NHS steht für National Health Service, das nationale Gesundheitssystem Großbritanniens.

## 8.1 Vorgeschlagene und implementierte Aktion

che Planung (engl. *scheduling*) und das Ausstatten einer Aktion mit Ressourcen können offensichtlich in einer beliebigen Reihenfolge vonstatten gehen. Eine Oberflächenanalyse ergäbe vielleicht, daß eine Aktion nicht beginnen kann, ohne daß sie geplant und mit Ressourcen ausgestattet worden ist. Wie geht man jedoch mit Aktionen um, die begonnen wurden, bevor eine formelle Entscheidung über den Zeitpunkt getroffen wurde? Man könnte argumentieren, daß solche Aktionen wahrscheinlich in einem Moment, kurz bevor sie begonnen wurden, geplant wurden, aber das klingt mehr nach einer Management-Rationalisierungstheorie als nach einer Reflexion über den wirklichen Geschäftsverlauf. Ein anderes Problem ergibt sich im Bereich der teilweisen Ressourcenzuteilung. Jeder Projektmanager wird davon ausgehen, daß in der wirklichen Welt Aufgaben oft begonnen werden, bevor alle erforderlichen Ressourcen zugewiesen worden sind. Wie kann man dieser Situation in den Beschreibungen der Aktionszustände Rechnung tragen?

Die beiden wichtigen Zustände einer Aktion sind vorgeschlagene und implementierte Aktionen, wie sie in Abbildung 8.2 gezeigt werden. Eine vorgeschlagene Aktion ist ein reiner Vorschlag, der in irgendeinem Plan existiert. Als solcher kann sie geplant werden, indem eine Zeitreferenz festgelegt wird, sie Teilnehmer als Ressourcen zugeteilt bekommt und an einen geeigneten Platz verwiesen wird. Diese Veränderungen können zu jeder Zeit in beliebiger Reihenfolge erfolgen. In dem Moment, in dem eine Aktion begonnen wurde, gilt sie als ausgeführt. Dies ist nicht nur eine Veränderung in ihrem Zustand, gleichzeitig wird auch ein eigenständiges implementiertes Aktionsobjekt erstellt. Dadurch lassen sich Unterschiede zwischen Plan und Implementierung aufzeichnen. Indem die ursprüngliche vorgeschlagene Aktion bewahrt wird, läßt sich der Unterschied zwischen dem Plan und der Realität sichtbar machen. Ein üblicher Unterschied ist z. B. der Zeitbezug; jedoch kann sich auch jedes andere Attribut ändern, wenn Planungsdokumente schließlich zu Aktionen werden.

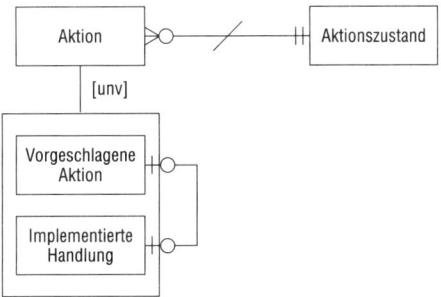

*Abbildung 8.2 Grundlegende Struktur von Plänen und Aktionen*
*Unterschiedliche Objekte zeichnen den Vorschlag und die Implementierung auf, so daß Unterschiede ausfindig gemacht werden können.*

**Beispiel** Ich entschließe mich, eine Präsentation für die OOPSLA am 1. Juli 1997 vorzubereiten, aber ich komme nicht vor dem 3. Juli dazu, es auch wirklich zu tun. Diese Handlungen können als eine vorgeschlagene Handlung am 1. Juli mit einer implementierten Handlung am 3. dargestellt werden. Alle anderen Attribute des Vorschlags sind dieselben.

Eine abgeleitete Aktionszustandseigenschaft erleichtert es, den derzeitigen Zustand einer Aktion zu beschreiben, ohne die vielfältigen Strukturen zu durchlaufen, die den Zustand der Aktion aufzeichnen. Dies ist eigentlich im jetzigen Stadium nicht notwendig, wird aber bei der späteren Betrachtung zusätzlicher Strukturen hilfreich sein.

Um den optimalen Grad an Flexibilität beim Aufzeichnen täglicher Aktionen zu erhalten, sind die in Abbildung 8.2 gezeigten Verbindungen zwischen vorgeschlagenen und implementierten Handlungen optional. Häufig verstauben die am besten durchdachten Pläne, ohne daß sie zur Implementierung gelangen, und viele Aktionen ergeben sich ohne vorherige Planung. Daher sollte man der Versuchung widerstehen, Last-minute-Pläne zu rationalisieren.

**Beispiel** Doktor Thursz ordnet ein großes Blutbild für Johann Schmitt an, aber der Patient erscheint nicht zum Blutabnehmen. Dies repräsentiert eine vorgeschlagene Aktion ohne eine implementierte Aktion. Falls der Patient einen neuen Termin für einen späteren Zeitpunkt bekommt, handelt es sich dabei um eine völlig neue vorgeschlagene Aktion.

**Beispiel** Doktor Cairns wird gerufen, um sich eine Frau anzusehen, die plötzlich im Zug erkrankt ist. Hierbei handelt es sich um eine implementierte Aktion ohne eine geplante Aktion.

## 8.2 Vollständige und abgebrochene Aktionen

Die bisherige Betrachtung bezog sich darauf, wie Aktionen vorgeschlagen werden und anfangen, jedoch nicht darauf, wie sie aufhören könnten. Offensichtlich können Aktionen entweder erfolgreich sein oder scheitern. Oft läßt sich nicht mit Sicherheit über Erfolg und Scheitern entscheiden, insbesondere wenn es sich dabei um Beispiele aus dem Gesundheitswesen handelt. Daher werden in diesem Abschnitt nur zwei Aktionsenden betrachtet: Vollständigkeit und Abbruch. Vollständigkeit ergibt sich, wenn die Aktion nach Plan ausgeführt wurde. Jede Erwägung über Erfolg und Scheitern wird einer weiteren Analyse überlassen (siehe Kapitel 8.7). Diese Definition kann sich für andere Gebiete als das des Gesundheitswesens, wo Erfolg leichter zu beurteilen ist, als zu strikt erweisen. Dennoch ist die Unterscheidung zwischen dem Ausführen einer Aktion, wie sie erwartet wurde, und einer Aktion, die ihr Ziel erreicht, wertvoll.

## 8.2 Vollständige und abgebrochene Aktionen

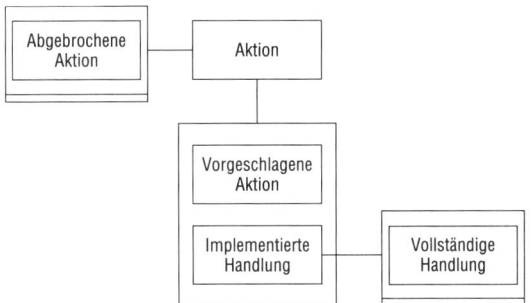

*Abbildung 8.3 Vollständige und abgebrochene Aktionen*

Der Abbruch ist ein vollständiges und endgültiges Ende einer Aktion. Er kann entweder vor oder nach dem Beginn der Implementierung auftreten. Eine vorgeschlagene Aktion abzubrechen gleicht dem Entschluß, überhaupt nicht zu beginnen.

**Beispiel** Eine Nierentransplantation sorgt für die Nierenfunktion, indem eine beschädigte Niere durch eine gesunde Spenderniere ausgetauscht wird. Die Aktion der Nierentransplantation wird als Erfolg gewertet, wenn die Niere dem Empfänger sicher transplantiert worden ist. Falls die Niere später abgestoßen wird, macht dies den Erfolg der eigentlichen Transplantation nicht ungültig. Die Transplantationsprozedur ist trotzdem vollständig; sie würde nur als abgebrochen bewertet werden, wenn ein Problem während der Operation aufträte.

**Beispiel** Ich hatte mich entschieden, von London nach Boston zu fliegen und erwartete meine Ankunft für 14 Uhr. Der Flug war verspätet, daher kam ich nicht vor 19 Uhr an. Die Aktion war dennoch vollständig, da ich am geplanten Tag in Boston ankam. Die Verspätung bedeutete, daß die Aktion kein Erfolg war. Die vorgeschlagene Aktion, an diesem Abend Essen zu gehen, wurde jedoch abgebrochen.

**Beispiel** Mein Auto wollte nicht anspringen, und ich fand heraus, daß das Problem ein fehlerhafter Anlasser war. Ich schlug deshalb vor, diesen zu ersetzen, und machte mich an die Arbeit. Gleich nachdem ich begonnen hatte, entdeckte ich jedoch, daß der eigentliche Fehler ein Wackelkontakt und der Anlasser in Ordnung war. Daher brach ich die Aktion ab, obwohl ich mit dem Ergebnis nicht unzufrieden war!

## 8.3 Aussetzung

Aktionen können auch mit der Intention, sie später fortzusetzen, abgesagt werden. In diesem Fall wird eine Aussetzung mit einer Aktion in Verbindung gebracht, wie man in Abbildung 8.4 sehen kann. Die Aussetzung ist innerhalb ihres Zeitraums gültig (der zum Ende hin offen sein kann). Falls eine Aktion über den Endpunkt einer Aussetzung hinaus fortgeführt wird, existiert die Aussetzung noch, der Akt der Aussetzung jedoch nicht, und die Aktion läuft weiter.

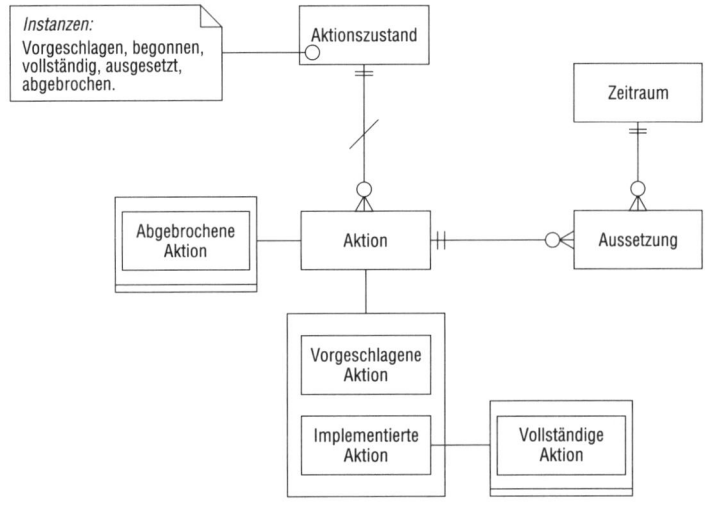

*Abbildung 8.4 Aussetzen von Aktionen*
*Ein Aussetzen ist ein zeitweiliges Einstellen einer Aktion.*

Daher gilt eine Aktion als ausgesetzt, wenn sie zur Zeit eine offene Aussetzung hat. Sowohl vorgeschlagene als auch implementierte Handlungen können ausgesetzt werden; eine vorgeschlagene Aktion auszusetzen, läßt sich damit gleichsetzen, den Beginn einer Aktion zu verschieben.

**Beispiel** Ein Patient steht auf der Warteliste für Nierentransplantationen. Dies wird durch eine vorgeschlagene Aktion für eine Nierentransplantation repräsentiert. Der Patient muß darauf warten, daß eine Niere zur Verfügung steht. Bekommt er, während er auf der Warteliste steht, eine Erkältung, muß der Arzt dem Patienten eine Aussetzung auferlegen. Die »Transplantationsprozedur« wird aber nicht abgebrochen, da der Patient wieder in die Liste aufgenommen wird, sobald die Erkältung abgeklungen ist. Die Aufzeichnung über die Aussetzung dient essentiell der Erklärung, warum der Arzt dem Patienten in dieser Zeit keine passende Niere transplantiert hat.

**Beispiel** Ich habe eine vorgeschlagene Aktion, das Geschirr abzuwaschen. Sie wird regelmäßig für längere Zeitperioden ausgesetzt, aber ich breche die Aktion nie wirklich ab!

## 8.4 Pläne

Im einfachsten Sinn ist ein Plan eine Sammlung vorgeschlagener Aktionen, die in irgendeiner Reihenfolge miteinander verbunden sind. Dies kann auf vielfältige Weise ausgedrückt werden, meistens geschieht das als Abhängigkeit – ein Hinweis darauf, daß eine Aktion nicht beginnen kann, ohne daß die andere beendet wurde. Pläne werden oft, wie in der Analyse des kritischen Pfades (engl. *critical path analysis*), mit Hilfe eines Abhängigkeitsdiagramms beschrieben.

Abbildung 8.5 zeigt ein Diagramm einer Abhängigkeitsbeziehung zwischen vorgeschlagenen Aktionen. Diese Struktur ist nützlich, falls Aktionen immer als Teil eines einzelnen Plans vorgeschlagen werden. In vielen Situationen interagieren Pläne jedoch untereinander. Wenn ein Arzt einen Behandlungsplan für einen Patienten aufstellt, werden Aktionen innerhalb dieses Plans von den Schwestern aufgegriffen, um ihren Pflegeplan zusammenzustellen. Das ist für viele Pflegekräfte nicht ungewöhnlich, und es ist wichtig, daß diese Pläne sorgfältig aufeinander abgestimmt sind. Die in Abbildung 8.6 aufgezeigte Struktur unterstützt Interaktionen, indem sie es einer Aktion ermöglicht, daß innerhalb verschiedener Pläne auf sie verwiesen werden kann. Daher werden die Abhängigkeiten eher zwischen den Referenzen als zwischen den Aktionen aufgezeigt.

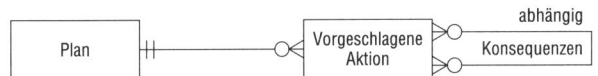

*Abbildung 8.5 Abhängigkeiten zwischen vorgeschlagenen Aktionen*

*Hier wird es Aktionen nur ermöglicht, innerhalb eines Plans vorgeschlagen zu werden, was die Koordination von Plänen erschwert.*

**Beispiel** Eine Ärztin benötigt ein großes Blutbild eines Patienten. Sie prüft die Liste der vorgeschlagenen Aktionen und findet heraus, daß dies ein anderer Arzt bereits als Teil seines Plans vorgeschlagen hat. Dies wird so dargestellt, daß der Plan des anderen Arztes eine Aktionsreferenz auf die vorgeschlagene Aktion der Blutuntersuchung besitzt. Ein neuer Plan kann mit einer neuen Aktionsreferenz erzeugt werden, die sich auf dieselbe vorgeschlagene Handlung bezieht.

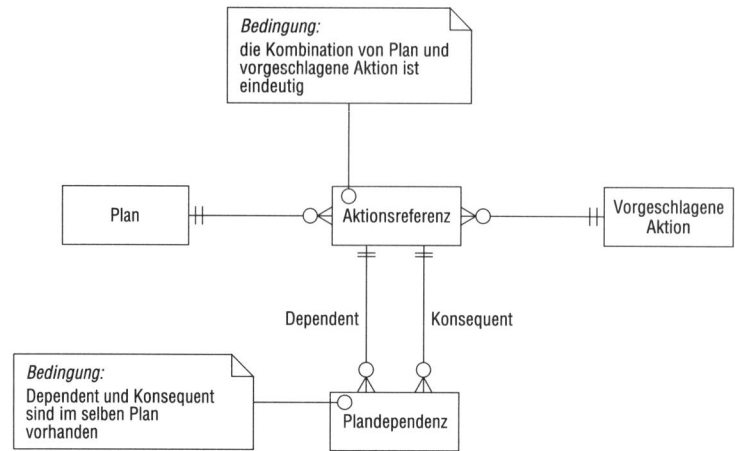

*Abbildung 8.6 Ein Plan, der aus Referenzen zu vorgeschlagenen Aktionen besteht*
*Durch diese Struktur können Aktionen über mehrere Pläne referenziert werden.*

**Beispiel** Ich muß in das Spirituosengeschäft gehen, um einige Flaschen St. Emillion für ein Abendessen am Samstag und Old Peculiar für eine Party am Sonntag einzukaufen. Auf die Aktion, in das Spirituosengeschäft zu gehen, wird sowohl im Plan für das Essen am Samstag als auch im Plan für die Party am Sonntag referenziert. Die Referenz zur Vorbereitung des Abendessens hat eine Abhängigkeit, wobei die Teilnahme am Abendessen der Konsequent und der Besuch des Spirituosengeschäfts der Dependent ist. Die Referenz des Partyplans besitzt eine Abhängigkeit, bei der der Anfang der Party der Konsequent und der Besuch des Spirituosengeschäfts der Dependent ist.

Diese Idee einer Aktion und einer Referenz auf eine Aktion innerhalb einer verhaltensorientierten Beschreibung ist ein gebräuchliches Muster in der verhaltensorientierten Modellierung. Sie ist analog zu der Definition einer Unterroutine und ihres Aufrufs innerhalb einer anderen Unterroutine. Die Definition der Unterroutine enthält keine Informationen über ihren Gebrauch innerhalb eines aufrufenden Programms. Das aufrufende Programm weiß ebenfalls nichts über die Inhalte der Unterroutine.

Das Modell in Abbildung 8.6 ist ein einfaches verhaltensorientiertes Metamodell. Ein Plan ist eine Beschreibung eines beabsichtigten Verhaltens, daher ist eine verhaltensorientierte Modellierungstechnik angebracht. Es läßt sich jegliche verhaltensorientierte Modellierungstechnik anwenden. Zuerst wird die Technik durch ihr Metamodell repräsentiert. Dann werden die Aktionen des Metamodells mit dem Planungsobjekt und den vorgeschlagenen Aktionen verbunden. Daher sollte man ein Metamodell verwenden, das anspruchsvoll ist, ohne dabei jedoch zu komplex zu sein.

## 8.4 Pläne

Pläne sind immer Veränderungen unterworfen und können durch andere Pläne ersetzt werden, wie Abbildung 8.7 zeigt. Die Assoziation wird in beide Richtungen mehrfach gewertet. Wenn sich Pläne ändern, kann ein einfacher Plan aufgespalten und durch mehrere Pläne ersetzt werden, oder verschiedenartige Pläne können zu einem einzelnen zusammengelegt werden.

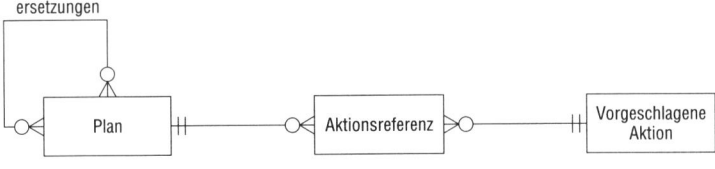

*Abbildung 8.7 Ersetzungspläne*

**Beispiel** Ich habe einen Plan, Brot bei Garden of Eden und Käse bei Bread and Circus zu kaufen. Ich ersetze diesen Plan dadurch, daß ich in Jae's Schnellimbiß einen Happen zum Mitnehmen einkaufe.

Ein Plan läßt sich als Untertyp einer Aktion bezeichnen, wie in Abbildung 8.8 gezeigt wird. Daher kann man einen Plan vorschlagen (d.h. man kann für ihn planen) und überwachen, um herauszufinden, ob er beendet wird. Da Planung oft verhältnismäßig komplex ist, ist es wünschenswert, einen Plan zeitlich einrichten und den Fortschritt schrittweise verfolgen zu können.

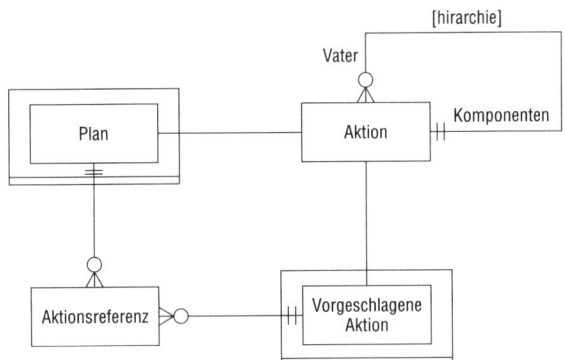

*Abbildung 8.8 Pläne als Aktionen und zusammengesetzte Aktionen*
*Pläne lassen sich planen, und man kann komplexe Aktionen ohne einen ausdrücklichen Plan haben.*

Einen Plan kann man sich als eine Möglichkeit vorstellen, Aktionen zu sammeln. Ein großes Blutbild läßt sich z.B. als ein Plan repräsentieren, in dem jede Einzelmessung eine vorgeschlagene Handlung ist. Dies ist jedoch eine schwerfällige Repräsentation. Die Struktur in Abbildung 8.8 erlaubt es einer Aktion auch, in Teilaktionen zerlegt zu werden. Sie läßt sich allerdings auf zwei Arten als Teil einer größeren Aktion repräsentieren: Die Nutzung der übergeordneten Komponentenassoziation funktioniert in einfachen Fällen gut, während ein Plan eher in komplexeren Fällen zum Einsatz kommt. Die übergeordnete Komponentenassoziation läßt sich auf eine Hierarchie beschränken, so daß übergeordnete Komponentenassoziationen nur für einfachere Fälle benutzt werden.

## 8.5 Protokolle

Die gebräuchlichen Vorgehensweisen einer Organisation sind gewöhnliche Aktionen, die immer wieder in fast gleicher Form angewendet werden. Diese Aktionen, die hier als Protokolle bezeichnet werden, lassen sich durch Konstrukte beschreiben, die denen von Plänen ähneln, wie sie in Abbildung 8.9 gezeigt werden. Planungsmuster, wie auch andere Muster in diesem Buch, können in Wissens- und operative Ebenen unterteilt werden. Die operativen Ebenen beschreiben die täglichen Pläne und Aktionen. Auf der Wissensebene gibt es Protokolle, die die Standardprozeduren beschreiben, die operative Ebenen leiten.

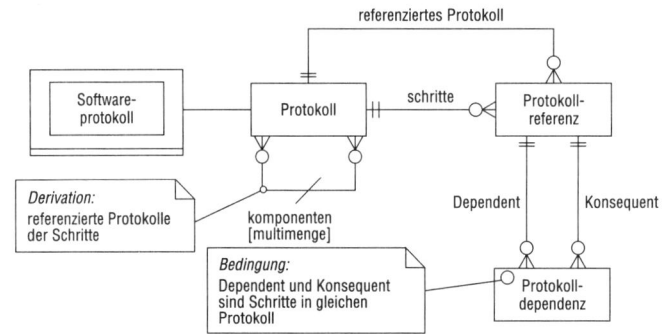

*Abbildung 8.9 Struktur für Protokolle*
*Es ist eine ähnliche Struktur wie die für Pläne – ein einfaches verhaltensorientiertes Metamodell.*

In dieser Struktur gibt es einige interessante Unterschiede zwischen den Wissens- und den operativen Ebenen. Die Nutzung einer hierarchischen Struktur ist innerhalb der Wissensebene weit weniger sinnvoll. Protokolle können von zahlreichen anderen Protokollen referenziert werden; es fällt schwer, sich einen Fall vorzustellen, in dem das Einschränken der Referenzierung sinnvoll wäre. Häufig läßt sich eine Aktion effektiv als Teil einer anderen Aktion in Fällen repräsentieren, in denen Aktionen auf reguläre Weise gesammelt werden sollen, z.B. Einzelmessungen als Teil eines großen Blutbildes.

Auf der Wissensebene gibt es weder einen Unterschied zwischen vorgeschlagenen und implementierten Handlungen noch macht man eine echte Unterscheidung zwischen einem Plan und einer Gruppe von Aktionen. Die Komponenten eines Protokolls sind immer eine Multimenge (engl. *bag*), da ein Protokoll mehr als einmal in sich selbst ausgeführt werden kann. Aber die vorgeschlagenen Aktionen eines Plans formen immer eine Menge, da man dieselbe Aktion nicht zweimal ausführen kann, jedoch zwei Aktionen innerhalb eines Protokolls möglich sind.

Ein Protokoll muß nicht durch Komponenten detailliert dargestellt sein; es kann einfach nur ein Name sein. Es kann aus Beschreibungen, Seiten eines Lehrbuchs, Webseiten, sogar aus einem Video von jemandem bestehen, der gerade eine besonders knifflige Operation ausführt. Protokollreferenzen können lediglich Komponenten ohne jegliche Abhängigkeiten beschreiben. Einige Protokolle können vollständig für einen Computer codiert werden; in solch einem Fall werden sie dann zu Software. (Ein Softwareprotokoll ist ein Protokoll, das als Software codiert wurde, nicht ein Protokoll im Sinne eines Kommunikationsprotokolls.)

Aktionen eines komplexen Protokolls kann man auf zweierlei Art gestalten. Die einfachste Möglichkeit ist die Verwendung einer übergeordneten Komponentenassoziation. Diese Technik funktioniert gut, wenn die Komponentenaktionen innerhalb einer gut eingegrenzten Zeitspanne stattfinden und niemand an ihnen teilhaben will. Zuerst wird eine vorgeschlagene Aktion für das gesamte Protokoll erzeugt. Komponentenaktionen werden nur dann gekennzeichnet, wenn bestimmte Eigenschaften wie Timing oder Ressourcen spezifiziert werden müssen. (Falls es viele solcher Eigenschaften gibt, sollte man einen Plan benutzen.) Wenn alle Aktionen zur ungefähr gleichen Zeit vom gleichen Teilnehmer ausgeführt werden, reicht die übergeordnete Aktion vollkommen aus. Für jede Referenz eines Komponentenprotokolls wird eine Komponentenaktion erzeugt; d.h. ein Protokoll, das dreimal innerhalb eines übergeordneten Protokolls ausgeführt wird, brächte drei Komponentenaktionen hervor; alle Abhängigkeiten würden genauso wie im Protokoll existieren.

Ein Plan bietet größere Flexibilität und Präzision in bezug auf seine Verfolgung und wird daher bevorzugt benutzt, um zu überwachen, wann und wie individuelle Protokollschritte ausgeführt werden. Diese Beziehungen werden in Abbildung 8.10 dargestellt. Zusätzlich erlaubt ein Plan, daß vorgeschlagene Komponentenaktionen aufgenommen und von anderen Plänen mitbenutzt werden. Eine wichtige Eigenschaft von Plänen ist, daß sie, während sie die Abhängigkeiten eines Protokolls kopieren können, auch neue Abhängigkeiten definieren können, die die des Protokolls zu ignorieren vermögen. Diese Fähigkeit ist in solch spezialisierten Berufen wie denen des Gesundheitswesens von Bedeutung, wo es oft nötig ist, sich über Protokolle hinwegzusetzen, um den Bedürfnissen der einzelnen Patienten Rechnung zu tragen. Häufig benötigt man einmalige Pläne, die zwar auf Protokollen basieren, aber keine genauen Kopien derselben sind.

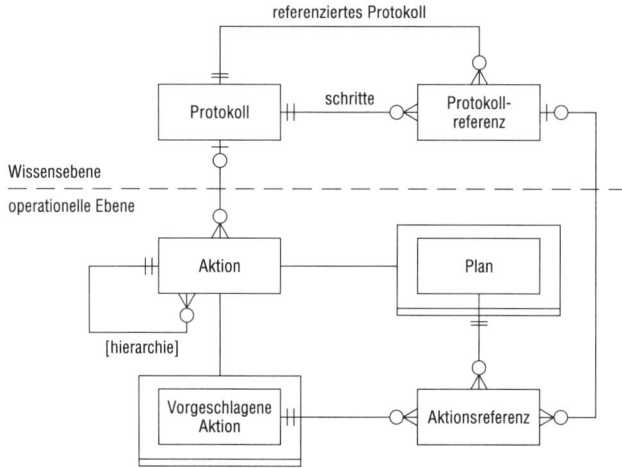

*Abbildung 8.10 Beziehungen zwischen Aktion, Plan und Protokoll*

Um Aktionen auf der Grundlage eines Protokolls zu schaffen, ist es notwendig, auf Pläne höherer Ebenen des Protokolls zurückzugreifen und die übergeordnete Komponentenassoziation auf den niedrigeren Ebenen zu verwenden.

### 8.5.1 Pläne und Protokolle als Graphen

Wir können einen Plan auch als einen gerichteten azyklischen Graphen (GAG) der vorgeschlagenen Aktionen darstellen. Die Bögen auf dem Graph entsprechen den Abhängigkeitsbeziehungen der Aktionsreferenzen. Jeder Plan hat seine eigene Graphenstruktur. Dies läßt sich kompakt, wie in Abbildung 8.11 dargestellt, repräsentieren. Im wesentlichen ist dies ein weiteres Assoziationsmuster des in Kapitel 15 beschriebenen Stils.

*Abbildung 8.11 Plan als gerichteter azyklischer Graph vorgeschlagener Aktionen*

Um diese Idee auf ein Protokoll anzuwenden, formt man jedoch keinen GAG der untergeordneten Protokolle. Statt dessen fertigt man einen GAG der Protokollreferenzen wie in Abbildung 8.12 an, da ein Protokoll als mehr als ein Schritt innerhalb eines anderen übergeordneten Protokolls auftreten kann. Dies gilt jedoch ausdrücklich nicht für einen Plan aufgrund der in Abbildung 8.6 dargestellten Eindeutigkeitsbedingung. Die grundlegende Form eines GAG-Assoziationsmusters beinhaltet daher die Abhängigkeitstypen (mit der genannten Bedingung) in Zusammenhang mit der Tatsache, daß das Element im GAG nur als ein Knoten in einem GAG auftreten kann.

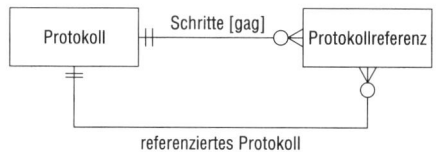

*Abbildung 8.12 Protokoll, das einen GAG benutzt.*

Verwendet man einen Graphen für die Planstruktur, verliert man die Fähigkeit, die Assoziation zwischen dem Planverweis und dem Protokollverweis zu erstellen, wie sie in Abbildung 8.10 dargestellt ist. Natürlich könnte man immer noch die GAG-Version als hergeleitete Abbildung darstellen; diese Ableitung würde die Art und Weise beinhalten, in der man die Bögen des Graphen ableitet.

## 8.6 Zuteilung von Ressourcen

Der zweite größere Teil des Planens ist der Zuteilung von Ressourcen gewidmet. Ein grundlegender Unterschied zwischen vorgeschlagenen und implementierten Aktionen besteht in der Art, wie sie Ressourcen benutzen. Eine implementierte Aktion benutzt letztendlich die Ressourcen, die ihr zugeteilt wurden. Eine vorgeschlagene Aktion fordert Ressourcen an. Abbildung 8.13 zeigt die Zuteilung der Ressourcen als Quantität eines bestimmten Ressourcentyps. Ressourcen können nur von einer Aktion angefordert und auch nur von einer Aktion benutzt werden.

Es gibt verschiedene Arten von Ressourcen. Die erste und offensichtlichste ist das Verbrauchsgut. Verbrauchsgüter sind solche Dinge wie Medikamente, Nadeln und Rohmaterialien. Verbrauchsgüter können nur einmal benutzt werden und werden daher von der Aktion aufgebraucht, die sie benutzt. Normalerweise werden Verbrauchsgüter nach Quantität bestellt.

**Beispiel** Eine Ressourcenzuteilung von 10 Litern Orangensaft hat eine Quantität von 10 Litern und einen Ressourcentyp Orangensaft.

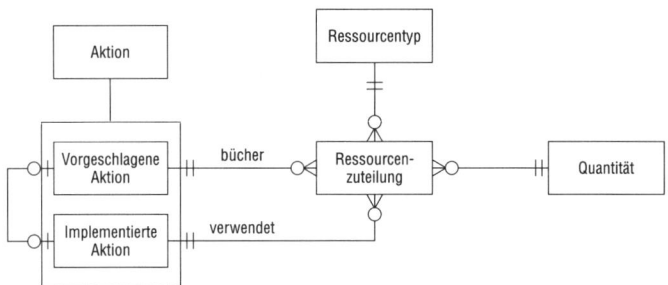

*Abbildung 8.13 Verwendung von Ressourcen durch eine Aktion*
*Vorgeschlagene Aktionen fordern Ressourcen an, während implementierte Aktionen Ressourcen benutzen.*

**Beispiel** Für eine bestimmte Einsetzung einer Hüftprothese werden vier Einheiten Blutkonserven bestellt, aber nur zwei werden dann auch benutzt. Dies läßt sich durch zwei Ressourcenzuteilungen des Ressourcentyps Blutkonserven darstellen. Der eine Ressourcentyp ist mit einer Quantität von vier Einheiten mit der vorgeschlagenen Hüftprothesenoperation verbunden; der andere bezieht sich mit einer Quantität von zwei Einheiten auf die implementierte Einsetzung der Hüftprothese.

Einige Ressourcen werden nicht verbraucht, wie z.B. Ausrüstung, Zimmer und Menschen. Unter keinen Umständen wird eine Person von einer Aktion verbraucht (obwohl ich dies nach dem Schreiben dieses Buches in Frage stellen möchte). Jedoch läßt sich sagen, daß die Zeit der Person aufgebraucht wird. In diesem Fall ist die Person der Ressourcentyp und die Zeit die Quantität. Wenn ich fünf Stunden mit einer Aktion verbringe, ist dies daher eine Ressourcenzuweisung von fünf Stunden meiner Person.

Diese Sicht der Ressourcentypen ist ein wenig zu individuell. Die Ressourcentypen, die auf der Wissensebene liegen, zeigen häufiger eine Art Ding an als die Sache an sich. Projekte, an denen ich arbeite, verlangen eher fünf Stunden eines erfahrenen OO-Designers als nun genau mich. Obwohl einige Leute einzigartig genug sind, um in jeder Hinsicht als Ressourcentypen zu gelten, sind die meisten von uns Sterblichen lediglich einer unter vielen anderen.

Bei der Planung wird die Voraussetzung daher als »Wir brauchen fünf Stunden eines OO-Designers« ausgedrückt. In einer Phase des Planungsprozesses wird dies gelöst, indem ich – eine spezifische Instanz des Ressourcentyps – für fünf Stunden bestellt werde. Dies impliziert zwei Ebenen der Ressourcenzuteilung: Eine allgemeine, bei der lediglich der Typ spezifiziert wird, und eine spezielle Zuteilung, bei der das Individuelle spezifiziert wird.

## 8.6 Zuteilung von Ressourcen

In Abbildung 8.14 wird auf das Individuelle als ein Wert verwiesen. Werte werden durch Wertetypen klassifiziert, die lediglich eine Art Ressourcentyp sind. Der Unterschied zwischen einem spezifischen Ressourcentyp und einem allgemeinen Ressourcentyp ist, daß der erstgenannte die Verbindung zu den Werten herstellt und sich der letztgenannte auf einen Ressourcentyp bezieht, der für einen Wert einen Wertetyp darstellen würde. Eine zeitliche Ressource ist eine spezifische Ressourcenzuteilung eines Wertes. Sie kann nicht nur eine bestimmte Zeitmenge beinhalten, sondern auch eine bestimmte Zeitspanne. Diese Spanne kann von der Aktion hergeleitet werden, die die temporäre Ressource anfordert oder benutzt. Sie kann auch alleine stehen.

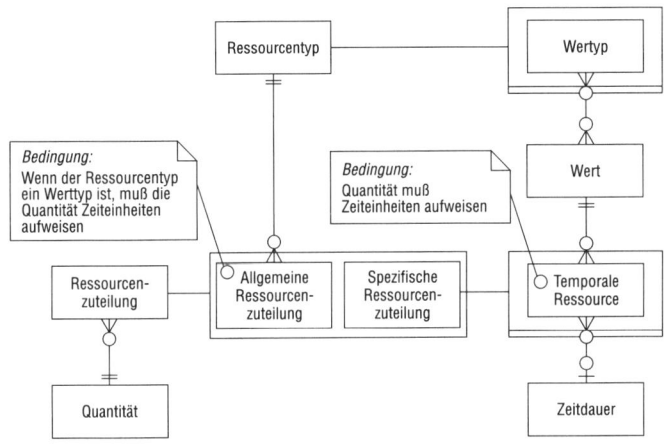

*Abbildung 8.14 Ressourcenzuteilung für Werte*
*Spezifische Zuteilungen benennen den individuellen Wert, der benutzt oder angefordert wird. Allgemeine Zuteilungen spezifizieren lediglich den Typ des Werts.*

**Beispiel** Ein Modellierungstreffen soll für einige Stunden in einem kleinen Konferenzzimmer abgehalten werden. Eingangs wird dies als eine vorgeschlagene Handlung dargestellt, die eine allgemeine Ressourcenzuteilung anfordert. Der Ressourcentyp der allgemeinen Ressourcenzuteilung ist der Wertetyp »kleines Konferenzzimmer«. Die Quantität der allgemeinen Ressourcenzuteilung ist zwei Stunden. Zu einem späteren Zeitpunkt wird das Konferenzzimmer als Q9 gebucht. Dies reklassifiziert (oder ersetzt) die allgemeine Ressourcenzuteilung als eine zeitweise Ressource von zwei Stunden des Wertes Q9. Falls die vorgeschlagene Aktion des Treffens zwischen 14 und 17 Uhr am Dienstag gebucht wurde, ist diese Zeitspanne die hergeleitete Zeitspanne der Zuteilung von Q9. Falls die letzte Stunde des Treffens in einem Pub abgehalten werden soll, ist die Zeitspanne von 14 bis 16 Uhr am Dienstag mit der temporalen Ressource verbunden.

Der Wert kann verschiedene Wertetypen besitzen. Diese mehrfache Klassifikation von Werten ist wichtig, um jene Werte zu repräsentieren, die mehrere Dinge können, obschon nicht alle gleichzeitig.

**Beispiel** Falls das Konferenzzimmer Q9 Projektionsmöglichkeiten hat, kann es sowohl als kleines Konferenzzimmer als auch als Präsentationsraum klassifiziert werden. Jedoch kann es nicht als beides gleichzeitig von verschiedenen Aktionen gebucht werden.

Für Verbrauchsgüter ist die spezifische Ressourcenzuteilung weniger wichtig. Es ist z. B. ausreichend festzustellen, daß 10 Liter Orangensaft von einer Aktion angefordert und verbraucht wurden, ohne näher darauf einzugehen, welche 10 Liter denn nun genau gemeint waren. Bei Werten muß man meist spezifischer sein, da es eine größere Wahrscheinlichkeit von Streitigkeiten zwischen den einzelnen Benutzern über die Verwendung eines Wertes gibt.

An diesem Punkt ist es sinnvoll, darüber nachzudenken, ob die Beziehungen der Untertypen der Aktion in Abbildung 8.13 weiter spezialisiert werden sollten. Man könnte durchaus sagen, daß implementierte Aktionen nur spezifische Ressourcenzuteilungen von Werten gebrauchen können. Nimmt man an, daß dies etwas Notwendiges ist (ich bin mir nicht sicher, daß dies allgemein zutrifft), so gibt es mehrere Arten, diese Idee zu verwirklichen. Das kann als gutes Beispiel dafür gelten, wie eine Geschäftsregel auf verschiedene Weise modelliert werden kann.

Die erste und offensichtlichste Art ist die Einführung einer strukturellen Bedingung. In diesem Fall kann man eine Regel wie »Implementierte Aktionen können keine allgemeinen Ressourcenzuteilungen benutzen, deren Ressourcentyp ein Werttyp ist« verwenden. Diese prompte Überprüfung ist eine aggressive Art, die Geschäftsregel durchzusetzen. Sie besagt, daß es nicht erlaubt ist, eine Situation aufzuzeichnen, die diese Firmenpolitik verletzt.

Dies kann jedoch ein zu harter Weg sein, um Dinge zu erledigen. Manchmal ist es durchaus sinnvoller zuzulassen, daß eine Situation, die gegen die Firmenpolitik verstößt, aufgezeichnet wird, und dann später eine getrennte Prüfphase vorzunehmen. Diese verzögerte Überprüfung kann durchgeführt werden, indem man irgendeine Operation als implementierte Aktion laufen läßt (wie `istKonsistent()`) und diese Operation dann als true zurückgibt, wenn die Firmenpolitik eingehalten wurde. Dies erlaubt größere Flexibilität im Umgang mit Situationen, in denen eine vollständige Bedingung nicht von Beginn an vorgegeben war. Die unvollständige Information wird aufgezeichnet und eine Ressource für die Überprüfung bereitgestellt.

## 8.6 Zuteilung von Ressourcen

Der große Vorteil der verzögerten Überprüfung besteht in der Möglichkeit, die Lösung des Problems von der Aufnahme der Information zu trennen. Personen, die die Information aufzeichnen, können ihr Bestes zu diesem Zeitpunkt versuchen, und danach können entweder sie selbst oder jemand, der besser qualifiziert ist, versuchen, die Sache zu bereinigen. Falls die Sache leicht zum Zeitpunkt der Informationseinholung gelöst werden kann, ist promptes Prüfen die bessere Möglichkeit.

Ob man allgemeine Ressourcenzuteilungen von Werten zu implementierten Aktionen zuläßt, hängt vom spezifischen Problem ab. Wenn die Bedürfnisse der Domäne gestillt sind, wenn sie weiß, daß der OO-Designer zwei Stunden benötigt hat, ohne daß sie wissen muß, welcher es genau war, dann sollten allgemeine Zuteilungen von Wertetypen erlaubt werden. Diese Frage mag vom Wertetyp abhängen. Zum Beispiel kann die Krankenhauspolitik vorschreiben, daß alle implementierten Zuteilungen der Fachärzte spezifiziert werden müssen, wohingegen Sanitäter allgemein zugeteilt werden können.

Die spezifische Ressourcenzuteilung läßt sich bei Verbrauchsgütern anwenden, wenn Verbrauchsgüter aus einem begrenzten Lager entfernt werden müssen, was aufgezeichnet werden muß. In solchen Fällen kann man sagen, daß das Verbrauchsgut aus einem bestimmten Bestand dieses Verbrauchsguts genommen wurde, wie in Abbildung 8.15 dargestellt ist. Bestände können auf verschiedene Weisen organisiert werden, abhängig vom Ressourcenprüfprozeß, auf den ich hier nicht eingehen werde. Jedoch sollte man noch sagen, daß ein Bestand als ein Konto angesehen werden kann und eine Zuteilung als Position, wenn man dem Ansatz von Kapitel 6.14 folgt.

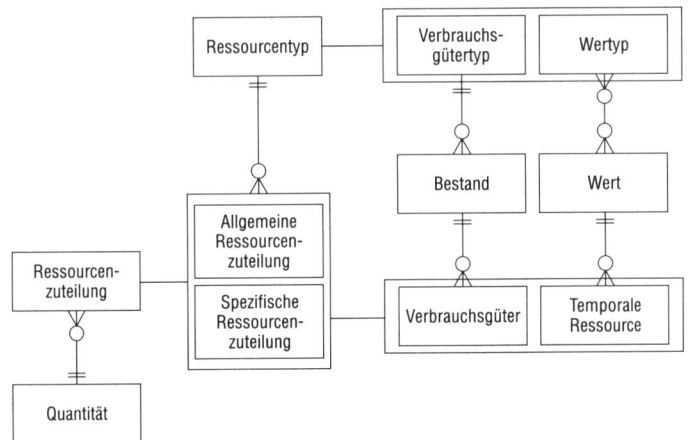

*Abbildung 8.15 Die spezifische Zuteilung von Verbrauchsgütern zulassen*

Ressourcenzuteilungen können auch von Protokollen benutzt werden, um die für die Implementation eines Protokolls nötigen Ressourcen zu beschreiben. In diesem Fall benutzt man allgemeine Ressourcenzuteilungen.

**Beispiel** Um Chapati (indisches Brot) zuzubereiten, braucht man 1/4 Tasse Mehl, 1/8 Tasse Wasser, 1/4 Eßlöffel Öl und eine Prise Salz. Dies kann als vier allgemeine Ressourcenzuteilungen repräsentiert werden.

## 8.7 Ergebnis- und Startfunktionen

In diesem Abschnitt werden die in Kapitel 3 entwickelten Konzepte angewendet, um die Gründe für die Aufstellung eines Plans herauszuarbeiten und seinen Erfolg messen zu können.

Pläne werden durch Wahrnehmungen initiiert, die natürlich Hypothesen oder Projektionen sein können. In ähnlicher Weise sind ihre Ergebnisse Wahrnehmungen, die mit den Aktionen innerhalb des Plans verbunden sind, wie in Abbildung 8.16 dargestellt ist. Wie viele Aspekte der Wahrnehmung hängt die Ergebnisverbindung von der Perspektive des Betrachters ab. Daher würden manche Ausführende (engl. *performers*) eine Wahrnehmung nicht als das Ergebnis einer Aktion ansehen, andere hingegen schon. Diese Situation ließe sich durch mehr als eine Wahrnehmung von verschiedenen Ausführenden aufzeichnen.

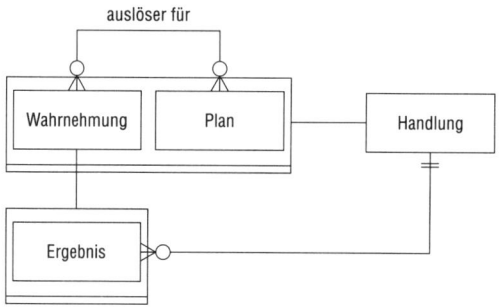

*Abbildung 8.16 Verbindungen zwischen Wahrnehmung, Plan und Aktion*

**Beispiel** Johann Schmitt kam mit den klassischen Symptomen von Diabetes zu seinem Arzt: Gewichtsverlust, Durst und Polyurie. Der Arzt entwickelt einen Plan, der von diesen Wahrnehmungen ausgelöst wurde. Der Plan enthält eine vorgeschlagene Handlung, Blutzuckermessungen durchzuführen.

## 8.7 Ergebnis- und Startfunktionen

**Beispiel** Nachdem sie geringe Verkaufszahlen festgestellt hat, beschließt die Unternehmensleitung, die Provision der Beschäftigten, die für den Umsatz verantwortlich sind, zu erhöhen und die Preise zu senken. Einige Analytiker würden sagen, daß der verbesserte Umsatz das Ergebnis der Provisionserhöhung ist, andere wiederum sehen die Verbesserung als ein Ergebnis der Preissenkung. Von jeder Gruppe würden unterschiedliche Wahrnehmungen gemacht, mit unterschiedlichen Verbindungen zu verschiedenen Aktionen.

Man beachte, daß Wahrnehmungen Untertypen von Aktionen sind. Sie können zeitlich geplant und festgelegt sein, können Ausführende haben und Teil von Plänen sein. Als zusätzliches Verhalten können sie ein Wahrnehmungskonzept identifizieren oder einen Phänomentyp messen.

Eine ähnliche Menge von Verbindungen tritt in der Wissensebene auf, die Startfunktionen und Ergebnisfunktionen benutzt, wie in Abbildung 8.17 dargestellt ist. Eine Startfunktion enthält Informationen über Bedingungen, die wahrscheinlich die Nutzung eines Protokolls auslösen. Folgt man dem Beispiel der assoziativen Funktionen, so zeichnet das Modell die Wahrnehmungskonzepte und Protokolle auf, die als Argumente für die Startfunktion benutzt wurden, spezifiziert aber nicht, wie sie kombiniert wurden. Die Absicht hinter den verschiedenen Arten von Startfunktionen ist es, verschiedene Methoden ihrer Kombination zu haben.

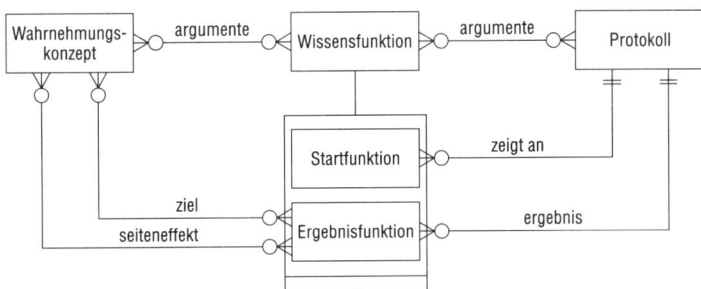

*Abbildung 8.17 Der Gebrauch von Start- und Ergebnisfunktionen auf der Wissensebene*
Startfunktionen zeigen die Bedingungen für den Beginn einer Aktion an, und Ergebnisfunktionen ihre Ziele und Seiteneffekte.

**Beispiel** Das Protokoll »Öl nachfüllen« wird von einer Startfunktion mit dem Argument eines niedrigen Ölstandes angezeigt.

**Beispiel** Betablocker werden zur Behandlung von Bluthochdruck und Angina eingesetzt, sollten aber nicht benutzt werden, wenn der Patient Asthma hat. Dieser Umstand führt zu drei Startfunktionen, die alle Betablocker als Behandlung anzeigen. (Betablocker-Behandlung ist ein Protokoll mit einer Ressourcenzuteilung des Ressourcentyps Betablocker.) Zwei Startfunktionen, eine mit dem Argument Bluthochdruck und die andere mit dem Argument Angina, haben einen einfachen Rumpf ohne Verarbeitung, so daß man dies als klare Indikation der Diagnose verstehen kann. Die dritte hat das Argument Asthma und ist ein Rumpf der logischen Negation. (Man könnte einen Untertyp Kontra-Indikation als Startfunktion haben, aber das ist wirklich von der Art abhängig, in der die Argumente verarbeitet werden.)

Ergebnisfunktionen operieren in ähnlicher Weise. Wieder ist die Eingabe eine Kombination von Protokollen und Wahrnehmungskonzepten. Das Ergebnis sind zwei Mengen von Wahrnehmungskonzepten. Einige Wahrnehmungskonzepte repräsentieren den angestrebten Gebrauch des Protokolls, d.h. die Wirkungen, die den Zweck des Protokolls repräsentieren. Die anderen Wahrnehmungskonzepte sind die Seiteneffekte. Ein Protokoll kann viele Ergebnisse haben. Dieser Umstand kann andere Protokolle oder Wahrnehmungskonzepte widerspiegeln, die der Patient zu dieser Zeit haben mag. Diese werden als Argumente eingeführt, die von der Wissensfunktion vererbt wurden.

**Beispiel** Fallende Preise haben eine Ergebnisfunktion mit dem Ziel eines erhöhten Marktanteils und dem Seiteneffekt der reduzierten Umsatzsteuer per verkaufter Einheit.

**Beispiel** Das Protokoll Lebertransplantation hat eine Ergebnisfunktion mit dem Ziel einer guten Leberfunktion und den Seiteneffekten einer Organabstoßung und einer Gallenblasenverengung. Die Startfunktion kann auch Informationen über die Wahrscheinlichkeit enthalten, mit der diese Bedingungen eintreten könnten. Separate Ergebnisfunktionen könnten mit denselben Zielen und Nebeneffekten existieren, die aber Krankheiten repräsentieren, die die Operation beeinflussen könnten. Diese unterschiedlichen Ergebnisfunktionen zeigen verschiedene Wahrscheinlichkeiten für das Ziel und die Seiteneffekte an, die von den Krankheitsargumenten abhängen.

## Literatur

1. T. Cairns, A. Casey, M. Fowler, M. Thursz, H. Timini. *The Cosmos Clinical Process Model*. National Health Service, Information Management Centre, 15 Frederick Rd. Birmingham, B15 1JD, England. Report ECBS20A & ECBS20B <*http://www.sm.ic.ac.uk/medicine/cpm.htm*>, 1992.

2. IMC. *Common Basic Specification Generic Model*. National Health Service, Information Management Centre, 1992.

# 9 Handel

Dieses Kapitel beschäftigt sich mit dem An- und Verkauf von Gütern und dem Wert dieser Güter in Hinsicht auf die sich ändernden Marktbedingungen. Unter Berücksichtigung der Erfahrungen, die ich beim Aufbau eines Handelssystems für eine Bank gemacht habe, wird in diesem Kapitel das Kaufen und Verkaufen aus beiden Blickwinkeln betrachtet, wobei die Bank die gleichen Güter an- und verkauft. Sie muß dabei den Wert des Nettoeffekts dieses Handels unter verschiedenen Umständen verstehen.

Jeder Handel wird durch einen *Vertrag (9.1)* beschrieben. Der Vertrag kann Güter entweder an- oder verkaufen und ist daher für die Unternehmen nützlich, die beiden Richtungen des Geschäfts nachspüren wollen. Man kann sich den Nettoeffekt einer Reihe von Verträgen ansehen, indem man ein *Portfolio (9.2)* benutzt. Portfolios werden so entworfen, daß man sie einfach zusammensetzen kann, um Verträge in unterschiedlicher Weise auszuwählen. Man stattet es mit einem eigenständigen Objekt aus, dem Portfoliofilter, um die Auswahlkriterien zu definieren. Der Portfoliofilter definiert eine Schnittstelle, die von verschiedenen Untertypen implementiert werden kann. Diese Konstruktion ermöglicht Flexibilität für einfache und komplexe Kriterien. Es ist eine nützliche Technik, um Kollektionen auf eine flexible Art zu definieren.

Um den Wert eines Vertrags zu verstehen, muß man erst den Preis der zu handelnden Güter verstehen. Oft gibt es bei den Gütern Preisunterschiede, je nachdem ob sie angekauft oder verkauft werden. Dieses in zwei Richtungen verlaufende Preisverhalten kann durch eine *Notierung (9.3)* dargestellt werden.

In unbeständigen Märkten können Preise sich rapide ändern. Händler müssen Güter daher vor dem Hintergrund einer Menge von möglichen Änderungen schätzen. Das *Szenario (9.4)* stellt die Bedingungen zusammen, die als ein einziger Zustand des Marktes für eine Schätzung gelten können. Szenarien können komplex sein, daher braucht man eine Möglichkeit, um ihre Konstruktion definieren zu können, damit man dasselbe Szenarienkonstrukt zu verschiedenen Zeiten konsequent anwenden kann. Szenarien sind für alle Domänen mit komplexen Preisänderungen nützlich.

Dieses Kapitel basiert auf einem Projekt, ein System für Devisenhandelsderivate für eine führende Bank zu entwickeln.

**Schlüsselkonzepte**  Vertrag, Portfolio, Notierung, Szenario

## 9.1 Vertrag

Die einfachste Art eines finanziellen Geschäfts ist der Kauf eines Mittels (engl. *instrument*) von einem anderen Geschäftspartner. Dieses Mittel kann eine Aktie, eine Ware, Devisen oder jeder andere Gegenstand sein, mit dem üblicherweise gehandelt wird. Ein grundlegender Ausgangspunkt ist das in Abbildung 9.1 gezeigte Modell. Dieses Modell hat einen Vertrag, der ein Geschäft mit einem anderen Teilnehmer, auch Gegenpartei genannt, darstellt und einen bestimmten Anteil eines Dokuments aufweist. Hier wird nur ein einziges Mittel dargestellt, obwohl strenggenommen jeder Handel zwei Mittel aufweist; das eine wird gegen ein anderes eingetauscht. Für die meisten Märkte ist ein Mittel die jeweils vorherrschende Währung des Marktes. Der Preis wird daher als Geldobjekt repräsentiert. Geld ist ein Untertyp von Quantität (siehe Kapitel 3.1), deren Einheit eine Währung ist.

In ausländischen Devisenmärkten ist das Mittel der Devisenkurs. Dies mag merkwürdig erscheinen, aber tatsächlich sind alle Mittel Devisenkurse. Ein Vertrag darüber, Aktien anhand des Dow-Jones-Index zu verkaufen, ist eigentlich ein Vertrag, Aktien in Dollar umzutauschen. In vielen Fällen ist dies einfacher zu repräsentieren, indem man sagt, daß das Mittel gegen die Währung des Preises getauscht wird. Für Devisenraten ist es allerdings von Vorteil, beide Währungen im Mittel zu haben und den Preis als einfache Zahl zu belassen.

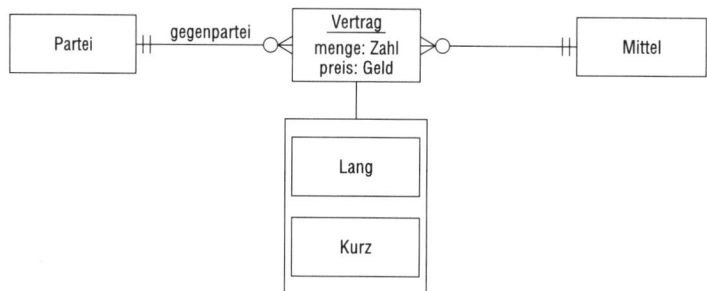

*Abbildung 9.1 Einfaches Modell für einen Vertrag*
*Der Betrag des Mittels wird mit der Gegenpartei getauscht. Lang und kurz sind Begriffe für ankaufen und verkaufen. Die einzelne Gegenpartei beschränkt die repräsentierbaren Verträge.*

Die Begriffe lang und kurz werden von Händlern für an- und verkaufen benutzt. (Computerleute sind nicht die einzigen mit einem merkwürdigen Jargon!) Abbildung 9.1 zeigt den Unterschied zwischen lang und kurz als Notation mit Untertypen. Eine Alternative wäre ein Boolesches Attribut istLang. Jede der beiden Methoden ist akzeptabel, aber ich bevorzuge die Direktheit von Abbildung 9.1 beim konzeptionellen Modellieren. Die Bildung von Untertypen und ein Boolesches Attribut sind im konzeptionellen Modellieren äquivalent; die Bildung von Untertypen impliziert nicht die Bildung von Unterklassen. Bei einer Modellierungstechnik zur Implementierung (bei der die Bildung von Untertypen auch automatisch die Bildung von Unterklassen impliziert), ist Abbildung 9.1 nicht angemessen, es sei denn, das Verhalten von lang und kurz weicht voneinander ab (und vielleicht nicht einmal dann). Ein Schnittstellenmodell kann beide Möglichkeiten abdecken. Abschnitt 14.2 beschreibt, wie diese Umwandlung vonstatten gehen kann, um die gleiche Schnittstelle zu bewahren, egal ob nun Unterklassen oder Kennzeichen (engl. *flags*) benutzt werden.

**Beispiel** Die Megabank verkauft 1.000 Anteile der *Aroma Coffee-Maker*-Aktien für 30 Dollar an Martin Fowler. Dies ist ein kurz-Vertrag, dessen Gegenpartei Marin Fowler ist, das Mittel sind die Aroma Coffee-Maker-Aktien, der Betrag ist 1.000, und der Preis ist 30 Dollar.

**Beispiel** Die Megabank verkauft 2 Millionen US-Dollar (USD) für 1 Million Britische Pfund (GBP) von British Railways. Dies ist ein lang-Vertrag, dessen Gegenpartei British Railways ist, der Betrag ist 1 Million, der Preis ist 2 Millionen, und das Mittel ist GBP/USD. Alternativ könnte es auch ein kurz-Vertrag sein, dessen Betrag 2 Millionen ist, der Preis 0,5 und das Mittel GBP/USD.

**Beispiel** *Northeast Steel* verkauft 10.000 Tonnen Stahl an Chrysler. Für Chrysler ist dies ein lang-Vertrag mit der Gegenpartei Northeast Steel. Das Mittel ist Stahl, so daß in diesem Fall der Betrag eine Quantität ist, damit 10.000 Tonnen repräsentiert werden können. (Alternativ könnte man die Menge der Tonnen an Stahl als Mittel annehmen, bei anderen Quantitäten ist dies aber weniger flexibel.)

Dieser Modelltyp ist gut geeignet, um Geschäfte darzustellen, die zwischen dem Hauptunternehmen und anderen Teilnehmern getätigt wurden. Oft werden solche Geschäfte jedoch auch innerhalb des Hauptunternehmens, z.B. zwischen der Entscheidungsabteilung (engl. *options desk*) und der Warenabteilung (engl. *commodities desk*) abgeschlossen. Diese internen Geschäftsabschlüsse werden im Risikomanagement benutzt. Ein häufig gebrauchtes Beispiel ist ein Geschäft, das das Risiko einer Entscheidung wieder ausgleicht (auch Absicherung (engl. *hedge*) genannt). Solche internen Geschäfte werfen die Frage auf, wer nun eigentlich der interne Teilnehmer ist. Das Modell in Abbildung 9.2 bietet einen weitaus flexibleren Ansatz, diese Frage zu beantworten. Zwei Interessentengruppen sind innerhalb eines Vertrages dargestellt: Der Lang-Interessent (Käufer) und der Kurz-Interessent (Verkäufer). Bei dieser Art der Repräsentation werden die Entscheidungsabteilung und die Warenabteilung als zwei getrennte Interessenten dargestellt. Wenn die Entscheidungsabteilung eine Entscheidung mit einem externen

Interessenten trifft und sie durch ein Geschäft mit der Warenabteilung absichert, wäre die Warenabteilung ein Teilnehmer an beiden Verträgen. Wäre die Entscheidungsabteilung der lang-Interessent an der Entscheidung, so wäre sie der kurz-Interessent im Absicherungsvertrag.

*Abbildung 9.2 Käufer und Verkäufer werden durch unterschiedliche Beziehungen angezeigt*

*Das Auftreten zweier Interessentengruppen unterstützt interne Geschäfte, vollständig externe Geschäfte und Geschäftsverbindungen mit unterschiedlichen Interessenten innerhalb des Hauptunternehmens.*

Abbildung 9.3 stellt eine ähnliche Situation in einer etwas abgewandelten Art dar. Wiederum kann man durch zwei Beziehungen interne Abschlüsse repräsentieren. Jedoch handelt es sich hier eher um einen Hauptinteressenten und eine Gegenpartei als um lang und kurz. Der Interessent der Hauptbank ist immer der Hauptgeschäftsteilnehmer, wenn ein Geschäft mit einer externen Organisation abgeschlossen wird. Bei internen Geschäften ist die Wahl zwischen Hauptgeschäftsteilnehmer und Gegenpartei willkürlich, auch wenn es für gewöhnlich die Partei der Hauptgeschäftsteilnehmer ist, die das Geschäft initiiert. Der Untertyp von lang und kurz ist die Art des Geschäftsabschlusses, wie sie vom Hauptgeschäftsteilnehmer gesehen wird.

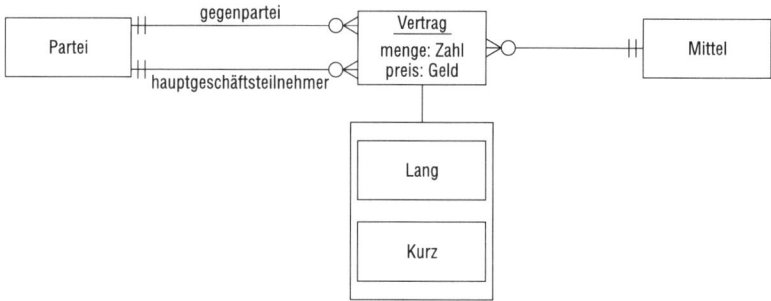

*Abbildung 9.3 Gegenpartei und Hauptgeschäftsteilnehmer*

*Dieses Modell ist weniger präzise als Abbildung 9.2, kann dafür aber die Sicht des Händlers besser verdeutlichen.*

Bei einer ersten Analyse sieht das Modell in Abbildung 9.3 weniger wertvoll aus als das Modell in Abbildung 9.2, da es ein weiteres Paar Untertypen hinzufügt, das scheinbar keine Vorteile bietet. Sicherlich würde eine Datenmodellierungssicht dieses Modell aufgrund seiner komplexen Datenstruktur ablehnen. In der Sichtweise der OO-Modellierung ist der wichtigste Punkt die Schnittstelle. Ist es daher nützlicher, Operationen anzubieten, die einen Hauptgeschäftsteilnehmer, eine Gegenpartei und einen Vertrag als lang oder kurz benötigen, oder ist es besser, einen Lang- und Kurz-Geschäftsteilnehmer zu haben? Daher könnte das in Abbildung 9.4 dargestellte Modell, das letztendlich beide Schnittstellen zur Verfügung stellt, das beste sein. Der entscheidende Faktor ist dabei der größtmögliche Nutzen für den Benutzer des Konzepts. In unserem Beispielsystem war das Modell aus Abbildung 9.3 für die Händler von größerer Bedeutung als das aus Abbildung 9.2 und daher nützlicher bei der Erstellung der Software, obwohl letztlich die Schnittstelle aus Abbildung 9.4 übernommen wurde.

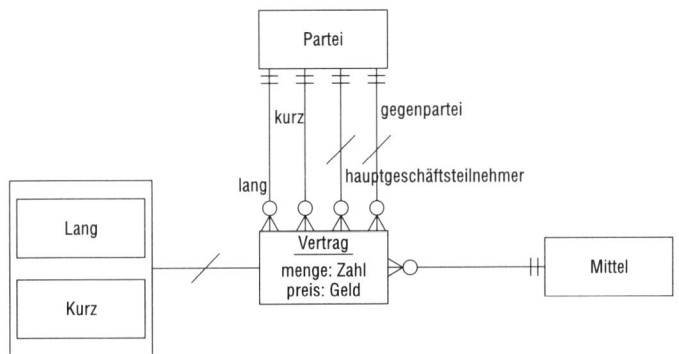

*Abbildung 9.4 Der Gebrauch von vier Parteienabbildungen*
*Hier werden alle Ansichten abgedeckt, indem die doppelten Elemente abgeleitet werden.*

**Modellierungsprinzip** *Wenn mehr als eine gleichwertige Menge von Merkmalen zur Verfügung gestellt werden kann, sollte man sich für diejenige entscheiden, mit der der Domänenexperte am besten zurechtkommt. Hält er beide für wertvoll, sollte man ihm beide zeigen und eine als abgeleitet markieren.*

Die Entscheidung darüber, was man in Abbildung 9.4 als abgeleitet bezeichnen soll, ist ziemlich willkürlich. Man könnte genausogut die Lang- oder Kurz-Abbildung ableiten. Das Modell sollte den Programmierer, der jede der Implementierungsarten nutzen kann, nicht einschränken. Man könnte auch argumentieren, daß man nichts ableiten sollte, sondern einfach Regeln verwenden könnte (bei einem lang-Vertrag ist z.B. der kurz-Teilnehmer dasselbe Objekt wie der Hauptgeschäftsteilnehmer). Ich ziehe es vor, einige Ableitungen darzustellen, um die Beziehungen zwischen ihnen explizit zu machen, aber letztendlich ist dies mehr eine Sache des Modellierungsgeschmacks.

**Modellierungsprinzip** *Die Markierung eines Merkmals als abgeleitet ist eine Bedingung, die die Schnittstelle betrifft, aber die zugrundeliegende Datenstruktur nicht beeinflußt.*

Als Konsequenz der in den Abbildungen 9.2 bis 9.4 gezeigten Modelle ergibt sich, daß Verträge verzeichnet werden können, die nicht die Hauptbank betreffen. Dies läßt sich vermeiden, indem man zumindest den Hauptgeschäftsteilnehmer zwingt, Bestandteil der Hauptbank zu sein. Alternativ könnte man den Domänenexperten fragen, ob es nützlich wäre, die Verträge zu speichern. Kaufleute speichern gern Geschäftsabschlüsse, die ihre Kunden mit anderen Banken getätigt haben, da sie Aufschluß über die möglichen Risikoprofile ihrer Kunden geben und es ihnen so möglich ist, einen Vertrag zu verkaufen, um eine Sache zu verbessern. In diesem Fall bietet die Flexibilität des Modells neue Geschäftsmöglichkeiten.

Eine offene Frage ist die Beziehung zwischen einem Vertrag in diesem Handelsmodell und einer Transaktion in einem der Buchhaltungsmodelle aus Kapitel 6. Ein Handel kann als eine Transaktion angesehen werden, die z. B. 1000 Anteile Aroma-Coffee-Aktien aus einem Megabank-Konto abzieht und sie auf ein Martin-Fowler-Konto einzahlt, während sie die angemessene Summe Geld in die Gegenrichtung transferiert. Sowohl Handel als auch Transaktionen sind sinnvoll, aber für unterschiedliche Zwecke. Die zwischen ihnen bestehenden Beziehungen wird man durch weitere Modellierungen erforschen müssen.

## 9.2 Portfolio

Selten betrachtet man ausschließlich Verträge, besonders wenn man sich mit Risikomanagement befaßt. Normalerweise schaut sich eine Bank eine Gruppe miteinander in Beziehung stehender Verträge an und schätzt dann ihr gemeinsames Risiko ein. Dabei kann es sich um Verträge eines einzigen Händlers handeln, die Verträge in einem bestimmten Dokument, die Verträge mit einer bestimmten Gegenpartei oder eine andere Kombination.

Letztendlich ist ein Portfolio eine Kollektion von Verträgen, wie sie in Abbildung 9.5 dargestellt ist. Portfolios und Verträge können geschätzt werden, indem man sie mit Hilfe eines Szenarios preislich auszeichnet. Ein Szenario ist eine Darstellung des Marktzustands, entweder reeler oder hypothetischer Natur (Szenarien werden in größerer Ausführlichkeit in Kapitel 9.4 besprochen). Der Wert eines Portfolios ist im wesentlichen die Summe der Aktiva der zugrundeliegenden Verträge.

## 9.2 Portfolio

*Abbildung 9.5 Portfolios werden eingeführt*
*Ein Portfolio ist eine Kollektion von Verträgen, die als Ganzes geschätzt werden können.*

Eine Schlüsselfrage liegt in der Kardinalität der vom Vertrag zum Portfolio verlaufenden Abbildung. Ob ein Vertrag vernünftigerweise in mehr als einem Portfolio liegen kann, hängt davon ab, wie man ein Portfolio erzeugt und benutzt. Wenn ein Portfolio das Buch eines Händlers ist, dann befindet sich ein Vertrag in dem Portfolio des Händlers, der das Geschäft aushandelt. Das allein ermöglicht es jedoch nicht, daß alle Geschäfte mit einer bestimmten Gegenpartei zusammen betrachtet werden können. Daher scheint es von Vorteil zu sein, wenn sich ein Vertrag in mehreren Portfolios befinden darf. Portfolios können demnach so gebaut werden, daß man das Risikomanagement auf verschiedene Perspektiven abstimmen kann.

Verwendet man Portfolios auf diese Weise, stellt sich jedoch eine andere Frage. Angenommen, man muß ein Portfolio erstellen, das alle Verträge, die mit einer bestimmten Gegenpartei getätigt wurden, enthält. Dazu könnte man eine Anwendung erstellen, die alle Verträge durchsuchen und sie einem Portfolio zuordnen würde. Besser ist es jedoch, das Portfolio dazu zu bringen, Verträge zuzuordnen. Man kann einem Portfolio eine Boolesche Methode zuordnen, die den Vertrag als Argument annimmt, wie in Abbildung 9.6 zu sehen ist. Das Portfolio besteht dann aus allen Verträgen, für die die Boolesche Methode True zurückgibt. Dadurch lassen sich Portfolios konstruieren, die jede Kombination von Eigenschaften eines Vertrags aussuchen und dann die Managementfunktionen eines Portfolios auf diese abgeleitete Menge anwenden können.

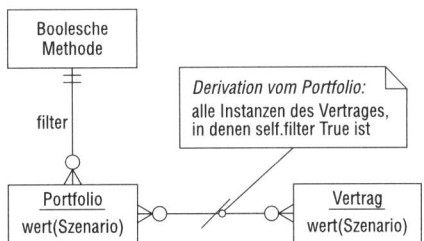

*Abbildung 9.6 Dynamische Portfolios mit Filter*
*Dies ermöglicht es Portfolios, implizit von den Eigenschaften eines Vertrags beschrieben zu werden.*

**Modellierungsprinzip** *Falls eine Menge von Objekten mit verschiedenartigen Kriterien geschaffen werden kann, sollte ein Portfolio benutzt werden.*

Es hat weitreichende Konsequenzen, wenn man Portfolios erlaubt, Methoden zu besitzen, so daß sie sich selbst mit Verträgen formieren können. Es bedeutet, daß es keinen Grund gibt, eine einzige Struktur zu wählen, um Gruppen von Verträgen zu betrachten. Unterschiedliche Strukturen können in einer Ad hoc-Manier benutzt werden. Wenn eine solche Struktur einmal definiert ist, kann man sich in Zukunft daran erinnern, daß sie schon verwendet wurde, und ihr Inhalt kann regelmäßig auf den neuesten Stand gebracht werden. Die Struktur kann zu jeder Zeit definiert werden, lange nachdem der ursprüngliche Vertrag aufgesetzt worden ist. In Wirklichkeit stellt man eine Anfrage, und die daraus resultierende Kollektion von Objekten wird ein selbständiges Objekt.

Wie wird die Boolesche Methode implementiert? Im allgemeinen kann die Methode jede Art von Codeblock sein, der True oder False zurückgibt, wenn er einen Vertrag als Argument bekommt. Smalltalk-Programmierer werden bemerken, daß die Abbildung eines einzelnen Argumentblocks als Instanzvariable eines Portfolios die erwünschte Fähigkeit herstellen würde. C++-Programmierer können grob nach dem gleichen Prinzip vorgehen, obwohl es kniffliger ist, da C++ eine übersetzte Funktion benötigt. Dies ist das gleiche Problem wie bei den in Abschnitt 6.6 besprochenen individuellen Instanzmethoden.

Abstrakt gesehen mag die Boolesche Methode der beste Ansatz sein; in der Praxis jedoch erfüllt eine einfachere Methode den gleichen Zweck. Portfolios werden für gewöhnlich von einer Anzahl von Eigenschaften eines Vertrags gebildet, die Gegenpartei, Händler (den Hauptgeschäftsteilnehmer), Mittel und Daten des Geschäfts enthalten. Diese Attribute lassen sich zu einem bestimmten Vertragsselektorobjekt zusammenfassen, wie in Abbildung 9.7 dargestellt ist. Ein Vertragsselektor ist nicht so allgemein wie eine Boolesche Methode und kann nur eine begrenzte Auswahl an Filterprozessen bearbeiten. Jedoch läßt er sich einfach einrichten; der Benutzer kann ihn leicht mit einer geeigneten Benutzerschnittstelle konfigurieren. Falls man einen Vertragsselektor benutzt, um die meisten der vom Benutzer benötigten Portfolios zu bearbeiten, kann man den benötigten Programmieraufwand erheblich reduzieren.

**Beispiel** Ein Portfolio besteht aus allen Geschäftsabschlüssen, die mit den Aktien von Aroma-Coffee-Makers zu tun haben, die an John Smith verkauft wurden. Dieses Portfolio besitzt einen Filter mit Aroma Coffee Makers-Aktien als Mittel und John Smith als Gegenpartei.

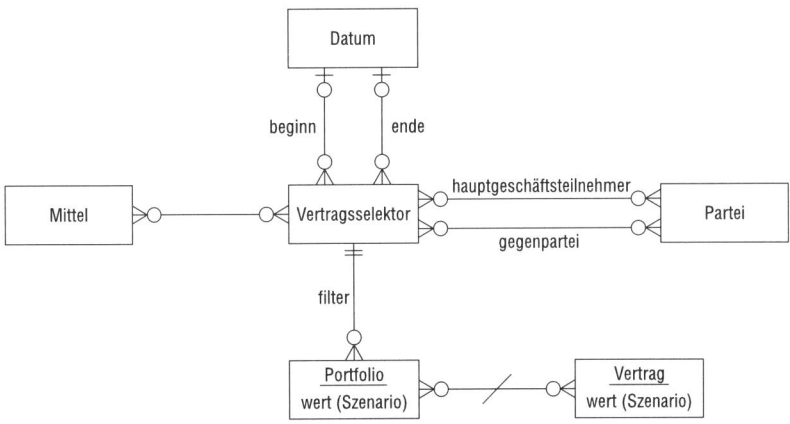

*Abbildung 9.7 Vertragsselektoren*

*Man beachte, daß dies ein Beispiel für eine parametrisierte Methode ist (siehe Kapitel 6.6.4). Sie vermag nicht alle möglichen Portfolios auszuwählen, aber sie kann die meisten der in der Praxis verwendeten Portfolios leichter abdecken als der völlig allgemeine Fall.*

Bei Filtern ist man nicht gezwungen, zwischen Vertragsselektoren und der Booleschen Methode zu wählen. Man kann das Beste aus beiden Strategien auswählen, indem man das Modell aus Abbildung 9.8 benutzt. Dieses Modell abstrahiert die Schnittstellen sowohl der Booleschen Methode als auch des Vertragsselektors zu einem einzigen abstrakten Typ – dem Portfoliofilter. Dadurch kann man den Vertragsselektor für einfache Fälle und eine Auswahl festcodierter Filter für komplexere Situationen nutzen. Es lassen sich auch einfach noch andere Portfoliofilter hinzufügen. Dies ist ein Beispiel für das Strategiemuster [1].

**Modellierungsprinzip** *Wenn man einen Prozeß zu einem Merkmal eines Typs macht, sollte der Prozeß eine abstrakte Schnittstelle erhalten, damit die Implementierung leicht durch die Bildung von Unterklassen variiert werden kann. Eine Unterklasse stellt eine Form der rein festcodierten Implementierung dar, unterschiedliche parameterbasierte Ansätze eine andere.*

Die Auswahl-Operation für den Portfoliofilter nimmt eine Kollektion von Verträgen und gibt eine andere Auswahl von Verträgen zurück. Für jeden Vertrag der gruppierten Eingabe wertet die Auswahloperation `istEnthalten` aus und fügt sie dem Ergebnis hinzu, falls True zurückgegeben wird. Unterklassen der Portfoliofilter setzen sich über `istEnthalten` hinweg, um ihr spezifisches Verhalten sicherzustellen. Ein Portfolio könnte `istEnthalten` benutzen, um individuelle Verträge zu prüfen.

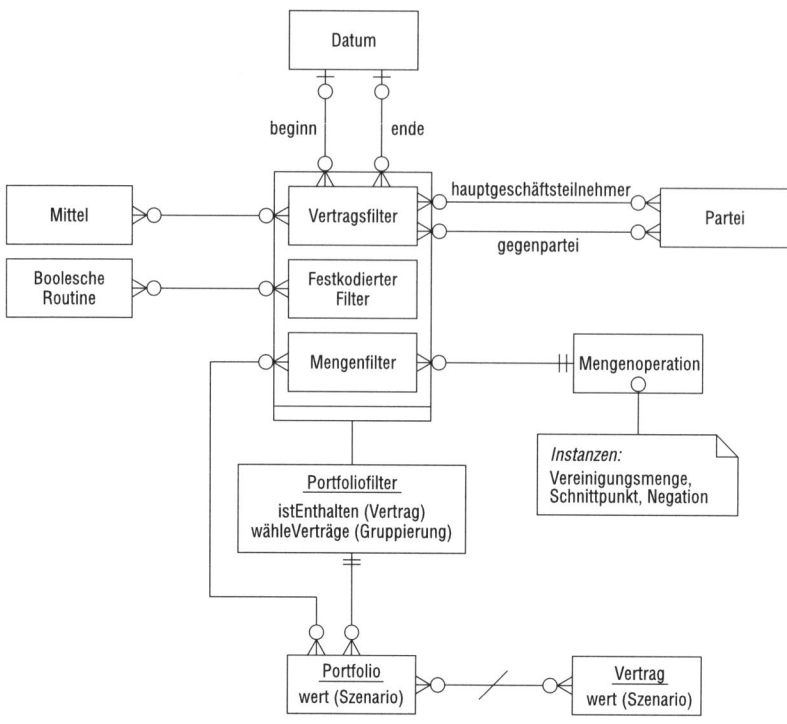

*Abbildung 9.8 Bereitstellung mehrerer Portfoliofilter*
*Dieses Modell bietet sowohl Flexibilität beim Bearbeiten der komplizierten Fälle als auch einfache Parametrisierung für die einfacheren Fälle. Es ist eine Kombination aus Strategie und parametrisierten Implementierungen (siehe Kapitel 6.6).*

Ich sollte vielleicht eine Bemerkung über die Namensgebung von Portfolio*filter* und Vertrags*selektor* hinzufügen. Leute, mit denen ich gearbeitet habe, fanden die Unterscheidung zwischen den Begriffen in der Anwendung recht nützlich. Ein Selektor wählt Objekte eines Typs aus, nach dem er benannt ist; folglich wird ein Vertragsselektor dazu benutzt, Verträge auszuwählen: Er gibt eine Kollektion von Verträgen zurück. Ein Filter wählt einen anderen Typ für den namensgleichen Typ aus und ist so entworfen, daß er mit seinem benannten Typ benutzt werden kann. Daher wählt ein Portfoliofilter Verträge für ein Portfolio aus. Wenn man bei einer durchgängigen Namensgebung bleibt, kann man sich die Verantwortlichkeiten dieser zwei Objektarten leichter merken: Der Filter ist nur ein Selektionsmechanismus, aber das Portfolio fügt zusätzliches Verhalten hinzu, z.B. produziert es einen Gesamtwert. Darüber hinaus beziehen sich andere Teile des Systems auf das Portfolio, wohingegen der Filter nur zu Selektionszwecken verwendet wird.

Portfolios können kurzlebig oder dauerhaft sein. Kurzlebige Portfolios werden nach Bedarf aufgefüllt. Der Filter wird spezifiziert, und alle Instanzen des Vertrags werden auf Übereinstimmung mit dem Filter überprüft. Wenn ein Klient dann ein Portfolio nicht mehr benötigt, wird es verworfen. Dauerhafte Portfolios werden auf ähnliche Weise hergestellt, aber nicht ausrangiert. Schafft man neue Verträge, werden sie mit den bereits bestehenden dauerhaften Portfolios verglichen. Wenn sie mit dem Filter übereinstimmen, werden sie dem Portfolio hinzugefügt. Jede auf dem Portfolio beruhende Verarbeitung muß dann auf den neuesten Stand gebracht werden, idealerweise inkrementell. Dauerhafte Portfolios bieten eine viel schnellere Anfrageperformanz, verlangsamen aber die Erzeugung von Verträgen und verbrauchen Speicherplatz. Nach einem grundlegenden Modellierungsprinzip sollten die Benutzer nicht merken, ob es sich um kurzlebige oder dauerhafte Portfolios handelt. Portfolios sollten vom einen zum anderen wechseln, ohne daß der Benutzer handeln muß. Daher ist es notwendig, daß ein neuer Portfoliofilter mit jedem existierenden dauerhaften Portfoliofilter verglichen wird. Falls ein passender Filter bereits existiert, dann sollte das existierende Portfolio referenziert und kein neues geschaffen werden.

Portfolios sind in vielen Domänen nützlich. Die grundlegende Charakteristik eines Portfolios ist die eines Objekts, das einen Selektionsmechanismus kapselt, damit er eine Gruppe von Objekten eines Typs wählt. Das Portfolio dient als Grundlage für eine weitere zusammenfassende Verarbeitung. Diese Verarbeitung kann ein Klientenobjekt sein, wie in diesem Kapitel, oder sie kann im Portfolio selbst eingebaut sein.

**Beispiel** Ein Autohersteller kann Portfolios von gebauten Autos für die Produktionszusammenfassung und Fehlerdaten herstellen. Filter können Autos je nach ihrer Produktionsanlage, ihrem Modell, der Schicht, in der sie hergestellt wurden, oder anhand eines Datenbestandes aussuchen.

**Beispiel** Die öffentliche Gesundheit ist ein wichtiger Zweig des Gesundheitswesens, der sich mit der Gesundheit von Patientenpopulationen befaßt. Man kann Populationen nach einer Reihe von Charakteristika auswählen: nach dem Alter, dem Ort, wo jemand lebt, nach Wahrnehmungskonzepten, die zutreffen, usw. Diese Populationen können durch Filter definiert werden, um dann Aussagen über sie zu ermöglichen, wie zum Beispiel über den durchschnittlichen »Spitzendurchsatz« (engl. *peak flow rate*) von Personen, die mehr als 20 Zigaretten am Tag rauchen. (Die Population ist ein Portfolio von Personen, bei dem der Filter 'raucht mehr als 20 Zigaretten am Tag' ist.[1])

---

1. Der Filter an der Zigarette ist eine ganz andere Sache.

## 9.3 Notierung

Alles, was auf dem Finanzmarkt gehandelt wird, hat einen Preis. Dieser Preis ist jedoch selten eine einzige Zahl. Zwei Zahlen werden notiert: der Preis für den Ankauf (Gebot) und der Preis für den Verkauf (Angebot). Dies läßt sich durch ein Zahlenpaar, das die Preise repräsentiert, modellieren, wie in Abbildung 9.9 dargestellt ist.

```
  Mittel
gebot: Zahl
angebot: Zahl
```

*Abbildung 9.9 Der Preis wird durch zwei numerische Eigenschaften repräsentiert*

Ein Mittel kann mit Hilfe von Zahlen oder Geldobjekten geschätzt werden. Normalerweise werden Aktien anhand von Geld geschätzt, Devisenkurse hingegen haben Zahlen. In beiden Fällen verhält sich die Notierung gleich. (Man kann sich die Notierung als parametrisierten Typ vorstellen.)

Obwohl zwei Zahlen der Normalfall sind, werden sie nicht immer benutzt. Manchmal bildet ein einfacher Preis die Notierung, die den mittleren Wert des Preises darstellt. Ein einzelner Preis wird mit einer Spanne notiert – dem Unterschied zwischen dem Gebot und dem Angebot. Bei anderen Gelegenheiten gibt es entweder nur ein Gebot oder nur ein Angebot. Dies beeinflußt die Art, in der eine Notierung dargestellt wird. Auf ausländischen Devisenmärkten könnte eine Devisenrate wie USD/GBP als 0,6712/5 notiert werden, die ein Gebot von 0,6712 und ein Angebot von 0,6715 anzeigt. Falls nur ein Gebot präsent ist, wird die Notierung als 0,6712/ angezeigt, ein reines Angebot als /0.6715.

Jedes Objekt, das eine zweiseitige Preiskalkulation hat – wie zum Beispiel Devisenkurse, Güter usw. – bedarf einiger Verhaltensweisen, wie in Abbildung 9.10 dargestellt. Indem man diese Verhaltensweisen in ein separates Notierungsobjekt zieht, wie in Abbildung 9.11, bekommt man alle Verhaltensweisen, die man für eine zweiseitige Preiskalkulation benötigt. Alles, was eine Notierung als Preis hat, benötigt eine Notierungseigenschaft.

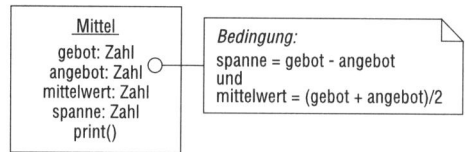

*Abbildung 9.10 Verhalten, die für eine zweiseitige Preiskalkulation benötigt werden*

Eine Notierung wird ein grundlegender Typ, und kann als solcher am besten als Attribut in jenen Modellierungsmethoden repräsentiert werden, die zwischen Attributen und Objekttypen unterscheiden. Es ist wichtig, zu wissen, daß ein Attribut keine Datenstruktur repräsentiert, nur die Präsenz passender Operationen.

Abbildung 9.11 Verwendung eines getrennten Notierungsobjekts
*Dies ist ein guter Ansatz, da er die einzelnen Verantwortlichkeiten in einem einfachen, wiederverwendbaren Konzept zusammenbringt.*

**Beispiel** Die USD/GBP-Rate ist 0,6712/6. Das Mittel ist USD/GBP. Dieses Mittel hat eine Notierung mit einem Gebot von 0,6712, einem Angebot von 0,6716, einem Mittelwert von 0,6714 und einer Spanne von 0,0004.

**Beispiel** Eine CD-Tauschbörse verkauft gebrauchte CDs für 12 Dollar und kauft sie für 8 Dollar. Das Gebot ist 12 Dollar, das Angebot 8 Dollar, der Mittelwert 10 Dollar und die Spanne 4 Dollar. Das Mittel ist eine Klassik-CD.

**Modellierungsprinzip** *Wenn mehrfache Attribute mit einem Verhalten interagieren, das von mehreren Typen benutzt werden kann, sollten die Attribute zu einem neuen grundlegenden Typ zusammengefaßt werden.*

Zweiseitige Preise sind geläufig, aber manchmal werden auch einseitige Preise benutzt. Das Modellieren einseitiger Preise ist ein wenig knifflig. Alternativ könnte man die Preise entweder als Notierung oder als Zahl wiedergeben. Dies ist jedoch in Programmiersprachen mit strenger Typbehandlung wie C++ fast unmöglich. Selbst in Smalltalk ist der Klient der Aktie gezwungen zu bestimmen, welche Art von Objekt der Preis zurückgibt, bevor er irgend etwas damit machen kann.

Alternativ könnte man die Notierung zu einem Untertyp der Zahl machen. Dies könnte funktionieren, da Notierungen auf arithmetische Operationen ansprechen, aber es zwingt den Klienten dennoch, sich über den Unterschied im klaren zu sein, wann immer er Aktienpreise manipuliert, außer für den Ausdruck. In C++, wo der Begriff Zahl kein fest integrierter Typ ist, die Begriffe Real und Integer jedoch sehr wohl, sollte diese Methode nicht verwendet werden, es sei denn, eine Zahlenklasse ist vorhanden.

Noch eine andere Alternative wäre es, Zahl zu einem Untertyp von Notierung zu machen. Konzeptionell scheint dies eine gute Sache zu sein. Zahlen sind einfache Notierungen, und es ist nicht allzu schwierig, im Blick zu behalten, daß jede Instanz einer Zahl auch eine Instanz einer Notierung ist, mit identischem Gebot und Angebot. (Ein ähnliches Argument kann benutzt werden, um auszudrücken, daß der Begriff Zahl ein Untertyp einer komplexen Zahl ist.) Obwohl das Argument konzeptionelle Vorzüge hat, funktioniert es nicht mit einem Schnittstellenmodell. Damit eine Zahl der Untertyp einer Notierung sein kann, muß sie die gesamte Schnittstelle der Notierung geerbt haben. Eine Notierung ist nur in einigen Bereichen nützlich, wohingegen eine Zahl in fast allen Domänen gebraucht werden kann. Untertypen von einer Notierung her zu bilden, bedeutet, daß die Notierung in allen Domänen benutzt wird, auch in solchen, in denen das Verhalten der Notierung nicht nützlich wäre. Eine Notierung muß so entworfen sein, daß sie Sichtbarkeit auf die Zahl hat, und nicht umgekehrt.

**Modellierungsprinzip** *Eine Generalisierung sollte nicht dort benutzt werden, wo der Untertyp in einer eng begrenzten Domäne ist und häufig genutzt wird.*

An dieser Stelle sollte man sich überlegen, welche Gemeinsamkeiten zwischen Notierungen in ihren einseitigen und zweiseitigen Formen bestehen. Es existieren zwei Alternativen: Entweder wird eine einseitige Notierung wie eine Notierung behandelt, wobei das Gebot gleichwertig zum Angebot ist, oder es ist ein Irrtum, in einer einseitigen Notierung nach Gebot und Angebot zu fragen. Die erste Möglichkeit verweist auf die Präsenz einer abstrakten Notierung, wie sie in Abbildung 9.12 dargestellt ist, wohingegen die zweite Möglichkeit eine solche Verallgemeinerung vermeidet. Bei der ersten Alternative kann der Klient die ein- und zweiseitigen Notierungen mit demselben Verhalten behandeln und muß sich nicht um die Unterschiede kümmern. Dies kann jedoch zu Ungenauigkeiten führen, da der Klient nicht sicher sein kann, daß er es mit dem Gebot einer zweiseitigen Notierung zu tun hat. Eine Typüberprüfungsoperation (istZweiseitig oder besitztTyp ('ZweiseitigeNotierung')) wird benötigt, damit der Klient die Überprüfung durchführen kann. Ohne eine abstrakte Notierung treten diese Ungenauigkeiten nicht auf, aber der Klient muß die Typüberprüfung jedesmal beim Aufruf einer Operation benutzen, um zu festzustellen, ob die Operation sicher benutzt werden kann.

Die Entscheidung hängt davon ab, wie oft es akzeptabel ist, den Unterschied zwischen ein- und zweiseitigen Notierungen zu ignorieren. Falls es nahezu inakzeptabel ist, sollte man am besten keinen abstrakten Notierungstyp verwenden. Falls es jedoch regelmäßig akzeptabel ist (und in der Praxis scheint dies der Fall zu sein), würde ich die Verwendung eines abstrakten Notierungstyps sehr unterstützen. Es ist wichtig, darauf aufmerksam zu machen, daß die Benutzung der abstrakten Notierung den Klienten nie mehr Mühe kostet, als sie nicht zu gebrauchen. Man spart Arbeit, wenn die Unterscheidung nicht benötigt wird.

## 9.3 Notierung

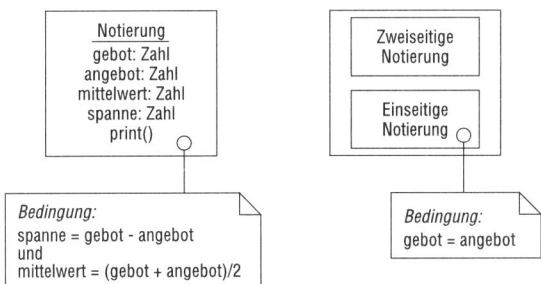

*Abbildung 9.12 Abstrakte Notierung mit Untertypen*
*Einseitige Preise werden als Sonderfall von zweiseitigen Preisen behandelt.*

**Modellierungsprinzip** *Wenn der Unterschied zwischen zwei ähnlichen Typen häufig ignoriert wird, kann ein abstrakter Obertyp benutzt werden. Falls der Unterschied zwischen den Typen tatsächlich von Bedeutung ist, sollte ein abstrakter Obertyp nicht benutzt werden.*

**Modellierungsprinzip** *Wenn die Benutzung eines abstrakten Typs dem Klienten nicht mehr Mühe bereitet, sollte er zur Verfügung gestellt werden.*

Die abstrakte Notierung faßt das gesamte Verhalten der Untertypen zusammen, da es keine zusätzliche Operation oder Assoziation zu den Untertypen gibt. Normalerweise benutzt man keine Unterklassen, um die Bildung von Untertypen einer abstrakten Notierung zu implementieren, besonders da solch ein grundlegendes Objekt normalerweise die Strategie der Einfassung (engl. *containment*) in C++ benutzt. Ein internes Kennzeichen innnerhalb einer Notierungsklasse ist eine wahrscheinlichere Implementation, vor allem da man eine zweiseitige Notierung auf dieselbe Ebene bringen muß (d.h sie in eine einseitige umwandeln muß) und umgekehrt, ein Umstand, der eine dynamische Klassifizierung erfordert.

Eine implizite Notierung kann entweder An- oder Verkauf sein; in solch einem Fall benötigt man keine zweiseitigen Preise. Nur wenn sowohl der Ankauf als auch der Verkauf notwendig sind, werden zweiseitige Notierungen benötigt.

Manchmal will man den Preis eines Vertrags als Notierung darstellen. Wenn Gegenparteien sich nach dem Preis für einen Vertrag erkundigen, spezifizieren sie oftmals nicht die Richtung: In diesem Fall antwortet der Händler mit einer Notierung. Das Festhalten der Notierung ermöglicht es dem Händler, sich an die Spanne zu erinnern, die bestand, als der Vertrag notiert wurde. Der tatsächlich in Rechnung gestellte Betrag kann leicht aus der Richtung des Vertrags und der Notierung abgeleitet werden.

## 9.4 Szenario

Der Preis eines Mittels ist nie konstant; andernfalls wären die Aktienmärkte der Welt weitaus weniger interessante Orte. Man sollte daher aufzeigen können, wie sich Preise über einen Zeitraum ändern, und dementsprechend auch den Verlauf der Preisänderungen festhalten. Dies erreicht man, indem man einen Zeitpunkt auf die Notierung legt, wie in Abbildung 9.13 gezeigt, oder einen Zeitpunkt auf die Beziehung zwischen Mittel und Notierung, wie in Abbildung 9.14 zu sehen ist. Der Unterschied zwischen den beiden Methoden ist gering, aber von großer Bedeutung. Im ersten Fall ist die Notierung sowohl für ihre zweiseitige Natur als auch für ihr zeitabhängiges Verhalten verantwortlich. Bei der zweiten Methode sind diese Verantwortlichkeiten voneinander getrennt. Da ich die Notierung als einen grundlegenden Typ ansehe, der so einfach wie möglich gehalten werden sollte, ziehe ich den Ansatz in Abbildung 9.14 vor.

*Abbildung 9.13 Hinzufügen eines Zeitpunktes zu einer Notierung*
*Der Zeitpunkt zeigt an, zu welcher Zeit die Notierung für das Mittel korrekt ist.*

Die Schlußnotierung für einen Markt herauszufinden bedeutet in diesen Modellen, daß man alle Aktien innerhalb des Markts betrachtet und sich insbesondere die letzten Notierungen aller Aktien ansieht. Eine weitere Alternative bestünde darin, die Kollektion aller Notierungen als eigenständiges Objekt zu betrachten – ein Szenario, dargestellt in Abbildung 9.15. Das Szenario repräsentiert den Zustand des Marktes zu einem bestimmten Zeitpunkt, während die Elemente innerhalb des Szenarios die Preise zu diesem Zeitpunkt repräsentieren.

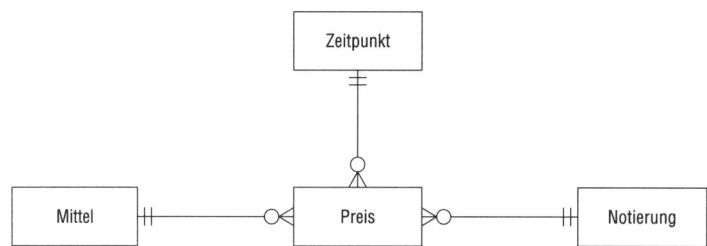

*Abbildung 9.14 Der Preis, der für eine Aktie zu einem bestimmten Zeitpunkt festgelegt wurde*
*Dies trennt das zweiseitige Verhalten (Notierung) von der Idee eines Werts für ein Mittel zu einem Zeitpunkt (Preis).*

## 9.4 Szenario

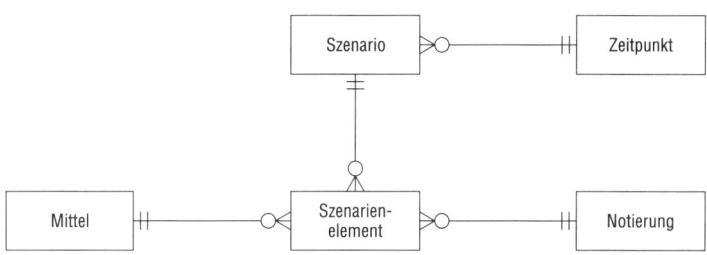

*Abbildung 9.15 Szenario*
*Dies erlaubt es einer Gruppe von Preisen, zu einem bestimmten Zeitpunkt als ein einzelnes Objekt behandelt zu werden.*

Wenn man lediglich die veröffentlichten Preise der Wertpapierbörse erfassen will, erweitert ein Szenario das Bild nur unwesentlich. Man erreicht sein Ziel leicht, indem man sich die Zeitpunkte in einem Nicht-Szenarienmodell anschaut. Hier stellt sich die wichtige Frage, woher ein Händler seine Preise bekommt. Eine Quelle sind die öffentlichen Börsennotierungen. Für diejenigen, die Kapital für Aktienanlagen betreuen, sind auch mögliche zukünftige Preise eine Überlegung wert. Die Kapitalmanager und Händler verwenden viel Mühe auf das Risikomanagement ihrer Portfolios, wenn sich die Marktkonditionen ändern. Dieses Risikomanagement beinhaltet auch, daß man sich alternative Situationen ansieht und ihre Auswirkungen auf den Preis von Aktiva abschätzt.

**Beispiel** Eine Kapitalmanagerin betreut ein Aktien-Portfolio. Sie ist über die Möglichkeit plötzlich sinkender Ölpreise besorgt, was den Preis vieler Aktien drastisch erhöhen würde, den Preis anderer, z.B. den von Ölfirmen, jedoch vermindern würde. Diese Managerin würde sich den Preisverfall verschiedener Größenordnungen ansehen und überlegen, wie sie sich auf ein Portfolio auswirken würden. Jeder dieser Preisverfälle würde zu einem anderen Szenario führen.

**Beispiel** Ein Produktionsmanager schätzt die wahrscheinlichen Produktionskosten für Autos. Die Kosten der Rohstoffe und Arbeit sind Mittel, die mit Preisen zu tun haben. Es können verschiedene Szenarien mit unterschiedlichen Wertigkeiten für diese Mittel konstruiert werden.

Die obengenannten Beispiele sind hypothetische Fälle, die die Stärke des Szenario-Ansatzes aufzeigen. Das Szenarienobjekt bildet die Grundlage, um alle Faktoren in einem hypothetischen Fall zsammenzufassen, damit man unterschiedliche Fälle miteinander vergleichen kann.

Man muß auch Märkte miteinbeziehen, die nicht nur einen einzigen »Veröffentlicher« der Preise haben, wie zum Beispiel der Devisenmarkt. In solchen Fällen muß man die Partei, die die Preise veröffentlicht, zum Modell hinzufügen. Die

Abbildungen 9.16 und 9.17 stellen frühere Modelle mit hinzugefügten veröffentlichenden Parteien dar. Sowohl der Szenario- als auch der Nicht-Szenario-Ansatz sind effektiv; wiederum ist dabei der Bedarf hypothetischer Szenarien im Risikomanagement der ausschlaggebende Faktor.

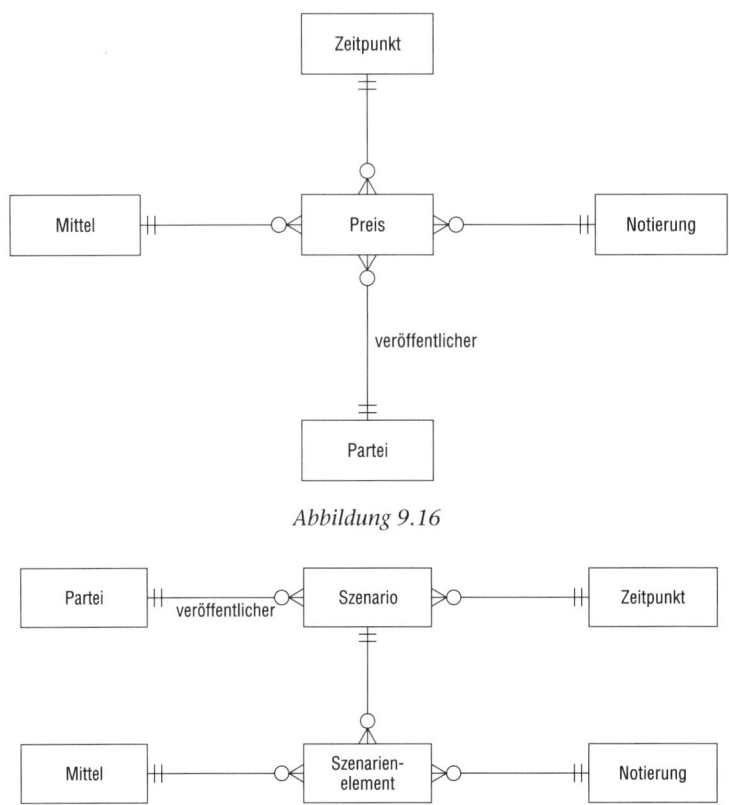

*Abbildung 9.16*

*Abbildung 9.17 Das Modell aus Abbildung 9.15 mit einer veröffentlichenden Partei*
*Die Nutzung eines »Veröffentlichers« ist ein weiterer Grund für die Verwendung eines Szenarios.*

**Beispiel** Ein Import-/Export-Kaufmann betrachtet die Preise der Güter in verschiedenen europäischen Ländern. Diese Preise lassen sich durch Bildung eines Szenarios beschreiben, in dem die Mittel die Güter sind, mit denen der Kaufmann gerne handeln würde. Indem er sich die Unterschiede zwischen den einzelnen Märkten anhand zweiseitiger Preise anschaut, kann er sich nach Möglichkeiten umsehen, bei denen der Preisunterschied größer ist als die Kosten des Gütertransports (ein Prozeß, den man als Arbitrage bezeichnet).

**Modellierungsprinzip** *Szenarien sollten benutzt werden, wenn eine Kombination von Preisen oder Kursen als Gruppe betrachtet werden soll.*

## 9.4.1 Wie erstellt man ein Szenario?

Wo kommen Preise eigentlich her? In manchen Fällen ist das eine einfache Frage, wenn zum Beispiel die Preise eines Devisenmarkts veröffentlicht werden. In manchen Fällen, insbesonders bei hypothetischen Szenarien, müssen komplexere Schemata benutzt werden.

Grob dargestellt kann man drei Ursprünge eines Preises festmachen: Veröffentlichung durch ein Organ, das von weiten Teilen des Marktes anerkannt ist, Kalkulationen aufgrund anderer Preise oder Marktcharakteristika oder die Meinung eines einzelnen Händlers oder einer Gruppe von Analysten. Der erste Fall, Abbildung 9.18, ist der unkomplizierteste. Instruktionen werden benötigt, um die relevanten Informationen aus den Quellen anzugeben. Typischerweise kommen diese Instruktionen von einer Quelle, wie z. B. Reuters, und geben Auskunft darüber, wo man die Informationen suchen soll (z. B. »Seite 3, zweite Spalte der Reihe, die mit *IBM* anfängt«).

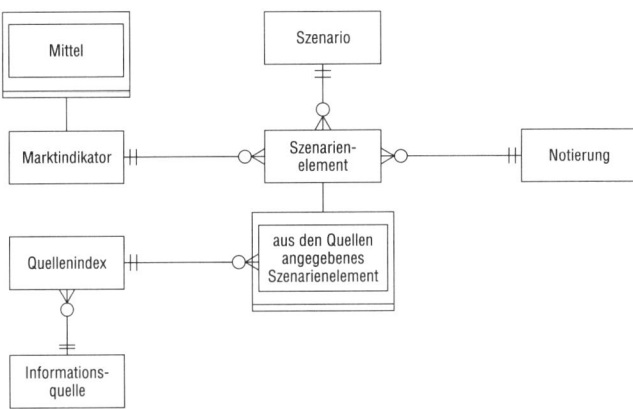

*Abbildung 9.18 Ein Szenarienelement aus einer Quelle angeben*
*Dieses Modell beschreibt, wo ein bestimmtes Element herkommt.*

Folglich macht das Benutzen eines veröffentlichten Preises die Notierung für ein aus einer Quelle angegebenes Szenarienelement zu einer Ableitung. Anstatt die Notierung für solch ein Szenarienelement festzulegen, leitet man es ab, indem man den Quellenindex (engl. *sourcing index*) benutzt. Dies kann ohne Schwierigkeiten gemacht werden, wenn der Verweis nicht festgelegt werden kann, z. B. wenn der Händler einer Ahnung nachgibt. Die Festlegung der Notierung kann Schwierigkeiten bereiten, denn manchmal kann sie einfach festgelegt werden und manchmal wird sie abgeleitet. Ein Weg aus diesem Dilemma ist der Gebrauch einer Notation für hybride oder optional abgeleitete Beziehungen (siehe Odell [2],

Seite 56). Dies scheint jedoch der Frage nach der Ableitung zuviel Gewicht beizumessen. Ich tendiere dazu, nach den am häufigsten vorkommenden Fällen zu notieren und dann in der begleitenden Dokumentation genau zu beschreiben, was passiert.

**Beispiel** Ein Analyst, der sich Preise für Versandgüter anschaut, kann jede Firma als eine Informationsquelle ansehen. Der Quellenindex kann eine Seitennummer im Katalog sein. Dann kann es unterschiedliche Szenarien für jeden Anbieter geben, oder ein Gesamtszenario, das alle Anbieter miteinander kombiniert. Anstatt nach dem Preis für ein Mittel zu fragen, werden vielmehr Fragen nach dem niedrigsten Preis und dem Durchschnittspreis eines Mittels gestellt.

Abbildung 9.18 führt Marktindikatoren als Obertyp eines Mittels ein. Dies spiegelt die Tatsache wider, daß Szenarien andere Dinge als Mittel beinhalten können. Für Derivate ist ein anderer wichtiger Aspekt des Preisfestsetzungsansatzes die Unbeständigkeit eines Mittels eine Zahl, die angibt, wie sehr sich der Wert eines Mittels ändert. Diese Unbeständigkeit ist kein Mittel, das gehandelt werden kann, aber es wird in einem Szenario in derselben Art wie ein Mittel aufgezeichnet. Folglich beinhaltet ein Marktindikator sowohl Unbeständigkeiten als auch alle Mittel.

**Beispiel** Devisenmärkte besitzen viele Marktindikatoren, die keine Mittel sind, so zum Beispiel Zinsen der verschiedenen Währungen und die Unbeständigkeit des Devisenkurses – ein Indikator dafür, wie sehr sich der Währungskurs ändert.

**Beispiel** Ein Analyst, der sich Preise für Versandgüter anschaut, interessiert sich für den Anstieg der Jeanspreise. Der Ansteig der Jeanspreise wird ein Marktindikator, aber kein Mittel. Die Jeans sind sowohl ein Marktindikator als auch ein Mittel.

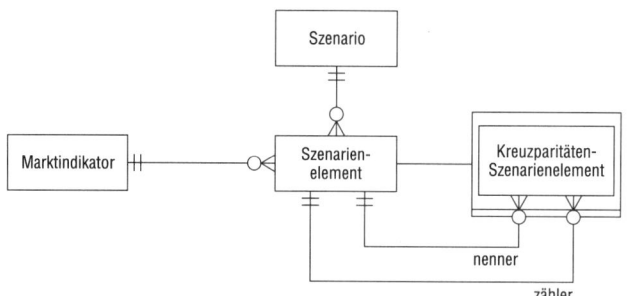

*Abbildung 9.19 Berechnung von Szenarienelementen durch Kreuzparitäten*
*Diese Berechnung kann man benutzen, um ein drittes Element aus dem Verhältnis von zwei bekannten Elementen zu bestimmen.*

## 9.4 Szenario

Die Berechnung von Szenarienelementen ist ebenfalls einfach. Der Schlüssel liegt darin, zu akzeptieren, daß der Algorithmus für die Kalkulation der Preise ein eigenständiges Objekt sein kann. Ein einfaches Beispiel dafür sind die Kreuzparitäten, die im Devisenhandel gebraucht werden. Wenn man die Kurse für USD/DEM und für USD/GBP wissen will, dann kann man die Devisenkurse für GBP/DEM als (USD/DEM) / (USD/GBP) berechnen. Man kann dies darstellen, indem man ein Kreuzparitäten-Szenarienelement benutzt, das man modelliert, indem man einen Untertyp des Szenarienelements benutzt, das Referenzen auf andere Szenarienelemente für den Zähler und den Nenner der Kreuzparität bildet, wie in Abbildung 9.19 gezeigt wird. Die Notierung für das Kreuzparitäten-Szenarienelement wird demnach aus den Notierungen für die Nenner- und Zähler-Szenarienelemente abgeleitet.

Man beachte, daß der Nenner und der Zähler als Szenarienelemente und nicht als Marktindikatoren dargestellt werden. Wenn man nur Kreuzparitäten wie die oben beschriebenen verwendet, dann scheint es am vernünftigsten zu sein, Marktindikatoren zu referenzieren (USD/GBP ist ein Marktindikator). Der gesamte Zweck des Gebrauchs von Szenarien besteht jedoch in der Möglichkeit, mehrere unterschiedliche Preise – unter verschiedenen Voraussetzungen – für den gleichen Marktindikator aufzustellen. Das Referenzieren der Szenarienelemente macht es möglich, sich darauf zu konzentrieren, welche Preise man benutzen möchte. Es kann zwei USD/DEM-Zahlen geben: Eine von Reuters und eine von LIBOR. Indem man die Szenarienelemente referenziert, ist man in der Lage anzuzeigen, welche man benutzen möchte.

**Beispiel** Eine Händlerin ist Spezialistin für französische Francs. Sie bestimmt den Kurs zwischen holländischen Gulden (NLG) und französischen Francs (FFR), indem sie Kreuzparitäten mit Hilfe der deutschen Mark (DEM) bildet. Sie macht dies, indem sie ein Kreuzparitäten-Szenarienelement aufstellt. Der Marktindikator für dieses Szenarienelement ist NLG/FFR. Für den Zähler benutzt sie den NLG/DEM Kurs, der von Reuters gemeldet wurde; d.h., daß das Reuters-Szenario das Szenarienelement für das Mittel NLG/DEM ist. Die DEM/FFR-Kurse für den Nenner bekommt sie jedoch nicht von Reuters; statt dessen benutzt sie ihr eigenes Szenario (erstellt auf der Grundlage ihres eigenen Spezialwissens). Folglich formuliert sie die Kreuzparität aus Szenarienelementen in unterschiedlichen Szenarien.

Der Ansatz für Kreuzparitäten kann auch für eine Reihe anderer Berechnungen eingesetzt werden, bei denen neue Arten von Rechnungen durch neue Untertypen des Szenarienelements unterstützt werden. Abbildung 9.20 zeigt eine Verallgemeinerung dieser Struktur. In diesem Fall umfaßt das berechnete Szenarienelement sowohl eine Liste von Szenarienelementen als Argumente als auch eine

Formel. Die Formel repräsentiert den Kalkulationsalgorithmus, der Argumente benutzt, die ihm von den Argumenten der berechneten Szenarienelemente zur Verfügung gestellt werden. Für die Kreuzparität lautet die Formel `arg[1] / arg[2]`. Die eigentlichen Argumente werden vom berechneten Szenarienelement gestellt. Dadurch kann eine einzige Formel von verschiedenen berechneten Szenarienelementen wiederverwendet werden. Die Kreuzparität für GBP/DEM benutzt die Formel mit den Argumenten <USD/DEM, USD/GBP>, und die GBP/JPY-Kreuzparität hat das Argument <USD/JPY, USD/GBP>. Es ist wichtig, daß man die Argumente eher wie eine Liste als wie die übliche Menge der mehrwertigen Abbildungen aufstellt. Die Position ist ausschlaggebend, damit die Formeln korrekt geschrieben werden.

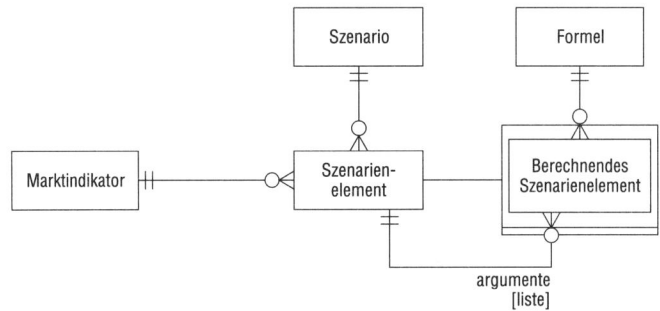

*Abbildung 9.20 Ein allgemeinerer Ansatz für berechnete Szenarienelemente*

*Die Formel kann eine tabellenkalkulationsähnliche Formel sein, die auf den Argumenten basiert. Sie unterstützt einige arithmetische Kombinationen der Szenarienelemente.*

**Beispiel** Die Preisänderung für eine Jeans wird von einem kalkulierten Szenario-Element berechnet, das den Unterschied zwischen dem Preis der Jeans im diesjährigen Szenario und im letztjährigen ermittelt.

Man kann die Formeln auf verschiedene Art und Weise implementieren. Eine Möglichkeit wäre die feste Kodierung von Formeln in der Implementationssprache. Da gebräuchliche Formeln (wie die der Kreuzparität) oft benutzt werden, ist die feste Kodierung in diesem Fall kein Nachteil. Wenn die Anzahl der Formeln gering ist und sich nicht zu oft ändert, ist dies der beste Ansatz. Sogar wenn jeden Monat eine neue Formel hinzugefügt wird, wäre dies selbst für ein komplexes System leicht zu kontrollieren. Man kann einen verfeinerten Ansatz verwenden, wenn man dem Benutzer die Möglichkeit geben möchte, Formeln hinzuzufügen. Wir können einen Interpreter [1] bauen, der eine einfache Menge formelhafter Ausdrücke erkennt. Jeder Benutzer, der mit Tabellenkalkulationen gearbeitet hat, ist mit dieser Technik vertraut. Man könnte auch einen interaktiven Formelbauer zur Verfügung stellen, aber jeder Benutzer, der eine Formel erstellen kann, wird wahrscheinlich auch eine tabellenkalkulationsähnliche Formel eingeben können. Daher muß der Interpreter [1] nicht alle möglichen Formeln erkennen. Es ist völlig in Ordnung, einige Formeln vom Parser bauen zu lassen und einige fest zu kodieren. Die Software für Szenarienelemente interessiert sich nicht dafür, wie eine Formel aufgebaut ist, sondern ist dafür zuständig, Argumente an die Formel weiterzuleiten, so daß die berechnete Notierung hervorgebracht werden kann. Wenn man den besten Prinzipien der Objektorientierung folgt, ist die Schnittstelle von der Implementierung getrennt. (Weitere Erläuterungen zu diesem Thema finden sich in Kapitel 6.6.)

**Modellierungsprinzip** *Um einen Prozeß zu einem Merkmal eines Typs zu machen, muß der Prozeß eine abstrakte Schnittstelle haben, so daß sich die Implementierung leicht durch das Erstellen von Unterklassen verändern kann. Eine ausschließlich fest kodierte Implementierung ist lediglich eine Unterklasse; verschiedene parameterorientierte Ansätze sind andere Unterklassen.*

Das Interaktionsdiagramm in Abbildung 9.21 zeigt anhand einiger wichtiger Punkte, wie dieses Verhalten funktionieren könnte. Man beachte als erstes, wie die Formel eine Liste von Notierungen als Eingabe bekommt, nicht etwa eine Liste von Szenarienelementen. Dies ist einigermaßen willkürlich, aber es stellt eine nützliche Taktik dar, die gleiche Sache als Eingabe anzubieten, die man als Ausgabe erhalten will. Ohne dieses Prinzip könnten Programmierer leicht über den Typ der Dinge, mit denen sie sich beschäftigen, in Verwirrung geraten. Dies setzt natürlich voraus, daß die arithmetischen Operationen alle durch eine Notierung definiert sind, womit man an eine geeignete Stelle gelangt wäre, um sich mit zweiseitigen Preisarithmetiken zu beschäftigen. In solchen Fällen kann man die Formeln so einrichten, daß sie mit allem arbeiten, das auch Arithmetik unterstützt, nicht nur mit Notierungen.

Dieses Verhalten ist selbstverständlich rekursiv, da die `holeNotierungEin`-Operation `holeNotierungEin` in allen Argumenten aufruft, was möglicherweise zu einer langen Kette von Berechnungen führen kann. Dies ist, wie viele rekursive Strukturen, sehr elegant (aber schwierig in einem Interaktionsdiagramm darzustellen). In der Anwendung jedoch kann es zu einer ziemlich hohen Anzahl überflüssiger Berechnungen führen. Ein Zwischenspeicherungsprinzip für berechnete Notierungswerte ist notwendig, um unnötige Berechnungen zu vermeiden, die von wiederholten `holeNotierungEin`-Aufrufen an dasselbe Objekt verursacht werden. Wie bei jedem Zwischenspeicher muß man natürlich sicherstellen, daß er aktualisiert wird, wenn sich der Quellwert ändert.

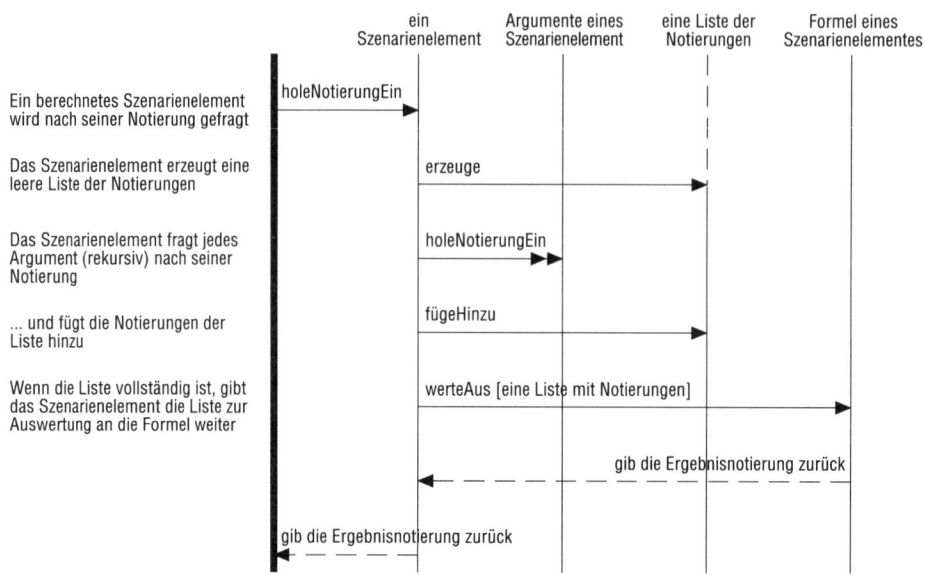

*Abbildung 9.21 Interaktionsdiagramm für berechnete Szenarienelemente*

**Modellierungsprinzip** *Wenn man Informationen von einer Informationsquelle oder von anderen zur Verfügung stehenden Zahlen zurückbekommen kann, sollte eine abstrakte Schnittstelle mit Quelle und Kalkulation als Unterklassen zur Verfügung gestellt werden.*

**Literatur**

1. E. Gamma, R. Helm, R. Johnson, J. Vlissides. *Design Patterns: Elements of Reusable Object-Oriented Software*. Reading, MA: Addison-Wesley, 1995.
   In deutscher Übersetzung: *Entwurfsmuster: Elemente wiederverwendbarer objektorientier Software*. Bonn: Addison-Wesley, 1996.

2. J. Martin, J. Odell. *Object-Oriented Methods: A Foundation*. Englewood Cliffs, NJ: Prentice-Hall, 1995.

# 10 Derivative Verträge

Um dieses Kapitel vollständig zu verstehen, müssen Sie zuerst die Kapitel 9.1 und 9.2 lesen. Derivativer Finanzhandel [3] wird im Handel immer wichtiger. Ein derivativer Handel läßt sich als ein Handel definieren, dessen Wert von den Werten einer anderen Sicherheit abhängt. Die einfacheren Formen der Derivate gibt es schon länger; zum Beispiel wurden Aktienoptionen schon 1973 an einer organisierten Börse gehandelt. Seitdem sind immer exotischere Varianten der Derivate erschienen. Sie sind für Investoren wertvoll, da sie das Risiko reduzieren, das von den sich ändernden Preisen ausgeht. Wenn sie jedoch nicht sorgfältig genug kontrolliert werden, können Derivate auch gefährlich sein: Erst kürzlich haben Organisationen in mehreren berühmten Fällen spektakuläre Geldsummen durch schlecht verwaltete Derivate verloren.

Das Modellieren von Derivaten läßt viele nützliche Aspekte des Modellierens in den Vordergrund treten, da Derivate eine natürliche Generalisierungshierarchie bilden – und dazu eine, die viel interessanter ist als die üblichen Beispiele mit Pflanzen und Tieren. Der Zweck dieses Kapitels ist daher, einige Probleme dieser Art von Generalisierungshierarchie zu erkunden und dabei Derivate als Beispiele zu benutzen.

Zu Beginn werden einfache Derivate eingeführt: *Terminkontrakte (10.1)* und *Optionen (10.2)*. Terminkontrakte sind mit dem Begriff der Laufzeit verbunden, was automatisch zu der Frage führt, warum Zeitkalkulationen komplizierter sind als die einfache Summierung von Tagen. Der Bereich der Optionen zeigt eine Reihe schwieriger Modellierungsgebiete auf: Man muß berücksichtigen, wie ein Händler der An- und Verkaufsoptionen definiert, und die Beziehung zwischen einer Option und dem ihr zugrundeliegenden Vertrag darstellen.

Ein komplexerer Typ der Derivate, die Kombinationsoption, kann als Aggregation von einfacheren Optionen angesehen werden. Die Bildung von Untertypen von Optionen mit zusammengesetzten Mustern ist nicht immer sinnvoll; dies führt zum *Produkt*-Muster *(10.3)*. Dieses Muster basiert auf dem Unterschied zwischen der Sicht eines Käufers und der eines Händlers hinsichtlich eines Geschäfts und kann auch auf den regulären Handel angewendet werden. Es dient ebenfalls als Beispiel dafür, daß Generalisierung häufig die erste Methode ist, an die man bei der Benutzung denkt, aber nicht notwendigerweise die beste.

Bei der Bildung von Untertypen muß man sicherstellen, daß das Verhalten des Untertyps mit dem des Obertyps übereinstimmt. Anhand des Beispiels eingeschränkter Optionen wird hier herausgearbeitet, wie Zustandstabellen und die Bildung von Untertypen mit *Untertyp-Zustandsmaschinen (10.4)* interagieren.

Hat man ein Portfolio der Optionen, kann man überlegen, ob man einen Browser benutzt, der relevante Details je nach Art der Option hervorhebt. Dies führt zu einer Situation, in der es *parallele Anwendungs- und Domänenhierarchien (10.5)* gibt. Die beiden Hierarchien sind auf merkwürdige Weise miteinander gekoppelt. Dieses Muster wirft ein Problem mit mehreren Lösungen auf, die jedoch alle nicht richtig überzeugen.

**Schlüsselkonzepte**  Terminkontrakt, Laufzeit, Option, Produkt

## 10.1 Terminkontrakte

Die in Kapitel 9.1 diskutierten Verträge sind einfacher Natur und in unmittelbare Geschäftsabschlüsse eingebunden. Die meisten Märkte benötigen jedoch komplexere Abschlüsse. Dabei ist die einfachste Möglichkeit der Abschluß eines Terminkontrakts. Bei einem normalen Vertrag, der auch häufig als Kassavertrag bezeichnet wird, erfolgt die Lieferung so kurzfristig wie möglich in bezug auf das Datum, an dem der Vertrag abgeschlossen wird. Die Lieferung erfolgt normalerweise innerhalb weniger Tage. Terminkontrakte sind Übereinkünfte, einen Geschäftsabschluß zu einem zukünftigen Zeitpunkt zu tätigen. Zum Beispiel erwartet eine Firma einen Tanker voller Öl in zwei Monaten. Für dieses Öl wird die Firma mehrere Millionen Dollar zahlen müssen. Wenn jedoch die Firma deutscher Herkunft ist, wird ihre normale Finanzierung in Mark ablaufen. Falls sich die Dollar/Mark-Kurse in den nächsten zwei Monaten signifikant verändern, könnte es der Firma passieren, daß sie mehr bezahlen müßte, als sie erwartet hat, was natürlich ein bedeutendes Problem darstellen würde. Natürlich würde die Firma von einer vorteilhaften Veränderung des Wechselkurses profitieren; jedoch ist Unsicherheit für ein Unternehmen nicht unbedingt positiv zu bewerten. Um diese Unsicherheit zu verringern, könnte sich die Firma dazu entschließen, jetzt mehrere Millionen Dollar in einem Terminkontrakt-Kursgeschäft zu kaufen und einen vereinbarten Betrag in Mark jetzt für eine Dollarlieferung in zwei Monaten zu zahlen. Der Preis, den die Bank anbietet, basiert auf der Einschätzung der Bank, wie sich Dollar-/Mark-Kurse in den nächsten Monaten entwickeln werden. Von diesem Abschluß sagt man, daß er eine Laufzeit von zwei Monaten hat (im Gegensatz zu einer kurzfristigen (Kassa-) Laufzeit).

Ein Terminkontrakt läßt sich leicht durch Festlegung unterschiedlicher Handels- und Lieferungsdaten darstellen, wie in Abbildung 10.1 gezeigt wird. Ein Kassa-Abschluß wird idealerweise eng beieinanderliegende Handels- und Lieferungszeiten haben, wohingegen diese Daten bei einem Terminkontrakt durch zwei Monate getrennt liegen werden. Um dies aufzuzeigen, benötigt man keinen Untertyp, obwohl man einen zur Klarheit hinzufügen kann.

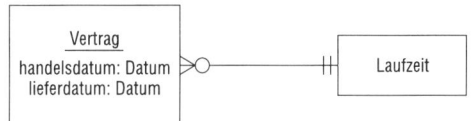

*Abbildung 10.1 Ein Vertrag, der Terminkontrakte unterstützen kann*
*Die Laufzeit basiert auf dem Unterschied zwischen Handel- und Lieferungszeiten.*

**Beispiel** Aroma Coffee Makers beschließen, am 1. Januar 1997 5.000 Tonnen brasilianischen Kaffee von Brazil Coffee Exports zu kaufen. Die Lieferung wird für den 20. Oktober 1997 angesetzt, und der Preis wird nach der heutigen Notierung festgesetzt.

**Beispiel** Ich kaufe ein Flugticket für eine Reise in drei Monaten, bezahle aber den Preis, der heute für diesen Flug notiert ist.

Eine wichtige Überlegung bei der Erörterung von Terminkontrakten ist die Laufzeit des Vertrags. Die Laufzeit ist der Zeitraum zwischen dem Abschlußdatum und dem Lieferdatum, im obigen Beispiel zwei Monate. Auf dem Markt werden Preise generell mit einer bestimmten Laufzeit im Visier notiert, so daß die Laufzeit ein wichtiger Faktor in den vertraglichen Überlegungen ist. Sie stellt jedoch nicht einfach den Zeitraum zwischen dem Vertragsabschlußdatum und der Lieferung dar. Wenn der Zwei-Monats-Vertrag am 4. Mai abgeschlossen wird, ist das Lieferdatum nicht der 4. Juli, da dieser Tag in den Vereinigten Staaten ein Feiertag ist. Feiertage haben einen großen Einfluß darauf, wie diese Daten berechnet werden. Nimmt man an, daß der 4. Juli nicht auf ein Wochenende fällt, wird ein Zwei-Monats-Vertrag, der am 4. Mai ausgehandelt wurde, am 5. Juli angeliefert. Man beachte, daß, sich das Lieferdatum um einen weiteren Tag nach vorne verschieben würde, falls Deutschland aus irgendeinem Grund am 5. Juli einen Feiertag hat. Dennoch hat der Vertrag eine Laufzeit von zwei Monaten, obwohl sein Lieferdatum das gleiche ist wie bei einem Vertrag mit einer Laufzeit von zwei Monaten und einem Tag. Darüber hinaus sollte man beachten, daß dieses Verhalten ebenfalls für Kassaverträge gilt: Ein Handel, der am Donnerstag abgeschlossen wurde, wird an einem Montag angeliefert (es sei denn, der Montag ist ein Feiertag), obwohl das »sofort«, das »Kassa« impliziert, hier zwei Tage umfaßt. Daher enthält Abbildung 10.1 das Vertragsdatum, das Lieferdatum und die Laufzeit.

In dieser Art von Struktur ist die Berechnung des Lieferdatums nicht etwas, das allein durch das Vertragsdatum und die Lieferzeit bestimmt werden kann. Ohne Feiertage zu beachten kann man das Lieferdatum allein aus einer einfachen Kalkulation zwischen Datum und Lieferzeit errechnen. Die Feiertage müssen jedoch mit einbezogen werden. Das bedeutet, daß der Markt eine Datenkalkulationsroutine hat, die es ihm erlaubt, sich auf Feiertage einzustellen, wie in Abbildung 10.2 dargestellt ist. Diese Beachtung der Feiertage ist ein wichtiger Aspekt in vielen Bereichen, in denen das Konzept der reinen Arbeitstage von Bedeutung ist. Es ist normalerweise nicht möglich, die Arbeitstage weltweit zu berechnen, da Feiertage von Land zu Land verschieden sind oder sogar noch feiner verteilt sind. Einzelne Regionen können auch lokale Feiertage haben, die die Arbeitstags-Berechnungen beeinflussen.

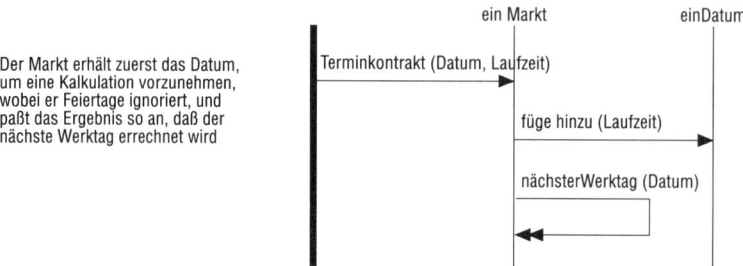

Abbildung 10.2  Wie man den Markt dazu bringt, Daten zu berechnen
Die Datenkalkulation muß häufig an ein anderes Objekt delegiert werden, wenn Arbeitstage berechnet werden müssen.

**Beispiel**  Ein Unternehmen muß eine Zahlung an einen Angestellten innerhalb von fünf Arbeitstagen ab dem 30. Juni 1997 leisten. Falls es sich dabei um ein US-Unternehmen handelt, muß die Zahlung spätestens bis zum 8. Juli erfolgen (wenn man die Wochenenden und den Feiertag am 4. Juli überspringt). Für ein Unternehmen in Großbritannien wäre der 7. Juli der letztmögliche.

**Modellierungsprinzip**  *Datenkalkulationen werden oft von Feiertagen beeinflußt, die man dann überspringen muß. Feiertage variieren von Land zu Land und oft auch zwischen den beteiligten Unternehmen.*

## 10.2 Optionen

Für unsere deutsche Ölfirma ist ein Terminkontrakt ein wertvolles Werkzeug, um das Risiko eines Kurses, der Mehrkosten für das Öl bedeuten würde, zu reduzieren. Die Firma geht jedoch das Risiko ein, Geld zu verlieren, wenn sich die Kurse zu ihrem Vorteil entwickeln sollten. Die leitenden Angestellten im Rechnungswesen müssen letztendlich spekulieren, wie sich die Kurse entwickeln könnten. Wenn sie der Meinung sind, daß die Mark im Wert steigen wird, sollten sie auf dem Kassamarkt kaufen; nehmen sie einen Kursverlust an, sollten sie mit Hilfe eines Terminkontrakts kaufen. Optionen reduzieren dieses Risiko. Eine Option gibt dem Käufer das Recht, Dollars zu einem vorher festgelegten Kurs zu kaufen, falls der Eigner dies erlaubt. Daher kann die Ölfirma, wenn der Kurs der Mark nach unten geht, ihre Option ausspielen und die Dollars zum vorher festgelegten Preis kaufen; falls der Dollar steigt, kann die Firma ihre Option ignorieren (sie läßt sie einfach auslaufen) und auf dem Kassamarkt einkaufen. Die Bank berechnet der Ölfirma eine Prämie, um ihr die Option zu verkaufen, daher trägt die Bank nun das Risiko. Da die Bank mit einer Vielzahl solcher Abschlüsse handelt, kann sie die Risiken solcher Abschlüsse gegeneinander aufwiegen. Die Abbildungen 10.3 und 10.4 beschreiben das Verhalten einer Option.

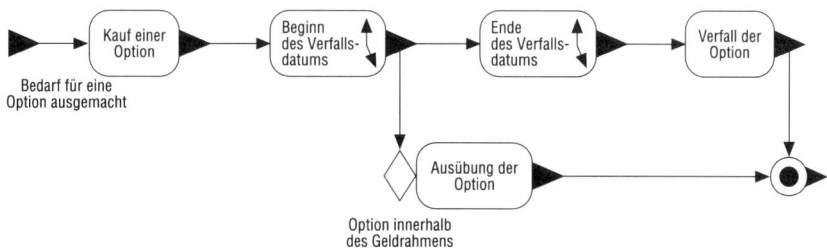

*Abbildung 10.3 Ereignisdiagramm für den Prozeß der Optionsnutzung*

*Eine Option kann nur nach dem Beginn eines Verfallsdatums wahrgenommen werden und wird nur dann wahrgenommen, wenn sie »im Geld« ist, d.h. wenn das Wahrnehmen der Option eine besseres Geschäft verspricht als ein Kauf auf dem Kassamarkt zum gegenwärtigen Kurs.*

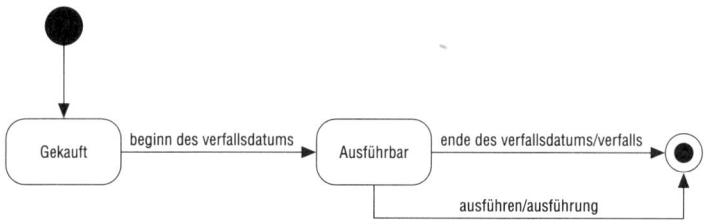

*Abbildung 10.4 Harel-Zustandsdiagramm, das das Verhalten einer Option veranschaulicht.*

Viele Merkmale einer Option sind denen eines normalen Vertrags ähnlich. Wie ein normaler Vertrag haben Optionen Gegenparteien und Handelsdaten. Andere Merkmale einer Option sind das Verfallsdatum, die Höhe der Prämie und das Datum, an dem die Prämie zu zahlen ist.

Daher kann man die Option als einen Untertyp eines Vertrags anlegen, wie in Abbildung 10.5 dargestellt ist. Ein Schlüsselmerkmal der Optionsstruktur ist die polymorphe Operation wert(Szenario). Der Wert eines Kassavertrags ist leicht zu verstehen, da er einfach das Ergebnis daraus ist, den Devisenkassakurs in einem bereitgestellten Szenario auf den Wert des Vertrags anzuwenden. Optionen sind schon etwas schwieriger einzuschätzen, um es einmal vorsichtig auszudrücken. Die am häufigsten verbreitete Technik ist die Black-Scholes-Analyse [3]. Eine Erklärung dieser Analyse würde den Rahmen dieses Buches sprengen, es sei nur erwähnt, daß es sich in dem Fall, in dem der Aufrufer einer Operation betroffen ist, um eine einzelne Operation handelt. Die Komplexitäten der zugrundeliegenden Mathematik können sicher in der Operation verborgen werden.

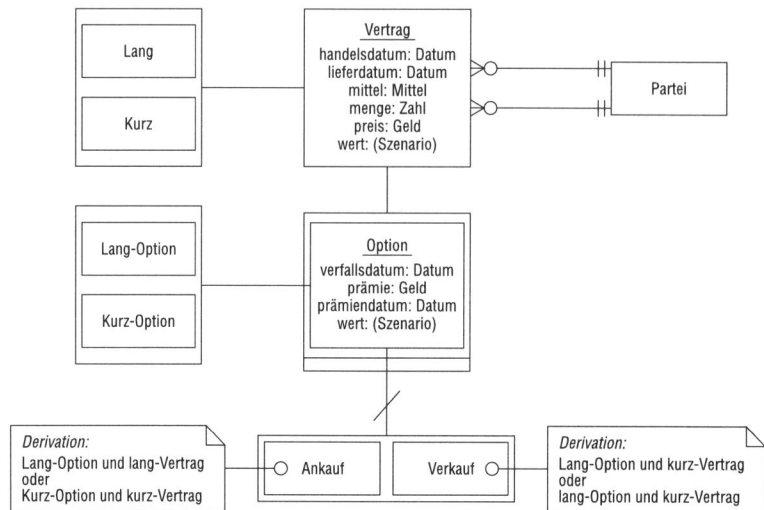

*Abbildung 10.5  Struktur einer Option*

*Verkaufen und Ankaufen (engl.* call *und* put*) sind Begriffe, die von Langläufern und Kurzläufern (engl.* longs *und* shorts*) abgeleitet werden.*

## 10.2.1 Langläufer, Kurzläufer, Ankaufsoptionen und Verkaufsoptionen: Darstellung eines schwierigen Vokabulars

Die Frage nach Lang- und Kurzläufern bedarf einiger Erläuterungen. In Kapitel 9.1 wurde erklärt, daß ein Vertrag lang (Ankauf) oder kurz (Verkauf) sein kann. Schaut man sich nun die Optionen an, so sieht man sich plötzlich vier verschiedenen Wahlmöglichkeiten gegenüber. Man kann eine Option verkaufen, um Geld zu verkaufen, oder aber um Geld anzukaufen; man kann eine Option kaufen, um Geld zu verkaufen, aber eben auch, um Geld anzukaufen. Die Kaufen/Verkaufen-Wahl existiert zwar noch bei einem Vertrag, sie wird aber durch eine weitere Kaufen/Verkaufen-Wahl bei der Option ergänzt. Das Vokabular des Händlers beeinhaltet die Begriffe *Ankaufsoption* und *Verkaufsoption* (engl. *call* und *put*). Eine *Ankaufsoption* ist die Option zu kaufen (d.h. ein lang-Vertrag), wohingegen eine *Verkaufsoption* die Option des Verkaufens ist (ein kurz- Vertrag). Selbstverständlich kann man eine Ankaufsoption an- oder verkaufen oder auch eine Verkaufsoption ver- oder ankaufen. Diese Sprache ist nicht nur ziemlich schwierig, sondern auch verwirrend.

Wenn ich eine Option verkaufe, um Yen anzukaufen, kann die Gegenpartei am Verfallsdatum bei mir Yen einkaufen. Der Unterschied zwischen dieser Vereinbarung und einem Terminkontrakt ist die Möglichkeit, daß sich die Gegenpartei entscheidet, den Kauf nicht zu tätigen. Wenn ich eine Option kaufe, Yen zu verkaufen, dann ist die Position zwar dieselbe, aber die Kontrolle über die Wahrnehmung der Option liegt bei mir. Wie immer man die Sache auch betrachtet, ich bin (möglicherweise) kurzfristig Besitzer der Yen, daher ist auch der Vertrag kurz. Im zuerst genannten Beispiel ist die Option ebenfalls kurz, während es sich im zweitgenannten um eine Lang-Option handelt. Im ersten Fall würden Händler sagen, sie verkaufen (kurz) eine Ankaufsoption, und im zweiten, daß sie eine Verkaufsoption (lang) kaufen.

Eine weitere Möglichkeit, diesen Sachverhalt zu betrachten, wäre die Lang/kurz-Beschreibung eines Vertrags durch Ankaufsoption/Verkaufsoption zu ersetzen. Dies funktioniert jedoch nicht wirklich, da man die Begriffe Ankaufsoption und Verkaufsoption nicht bei Verträgen benutzt, die keine Optionen sind.

Eine andere Möglichkeit wäre die Benutzung von *lang* und *kurz* für Optionen, um den Zustand der Option und nicht den des Vertrags anzugeben. Daher wäre das erstgenannte Beispiel eine Kurz-Ankaufsoption und das zweitgenannte eine Lang-Verkaufsoption. Dies würde für einen Händler einen Sinn ergeben, würde aber unweigerlich jegliche Software verwirren. Um das Risiko zu bewerten ist die Position des Vertragswerts von Bedeutung, und in beiden obengenannten Beispielen ist sie kurz. Daher ist es nötig, daß man nach der Ausrichtung des Vertrags (der die Position definiert) fragt, nach der Ausrichtung der Option und nach der Ankaufs-/Verkaufsoption. Daher gilt für die beiden Beispiele: 1) Kurz-Vertrag, Kurz-Option, Ankaufsoption und 2) Kurz-Vertrag, Lang-Option, Verkaufsoption. Mit Sicherheit kann eine der Komponenten aus den anderen abgeleitet werden. Das Diagramm zeigt an, daß die Ankaufs-/Verkaufsoption abgeleitet ist. Die Derivation ist mehr eine Erinnerung daran, daß eine Komponente abgeleitet ist, als ein Hinweis für den Programmierer darauf, was nun wirklich in der Implementierung gespeichert oder berechnet ist.

Die Darstellung einer solchen Sprache bedeutet immer einen Kampf, besonders wenn sie unnötig unlogisch erscheint. Das Wichtigste dabei ist, die grundlegenden Dinge auf eine logische Art und Weise darzustellen. Diese Grundlagen können Teil einer Terminologie eines Domänenexperten sein oder im Laufe des Modellierungsprozesses geschaffen werden (wenn sie aber erfunden werden, muß der Domänenexperte mit ihnen zurechtkommen). Die restliche Terminologie kann dann von diesen Grundlagen abgeleitet werden.

**Modellierungsprinzip** *Abgeleitete Markierungen sollten benutzt werden, um Begriffe zu definieren, die von anderen Konstrukten des Modells abgeleitet wurden.*

**Modellierungsprinzip** *Die Markierung einer Eigenschaft als abgeleitet stellt eine Bedingung der Schnittstelle dar. Sie beeinflußt die zugrundeliegenden Datenstrukturen nicht.*

**Beispiel** Am 1. Juni 1997 erhalte ich eine Option, 200 Anteile der Aroma Coffee Makers am 1. Januar 1999 zu einem Preis von 5 Dollar pro Aktie zu kaufen. Dies ist eine Option mit einem Vertragsdatum vom 1. Juni 1997, einem Mittel namens Aroma-Coffee-Makers-Aktie, einem Wert von 200, Liefer- und Verfallsdatum 1. Januar 1999, einer Prämie von 40 Dollar und einem Preis von 5 Dollar. Ich werde Anteile dazubekommen, daher ist der Vertrag lang (aus meiner Sicht), und die Option ist ebenfalls lang (da ich sie kontrolliere); also handelt es sich um eine Ankaufsoption.

**Beispiel** Wenn ich einen Flug reserviere, erhalte ich eine Ankaufsoption für ein Ticket. Das Verfallsdatum der Option ist das Datum, an dem die Reservierung abgeholt werden muß.

Eine andere Sache, mit der man sich beschäftigen sollte, ist die Interaktion zwischen dem Lieferdatum und dem Verfallsdatum. Für eine Option kann das Lieferdatum errechnet werden, falls das Verfallsdatum bekannt ist (Lieferdatum = Verfallsdatum + Erfüllungstermin). Das Gegenteil ist jedoch nicht möglich (wegen der störenden Feiertage). Dies bedeutet, daß für Optionen das Lieferdatum eine errechnete Abbildung ist. Der wichtige Punkt hierbei ist, daß sich die Schnittstelle nicht ändert: Es gibt immer noch eine Zugriffsmöglichkeit für das Lieferdatum; die Information wird jedoch gespeichert. Diese Situation läßt sich durch zwei Alternativen beschreiben: Man kann (normalerweise im Glossar) vermerken, daß für Optionen das Lieferdatum-Attribut überschrieben und aus dem Verfallsdatum gemäß der Formel errechnet wird. Eine andere Möglichkeit ist die Beschreibung der Formel als Bedingung des Optionstyps. Beide Alternativen sind durchaus vernünftig, so daß die Wahl vom eigenen Geschmack abhängt. Es ist dem Programmierer vollkommen freigestellt, welchen Code und welche Datenstruktur er benutzen möchte.

## 10.2.2 Soll man einen Untertyp bilden oder nicht?

Die Struktur aus Abbildung 10.5 ist nicht die einzige Möglichkeit, mit Optionen umzugehen; eine weitere wird in Abbildung 10.6 dargestellt. Der Unterschied zwischen den beiden Strukturen liegt in der Art, wie die Optionalität dem Vertrag hinzugefügt wird. In Abbildung 10.5 wird sie durch Bildung eines Untertyps hinzugefügt. In diesem Schema ist eine Option eine Art Vertrag mit zusätzlichen Ei-

## 10.2 Optionen

genschaften und einem wenig variierten Verhalten. In Abbildung 10.6 kann man sagen, daß eine Option einen grundsätzlichen Vertrag hat, den Händler häufig als das »Zugrundelegen einer Option« bezeichnen. Hier liegt die Idee des Einschlusses vor, da man den Vertrag wahrscheinlich nicht zu einer Selbstbewertung veranlassen würde, wenn man ihm eine Option zugrunde legt. In ähnlicher Weise hinge das Lieferdatum vom Verfallsdatum der Option ab.

Es ist nicht einfach, sich zwischen den beiden Strukturen zu entscheiden. Beide besitzen elegante Eigenschaften. In Abbildung 10.6 wird zwischen der Idee einer Option und der eines Vertrags mit einer definitiven Idee des Zugrundelegens unterschieden. Ein Nachteil dieses Schemas ist die Repräsentation eines einzigen Vertrags durch zwei Objekte. Es ist einfacher, Abbildung 10.6 zu ändern, um zusammengesetzte Optionen zu handhaben (Optionen, bei den das Zugrundelegen eine Option ist). Da sich beide wenig voneinander unterscheiden, kann es gut sein, daß man sich letztendlich völlig verzettelt. Das Erstellen von Prototypen kann die Situation manchmal klären, jedoch nicht immer. Wenn sich solche Alternativen anbieten, ist es vorteilhaft, den einfacheren Ansatz zu wählen und den komplizierten nur dann zu benutzen, wenn sich die Notwendigkeit dazu ergibt. In diesem Fall läßt sich jedoch darüber streiten, welcher Weg der einfachere ist. Wenn es hart auf hart kommt, vertraue ich meistens dem Instinkt der Domänenexperten, indem ich sie frage, was sich am besten *anfühlt*. Abbildung 10.5 wird auch weiterhin als Basis für meine folgenden Erörterungen dienen.

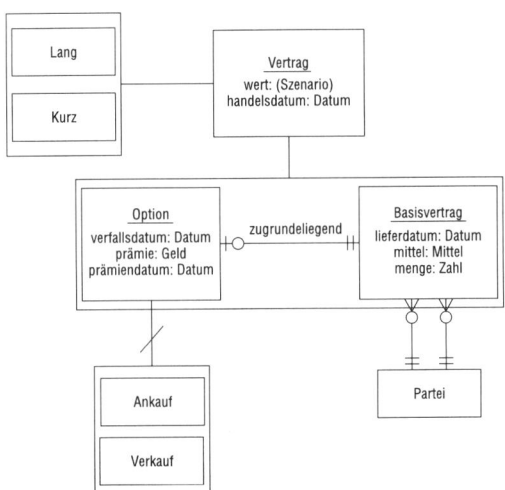

*Abbildung 10.6 Der getrennte Objektansatz hinsichtlich Optionen und Verträgen*
*Sowohl diese Abbildung als auch Abbildung 10.5 sind vernünftige Alternativen, obwohl sich dieses Kapitel auf Abbildung 10.5 stützt.*

**Modellierungsprinzip** *Wenn man sich alternativen Methoden gegenübersieht, wähle man zuerst die einfachste und wechsle dann zu einer komplizierteren, falls sie benötigt wird.*

**Modellierungsprinzip** *Wenn es wenig Auswahl zwischen Modellierungsalternativen gibt, folge man dem Instinkt des Domänenexperten.*

## 10.3 Produkt

Der Derivatenhandel wird schon seit langem als einigermaßen risikoreich angesehen, vor allem wegen der komplexen Mathematik, die zur Risikobewertung benötigt wird. Die Black-Scholes-Gleichung [3], die als Grundstein für den Großteil des Bewertungsprozesses dient, ist eine partielle Differentialgleichung zweiter Ordnung. Selbst mit meinem Ingenieurshintergrund jagen mir so etwas immer noch einen Schauer über den Rücken.

Das spektakulärste Beispiel für die Fallstricke des Derivatenhandels ist der Zusammenbruch der ehrwürdigen englischen Barings-Bank. Den gegenwärtigen Berichten zufolge war die Hauptursache des Zusammenbruchs der Handel mit einem bestimmten Derivat, das man Stellage (engl. *straddle*) nennt – ein Beispiel für eine kombinierte Option. Kombinierte Optionen können als Paket aus anderen Optionen gelten. Es scheint angebracht, diesen Abschnitt mit einer Stellage als Beispiel zu besprechen.

Das Konzept einer Stellage ist an sich recht einfach. Sie haben ein Vermögen, das je nach der Preislage ungefähr um die 70 Millionen Dollar wert ist, und Sie interessieren sich für größere Wertänderungen im Laufe der nächsten drei Monate. Jeglicher Anstieg oder Verfall des Preises ist bereits problematisch. Um dieses Problem zu umgehen, können Sie sowohl eine Ankaufsoption als auch eine Verkaufsoption kaufen, beide zu einem Preis von 70 Millionen Dollar und einem Verfallsdatum von drei Monaten. Zusätzlich ließe sich annehmen, daß die Prämie ungefähr 2,5 Millionen Dollar beträgt. Wenn der Preis nach oben geht, machen Sie von ihrer Ankaufsoption Gebrauch und verdienen den Wert des Besitzes zum neuen Preis, abzüglich der 70 Millionen Dollar und der Gesamtprämie von 5 Millionen Dollar. Wenn daher der Wert des Besitzes über 75 Millionen Dollar steigt, sind Sie glücklich. Desgleichen, wenn der Wert unter 65 Millionen Dollar fällt. Das schlimmste, was passieren kann, ist, daß die Preise stabil bleiben, da Sie dann 5 Millionen Dollar verlieren. Die Attraktivität einer Stellage rührt von einem festgesetzten Risiko her, das eine ansonsten weitgestreute Anzahl von Marktbewegungen abdeckt. Selbstverständlich kann ein sehr unbeständiges Mittel eine hö-

## 10.3 Produkt

here Prämie für die Stellage notwendig machen, aber wenn man versucht, sein Risiko in einer unbeständigen Umgebung zu minimieren, kann dies dennoch ein nützliches Produkt sein.

Wenn Sie natürlich der Verkäufer sind, ist ihre Position ungleich komplizierter: Sie können ein unbegrenztes Geldvermögen verlieren, wenn sich der Preis stark verändert. Dies führte bei einer gewissen Bank dazu, daß sie all ihre Wertreserven verlor. Wie schon gesagt, hätte die Bank andere Handel benutzen sollen, um das Risiko abzusichern (engl. *hedge*).

Wenn man diese Stellage zu modellieren versucht, bemerkt man sofort, daß sie aus zwei Optionen besteht, die durch ihre Preise, Daten, Ausrichtungen und Mittel eingeschränkt sind. Abbildung 10.7 zeigt eine Stellage, die als Untertyp einer Option modelliert wurde. Als kombinierte Option kann sie verschiedene Komponenten besitzen, deren genaue Eigenschaften durch die Bedingung der Stellage genau charakterisiert sind. Andere Untertypen der Kombinationen würden für weitere übliche Fälle benutzt: Gewinnspannen, Knebel (engl. *strangles*) usw.

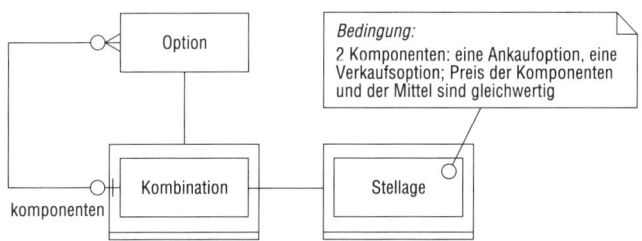

Abbildung 10.7 *Modellierung von Stellagen als Untertypen von Optionen*
*Eine Stellage ist eine Kombination aus Ankaufsoption und Verkaufsoption.*

Die Benutzung eines Untertyps bestätigt, daß eine Stellage eine Art von Option ist und dasselbe Verhalten zeigt wie ihr Obertyp. Dies wirft jedoch eine Frage auf: Ein Teil des Verhaltens kann sicher ererbt werden, wie z. B. die Fähigkeit, sich selbst und das Handelsdatum einzuschätzen. Man kann sich die Prämie als Summe der Prämien der zusammengesetzten Optionen vorstellen. Aber wie steht es mit dem Preis? Für eine Stellage kosten alle Komponenten dasselbe, daher kann man dies als Preis der Stellage ansehen. Eine andere gebräuchliche Kombination ist jedoch die Gewinnspanne. Wie schon zuvor gesagt, gilt die Gewinnspanne als zwei Optionen, die aber beide gleich ausgerichtet sind (d. h. zwei Kaufoptionen und zwei Verkaufsoptionen), allerdings zu unterschiedlichen Preisen. Wie lautet in diesem Fall der Preis? Und wenn man sich die Stellage noch einmal anschaut, handelt es sich dann um eine Ankaufs- oder um eine Verkaufsoption?

Abbildung 10.8 zeigt eine Möglichkeit, wie man mit diesem Problem umgehen kann. Attribute, die auf beiden Ebenen einen Sinn ergeben, können einer Option zugerechnet werden, wohingegen zweifelhafte Attribute einer konventionellen Option zugeordnet werden. Dies hilft in einem gewissen Maß, versagt aber, sobald man daran denkt, daß der Preis durch den Vertrag, nicht durch die Option definiert war, und daß es Kombinationen gibt (gedeckte Ankaufsoptionen oder geschützte Verkaufsoptionen zum Beispiel), die Optionen mit regulären Verträgen verbinden. Auch hier könnten die Generalisierungen wieder manipuliert werden, aber man fragt sich, was sicher dem Obertyp zugeordnet werden könnte.

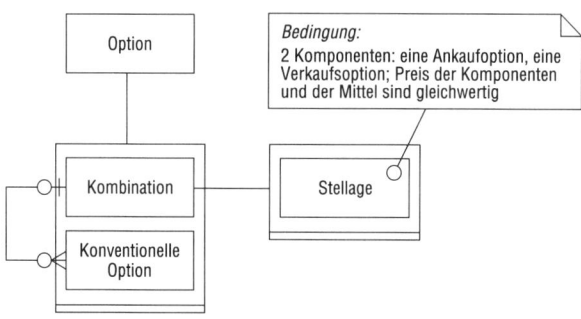

*Abbildung 10.8 Trennung der Obertypen in kombinatorisch und konventionell*

Diese Bedenken reichen aus, um die gemeinsame Nutzung von Komposition und Untertypen in Frage zu stellen. Das Hauptproblem besteht darin, daß Händler nicht notwendigerweise an Kombinationen denken, wenn sie Risikomanagement betreiben. Eine Kombination ist nicht mehr als die einzelnen Verträge. Man betrachtet ihr Risiko genau so, als wenn die Verträge an unterschiedliche Gegenparteien im selben Portfolio verkauft würden. Es sind der Kunde und der Verkäufer, die die Kombination bilden und sich die Verträge als Kombination vorstellen. Wenn die Kombination einmal abgeschlossen ist, verhält sie sich auch nicht anders als jeder andere Vertrag.

Dies führt zu dem Modell in Abbildung 10.9. Hier ist die Sicht des Verkäufers deutlich von der des Risikomanagers getrennt. Der Risikomanager sieht Verträge, die von dem Verkäufer zu einem Produkt zusammengesetzt werden. Die Stellage ist nun eine bestimmte Art von Produkt. Dies macht es möglich, das Verhalten des Vertrags noch einmal zu überdenken und das verkaufsbedingte Verhalten dem Produkt zuzuordnen, während man die risikoreiche Seite des Vorhabens dem Vertrag überläßt. Dies beinhaltet die Parteien des Produkts, die für das Risikomanagement generell irrelevant sind (es sei denn, man will es einer bestimmten Partei entgegensetzen). Da Verträge ein Produkt haben müssen (wegen der obligato-

## 10.3 Produkt

rischen Beziehung), kann ein Vertrag seine Parteien immer noch durch eine Zusammenarbeit mit ihren Produkten finden (man beachte hierzu die Erläuterungen in Kapitel 10.3.1).

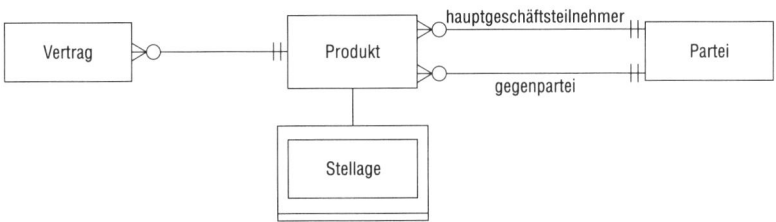

*Abbildung 10.9 Einführung des Produkts*
*Das Produkt spiegelt die Perspektive der Verkäufe wider. In der Risikoanalyse wird die Art, in der Verträge als Produkte kombiniert werden, ignoriert.*

Bei der Entscheidung, ob man einen Untertyp erstellen soll, muß man sich zwei Fragen stellen. Zuerst sollte man sich fragen, ob alle Merkmale eines Obertyps wirklich vom Untertyp geerbt wurden. Eine unmittelbare Bildung eines Untertyps, wie in Abbildung 10.7, sollte auf alle Merkmale des Obertyps hin überprüft werden, einschließlich solcher, die die Merkmale von Obertypen des Obertyps betreffen. Man vergißt dies leicht und kommt dann auf gefährliche Abwege. Diese Analyse wird dazu führen, daß man neue Faktoren für die Generalisierungshierarchie einführt, was ganz und gar nicht trivial sein kann. Die zweite Frage, die sich stellt, lautet: Glaubt der Domänenexperte, daß die Bildung von Untertypen Bestand hat? Im obigen Beispiel lehnte der Domänenexperte die Bildung von Untertypen ab und zog das Modell aus Abbildung 10.9 vor. Später tauchte das Modell aus Abbildung 10.8 noch einmal auf, aber es war bis dahin nicht ausreichend zwingend gewesen, um das Modell (und die Umgebung, die es implementiert) zu ändern.

**Modellierungsprinzip** *Die Bildung von Untertypen sollte nur benutzt werden, wenn alle Merkmale eines Obertyps für den Obertyp geeignet sind, und es konzeptionell Sinn macht zu sagen, daß jede Instanz eines Untertyps eine Instanz des Obertyps ist.*

Es bleibt die interessante Frage, ob es sinnvoll ist, dem Produkt einige explizite Generalisierungsstrukturen aufzuerlegen, um die vielfältigen Arten von Kombinationen aufzuzeigen, wie in Abbildung 10.10 dargestellt ist. Ganz offensichtlich ist dies für die Zwecke des Risikomanagements nicht notwendig. Es ist jedoch für die Schaffung von neuen Produkten dieser Form nützlich. Tatsächlich liegen die wichtigsten Beispiele dieser Art der Generalisierung auf den Anwendungs- und Präsentationsschichten (siehe Kapitel 12.3), wo spezifische Repräsentationen für die Preisvergabe und Geschäftsabschlüsse in Kombinationen notwendig sind. In solchen Situationen ist eine gemeinsame Definition in einem Domänenmodell von großem Wert, selbst wenn die Definition zur Zeit nur im Verkauf verwendet wird. Eine feinere Analyse des Handels setzt ein Wissen darüber voraus, wie die Kombinationen definiert werden.

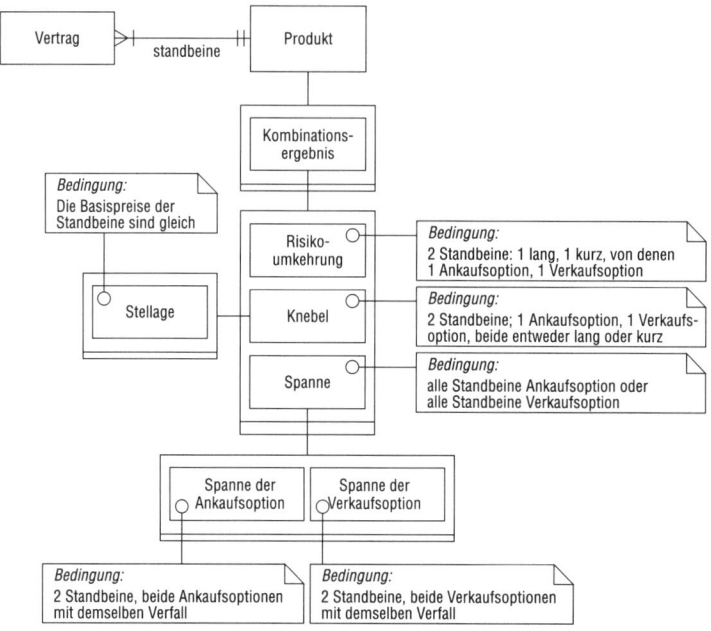

*Abbildung 10.10 Die gebräuchlichen Kombinationsprodukte*

*Dies ist ein gutes Beispiel für eine Hierarchie, die auf Bedingungen basiert. Die Verträge, die mit einen Produkt verbunden sind, nennt man die Standbeine eines Produkts.*

**Beispiel** Ein Kunde hat einen großen Bestand an Aroma-Coffee-Maker-Aktien und macht sich Sorgen über die Bewegung der Aktienpreise im Laufe der nächsten 6 Monate, bevor er sie verkaufen kann. Er könnte eine Stellage zum derzeitigen Preis von 5 Dollar kaufen. Für den Händler würde sich das Produkt in zwei unterschiedliche Optionen unterteilen.

**Beispiel** Ich möchte 7.000 Anteile der Aroma-Coffee-Maker-Aktien kaufen. Der Händler ist nicht in der Lage, eine Partei zu finden, die genau diese Menge verkaufen möchte. Er findet eine Partei, die 2.000 Anteile verkaufen will, und eine andere mit 5.000 Anteilen. Ich habe ein Produkt mit dem Händler, um 7.000 Anteile zu kaufen. Das Produkt besteht aus zwei Verträgen für jeden Handel.

**Modellierungsprinzip** *Die Produkt/Vertrag-Teilung sollte benutzt werden, wann immer der Kunde einen einzigen Geschäftsabschluß sieht, der durch den Händler in verschiedene Abschlüsse unterteilt worden ist.*

## 10.3.1 Sollte ein Produkt immer greifbar sein?

Eine der Konsequenzen des Modells in Abbildung 10.9 ist, daß Nicht-Kombinationen von einem einzigen Vertrag und einem einzigen Produkt repräsentiert werden. Das Produkt nimmt sich im Gesamtbild eher bescheiden aus (außer vielleicht bei der Aufteilung der Verantwortlichkeiten zwischen Verkaufsleitung und Risikomanagement).

Eine andere Möglichkeit wäre, die Verbindung zum Produkt nicht obligatorisch zu gestalten. In solch einem Schema hat nur eine Kombination ein Produkt. Einfache Verträge haben keine Produktverbindungen. Ein Vertrag hat eine Verbindung zu einer Partei, sie werden jedoch abgeleitet, sobald ein Produkt präsent ist. Der Nachteil dieses Schemas liegt darin, daß es Verantwortlichkeiten inkonsistent handhabt. Ein Vertrag ist dafür verantwortlich, die Beziehungen zu einer Partei zu regeln, außer wenn er die Verantwortung einem Produkt überträgt. Diese Inkonsistenz kann zu großer Verwirrung führen. Aus diesen Gründen bevorzuge ich die Nutzung von Abbildung 10.9.

In der traditionellen Datenmodellierung käme man auf einem anderen Weg zur selben Lösung. Normalisierung führt dazu, daß die Beziehungen zu der Partei nicht dupliziert werden, sondern daß ein Modell wie Abbildung 10.9 gewählt wird (obwohl es in einem tatsächlichen Modell aus Gründen der Anwendung abgeändert würde). Das objektorientierte Argument unterscheidet sich dadurch, daß es sich auf klare Verantwortlichkeiten konzentriert, dennoch teilen sich beide Argumente ein grundlegendes Thema: Konzeptionelle Einfachheit führt zu einem Minimum an Basis[1]-Assoziationen. In der OO-Entwicklung führt dieses Prinzip zu klar getrennten Verantwortlichkeiten, und in relationalen Datenmodellen führt es zur 14. Normalform (oder wie auch immer die Zahl derzeit lauten mag).

**Modellierungsprinzip** *Duplizieren Sie keine Basis-Assoziationen, die dieselbe Bedeutung haben. Wenn sie dieses Prinzip befolgen, erhalten Sie zu Typen mit klar getrennten Verantwortlichkeiten.*

**Modellierungsprinzip** *Seien Sie konsistent in der Zuweisung von Verantwortlichkeiten. Seien Sie auf der Hut vor Typen, die manchmal für etwas verantwortlich sind und in anderen Fällen wiederum diese Verantwortlichkeit delegieren. (Dieses Verhalten mag korrekt sein, sollte aber immer in Frage gestellt werden.)*

---

[1] Man kann soviel abgeleitete Assoziationen haben wie man möchte.

## 10.4 Zustandsmaschinen für Untertypen

Obwohl viele gewöhnliche Derivate als Kombinationen von Optionen dargestellt werden können, ist das nicht überall der Fall. Eine Grenzoption kann sowohl erscheinen als auch verschwinden, wenn der Preis eines Mittels, der von einem anerkannten Marktbeobachter (wie z.B. Reuters) notiert wurde, eine bestimmte Grenze erreicht. Also könnte eine Option zum Kauf von 10 Millionen Yen zu einem Preis von 90 JPY/USD gekauft werden (Ankaufsoption), wobei die Grenzwertunterschreitung (engl. *knock-in*) bei 85 JPY/USD läge. Diese Option verhält sich anders als eine Standardoption. Die Option kann effektiv nicht wahrgenommen werden, wenn die Kursnotierung vor dem Verfallsdatum nicht unter 85 JPY/USD fällt. Wenn sie unter diese Grenze fällt, wird die Option wirksam und bleibt einlösbar, was auch immer mit den Preisen zwischen diesem Datum und dem Verfallsdatum passiert. Wenn der Preis nie unter den Grenzwert fällt, kann der Käufer keine Option wahrnehmen. (Grenzwerte können auch durch Überschreitungen (engl. *knock-out*) definiert sein; in diesem Fall können Optionen nur wahrgenommen werden, wenn der Kurs die Grenze nicht übersteigt.)

Dieses unterschiedliche Verhalten kann durch die Abänderung eines Zustandsdiagramms für eine Grenze ausgedrückt werden; effektiv ersetzt man es durch eines wie in Abbildung 10.11. Das Ereignisdiagramm für seine Benutzung sieht man in Abbildung 10.12.

Die einzige strukturelle Änderung besteht darin, daß man eine Grenzebene zur Option hinzufügt, die als Untertyp einer Option gut funktioniert, da sie für eine Änderung im Verhalten sorgt und ein neues Merkmal hinzufügt (die Grenzebene).

### 10.4.1 Wie stellt man die Übereinstimmung von Zustandsdiagrammen sicher?

Das Zustandsdiagramm stellt auch für sich allein genommen eine interessante Sache dar. Man kann das Zustandsdiagramm aus Abbildung 10.4 durch das aus Abbildung 10.11 ersetzen, wenn man die unterschiedlichen Verhaltensweisen des Grenzuntertyps berücksichtigt. Dies wirft jedoch eine Frage auf: Darf man das machen? Die meisten Methoden betonen, wie wichtig es ist, daß man einen Untertyp durch einen Obertyp ersetzen kann; dies spiegelt sich in Objektdiagrammen dadurch wider, daß man Assoziationen hinzufügen, aber nicht entfernen darf. Viele Lehrbücher geben keine Auskunft darüber, welchen Regeln Zustandsdiagramme mit Untertypen unterworfen sind. Shlaer und Mellor [6] zeigen, daß Zustandsdiagramme entweder nur bei einem Obertyp oder aber nur bei einem Untertyp plaziert werden dürfen. Wenn jedoch alle Untertypen gemeinsame Anteile besitzen, kann dies am Obertyp plaziert werden, um die Pflege zu vereinfachen (Splicing). Rumbaugh [5] betont, daß Untertypen (für gewöhnlich) nur orthogonale Zustandsdiagramme hinzufügen können.

Die beste Abhandlung darüber, wie Zustände und die Bildung von Untertypen funktionieren, stammt von Cook und Daniels [1], die ein ganzes Kapitel den Untertypen und Zustandsdiagrammen widmen. Sie betonen die Entwurfsprinzipien nach Verträgen [4], die man zusammenfassen kann, indem man sagt, daß das Zustandsdiagramm eines Untertyps durch zwei Möglichkeiten erweitert werden kann: Entweder indem man ein orthogonales Zustandsdiagramm hinzufügt oder indem man den Zustand eines Untertyps nimmt und ihn in Subzustände unterteilt. Die Übergänge von Obertypen können nur modifiziert werden, indem man sie zu Zuständen ihres Obertyp-Zustandes zurückleitet.

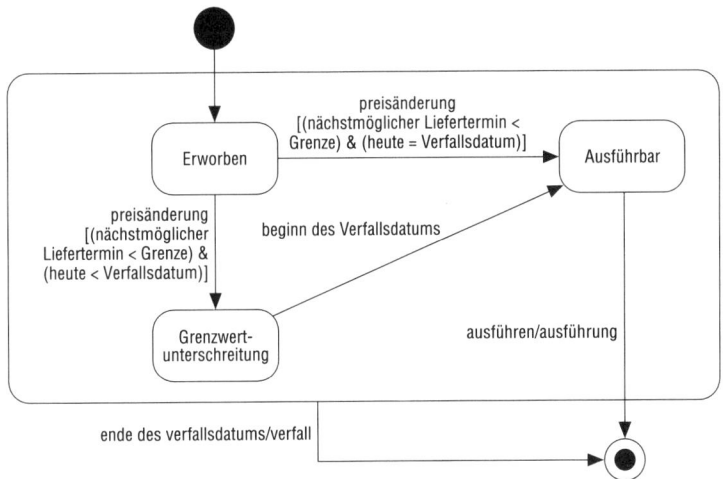

*Abbildung 10.11 Harel-Zustandsdiagramm für eine Grenzwertunterschreitungs-Ankaufsoption*
*Wenn der Preis des Mittels nie die Grenze unterschreitet, kann die Option nicht wahrgenommen werden. Wenn der Preis jedoch einmal die Grenze passiert hat, sind andere Änderungen nicht länger von Bedeutung.*

Wendet man diese Richtlinien auf das Options-Zustandsmodell an, so ergeben sich zahlreiche Probleme. Das erste liegt in der Behandlung des Beginns des Verfallsdatum-Ereignisses. In Abbildung 10.14 (das Optionsdiagramm) initiiert dies einen Übergang von »erworben« zu »wahrnehmbar«, aber in Abbildung 10.11 (das Grenzdiagramm) erfolgt die Überleitung durch den neuen Zustand der Grenzwertunterschreitung. Das Ende des Verfallsdatums erzeugt ein ähnliches Problem: Abbildung 10.4 zeigt, daß ein Übergang nur aus dem Zustand »wahrnehmbar« möglich ist, wohingegen in Abbildung 10.11 der Übergang aus jedem Zustand möglich ist.

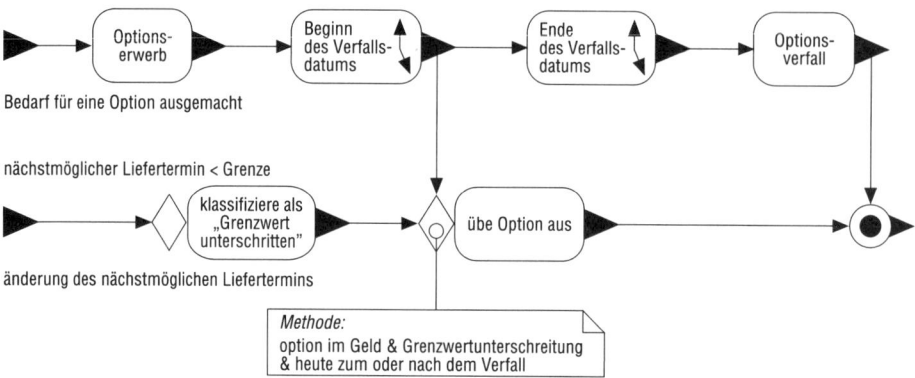

Abbildung 10.12 Ereignisdiagramm, das den Prozeß darstellt, der bei der Nutzung einer Grenzwertunterschreitungs-Ankaufsoption entsteht

Zunächst stellt sich die Frage, was ein Objekt tun sollte, wenn es ein Ereignis bekommt, das nicht in einem Zustand ist, in dem das Objekt etwas mit ihm anfangen kann. Das Objekt kann dieses Ereignis entweder stillschweigend ignorieren oder einen Fehler melden. Daher sollten einige Richtlinien festgelegt werden, wie man damit umgeht; Cook und Daniels [1] empfehlen z.B., daß man alle Ereignisse auflistet, an denen ein Objekt interessiert ist. Alle Ereignisse, die normalerweise stillschweigend ignoriert würden, falls es keinen definierten Übergang gäbe, werden als zugelassene Ereignisse aufgeführt. Dadurch wird eine Situation vermieden, in der das (Grenz-)Diagramm aus Abbildung 10.11 den Zustand eines Verfallsdatum-Ereignisses erhalten sollte, während es sich noch im Zustand »erworben« befände. Wenn der Beginn des Verfallsdatums ein erlaubtes Ereignis ist, wird es vom Objekt einfach ignoriert.

Dies stimmt jedoch noch nicht vollständig mit dem Obertyp überein. Abbildung 10.11 zeigt, daß eine erworbene Option zu einer wahrnehmbaren wird, wenn der Beginn des Verfallsdatum-Ereignisses wahrgenommen wird. Wenn man sich das in Hinblick auf einen Vertrag ansieht, so ist der Wechsel hin zu »erworben« ein Teil der Nachbedingung des Verfallsdatums. Man kann diese Nachbedingung im Untertyp nicht abschwächen, lediglich verstärken. Um eine Grenzwertunterschreitungs-Ankaufsoption als Untertyp einer Option zu haben, muß man beide Zustandsdiagramme durch diejenigen aus den Abbildungen 10.13 und 10.14 ersetzen.

## 10.4 Zustandsmaschinen für Untertypen

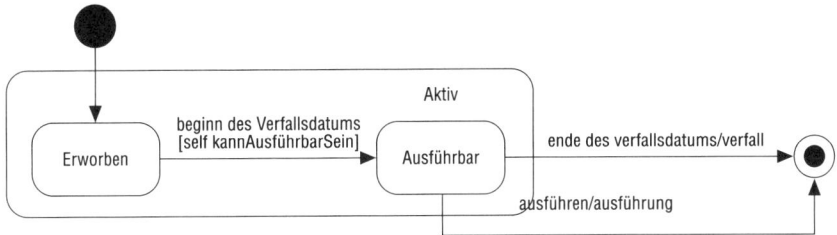

*Abbildung 10.13 Modifiziertes Zustandsdiagramm für eine Option, um Cook und Daniels Übereinstimmung mit Grenzwertunterschreitungs-Ankaufsoptionen zu ermöglichen*

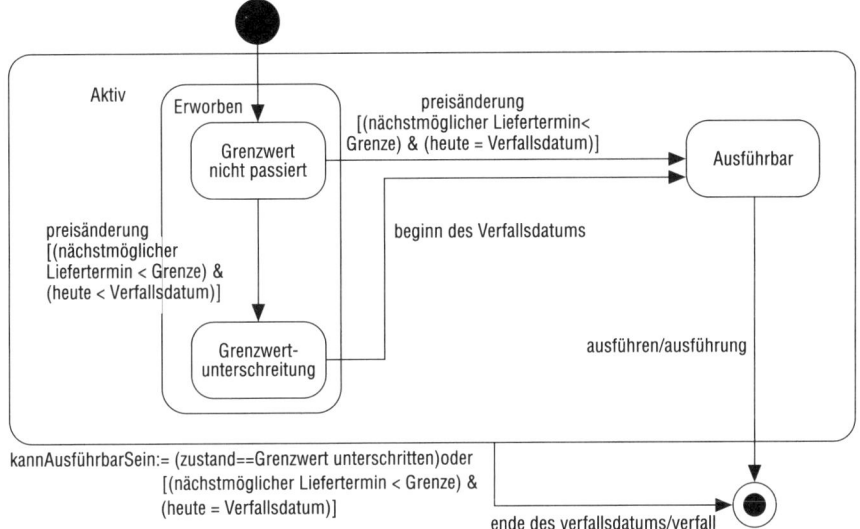

*Abbildung 10.14 Modifiziertes Zustandsdiagramm für Grenzwertunterschreitungs-Ankaufsoptionen, um die Übereinstimmung mit Abbildung 10.13 zu unterstützen*

Um Übereinstimmung zu erreichen, spiegeln diese Diagramme zwei Änderungen wieder. Die erste besteht darin, »erworben« und »wahrnehmbar« in einen aktiven Zustand zu verallgemeinern. Man ist dann in der Lage, das Ende des Verfallsdatum-Ereignisses von dort aus umzuleiten. Die zweite Änderung besteht darin, kannWahrgenommenWerden dem Beginn des Verfallsdatum-Ereignisses als Überwachung hinzuzufügen. Durch diese läßt sich ausdrücken, daß der Beginn eines Verfallsdatums nicht immer zum Zustand »wahrnehmbar« führen muß. Für reguläre Optionen ist kannWahrgenommenWerden immer True. Untertypen einer Option können es aber für ein anderes Verhalten außer Kraft setzen.

Abbildung 10.14 zeigt ein Beispiel für die Außerkraftsetzung von Grenzen bei einer Grenzwertunterschreitung. Man führt Subzustände von »erworben« ein, um anzuzeigen, ob die Grenze unterschritten wurde oder nicht. Man unterteilt dann die Quelle des Beginns des Verfallsdatumübergangs und schwächt die Überwachung ab, um den unbewachten Übergang darzustellen. Da man den Beginn des Verfallsdatums beim Obertyp erlaubt hat, kann die Grenze den Beginn des Verfallsdatums ignorieren, wenn sie nicht passiert wird.

### 10.4.2 Probleme, die bei der Benutzung von Übereinstimmung auftreten können

Nachdem man diese Übung mitgemacht und Übereinstimmung erzielt hat, sollte man kurz innehalten und sich ein paar Fragen über den Prozeß stellen. Nach meinem Dafürhalten repräsentieren die Abbildungen 10.4 und 10.11 einfachere und klarere Ausdrücke von Verhalten als die Abbildungen 10.13 und 10.14. Obwohl man Übereinstimmung erreicht hat (jedenfalls nach der Definition von Cook und Daniels), hat man letztendlich die Verständlichkeit verloren. Zusätzlich mußte man wegen der Modellierung der Grenzwertunterschreitungs-Ankaufsoption das Obertypendiagramm verändern. Es war völlig in Ordnung so, wie es war, – man hat es nur geändert, weil man ein anderes Zustandsdiagramm benötigte, das zwingend ein übereinstimmendes Untertypen-Zustandsdiagramm erforderlich machte. Dies impliziert, daß es ein neuer Untertyp zwingend notwendig macht, die Zustandsdiagramme eines Obertyps zu verändern, es sei denn, man wäre geschickt genug, um ein außergewöhnlich flexibles Obertypendiagramm herzustellen. Leider halte ich mich nicht für so clever, so daß die Bildung von Untertypen mit einigen Schwierigkeiten verbunden sein wird.

Eine Lösung für diese Schwierigkeiten besteht darin, die Generalisierungshierarchie neu zu besetzen, so daß man sich um die Übereinstimmung nicht mehr kümmern muß. Wir haben angenommen, daß eine Grenzwertunterschreitungs-Ankaufsoption ein Untertyp einer Option sein würde, jeder mit seinem eigenen Zustandsdiagramm, wie in Abbildung 10.15 dargestellt ist. Ein anderer Ansatz wäre es, die Option als einen abstrakten Typ ohne eigenes Zustandsdiagramm zu betrachten und einen konventionellen Optionsuntertyp zu erzeugen, um das Zustandsdiagramm aus Abbildung 10.14 zu erhalten, wie Abbildung 10.16 zeigt. Dies verhindert, daß man sich wegen der übereinstimmenden Zustandsdiagramme Gedanken machen muß, und erlaubt natürlichere Zustandsdiagramme, führt aber einen separaten Typ ein. Dieser Ansatz richtet sich außerdem stärker nach den Richtlinien von Rumbaugh, Shlaer und Mellor, die sich nicht mit Übereinstimmung zwischen den Zustandsmodellen beschäftigen.

## 10.4 Zustandsmaschinen für Untertypen

*Abbildung 10.15 Grenzwertunterschreitungs-Ankaufsoption als Untertyp einer Option*
*Dies ist der natürliche Ansatz, aber wie stehen die Zustandsmodelle zueinander in Beziehung?*

Entwurf durch Vertrag (engl. *design by contract*) besagt, daß alle Untertypen die Nachbedingungen ihrer Obertypen erfüllen müssen. Dies impliziert jedoch nicht notwendigerweise, daß die Nachbedingung beim Beginn des Verfallsdatums den Übergang zum Zustand »wahrnehmbar« beinhalten sollte. Wenn man sich dafür entscheidet, dies nicht als Teil der Nachbedingung einzufügen, ist das ursprüngliche Diagramm akzeptabel. Das Wichtigste dabei ist, daß der Beginn des Verfallsdatums in allen Fällen zugelassen wird; ob es zu einem Übergang kommt oder nicht, bleibt undefiniert.

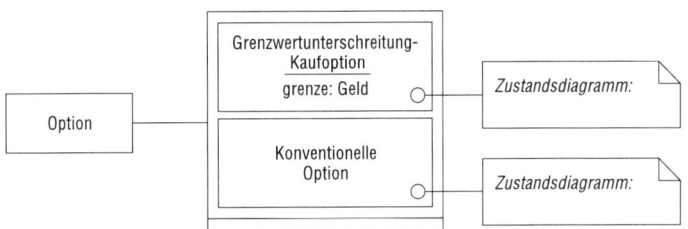

*Abbildung 10.16 Erzeugung eines konventionellen Optionstyps*
*Dieser Ansatz kann den Umgang mit den Zustandsmodellen erleichtern, ist aber nicht so natürlich.*

Tatsächlich ist dies ein Beispiel für die entfernteren Möglichkeiten, wie man Design by Contract nutzen kann. Es wird häufig gesagt, daß die Nachbedingungen einer Operation alle Veränderungen der sichtbaren Zustände eines Objekts definieren sollten. Dieses Prinzip wird häufig von der formalmethodischen Gemeinschaft befürwortet, gilt aber nicht für Design by Contract. Die Nachbedingung spezifiziert lediglich den Zustand, der am Ende der Operation herrschen muß. Man kann immer darauf hinweisen, daß sich nichts außer dem, was man spezifiziert hat, ändern soll, aber das wird in diesem Ansatz nicht angenommen.

Tatsächlich macht die Bildung von Untertypen solch eine restriktive Nachbedingung gefährlich. Der Sinn der Bildung von Untertypen besteht darin, daß der Obertyp nicht alle Anschlüsse vorhersagen kann, die der Untertyp vielleicht machen wird. Wenn man eine unnötig restriktive Nachbedingung benutzt, beschneidet man die Flexibilität, die die Bildung von Untertypen bietet. Nachbedingungen definieren Aspekte des beobachtbaren Zustands eines Objekts, die True sein müssen. Daher können auch andere Änderungen auftreten, immer vorausgesetzt, sie verletzen nicht die expliziten Klauseln der Nachbedingung.

**Modellierungsprinzip** *Die Wirkung der Generalisierung auf Zustandsdiagramme ist wenig erforscht. Es ist wichtig sicherzustellen, daß alle Ereignisse auf einem Obertyp durch die Untertypen behandelt werden können. Jedes Zustandsdiagramm, bei dem Untertypen gebildet werden können, muß unbekannte Ereignisse zulassen.*

**Modellierungsprinzip** *Eine Nachbedingung definiert eine Bedingung, die das Objekt nach der Operation als True bestimmt. Andere Änderungen, die von der Nachbedingung nicht erwähnt werden, können stattfinden.*

## 10.5 Parallele Anwendungs- und Domänenhierarchien

Ein Händler, der ein Portfolio mehrerer Verträge erhält, könnte sich eine Liste der Verträge zusammen mit wichtigen Informationen über diese Verträge anschauen. Solch eine Liste würde pro Zeile einen Vertrag darstellen. Die Informationen auf der jeweiligen Zeile können je nach Art des Vertrags variieren. Die Spalten könnten kaufen/verkaufen, Handelsdatum, Basispreis, Ankaufsoption/Verkaufsoption (ausschließlich Optionen), Verfallsdatum (ausschließlich Option), Grenzebene (ausschließlich Grenze), Grenzwertunterschreitung oder Grenzwertüberschreitung (ausschließlich Grenze) heißen.

Bei diesem Schema sind einige Spalten der Tabelle nur für bestimmte Untertypen einer Option relevant. Dies macht das Problem wesentlich komplexer. Man kann nicht annehmen, daß eine Suchzeilenklasse (engl. *browser line class*) jeden Vertrag nach jedem relevanten Attribut befragt. Solch ein Ansatz würde nicht funktionieren, da die Suchzeilenklasse eine Nicht-Option nicht nach ihrem Verfallsdatum fragen kann, da diese laut Definition kein Verfallsdatum hat.

Ein erster Schritt bei der Planung des Entwurfs besteht darin, die mehrschichtige Struktur aus Kapitel 12 zu benutzen. Indem sie diese Struktur benutzen, werden Portfolio, Browser und Suchzeile zu Anwendungsfassaden, die wie in Abbildung 10.17 funktionieren. Der Gegenstand des Portfolio-Browsers ist ein Portfolio, der Gegenstand der Suchzeile ein Vertrag. Weder das Portfolio noch der Vertrag sind sichtbar für den Portfolio-Browser oder für die Suchzeile, da die Typen der Suchzeile innerhalb der Anwendungsschicht liegen und Domänentypen keine Sichtbarkeit für Anwendungstypen haben (siehe Abbildung 12.6).

## 10.5 Parallele Anwendungs- und Domänenhierarchien

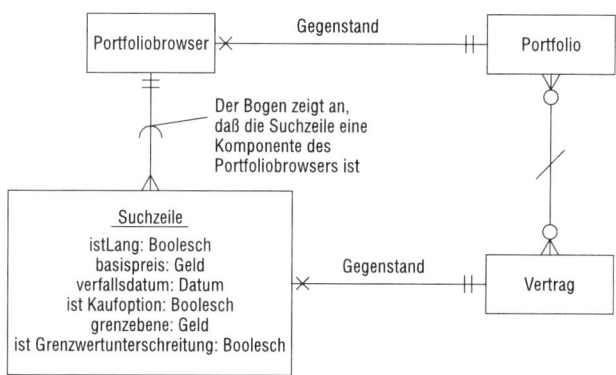

*Abbildung 10.17 Ein Portfolio-Browser und seine Beziehung zum Domänenmodell*
*Der Portfolio-Browser und die Suchzeile sind Anwendungsfassaden.*

Diese Struktur erlaubt es einer Suchzeile, Attribute für alle Spalten zu besitzen, die von einer Schnittstelle benötigt werden. Wenn es nach Präsentationsprogrammierern geht, hat jede Zeile diese Attribute, die Null sein können. Wenn ein Attribut Null ist, impliziert dies eine Leerzeile in der Browsertabelle. Das Problem liegt in der Verbindung zwischen der Suchzeile und dem Domänenmodell.

Die Suchzeile weiß, daß sie es mit einer Kollektion von Verträgen zu tun hat. Unglücklicherweise muß sie nach Informationen fragen, die nur auf bestimmten Untertypen des Vertrags definiert sind. Wenn eine Suchzeile eine Nicht-Option nach ihrem Verfallsdatum fragt, wird sie eine Fehlermeldung zurückbekommen. Um mit dieser Interaktion umzugehen, können verschiedene Strategien benutzt werden: Typenüberprüfung in der Anwendungsfassade, Ausstattung des Obertyps mit einer umfassenden Schnittstelle, Verwendung eines Laufzeit-Attributs, Sichtbarmachen der Anwendungsfassade für das Domänenmodell und Anwendung von Maßnahmen zur Ausnahmebehandlung.

### 10.5.1 Typenüberprüfung in der Anwendungsfassade

Bei dieser Strategie ist die Suchzeile für den Umgang mit dem Problem verantwortlich. Vor jeder Anfrage an den Vertrag wird eine Typenüberprüfung des Vertrags vorgenommen, um sicherzustellen, daß die Anfrage sicher abgesetzt werden kann, wie in Abbildung 10.18 dargestellt wird. In C++ erfolgt dies in Form einer Typenüberprüfung, gefolgt von einer Anpassung eines Basistyps auf einen abgeleiteten Typ (engl. *downcast*). Zuletzt findet wiederum eine Anfrage statt.

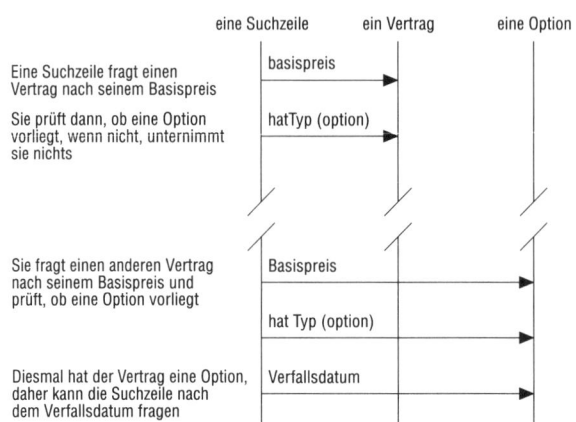

*Abbildung 10.18 Interaktionen zur Typenüberprüfung in einer Suchzeile*

*Der Typ wird geprüft, bevor eine Operation aufgerufen wird, die lediglich durch einen Untertyp definiert ist.*

Diese Strategie weist eine Reihe von Nachteilen auf. Die Browserklasse wird, angesichts der vielen Untertypen eines Vertrags, ziemlich komplex. Zudem verursachen alle Änderungen in der Vertragshierarchie auch Änderungen im Browser. Wenn die Änderung natürlich ein neuer Untertyp ist, der eine neue Spalte im Browser anlegt, würde eine solche Änderung aufgrund der geänderten Präsentation in jedem Fall notwendig.

Der Umfang der Typenüberprüfung, die dieses Schema impliziert, kann durch einige Ansätze reduziert werden. Man kann eine Unterklasse der Suchzeile für jeden Untertyp des Vertrags benutzen. Man kann eine Typenüberprüfung benutzen, um die korrekte Unterklasse einer Suchzeile zu instantiieren, so daß sie diese Aufgabe übernimmt. Ein weiterer Ansatz läge in der Nutzung des Besuchermusters [2]. Obwohl diese Ansätze vorzuziehen sind, wenn der Umfang der Typenüberprüfung allzu excessiv ist, so muß die Suchzeile (und ihre Unterklassen) doch Kenntnis von der Vertragshierarchie haben.

## 10.5.2 Ausstattung des Obertyps mit einer umfassenden Schnittstelle

Das grundsätzliche Problem liegt darin, daß es ein Fehler ist, einen Vertrag nach seinem Verfallsdatum zu fragen. Eine Lösung bestünde darin, alle Operationen der Untertypen zum Vertrag hinzuzufügen. Der Vertrag würde selbstverständlich alle mit Null beantworten, aber die relevanten Untertypen könnten diese Operation außer Kraft setzen, um ihren eigenen Wert anzubieten.

Dieser Ansatz beinhaltet vielfältige Probleme. Es wird unmöglich festzustellen, was eine wirklich zulässige Operation innerhalb eines Vertrags ist und was eigentlich ein Fehler ist. Die Typenüberprüfung zur Übersetzungszeit wird außer Kraft gesetzt, da sie nicht zwischen den Operationen unterscheiden kann. Dementsprechend muß die Schnittstelle eines Vertrags bei jeder Neueinführung eines Untertyps geändert werden. Daher bin ich persönlich kein großer Freund dieses Ansatzes.

### 10.5.3 Die Nutzung eines Laufzeitattributs

Laufzeitattribute (engl. *run-time attributes*) erweisen sich als sehr flexibles System, um Typen mit Attributen zu versehen, ohne das konzeptionelle Modell zu verändern. Wenn sie implementiert sind, erlauben sie Attributwechsel ohne Neuübersetzung des Systems während des laufenden Betriebs.

Das Basismodell für Verträge ist in Abbildung 10.19 dargestellt, oder noch besser in Abbildung 10.20, in dem eine schlüsselbasierte Abbildung (siehe Kapitel 15.2) benutzt wird. Alle Verträge haben eine Anzahl von Laufzeiten (engl. *terms*), und jedem wird ein eigener Laufzeittyp zugeordnet. In diesem Beispiel wäre jedes Attribut des Vertrags und seiner Untertypen (Basispreis, Ankaufsoption, Grenzwert usw.) Laufzeittypen. Wenn ein Vertrag nach einer Laufzeit gefragt wird, antwortet er mit dem Wertobjekt, falls eine Laufzeit vorhanden ist. Auf diese Weise ist es kein Fehler, nach dem Verfallsdatum einer Nicht-Option zu fragen.

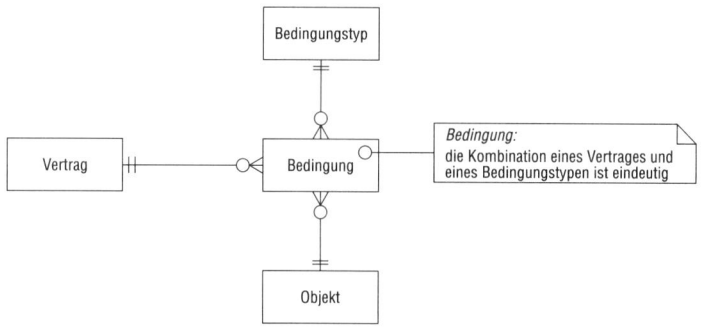

*Abbildung 10.19  Ein Laufzeitattribut für einen Vertrag*
*Auf diese Weise würde die Frage nach einer Eigenschaft, die an eine Option geknüpft ist, auch bei einer Nicht-Option keine Fehlermeldung auslösen.*

*Abbildung 10.20  Abbildung 10.19, die eine schlüsselbasierte Abbildung benutzt*

Natürlich kann es bei diesem Modell vorkommen, daß einer Nicht-Option aus Versehen ein Verfallsdatum zugeordnet wird. Dies kann jedoch auf verschiedene Weisen verhindert werden. Die erste wäre die Benutzung einer Wissensebene (siehe Kapitel 2.5), wie in Abbildung 10.21 dargestellt. Die andere wäre, den Laufzeittyp als abgeleitete Schnittstelle zu behandeln. Sowohl die Modellattribute (solche des Vertrags und seiner Untertypen) als auch die Schnittstelle des Laufzeitentyps sind vorgegeben. Aktualisierungen werden nur durch die Modellattribute ermöglicht.

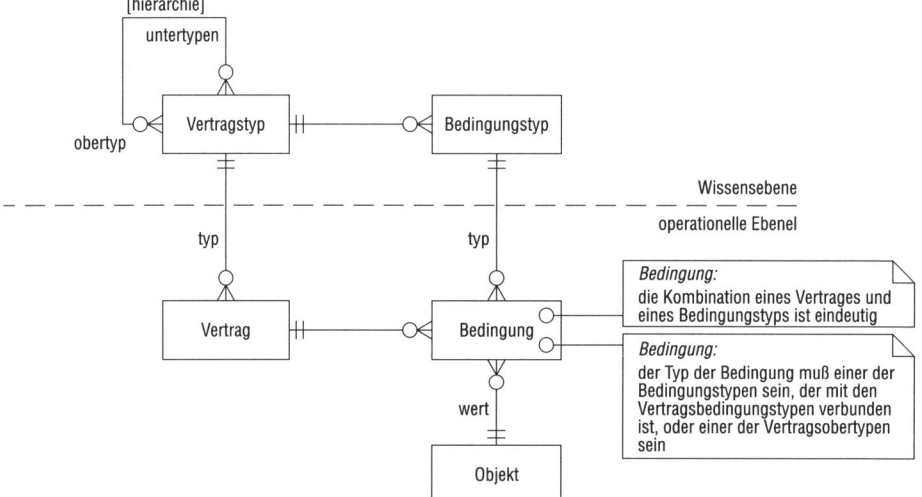

*Abbildung 10.21 Verwendung einer Wissensebene, um die Plazierung der Laufzeiten im Vertrag zu kontrollieren*
*Dies würde Laufzeiten davon abhalten, inkorrekt in Verträgen plaziert zu werden, könnte aber nur zur Laufzeit überprüft werden.*

Die Nutzung von Laufzeitattributen sorgt für Flexibilität, hat aber auch erhebliche Nachteile. Zum einen wird es durch Laufzeittypen schwieriger, die Schnittstelle eines Vertrags und seiner Untertypen zu verstehen. Der Benutzer muß sich nicht nur die Operationen anschauen, die durch den Typ definiert sind, er muß auch ein Auge auf die Instanzen des Laufzeitentyps haben, insbesondere darauf, welche Instanzen gültig sind. Zum anderen können Attributtypen nicht während der Übersetzungszeit überprüft werden, was einen wichtigen Vorteil der Überprüfung zur Übersetzungszeit hinfällig macht. Dies ist für die Suchzeile nicht so wichtig, weil es hier darum geht, die Überprüfung zur Übersetzungszeit zu lokkern, aber für andere Teile des Systems ist dies von äußerster Wichtigkeit. Ein dritter Nachteil besteht darin, daß die grundlegenden Sprachmechanismen unterminiert werden. Der Compiler weiß nicht, was passiert, und Sprachmerkmale, wie z.B. Polymorphie, müssen vom Programmierer von Hand kodiert werden. Zudem bieten Laufzeitattribute nicht dieselbe Performanz wie Modellattribute.

Viele dieser Nachteile können beseitigt werden, wenn man beide Schnittstellen bereitstellt. Jene Teile einer Software, die Wissen über Attribute zur Übersetzungszeit besitzen, können Modellattribute benutzen, während der Browser Laufzeitattribute verwenden kann.

### 10.5.4 Die Anwendungsfassade für das Domänenmodell sichtbarmachen

In diesem Ansatz liegt die Verantwortung für das Laden einer Suchzeile bei dem Vertrag, den die Suchzeile zusammenfaßt, wie in Abbildung 10.22 dargestellt ist. Da die Kontrolle nun beim Vertrag oder seinem Untertyp liegt, kann er die Suchzeile mit den korrekten Werten für diesen Untertyp laden. Die Suchzeile unterstützt alle notwendigen Informationen für die Anwendung, und der Vertrag oder Untertyp weiß, was für diesen Untertyp anwendbar ist.

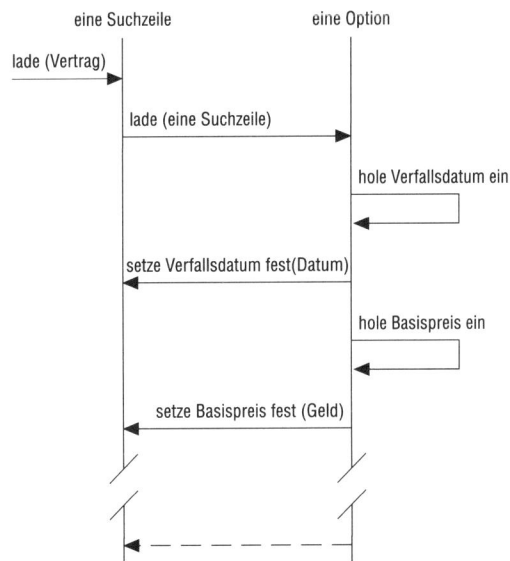

*Abbildung 10.22 Interaktionen für Verträge, die Suchzeilen laden*

*Die Suchzeile muß für den Vertrag sichtbar sein, was die üblichen Sichtbarkeitsregeln zwischen Domänen- und Anwendungsebene verletzt.*

Zu den Vorteilen dieses Ansatzes gehört die Tatsache, daß die Interaktion sehr viel einfacher ist, da keine Typenüberprüfung notwendig ist. Dazu kommt, daß ein neuer Vertrag keine Änderung der Suchzeile notwendig macht, es sei denn, es gibt eine gleichartige Änderung in der Präsentation. Alles, was man braucht, um die Suchzeile zu laden, ist eine neue überschreibende Operation.

Der größte Nachteil besteht im Bruch der Sichtbarkeitsregeln zwischen Anwendungs- und Domänenschicht, die in Kapitel 12 besprochen werden. Dies kann verhindert werden, indem man die Suchzeile in ein eigenes Paket plaziert, wie Abbildung 10.23 zeigt. Auf diese Art wird die Abhängigkeit vom Domänenmodell ausschließlich auf den Suchzeilentyp beschränkt. Sichtbarkeiten können weiter reduziert werden, indem man den Suchzeilentyp in zwei Teile teilt. Die Präsentation für den Browser und für die Verträge benutzen Schnittstellen, die sich von denen der Suchzeile sehr unterscheiden. Die Suchzeile kann ihre eigene Suchzeilenfassade innerhalb des Browserfassadenpakets erhalten. Diese Fassade interagiert auf einfache Weise mit der Suchzeile. In diesem Fall kann die Sichtbarkeit von der Browserpräsentation auf das Suchzeilenpaket entfernt werden.

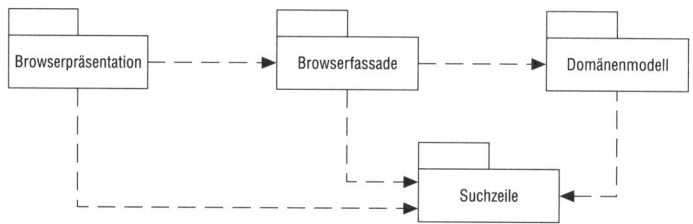

*Abbildung 10.23 Sichtbarkeiten für ein Suchzeilenpaket (auf Abbildung 12.6 basierend)*
*Das Suchzeilenpaket stellt einen Spezialfall zwischen den Anwendungs- und den Domänenschichten dar.*

Ein weiterer Nachteil ergibt sich aus der Möglichkeit, mit mehreren Browseranwendungen zu arbeiten, die einigermaßen unterschiedliche Bedürfnisse haben. Jede Anwendung würde ihre eigene Suchzeile benötigen, die alle dem Vertrag bekannt sein müßten. Es kann hier hilfreich sein, die Suchzeile zu teilen. Eine Suchzeilenfassade würde für jede Anwendung erzeugt, alle Anwendungen würden das einzige Suchzeilenpaket benutzen. Das Hinzufügen neuartiger Browser würde daher nicht die Verantwortlichkeiten des Vertrags ändern, es sei denn, der Suchzeile würde ein neues Merkmal hinzugefügt.

Es bleibt jedoch die Tatsache, daß jedes neue Merkmal, das von der Suchzeile benötigt wird, eine Modifikation des gesamten Vertrags und all seiner Untertypen notwendig macht. Hier muß grundsätzlich zwischen den Möglichkeiten, die Kontrolle der Suchzeile zu übergeben und die Kontrolle beim Vertrag zu belassen, abgewogen werden. Wenn häufiger neue Verträge hinzugefügt werden als Merkmale zu den Suchzeilen, sollte man die Kontrolle dem Vertrag überlassen. Dennoch sollte man den Wechsel zum normalen Sichtbarkeitsschema nicht auf die leichte Schulter nehmen. Nur wenn nicht deutlich mehr neue Vertragsuntertypen als Änderungen in der Suchzeile auftreten, tut man besser daran, dem Vertrag keine Kontrolle zuzugestehen, da viele neue Untertypen im Vertrag schon neue Merkmale für die Suchzeile in sich tragen.

## 10.5.5 Ausnahmebehandlung

Natürlich beruhen alle obengenannten Ideen auf der Vorstellung, daß es schlecht sei, eine Nicht-Grenze nach ihrer Grenzebene zu fragen. In der richtigen Umgebung ist dies allerdings gar kein so großes Problem. Falls die Anfrage nach einem Objekt in einem Laufzeitfehler resultiert und sich dieser Fehler durch eine Ausnahme manifestiert, kann die Suchzeile einfach die Ausnahme erkennen und wie Null behandeln. Die Suchzeile sollte prüfen, daß die Ausnahme wirklich daher rührt, daß der Empfänger die Anfrage nicht verstanden hat, und daß es sich nicht um einen schwerwiegenderen Fehler handelt. Sie nimmt außerdem an, daß es möglich ist, eine Nachricht an ein Objekt zu schicken, für das der Empfänger keine Schnittstelle hat. Dies ist der Punkt, an dem mangelnde Typsicherheit von Vorteil ist, zusammen mit den Merkmalen zur Ausnahmebehandlung, die nun in den neueren Implementierungen vorhanden sind. Smalltalk kann immer auf diese Weise benutzt werden, da es keine Typen verwendet. Typsicherung in C++ kann durch eine Anpassung von einem Basistyp auf einen abgeleiteten Typ (engl. *downcast*) umgangen werden.

**Literatur**

1. S. Cook, J. Daniels. *Designing Object Sytems: Object-Oriented Modelling with Syntropy*. Hemel Hempstead, UK: Prentice-Hall International, 1994.

2. E. Gamma, R. Helm, R. Johnson, J. Vlissides. *Design Patterns: Elements of Reusable Object-Oriented Software*. Reading, MA: Addison-Wesley, 1995.
   In deutscher Übersetzung: *Entwurfsmuster: Elemente wiederverwendbarer objektorientier Software*. Bonn: Addison-Wesley, 1996.

3. J.C. Hull. *Options, futures, and other derivatives* (Third Edition). Upper Saddle River, NJ: Prentice-Hall, 1997.

4. B. Meyer. »Applying 'Design by Contract,'« In: *IEEE Computer*, 25, 10 (1992), pp.40-51

5. J. Rumbaugh, M. Blaha, W. Premerlani, W. Lorensen. *Objekorientiertes Modellieren und Entwerfen*. München: Hanser, 1994.

6. S. Shlaer, S.J. Mellor. *Objekte und ihre Lebensläufe: Modellierung mit Zuständen*. München: Hanser, 1998.

# 11 Handelspakete

Um dieses Kapitel verstehen zu können, sollten Sie zuerst die Kapitel 9 und 12 gelesen haben. Die Entwicklung großer Informationssysteme stellt eine besondere Herausforderung dar. Grundsätzlich sollte man ein großes System in kleinere zerlegen. Dazu benötigt man die in Abschnitt A.5 besprochene Form des architektonischen Modellierens.

Das erste Organisationswerkzeug eines jeden Informationssystems stellt die in Kapitel 12 besprochene schichtenbasierte Architektur dar. Diese bezeichnet viele der Paketeinteilungen des Systems. Doch wird das Domänenmodell in einem größeren System für ein einzelnes Paket zu groß. Als grundlegende Werkzeuge für die Einteilung werden wiederum (siehe Abschnitt A.5) die Konzepte des Pakets und der Sichtbarkeit verwendet. Die Handelskonzepte aus Kapitel 9 stellen die Beispiele.

Das erste Muster beleuchtet die Organisation der Szenarien- und Portfoliomodelle. Das Hauptproblem besteht in *mehreren Zugriffsebenen auf ein Paket (11.1)*. Eine Anwendung zur Risikoverwaltung verwendet Szenarien, um die Informationen zu erhalten, die zur Abschätzung eines Portfolios notwendig sind. Beide Anwendungen benötigen Zugriff auf die Szenarientypen, der allerdings auf höchst unterschiedlichen Ebenen stattfindet. Verschiedene Klienten, die unterschiedliche Schnittstellen benötigen, stellen ein weitverbreitetes Problem dar. Als Lösung könnte man u. a. einem Paket erlauben, mehrere Protokolle zu besitzen und unterschiedliche Pakete zu verwenden.

Die Beziehungen zwischen den Verträgen und Interessenten werfen das Problem der *gegenseitigen Sichtbarkeit (11.2)* auf. Dafür bieten sich drei Lösungen an: Eine einseitige Sichtbarkeit zwischen dem Vertrag und dem Interessenten, sie beide in dasselbe Paket zu plazieren oder sie in getrennte, gegenseitig sichtbare Pakete zu plazieren. Alle drei Lösungen besitzen allerdings signifikante Nachteile.

Das letzte Muster erläutert die *Untertypenbildung von Paketen (11.3)*, indem die Positionierung der abgeleiteten Verträge, die in Kapitel 10 besprochen wurden, auf die Paketstruktur betrachtet wird. Dieses Muster macht deutlich, daß Untertyp unabhängig von ihren Obertypen in ein Paket plaziert werden können; die Sichtbarkeit ist dann vom Untertyp auf den Obertyp gerichtet.

## 11.1 Mehrere Zugriffsebenen auf ein Paket

Portfolios werden unter Verwendung von Marktindikatoren als Beschreibung aus Verträgen erzeugt. Szenarien werden unabhängig davon zur Entwicklung von Preisen für Marktindikatoren verwendet. Portfolios und Verträge müssen Szenarien zur eigenen Abschätzung verwenden, umgekehrt benötigen Szenarien aber kein Wissen über Portfolios und Verträge, wie in Abbildung 11.1 gezeigt wird.

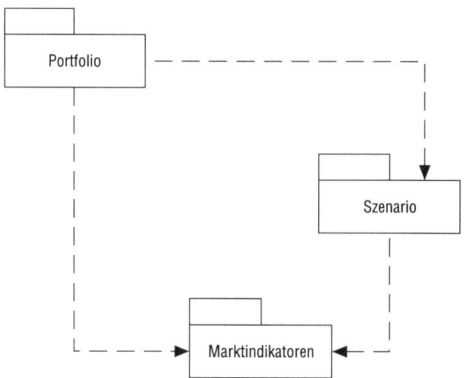

*Abbildung 11.1 Ein anfängliches Bild der Sichtbarkeit von Paketen*

Um Schätzungen durchzuführen, benötigt ein Portfolio nur den Preis eines Marktindikators. Das Portfoliopaket muß nicht wissen, wie das Szenario eingerichtet ist. Obwohl der Typ des Szenarienelements für das Portfolio sichtbar sein muß, damit die `holeNotierungEin`-Nachricht geschickt werden kann, besteht somit keine Notwendigkeit, die Untertypen mit der Definition über die Form der Quote zu sehen. In der Tat kann man so weit gehen zu sagen, daß nicht einmal das Szenarienelement für das Portfolio nützlich ist. Ein besserer Ansatz bestünde darin, dem Portfolio die Schnittstelle wie in Abbildung 11.2 zu präsentieren. Diese besitzt eine schlüsselbasierte Abbildung (siehe Kapitel 15.2) auf das Szenario, die einen Marktindikator als Argument annimmt. Da keine weiteren Eigenschaften des Szenarienelements wichtig sind, ist die Schnittstelle für das Portfoliopaket einfach.

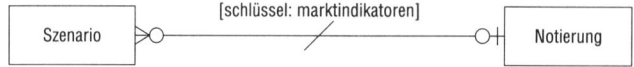

*Abbildung 11.2 Eine Schnittstelle für das Szenarienpaket, das die Szenarienelemente verbirgt*
*Dies ist die beste Schnittstelle für das Portfoliopaket, das nichts über Szenarienelemente wissen muß.*

Dieser Ansatz macht zwei verschiedene Arten des Szenarienpakets notwendig: Eins für die Schnittstelle zum Portfolio und ein weiteres für die Einrichtung von Szenarien. Daher braucht man etwas mehr als eine einfache Typenzuweisung an Pakete. Der unmittelbare und offensichtliche Ansatz besteht darin, die Typen im Szenarienpaket in private und öffentliche Typen einzuteilen. Öffentliche Typen sind für alle anderen sichtbar, die Sichtbarkeit auf das Szenarienpaket (wie z.B. Portfolio) besitzen. Private Typen hingegen sind nur für andere Typen innerhalb des Szenarienpakets sichtbar. In diesem Fall ist das Szenario vom öffentlichen Typ und das Szenarienelement vom privaten Typ. Diese Logik läßt sich auf Operationen erweitern. Öffentliche Operationen können innerhalb eines Pakets, aber auch für andere Pakete öffentlich sein. Obwohl dies einen hohen Grad der Kontrolle darstellt, kann dieser schwer aufrechtzuerhalten sein. Die Kunst des guten Sichtbarkeitsentwurfs besteht darin, einen Sichtbarkeitsgrad zu wählen, der hoch genug ist, um nützlich zu sein, aber nicht so hoch, als daß er die Pflege des Portfolios zum Alptraum macht. (Dinge, die schwierig zu pflegen sind, werden meist gar nicht gepflegt, was zu veralteten, nutzlosen Modellen führt.)

Ein Problem dieses Ansatzes besteht darin, daß Anwender Software benötigen, um Szenarien einzurichten und zu bearbeiten. Dazu benötigt man, wie in Kapitel 12 besprochen wird, Komponenten auf den Schichten der Applikationslogik und der Präsentation. Daher muß das Modell ein Anwendungspaket zur Verwaltung von Szenarien enthalten, das unabhängig vom Szenarienpaket ist. Abbildung 11.3 zeigt zusätzliche Anwendungspakete zur Verwaltung von Szenarien und Risiken. Dies funktioniert allerdings nicht mit dem oben beschriebenen privaten/öffentlichen Ansatz, da das Anwendungspaket zur Verwaltung von Szenarien die privaten Typen aus dem Szenarienpaket benötigt. Obwohl sowohl die Verwaltung des Portfolios als auch die des Szenarios die Sichtbarkeit des Szenarienpakets notwendig machen, brauchen sie unterschiedliche Arten der Sichtbarkeit.

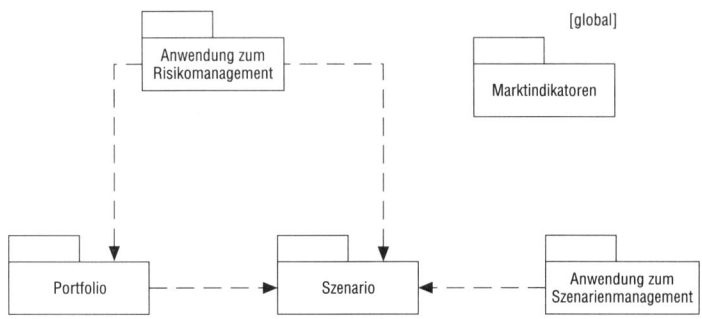

*Abbildung 11.3 Zusätzliche Anwendungspakete zu Abbildung 11.1*

*Hier besteht das Problem darin, daß die Anwendung zur Verwaltung von Szenarien eine weitaus größere Schnittstelle zum Szenarienpaket benötigt als das Portfoliopaket.*

Eine von Wirfs-Brock [1] vorgeschlagene Lösung ermöglicht es dem Paket, mehr als ein Protokoll zu besitzen.[1] Im Ausgangsmuster wird dieses als eine Menge von Operationen eingerichtet. Dennoch ist es recht sinnvoll, daraus gerade eine Menge von Typen zu machen, um die Kontrolle der Sichtbarkeit zu vereinfachen. Die Verwendung getrennter Protokolle führt zu einem Diagramm wie in Abbildung 11.4, in dem das Szenario zwei Protokolle besitzt: Das vom Portfolio verwendete Protokoll erlaubt nur das kleine Protokoll, während die Anwendung zur Verwaltung des Szenarios das größere Protokoll verwendet. Diese werden durch halbrunde Anschlüsse am Paketkästchen angedeutet. (Ich zeige nur Anschlüsse an Paketen mit mehr als einem Protokoll.)

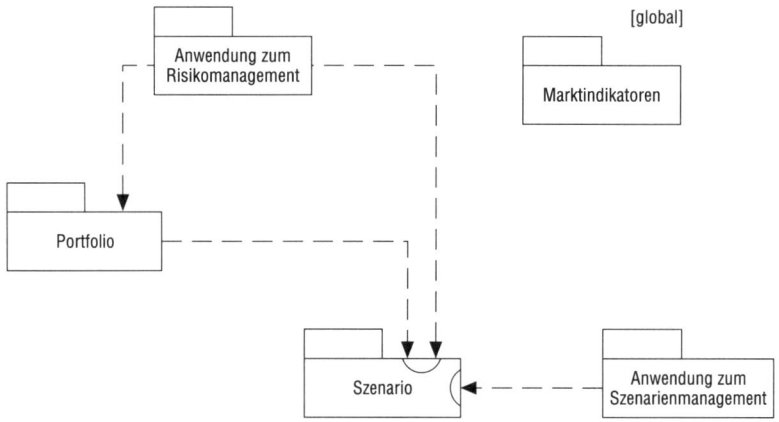

*Abbildung 11.4 Die Pakete aus Abbildung 11.3 mit Protokollen*
*Jedes Protokoll impliziert eine getrennte Schnittstelle.*

Eine Möglichkeit mit der mehrfachen Sichtbarkeit umzugehen, besteht darin, getrennte Protokolle zu verwenden. Eine weitere wäre, ein zusätzliches Paket einzuführen, wie es in Abbildung 11.5 gezeigt wird. Das Szenarienelement und seine Untertypen werden vom Szenarienpaket in das Szenarienstrukturpaket verschoben. Das Szenarienpaket enthält also nur den Szenarientyp und seine einfachen Assoziationen. Das Portfoliopaket ist nur für das Szenarienpaket sichtbar, während die Anwendung zur Verwaltung des Szenarios sowohl das Szenarien- als auch das Szenarienstrukturpaket sieht. Dementsprechend kann man neue Szenarien mit zusätzlichen Sichtbarkeiten definieren.

---

1. Wirfs-Brock verwendet den Ausdruck [*contract*], der in diesem Beispiel verwirrend ist, so daß ich *Protokoll* verwende.

Dem aufmerksamen Leser stellt sich vielleicht die Frage, ob das Szenario für die Szenarienstruktur sichtbar sein muß. Um auf eine Anfrage nach einer Quote antworten zu können, muß man die interne Struktur verwenden. In diesen Sichtbarkeiten manifestiert sich ein faszinierender Aspekt der Vererbung und der Polymorphie. Das Szenarienpaket kann eine Szenarienklasse enthalten, die die Schnittstelle definiert, die für alle Pakete mit Sichtbarkeit für das Szenario notwendig ist. Dennoch muß diese Schnittstelle nicht notwendigerweise die komplette Schnittstelle implementieren (sie ist somit abstrakt). Sie kann durch Plazierung einer zweiten Szenarienklasse in das Szenarienstrukturpaket implementiert werden. Diese zweite Szenarienklasse ist für den Inhalt der Szenarienstruktur vollständig sichtbar. Jedes durch ein anderes Paket verwendete Szenarienobjekt ist eine Instanz der Szenarienklasse der Szenarienstruktur, doch bemerken die Klienten dieser Klasse das nicht. Sie sehen nur ein Objekt, das der Schnittstelle der Szenarienklasse des Szenarienpakets entspricht. Obwohl ich keine Notation verwende, die anzeigt, wo diese Art der Bildung von Unterklassen paketübergreifend auftritt, könnte dies von Nutzen sein.

Schickt also ein Objekt des Portfoliopakets eine Nachricht an ein Szenario, sendet es eigentlich eine Nachricht an eine Instanz der konkreten Szenarienklasse, die sich im Szenarienverwaltungspaket befindet. Dennoch meint das aufrufende Objekt, daß es eine Instanz der abstrakten Szenarienklasse aufruft, die sich im Szenarienpaket befindet. Ein Objekt kann einem anderen Objekt in einem Paket, das es nicht sehen kann, eine Nachricht schicken – unter der Voraussetzung, daß das aufgerufene Objekt eine Unterklasse einer Klasse in einem Paket ist, das das aufrufende Objekt sehen kann.

Daraus ergibt sich, daß Sichtbarkeiten keine Abhängigkeiten bei der Übersetzung oder dem Laden widerspiegeln. Obwohl die Szenarienstruktur, für das Szenario selbst nicht sichtbar ist, braucht es die Szenarienstruktur um zu funktionieren (strenggenommen ist es von einem Paket abhängig, das die Schnittstelle implementiert). Die Szenarienstruktur enthält die konkreten Unterklassen des Szenarios, ohne die das Szenarienpaket nicht arbeiten kann.

Obwohl in diesem Schema zwei verschiedene Szenarienklassen benötigt werden, entsprechen sie möglicherweise dennoch einem einzelnen Szenarientyp. In diesem Fall wird ein neuer Untertyp zur Verfügung gestellt, um Anwendungen wie z.B. der Szenarienverwaltung den Zugriff auf die internen Strukturen eines Szenarios zu ermöglichen. Dennoch ist es möglich, einen einzelnen Typ zu haben, wenn andere Typen keine besonderen Eigenschaften aufrufen müssen, die nur für den Untertyp vorhanden sind.

## 11.2 Gegenseitige Sichtbarkeit

Das Hinzufügen von Paketen für Verträge und Interessenten führt zu komplexeren Fragestellungen. Bei Szenarien und Portfolios wurden getrennte Pakete aus zwei Gründen verwendet: Erstens scheinen Szenarien und Portfolios getrennte Teile des Modells zu sein. Sie sind selbst komplexe Abschnitte, die eine Arbeitseinheit zu bilden scheinen. Zweitens benötigt man keine Kenntnisse über Portfolios, um ein Szenarienmodell zu konstruieren. Dieser zweite Grund ist der wichtigste, denn er führt zu den in Abbildung 11.1 gezeigten Sichtbarkeitsverhältnissen.

Daraus kann man schließen, daß Verträge ohne Kenntnisse über Portfolios zusammengestellt und modelliert werden können. Verträge können unabhängig von der dynamischen Struktur des Portfolios aufgezeichnet werden, das zwecks Risikoeinschätzung zur Gruppierung verwendet wird, wie in Abbildung 11.6 zu sehen ist.

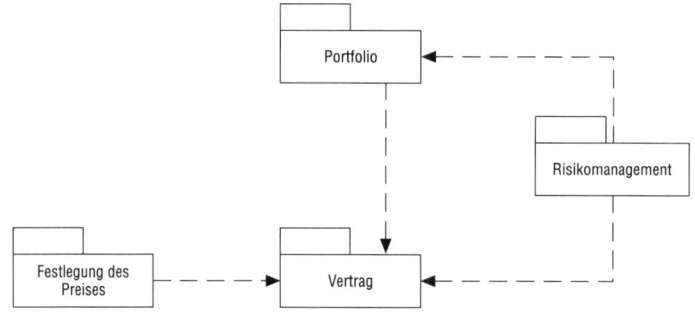

*Abbildung 11.5 Pakete für Portfolio und Vertrag*
*Die Anwendung zum Risikomanagement braucht beide Pakete, doch muß die Anwendung zur Festlegung des Preises nur über die Verträge Bescheid wissen.*

Die Verhältnisse zwischen den Interessenten und Verträgen stellen ein größeres Problem dar. Man kann es befürworten, einen Interessenten in sein eigenes Paket zu plazieren. Einige Anwendungen suchen vielleicht nach Informationen über Interessenten, ohne etwas über die mit ihnen durchgeführten Geschäfte erfahren zu wollen. Ein gewöhnliches Interessentenpaket enthält möglicherweise allgemeine Informationen über Interessenten, die von vielen Geschäftssystemen eher in der Art einer Kontaktdatenbank verwendet werden. Daraus kann man schließen, daß ein Interessentenpaket nützlich ist.

Welche Beziehung bestünde zwischen den Interessenten- und Vertragspaketen? Für einen Interessenten wäre es nützlich, bestimmen zu können, welche Verträge mit ihm getätigt wurden, und für einen Vertrag wäre es umgekehrt gut zu wissen, welche die Handelspartner für den Vertrag waren. Dies impliziert die gegenseitige Sichtbarkeit zwischen einem Interessenten und einem Vertrag, wie sie in Abbildung 11.7 dargestellt wird. Dennoch kann die gegenseitige Sichtbarkeit in einem Paketmodell Probleme verursachen. Insgesamt versucht man, Paketmodelle mit einer mehrschichtigen Architektur und einfachen Sichtbarkeitslinien zu entwerfen. Viele Leute glauben, daß solche Architekturen in den Sichtbarkeitsbeziehungen niemals zyklisch sein sollten, da ein Zyklus die Regel der klaren Schichten durchbricht. Gegenseitige Sichtbarkeit stellt den einfachsten Fall eines Zyklus dar.

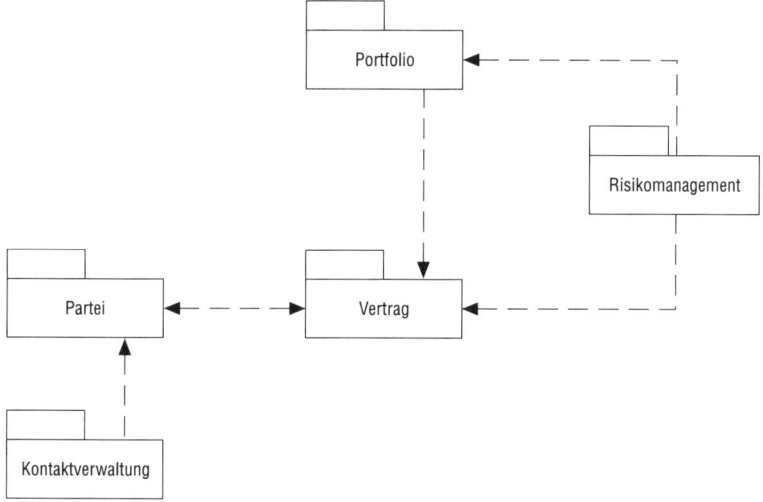

*Abbildung 11.6 Getrennte Interessenten- und Vertragspakete*
*Einige Anwendungen benötigen entweder nur das Interessenten- oder das Vertragspaket, doch brauchen sich diese beiden Pakete gegenseitig. Dies impliziert gegenseitige Sichtbarkeit. Ist sie allerdings unakzeptabel, kann man sich mit einer einzelnen Richtung oder der Kombination der Pakete behelfen.*

Um die gegenseitige Sichtbarkeit zu entfernen, muß man entweder die Eigenschaften des Interessenten oder des Vertrags derart verändern, daß nur einer vom anderen weiß, oder sie zu einem einzelnen Paket kombinieren. Beide Alternativen haben Vor- und Nachteile.

Der Nutzen, den man aus der Einschränkung der Sichtbarkeit zwischen den Interessenten- und Vertragstypen auf eine Richtung ziehen kann, besteht darin, daß dies die Kopplung zwischen den beiden Typen (und ihren jeweiligen Paketen) verringert. Entfernt man die Abbildungen vom Interessenten zu seinen Verträgen (indem man die Assoziation einseitig macht), kann man mit dem Vertragspaket arbeiten, ohne irgend etwas über die Verträge wissen zu müssen. Dadurch reduziert sich die Kopplung (der Interessent ist nicht mehr an den Vertrag gekoppelt), was einen Vorteil darstellt. Dennoch muß ein Benutzer, der wissen will, für welche Verträge ein bestimmter Interessent die Gegenpartei darstellt, jeden Vertrag ansehen und die Abbildungen auf den Interessenten anwenden, um die Menge zu bilden. Daraus ergibt sich eine reduzierte Komplexität für den Entwickler einer Anwendung, die beide Typen verwenden muß. Dennoch gibt es hier keine absolut richtige Antwort; man muß sich die Vor- und Nachteile jeder Richtung anschauen und entscheiden, welche Entscheidung die kleinere Belastung darstellt.

**Modellierungsprinzip** *Die Entscheidung zwischen einer einseitigen und einer zweiseitigen Assoziation muß aufgrund der Vor- und Nachteile gefällt werden, die sich aus der geringeren Arbeit für die Entwickler der verwendeten Typen ergeben (indem ihre Kopplungen reduziert werden), und dem Bedienungskomfort für die Benutzer dieser Typen.*

Angenommen man entscheidet sich für die zweiseitige Assoziation, dann besteht die einzige Möglichkeit zum Ausschluß der gegenseitigen Sichtbarkeit in der Kombination der Interessenten- und Vertragspakete. Dennoch ist dies nicht ohne Nachteile. In Abbildung 11.7 sieht man, daß das Kontaktverwaltungspaket nur über die Interessenten, nicht aber über die Verträge Bescheid wissen muß. Durch die Kombination dieser Pakete verlöre man diese Information. Die Kontaktverwaltung wäre gezwungen, eine größere Sichtbarkeit zu besitzen, als eigentlich notwendig wäre.

Diese Situation führt nun nicht dazu, daß ich gegenseitige Sichtbarkeit oder andere Zyklen ablehne. Sicherlich sollten Zyklen auf ein Minimum reduziert werden. Sie komplett auszuschließen führt aber entweder dazu, daß die Entscheidung zwischen den Vor- und Nachteilen der einseitigen und einer zweiseitigen Assoziationen forciert wird, oder großen Paketen, deren Klienten nicht die gesamte implizierte Sichtbarkeit benötigen.

**Modellierungsprinzip** *Benötigt ein Paket nur Sicht auf Teile eines anderen Paketes, sollte man in Betracht ziehen, letzteres in zwei gegenseitig sichtbare Pakete aufzuteilen.*

Abbildung 11.8 veranschaulicht ein weiteres Beispiel dieser Situation. Das Produkt (siehe Abschnitt 10.3) wird seinem eigenen Paket hinzugefügt. Die vorhergehenden Argumente führen zur gegenseitigen Sichtbarkeit zwischen Produkt, Interessent und Vertrag. Dies führt wiederum zu weitgehend gekoppelten Domänenmodellpaketen. Dennoch müssen die Anwendungspakete nur einen Teil des ganzen sehen; jedes hat etwas andere Bedürfnisse. Die drei gegenseitig sichtbaren Pakete stellen diese Bedürfnisse klar.

Dies erreicht man auch auf eine andere Art, indem man nämlich Protokolle mit Paketen verknüpft. Dadurch werden die Interessenten-, Produkt- und Vertragspakete miteinander verknüpft, und drei getrennte Protokolle werden entsprechend den alten Paketen zur Verfügung gestellt. Die Anwendungen wählen dann die Protokolle genau so aus, wie sie die in Abbildung 11.8 gezeigten Pakete aussuchen.

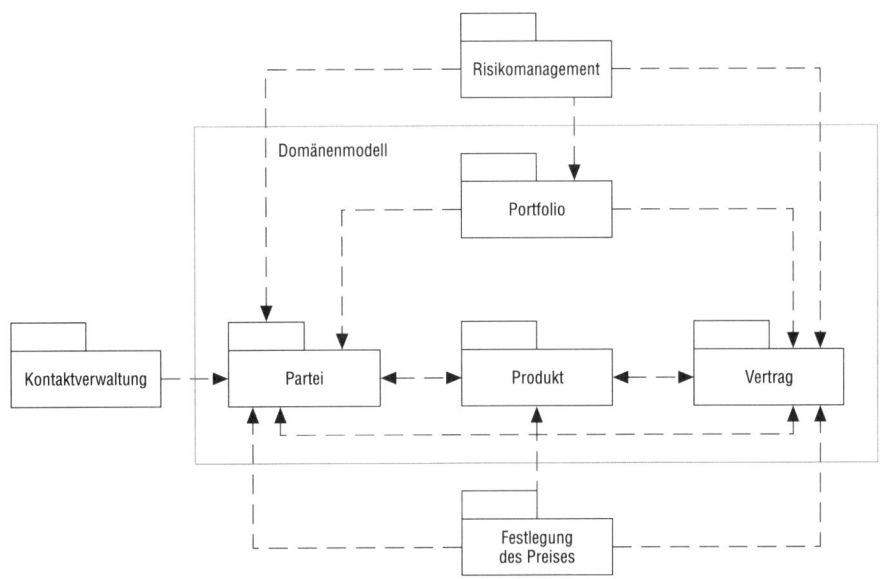

*Abbildung 11.7 Hinzufügen eines Produkts zum Paket*

*Wiederum können unterschiedliche Bedürfnisse der Anwendungen durch gegenseitig sichtbare Pakete befriedigt werden.*

Zusammenfassend kann man sagen, daß man bei einer natürlichen engen Kopplung der Typen drei Möglichkeiten hat. Man kann die Typen entkoppeln, indem man die Assoziationen einseitig gestaltet (dies erschwert allerdings dem Benutzer der Typen die Arbeit). Man kann sie in ein einzelnes großes Paket plazieren (was aber bedeutet, daß jeder Benutzer das gesamte Paket sehen kann, selbst wenn nur ein Teil davon gebraucht wird). Man kann zwei gegenseitig sichtbare Pakete haben (dies führt allerdings zu Zyklen in der Paketstruktur). Besitzt man Protokolle für die Pakete, kann man ein großes Paket mit getrennten Protokollen haben.

## 11.3 Bildung von Untertypen für Pakete

Über Sichtbarkeit denkt man am besten unter dem Gesichtspunkt der Bildung von Untertypen nach. Der Untertyp muß immer einen Obertyp sehen, man sollte aber den Umkehrschluß vermeiden. Daher fügen wir, wie in Abbildung 11.9 gezeigt, Kombinationen, Optionen und Grenzen (in Kapitel 10 beschrieben) hinzu.

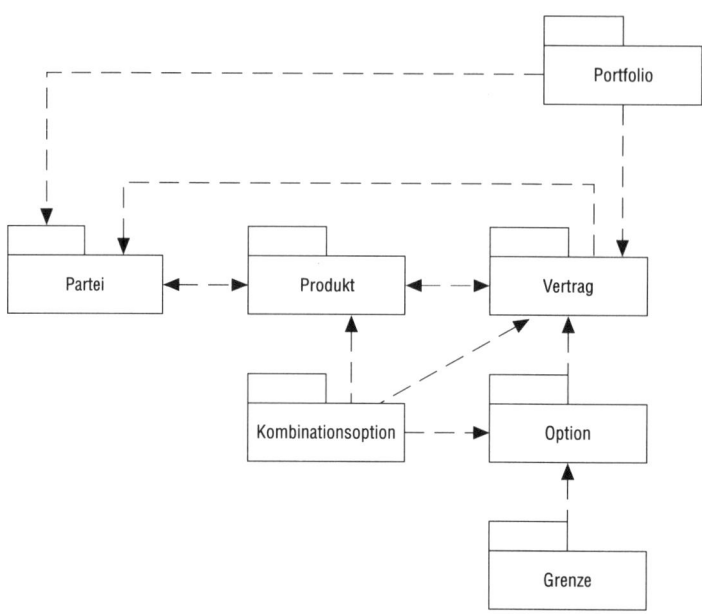

*Abbildung 11.8 Hinzufügen verschiedener Arten von Optionen*
*Untertypen benötigen Sicht auf ihre Obertypen, aber nicht umgekehrt.*

Man sollte auch die gegenseitige Sichtbarkeit zwischen einem Untertyp und seinem Obertyp vermeiden. Der eigentliche Sinn der Bildung von Untertypen besteht darin, einen Typ erweitern zu können, ohne daß dies dem Obertyp bewußt wird. Entwirft man Typen, bei denen die Obertypen von ihren Untertypen wissen, wird sich eine zukünftige Spezialisierung schwieriger gestalten, da man Voraussetzungen über die Bildung von Untertypen in den Obertyp eingebaut hat. Jeder Versuch, solche Abhängigkeiten zu beseitigen, zahlt sich bei späteren Erweiterungen aus. Die richtige Gestaltung von Obertypen erfordert für gewöhnlich einige Erfahrung in der vorherigen Gestaltung einiger Untertypen, so daß man den Obertyp möglichst nicht verbessert, bevor man nicht einige Untertypen zusammengestellt hat.

## 11.4 Abschließende Gedanken

Sichtbarkeit bringt immer Vor- und Nachteile mit sich. Einschränkungen der Sichtbarkeit erschweren die Navigation in einem Modells. Bei vielen einseitigen Sichtbarkeiten stellt sich dies oft wie das Durchfahren einer Stadt mit vielen Einbahnstraßen dar. Zweiseitige Sichtbarkeiten erleichtern die Navigation sehr: Man muß weniger Quelltext schreiben und pflegen. Dennoch haben auch solche

Sichtbarkeiten ihren Preis. Je mehr Teile eines Systems einander sehen, desto schwieriger wird es, die Wirkung von Veränderungen am Modell zu kontrollieren. Beschränkungen bei der Sichtbarkeit reduzieren diese gegenseitigen Abhängigkeiten.

Verschiedene OO-Designer entscheiden sich unterschiedlich zwischen den Vor- und Nachteilen. Einige beschränken die Sichtbarkeit zu einem großen Teil, indem sie Techniken wie einseitige Assoziationen und Sichtbarkeitsgraphen für Typen anwenden. Ich finde dies zu einschränkend. Für mich findet Sichtbarkeit eher auf der Ebene der Pakete als auf der Typenebene statt. Die in Kapitel 12 vorgestellte Architektur teilt ein System in grundlegende Schichten auf. Innerhalb der Domänenebene könnten weitere Einschränkungen angebracht werden, doch ist dies in den seltensten Fällen trivial. Dennoch bevorzuge ich diesen Ansatz aufgrund meiner Erfahrung mit Informationssystemen. Andere Arten der Entwicklung lassen andere Vor- und Nachteile lohnenswert erscheinen.

Die meisten Projekte beschäftigen sich nicht bis ins Detail mit Paketarchitekturen. Oft sind, wenn überhaupt, nur die grundlegendsten Schichten der Architektur eingerichtet. Dies führt für das fragliche Projekt zu Nachteilen und erschwert es, den Wert eines vernünftig durchgeführten Architekturmodells zu beurteilen. Nur weitergehende praktische Erfahrungen ermöglichen das tiefere Verständnis für die hier besprochenen Vor- und Nachteile.

Ist die Entwicklung einer Paketarchitektur für ein Projekt schwierig, verzehnfacht sich diese Komplexität, wenn man versucht, Informationssysteme für ein großes Unternehmen zu integrieren. Diese Firmen haben oft den Nachteil, mehrere Systeme zu besitzen, die untereinander nicht kommunizieren können. Selbst wenn man die Hard- und Software auf Vordermann gebracht hat, wird die Integration durch den Unterschied zwischen den Konzepten, die den Systemen zugrundeliegen, zunichte gemacht. Eine allgemein anerkannte Lösung besteht darin eine, unternehmensweite Modellierung durchzuführen. Dennoch liegt das Problem bei diesem Ansatz darin, daß er zu lange dauert. Bis die Entwicklung abgeschlossen wird, wenn das jemals der Fall sein sollte, ist dieser Versuch meist diskreditiert und veraltet. Ich glaube, daß es für die Größe einer Modellierungseinheit, die auf einmal angegangen werden kann, eine Obergrenze gibt. Diese ist an die Ablieferung nützlicher Systeme, die die Ausgaben für die Modellierung innerhalb eines vernünftigen Zeitraums rechtfertigen, geknüpft. Zu ihrer Integration ist ein opportunistischerer Ansatz vonnöten. Ich glaube, daß Pakete und Sichtbarkeiten für diese Aufgabe notwendige Werkzeuge darstellen. Dennoch reichen sie nicht aus, wobei mir allerdings selbst noch nicht ganz klar ist, was dazu benötigt wird. Die unternehmensweite Integration ist noch nicht zur Gänze erforscht, und, wie viele andere Leute auch, habe ich gerade erst gelernt, was man nicht tun sollte!

**Literatur**

1. R. Wirfs-Brock, B. Wilkerson L. Wiener. *Objektorientiertes Software-Design*. München: Hanser, 1993.

# Teil 2
## Unterstützungsmuster

Analysemuster erörtern Probleme der Analyse und einige Modelle, die Lösungen dafür bereitstellen. Unterstützungsmuster widmen sich den Problemen, indem sie Computersysteme auf der Grundlage von Analysemustern erstellen. In Kapitel 12 und 13 wird die Architektur eines Client/Server-Informationssystems erörtert und beschrieben, wie ein solches System in Schichten aufgeteilt werden kann, um seine Wartbarkeit zu verbessern. In Kapitel 14 wird dargestellt, wie konzeptionelle Modelle implementiert werden können, und es werden alltägliche Muster vorgestellt, die Analysemuster in Software übertragen.

Kapitel 15 ist dann eher abstrakt; in ihm werden die eigentlichen Modellierungstechniken untersucht, und es wird überlegt, wie fortgeschrittene Modellierungsstrukturen als Muster gesehen werden können. Dies bietet eine verbesserte Grundlage, um Modellierungsmethoden auszuweiten, so daß sie speziellen Bedürfnissen gerecht werden.

# 12 Schichtenbasierte Architekturen für Informationssysteme

Die Analysemuster aus diesem Buch werden für die Entwickler von Firmen-Informatiossystemen von großem Nutzen sein. Die Entwicklung von Informationssystemen (IS) erfordert dennoch mehr als das Verständnis einer Domäne. Eine ganze Welt von Benutzern, Datenbanken und Altanwendungen müssen miteinander in Einklang gebracht werden. In diesem Kapitel sollen Muster für die Architektur von Informationssystemen behandelt werden. Durch ein Architekturmuster werden die abstrakte Zerlegung eines Systems in wichtige Subsysteme sowie die Abhängigkeiten zwischen Subsystemen beschrieben. Ein Architekturmuster eines Informationssystems unterteilt ein System in Schichten (oder Ebenen). Architekturmuster sind für sich alleine nützlich, aber sie zeigen auch, in welch umfangreicheren Kontext Analysemuster eingebettet werden können. Kapitel 13 beschreibt eine Technik zur Benutzung der Muster aus diesem Kapitel.

In der Anfangszeit der Objekttechnologie wurde der Entwicklung von Informationssystemen kein sonderlich großes Gewicht beigemessen. Das Hauptproblem besteht darin, daß große Mengen häufig komplexer Informationen von vielen Personen gemeinschaftlich genutzt werden müssen. Obwohl diese Informationen gemeinschaftlich genutzt werden, haben verschiedene Benutzer unterschiedliche Bedürfnisse. Die Bereitstellung gemeinsamer Informationen, die auch auf lokale Bedürfnisse zugeschnitten werden kann, ist ein primäres Ziel von großen Informationssystemen. Weiterhin wird Flexibilität in großem Umfang benötigt, um den sich konstant ändernden Informationsbedürfnissen gerecht zu werden. Die meisten Informationssysteme werden durch Wartungsaktivitäten beherrscht, deren primäres Ziel darin besteht, mit dem sich ständig ändernden Informationsbedarf Schritt zu halten. Der größte Vorteil der Objekttechnologie in diesen Umgebungen liegt nicht in der Geschwindigkeit, mit der neue Systeme gebaut werden können, sondern in der Reduzierung des Wartungsaufwands [3].

Die grundlegende Problemstellung bei der Entwicklung moderner Informationssysteme besteht im Verständnis der zugrundeliegenden Software-Architektur. Die Darstellung eines breiten Spektrums der Software-Architektur, das für Informationssysteme geeignet ist, sollte jeder Diskussion darüber, welche Techniken eingesetzt werden oder welcher Prozeß betrachtet werden soll, vorangehen.

Die meisten IS-Entwicklungen setzen stillschweigend eine *Zwei-Schichten-Architektur (12.1)* (engl. *two-tier architecture*) voraus, die dem Prinzip interaktiver Großrechnersysteme folgt und heute bei der Client/Server-Entwicklung üblich ist. Obwohl sie häufig eingesetzt wird hat die Zwei-Schichten-Architektur aufgrund der engen Kopplung der Benutzerschnittstelle mit dem physikalischen Datenformat viele Schwächen. Die *Drei-Schichten-Architektur (12.2)* (engl. *three-tier architecture*) vermeidet diesen Nachteil, da bei ihr eine zusätzliche Schicht zwischen der Benutzerschnittstelle und den physikalischen Daten eingerichtet wurde. Diese Domänenschicht modelliert genau die konzeptionelle Struktur der Problemdomäne. Die Objekttechnologie ist für Drei-Schichten-Ansätze besonders gut geeignet. Die Domänenschicht kann sowohl auf den Klienten- als auch auf den Server-Maschinen plaziert werden.

Als nächstes sollte man seine Aufmerksamkeit auf die Anwendungen konzentrieren, die auf den Objekten der Domänenschicht arbeiten und die Informationen auf der Benutzerschnittstelle anzeigen. Diese beiden Verantwortlichkeiten können verwendet werden, um die Anwendung in *Präsentations- und Anwendungslogik (12.3)* zu unterteilen. Die Anwendungslogik kann als eine Menge von Fassaden auf der Domänenschicht organisiert werden; eine Fassade steht für jeweils eine Präsentation. Diese Teilung hat viele Vorteile, und die Anwendungsfassaden können verwendet werden, um Client/Server-Interaktionen zu vereinfachen.

Die *Datenbankinteraktion (12.4)* kann auf zwei Arten erfolgen. Die Domänenschicht kann für den Zugriff auf die Datenbank verantwortlich sein, die für ihre eigene Persistenz sorgt. Dies funktioniert sowohl bei objektorientierten als auch bei einfachen relationalen Datenbanken gut. Wenn komplexe Datenformate oder viele Datenquellen vorhanden sind, ist möglicherweise eine zusätzliche Datenschnittstellenschicht erforderlich.

Dieses Kapitel beruht auf verschiedenen Erfahrungen, besonders auf jenen, die beim Cosmos-Projekt des UK National Health Service und bei einem Derivatenhandelssystem für eine Londoner Bank gesammelt wurden.

## 12.1 Zwei-Schichten-Architektur

Der Großteil der IS-Entwicklung orientiert sich – zumindest grob – am Zwei-Ebenen-Prinzip, das in Abbildung 12.1 gezeigt wird. Eine Zwei-Schichten-Architektur zerlegt das System in eine gemeinschaftlich genutzte Datenbank und mehrere Anwendungen. Die gemeinschaftlich genutzte Datenbank sitzt auf dem Server, dem der Plattenplatz zur Verfügung steht, und die Verarbeitung muß mit hohen Anforderungen zurechtkommen. Die Datenbank enthält die Daten, die von einem großen Teil des Unternehmens benötigt werden, und ist derart strukturiert, daß sie alle Bedürfnisse dieses Unternehmensteils unterstützt. (Für sehr große Unternehmen ist eine einzige unternehmensweite Datenbank nicht machbar, so daß eine Datenbank nur einen Teil umfaßt.) Die Datenbank wird von einer Datenbankgruppe entworfen und gewartet. Obwohl hier der Begriff *Datenbank* verwen-

## 12.1 Zwei-Schichten-Architektur

det wird, sollte man sich klarmachen, daß Daten oft in flachen Dateien gespeichert werden (die meisten kommerziellen Anwendungen liegen noch in flachen Dateien wie VSAM). Daher kann sich der Begriff *Datenbank* als solches auf jede Datenquelle beziehen.

Anwendungen werden für die spezifische lokale Benutzung entwickelt. Traditionell wurde CICS/COBOL verwendet, aber in neuen Projekten wurden Sprachen der vierten Generation (4GL) und die populären Entwicklungswerkzeuge Powerbuilder und VisualBasic verwendet.

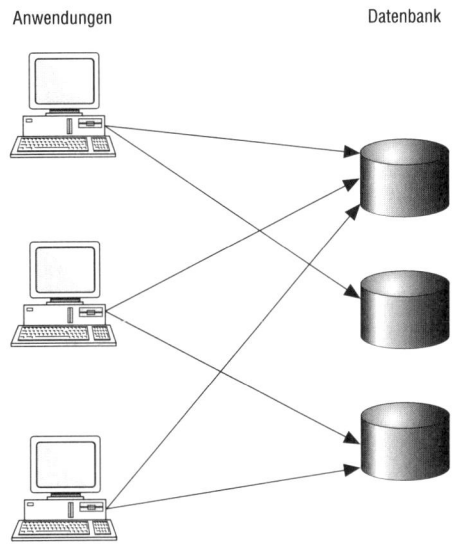

*Abbildung 12-1 Zwei-Schichten-Architektur*
*Anwendungen greifen direkt auf Datenbanken zu.*

Diese Werkzeuge stellen fortschrittliche Funktionalitäten für die Entwicklung von GUI-Systemen bereit. Eine gute fensterbasierte Schnittstelle wird im allgemeinen von PC-Benutzern erwartet, die an solche Eigenschaften durch Tabellenkalkulationen und Textverarbeitungsprogramme gewöhnt sind. Anwendungen werden gewöhnlich von Fall zu Fall erstellt. Alle neuen Datenfunktionalitäten, die notwendig sind, werden bei der Datenbankgruppe angefordert.

Die Zwei-Schichten-Architektur hat einige Vorteile. Die meisten Organisationen haben Daten, die eine zentrale Kontrolle und eine konsistente Wartung erfordern. Anwendungen, die diese Daten interpretieren, benötigen eine wesentlich geringere zentralisierte Kontrolle. Der Hauptteil der IS-Arbeit besteht darin, existierende Daten auf eine neue aussagekräftige Art darzustellen.

Es gibt aber auch viele Nachteile der Zwei-Schichten-Architektur, von denen viele in den gegenwärtigen Technologien verankert sind. Die Idee, daß alle Daten gemeinsam genutzt werden und die Verarbeitung lokal geschieht, ist im großen und ganzen wahr, jedoch eine starke Vereinfachung. Viele Datenverarbeitungsaspekte eines Unternehmens sind verteilt. Datenbanken, die entweder auf der Basis von SQL oder älteren Sprachen arbeiten, sind nicht in der Lage, eine berechnungsmäßig vollständige Sprache bereitzustellen. Zudem sind die Daten nicht gekapselt, so daß ein großer Teil der Integritätsprüfung den Anwendungsprogrammierern überlassen wird. Dieser Umstand erschwert die Änderung einer Datenbankstruktur, von der verschiedene Anwendungen abhängig sind. Diese Probleme werden durch gespeicherte Prozeduren (engl. *stored procedures*) reduziert, die die Verarbeitung und Kapselung von Daten unterstützen.

Datenbanken sind oftmals nicht in der Lage, eine wahre Darstellung eines Unternehmens zu geben. Dies beruht auf dem Mangel von Modellierungskonstrukten, die bei der konzeptionellen Modellierung üblich, aber von der Unterstützung in alltäglichen Datenbanken noch weit entfernt sind. Flache Dateien und hierarchische Datenbanken haben allgemein bekannte Grenzen bei der Strukturierung von Daten. Der gegenwärtige Standard für die Neuentwicklung relationaler Datenbanken leidet auch daran, daß Verbunde (engl. *joins*) rechenzeitaufwendig sind. Datenmodelle, die für die zugrundeliegende Semantik des Geschäfts gültig sind, befinden sich normalerweise in einer hohen Normalform und müssen aus Leistungsgründen reorganisiert werden, um sinnvoll zu sein.

Es ist unwahrscheinlich, daß sich die Daten für eine Anwendung auf nur einer Datenbank befinden. Datenbanken sind, sogar wenn sie zum Zeitpunkt ihrer Erzeugung sinnvoll organisiert worden sind, gewöhnlich nach einigen Jahren mit Geschäftsänderungen und gemeinsamen Umorganisationen nicht mehr kohärent. Die Zwei-Schichten-Architektur erfordert, daß eine Anwendung weiß, welche Datenbank welche Daten enthält und wie die Struktur der Daten in jeder Datenbank aussieht. Diese Struktur kann ziemlich weit von der Semantik dieser Daten entfernt sein.

## 12.2 Drei-Schichten-Architektur

Eine bessere Architektur gibt es in der Tat seit einer sehr langen Zeit. Die Drei-Schema-Architektur wurde um etwa 1970 vorgeschlagen [4]. Sie stellt einen Drei-Schichten-Ansatz, wie in Abbildung 12.2 gezeigt, bereit. Sie besteht aus einem externen Schema, einem konzeptionellen Schema und einem Datenhaltungsschema auch internes Schema genannt. Das Datenhaltungsschema ist der Datenbankentwurf, und das externe Schema ist die Anwendung; die neue Schicht, die ich als Domänenschicht bezeichne, ist das konzeptionelle Schema. Sie repräsentiert die wahre Semantik des Unternehmens und sollte die Einschränkungen von Datenhaltungsstrukturen und Datenlokalitäten ignorieren.

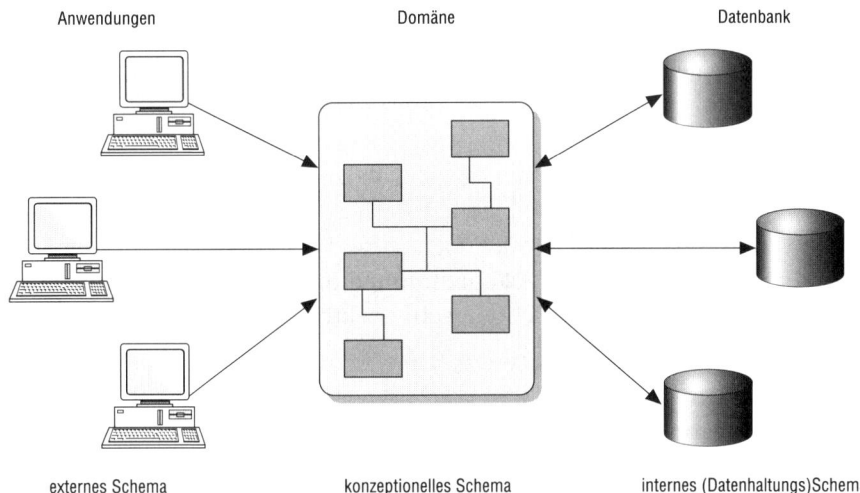

*Abbildung 12-2 Drei-Schichten-Architektur*

Der Hauptvorteil des Drei-Schichten-Ansatzes ist, daß er es erlaubt, Anwendungen rein auf Basis der Semantik der Domäne zu beschreiben. Sie sind nicht vom physikalischen Ort und der Struktur der Daten betroffen, sondern können statt dessen ein logisches Bild benutzen, das diese Abhängigkeiten beseitigt. Dies gibt auch den Datenbankadministratoren die Freiheit, die physikalische Struktur und Lokation zu verändern, ohne existierende Anwendungen zu verletzen.

Die Drei-Schichten-Architektur ist weitgehend anerkannt, wird aber selten implementiert. Der Grund hierfür ist die Schwierigkeit, sie mit den existierenden Technologien zu verwenden. Es gibt Werkzeuge für die Datenhaltung und für die Anwendungsentwicklung, aber nicht für die Implementierung der Domänenschicht. Die nützlichste Entwicklung ist das logische Datenmodell, das im allgemeinen als ein notwendiger erster Schritt im Datenbankdesign angesehen wird. Dies erlaubt es Designern, die Semantik für ein Unternehmen zu betrachten, bevor man sich auf ein physikalisches Design festlegt. Daher können Modifikationen am physikalischen Design auf eine informative Art geschehen.

Daß der Schwerpunkt auf den Daten liegt, ist bedeutsam. Die meisten Praktiker betrachten die Domänenschicht als ein logisches Datenmodell. Sie könnten zwar eine Modellierung des Ablaufs vornehmen, aber dieser wird für gewöhnlich von den Anwendungsentwicklern separat betrachtet. Dennoch wird diese Sicht nicht von allen Datenmodellierern geteilt. Für eine strenge Schule semantischer Datenmodellierer ist Datenmodellierung mit der objektorientiertern Modellierung vergleichbar, weil sie Untertypen und abgeleitete Daten umfaßt, Prozesse an Objekte bindet, Prozesse als Daten behandelt und Prozesse im semantischen Modell einbettet.

Mit der Entwicklung von objektorientierten Techniken beginnt die Domänenschicht, in den Vordergrund zu treten. Objekte stellen eine sehr gute Möglichkeit dar, um die Domänenschicht zu implementieren. Sie unterstützen Verkapselung, komplexe strukurelle Beziehungen, Regeln, Prozesse und all die Dinge, die von fortgeschrittenen semantischen Modellierern betrachtet werden. Wiederverwendbare Klassenbibliotheken (oder noch besser Frameworks) liegen ebenfalls im Zentrum der Domänenschicht. Damit stimmen die Objektmodellierung und die Entwicklung von Domänenschichten recht effektiv überein.

Implementierungsprobleme sind etwas komplexer, aber das grundlegende Prinzip funktioniert nach wie vor sehr gut: Wenn die Domänenschicht als objektorientiertes Modell dargestellt und als Framework einer Domäne implementiert wird, dann können Anwendungen mit diesem Framework der Domäne als Hintergrund geschrieben werden. Dies unterstützt die Trennung zwischen Anwendungen und Datenbanken, die äußerst dringend benötigt wird.

### 12.2.1 Die Plazierung der Domänenschicht

In einer Client/Server-Welt ist es wichtig, genau zu bestimmen, wo genau diese Domänenschicht liegen soll. Ein Zwei-Schichten-Ansatz plaziert die Anwendungssoftware auf dem Clienten (Desktopmaschinen) und die Dateien auf unterschiedlichen Dateiservern. Bei der Domänenschicht hat man zwei grundlegende Möglichkeiten zur Auswahl: Man kann die Domänenschicht auf den Clients plazieren oder eine neue Schicht von Prozessen einführen, die dem Domänenserver entspricht und aus einer oder vielen vernetzten Maschinen besteht.

Clientbasierte Frameworks einer Domäne erlauben, daß man sich bei der Entwicklung auf die Clientenmaschine konzentriert, wodurch die Systemunterstützung vereinfacht wird. Die Einführung einer neuen Schicht von Maschinen kann in vielen Niederlassungen zu neuen Problemen führen und sorgt dafür, daß eine Menge von Maschinen und Systemen neu administriert werden muß. Die Domänenschicht wird den Anwendungsentwicklern von Clientensystemen als eine Menge von Bibliotheken zur Verfügung gestellt. Diese Anwendungsentwickler können dann den benötigten Anwendungscode erstellen.

Ein Problem der clientbasierten Domänenschicht liegt darin, daß hier ein Teil der Datenauswahl und Verarbeitung auf dem Client vorgenommen wird. Dies zwingt dazu, leistungsfähige Clientmaschinen zu verwenden. Solange Desktopmaschinen immer leistungsfähiger werden, wird das weniger ein Problem sein, aber man kann diese Leistungsfähigkeit nicht voraussetzen. Die Technologie orientiert sich zu immer kleineren Maschinen hin. Einige Benutzer wollen Palmtops oder PDAs verwenden, die die Verarbeitungsgeschwindigkeit herabsetzen können. Wenn eine höhere Verarbeitungsgeschwindigkeit benötigt wird, ist es oft einfacher, die Server aufzustocken.

Die verfügbare Software paßt gut zum clientbasierten Ansatz. Smalltalk – im allgemeinen die nützlichste Sprache für die IS-Entwicklung – erfordert die Einbindung einer Benutzerschnittstelle in die Domänenschicht, obwohl das »kopflose« (engl. *headless*) Smalltalk, das auf einem Server ohne eine Benutzerschnittstelle läuft, allmählich auf den Markt kommt.

Die Domänenschicht ist bei einer serverbasierten Domänenschicht leichter zu kontrollieren und aktualisieren. Wenn die Domänenschicht auf dem Client liegt, muß jede Revision zu jedem Client weitergeleitet werden. Die Aktualisierung der Software auf dem Server kann auf eine wesentlich einfachere Weise erfolgen. Diese Kontrolle kann auch auf die Kontrolle von Statusdaten ausgedehnt werden, besonders auf jene Elemente, die festhalten, wie auf Daten zugegriffen wird.

Man muß das Thema Nebenläufigkeit beachten. Es ist interessant, daß IS Anwendungen mehr Nebenläufigkeit verwenden als jede andere Art von Software und sich dennoch die geringsten Sorgen über diese Nebenläufigkeit machen. Dies ist aufgrund des mächtigen Transaktionsmodells möglich, das für gewöhnlich sehr gut durch eine Datenbank gehandhabt wird, und daher den Anwendungsprogrammierer von den meisten durch Nebenläufigkeit entstandenen Problemen befreit. Wenn die Domänenschicht eingeführt wird, muß man sich fragen, wo die Transaktionsgrenze liegen wird. Man kann sie entweder auf den Datenservern oder in der Domänenschicht selbst unterbringen. Der logische Platz ist die Domänenschicht, aber dies erfordert den Einbau von Transaktionskontrollmechanismen – ein schwieriges Unterfangen. Eine solche Plazierung legt auch die serverbasierte Domänenschicht nahe, da eine erfolgreiche Beendigung der Transaktion (engl. *commit*) über mehrere Clients hinweg pragmatisch gesehen über die Möglichkeiten gegenwärtiger Technologien hinausgeht. Ich ermutige Kunden daher niemals dazu, eigene Transaktionskontrollsysteme zu bauen; diese Aufgabe steht außerhalb der Möglichkeiten der meisten IS-Entwicklungen.

OO-Datenbanken bieten eine Lösung für dieses Problem. Die Hauptsorge der IS-Betreiber in Hinblick auf OO-Datenbanken besteht darin, die Unternehmensdaten einer neuen Technologie anzuvertrauen. OO-Datenbanken haben darauf durch die Bereitstellung von Gateways zu traditionellen Datenbankprodukten reagiert. In diesem Ansatz kann eine OO-Datenbank als der Transaktionskontrollmechanismus agieren, ohne notwendigerweise selbst irgendwelche Daten zu speichern. Im Laufe der Zeit können einige Daten, besonders die komplexen und verbundenen Daten, die von einer OO-Datenbank besonders gut gehandhabt werden können, in die OO-Datenbank übernommen werden. Dennoch können Daten mit einer Schlüsselbedeutung für Firmen an den traditionellen Plätzen bleiben, solange die Entwickler dies möchten. Allerdings muß ich hier die Warnung aussprechen, daß es wenig Informationen über die Mehrbenutzerleistung von OO-Datenbanken gibt. Viele der dramatischen Leistungsverbesserungen, die für OO-Datenbanken beschrieben worden sind, beruhen auf kleinen Einbenutzer-Datenbanken. Jeder, der eine OO-Datenbank benutzt, – selbst wenn dies nur für die Transaktionskontrolle geschieht – sollte Benchmark-Tests vornehmen, bevor er sich auf die Datenbank festlegt.

Wenn nur eine einzelne OO-Datenbank verwendet wird, wird die Datenspeicherungsschicht tatsächlich mit der Domänenschicht zusammengelegt. Dies ist zulässig, wenn es sich um eine effektive Architektur handelt und wenn Erweiterungen des Systems, die andere Datenbanken unterstützen sollen, derart konstruiert werden können, daß diese anderen Datenbanken unterhalb der Domänenschicht bereitgestellt werden und damit aus den Anwendungen heraus nicht sichtbar sind.

## 12.3 Präsentations- und Anwendungslogik

Die Drei-Schichten-Architektur bietet einige wichtige Vorteile. Viel Aufmerksamkeit wurde darauf verwendet, wie die Domänenschicht konstruiert werden kann, und ein erheblicher Teil der OO-Modellierung kann direkt auf diese Schlüsselschicht angewendet werden. Jedoch wurde bisher wenig über die Anwendungen gesagt. Anwendungen werden durch Zusammenbau wiederverwendbarer Komponenten aus der Domänenschicht erstellt; tatsächlich gibt es Richtlinien für diese Aufgabe, obwohl sie oft nicht bis in alle Details beschrieben sind.

Typischerweise entwickelt ein Programmierer in den heutigen Entwicklungsumgebungen eine Anwendung mit einer GUI-Entwicklungsumgebung, die auf der Domänenschicht erstellt wird. Dies erfordert Wissen über die GUI-Entwicklungsumgebung und über die Domänenschicht; zusätzlich kann eine komplexe Domänenschicht die Lernkurve erheblich abflachen. Die Programmierung in vielen graphischen Entwicklungsumgebungen (wie z.B. Visual C++) kann ebenfalls sehr entmutigend sein.

Man betrachte ein relativ einfaches Beispiel einer Bank, die ein Portfolio von Derivatenverträgen zwischen US-Dollar (USD) und japanischen Yen (JPY) besitzt. Eine solche Organisation ist mit dem Risikomanagement, das mit dem Portfolio verbunden ist, konfrontiert. Einige Faktoren können dieses Risiko beeinträchtigen, z.B. der Devisenkassakurs, die Unbeständigkeit des Wechselkurses und der Zinssatz der benutzten Währungen. Um das Risiko abzuwägen, möchte der Analyst das Portfolio unter Berücksichtigung unterschiedlichen Kombinationen dieser drei Faktoren betrachten. Ein Weg, dies zu tun, besteht darin, das in Abbildung 12.3 gezeigte Gitter zu verwenden. Der Analyst nimmt zwei zu analysierende Variablen, setzt unterschiedliche Werte für diese ein und sieht eine Matrix, die den Wert des Portfolios unter verschiedenen Wertkombinationen zeigt.

Was sind hierbei die Aufgaben der Datenverarbeitung, und wie soll man sie zwischen der Anwendung und den Domänenschicht aufteilen? Eine grundlegende Aufgabe besteht darin, den Wert des Derivatenvertrages zu bestimmen; ein komplexer Prozeß, der typischerweise durch eine Black-Scholes-Analyse [2] berechnet wird. Dieser Prozeß würde häufig in einem Derivatenhandelssystem verwendet werden, daher würde er in der Domänenschicht untergebracht. Eine andere übliche Aufgabe ist die gemeinsame Bewertung vieler Verträge in einem Portfolio, die üblicherweise in der Domänenschicht vorgenommen wird.

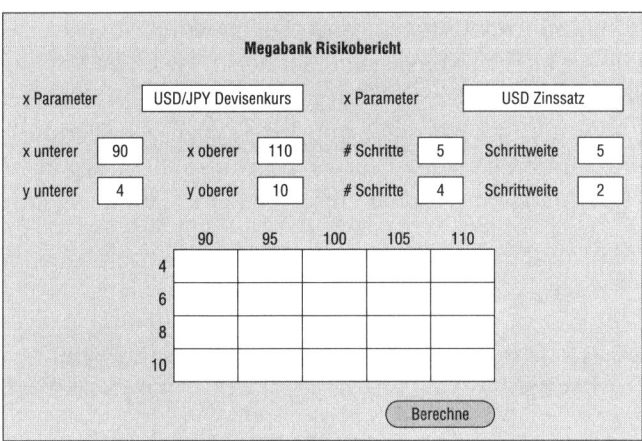

*Abbildung 12-3 Eine Beispielanwendung zum Umgang mit Derivatenrisiken*

Die nächste Aufgabe besteht darin, ein Gitter aus den Werten der Parameter (oberer, unterer, Schrittweite, Schrittanzahl) im Gitter zu bilden. Diese Aufgabe wird nur einmal für dieses Risikoreportfenster ausgeführt und sollte logischerweise zusammen mit dem Code, der das GUI bildet und steuert, ein Teil der Anwendungsschicht sein.

Die Aufgabe der Matrix-Bildung ist ziemlich verwickelt und erfordert daher eine nähere Betrachtung. Sie beinhaltet, daß verschiedene Parameter gesetzt und konsistent gehalten werden und anschließend beim Gitterbau zum Einsatz gelangen.

Dieser Prozeß kann und sollte von der Anzeige in einem GUI-Fenster getrennt werden. Daher empfehle ich die Zerlegung der Anwendungsschicht in zwei Teile: in eine Präsentationsschicht und eine Schicht der Anwendungslogik, wie in Abbildung 12.4 dargestellt.

Die Verantwortlichkeiten der beiden Schichten sind recht leicht zu trennen. Die Präsentationsebene ist nur für die Benutzerschnittstelle verantwortlich. Sie kontrolliert Fenster, Menüs, Zeichensätze, Farben und die gesamte Positionierung auf dem Schirm oder auf Papier. Typischerweise benutzt sie ein GUI-Framework wie z. B. MFC oder MacApp. Sie nimmt keine Kalkulationen, Anfragen oder Aktualisierungen der Domänenschicht vor. In der Tat benötigt sie keine Sichtbarkeit zur Domänenschicht. Die Schicht der Anwendungslogik nimmt keinerlei Bearbeitung für die Benutzerschnittstelle vor. Sie ist für alle Zugriffe auf die Domänenschicht verantwortlich, außerdem für jegliche Verarbeitung außer der der Benutzerschnittstelle. Sie selektiert Informationen aus der darunterliegenden Domänenschicht und vereinfacht diese zu genau der Form, die von der Präsentation gefordert wird. Die komplexen Beziehungen der Domänenschicht werden daher vor der Präsentation verborgen. Des weiteren nimmt diese Schicht der Anwendungslogik Typumwandlungen vor. Die Präsentation wird sich typischerweise nur mit einer kleinen Menge gebräuchlicher Typen befassen (Integer, Real, Zeichenkette und Datum sowie mit den in der Software verwendeten Containerklassen). Die Anwendungslogik stellt nur diese Typen bereit und ist für die Konvertierung der darunterliegenden Domänentypen in diese Typen verantwortlich sowie für die Interpretation jeglicher durch die Präsentation angeforderter Aktualisierungen.

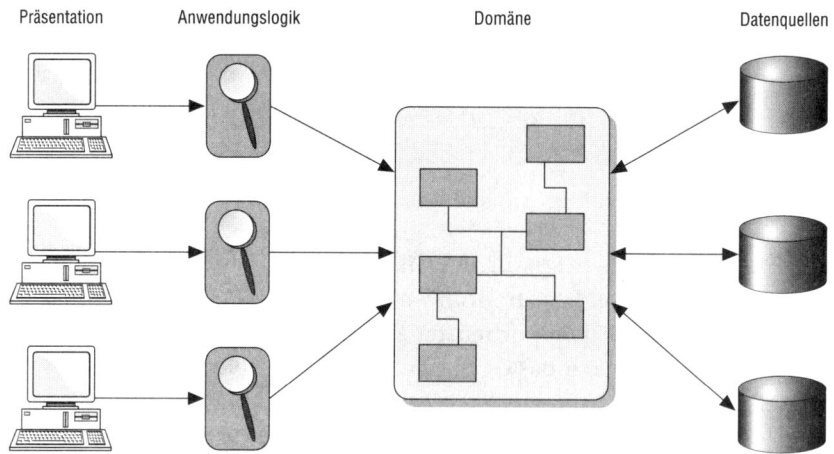

*Abbildung 12-4 Spaltung der Anwendungsschicht in Präsentations- und Anwendungslogik*

Ein nützliches Verfahren, um die Schicht der Anwendungslogik zu organisieren, besteht darin, eine Reihe von *Fassaden* zu entwickeln. Eine Fassade [1] ist ein Typ, der eine vereinfachte Schnittstelle zu einem komplizierten Modell bereitstellt. Man kann eine Fassade für jede Präsentation bereitstellen. Die Fassade hat ein Merkmal für jedes Element der entsprechenden Benutzerschnittstelle. Jede Präsentation hat daher eine einfache Schnittstelle zum Domänenmodell, die jede Verarbeitung für die Präsentation außer der Benutzerschnittstelle minimiert. (Kapitel 13 behandelt eine Technik zum Entwurf dieser Fassaden.)

Abbildung 12.5 zeigt, wie diese Anordnung für das oben erwähnte Risikobericht-Fenster arbeitet. Wir brauchen zwei Klassen: Eine Risikobericht-Präsentation und eine Risikobericht-Fassade. Die Präsentation erzeugt das Layout des Fensters und behandelt die Benutzerinteraktionen mit dem Fenster. Die Fassade stellt eine zugrundeliegende Struktur bereit, die die Präsentation nachahmt. Sie hat Operationen zum Setzen und Holen der Parameter (oberer, unterer, Schrittanzahl und Schrittweite) für die x- und y-Koordinaten des Gitters. Die Fassade enthält die notwendigen Regeln, um die richtige Konsistenz zwischen diesen Werten sicherzustellen (solche wie die Invariante `xOberer - xUnterer == xSchrittanzahl * xSchrittweite`). Sie bietet auch eine Methode, die das Antwortgitter zurückliefert. Idealerweise liefert diese eine einzelne Matrix unter Verwendung der allgemeinen Matrixklasse zurück. (Wenn dies aus irgendwelchen Gründen weder möglich noch gewünscht ist, stellt die Fassade Operationen bereit, um bestimmte Zellen zu erhalten. Jedoch ist eine wiederverwendbare Matrixklasse, notwendigerweise eine neue Art der Kollektion, für gewöhnlich die beste Lösung.)

Die Methode `holeErgebnisMatrix` aus der Fassade schaut nach, ob von der Präsentation genügend Informationen bereitgestellt worden sind (wenn nicht, können voreingestellte Werte (engl. *defaults*) verwendet werden). Anschließend fordert sie die Domänenschicht auf, das Portfolio mit den unterschiedliche Parameterwerten zu schätzen. Die Domänenschicht setzt die Werte in die Matrix ein und gibt sie an die Präsentation zurück.

Das Setzen von Parametern ist ein Beispiel für die Verwendung einer Typumwandlung. Verschiedene Objekte können als Parameter in dieser Liste plaziert werden, so z. B. der USD/JPY-Devisenkurs, die Unbeständigkeit von USD/JPY, der USD-Zinssatz und der JPY-Zinssatz. (Die Liste hängt von den Währungen der Verträge im Portfolio ab.) Die Fassade stellt geeignete Zeichenketten, die Übersetzungen von Typen aus der Domänenschicht sind, für die Präsentation bereit (siehe Kapitel 13.5). Die Fassade stellt typischerweise eine Liste dieser Zeichenketten für die Präsentation bereit, um sie in ihren Einblendmenüs (engl. *pop-up menus*) anzuzeigen. Die Präsentation kann dann eine Zeichenkette auswählen. Die Fassade setzt die ausgewählten Zeichenketten mit den zugrundeliegenden Domänen in Beziehung (ein Wörterbuch erledigt dies recht zufriedenstellend). Auf diese Weise ist die Benutzerschnittstelle vollkommen vom Domänenmodell isoliert.

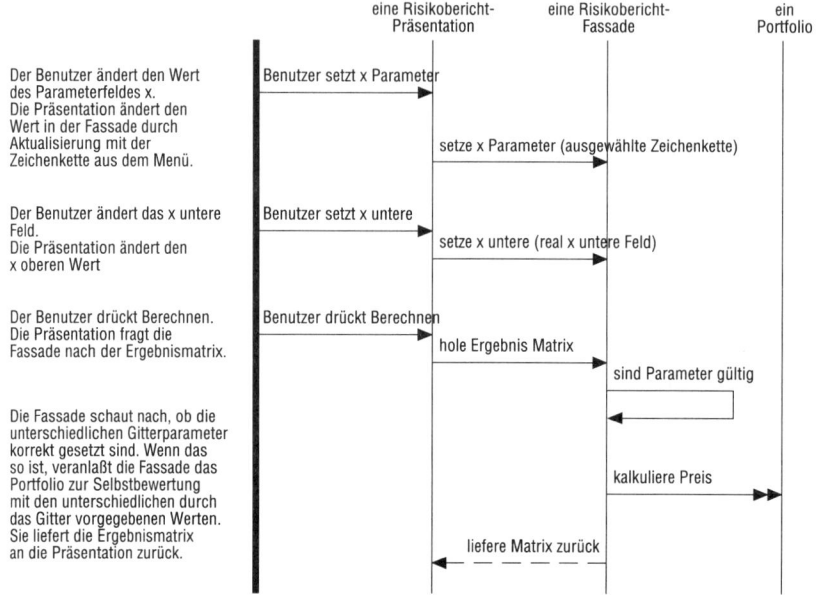

*Abbildung 12-5 Interaktionsdiagramm, das die Zusammenarbeit zwischen Präsentation, Fassade und Domänenschichten zusammenfaßt*

In dieser Situation werden die Sichtbarkeiten zwischen den Domänen definiert, wie Abbildung 12.6 zeigt. Sichtbarkeiten sind ausschließlich von der Präsentation zur Anwendungslogik und dann zur Domänenschicht gerichtet. Diese Linie der Sichtbarkeit ist wertvoll, da sie die Domänenschicht vollständig von den Anwendungen, die sich auf sie stützen, isoliert.

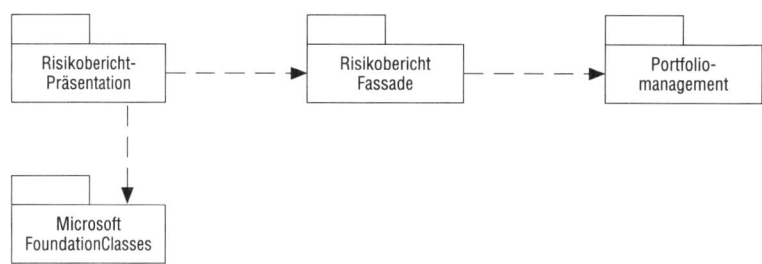

*Abbildung 12-6 Sichtbarkeiten zwischen Präsentation, Fassade und Domänenkategorien*

Ein Problem kann jedoch auftauchen, wenn die Anwendung automatisch aktualisiert werden muß, sobald eine Veränderung im Domänenmodell auftritt. Eine Option für die Präsentation besteht darin, Aufrufe in regelmäßigen Zeitabständen zu verschicken, eine recht unübersichtliche Sache. Eine bessere Option ist die Verwendung des Beobachter-Musters [1]. Dieses Muster erlaubt es, daß Fassade und Präsentation automatisch aktualisiert werden, ohne die Sichtbarkeitsregeln zu verletzen.

### 12.3.1 Vorteile der Spaltung von Präsentations- und Anwendungslogik

Schichtenbildung ist im Prinzip eine gute Idee, sie hat jedoch einige Nachteile. Extraarbeit ist erforderlich, um die Schicht aufzubauen, und durch ihre Verwendung kann eine Leistungseinbuße auftreten. Die wichtige Frage ist demnach: Wiegen die Vorteile die Kosten auf?

Ein Vorteil ergibt sich aus den unterschiedlichen Programmierstilen, die in den beiden Schichten benutzt werden. GUI-Programmierung kann sehr umfangreich sein und erfordert umfangreiches Wissen über GUI-Frameworks und darüber, wie man sie erfolgreich einsetzt. Wenn neue GUI-Bedienelemente (engl. *controls*) erforderlich sind, wird die Programmierung sogar noch komplizierter. Andererseits kann die GUI-Programmierung ziemlich einfach sein, wenn man über ein gutes GUI-Werkzeug verfügt, das es erlaubt, Bedienelemente in ein Fenster zu zeichnen und Routinen zur Ereignisbehandlung (engl. *event handler*) zu erzeugen, die typischerweise als Aufrufe an die Anwendungsfassade weitergeleitet werden. In jedem Fall können Entwicklungsfirmen GUI-Spezialisten einsetzen, die wenig über das Domänenmodell zu wissen brauchen. Gleichermaßen brauchen die Fassadenentwickler nichts darüber zu wissen, wie das GUI-System funktioniert, sie befassen sich damit, die richtigen Interaktionen mit den Domänentypen zu erhalten. Es gibt bei diesem Verfahren also GUI-Entwickler, die die Benutzerschnittstellen-Entwicklungsumgebung verstehen, die aber nichts über das Domänenmodell zu wissen brauchen. Außerdem gibt es Fassadenentwickler, die das Domänenmodell verstehen müssen, aber nichts von GUI-Entwicklung verstehen brauchen. Die Spaltung von Präsentations- und Anwendungslogik erfordert unterschiedliche Fähigkeiten, so daß der einzelne Programmierer weniger lernen muß, um einen Beitrag leisten zu können.

Die Spaltung ermöglicht es, mehrere Präsentationen aus einer einzelnen Fassade zu entwickeln. Dies ist besonders nützlich, wenn auf den Benutzer zugeschnittene Fenster oder Papiere, die die gleichen Informationen beinhalten, erforderlich sind. Falls Werkzeuge für den Bau von Fenstern und Berichten benutzt werden, erlaubt dies einen schnellen Wechsel hin zu neuen Präsentationsstilen.

Die Fassaden bieten eine gute Plattform für das Testen. Wenn die Fassade und die Präsentation verbunden werden, kann die grundlegende Berechnung nur über das GUI getestet werden, ein Umstand, der manuelles Testen erfordert (oder Testsoftware zum Regressionstest für GUIs). Wenn diese Schichten getrennt werden, kann ein Testrahmen für die Fassadenschnittstellen geschrieben werden. Das läßt nur den Präsentationscode übrig, der durch die Verwendung unhandlicherer Werkzeuge getestet werden muß. Die Trennung der Tests bestätigt die Aussage, daß die Schichten unabhängig voneinander entwickelt werden können, obwohl die Präsentation vor dem Bau der Fassaden definiert werden muß.

### 12.3.2 Dehnen von Fassaden in Client/Server-Umgebungen

Die Fassade ist als Brennpunkt für Client/Server-Interaktionen wertvoll, wenn die Domänenschicht auf dem Server liegt. Eine nützliche Technik in diesen Fällen ist es, die Fassade über den Client und den Server zu »dehnen«. Dabei wird die Fassadenklasse sowohl im Clienten als auch auf dem Server untergebracht. Wenn ein Benutzer eine Präsentation öffnet, wird die entsprechende Fassade auf der Clientseite geöffnet. Die Clientfassade leitet die Anfrage an die Serverfassade weiter. Die Serverfassade läuft durch den Erzeugungsprozeß, wobei sie sich Informationen aus den Domänenklassen holt. Wenn die gesamten Informationen für die Fassade vollständig sind, sendet die Serverfassade alle Informationen für die Fassade zum Client hinüber. Weil sich die Server- und Clientfassaden in unterschiedlichen Adreßräumen befinden können, ist die private Kommunikationen zwischen den beiden Fassadenklassen möglich. Der Benutzer kann dann mit der Präsentation interagieren, die die Clientfassade bei jeder Modifikation aktualisiert. Diese Modifikationen werden nicht zur Serverfassade hinübergereicht, bis der Benutzer die Modifikationen übergibt. Zu diesem Zeitpunkt wird das modifizierte Fassadenobjekt zurück zum Server gereicht, und die Serverfassade aktualisiert dann die Domänenschicht, wie in Abbildung 12.7 gezeigt.

Der Sinn des Dehnens von Fassaden liegt darin, daß ein einzelner Referenzpunkt für Client/Server-Interaktionen möglich ist. Wenn eine Clientfassade (oder eine Präsentation) auf die Domänenklassen des Servers direkt zugreift, werden viele Aufrufe über das Netzwerk benötigt, um den Client mit Objekten aus dem Server zu versorgen. Diese Aufrufe können zu einem signifikanten Leistungseinbruch führen. Die Fassaden können über Methoden verfügen, um ein einfaches Datentransfer-Paket zu bauen und das Paket in die Fassadendaten zu übersetzen. Man ist dann in der Lage, die Informationen in einem einzelnen Netzwerkaufruf zu übertragen.

## 12.3 Präsentations- und Anwendungslogik

Die unterschiedlichen Verantwortlichkeiten der Fassade können zwischen den Client- und Serverklassen aufgeteilt werden. Nur die Serverfassade benötigt die Verantwortlichkeit, mit dem Domänenmodell in Interaktion treten zu können. Beide Klassen müssen die Fähigkeit besitzen, Informationen zum jeweils anderen zu senden bzw. von diesem zu empfangen. Idealerweise benötigt nur die Clientfassade die Operationen, die eine Präsentation unterstützen.

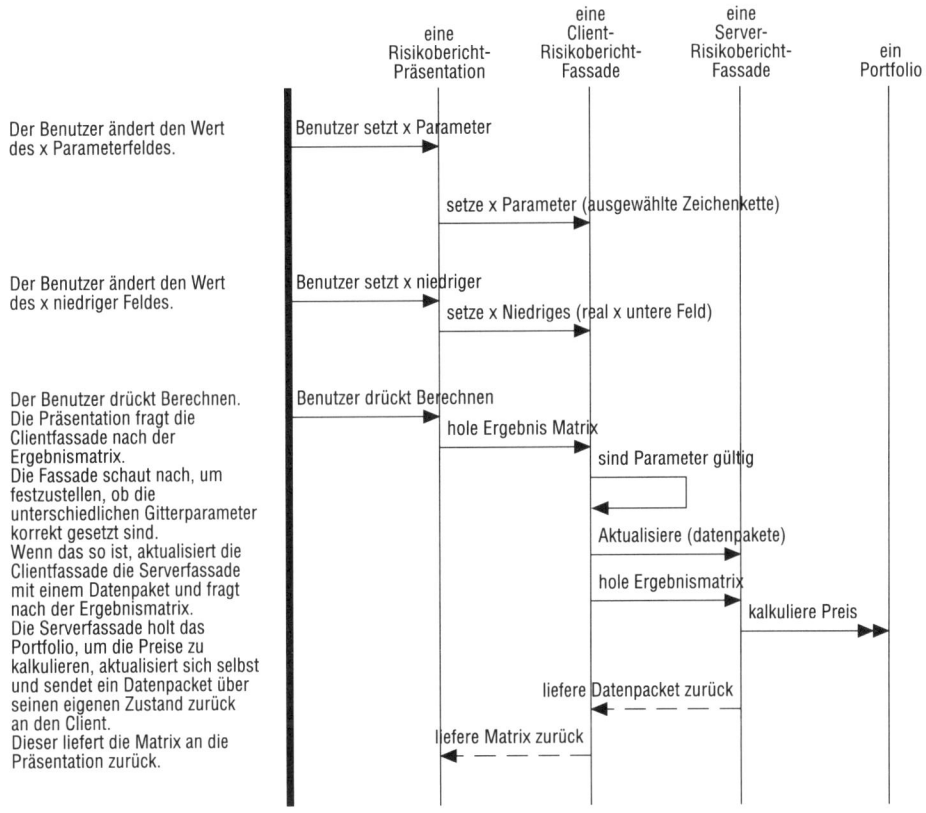

*Abbildung 12-7 Das Interaktionsdiagramm aus Abbildung 12.5 unter Verwendung gedehnter Fassaden*

In der Praxis finde ich es dennoch lohnend, den beiden Klassen die gleiche Schnittstelle zu geben, um die Tests zu erleichtern (das bedeutet, sie gehören zum gleichen Typ). Beide Seiten benötigen Lade- und Sicherungsoperationen. Die Clientfassade implementiert diese Operationen durch Kommunikation mit der Serverfassade, und der Server implementiert sie durch Kommunikation mit dem Domänenmodell.

## 12.4 Datenbankinteraktion

Man muß sorgfältig darüber nachdenken, wie man Datenbanken und Altanwendungen (engl. *legacy systems*) in diese Struktur integriert. Der einfachste Fall liegt vor, wenn eine objektorientierte Datenbank verwendet wird. In diesem Fall ist es der geradlinigste Ansatz, die Datenbank einfach in die Domänenschicht zu integrieren. Die objektorientierte Datenbank stellt dann die Funktionalitäten für Persistenz, Transaktionsmanagent und andere Eigenschaften zur Verfügung, über die sich kein Programmierer, der für Unternehmen arbeitet, Gedanken machen sollte.

Jedoch sind nur wenige Anwendungen im IS-Betrieb so einfach. Viele IS-Organisationen mißtrauen objektorientierten Datenbanken und wollen in ihnen keine kritischen Daten unterbringen. Dies liegt teilweise an der Neuheit der Datenbanken, aber auch an ihrer Komplexität. Relationale Tabellen sind relativ leicht zu zerlegen, wenn etwas schiefgeht. Objektorientierte Datenbanken mit wildwuchernden Zeigern im Bereich des Sekundärspeichers sind wesentlich schwieriger.

Sogar wenn objektorientierte Datenbanken eine sichere Wahl für die neue Entwicklung wären, gäbe es noch das Problem der bereits bestehenden Daten. Sogar relationale Datenbanken haben – trotz ihrer gegenwärtigen Position als erprobte Technologie für die Datenbankentwicklung – bisher noch nicht die Stellung erreicht, die Mehrheit der Unternehmensdaten zu handhaben. Die überwiegende Mehrheit der Unternehmensdaten liegt in hierarchischen Datenbanken, flachen Dateien und ähnlichem. Objektsysteme müssen mit diesen Systemen interagieren und mit der Tatsache umgehen, daß sie Eingaben für unerläßlich halten müssen. Schließlich müssen Objektsysteme es schaffen, auf viele Systeme zuzugreifen, um ein integriertes Gesamtbild zu erhalten. Es gibt zwei allgemeine Ansätze, die man verwenden kann: Man läßt das Domänenmodell mit den Datenquellen zusamenarbeiten, oder man verwendet eine Schicht als Schnittstelle zur Datenbank.

### 12.4.1 Verbindung der Domänenschicht zu den Datenquellen

Man betrachte den einfachen Fall eines einzelnen (engl. *stand-alone*) Systems, das eine relationale Datenbank für die Datenhaltung verwenden muß. Man kann die relationale Datenbank speziell dafür entwerfen, das Domänenmodell zu unterstützen. Man sollte die Domänenschicht zuerst entwerfen, und dann das Datenbankschema darauf basieren lassen. Mit Ausnahme der einfachsten Systeme ist es nicht möglich, jeden Objekttyp eines Domänenmodells in eine relationale Tabelle umzusetzen. Trotz ihres Namens haben relationale Datenbanken ein Problem damit, Daten in Beziehung zu setzen, weil die Berechnung von Verbunden (engl. *joins*) zeitaufwendig ist. Ein guter relationaler Entwurf sollte daher signifikant entnormieren, um gute Leistungsergebnisse zu erzielen. Das Domänenmodell stellt einen Ausgangspunkt für den Datenbankentwurf bereit, aber ein guter Datenbankentwurf braucht seine Zeit. Das resultierende Datenbankschema kann große Unterschiede zum ursprünglichen Objektdiagramm aufweisen.

Der offensichtliche Weg, die Domänenschicht mit der Datenbank zu verbinden, besteht darin, den Domänenklassen das Wissen zu geben, sich selbst aus der Datenbank heraus aufzubauen. Die Klassen können über Laderoutinen verfügen, die Daten aus der Datenbank holen und diese verwenden, um das Framework zu erzeugen und zusammenzuknüpfen. Es ist wichtig, daß Anwendungen nicht in dieses Verhalten einbezogen werden. Wenn eine Anwendung ein Objekt anfragt, sollte die Domänenschicht nachsehen, ob sie es im Speicher hält. Wenn nicht, sollte sie das Objekt veranlassen, sich selbst aus der Datenbank heraus zu erzeugen. Die Anwendung braucht nicht zu wissen, wie diese Interaktion abläuft.

Eine Ausnahme zu dieser Prozedur tritt auf, wenn Anwendungen auf einer besonderen Datenbankkonfiguration arbeiten und diese Daten zu Beginn in einem Schritt aus der Datenbank geholt werden können, wodurch die Leistung verbessert wird. In diesem Fall kann es für die Domänenschicht nützlich sein, anwendungsspezifische Ladeanfragen anzubieten. Diese geben der Anwendung die Möglichkeit, der Domänenschicht vorab anzukündigen, welche Anfragen sie stellen wird. In einem gewissen Umfang gefährdet dies das Prinzip, daß die Domänenschicht nicht wissen sollte, welche Anwendungen sie nutzen, aber die Leistungsvorteile können unter einigen Umständen verlockend sein.

### 12.4.2 Datenbankschnittstellen-Schicht

Die direkte Verbindung zwischen der Datenbank und der Domänenschicht weist einige signifikante Probleme auf. Sie kann die Domänenklassen übermäßig kompliziert machen, indem sie ihnen zwei unabhängige Verantwortlichkeiten überträgt: Die Bereitstellung des Ausführungsmodells für das Geschäft und das Lesen der Daten aus der Datenbank. Der Code, der für die Interaktion mit der Datenbank benötigt wird, kann ziemlich umfangreich sein und die Klassen übermäßig aufblähen. Wenn Daten aus vielen Datenbanken und Eingaben gelesen werden müssen, wird dieses Problem kritisch.

Eine Antwort wäre selbstverständlich, eine weitere Schicht hinzuzufügen – eine Datenbankschnittstellen-Schicht – die dafür verantwortlich ist, Daten aus der Datenbank in die Domänenschicht zu laden. Außerdem trägt sie die Verantwortung dafür, die Datenbank zu aktualisieren, wenn die Domäne geändert wird. Diese Schicht hat außerdem die Aufsicht darüber, wie mit Eingaben und anderen Interaktionen von bestehenden Anwendungen umgegangen wird.

In vielen Punkten ähnelt die Datenbankschnittstellen-Schicht der Schicht der Anwendungungslogik. In beiden Fällen wird eine Fassade auf eine komplexe Domänenschicht bereitgestellt, um weniger mächtigen Darstellungen gewachsen zu sein. Diese Fassade wählt und vereinfacht die Objektstruktur und nimmt Typumwandlungen auf das einfachere externe Typsystem vor. Wiederun sollte die Domänenschicht nicht wissen, welche verschiedenen Sichten (engl. *views*) von ihr existieren können. Die Datenbankschnittstellen-Klassen basieren typischerweise auf der Datenquelle, mit der sie arbeiten. Eine Datenbankschnittstellen-Klasse kann für jede Tabelle aus der relationalen Datenbank gebaut werden oder auch aus einem Datensatz-Typ der Eingabe. Klassenbibliotheken stellen oft die Art der Übereinstimmung bereit, um Datenbankinteraktionen zu unterstützen.

Der größte Unterschied zwischen dieser Schicht und der Schicht der Anwendungslogik liegt in der Initiierung von Aktivitäten. Über die Benutzerschnittstelle veranlassen Aktionen des Benutzers die Präsentation zur Initialisierung von Aktivitäten, und da die Präsentation auf die Anwendungslogik zugreifen kann, ist es sinnvoll, diese aufzurufen. Die Initiierung von Aktivitäten folgt der Sichtbarkeitslinie. Dies ist jedoch nicht der Fall bei der Datenbankschnittstelle. Die Domänenschicht startet den Prozeß, indem sie sich selbst sichern will, aber man möchte nicht, daß das Domänenmodell die Datenbank sieht. Somit läuft die Initiierung von Aktivitäten den gewünschten Sichtbarkeiten entgegen. Eine Lösung besteht wiederum darin, einen Beobachter [1] zu verwenden, aber das könnte sehr wohl zu einem hohen Grad an Nachrichtenverkehr führen.

Eine Alternative besteht darin, die Architektur mit einem Schnittstellenvermittler (engl. *interface broker*) zu erweitern. Dieser Vermittler stellt eine sehr schmale Schnittstelle bereit, die nur Nachrichten zuläßt, die die Datenbankschnittstelle initialisieren. Diese könnten typischerweise so allgemeine Aufrufe wie `ladeMich(einObjekt)` und `sichereMich(einObjekt)` sein, die die gesamte Verantwortung, mit der Anfrage umzugehen, an die Datenbankschnittstellen-Schicht weiterreichen. Die Verantwortung des Brokers besteht dann darin diese Anfrage an eine Klasse in der Datenbank-Schnittstelle weiterzuleiten, die am besten mit der Anfrage zurechtkommt. Wenn also Kassaverträge in einer Tabelle vorliegen und konventionelle Optionen in einer anderen, fragt der Schnittstellenvermittler zuerst das Objekt, um herauszufinden, was es ist, und leitet dann die Anfrage an die geeignete Datenbankschnittstellen-Klasse weiter, wie in Abbildung 12.8 und 12.9 gezeigt wird.

## 12.4 Datenbankinteraktion

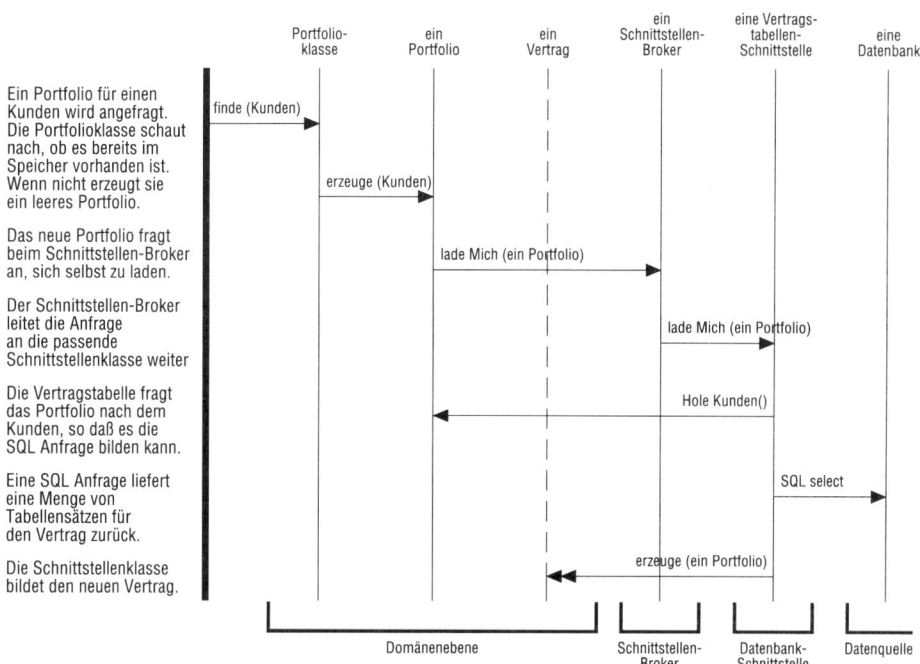

*Abbildung 12-8  Interaktionsdiagramm zur Illustration einer typischen Domänenschichten-Interaktion mit einer Datenquelle*

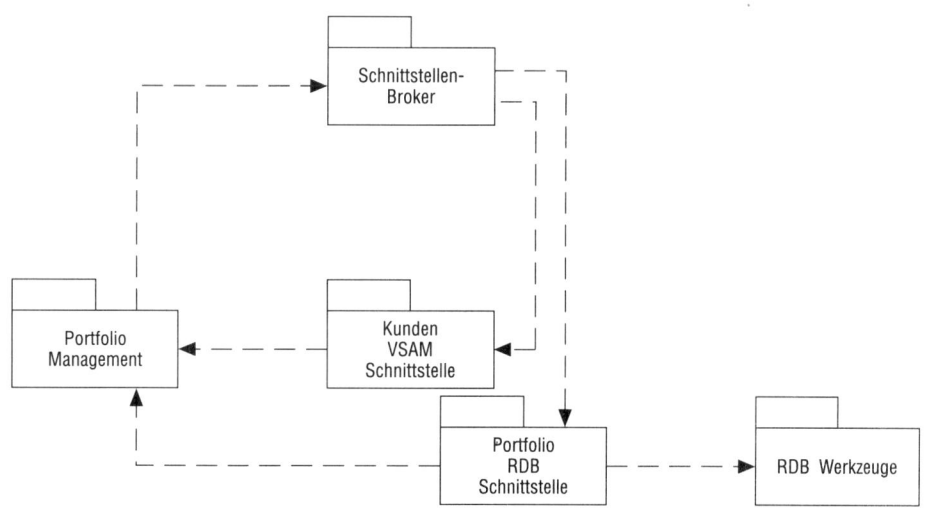

*Abbildung 12-9  Kategorien für die Datenbankschnittstellen-Ebene*

Die Vorteile der Schichtenbildung sind mit den Vorteilen der Schichtenbildung anderswo vergleichbar. Wiederum werden Verantwortlichkeiten auf eine nützliche Weise geteilt, wodurch die Datenschnittstelle vom Unternehmensmodell getrennt wird. Änderungen von Tabellenformaten oder Eingaben können vorgenommen werden, ohne das Domänenmodell zu wechseln. Dies ist besonders wichtig, wenn Tabellenformate außerhalb der Kontrolle des Projektteams liegen oder wenn es wahrscheinlich ist, daß Änderungen der Datenstruktur zu Leistungsverbesserungen führen. Je größer die Unbeständigkeit dieser Quellen ist, desto wichtiger ist es, eine Zwischenschicht zu verwenden.

Der Zugriff auf unterschiedliche Datenbanken kann unterschiedliche Werkzeuge und Funktionalitäten erfordern. Es gibt spezielle Klassenbibliotheken, um Schnittstellen zu Datenbankprodukten zu bilden. Wissen über SQL und spezifische Datenbankformate kann erforderlich sein. Bei anderen Datenbanken (mehrdimensional, hierarchisch) muß man deren Schnittstellen und Strukturen lernen. Indem man diese Interaktionen wieder in ihre Bestandteile zerlegt, erlaubt man es den Teammitgliedern, sich auf die Gebiete zu konzentrieren, in denen ihre Fähigkeiten am stärksten sind.

## 12.5 Abschließende Gedanken

Das Aufbauen großer Informationssysteme in einer Client/Server-Umgebung ist immer noch eine schwierige Arbeit mit vielen Schwierigkeiten. Viele von ihnen beruhen auf der Verwendung einer Zwei-Ebenen Architektur, die gut für kleine Systeme funktioniert, aber nicht skalierbar ist. Eine Drei-Schichten-Architektur verbessert diese Sachverhalte beträchtlich und wird gut durch Objekttechnologie unterstützt. Tabelle 12.1 faßt kurze Beschreibungen der drei Schichten zusammen. Um die Anwendungslogik von der Benutzerschnittstelle zu trennen, ist das Aufspalten der Anwendungsschicht eine wertvolle Technik. Ihre Vorteile schließen die Wiederverwendbarkeit der Anwendungslogik für unterschiedliche GUIs, erleichtertes Testen, Leistungsmanagement für Client/Server Systeme und die Unterstützung für spezialisierte Entwicklungsmannschaften ein. Eine Zwischenschicht ist ebenfalls für den Datenzugriff nützlich, besonders wenn viele komplexe Datenquellen vorhanden sind.

| Schicht | Beschreibung |
|---|---|
| Domäne | Ein direktes Modell von Businessobjekten, das auf die gesamte Domäne angewendet werden kann. Unabhägig von individuellen Anwendungen und Datenquellen. |
| Anwendungslogik | Eine Auswahl und Vereinfachung des Domänenmodells für eine Anwendung. Enthält keinen Code der Benutzerschnittstelle, aber stellt eine Menge von Fassaden der Domänenschicht für die Benutzerschnittstelle bereit. Nimmt Wandlung von umfangreichen Typen der Domänenschicht in die Typen, die von einer Präsentation benötigt werden, vor. |
| Präsentation | Leistet die Formatierung von Informationen aus der Anwendungsfassade in eine GUI oder ein Papierformat vor. Ist nur mit der Benutzerschnittstelle konfrontiert, hat kein Wissen über die zugrundeliegenden Domänenschicht. |
| Datenschnittstelle | Verantwortlich für den Transport von Informationen zwischen Datenquellen und der Domänenschicht. Stellt einen einfachen Schnittstellen-Broker für die Domänenschicht bereit, um Anfragen weiterzureichen. Hat Sichtbarkeit auf die Domänenschicht und die Datenquellen. Wird basierend auf den Typen der Datenquellen in Subsysteme geteilt. |

*Tabelle 12.1 Zusammenfassung der Schichten und ihr Zweck*

Einige Klassen müssen von allen Ebenen verwendet werden. Diese enthalten übliche grundlegende Typen (Integer, Datum, Menge), Kollektionen und auch einige domänenspezifische grundlegende Typen.

**Literatur**

1. E. Gamma, R. Helm, R. Johnson, J. Vlissides. *Design Patterns: Elements of Reusable Object-Oriented Software*. Reading, MA: Addison-Wesley, 1995.
   In deutscher Übersetzung: *Entwurfsmuster: Elemente wiederverwendbarer objektorientier Software*. Bonn: Addison-Wesley, 1996.

2. J.C. Hull. *Options, futures, and other derivatives* (Third Edition). Upper Saddle River, NJ: Prentice-Hall, 1997.

3. J.B. Kain. »Measuring the return on investment of reuse,« In *Object Magazine*, 4, 3 (1994), S. 49-54.

4. D.C. Tsichiritzis, A. Klug. »The ANSI/X3/SPARC DBMS framework: report of the study group on database management systems,« In *Information Systems*, 3 (1978).

# 13 Anwendungsfassaden

Um dieses Kapitel vollständig zu verstehen, sollte man zunächst Kapitel 12 bis zum Kapitel 12.3 gelesen haben. In Kapitel 12.3 habe ich erklärt, wie Anwendungen in Präsentations- und Anwendungslogik zerlegt werden können. Präsentationen enthalten die gesamte Logik der Benutzerschnittstelle, während die Anwendungslogik eine Menge von anwenderspezifischen Fassaden für die Präsentation bereitstellt. Diese Anwendungsfassaden sind für die Auswahl und Anordnung aller Informationen für eine Präsentation verantwortlich.

Anwendungsfassaden lassen sich unter Verwendung einer recht standardisierten Technik bauen und definieren, die in diesem Kapitel beschrieben wird. (Uncharakteristischerweise enthält dieses Kapitel keine Muster.) Diese Technik kann als Zusatz zu objektorientierten Methoden verstanden werden.

Eine Anwendungsfassade sieht fast genauso aus wie jeder andere Typ: Sie besitzt Attribute und Operationen. Jedoch werden alle Attribute aus dem Domänenmodell abgeleitet. Die vorgestellten Modelle beruhen auf einem Beispiel aus dem *Gesundheitswesen (13.1)*. Der *Inhalt einer Fassade (13.2)* wird durch eine Menge von Methoden definiert, die jedem Attribut hinzugefügt wird. Diese Methoden beschreiben, wie ein Attribut wieder aufgefunden werden kann, wie es aktualisiert wird, wie eine Menge von zulässigen Werten gefunden werden kann, wie die Gültigkeit des Attributs überprüft wird und wie ein Defaultwert erzeugt werden kann.

Einige *gemeinsame Methoden (13.3)* können bei vielen Anwendungsfassaden verwendet werden, so daß man sie ins Domänenmodell verschieben kann. Anwendungsfassaden enthalten außerdem *Operationen (13.4)*, die lokal in der Fassade gehalten werden oder an das Domänenmodell delegiert werden können. Frameworks für Benutzerschnittstellen haben gewöhnlich keine Kenntnis über die vielen zusammenhängenden Typen im Domänenmodell, so daß die Anwendung *Typumwandlungen* vornehmen kann *(13.5)*, wobei einfachere Typen erzeugt werden, die wiederum von der Benutzerschnittstelle verstanden werden. Eine Anwendung enthält oftmals viele *Fassaden (13.6), die durch ein strukturelles Modell beschrieben werden können*.

Ich habe diese Technik in mehreren Projekten verwendet, unter anderem für den Nationalen Gesundheitsdienst Großbritanniens und bei einem Handelssystem für eine Londoner Bank. Sie ist speziell für Fassaden aus der Schicht der Anwendungslogik entworfen worden. Sie kann auch für Fassaden in anderen Situationen eingesetzt werden, z.B. bei Datenbankinteraktionen.

## 13.1 Ein Beispiel aus dem Gesundheitswesen

Anwendungsfassaden können am besten anhand eines ziemlich komplexen und abstrakten Domänenmodells verstanden werden. Abbildung 13.1 zeigt ein solches Modell, dessen grundlegende Struktur auf dem für das Gesundheitswesen entworfenen Cosmos-Modell beruht. [1]. Weitere Erklärungen zu vielen dieser Ideen finden sich in Kapitel 3, so daß es ratsam ist, das Kapitel zu lesen, bevor man mit diesem fortfährt.

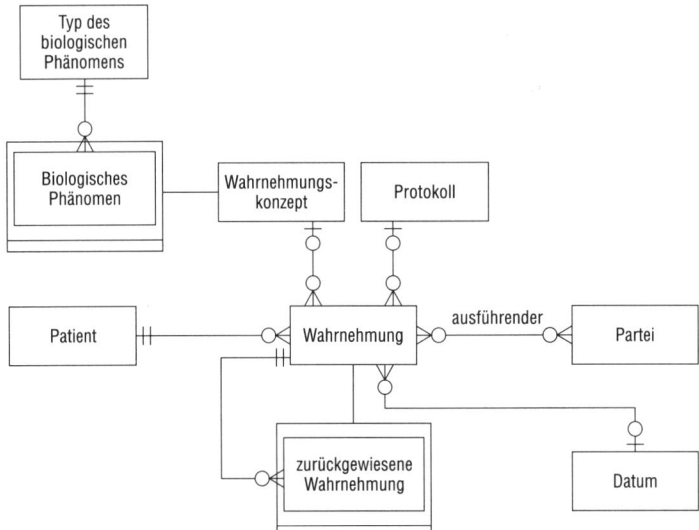

*Abbildung 13.1 Das Beispiel eines Domänenmodells aus dem Gesundheitswesen. Dies ist das Modell, nach dem die Domänenebene aufgebaut ist*

Man stelle sich als Beispiel ein Krankenhausinformationssystem vor, das über jeden Patienten aufzeichnen Informationen muß, die aus jedem Arbeitsbereich des Krankenhauses gewonnen werden, so daß dieses System einen vollständigen medizinischen Datensatz für jeden Patienten speichern kann. Das Spektrum an Informationen, die über jeden Patienten aufgezeichnet werden können, ist enorm. Um den Umfang des Modells zu reduzieren, wird ein abstrakter Ansatz verwendet, wie er in Abbildung 13.1 gezeigt wird.

Das Modell beschreibt alle Informationen, die über einen Patienten hinsichtlich biologischer Phänomene und deren Typen aufgezeichnet werden können. Das Geschlecht ist beispielsweise der Typ eines biologischen Phänomens mit den biologischen Phänomenen männlich und weiblich. Und es gibt die Blutgruppe als Typ eines biologischen Phänomens mit den biologischen Phänomenen A, B, A/B und 0. Um zum Ausdruck bringen zu können, daß ein Patient die Blutgruppe 0 hat, verwendet man eine Wahrnehmung, die den Patienten mit dem passenden biologischen Phänomen verbindet. Darüber hinaus lassen sich andere passende Informationen über die Wahrnehmung darstellen, z.B. wer sie vorgenommen hat (der Ausführende), wann sie vorgenommen wurde (das Datum) und wie sie vorgenommen wurde (das Protokoll). Wenn später festgestellt wird, daß die Wahrnehmung falsch war und die korrekte Blutgruppe A ist, dann nimmt man die ursprüngliche Wahrnehmung zurück und ersetzt sie durch eine neue. Dies ist notwendig, damit ein vollständiger Datensatz eines Patienten angelegt und gepflegt werden kann.

Ein solches Modell deckt einen großen Bereich von Fällen ab. Die Abteilung für Bluttransfusionen hat jedoch einfachere und speziellere Bedürfnisse. Sie will lediglich eine Menge von Attributen eines Patienten aufzeichnen. Man betrachte beispielsweise die Registrierung eines Blutspenders. Die Attribute für einen Blutspender umfassen den Namen, die Blutgruppe und das letzte Spendedatum. Der Name ergibt sich direkt, weil er direkt mit dem Patiententyp verbunden ist. Die Blutgruppe und das letzte Spendedatum erfordern jedoch eine komplexe Verarbeitung, wie unten zu sehen ist.

## 13.2 Inhalt einer Fassade

Jede Anwendungsfassade besteht aus einer Referenz auf das Domänenmodell (das hier als Gegenstand der Fassade bezeichnet wird) und einer Anzahl von Attributen, die die Informationen für den Benutzer einer Fassade darstellen, wie in Abbildung 13.2 gezeigt.

Eine Anwendungsfassade wird mit einem speziellen Objekt aus dem Domänenmodell als Gegenstand geöffnet. Dieser Gegenstand wirkt als Anfangspunkt für alle Manipulationen, die durch eine Fassade vorgenommen werden können. Wenn man die Fassade definiert, legt man den Typ des Gegenstands fest. So wäre `Patient` der Gegenstand im Beispiel mit der Registrierung für eine Bluttransfusion. Der Benutzer einer Fassade greift niemals direkt auf den Gegenstand zu, sondern behandelt die Fassade als logische Schnittstelle zum Gegenstand.

Jedes Attribut in der Fassade wirkt dann als logisches Attribut des Gegenstands. Zu jedem Attribut sollte sein Typ definiert sein, der mit dem Typ des Domänenmodells übereinstimmen sollte. Gleichermaßen kann man Operationen für die Fassade definieren. Im Fall der Blutspenderregistrierung ergibt sich die unten angegebene Spenderfassade:

**Anwendungsfassade**: Spender

**Gegenstand**: Patient

**Attribute**:

Name: Zeichenkette

Blutgruppe: Biologisches Phänomen

Datum der letzten Transfusion: Datum

**Operationen**: Bluttest anordnen

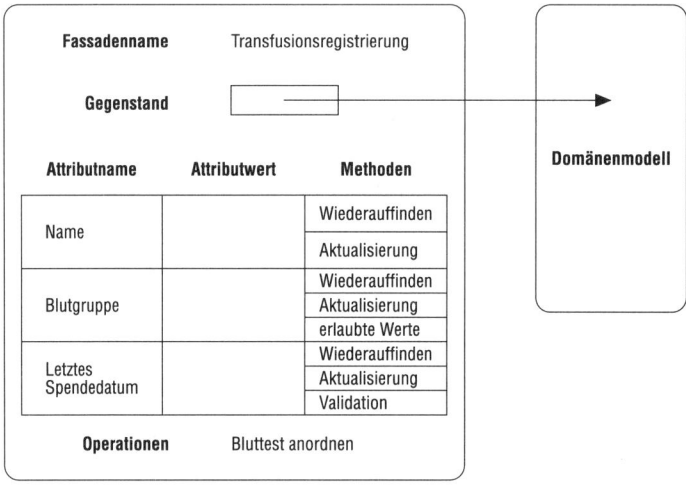

*Abbildung 13.2 Die Teile einer Anwendungsfassade*

Danach legt man eine Reihe von Methoden für jedes Attribut der Fassade fest. Diese Methoden beschreiben, wie Informationen aus dem Domänenmodell in die Fassade umgewandelt werden und wie die Fassade die gemeinsam genutzten Informationen aktualisiert. Es gibt verschiedene Möglichkeiten, diese Methoden zu definieren. Eine besteht darin, einen normalen Satz zu verwenden, der einfach zu verstehen wäre, aber zu Mehrdeutigkeiten führen kann. Am entgegengesetzten Ende des Spektrums steht ein formaler Ansatz wie die Prädikatenlogik, der geeignet ist, wenn ihn jeder versteht. Dazwischen liegen unterschiedliche Formen von strukturiertem Deutsch.

## 13.2.1 Methodentypen

Die Methode zum Wiederauffinden (engl. *retrieval*) legt fest, wie Daten aus dem Modell gewonnen werden können, um einen Wert in ein Attribut zu schreiben. Diese Methode kann man als Anfrage über das Modell betrachten, die beim Gegenstand beginnt. Eine Methode zum Wiederauffinden kann sehr einfach sein. So kann z.B. der Registrierungsname mit dem Patientennamen übereinstimmen. Allerdings kann das Wiederauffinden auch recht kompliziert werden. Für die Blutgruppe eines Patienten muß man alle nicht zurückgewiesenen Wahrnehmungen zu einem Patienten finden, deren Typ vom biologischen Phänomen Blutgruppe sind. Gleichermaßen findet man das Datum der letzten Spende, indem man sich alle Prozeduren anschaut, deren Protokoll Blutspende ist, und diejenigen mit dem letzten Datum zurückgibt. Nur-Lese-Attribute haben keine anderen Methoden.

Die Erlaubte-Werte-Methode stellt eine Menge von zulässigen Werten bereit, die zur Gültigkeitsprüfung verwendet werden können. Häufig (wie bei Namen) gibt es keine endliche Menge zulässiger Werte. Für die Blutgruppe braucht man jedoch etwas Intelligenteres: Der Typ des Attributs ist das biologische Phänomen, es sind aber nur biologische Phänomene erlaubt, deren Typ Blutgruppe ist. Somit werden die zulässigen Werte durch eine Anfrage bereitgestellt, die die Menge der biologischen Phänomene A, B, A/B und 0 zurückgibt. Diese Werte sind einerseits zur Gültigkeitsprüfung nützlich, können aber auch in ein Menü oder eine Liste der Benutzerschnittstelle eingetragen werden.

Die Aktualisierungsmethode erfordert die leistungsfähigste Technik. Sogar wenn die Wiederauffindungsmethode einfach ist, kann die Bedeutung der Aktualisierung stark variieren. Wiederum stellt das Namensobjekt einen einfachen Fall dar, bei dem die Attribute eines Patienten aktualisiert werden. Die Änderung der Blutgruppe ist komplizierter; man muß daher eine neue Wahrnehmung erzeugen, die mit dem biologischen Phänomen verbunden wird, das wiederum durch das Attribut zur Verfügung gestellt wird. Die alte Wahrnehmung wird verworfen und mit dem neuen Objekt verbunden, um zu zeigen, von welchem Objekt sie verworfen wurde. Zusätzlich kann man implizite Informationen bereitstellen. Beispielsweise wird eine Änderung der Blutgruppe immer durch die Transfusionseinheit abgedeckt, wobei die Einheit immer dasselbe Protokoll benutzt. Also kann man diese Informationen automatisch zum Datensatz hinzufügen, indem man den angemeldeten (engl. *logged-in*) Arzt zum Ausführenden des Vorgangs macht und das Standardprotokoll benutzt. Man muß natürlich im Umgang mit den Informationen, die auf diese Weise impliziert werden können, vorsichtig sein. Diese Informationen sollten an den Benutzer zurückgegeben werden.

Eine Methode zur Gültigkeitsprüfung kann notwendig sein, wenn entweder die zulässigen Werte oder der Attributtyp nicht ausreichen, um die Gültigkeit zu prüfen. Eine für die Fassade kontextspezifische Gültigkeitsregel sollte zur Verfügung gestellt werden. Zum Beispiel sollte das letzte Spendedatum früher als heute und später als das gegenwärtig gespeicherte Datum sein.

Die Defaultmethode wird verwendet, wenn ein neuer Datensatz erzeugt wird, was im Gegensatz zur Aktualisierung eines existierenden Datensatzes steht. Um die Komplexität zu reduzieren, nimmt man gewöhnlich an, daß die Erzeugung eines neuen Datensatzes das gleiche wie die Aktualisierung eines leeren Datensatzes ist. Der Benutzer kann dann die Attribute auffüllen, wobei genau die gleichen Methoden für die Gültigkeitsprüfung wie beim Aktualisieren verwendet werden. Die Defaultmethode zeigt an, welche Informationen durch den Benutzer bereitgestellt werden sollen, wenn der Benutzer mit einem leeren Datensatz anfängt. Der Aufbau der Defaultmethode ähnelt stark dem Aufbau der Methode zum Wiederauffinden.

Einige Attribute haben keinen einzelnen Wert, sondern eine Liste von Werten. In diesem Fall gibt es zwei Aktualisierungsmethoden: Eine für das Hinzufügen eines Elements und eine für das Löschen eines Elements. Die Methode zum Wiederauffinden liefert eine Kollektion zurück, die eine Menge oder Liste sein kann. Ist diese Gruppierung eine Menge, dann werden Ordnungskritierien spezifiziert, um anzugeben, in welcher Reihenfolge die Werte angezeigt werden. Gewöhnlich ist dies das Standardordnungskriterium, das auf Zahlen oder Zeichenketten beruht. Tabelle 13.1 faßt die verschiedenen hier erörterten Methoden zusammen.

| Methodenname | Beschreibung |
| --- | --- |
| Wiederauffinden | Wert entsprechend dem Domänenmodell |
| Erlaubte-Werte | Zugelassene Werte, wenn sie weniger als der Typ sind |
| Aktualisierung | Wie man das Modell bei einer Werteänderung aktualisiert. Für mehrwertige Attribute müssen sowohl einfügende Aktualisierungen als auch löschende Aktualisierungen spezifiziert werden. |
| Gültigkeitsprüfung | Wird verwendet. um neue Werte zu testen. Ist nur notwendig, wenn sie komplexer als die erlaubten Werte sind. |
| Default | Initialer Wert, der verwendet wird, wenn ein neues Objekt aus einer Fassade erzeugt wird |

*Tabelle 13.1 Zusammenfassung der Methoden*

## 13.2.2 Beispielmethoden

Tabelle 13.2 zeigt ein Beispiel, wie diese Methoden formuliert werden können, das aus dem oben vorgestellten Blutspenderbeispiel stammt. Die Regeln werden nicht in einer formalen Notation ausgedrückt (und sind daher zweideutig), sondern sind in der Art von Pseudo-SQL aufgeschrieben, was sich als vernünftiger Kompromiß zwischen Strenge und erleichtertem Verständnis erwiesen hat.

| Attribute | Methodenname | Methodenrumpf |
|---|---|---|
| Name | Wiederauffinden | subject. Name |
| | Aktualisieren | Change subject. Name |
| Blutgruppe | Wiederauffinden | subject.observations.biological phenomenon where biological phenomenon. Biological phenomenon type = 'Blood Group'. |
| | Aktualisieren | OldObs:= All subject. Observations where subject. Observations. Biological phenomenon.biological phenomenon type = 'blood group'. Create new observation (newObs) where newObs. patient = subject, newObs. Biological phenomenon = new Blood Group, and newObs. Rejected observations = oldObs. |
| | Erlaubte-Werte | All biological phenomena with biological phenomenon type = 'blood group' |
| Datum der letzen Transfusion | Wiederauffinden | The latest subject. Observations. Date from Those subject. Observations with protocol 'blood transfusion' |
| | Aktualisieren | Create new observation with patient = subject, protocol = 'blood transfusion', and date = Date of last transfusion |
| | Gültigkeitsprüfung | new Date of last transfusion later than old Date of last transfusion |

*Tabelle 13.2 Beispielmethoden für eine Fassade*

## 13.3 Gemeinsame Methoden

In Anwendungen, die Fassaden benutzen, finden sich viele Methoden mit ähnlichen Strukturen. Das Blutgruppen-Attribut ist ein Beispiel für einen recht verbreiteten Fall im Modell des medizinischen Datensatzes. Die Blutgruppen-Methoden finden ein besonderes biologisches Phänomen eines zugehörigen Typs für einen

Patienten wieder auf. Dabei wird angenommen, daß ein Patient nur ein biologisches Phänomen dieses Typs besitzt. Bei Anfragen zur Blutgruppe fragt man: »Zu welchen biologischen Phänomenen des Typs Blutgruppe hat dieser Patient Wahrnehmungen?« Es gibt viele Fälle (wie das Geschlecht eines Patienten), in denen diese Art von Methode existiert. Daher ist es sinnvoll, einen allgemeinen Dienst zu haben, der nicht nur die allgemeinen Zugriffs- und Aktualisierungsfälle beherrscht, sondern auch die gesamte Verarbeitung der Spezialfälle (z.B. wenn es zu einem Patienten widersprüchliche Wahrnehmungen gibt).

Solche Dienste lassen sich ins Domänenmodell als Operationen oder berechnete Abbildungen über den Patienten aufnehmen. Im Blutspenderbeispiel würde das zu einer Operation

```
wertVon(einBiologischesPhaenomenVomTyp) : einBiologischesPhaenomen
```

führen. Man beachte, daß es eine entsprechende Aktualisierungsoperation für einen Patienten geben kann, die auch die Aktualisierungsmethode der Anwendungsfassade einschließt.

Die Verschiebung von Methoden der Anwendungsfassade ins Domänenmodell ist auf zwei Arten sinnvoll. Erstens stellen sie eine Schnittstelle höherer Ebene zur Fassade bereit, was die Entwicklung der Anwendungsfassade erleichtert. Das bedeutet insbesondere, daß gemeinsam genutzter Quelltext zur Behandlung dieser Arten von Attributen nur einmal im Domänenmodell gespeichert und nicht in viele Anwendungsfassaden dupliziert werden muß. Zweitens hat der Ansatz den Vorteil, daß er eine gute Möglichkeit zur Optimierung bietet. Die Tatsache, daß der Code einen so hohen Grad an Übereinstimmung besitzt, um in einer gemeinsam genutzten Methode gespeichert zu werden, impliziert, daß er häufig ausgeführt werden wird. Er bildet somit ein gutes Ziel für Optimierungsmaßnahmen. Dies kann besonders dann wichtig sein, wenn das OO-System navigierende Anfragen im Gegensatz zu deklarativen Anfragen bereitstellt.

Es ist klar, daß nicht jede Anwendungsfassade ins Domänenmodell verschoben werden sollte. Der Wert von Anwendungsfassaden liegt darin, daß sie Dinge mit lokalem Kontext von notwendigerweise gemeinsam genutzten Dingen trennen. Jede Methode einer Fassade, die ins Domänenmodell verschoben wird, erhöht dessen Komplexität. Daher sollte ein Designer gegenüber dem Verschieben von Fassadenmethoden ins Domänenmodell mißtrauisch sein, und dies nur tun, wenn der Nutzen die gestiegene Komplexität aufwiegt.

## 13.4 Operationen

Wie jeder andere Objekttyp auch, enthalten Anwendungsfassaden sowohl Daten- als auch Prozeßanteile. Die in Kapitel 13.2.1 erörterten Methoden sind private Methoden der Fassade, die die Abbildung zwischen der Anwendungsfassade und dem Domänenmodell behandeln. Darüber hinaus existieren öffentliche Methoden, die den Zugriff und die Aktualisierung der Fassadenattribute ermöglichen.

Zusätzliche Operationen innerhalb der Anwendungsfassade dienen nicht ausschließlich der Manipulation von Attributen. Diese Operationen sollten separat deklariert werden und sorgen typischerweise für eine komplizierte Verarbeitung. Man sollte abwägen, ob diese Operationen lokal oder geteilt gehalten werden, wie in Abbildung 13.3 gezeigt wird. Eine gemeinsam genutzte (engl. *shared*) Operation wird in der gesamten Organisation verwendet, während eine lokale Operation nur von dieser Anwendung verwendet wird. Wenn die Operation gemeinsam genutzt wird, sollte sie innerhalb des Domänenmodells verwendet werden. Hier wird sie zur Klasse mit dem höchsten Grad an Gemeinsamkeit hinzugefügt. Die gemeinsam genutzte Operation sollte auf keine andere Fassade zugreifen und ausschließlich auf den gemeinsam genutzten Objekten operieren. Die Operation aus der Fassade sollte dann einfach den Aufruf an die gemeinsame Operation weiterleiten, dabei die notwendigen Argumente bereitstellen und die Rückgabewerte für die Benutzung in der Fassade interpretieren.

Eine lokale Operation sollte jedoch nicht im Domänenmodell untergebracht, sondern im lokalen Modell implementiert werden. Sie würde dementsprechend keine Strukturen und Operationen aus dem Domänenmodell verwenden, sondern statt dessen auf den Attributen und Operationen der Anwendungsfassade beruhen. Auf diese Weise wird eine klare Trennung zwischen lokalem und gemeinsam genutztem Code bewahrt.

Man beachte, daß die Unterscheidung zwischen lokalen und gemeinsam genutzten Operationen ausschließlich eine Problemstellung der konzeptionellen Verteilung des Codes ist. Sie betrifft beispielsweise nicht die Implementierungsbedürfnisse einer Client/Server-Umgebung. In Abhängigkeit von der Umgebung können lokale Operationen auf einem Server oder gemeinsam genutzte Operationen auf einem Client ablaufen. Die Unterscheidung basiert allein darauf, ob die Operationen konzeptionell gemeinsam genutzt werden oder nicht. Gemeinsam genutzte Operationen werden häufig wiederverwendet und müssen wesentlich sorgfältiger gewartet werden. Dasselbe gilt für den Rest des Domänenmodells. Lokale Operationen können ausschließlich innerhalb der Fassade behandelt werden. Sie werden wiederverwendet, wenn die Fassade, zu der sie gehören, wiederverwendet wird.

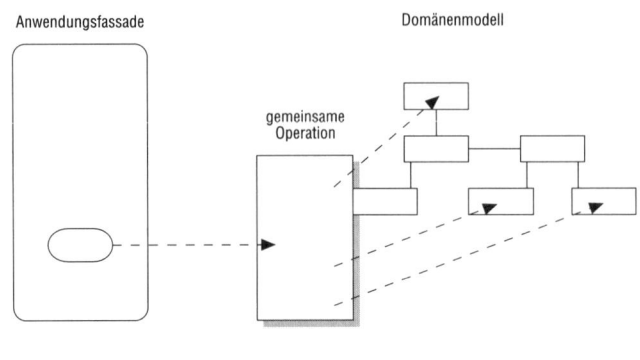
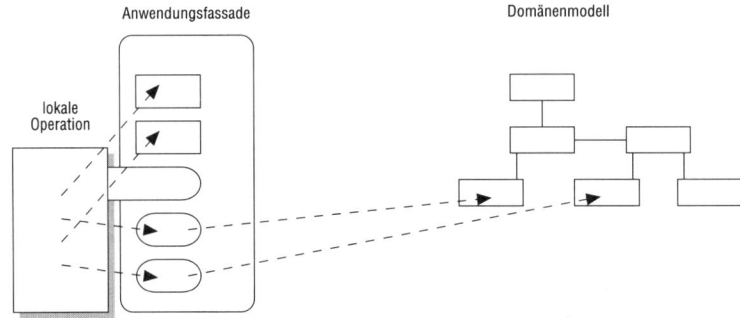

*Abbildung 13.3 Operationen in einer Anwendungsfassade*

*Eine gemeinsam genutzte Operation wird innerhalb des Domänenmodells implementiert und greift auf die Strukturen und Dienste des Domänenmodells zu. Die Fassade stellt eine Referenz auf diese Operation bereit, während eine lokale Operation innerhalb der Fassade implementiert wird und nur auf die Attribute und Operationen dieser Fassade zugreift.*

## 13.5 Typumwandlungen

Eine Schwierigkeit bei der Benutzung von OO-Systemen besteht darin, daß das Verschieben von Objekten in einem Netzwerk recht komplex ist, besonders das Verschieben von einem Adreßraum in einen anderen. Dieses Problem tritt auf, wenn Informationen zwischen OO-Systemen mit unterschiedlichen Objektidentitäten verschoben werden müssen, oder von einem OO- in ein Nicht-OO-System. In diesen Fällen kann man nur Informationen über das Objekt austauschen, nicht das eigentliche Objekt. Eine Lösung besteht darin, einen Vertreter (engl. *proxy*) zu verwenden, der zur Umwandlung von Aufrufen an den Vertreter in Aufrufe auf das ursprüngliche Objekt entworfen wurde. Dieses System funktioniert gut, wenn sowohl der Client als auch der Server Teil einer verteilten Datenbank sind. Viele Systeme haben aber PC-Clients, die mit einem Datenbankserver verbunden sind, wodurch jeder Objektaufruf zu einem teuren Netzwerkaufruf wird.

Dies wird besonders wichtig, wenn die einbezogenen Nicht-OO-Systeme die Semantik von Nachrichten und Objekten nicht verstehen. Die Informationen müssen dann in Form einer einfachen Darstellung, wie ASCII-Zeichenketten, übertragen werden. In diesem Fall ist es notwendig, Objektinformationen in eine Zeichenkette umzuwandeln, diese über das Netzwerk zu versenden und in Objekte zurückzuübersetzen.

Zur Vereinfachung des Netzwerkzugriffs kann man Fassaden verwenden. Sie kontrollieren die Umwandlung in Zeichenketten und ermöglichen der Anwendung, eine große Menge von Informationen auf einmal zu holen. Dies läßt sich durch Speicherung der Attributwerte als Zeichenketten realisieren, wie Abbildung 13.4 zeigt. Die Verbindungen zu den Objekten können aufrechterhalten werden, indem eine Verweistabelle (engl. *lookup-table*) im Klassenabschnitt der Fassade vorgehalten wird. Die Verweistabelle bildet die Zeichenketten auf die Datenbankobjekte ab, was die Prüfung und Aktualisierung erleichtert. Die Tabelle kann mit einer Datenliste (engl. *dictionary*) implementiert werden, in der die Zeichenketten die Schlüssel und die Datenbankobjekte die Werte sind. Die Menge der Schlüssel kann für das Laden von Menüs oder zu Prüfungszwecken verwendet werden. Wenn ein Attribut verändert wird, kann es durch die Tabelle in ein Objekt für die Ersetzung in der Datenbank umgewandelt werden. Da die Tabelle im Klassenabschnitt der Klasse gespeichert wird, ist sie nur einmal vorhanden. Dementsprechend muß sie erneuert werden, wenn die verfügbaren Optionen geändert werden. Solch eine Änderung ergibt sich allerdings eher selten.

Somit hat das Blutgruppen-Attribut eine entsprechende Datenliste Blutgruppenwerte im Klassenabschnitt. Diese Datenliste besitzt Schlüssel der Zeichenketten »A«, »B« usw. mit den Objekten in der Datenbank als Werte. Beim Wiederauffinden wird die Blutgruppe in eine Zeichenkette umgewandelt (durch Verwendung einer Benennungsfunktion oder durch eine Datenliste) und im Attribut gespeichert. Nach der Aktualisierung wird die neue Zeichenkette zum Nachschlagen in der Datenliste verwendet, und der entsprechende Wert wird für eine Aktualisierung der Datenbank verwendet.

Verwendet man diesen Ansatz, sollte man die Fassadenattribute mit internen und externen Typen versehen. Der interne Typ ist der Typ innerhalb des Domänenmodells, während der externe Typ für die Darstellung verwendet wird. Im Blutgruppenbeispiel ist der interne Typ Biologisches Phaenomen, während der externe Typ Zeichenkette ist.

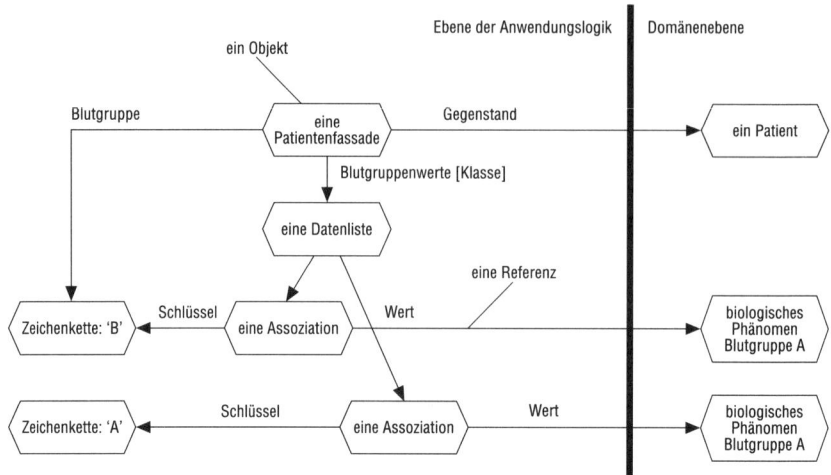

*Abbildung 13.4 Beispielobjekte für eine Typumwandlung*

*Die Anwendungsfassade besitzt eine Referenz auf ihren Gegenstand im Domänenmodell. Für ihre Attribute speichert sie Zeichenketten und versendet diese an die Präsentation. Sie hat außerdem eine Verbindung (statisch oder über ihre Klasse) zu einer Datenliste, die die Zeichenketten mit den zugrundeliegenden Domänenobjekten in Beziehung setzt. (Aus Gründen der Klarheit werden hier nur zwei Blutgruppen gezeigt.) Die Anwendungsfassade hat eine Datenliste für jedes Attribut, das diese Art der Typumwandlung benötigt.*

## 13.6 Mehrfache Fassaden

Anwendungsfassaden erscheinen gewöhnlich nicht allein, sondern eher als Gruppen. Eine Anwendung setzt sich aus einigen Darstellungen und deren entsprechenden Fassaden zusammen. Diese Komponenten können auf zwei Arten miteinander verbunden werden. Die erste Methode besteht darin, daß die Fassade Komponenten enthält, wie in einer Tabelle,. So kann z.B. eine Geschichte der Transfusionen – jede mit ihrem jeweiligen Ort und Datum – als Tabelle innerhalb einer gesamten Blutspendendarstellung wiedergegeben werden. Die zweite Möglichkeit besteht darin, einem Benutzer zu erlauben, von einer Präsentation zur anderen zu navigieren. Zum Beispiel kann ein Anwender, der auf ein Fenster mit Bluttest-Informationen schaut, ein separates Fenster öffnen, um Details der für den Test verwendeten Blutprobe zu betrachten.

Das in Abbildung 13.5 abgebildete Modell zeigt, wie diese Fassaden in Beziehung stehen. Ich benutze die Aggregation, um Informationen zu zeigen, die in derselben Fassade (z.B. einer Tabelle) dargestellt werden. Reguläre Assoziationen werden verwendet, um Informationen darzustellen, die durch das Öffnen einer anderen Präsentation gezeigt werden. Gleichermaßen verwende ich unidirektionale Assoziationen, um Pfade zu veranschaulichen, auf denen ein Benutzer beim Öffnen einer Präsentation aus einer anderen heraus navigieren kann.

Die Verwendung eines strukturellen Modells ist sehr hilfreich, aber es ist wichtig, sich ins Gedächtnis zu rufen, daß der Modellierungsstil ein anderer ist. Im Domänenmodell sollte man die Duplizierung von Verantwortlichkeiten vermeiden, besonders wenn Informationen gespeichert werden sollen. Aus diesem Grund sollte man eine andere Notation verwenden, um die verschiedenen Heuristiken zu betonen. Insgesamt gesehen glaube ich jedoch, daß die zusätzliche Notation zuviel Komplexität hinzufügt.

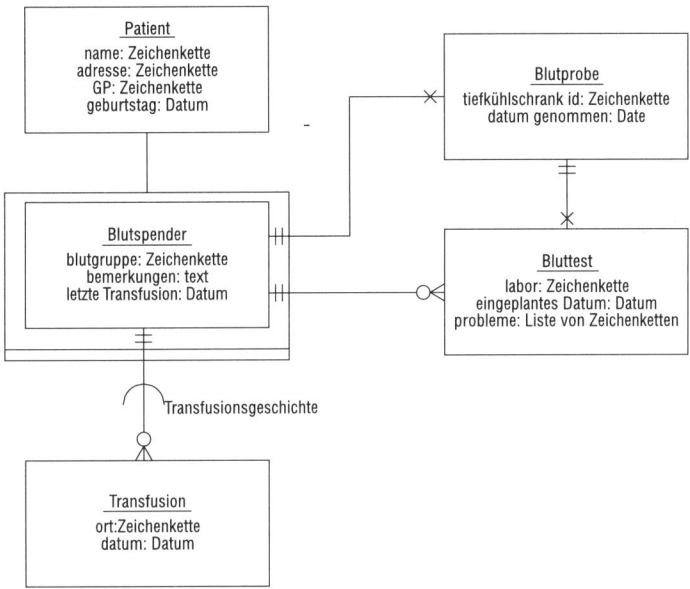

*Abbildung 13.5 Ein Beispieldiagramm für eine Anwendungsfassade*
*Die dargestellten Typen sind externe Typen (siehe Kapitel 13.5). Das Modell deutet an, daß eine Blutspenderpräsentation vorliegt, die alle Informationen der Patientenpräsentation mit Zusätzen anzeigt. Es zeigt außerdem eine Tabelle von Transfusionen. Der Benutzer kann zu einer separaten Präsentation navigieren, die eine Liste von Bluttests zeigt. Von dieser Präsentation aus, kann der Benutzer zur entsprechenden Blutprobenpräsentation navigieren, von der er wiederum zur Blutspenderpräsentation gelangen kann.*

Die andere Art der Beziehung zwischen Fassaden, die sehr wichtig sein kann, ist eine Beziehung durch Bildung von Untertypen. Eine Patientenfassade mag bereits eine Menge allgemeiner, für den Patienten benötigter Informationen abdecken. Die für Spender benötigten Informationen beinhalten diese Informationen und fügen zusätzliche hinzu. Somit ist die Spenderfassade tatsächlich ein Untertyp der Patientenfassade: Alle Attribute der Patientenfassade sind in der Spenderfassade vorhanden, und die Spenderfassade kann auf alle Nachrichten der Patientenfassade antworten.

In mancherlei Hinsicht wird die Struktur der Fassade durch die von der Fassade unterstützte Struktur der Präsentationen gesteuert. In Fällen, in denen eine Menge von Fassaden mehr als eine Präsentation unterstützt, mag das nicht völlig stimmen. Eine neue Präsentation kombiniert vielleicht Informationen von assoziierten Fassaden in derselben Präsentation. Dies ist absolut vernünftig. Obwohl es nützlich ist, der Präsentationsstruktur die Fassadenstruktur zugrunde zu legen, ist es auch klug, eine Menge von Fassaden viele ähnliche Präsentationen unterstützen zu lassen. In diesem Fall ist die Unterbrechung der Verbindung zwischen Präsentations- und Fassadenstruktur ein gerechtfertigtes Opfer.

**Literatur**

1. Cairns, A. Casey, M. Fowler, M. Thursz, H. Timini. *The Cosmos Clinical Process Model*. National Health Service. Information Management Centre, 15 Frederick Rd. Birmingham, B15 1JD, England. Report ECBS20A & ECBS20B <http://www.sm.ic.ac.uk/medicine/cpm.htm>, 1992.

# 14 Muster für Entwurfsschablonen des Typenmodells[1]

Dieses Buch bezieht sich stark auf konzeptionelle Modelle, weshalb es mir wichtig ist, zu erklären, wie diese Modelle in Software umgesetzt werden können. Dieses Kapitel stellt Transformationsmuster vor, die verwendet werden können, um Entwurfsschablonen für Typenmodelle zu erstellen. Transformationsmuster beschreiben Prinzipien für die Transformation eines Artefaktes von einer Form in eine andere. Entwurfsschablonen beschreiben, wie ein implizites Spezifikationsmodell in ein explizites Spezifikationsmodell und eine Implementierung umgesetzt wird. Da implizite Spezifikationsmodelle und konzeptionelle Modelle meist identisch sind, stellen sie nützliche Werkzeuge dar, um zu verstehen, wie sich konzeptionelle Modelle auf Implementierungen beziehen.

In diesem Kapitel wird nicht versucht, eine vollständige Menge von Entwurfsschablonen für eine bestimmte Entwicklungsumgebung bereitzustellen. Entwicklungsumgebungen sind zu verschieden, jede erfordert unterschiedliche Kompromisse. Dies ist nicht nur eine Frage der Verwendung von Smalltalk oder C++. Viele Faktoren – Hardware, Datenbanken, Netzwerke, Klassenbibliotheken – betreffen die tatsächlich in einem Projekt verwendeten Schablonen. Daher konzentriere ich mich auf die Muster, die bei Entwurfsschablonen gefunden werden, also auf die allgemeinen Prinzipien und die Problemstellungen, die bei der Durchführung der Transformationen beachtet werden sollten.

Entwurfsschablonen variieren je nach der verwendeten Modellierungsmethode, der genauen Entwicklungsumgebung, Firmenstandards und den Leistungsanforderungen des endgültigen Systems. Sie können auf eine normative oder auf eine beratende Weise verwendet werden. Sie können (zumindest in der Theorie) durch einen Codegenerator automatisiert oder per Hand (z. B. als Codierungsregeln) verwendet werden.

Nicht alle Methoden erfordern Entwurfsschablonen. Wenn die gesamte Modellierung anhand einer Methode vorgenommen wird, die tief in der Entwicklungsumgebung verwurzelt ist, dann ist – wenn überhaupt – wenig Transformation erforderlich. Dies ist der hauptsächliche Vorteil bei der Verwendung einer implementierungsbasierten Technik. Das Problem bei solch einem Ansatz ist, daß ein größerer Unterschied zwischen dem, wie die Leute über die Welt denken, und ei-

---

1. Dieses Kapitel habe ich in Zusammenarbeit mit James Odell verfaßt.

nem implementationsbasierten, Modell besteht. Außerdem gibt es häufig Probleme bei der Portierung in eine andere Entwicklungsumgebung. Entwurfsschablonen verfolgen die folgenden Ziele:

- Sie stellen sicher, daß die Software auf die gleiche Weise wie die konzeptionellen Modelle strukturiert ist, soweit dies praktisch möglich ist.
- Sie sorgen für die Konsistenz innerhalb der Software.
- Sie stellen Richtlinien für die Konstruktion der Software zur Verfügung, so daß Wissen innerhalb der Organisation effektiv verbreitet wird.

Diese Ziele führen zu einem wichtigen Prinzip: Entwurfsschablonen sollten *die Schnittstelle* von Softwarekomponenten *definieren* und *die Implementierung* dieser *Komponenten nahelegen*. Ein Ziel dieses Prozesses sollte sein, daß ein Programmierer, der im Anwendungsgebiet neu, aber dennoch mit den Schablonen vertraut ist, durch einfache Betrachtung des Analysemodells wissen sollte, wie die Schnittstelle aller Komponenten aussieht. In der Praxis ist dieses Ziel kaum vollständig erreichbar, aber man sollte versuchen, ihm so nahe wie möglich zu kommen.

**Modellierungsprinzip** *Entwurfsschablonen definieren die Schnittstelle von Softwarekomponenten und legen die Implementierung dieser Komponenten nahe.*

Entwurfsschablonen sollten daher eine Anweisung für die benötigte Schnittstelle bereitstellen und können außerdem für einige naheliegende Implementierungen sorgen. Programmierer müssen die obligatorische Schnittstelle akzeptieren, aber sie können jede mögliche Implementierung entweder anhand der Liste der Vorschläge erstellen, oder indem sie eigene Alternativen entwickeln. Der Benutzer der Klasse braucht nicht zu wissen oder sich darum kümmern, welche Implementierung ausgewählt worden ist. Insbesondere sollte der Klassenimplementierer die Implementierung ändern können, ohne die Schnittstelle abzuwandeln.

Es kann schwierig sein, ein rein konzeptionelles Modell beizubehalten. Um sicherzustellen, daß die Schnittstelle vollständig definiert werden kann, muß das Modell ein Spezifikationsmodell sein. Es braucht kein sehr detailliertes Spezifikationsmodell zu sein, weil die Schablonen das Modell in ein wirklich explizites Modell transformieren. Es gibt einige Fälle, in denen Probleme, die Schnittstelle betreffen das Modell aus einer rein konzeptionellen Sicht verändern. Diese Änderungen sind nicht schwerwiegend, und es ist für gewöhnlich besser, sie hinzunehmen, als separate Modelle zu bauen und zu versuchen, sie synchron zu halten. Diese Probleme werden im weiteren Verlauf des Kapitels behandelt.

Jeder Abschnitt in diesem Kapitel behandelt einige Muster für die Transformation konzeptioneller Modelle. Es wird mit der Behandlung eines Musters für die *Implementierung von Assoziationen (14.1)* begonnen. Es gibt drei Implementierungen:

Zeiger in beide Richtungen, Zeiger in eine Richtung und Assoziationsobjekte. Den grundlegenden Prinzipien folgend, besitzen alle die gleiche Schnittstelle. Für grundlegende Typen gelten einige besondere Erwägungen. Assoziationen sind in den meisten Techniken üblich, also ist dieses Muster auf breiter Ebene anwendbar.

Anhand des zweiten Musters wird die *Implementierung der Generalisierung (14.2)* erörtert. Viele Methoden behandeln die Generalisierung auf die gleiche Weise wie die Implementierungsvererbung. In diesem Buch wird die mehrfache und die dynamische Klassifizierung (siehe Abschnitt A.1.3) verwendet, was die Transformation weniger direkt macht. Es werden fünf Implementierungen betrachtet: Vererbung, mehrfache Vererbungs-Kombinationsklassen, Kennzeichen (engl. *flags*), Delegation an eine verborgene Klasse und Erzeugung eines Ersatzes. Wiederum wird eine gemeinsame Schnittstelle definiert, die eine Operation zur Überprüfung der Typzugehörigkeit eines Objekts beinhaltet – ein Test, der mit Bedacht eingesetzt werden sollte.

Die restlichen Muster sind kürzer und beinhalten Muster für die *Objekterzeugung (14.3)*, die *vollständige Löschung von Objekten (14.4)*, das Auffinden von Objekten mit einem *Einstiegspunkt (14.5)* und die *Implementierung von Bedingungen (14.6)*. *Entwurfsschablonen für andere Techniken (14.7)* werden zwar kurz erwähnt, aber es folgt keine detaillierte Behandlung.

Wenn man keine Entwurfsschablonen verwendet, kann man dieses Kapitel als Empfehlung betrachten, wie Programmierer konzeptionelle Modelle interpretieren sollten. Die Techniken aus diesem Kapitel sind bei der Transformation der Modelle aus diesem Buch in eher implementierungsbasierte Methoden recht nützlich, genauso wie bei der Transformation in OO-Sprachen. Jeder, der die Analysemuster aus diesem Buch zum Beispiel mit der Booch-Methode verwenden möchte, wird diese Muster brauchen, besonders wenn es um die Generalisierung geht.

Unterschiedliche Sprachen haben unterschiedliche Namen für verschiedene Elemente. Ich benutze den Begriff *Feld*, um den Datenwert einer Klasse (eine Instanzvariable in Smalltalk oder eine Klassenvariable (engl. *member*) in C++) darzustellen. Ich benutze den Begriff *Operation*, um mich auf eine Nachricht zu beziehen, die eine Klasse verstehen kann (eine Methode (oder Selektor) in Smalltalk oder eine Memberfunktion in C++). Ich unterscheide zwischen Operation (der Deklaration) und Methode (dem Rumpf); daher hat eine polymorphe Operation viele Methoden. Ich verwende den Begriff *Merkmal*, um mich entweder auf ein Feld oder auf eine Operation zu beziehen.

In diesem Kapitel wird angenommen, daß man Zugriff auf eine Klassenbibliothek mit Kollektionsklassen hat. Kollektionsklassen, auch als Containerklassen bekannt, sind Klassen, die eine Gruppe von Objekten enthalten. In konventionellen

Programmiersprachen ist die am weitesten verbreitete – und für gewöhnlich die einzige – vorgegebene Kollektion das Array. Objektumgebungen können viele Kollektionen zur Verfügung stellen. Lewis [5] gibt eine exzellente Übersicht über die gebräuchlichsten Smalltalk-Kollektionen. Viele C++-Versionen verwenden ähnliche Ansätze, obwohl diese durch die Standard Template Library (STL) [7] ersetzt werden. Solche Kollektionen beinhalten Mengen (nicht geordnet, keine Duplikate), Listen (geordnete Kollektionen in Smalltalk, Vektoren und deques in STL), Multimengen (engl. *bags*; wie Menge aber mit Duplikaten, Multimengen in STL) und Datenlisten (engl. *dictionaries*; Abbildungen in STL). Eine Datenliste ist eine Nachschlagetabelle oder ein assoziatives Array, das es erlaubt, ein Objekt nachzuschlagen, indem man ein anderes Objekt als Schlüssel verwendet. So könnte man eine Datenliste von Leuten haben, die durch den Namen indiziert ist. Man würde mich finden, indem man eine Nachricht der Form `LeuteDatenliste mit („Martin Fowler")` schickt.

Diese Kollektionen erleichtern die Programmierung erheblich, und ihre Verfügbarkeit ist ein großer Segen der objektorientierten Entwicklungsumgebung. Viele Entwicklungsumgebungen, einschließlich aller Smalltalk-Umgebungen, sind mit einer solchen Klassenbibliothek ausgestattet. Die meisten C++-Entwicklungsumgebungen sind nicht mit Containerklassen ausgestattet, obwohl sie leicht bei einigen Herstellern bezogen werden können. *Ich möchte Ihnen dringend empfehlen, sich mit Containerklassen und deren Gebrauch vertraut zu machen.* In einer objektorientierten Umgebung zu arbeiten und auf Containerklassen zu verzichten ist, als ob man einarmig programmiert.

## 14.1 Implementierung von Assoziationen

Dieses Kapitel beginnt mit Assoziationen, weil sie ein einfaches, aber dennoch wichtiges Beispiel dafür darstellen, wie man mit Assoziationen arbeitet. Für den Zweck dieses Abschnitts nehme man an, daß alle Objekttypen als Klassen implementiert sind. Diese Annahme wird später jedoch modifiziert.

Manche objektorientierten Fachleute fühlen sich bei der Benutzung von Assoziationen in der OO-Analyse nicht recht wohl. Sie betrachten Assoziationen als Verletzung des OO-Programmierprinzips der Kapselung. Bei der Kapselung werden die Datenstrukturen einer Klasse hinter einer Operationsschnittstelle versteckt. Einige Fachleute glauben, daß Assoziationen die Datenstrukturen öffentlich (engl. *public*) machen. Der Weg aus diesem Dilemma besteht darin zu verstehen, wie Assoziationen im Kontext von OO-Sprachen interpretiert werden. Assoziationen sind vorhanden, weil sie nützlich bei der konzeptionellen Modellierung sind. Sie kollidieren nicht mit der Kapselung, wenn man sie als Möglichkeiten betrachtet, mit deren Hilfe man beschreiben kann, daß ein Objekttyp dafür verantwortlich ist, über die Beziehungen, die er zu einem anderen Objekt besitzt, auf dem Laufenden zu bleiben und diese gegebenenfalls zu verändern. Somit zeigt das Beispiel aus Abbildung 14.1, daß der Angestellte dafür verantwortlich ist, seinen Arbeitgeber zu kennen, und die Fähigkeit besitzt, diesen zu ändern. Umgekehrt ist die Organisation dafür verantwortlich, ihre Angestellten zu kennen und muß in der Lage sein, diese auszuwechseln. In den meisten OO-Sprachen wird diese Verantwortlichkeit durch die Zugriffs- und Modifikationsoperationen[1] (hole (engl. *get*) und setze (engl. *set*)) implementiert. Natürlich kann eine Datenstruktur vorhanden sein, und in den meisten Fällen wird das auch so sein, aber eine Datenstruktur wird nicht durch das konzeptionelle Modell spezifiziert.

*Abbildung 14.1 Eine Beispielassoziation*

Attribute können als einwertige Abbildungen, gewöhnlich auf grundlegende Typen, dargestellt werden. Somit betrifft die Diskussion über einwertige Abbildungen auch jene Methoden, die sie verwenden.

### 14.1.1 Bidirektionale und unidirektionale Abbildungen

Eine der vordringlichsten Fragen, die man betrachten muß, ist, ob man eine bidirektionale oder eine unidirektionale Abbildung verwendet. Zu diesem Thema gibt es viele Kontroversen. Unidirektionale Abbildungen sind einfach zu implementieren und verursachen eine geringere Kopplung innerhalb der Software. Aber sie erschweren es in der Tat, sich zurechtzufinden. Die Muster in diesem Buch benutzen bidirektionale Assoziationen. Man kann alle Assoziationen als bidirektional oder unidirektional implementieren oder eine Kreuzung aus beiden verwenden. Die Verwendung einer Kreuzung ist weniger konsistent, bietet aber Vorteile. Wenn man insgesamt bidirektionale Assoziationen verwendet, kann man Kopplungsprobleme bekommen. Wenn man vollständig unidirektionale Assoziationen benutzt, finden sich möglicherweise einige Assoziationen, die wirklich bidirektional sein müssen, und die es wert sind, eine Ausnahme zu machen.

Wenn man eine unidirektionale Assoziation benutzen möchte, sollte man entscheiden, welche Richtung zu unterstützen ist und welche man ausläßt. Dies wird durch die Anwendung nahegelegt. Eine gute Faustregel besteht darin, sich anzu-

---

1. auch Modifikatoren genannt

sehen, was die Clients einer Assoziation unternehmen möchten, und der Richtung zu folgen, die sie brauchen. Ich glaube nicht an eine detaillierte Analyse der Zugriffspfade im Stil vielen Methodologien. Man sollte zuerst die einfachen Dinge angehen, aber darauf vorbereitet sein, die Richtung zu ändern, wenn sich die Bedürfnisse zu einem späteren Zeitpunkt verändern. Wenn man ein Modell unterhält, sollte man es aktualisieren können, um zu zeigen, welche Richtung verwendet wird.

Wenn man bidirektionale Assoziationen benutzt, sollte man bei jenen besonders vorsichtig sein, die über Paketgrenzen hinausgehen. Wenn man die Bidirektionalität beibehält, verursacht man gegenseitige Sichtbarkeit zwischen den Kategorien, wie in Kapitel 11.2 beschrieben. Wenn ich bidirektionale Assoziationen verwende, benutze ich sie freizügig innerhalb einer Kategorie, aber versuche, sie zwischen Kategorien zu vermeiden, da es wichtiger ist, die Sichtbarkeit zwischen Kategorien zu reduzieren.

### 14.1.2 Schnittstelle für Assoziationen

Die Schnittstelle für eine Assoziation in einer OO-Sprache stellt eine Reihe von Operationen zur Aktualisierung und zum Zugriff auf die Assoziation dar. Die genauen Begriffe und Strukturen dieser Operation hängen von den Kardinalitäten der betroffenen Abbildungen ab.

Im allgemeinen erfordert eine einwertige Abbildung zwei Operationen: Eine zum Zugriff und eine zur Modifikation. Die Zugriffsoperation erfordert keine Argumente und gibt das Objekt, auf das der Empfänger abgebildet wird, zurück. Die Modifikationsoperation nimmt ein Argument und ändert die Abbildung des Empfängers auf dieses Argument. Unterschiedliche Benennungskonventionen sind möglich. In Smalltalk ist es üblich, beide Operationen `abbildungsName` zu nennen und die Modifikationsoperation von der Zugriffsoperation durch die Anwesenheit eines Arguments zu unterscheiden. Somit hätte die Angestelltenklasse in Abbildung 14.1 zwei Operationen: `arbeitgeber` und `arbeitgeber: eineOrganisation`. In C++ gibt es keine Standardkonvention, aber häufig werden Namen wie `holeArbeitgeber()` und `setzeArbeitgeber(Organisation org)` eingesetzt. Die Benutzung von `holeArbeitgeber()` und `setzeArbeitgeber()` ist die natürlichste, aber einige Programmierer bevorzugen `arbeitgeberSetzen()` und `arbeitgeberHolen()` (oder `arbeitgeberVon()` und `arbeitgeberIst()`), so daß beide Operationen zusammen in einem alphabetisch geordneten Browser erscheinen.

Eine mehrwertige Abbildung erfordert drei Operationen. Wiederum gibt es eine Zugriffsoperation, aber diese liefert eine Menge von Objekten zurück. Von allen mehrwertigen Abbildungen wird – wenn nicht anders angegeben – angenommen, daß sie Mengen sind. Die Schnittstelle für Abbildungen, die keine Menge sind, sieht anders aus. Sie zu beschreiben würde den Rahmen dieses Abschnitts sprengen. Zwei Modifikationsoperationen werden benötigt: Eine, um ein Objekt hinzuzufügen, und eine, um ein Objekt zu entfernen. Die Zugriffsoperation wird für gewöhnlich auf die gleiche Weise wie für einwertige Abbildungen benannt, außer, daß ich die Pluralform bevorzuge, um die mehrwertige Natur zu betonen (z.B. `angestellte` oder `holeAngestellte()`).

Modifikationsoperationen nehmen die Form `fügeAngestelltenEin(Angestellter ang)`, `entferneAngestellten(Angestellter ang)` oder `angestellteHinzufügen: einAngestellter`, `angestellteLöschen: einAngestellter` an.

Es ist nicht notwendig, Modifikationsoperationen auf beiden Enden einer bidirektionalen Assoziation bereitzustellen. Häufig scheint es so, daß Modifikationsoperationen wahrscheinlich nur in eine Richtung benutzt werden, gewöhnlich in die, die am stärksten beschränkt ist (z.B. `Angestellter::arbeitgeber`). Zugriffsoperationen sollten immer für beide Richtungen einer bidirektionalen Assoziation bereitgestellt werden. Das macht den Sinn des Bidirektionalen aus.

In einer bidirektionalen Assoziation müssen die Modifikationsoperationen immer sicherstellen, daß beide Abbildungen aktualisiert werden. Somit führt das Ändern des Arbeitgebers eines Angestellten nicht nur zu einer Änderung der Verbindung zur Organisation, sondern auch zu einer Änderung der umgekehrten Verbindung. Die Implementierungen werden in den Kapiteln 14.1.5 bis 14.1.8 besprochen.

Die Modifikationsoperationen sollten außerdem sicherstellen, daß Bedingungen geprüft werden. In der Praxis wird die obere Grenze durch die Natur der Schnittstelle abgedeckt, wenn sie eins oder viele ist und muß nur für andere Werte geprüft werden. Die untere Grenze ist für gewöhnlich diejenige, die eine explizite Prüfung erfordert, wenn sie nicht Null ist. In einwertigen Abbildungen zeigt die untere Grenze an, ob eine Null als Argument verwendet werden kann. Bei mehrwertigen Abbildungen impliziert eine untere Grenze eine Prüfung in der Operation »Entfernen« (engl. *remove*). Die Kardinalität einer Abbildung kann Operationen, die die andere Kardinalität implementieren, beeinflussen. Zum Beispiel sollte es in Abbildung 14.1 keine »Entferne Angestellten«-Operation bei Organisationen geben, da diese nicht ausgeführt werden könnte, ohne die Bedingung des Angestellten zu verletzen. Aus den gleichen Gründen sollte keine Modifikationsoperation für eine unveränderliche Assoziation bereitgestellt werden.

Typüberprüfungen können in den Modifikationsoperationen vorgenommen werden, wenn sie nicht in die Sprache eingebaut sind. Dies ist eine fragliche Angelegenheit in Smalltalk, das naturgemäß nicht typenbehaftet ist. Um Typüberprüfungen vorzunehmen, braucht man die Fähigkeit zum Typtest, z.B. wie die in Kapitel 14.2.6 erörterte. Ich plaziere Typüberprüfungen gern in einen besonderen Typüberprüfungsblock. Alle Objekte haben eine Operation mit dem Namen require: aBlock. Die Operation wertet den Block aus und verursacht eine Ausnahme, wenn das Ergebnis False ist. Dann teste ich den Typ innerhalb dieser Klausel mit einem Ausdruck wie self require:[aCustomer:#Customer]. Dadurch kann ich die Typüberprüfung einfach aus Performanzgründen weglassen, ähnlich wie bei Prüfungen von Vorbedingungen in Eiffel. (In der Tat verwende ich im allgemeinen diese Struktur für Vorbedingungsprüfungen).

Die von der Zugriffsoperation einer mehrwertigen Operation zurückgelieferte Menge kann für weitere Manipulationen verwendet werden. Dabei werden die Merkmale der in der Entwicklungsumgebung vorhandenen Mengenklasse benutzt. Dennoch muß man sicherstellen, daß die Modifikation der Zugehörigkeit zu der Menge durch Hinzufügen oder Entfernen von Objekten nicht die Abbildung ändert, durch die die Menge gebildet worden ist. Die Modifikation der Abbildung kann nur durch Modifizierungsoperationen verursacht werden, die Teil der expliziten Schnittstelle sind (siehe Abschnitt 6.9).

In einigen Fällen wird die Rückgabe einer Menge durch eine mehrwertige Zugriffsoperation große Anforderungen an die Performanz stellen. In diesen Fällen kann die Schnittstelle erweitert werden, so daß sie gebräuchliche Mengenoperationen (wie select, do und collect) und einen Iterator [4] enthält. Solche Erweiterungen sollten den Namenskonventionen der jeweiligen verwendeten Mengenklasse folgen. Diese Schnittstellenerweiterungen können jedoch zu einer Überfrachtung der Schnittstelle führen.

In C++ stellt sich oft die Frage, was durch eine Zugriffsoperation zurückgegeben werden soll: Ein Objekt oder ein Zeiger auf das Objekt. Was auch immer zurückgeliefert wird, sollte durch die Entwurfsschablone ausdrücklich festgeschrieben werden. Die übliche Konvention ist, den Wert für eingebaute Datentypen zurückzuliefern, das Objekt für alle grundlegenden Klassen und einen Zeiger für alle anderen Klassen. Dies ist nicht auf Smalltalk übertragbar, weil man immer mit Objekten arbeitet, jedenfalls scheint es so zu sein! In der weiteren Besprechung dieses Themas beziehe ich mich immer auf die Rückgabe von Referenzen. Die vorliegende Schablone sollte genau klarmachen, was für C++ und ähnliche Sprachen mit expliziten Zeigern zurückgeliefert wird.

### 14.1.3 Grundlegende Typen

Einige Objekttypen sind ziemlich einfach und in allen Teilen eines Modells verbreitet. Als solche erfordern sie eine andere Behandlung als die meisten Objekttypen, besonders im Hinblick auf Assoziationen. Beispiele für solche Objekttypen sind die klassischen eingebauten Datentypen von Programmierumgebungen: Integer, Real, Zeichenkette und Datum. Eine gute OO-Analyse deckt jedoch typischerweise andere Beispiele auf: Menge, Geld, Zeitraum und Währung sind typische Beispiele. Es ist schwierig, Regeln dafür anzugeben, was einen Typ zu einem grundlegenden macht – primär sind das Vorhandensein im ganzen Modell und eine bestimmte interne Einfachheit wichtig. Dies bedeutet, daß ein Typ bei der Standardimplementierung seiner Assoziationen mit einer großen Anzahl Operationen befrachtet sein wird, die die grundlegenden Typen mit allen anderen Typen aus dem Modell verbinden. Daher sollten bei grundlegenden Typen keine Abbildungen auf nicht grundlegende Typen implementiert werden. Das bedeutet, es sollte keine Operationen geben. Außerdem sollten Assoziationen zu anderen grundlegenden Typen auf einer Fall-zu-Fall-Grundlage behandelt werden.

Es ist nützlich, grundlegende Typen auf irgendeine Art in einem Modell anzuzeigen. Eine Möglichkeit besteht darin, den Objekttyp im Glossar als grundlegend zu markieren. Eine andere Möglichkeit wäre es, Einweg-Assoziationen zu benutzen. Das Problem mit Einweg-Assoziationen besteht darin, daß sie notwendigerweise ein Implementierungsmerkmal sind und Personen, die keine Systemanalytiker sind, verwirren können.

Ein gemeinsames Merkmal aller grundlegenden Typen ist, daß ihre Hauptmerkmale nicht verändert werden können. Man kann keine Eigenschaft des Typs ändern. Man betrachte das Objekt 5 Dollar. Man kann weder die Zahl (5) noch die Währung (Dollar) ändern, ohne ein separates Objekt zu beschreiben. Dennoch sind nicht alle Eigenschaften unveränderlich. Die Währung kann als grundlegender Typ angesehen werden, und kann dennoch veränderbare Eigenschaften wie Urlaubsliste (zum Zweck des Umtauschs) besitzen. Es ist bei grundlegenden Typen besonders wichtig sicherzustellen, daß die unveränderlichen Eigenschaften angemessen durchgesetzt werden.

### 14.1.4 Implementierung einer unidirektionalen Assoziation

Die Implementierung einer unidirektionalen Assoziation geschieht ziemlich direkt. Man hat ein Feld in der Klasse, das die Quelle der einzelnen Abbildung darstellt, und dieses Feld enthält eine Referenz auf das Zielobjekt. Die Zugriffsoperation liefert die Referenz zurück, und die Modifikationsoperation ändert die Referenz.

### 14.1.5 Bidirektionale Implementierung durch Zeiger in beide Richtungen

In dieser Implementierung wird die Assoziation durch Zeiger aus beiden teilnehmenden Klassen implementiert. Wenn eine Abbildung einwertig ist, gibt es einen einfachen Zeiger von einem Objekt zu einem anderen, so wie der in Abbildung 14.2 gezeigte Zeiger von Peter zu NASA. Wenn eine Abbildung mehrwertig ist, dann wird das Objekt eine Menge von Zeigern zu den anderen Objekten haben

(z. B. zeigt in Abbildung 14.2 NASA auf eine Menge von Zeigern, die Zeiger auf Peter, Jasper und Paul enthält). Für Sprachen, die Container unterstützen, kann es nützlich sein, die Menge der Zeiger zu enthalten, anstatt auf sie zu zeigen. Dennoch können Speicherprobleme auftreten, weil die Mengen beliebig wachsen können. Wenn gleichermaßen eine einwertige Abbildung auf einen eingebauten Datentyp oder einen anderen grundlegenden Typ zeigt, kann ein Container statt eines Zeigers verwendet werden.

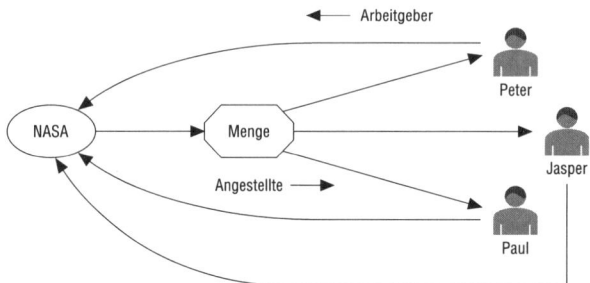

*Abbildung 14.2 Implementierung durch Zeiger in beide Richtungen*

Die Zugriffsoperationen sind relativ direkt. Für eine einwertige Abbildung gibt die Zugriffsoperation lediglich die Referenz zurück. Für eine mehrwertige Abbildung liefert die Zugriffsoperation eine Menge von Referenzen zurück. Dennoch darf sie nicht *die* Menge zurückliefern, weil die Benutzer in diesem Fall die Fähigkeit hätten, ihre Mengenzugehörigkeit zu ändern und damit das Prinzip der Kapselung zu unterminieren. Die Grenze der Kapselung sollte alle Mengen enthalten, die mehrwertige Abbildungen implementieren. Die Rückgabe einer Kopie der Menge stellt hier einen Ausweg dar, so daß bei Änderungen die tatsächlichen Abbildungen nicht betroffen sind. Dies kann allerdings bei größeren Mengen einen erhöhten Zeitaufwand bedeuten. Alternativen bestehen darin, einen Schutz-Proxy oder einen externen Iterator [3] zurückzuliefern. Ein Schutz-Proxy ist eine einfache Klasse, die ein einzelnes Feld besitzt, das die Menge enthält. Alle zulässigen Operationen werden auf dem Schutz-Proxy definiert, der sie durch das Weiterleiten des Aufrufs an die enthaltene Menge implementiert. Auf diese Weise können Aktualisierungen blockiert werden. Ein externer Iterator ist eher wie ein Cursor in die Kollektion zu sehen. Der Iterator kann ein Objekt, auf das er zeigt, zurückliefern und kann in der Kollektion voranschreiten.

Da es zwei Zeiger zur Implementierung jeder Verbindung zwischen zwei Objekten gibt, ist es wichtig, daß Modifikationsoperationen sie synchron halten. Eine Modifikationsoperation, die aufgerufen wird, um Peters Firma auf IBM umzuändern, muß somit nicht nur den Zeiger von Peter durch einen, der auf IBM zeigt, ersetzen, sondern auch den Zeiger auf Peter in der Angestelltenmenge der NASA löschen und einen neuen Zeiger in der Angestelltenmenge von IBM erzeugen. Dadurch wird ein schwerwiegendes Problem der Objektorientierung aufgeworfen: Angestellte müssen eine Operation verwenden, die allein den Mengenzeiger manipuliert, ohne einen Aufruf an Peter zurückzuliefern (sonst gerät man in eine Endlosschleife). Dennoch darf diese Operation nicht in der Schnittstelle der Organisation enthalten sein. In C++ ist dies ein klassischer Fall für das »friend«-Konstrukt. In Smalltalk muß man eine derartige Operation erzeugen, sie aber als privat markieren (was den Angestellten natürlich nicht von ihrer Verwendung abhält). In diesen Fällen ist es geschickt, die tatsächliche Arbeit nur von einer Modifikationsoperation erledigen zu lassen, die die Daten und die privaten Operationen manipuliert. Die andere Modifikationsoperation sollte dann einfach auf diese Modifikationsoperation zugreifen. Dies stellt sicher, daß es nur eine Kopie des aktualisierten Codes gibt.

Diese Implementierung funktioniert gut. Sie ist schnell bei der Navigation in beide Richtungen. Obwohl es ein wenig schwierig ist sicherzustellen, daß alle Zeiger gleichzeitig aktualisiert werden, ist die Lösung leicht zu wiederholen, wenn man erstmal herausgefunden hat, wie es geht. Die prinzipiellen Nachteile dieser Implementierung bestehen in der Mengengröße, die für mehrwertige Abbildungen erforderlich ist, und in einer geringeren Geschwindigkeit für Aktualisierungen.

### 14.1.6 Bidirektionale Implementierung für Zeiger in eine Richtung

Diese Implementierung verwendet nur Zeiger in eine Richtung. Um in die andere Richtung zu navigieren, muß man auf alle Instanzen der Klasse schauen und solche auswählen, die auf das Quellobjekt zurückzeigen. In Abbildung 14.3 würde die Angestelltenabbildung es erfordern, alle Instanzen von Angestellter zu holen und all jene auszuwählen, deren Arbeitgeber die NASA ist.

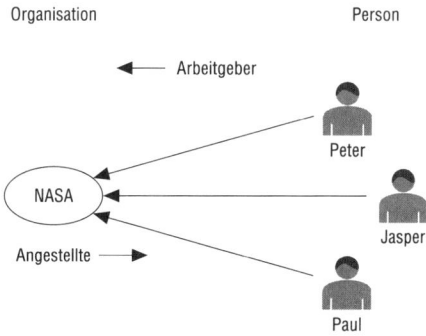

*Abbildung 14.3 Implementierung durch Zeiger in eine Richtung*

Modifikationsoperationen sind recht einfach. Die Modifikationsoperation aus der Klasse mit dem Zeiger ändert lediglich den Zeiger. Diese öffentliche Routine kann direkt durch eine Modifikationsoperation aus der anderen Klasse aufgerufen werden. Es besteht keine Gefahr, daß mehrfache Zeiger aus dem Schritt geraten.

Dieses Schema ist speichereffizient, weil es nur einen Zeiger pro Verbindung speichert, aber es ist langsam, wenn man gegen die Richtung des Zeigers navigiert. Seine Aktualisierungsgeschwindigkeit ist hoch.

### 14.1.7 Bidirektionale Implementierung durch Assoziationsobjekte

Assoziationsobjekte sind einfach Objekte mit zwei Zeigern, die verwendet werden können, um zwei andere Objekte zu verbinden, wie in Abbildung 14.4 gezeigt. Typischerweise wird für jede Assoziation eine Tabelle solcher Objekte bereitgestellt. Zugriffsoperationen funktionieren, indem sie alle Objekte in diese Tabelle holen. Dann werden die Objekte ausgewählt, die auf die Quelle zeigen. Danach folgen die Modifikationsoperationen jedem Zeiger auf die zugeordneten Objekte. Modifikationsoperationen sind einfach, weil sie lediglich das Assoziationsobjekt erzeugen oder löschen. Spezielle Assoziationsklassen können gebaut werden; oder es können Datenlistenklassen mit Hashtabellen zum Nachschlagen verwendet werden, um sie zu implementieren.

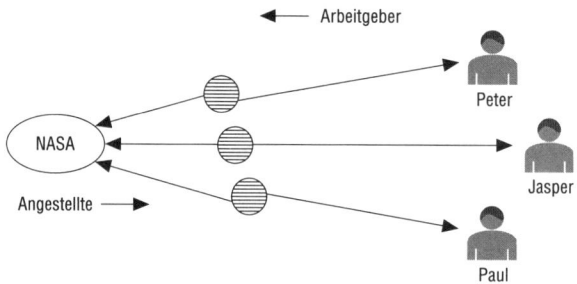

*Abbildung 14.4 Implementierung mit Assoziationsobjekten*

Assoziationsobjekte sind in keine Richtung besonders schnell, können aber für gewöhnlich (durch Verwendung einer Datenliste) indiziert werden, was die Geschwindigkeit verbessern kann. Sie sind speichereffizient, wenn die meisten Objekte in der Abbildung keine Beziehungen besitzen. Sie sind auch nützlich, wenn es nicht möglich ist, die Datenstruktur einer mitwirkenden Klasse zu wechseln.

## 14.1.8 Vergleich der bidirektionalen Implementierungen

In den meisten Fällen wird man zwischen Zeigern in beide Richtungen und Zeigern in eine Richtung wählen. Die erstgenannten ermöglichen eine hohe Zugriffsgeschwindigkeit in beide Richtungen, während die letztgenannte Variante wesentlich speichereffizienter und schneller bei der Aktualisierung ist. Die Kardinalitäten und die tatsächliche Anzahl der Verbindungen beeinflussen die Abwägung.

Assoziationsobjekte sind in besonderen Fällen nützlich, aber im Normalfall sollten sie nicht die erste Wahl sein.

## 14.1.9 Abgeleitete Abbildungen

Generell sehen abgeleitete Abbildungen nicht anders aus als jede andere Art der Abbildung. Zugriffsoperationen werden auf die gleiche Weise wie bei grundlegenden Abbildungen bereitgestellt; sie sollten nicht unterscheidbar sein. Dennoch ist es häufig nicht möglich, eine Modifikationsoperation bereitzustellen. Das wichtigste an abgeleiteten Abbildungen ist die Bedingung, die sie zwischen der abgeleiteten Abbildung und der Kombination anderer Abbildungen, aus denen die Ableitung besteht, implizieren.

## 14.1.10 Abbildungen, die nicht mengenartig sind

Obwohl die Mehrheit der mehrwertigen Abbildungen Mengen sind, gibt es Ausnahmen. In diesem Buch werden sie durch kurze semantische Anweisungen wie [liste], [hierarchie], [schlüssel: abbildungsname] angezeigt. Diese Art der Anweisungen implizieren eine andere Schnittstelle. Abbildungen, die mit [liste] markiert sind, werden eher eine Liste als eine Menge zurückliefern. Außerdem werden sie über Modifikationsoperationen wie hinzufügenErster, hinzufügenLetzter, bevorHinzufügen(Objekt) und indexVon(einObjekt) verfügen. Ich habe nicht versucht, alle Schnittstellen für alle Fälle in diesem Buch bereitzustellen. Wenn man allerdings solche Konstrukte verwendet, sollte man sicherstellen, daß die Entwurfsschablonen für sie ausgearbeitet werden. Gewöhnlich sollte die Schnittstelle auf der zugrundeliegenden Kollektion beruhen. Man kann diese Konstrukte auch als Assoziationsmuster verstehen (siehe Kapitel 15).

## 14.2 Implementierung der Generalisierung

Einer der auffälligsten Unterschiede zwischen der objektorientierten Typmodellierung und den meisten Vorgehensweisen der konventionellen Datenmodellierung ist die häufige Verwendung der Generalisierung. Obwohl Generalisierung seit langem ein Teil vieler Ansätze zur Datenmodellierung war, wird sie oftmals als fortgeschrittene oder spezialisierte Technik angesehen. Die enge Beziehung zwischen der Generalisierung und der objektorientierten Vererbung verschafft ihr eine Schlüsselstellung bei der OO-Analyse.

Viele OO-Methoden verwenden die Generalisierung als Analyseäquivalent zur Vererbung. Methoden, die dynamische und mehrfache Klassifizierungen verwenden, erfordern jedoch eine tiefergehende Betrachtung, da die geläufigsten OO-Sprachen nur die einfache statische Klassifizierung bereitstellen. Ansätze zur Implementierung mehrfacher dynamischer Klassifizierung können außerdem verwendet werden, um Vererbungsstrukturen neu zu organisieren und die Generalisierung in Entwicklungsumgebungen zu implementieren, die keine Vererbung unterstützen. Für die Generalisierung beschreibe ich zuerst die Implementierungen und dann die Schnittstelle, da auf diese Weise die notwendigen Veränderungen an den Schnittstellen leichter verständlich sind.

## 14.2.1 Implementierung durch Vererbung

In den meisten Methoden sind Untertypenbildung und Unterklassen synonym und bilden daher die bestmögliche Form der Implementierung. Die Schnittstellen werden für jeden Typ in der entsprechenden Klasse untergebracht, und die Methodenauswahl (engl. *method selection*) wird durch die Sprache angemessen unterstützt. Daher wird dieser Ansatz – wenn möglich – immer bevorzugt. Seine Nachteile bestehen darin, daß er die mehrfache oder dynamische Klassifizierung nicht unterstützt.

## 14.2.2 Implementierung durch Kombinationsklassen der Mehrfachvererbung

Abbildung 14.5 zeigt ein Beispiel der mehrfachen Klassifizierung, das man durch Kombinationsklassen der Mehrfachvererbung behandeln kann. In diesem Beispiel würde man Klassen für die bevorzugten Unternehmen und für den bevorrechtigten Privatkunden zusätzlich zu Klassen für jeden der vier Objekttypen im Diagramm erzeugen. Durch die Verwendung der Mehrfachvererbung können die Klassen ordnungsgemäß die benötigten Schnittstellen aufnehmen, so daß das Programmiersystem die Methodenauswahl auf gewohnte Weise vornehmen kann.

Bei diesem Ansatz gibt es zwei Nachteile. Der erste besteht darin, daß ein Objekttyp mit vielen Teilbereichen eine schwer zu beherrschende Menge von Kombinationsklassen verursachen kann. Vier vollständige Teilbereiche, jeder mit zwei Typen, erfordern $2^4$ Kombinationsklassen. Der zweite Nachteil besteht darin, daß dieser Ansatz nur statische Klassifizierungen unterstützt.

## 14.2 Implementierung der Generalisierung

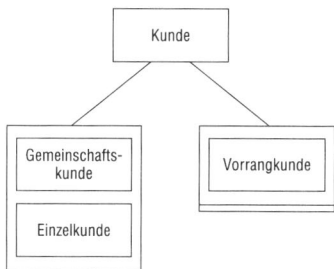

*Abbildung 14.5 Beispiel einer mehrfachen Klassifizierung*

### 14.2.3 Implementierung durch Markierungen

Wenn man einen Programmierer, der niemals etwas von Vererbung gehört hat, fragen würde, wie man die Anforderung implementiert, festhalten zu können, ob Kunden bevorrechtigt sind oder nicht, dann wäre die Anwort wahrscheinlich »Mit einem Flag«. Dieses altmodische Schema ist immer noch wirksam. Es stellt eine einfache Möglichkeit zur Unterstützung mehrfacher und dynamischer Klassifizierung bereit. Markierung (engl. *flags*) können bei Bedarf leicht geändert werden, und für jeden Teilbereich kann ein Markierungsfeld definiert werden. In der Tat wird dieses Schema für Zustandsänderungen in OO-Programmen verwendet, die nicht auf dynamischer Klassifizierung beruhen.

Die größte Schwierigkeit bei diesem Ansatz besteht darin, daß man nicht die Vererbung und Methodenauswahl innerhalb der Sprache verwenden kann. Somit müssen alle Operationen aus der Schnittstelle des Untertyps in der Klasse des Obertyps untergebracht werden. Zusätzlich ist es erforderlich, alle für die Unterstützung des Untertyps benötigten Felder in die Klasse des Obertyps aufzunehmen. Daher implementiert die Kundenklasse sowohl den Kunden als auch den Objekttyp des bevorzugten Kunden.

Wenn das empfangende Objekt keine Instanz des Untertyps ist, ist es offensichtlich nicht geeignet, um Operationen zu verwenden, die auf dem Untertyp definiert sind. Dies wäre z. B. bei einer Anfrage nach der Reputation eines nicht bevorrechtigten Kunden der Fall, wie in Abbildung 14.6 gezeigt wird. Hier würde man einen Fehler verursachen (einen Laufzeitfehler in Smalltalk und wahrscheinlich einen Fehler zur Übersetzungszeit in C++), wenn man Vererbung verwendet. Alle Operationen, die auf einem Untertyp definiert sind, müssen durch eine Überprüfung überwacht werden, um sicherzustellen, daß der Empfänger ein Objekt dieses Untertyps ist. Wenn diese Prüfung fehlschlägt, steigt die Routine aus, wobei sie das Problem gewöhnlich durch eine Ausnahme anzeigt. Dies offenbart einen weiteren Nachteil dieses Schemas für C++ – es ist nicht möglich, diese Fehler vor der Kompilierung aufzufangen.

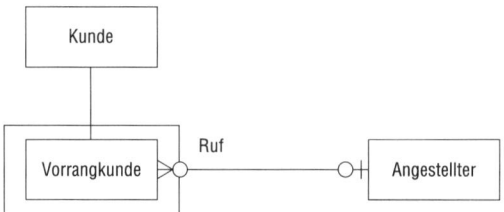

*Abbildung 14.6 Vorrangkunde Beispiel*

Weil die Vererbung verlorengeht, gibt es ihren Partner, die Polymorphie, auch nur noch als flüchtige Erinnerung. Wenn daher eine Operation eines Transportpreises polymorph ist, dann muß die Methodenauswahl durch den Programmierer implementiert werden. Dies wird durch die Verwendung einer Fallunterscheidung *innerhalb* der Kundenklasse vorgenommen. Eine einzelne Transportpreis-Operation wird als Teil der Kundenschnittstelle bereitgestellt. In der Methode für diese Operation gibt es einen logischen Test, der auf den Untertypen von Kunde basiert. Er besitzt mögliche Aufrufe zu internen privaten Methoden. Wenn die Fallunterscheidung innerhalb der Klasse bleibt und eine einzelne Operation an die Außenwelt bekanntgegeben wird, bleiben alle Vorteile der Polymorphie erhalten. Somit bleibt die Seele erhalten, auch wenn der Körper nicht mehr existiert.

Der ausschlaggebende Nachteil dieser Implementierung ist, daß Speicher für alle Datenstrukturen, die durch den Untertyp verwendet werden, definiert wird. Alle Objekte, die keine Instanzen des Obertyps sind, verschwenden diesen Speicher. Wenn es eine Menge Assoziationen auf den Untertyp gibt, kann dies Probleme verursachen.

### 14.2.4 Implementierung durch Delegation an eine verborgene Klasse

Dieser Ansatz stellt eine nützliche Variante der Verwendung von Markierungen dar, um die Bildung von Untertypen zu implementieren. In diesem Fall wird eine Klasse für einen Untertyp vorbereitet, doch wird diese Klasse vor allen anderen Klassen außer der Obertypenklasse verborgen. Man muß ein Feld in der Obertypenklasse als Referenz auf den Untertyp einrichten (dieses Feld kann eine Doppelrolle als Kennzeichen annehmen). Wiederum muß man alle Operationen des Untertyps in die Schnittstelle des Obertyps verschieben. Dennoch verbleibt die Datenstruktur im Obertyp. Alle Operationen der Obertypenklasse, die aus der Untertypenklasse stammen, delegieren den Aufruf an die Untertypenklasse, die die tatsächliche Methode enthält.

## 14.2 Implementierung der Generalisierung

Somit hätte eine Instanz von »Geschäftsführer« – anders als im konzeptionellen Modell in Abbildung 14.7 – jeweils eine Instanz von »Angestellter« und eine von »Geschäftsführer«, wie in Abbildung 14.8 gezeigt. Das »Geschäftsführer«-Objekt und seine Klasse werden von keiner anderen Komponente als der Angestelltenklasse gesehen (in C++ wären alle Klassenvariablen (engl. *member*) und Methoden privat, und der »Angestellte« wäre ein friend).

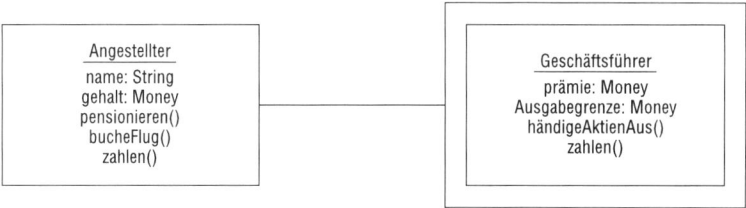

*Abbildung 14.7 Konzeptionelles Modell eines Angestellten und eines Geschäftsführers*

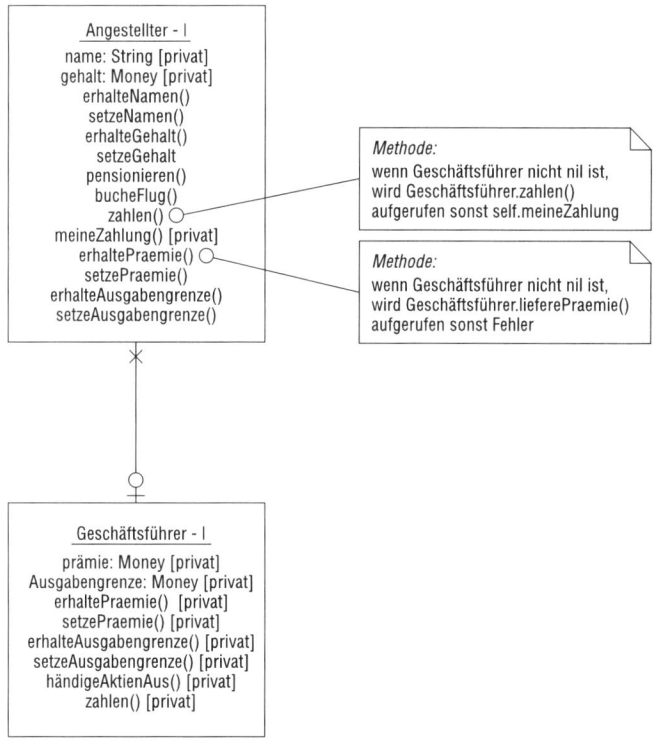

*Abbildung 14.8 Implementierungsmodell aus Abbildung 14.7 unter Verwendung von Delegation an eine verborgene Klasse*

Die händigeAktienAus-Operation, die im »Geschäftsführer«-Typ definiert ist, würde im »Angestellten« untergebracht. Wenn »Zahlen« an ein »Angestellten«-Objekt mit einem assoziierten »Geschäftsführer«-Objekt versendet wird, ruft die »Zahlen«-Methode im »Geschäftsführer«-Objekt lediglich die »Zahlen«-Methode im »Angestellten«-Objekt auf und liefert ein Ergebnis zurück. Auf diese Weise weiß kein anderer Teil des Systems, wie die Untertypenbildung implementiert ist. Die Methodenauswahl wird für polymorphe Operationen auf die gleiche Weise wie für Kennzeichen implementiert (eine interne Fallunterscheidung), mit einem Aufruf an die Methode des »Geschäftsführer«-Objekts, wenn dies angemessen ist. Ein anderer Ansatz wäre es, alle Methoden in »Angestellter« unterzubringen und aus dem »Geschäftsführer« nichts anderes als eine Datenstruktur zu machen. Dies würde »Geschäftsführer« allerdings zu einem weniger unabhängigen Modul machen.

Die logische Schlußfolgerung dieses Ansatzes ist das Zustandsmuster, wie in Abbildung 14.9 gezeigt. In diesem Fall ist immer eine verborgene Klasse vorhanden. Die verschiedenen verborgenen Klassen haben alle eine gemeinsame abstrakte Oberklasse, die selbst verborgen ist. »Angestellter« delegiert einfach »Zahlen« an seine verborgene Klasse. Welche Unterklasse auch immer vorhanden sein mag – sie wird angemessen antworten. Dies erlaubt es, neue Untertypen hinzuzufügen, ohne die »Angestellten«-Klasse zu verändern, vorausgesetzt, sie werden nicht der Schnittstelle von »Angestellter« hinzugefügt (ein ähnlicher Ansatz ist das Umschlag-Brief-Idiom [3]).

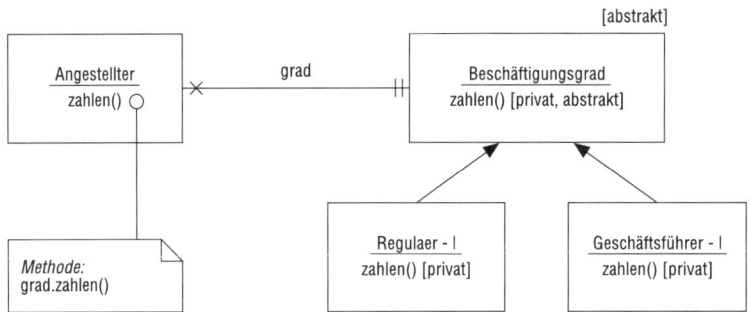

*Abbildung 14.9 Implementierung von Angestellter und Geschäftsführer anhand des Zustandsmusters*

*Eine Instanz der abstrakten Klasse »RangDesAngestellten« ist immer vorhanden. Jedes zustandsabhängige Verhalten wird als abstrakte Methode »RangDesAngestellten« daklariert und durch die Unterklassen implementiert. Ich habe hier einen Pfeil verwendet, um die Bildung von Unterklassen darzustellen (gemäß der Unified Modeling Language (UML) von Rational [1]), und um noch einmal den Unterschied zwischen der Bildung von Unterklassen und der Bildung von Untertypen zu verdeutlichen.*

Der Hauptvorteil der Verwendung verborgener Klassen gegenüber der ausschließlichen Verwendung von Kennzeichen besteht allein darin, daß verborgene Klassen eine größere Modularität für komplexe Untertypen bieten. Außerdem wird die Verschwendung von Speicherplatz vermieden.

### 14.2.5 Implementierung durch Erzeugung eines Ersatzes

Eine Art, Veränderungen in einem Typ zu behandeln, besteht darin, den Untertyp mit einer Unterklasse zu implementieren und bei der Reklassifizierung das alte Objekt zu entfernen und durch ein neues der entsprechenden Klasse zu ersetzen. Dies erlaubt dem Programmierer, die Vorteile der Vererbung und der Methodenauswahl beizubehalten, während die dynamische Klassifizierung immer noch bereitgestellt wird.

Um dies auszuführen, erzeugt man das neue Objekt aus der neuen Klasse, kopiert alle gemeinsamen Informationen aus dem alten Objekt in das neue, ändert alle Referenzen, die auf das alte Objekt zeigen, so daß sie auf das neue zeigen, und zum Schluß löscht man das alte Objekt.

In vielen Entwicklungsumgebungen besteht das größte Problem darin, alle Referenzen auf das alte Objekt zu finden und diese auf das neue zu übertragen. Ohne Speicherverwaltung ist das nahezu unmöglich. Jede Referenz, die nicht festgehalten wird, wird zu einer auf leeren Speicherplatz verweisenden Referenz (engl. *dangling reference*) und kann zu einem Absturz führen. Fehler dieser Art sind schwer zu finden und zu beheben. Daher wird dieser Ansatz nicht für C++ empfohlen, außer wenn irgendein Speicherverwaltungsschema verwendet wird, das zuverlässig alle Referenzen finden kann. Sprachen mit Speicherverwaltung fällt das leichter; Smalltalk stellt eine Methode bereit (become) die den Austausch der Referenzen vornimmt.

Wenn alle Referenzen gefunden und geändert werden können, ist dieser Ansatz plausibel. Es bleibt allerdings der Nachteil, daß Zeit verbraucht wird, um die gemeinsamen Informationen zu kopieren und die Referenzen aufzufinden und zu ändern. Dieser Zeitdauer variiert beträchtlich zwischen den Entwicklungsumgebungen und bestimmt die Anwendbarkeit dieses Ansatzes.

### 14.2.6 Schnittstelle für die Generalisierung

Alle fünf Implementierungen funktionieren gut und werden regelmäßig in der objektorientierten Programmierung verwendet. Damit jede Implementierung eine Alternative für die konzeptionelle Generalisierung darstellt, braucht man für alle Implementierungen eine einzige Schnittstelle.

Eine kontroverse Frage bei der OO-Programmierung ist, ob es eine Operation geben sollte, die die Klassifizierung eines Objekts zurückgibt. Eine solche Operation ist oftmals wichtig – wie sonst könnte man eine Menge von Personen nehmen und sie so filtern, daß nur die Frauen übrigblieben? Eine solche Operation birgt jedoch die Gefahr, daß Programmierer diese in einer Fallunterscheidung verwenden und somit die Polymorphie und die Vorteile, die diese mit sich bringt, unterlaufen. Scheinbar läßt sich an der Struktur der OO-Programmierung wenig ändern, um dieses Dilemma zu beseitigen. Oftmals ist eine Operation nötig, um die Klassifizierung eines Objekts zurückzuliefern, und sollte daher bereitgestellt werden. Jedoch sollte man, um einen guten Programmierstil zu wahren, eine solche Operation nicht anstelle der Polymorphie verwenden. Als allgemeine Richtlinie sollten Klassifizierungsinformationen nur als Teil einer reinen Informationserfassung innerhalb einer Anfrage oder zur Darstellung an einer Schnittstelle angefragt werden.

Gegenwärtig existieren einige Konventionen, um die Klassifizierung eines Objekts herauszufinden. Sowohl Smalltalk- als auch C++-Programmierer verwenden Operationen mit dem Namen istZustandsName, um zu bestimmen, ob sich ein Objekt in einem bestimmten Zustand befindet. Smalltalk besitzt eine Nachricht istArtVon: eineKlasse, um die Klassenzugehörigkeit zu bestimmen. C++ enthält keine Klasseninformationen zur Laufzeit (obwohl sich das mit dem kommenden Standard ändern wird)[1]. Dennoch werden manchmal Operationen angegeben, die tatsächlich diese Informationen liefern, wenn der Bedarf besteht.

Zwei umfassende Benennungsschemata können verwendet werden. Das erste verwendet die Benennungsform istTypName. Das zweite Schema stellt eine parametrisierte Operation wie z.B. hatTyp(TypName) zur Verfügung. Das erste Schema stellt die normale Konvention dar, bei der Markierung und verborgene Klassen verwendet werden. In dieser Gestalt funktioniert sie gut, es gibt aber ein Problem bei der Bildung von Unterklassen. Wenn man zu einer schon vorhandenen Klasse eine neue Unterklasse hinzufügen möchte, muß man die istTypName-Operation sowohl zur Oberklasse als auch zur Unterklasse hinzufügen. Andernfalls verursacht der Aufruf von istTypName auf der Oberklasse einen Fehler. Die Konvention ‚hat Typ' ist erweiterbarer, da Unterklassen ohne Änderung der Oberklasse hinzugefügt werden können. Man sollte sich nochmal ins Gedächtnis rufen, daß man in jedem Fall *Typ*informationen und keine *Klassen*informationen haben will.

---

1. Anm. d. Übers.: Informationen zum Status der Standardisierung finden Sie unter <http://www.x3.org/cplusplus.htm>.

Es existieren keine typischen Benennungsstandards für Typänderungen. Namen wie `macheTypNamen` oder `klassifiziereAlsTypNamen` sind vernünftig (ich bevorzuge den ersten der beiden). Solche Operationen sollten für die Deklassifizierung aus disjunkten Typen verantwortlich sein. Somit braucht ein kompletter Teilbereich nur so viele Modifikationsoperationen, wie es Typen im Teilbereich gibt. Unvollständige Teilbereiche brauchen eine Möglichkeit, um in den Zustand »unvollständig« zu gelangen. Dies kann durch die Bereitstellung von `deklassifiziereAlsTypNamen`-Methoden für jeden Objekttyp aus dem Teilbereich getan werden. Eine Alternative kann in der Bereitstellung einer `deklassifiziereImTeilbereichName`-Operation bestehen. Man beachte, daß Teilbereiche, von denen nicht erwartet wird, daß sie dynamisch sind, diese Modifikationsoperationen nicht besitzen. Wenn diese Modifikationsoperationen verwendet werden, implizieren Assoziationen ähnliche Problemstellungen wie bei der Erzeugung und vollständigen Löschung. Daher erfordern obligatorische Abbildungen Argumente für eine Klassifizierungsroutine, und eine Deklassifizierung kann zu einer Auswahlmöglichkeit führen, die mit der einfachen oder mehrfachen Löschung verwandt ist.

Nicht alle Untertypen sind dynamisch, aber die Entscheidung, ob man einen Teilbereich dynamisch macht oder nicht, hängt davon ab, ob es sich um ein konzeptionelles oder um ein Schnittstellenmodell handelt. Das Markieren eines Teilbereichs als unveränderlich ist bei der konzeptionellen Modellierung eine ausgeprägte Bedingung und eher selten. Obwohl man argumentieren kann, daß man bei den meisten Anwendungen keine Änderung der Personen von männlich nach weiblich wünscht, ist dieser Typ der Änderung keine konzeptionelle Unmöglichkeit. Selbst bevor die neuesten medizinischen Fortschritte eintraten, könnte so eine Änderung erforderlich geworden sein. Ein Unternehmen könnte angenommen haben, daß eine Person weiblich sei und später entdeckt haben, daß sie männlich ist. Eine derartige Veränderung wird konzeptionell durch eine Typänderung behandelt.

Die Tatsache, daß die meisten Sprachen Typänderungen kaum behandeln, sollte einen Programmierer dazu veranlassen, die Menge der potentiellen Typänderungen möglichst klein zu halten. Wenn daher ein Teilbereich nur in seltenen Fällen dynamisch ist, ist es in einem Spezifikationsmodell sinnvoll, ihn als statisch zu deklarieren. Die seltenen Fälle, die infolge eines Fehlers bei der Identifikation oder eines Benutzerfehlers auftreten, können durch den Benutzer behandelt werden, indem er explizit ein Ersatzobjekt erzeugt. Dies ist eine weitere Quelle für Unterschiede zwischen einem rein konzeptionellen Modell und einem auf Konzepten beruhenden Spezifikationsmodell.

### 14.2.7 Implementierung der hatTyp-Operation

An diesem Punkt ist es nützlich, ein paar Worte über Funktionalitäten von Typzugriffen zu verlieren. Jede Klasse im System benötigt eine hatTyp-Operation. Die Methode wird das Argument vor dem Hintergrund aller durch die Klasse implementierten Typen prüfen. Wenn Kennzeichen verwendet wurden, dann werden sie auf den Typ hin geprüft. Sogar wenn keine Kennzeichen vorhanden sind, wird die Klasse mit großer Wahrscheinlichkeit einen speziellen Typ implementieren, und dieser Typ muß geprüft werden. Wenn irgendeiner dieser Tests wahr ist, wird True zurückgegeben. Wenn jedoch keiner der Typen der Klasse übereinstimmt, muß die Methode aus der Oberklasse aufgerufen und ihr Ergebnis zurückgegeben werden. Wenn es keinen Obertyp gibt, wird False zurückgeliefert. Daher wird in der Praxis eine an den unteren Teil einer Hierarchie verschickte Nachricht wie eine Blase aufsteigen, bis sie auf ein passendes Gegenstück trifft, oder sie läuft bis zur Spitze der Hierarchie und gibt False zurück. Dieser Mechanismus macht es leicht, die Typenhierarchie zu erweitern, da nur die Klasse, die den Typ implementiert, eine Prüfung für diesen vornehmen muß.

## 14.3 Objekterzeugung

Es werden Mechanismen benötigt, um neue Objekte zu erzeugen, und zwar sowohl für diejenigen Objekte, die direkt durch eine Klasse implementiert werden, als auch für solche, die indirekt implementiert werden.

### 14.3.1 Schnittstellen für die Erzeugung

Für jede Klasse muß es eine Möglichkeit geben, die Instanzen des Typs, den sie implementiert, zu erzeugen. Die Erzeugung impliziert nicht nur die Bildung einer neuen Objektinstanz, sondern auch die Einhaltung der verschiedenen (Konsistenz-)Bedingungen, die für das Objekt existieren, so daß es sich um ein zulässiges Objekt handelt.

Alle obligatorischen Assoziationen müssen während der Erzeugungsoperation verbunden werden (vollständige Erzeugungsoperation [1]). Dies impliziert, daß die Erzeugungsoperation Argumente für jede obligatorische Operation haben muß. Gleichermaßen muß jeder Untertyp aus einem vollständigen Teilbereich, der durch die Klasse implementiert wird, durch Argumente ausgewählt werden. Obligatorische Fälle und unveränderliche Assoziationen oder Teilbereiche, die nicht obligatorisch sind, sollten auch durch Argumente ausgewählt werden.

Manchmal ist es aufgrund weiterer Voraussetzungen, die durch die Implementierungsumgebung festgelegt sind, schwierig, die vorgegebenen Objekterzeugungsmechanismen zu verwenden. In solchen Fällen sollten Werksmethoden (engl. *factory methods*) [3] eingesetzt werden.

Es ist außerdem zulässig, optionale, veränderliche Merkmale in die Argumente zur Erzeugung eines Objekts aufzunehmen. Dennoch ist es für gewöhnlich besser, zuerst das Objekt zu erzeugen, und ihm dann die notwendigen Nachrichten zur Einrichtung dieser Merkmale zu schicken.

### 14.3.2 Implementierung für die Erzeugung

Alle objektorientierten Sprachen haben ihre eigenen Konventionen zur Erzeugung neuer Objekte. Typischerweise sorgen diese für die Speicherzuteilung und die Initialisierung der Felder. Dennoch ist die Initialisierungsroutine nicht immer ein geeigneter Ort, um obligatorische Merkmale, die durch die Argumente übergeben worden sind, einzurichten. In Smalltalk besteht das gebräuchliche Idiom darin, durch jede Klasse eine Erzeugungsnachricht unterstützen zu lassen (häufig »new« genannt), die Argumente annehmen kann. Oftmals wird es dann während der Erzeugungsphase so eingerichtet, daß dem neuen Objekt eine Initialisierungsnachricht geschickt wird, die keine Argumente annimmt. Diese Initialisierung ist nützlich, um Instanzvariablen mehrwertiger Abbildungen auf eine neue Menge zu setzen, aber kann die Initialisierung von Assoziationen nicht unterstützen, da sie keine Argumente entgegennimmt. Die beste Methode besteht darin, Kent Becks Muster der Parametermethode zur Erzeugung (engl. *Creation Parameter Method*) [1] zu verwenden, bei dem man eine spezielle Methode zum Setzen dieser initialen Parameter hat. C++ stellt einen Konstruktor für die Initialisierung bereit. Mit ihm kann viel gemacht werden, aber manchmal gibt es Probleme mit der Semantik des Konstruktors. Oftmals ist es besser, den Konstruktor nur mit einer anderen Erzeugungsoperation zu verwenden. Die von der »Gang of Four« bereitgestellten Erzeugungsmuster [4] sind für solche Fälle besonders hilfreich.

## 14.4 Vollständige Löschung von Objekten

Genauso wie Objekte leben, können sie auch sterben. Nicht alle Objekte können vollständig gelöscht werden, einige müssen ewig leben (z. B. medizinische Datensätze). Aber auch sie können durch ein System, das sie an einem anderen Ort archiviert hat, eliminiert werden. Das größte Problem bei der vollständigen Löschung von Objekten besteht darin, mit den Konsequenzen zu leben. Zum Beispiel verursacht das Löschen einer Bestellinstanz aus Abbildung 14.10 ein Problem, wenn Bestellzeilen mit ihr verbunden sind. Solche Bestellzeilen müssen eine Bestellung besitzen (obligatorische Assoziation). Wenn man daher einfach die Bestellung löscht, werden die Konsistenzbedingungen für die Bestellzeilen verletzt.

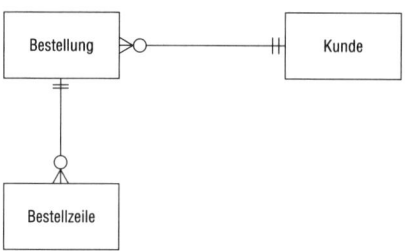

*Abbildung 14.10 Beispiele mit Kunden und Bestellungen*

Für dieses Problem gibt es zwei Lösungen. Die erste besteht in einer einfachen Löschung und ist der nettere, sanftere Ansatz. Wenn die Löschung dazu führt, daß ein Objekt übrigbleibt, dessen Konsistenzbedingungen verletzt worden sind, dann schlägt die vollständige Löschung fehl. Der zweite – härtere, bösere – Ansatz ist das mehrfache (oder kaskadierte) Löschen. Wenn bei der Löschung eine Bestellzeile übrigbleibt, deren Konsistenzbedingungen verletzt worden sind, wird das Objekt trotz allem gelöscht. Wenn auf irgendeine Art eine obligatorische Abbildung auf dieses Objekt besteht, dann werden auch die abhängigen Objekte gelöscht, wodurch ein Welleneffekt in der Informationsbasis verursacht wird.

In der Praxis können Löschungen einen unterschiedlichen Grad der Kaskadierung besitzen. Eine Operation zur vollständigen Löschung kann in Hinblick auf einige Abbildungen mehrfach sein, aber einfach in Hinblick auf andere. Dies ist vollkommen zulässig, aber es muß sichergestellt werden, daß die Löschung vollständig oder gar nicht stattfindet.

Problemstellungen dieser Art verstärken die Bedenken, die man bezüglich Referenzen in Entwicklungsumgebungen hat, die keine Speicherverwaltung besitzen (wie z.B. C++). Die Aufgabe einfacher und mehrfacher Löschungen besteht darin, sicherzustellen, daß Objekte nicht ihre Kardinalitätsbedingungen verletzen; die Speicherverwaltung vermeidet Referenzen, die auf leere Speicherplätze verweisen.

### 14.4.1 Schnittstelle für die vollständige Löschung

Die verschiedenen objektorientierten Entwicklungsumgebungen haben ihre jeweils eigenen Ansätze für die vollständige Löschung eines Objekts. Alle Objekte, die vollständig gelöscht werden können, sollten dafür eine Operation besitzen.

Das ist alles, was ein Programmierer braucht, aber es legt dem Klassenbenutzer die Verpflichtung auf, Dinge in der richtigen Reihenfolge zu eliminieren. Zusammen mit einer einzelnen vollständigen Löschung können ein paar härtere Löschungen vorgenommen werden. Es muß jedoch verdeutlicht werden, für welche Abbildungen eine mehrfache vollständige Löschung vorgenommen wird.

### 14.4.2 Implementierung für die vollständige Löschung

Bei der vollständigen Löschung macht sich die Anwesenheit der Speicherverwaltung am deutlichsten bemerkbar. Dies macht kaum einen Unterschied für die Methode zur vollständigen Löschung, hat aber Einfluß auf die Konsequenzen eines Fehlers.

In beiden Fällen ist es wichtig, daß bei dem zu eliminierenden Objekt alle Verbindungen mit assoziierten Objekten (in beide Richtungen) unterbrochen werden. Die notwendigen Prüfungen müssen vorgenommen werden, um zu sehen, ob bei dem verbundenen Objekt Konsistenzbedingungen verletzt werden. Wenn eine mehrfache Löschung vorgenommen wird, wird auch das Objekt vernichtet. Wenn die Löschung einfach ist, wird die gesamte Löschung des Objekts aufgegeben, und in der Informationsbasis werden keine Änderungen vorgenommen. Alle Änderungen, die bisher vorgenommen wurden, müssen zurückgenommen werden. Bei einem System ohne Speicherverwaltung besteht der letzte Schritt in der neuerlichen Freigabe des Speichers. Bei einem System mit Speicherverwaltung wird der Speicher nicht explizit zurückgegeben. Wenn alle Verbindungen eines Objekts entfernt worden sind, stirbt das Objekt an Einsamkeit, und sein Speicher wird bereinigt.

## 14.5 Einstiegspunkt

Nun ist eine gut entworfene Struktur miteinander verbundener Objekte vorhanden. Bei jedem Objekt ist es durch Anwendung des Typmodells einfach zu entscheiden, wie man zu einem anderen Objekt navigiert. Dennoch bleibt noch eine wichtige Frage: Wie gelangt man überhaupt in die Objektstruktur? Diese Frage scheint für die Benutzer von traditionellen – insbesondere relationalen – Datenbanken eigenartig zu sein, weil die Einstiegspunkte zu diesen Datenbanken die Typen der Datensätze sind. Man gelangt an die Daten, indem man bei den Typen der Datensätze anfängt und die individuellen Datensätze auswählt. Aus einer Liste aller Instanzen eines Typs zu starten, ist jedoch nicht immer die geeignete Methode. Insbesondere objektorientierte Systeme können unterschiedliche Zugriffsmethoden bereitstellen, die effizienter sind und weitere nützliche Funktionalitäten anbieten.

Man benötigt keine Liste aller Instanzen für alle Typen. Man betrachte das Beispiel aus Abbildung 14.11. Da alle Instanzen der Klasse Bestellzeile mit einer Instanz von Bestellung verbunden sind, benötigt man keine Referenz vom Typ Bestellzeile auf alle seine Instanzen. Wenn man glaubt, daß der Fall, daß jemand nach allen Bestellzeilen fragt, selten ist – ungeachtet dessen, ob Bestellung oder Produkt vorliegt – kann man die Referenz vernachlässigen. Im unwahrscheinlichen Fall, daß jemand tatsächlich eine Liste aller Bestellzeilen wünscht, könnte man dies behandeln, indem man eine Liste aller Instanzen der Bestellung bereitstellt und über die Abbildung zur Bestellzeile navigiert. Somit kann man den Speicherplatz, der für die Speicherung aller Referenzen auf alle Instanzen der Bestellzeile benötigt wird auf Kosten einer weiteren Stufe der Ungerichtetheit bereitstellen, so man denn jemals alle Instanzen der Bestellzeile benötigt. Dies ist eine reine Implementierungsabwägung. In einer relationalen Datenbank ist die Abwägung irrelevant, weil die Datenbank feste Tabellen verwendet.

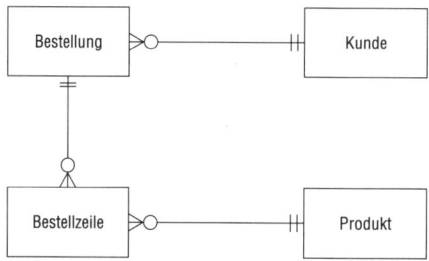

*Abbildung 14.11 Beispiel eines Kunden, einer Bestellung und eines Produkts*

Das gleiche Argument kann auf Bestellung ausgedehnt werden. Man muß dabei bedenken, daß alle Instanzen der Bestellung benötigt werden, wenn eine Person durch Eintippen einer Bestellnummer eine Bestellung auswählen möchte. Weil die Bestellnummer typischerweise eine Zeichenkette ist, werden für gewöhnlich keine Referenzen von der Zeichenkette zur Bestellung vorgehalten, da alle Instanzen von Bestellung benötigt werden. Man könnte dennoch argumentieren, daß auf Bestellungen in der Realität immer zugegriffen wird, sobald der Kunde gefunden wird. Wiederum ist es eine Implementierungsfrage, ob die Referenzen vorgehalten werden oder nicht.

Dieses Argument kann nicht auf Kunde übertragen werden, weil Kunde keine obligatorischen Beziehungen besitzt. Daher ist es für Kunde möglich, mit keinem anderen Objekt verbunden zu sein. Eine Liste aller Kundeninstanzen ist daher notwendig, um sicherzustellen, daß ein solcher Kunde gefunden wird. Aus der Notwendigkeit, eine Liste vorhalten zu müssen, ergibt sich, daß der Kunde ein Einstiegspunkt ist.

Man beachte, daß die Entscheidung, welche Objekte Einstiegspunkte sein sollten, eine rein konzeptionelle Angelegenheit ist. Objekttypen ohne obligatorische Assoziationen müssen Einstiegspunkte sein. Jene mit obligatorischen Beziehungen können eine Liste der Instanzen vorhalten, aber das macht sie noch nicht zu konzeptionellen Einstiegspunkten.

### 14.5.1 Schnittstelle zum Auffinden von Objekten

Es ist nützlich, für alle Typen eine Operation zu haben, die alle Instanzen des Typs zurückliefert. Eine solche Operation ist für Referenzen in eine Richtung notwendig, damit sie auch funktionieren, wenn man gegen ihre Richtung navigiert.

Es kann oftmals nützlich sein, eine Operation bereitzustellen, um eine Instanz anhand bestimmter Kriterien zu finden. Ein Beispiel ist `findeKunde (Kundennummer)`. Obwohl es schwierig ist, generelle Regeln für die Verwendung einer solchen Operation bereitzustellen, besteht im allgemeinen die naheliegendste Möglichkeit in der Verwendung der Navigation. Es ist nicht sinnvoll nach allen Bestellungen zu fragen, die der Kunde ABC getätigt hat, sondern statt dessen ist es konzeptionell leichter, den Kunden ABC nach allen seinen Bestellungen zu fragen. Dies kann zu Optimierungsproblemen führen, was auf den navigierenden Ausdruck der Anfrage zurückzuführen ist. Allerdings kann das oft innerhalb der Zugriffsfunktionalitäten auf den Kunden gelöst werden.

Wenn das Auffinden in Hinblick auf grundlegende Typen geschieht, ist diese Option nicht anwendbar, sondern es kommt eine allgemeine Routine zum Auffinden zum Zuge. Dennoch sollte es sogar dann auf eine so allgemeine Art wie möglich geschehen. Der einfachste Ansatz besteht darin, nach allen Instanzen einer Klasse zu fragen und dann die eingebaute Auswahloperation auf die zurückgelieferte Menge anzuwenden. Dies funktioniert bei Klassen mit vielen Instanzen nicht gut. Der nächste Zug besteht darin, eine Auswahloperation bereitzustellen, die jede Boolesche Operation als Argument akzeptiert. Dies führt zu maximaler Flexibilität bei nur einer Operation in der Klassenschnittstelle. Dennoch ist dies in einigen Sprachen wesentlich schwieriger, als in anderen. Nur wenn diese Ansätze ausgeschöpft sind und es zu teuer ist, auf eine wesentlich allgemeinere Weise zu suchen, sollte man eine Operation zum Auffinden mit spezifischen Argumenten verwenden. Man sollte sich immer davor hüten, die Schnittstelle einer Klasse aufzublasen.

Man beachte, daß diese Operationen zum Auffinden von Instanzen sowohl für Nichteinstiegspunkte als auch für Einstiegspunkte gültig sind. In der Tat sollten die Funktionalitäten des Instanzenzugriffs denselben Mustern folgen.

Einstiegspunkte benötigen eine zusätzliche Operation, um ein Objekt an die Struktur anzupassen. Die ausschließliche Erzeugung eines Objekts wird für seine Plazierung in die Struktur nicht ausreichen, besonders wenn es nicht zu einem anderen Objekt innerhalb der Struktur in Beziehung steht. Somit brauchen Objekte, die Einstiegspunkte darstellen, eine Operation, um sie in die Struktur einzufügen.

Die obigen Bemerkungen zu Schnittstellen stimmen für Systeme, die sich im Speicher befinden. Bei der Verwendung von Datenbanken ergeben sich leicht unterschiedliche Charakteristika. Verschiedene Datenbank-Verwaltungssysteme (OODBMS oder relationale Schnittstellen) haben ihre eigenen Konventionen. Das pragmatischste, was man tun kann, ist, diese Konventionen unter dem Vorbehalt zu verwenden, daß Schnittstellen weitestgehend frei von Datenbank-Verwaltungssystem-Spezifika sein sollten.

### 14.5.2 Implementierung von »Finde«-Operationen

Ein Einstiegspunkt wird üblicherweise durch eine Kollektionsklasse implementiert. Diese Kollektion kann eine spezielle Einzelklasse (wie z.B. Kundenliste) oder ein statisches Feld in der Klasse sein. Die Anfrage bei einem Typ nach seinen Instanzen bedeutet, daß die Objekte der Kollektion zurückgeliefert werden. Wie bei mehrwertigen Assoziationen ist es wichtig, daß die Kollektion unveränderlich ist, außer durch die Schnittstellen der Einstiegspunkte.

Ein Nichteinstiegspunkt hat typischerweise außerdem eine Operation, um alle Instanzen zurückzugeben. Dies kann durch Navigation vom Einstiegspunkt aus geschehen. ‚Auswahl' und ‚Finden' funktionieren auf ähnliche Weise.

### 14.5.3 Verwendung von Klassen oder Protokollanten-Objekten

Die Schnittstelle und die Einstiegspunkten können entweder durch Klassen oder durch Protokollanten-Objekte (engl. *registrar objects*) implementiert werden. Eine klassenbasierte Implementierung eines Einstiegspunkts führt dazu, daß jede Einstiegspunkt-Klasse eine Kollektion ihrer Instanzen als Klasse oder statische Variable enthält. Die Alternative besteht darin, ein separates Protokollanten-Objekt zu haben, daß eine Kollektion für jede Einstiegspunktklasse enthält. Der Hauptvorteil des Protokollanten-Ansatzes besteht darin, daß er die Existenz unterschiedlicher Protokollanten ermöglicht, die z.B. für verschiedene Kontexte eingerichtet werden können. Wenn beispielsweise zwei Abteilungen einer Klinik unterschiedliche Instanzen von Krankheit unterhalten wollen, kann dies durch separate Protokollanten-Objekte für jede Abteilung geschehen.

Bei der Schnittstelle liegt der Unterschied darin, ob der Programmierer »Finde«-Nachrichten zur Klasse oder zum Protokollanten-Objekt sendet. Die Verwendung eines Protokollanten befreit jede Klasse von dieser Verantwortlichkeit, doch benötigt der Protokollant zumindest eine »Finde«-Operation für jede Einstiegspunkt-Klasse. Wenn »Finde«-Operationen außerdem für Nichteinstiegspunkte verwendet werden, dann benötigt der Protokollant mindestens eine »Finde«-Operation für jede Klasse. Die Verwendung eines Protokollanten ist nützlich, wenn Programmierer unterschiedliche Kontexte verstehen und zwischen ihnen wechseln müssen. Wenn nur ein einzelner Kontext verwendet wird, kann er als global definiert werden, und die klassenbasierten Operationen können an den jeweiligen Protokollanten delegiert werden.

## 14.6 Implementierung von Bedingungen

Typenmodelle unterstützen die Definition der Bedingungen, die ein Typ erfüllen muß. Kardinalitäten und Teilbereiche zeigen beide Bedingungen an. Komplexere Situationen erfordern komplexere Typen. Die kurzen und langen semantischen Anweisungen, die in diesem Buch verwendet werden, zeigen meistens die komplexeren Bedingungen an.

Bedingungen beeinflussen die explizite Schnittstelle von Klassen in Programmiersprachen im allgemeinen nicht. Eine Ausnahme ist Eiffel, in der Bedingungen die Klasseninvarianten definieren. Für Sprachen, die nicht die Merkmale von Eiffel besitzen, müssen die Bedingungen für alle Modifikationsoperationen in Betracht gezogen werden. Programmierer, die Modifikationsoperationen erstellen, müssen sicherstellen, daß die Verwendung einer Modifikationsoperation das Objekt in einem Zustand beläßt, der keine der Bedingungen verletzt.

Es ist oftmals nützlich, eine explizite Zugriffsmethode zu implementieren, um zu bestimmen, ob ein Objekt seinen Bedingungen entspricht. Eine Operation, die einen Namen wie `PrüfeInvariante` tragen könnte, sollte für alle Klassen bereitgestellt werden, um eine Ausnahme zu generieren, wenn irgend etwas falsch ist, und nichts zu tun, wenn alles in Ordnung ist. Das kann als Überprüfung auf Wohlgeformtheit an unterschiedlichen Punkten verwendet werden: Als Teil einer Nachbedingungsprüfung beim Debugging und als Teil einer Validierungsprüfung eines Systems während des operativen Betriebs, was besonders wertvoll für Datenbanksysteme ist.

Smalltalk und C++ besitzen keine expliziten Fähigkeiten für Bedingungen und Zusicherungen in der Art von Eiffel. Sie können mit einer schwachen, aber einigermaßen wirksamen Alternative ausgerüstet werden. In Smalltalk kann man eine Operation einsetzen (manchmal etwa als `erfordere: einen Block` bezeichnet), die einen Block als ein Argument nimmt. Die Methode kann in ein Klassenobjekt geschrieben werden, um den Block auszuführen und eine Ausnahme zu erzeugen, wenn sie False zurückliefert. Die »erfordere«-Methode kann dann für Vorbedingungsprüfungen, Invariantenprüfungen und einige Nachbedingungsprüfungen verwendet werden. C++ besitzt ein Makro, das »assert« genannt wird und für die gleichen Zwecke benutzt werden kann.

## 14.7 Entwurfsschablonen für andere Techniken

In diesem Buch dominieren Typenmodelle. Folglich sind die Entwurfsschablonen aus diesem Kapitel Transformationen aus Typenmodellen. Ähnliche Prinzipien können auch für andere Techniken gelten. Obwohl eine solche direkte Abbildung nicht plausibel ist, können Muster für Entwurfsschablonen für Ereignisdiagramme bereitgestellt werden [6]. In den letzten Jahren hat es eine ziemlich umfangreiche Diskussion über Entwurfsschablonen für unterschiedliche Arten von Zustandsmodellen gegeben, obwohl man immer noch auf eine grundlegende Veröffentlichung zu diesem Thema wartet. Interaktionsdiagramme bewegen sich hinreichend dicht an Implementierungen, daß ihre Beziehung zum eigentlichen Code recht offensichtlich erscheint.

In den letzten Jahren hat sich eine kleine, aber bedeutende Gruppe von Entwicklern zusammengefunden, die diese Art des Transformationsansatzes befürworten. Shlaer und Mellor nehmen in dieser Gruppe eine herausragende Stellung ein [8]. Ich hoffe, daß diesem Thema im Laufe der Zeit mehr Aufmerksamkeit geschenkt wird, und daß man weitere Muster und einige komplette Entwurfsschablonen sehen wird. Ich vermute allerdings, daß eine vollständige Menge von Schablonen entweder als kommerzielles Werkzeug (wahrscheinlich an CASE-Tools gekoppelt) oder als firmeneigener Auftrag erstellt wird. Ich hoffe, daß Muster für solche Schablonen fester Bestandteil der Literatur werden.

**Literatur**

1. K. Beck. *Smalltalk: Praxisnahe Gebrauchsmuster*, Haar bei München: Markt und Technik, 1997.

2. G. Booch, J. Rumbaugh. *Unified Method for Object-Oriented Development*. Rational Software Corperation, Version 0.8, 1995.[1]

3. J.O. Coplien. *Advanced C++ Programming Styles and Idioms*. Reading, MA: Addison-Wesley, 1994.

---

1. Anm. d. Übers.: Zur Zeit der Drucklegung dieser Übersetzung ist das Dokument in der Version 1.1 unter der URL <http://www.rational.com/uml/documentation.html> einzusehen.

4. E. Gamma, R. Helm, R. Johnson, J. Vlissides. *Design Patterns: Elements of Reusable Object-Oriented Software*. Reading, MA: Addison-Wesley, 1995.
   In deutscher Übersetzung: *Entwurfsmuster: Elemente wiederverwendbarer objektorientier Software*. Bonn: Addison-Wesley, 1996

5. S. Lewis. *The Art and Science of Smalltalk*. Hemel Hempstead, UK: Prentice-Hall International, 1995.

6. J. Martin, J. Odell. *Object-Oriented Methods: A Foundation*. Englewood Cliffs, NJ: Prentice-Hall, 1995.

7. D.R. Musser, A. Saini. *STL Tutorial and Reference Guide*. Reading, MA: Addison-Wesley, 1996.

8. S. Shlaer, S.J. Mellor. *Objekte und ihre Lebensläufe : Modellierung mit Zuständen*, München: Hanser, 1998.

# 15 Assoziationsmuster

Assoziationen sind häufig verwendete Konstrukte bei Analyse und Entwurfsmethoden. Eine bestimmte Modellierungssituation wird bei einer Assoziation oft wiederkehren. Man kann eine spezielle Notation für sie einführen, aber es ist möglich, diese Situation auch ohne diese Notation zu modellieren. Ein guter Ansatz, um darüber nachzudenken, besteht darin, die Situation als ein Muster anzusehen. Dieses Assoziationsmuster kann in einer Grundform dargestellt werden, oder es kann als Kurzform für eine neue Notation eingeführt werden. Beide sind in ihrer Bedeutung äquivalent.

Dieses Kapitel konzentriert sich auf drei solcher Situationen. Ein *assoziativer Typ (15.1)* tritt auf, wenn man eine Assoziation als Typ behandeln möchte, indem man ihr einige Merkmale gibt. Eine *schlüsselbasierte Abbildung (15.2)* wird verwendet, um einer Nachschlagetabelle oder einer Datenliste das Verhalten einer Abbildung zu geben. Jedes dieser Muster verwendet viele Methoden mit zusätzlichen Notationen. Es ist nützlich, die Muster hinter der Notation zu verstehen. Wenn eine Methode eine zusätzliche Notation nicht unterstützen kann, ist es notwendig zu wissen, wie man ohne sie arbeitet. Dies gilt besonders, wenn man an eine Methode gewöhnt ist, die eine Notation unterstützt, und zu einer anderen wechselt, die dies nicht tut, oder wenn man eine Übersetzung zwischen Methoden vornimmt und eine Methode die Notation nicht unterstützt.

Selbst wenn eine Methode eine Notation für ein Assoziationsmuster verwendet, ist es doch wichtig zu verstehen, wie sich die Notation auf einfachere Ideen bezieht. Wenn die Modellierungssituation selten ist, ist es oftmals besser, kein neues Element bei der Notation einzuführen, an das man sich erinnern muß, sondern die Grundform zu verwenden.

Das dritte Assoziationsmuster ist die *Abbildung des Verlaufs (15.3)*. Man kann Abbildungen des Verlaufs verwenden, um einen Verlauf der Werteänderungen einer Abbildung (z. B. den Verlauf der Gehälterstaffelung für einen Angestellten) aufzuzeichnen. Dies wird in keiner mir bekannten Methode durch eine spezifische Notation unterstützt. Dennoch ist dies ein notwendiges Muster für viele Informationssysteme. Wenn eine Abbildung des Verlaufs gebraucht wird, kann es von Nutzen sein, eine neue Notation als Kurzform für das Assoziationsmuster einzuführen. Besondere Komplikationen treten auf, wenn sich nicht nur die Welt ändert, sondern auch unser Wissen über sie an unterschiedlichen Orten geändert wird. Dies führt zu einem *zweidimensionalen Verlauf (15.3.1)*.

Viele Faktoren beeinflussen die Wahl, die Notation oder die Grundform zu verwenden. Konzeptionell gesehen muß man grundsätzlich wischen zwischen der von der Notation gebotenen Knappheit und der Extra-Notation abwägen, an die man sich zusätzlich erinnern muß. In einem Spezifikationsmodell impliziert eine Notation eine verschiedenartige Schnittstelle in der Software. Diese Schnittstelle ist wahrscheinlich für die Benutzung bequemer als die Schnittstelle, die man durch Umwandlung aus der Grundform erhält. Jedoch können immer Operationen zum Spezifikationsmodell hinzugefügt werden, um die bequemere Schnittstelle zu erhalten. Hierdurch werden zusätzlich explizite Operationen zum Spezifikationsmodell hinzugefügt, aber die zusätzlichen Notationen vermieden.

Ob man die Notation oder die Grundform verwendet, hängt von der entsprechenden Auswahl ab. In diesem Kapitel bringe ich meine persönlichen Vorlieben zum Ausdruck, die, was ich immer betonen möchte, den zweiten Platz hinter den Wünschen der Kunden einnehmen. Als Berater ist es meine Aufgabe, das Leben der Kunden einfacher zu gestalten.

Assoziationsmuster arbeiten auf der Metaebene: Es handelt sich dabei um Muster, die häufiger bei der Beschreibung der Modellierungssprache verwendet werden, als in den Modellen selbst. Ich benutze den Begriff Meta-Modell-Muster, um diese allgemeine Klasse von Mustern zu beschreiben. Andere Meta-Modell-Muster können verwendet werden, um Meta-Ebenen-Konzepte bei der Generalisierung, in Zustandsmodellen oder in einer anderen Modellierungstechnik zu beschreiben.

## 15.1 Assoziative Typen

Eine alltägliche Modellierungssituation tritt auf, wenn man ein Attribut zu einer Beziehung hinzufügen möchte. Ein zu Beginn des Projektes erstelltes Modell deutet beispielsweise an, daß eine Person in einem Unternehmen angestellt ist, wie in Abbildung 15.1 gezeigt. Eine Analyse zu einem späteren Zeitpunkt zeigt jedoch, daß man den Tag, an dem die Beschäftigung begann, aufzeichnen sollte und daß er auf der Beziehung liegen muß. Man kann das Startdatum-Attribut zur Beziehung hinzufügen, indem man eine Notation wie die von Rumbaugh [2] verwendet, wie in Abbildung 15.2 gezeigt wird.

*Abbildung 15.1 Einfache Beziehung zwischen Person und Unternehmen*

## 15.1 Assoziative Typen

Wenn eine Modellierungsmethode das Hinzufügen eines Attributs zu einer Beziehung auf diese Weise nicht unterstützt, dann gibt es zahlreiche Alternativen. Im obigen Beispiel besteht eine Alternative darin, das Startdatum zur Person hinzuzufügen. Weil eine Person per Definition nur zu einem Unternehmen gehört, gibt es keine Gefahr der Mehrdeutigkeit. Man kann nun annehmen, daß das Startdatum-Attribut wirklich ein Teil der Beziehung ist, aber es ist schwierig, dies als etwas anderes als reine semantische Pingeligkeit zu rechtfertigen. Ein vernünftigerer Einwand ist, daß das Startdatum keinen Wert haben sollte, außer wenn es einen Arbeitgeber gibt. Dieser Einwand könnte durch eine Regel beiseite geräumt werden, auch wenn dies zumeist keine ideale Lösung ist, besonders da die meisten Methoden diese Art von Regel nicht gut unterstützen.

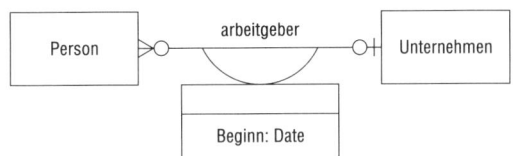

*Abbildung 15.2 Hinzufügen eines Startdatum-Attributs zur Abbildung 15.1*
*Dieses Diagramm verwendet die Kragennotation (engl.* collar notation) *von Rumbaugh.*

Dieser Ansatz kann nicht bei Beziehungen verwendet werden, bei denen beide Abbildungen mehrwertig sind, wie in Abbildung 15.3. Da eine Person unterschiedliche Qualifikationen in bezug auf jede Fähigkeit hat, ist es unmöglich, eine Zahl an Person zu vergeben.

In Methoden, die keinen Assoziationstyp unterstützen, kann man einen zusätzlichen Typ einführen, wie in Abbildung 15.4 gezeigt wird (man beachte, wie die Kardinalitäten aus Abbildung 15.1 übertragen worden sind). Dies klärt die Situation ziemlich erfolgreich. Der neue Typ mag zwar künstlich sein, aber alle Modelle enthalten einen bestimmten Grad an Künstlichkeit, weil sie eine reale Situation mit einem größeren Grad an Formalität darstellen, als er innerhalb der natürlichen Sprache existiert. Einer der bedeutendsten Unterschiede zwischen den beiden Modellen liegt in der Schnittstellenimplikation. In Abbildung 15.2 hat Person die `holeArbeitgeber`-Operation, die das assoziierte Unternehmen zurückgibt. Das Modell aus Abbildung 15.4 hat eine andere Schnittstelle, die das Beschäftigungsobjekt zurückliefert. Das Beschäftigungsobjekt benötigt dann eine zusätzliche Nachricht, um das Unternehmen zu erhalten, daher muß man aus der ursprünglichen Assoziation eine abgeleitete Assoziation machen, wie in Abbildung 15.5 gezeigt wird.

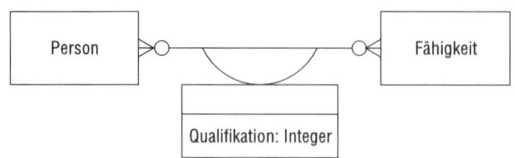

*Abbildung 15.3  Eine Beziehung, in der beide Abbildungen mehrwertig sind*

*Abbildung 15.4  Hinzufügen eines Beschäftigungstyps als Platzhalter für das Startdatum*

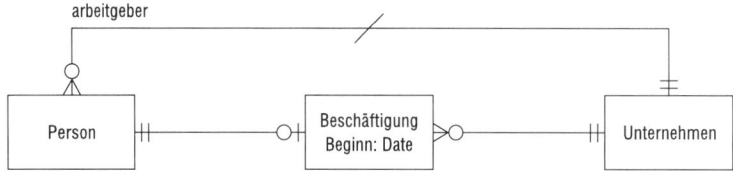

*Abbildung 15.5  Wiederherstellen der Angestellten-Abbildung mit einer abgeleiteten Abbildung*

Man kann sich eine raffiniertere Variante vorstellen, indem man die Viele-zu-viele-Assoziationen (engl. *many-many association*) betrachtet, die in Abbildung 15.3 gezeigt wird. Abbildung 15.6 verwendet die gleiche Einführung eines neuen Typs. Das bloße Hinzufügen eines Qualifikationstyps funktioniert bei der ersten Überprüfung gut, weil es einer Person erlaubt, mehrere Qualifikationen zu besitzen und daher auch mehrere Fähigkeiten, jede mit einem bestimmten Grad an Kompetenz. Das Problem besteht darin, daß das Modell einen größeren Interpretationsspielraum besitzt, weil es außerdem mehrere Qualifikationen für die gleiche Fähigkeit erlaubt. Um diesen Umstand zu beseitigen, braucht man eine zusätzliche Eindeutigkeitsregel für die Qualifikation, die anzeigt, daß jede Qualifikation eine eindeutige Kombination von Person und Fähigkeit haben muß.

Diese Problemstellung wird oftmals nicht von Modellierern beachtet, die die assoziative Typnotation verwenden. Abbildung 15.7 ist eine andere typische Anwendung dieser Notation, bei der die Assoziation annimmt, daß eine Person ein Angestellter vieler Unternehmen sein kann. Einige dieser Anstellungen können beendet sein, somit hat man einen Verlauf der Anstellungen. Es ist gut möglich, daß eine Person in zwei Zeiträumen für das gleiche Unternehmen arbeitet. Folglich würde man keine Bedingung vom Stil der Abbildung 15.6 hinzufügen. Das Problem besteht darin, daß man im allgemeinen nicht weiß, ob man den assoziativen Typ so interpretieren sollte, als ob die Bedingung vorliegt, oder nicht.

## 15.2 Schlüsselbasierte Abbildungen

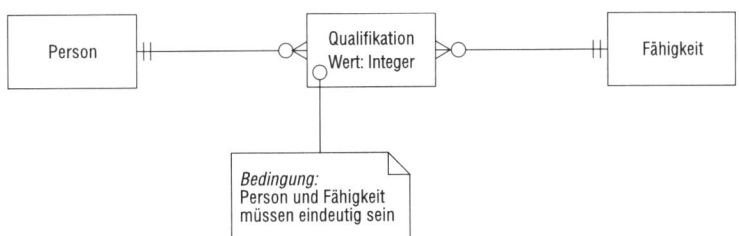

*Abbildung 15.6 Verwendung eines neuen Typs, um die Situation aus Abbildung 15.3 zu bewältigen*

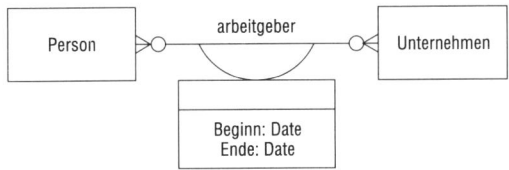

*Abbildung 15.7 Assoziativer Typ Beschäftigung*

In der Praxis verwenden Modellierer die assoziative Typnotation mit beiden Interpretationen. Das ist an sich kein Fehler, aber die Modellierer müssen deutlich machen, welche der beiden Interpretationen sie meinen. Es ist vernünftig, Abbildung 15.7 zu verwenden, aber in diesem Fall muß eine Regel für den Fall aus Abbildung 15.3 verwendet werden, die der Regel aus Abbildung 15.6 entspricht. Wenn Modellierer den Fall aus Abbildung 15.3 als gewöhnliche Interpretation verwenden möchten, können sie kein Modell der Form aus Abbildung 15.7 verwenden. Sie müssen statt dessen einen neuen Typ verwenden.

Insgesamt gesehen tendiere ich nicht dazu, assoziative Typnotationen zu verwenden. Wenn sie keine definitive Regel wie z.B. die der Eindeutigkeit enthalten, scheinen sie mir nicht viel mehr Wert zur Extra-Notation hinzufügen. Die Eindeutigkeit kann nützlich sein, aber sie wird so selten richtig benutzt, daß ich eher einen Extra-Typ verwenden und die Eindeutigkeitsregel hinzufügen würde, um die Eindeutigkeit explizit zu machen.

## 15.2 Schlüsselbasierte Abbildungen

Schlüsselbasierte Abbildungen stellen eine Technik dar, die in der Analyse die Technik der Verwendung von Datenlisten (engl. *dictionaries*; indizierte Nachschlagetabellen, auch Abbildungen [1] oder assoziative Arrays genannt) widerspiegeln, um Beziehungen zu implementieren. Beispiele ihrer Verwendung sind in den Abbildungen 15.8 und 15.9 gezeigt. Unser Hauptinteresse besteht darin aufzuzeichnen, welche Menge eines bestimmten Produktes in einer speziellen Bestellung vorhanden ist. Das klassische Datenmodell hierfür ist in Abbildung 15.8 dargestellt. Das in Abbildung 15.9 gezeigte Modell verwendet die Notation der schlüsselbasierten Abbildung, die sich darauf konzentriert, eine Bestellung zu fragen, welche Menge von einem Produkt sie enthält, und diese zu ändern. Abbildung 15.8 gleicht das aus, indem das Produkt die Fähigkeit erhält zu erwidern, in welchen Bestellungen es vorkommt und welche Menge jeweils geordert wurde.

*Abbildung 15.8 Eine klassische Bestellung, Bestellzeilenmodell*

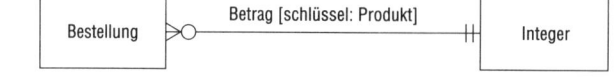

*Abbildung 15.9 Benutzung einer Datenliste, um Abb. 15.8 zu modellieren*

Ein wichtiger Teil der Interpretation dieser Modelle ist, wie sie die Schnittstellen der Typen beeinflussen. Das Modell aus Abbildung 15.8 impliziert eine Schnittstelle von holeBestellZeilen aus der Bestellung und dem Produkt. Das Modell aus Abbildung 15.9 impliziert eine Schnittstelle von holeBetrag (Produkt) auf der Bestellung. Für das Produkt wird keine Schnittstelle impliziert. Um die Verwendung eines Produkts in verschiedenen Bestellungen zu finden, ist es erforderlich, alle Instanzen der Bestellung zu fragen, ob sie eine Bestellmenge für das Produkt haben. Dies ist noch umständlicher. Ein anderer Unterschied liegt darin, eine Bestellung zu fragen, welche Produkte in ihr vorhanden sind. Für Abbildung 15.8 erfordert dies lediglich, die Bestellung nach ihren Posten pro Zeile zu fragen und dann jeden Bestelleintrag nach seinem Produkt. Für Abbildung 15.9 würde dies erfordern, die Bestellung nach der Datenliste der Bestellmengen zu fragen und anschließend nach deren Schlüsseln. Eine Bestellung müßte eine holeBetrag-Operation bereitstellen, die den Zugriff auf ihre Datenliste erlaubt (oder genauer, eine Kopie davon). Andernfalls würde es notwendig sein, jede Instanz von Produkt gegen ihre Bestellung zu testen.

Die Notation der schlüsselbasierten Abbildung kann verwendet werden, um mit Eindeutigkeitsbedingungen umzugehen. Das Modell aus Abbildung 15.8 würde für gewöhnlich mit einer Regel erscheinen, die aussagt, daß nur ein Posten pro Zeile für ein Produkt in einer Bestellung existieren kann. Man würde keinen Bestelleintrag für 30 Apparate und einen separaten Bestelleintrag für 20 Apparate in der gleichen Bestellung erwarten. Es wäre dann besser, einen einzigen Bestellein-

## 15.2 Schlüsselbasierte Abbildungen

trag für 50 Apparate zu haben. Dies verlangt nach einer Regel für Abbildung 15.8, aber ist schon sehr deutlich in Abbildung 15.9 dargestellt, da eine Bestellung nur eine Quantität für ein Produkt haben kann.

Man sollte darüber nachdenken, welche Antwort die Bestellung geben soll, wenn sie nach der Bestellmenge für ein Produkt gefragt wird, das nicht auf der Bestellung ist. In diesem Fall scheint es vernünftig, 0 zurückzugeben, was die schlüsselbasierte Abbildung obligatorisch macht. In anderen Fällen würde man es vorziehen, eine Null-Rückgabe zu machen; die Abbildung würde dadurch optional.

Wenn beide Darstellungen nützlich sind, gibt es keinen Grund, warum man nicht beide zusammen verwenden sollte. Man kann die Redundanz vermerken, indem man eine Regel oder Ableitungsmarkierung verwendet, wie in Abbildung 15.10 gezeigt. Die Verwendung beider Darstellungen unterstützt die Tatsache, daß der Ansatz aus Abbildung 15.9 in allgemeinen Fällen flexibler ist, während der Ansatz aus Abbildung 15.9 sowohl eine sehr nützliche Kurzform für das Verhalten hinzufügt als auch die Eindeutigkeit explizit macht.

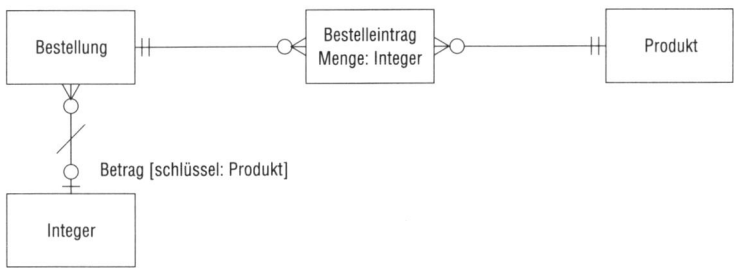

*Abbildung 15.10 Die Verwendung beider Darstellungen markiert eine davon als abgeleitet.*

Ich halte die Notation der schlüsselbasierten Abbildung für ein sehr nützliches Konstrukt. Ob ich dieses Konstrukt verwende oder doch eher einen Typ, hängt von der Situation und von dem, was ich betonen möchte, ab. Obwohl ich sicherlich auch ohne das Konstrukt leben kann, kommt es mir oft entgegen. Trotzdem sollte man sich davor hüten, es allzu häufig zu verwenden. Oftmals ist der Extratyp für zusätzliche Informationen und das Verhalten wichtig. In Abbildung 15.8 könnte man leicht die Kosten für die Bestellzeile hinzufügen, was bei der Verwendung von Abbildung 15.9 eher ungünstig wäre. Selbstverständlich wird man häufig versuchen, einfach beide Möglichkeiten zusammen einzusetzen, wie in Abbildung 15.10 dargestellt.

## 15.3 Abbildung des Verlaufs

Objekte repräsentieren nicht nur Objekte, die in der realen Welt existieren. Oftmals repräsentieren sie Erinnerungen an Objekte, die einmal existierten, aber seitdem verschwunden sind. Die Verwendung von Objekten, um Erinnerungen darzustellen, ist vollkommen vernünftig – die Erinnerung an die Existenz ist oftmals so real für die Leute wie die Existenz selbst –, aber es ist wichtig, den Unterschied zwischen beiden zu benennen. Man betrachte die Problemstellung, das Gehalt einer Person aufzuzeichnen. Eine Person hat zu jedem Zeitpunkt ein einzelnes Gehalt, wie in Abbildung 15.11 gezeigt. Jedoch kann sich dieses Gehalt im Laufe der Zeit ändern. Diese Tatsache an sich macht Abbildung 15.11 als Modell nicht ungültig, es sei denn, man muß sich an den Verlauf des Gehalts erinnern. Wenn der einzige Wunsch darin besteht, sich an frühere Gehälter zu erinnern, reicht Abbildung 15.12 vollkommen aus. Sie wird so ausgestattet, daß man zur Modifikationsoperation des Gehalts die Fähigkeit hinzufügt, das alte Gehalt an eine Liste für die alten Gehälter anzuhängen. Indem man eine Liste verwendet, kann man nicht nur frühere Gehälter aufzeichnen, sondern auch die Reihenfolge, in der sie auftraten, bewahren.

*Abbildung 15.11 Eine Person hat zu jedem Zeitpunkt ein Gehalt*

*Abbildung 15.12 Ein Modell, das vergangene Gehälter speichert*

Abbildung 15.12 mag in vielen Situationen angemessen sein, aber sie hilft nicht bei der Beantwortung der Frage: »Wie hoch war Johann Schmitts Gehalt am 2. Januar 1997?« Um diese Frage zu beantworten, braucht man den ausgeklügelten Ansatz, der in Abbildung 15.13 vorgeschlagen wird. Dieses Modell ermöglicht es, sowohl die Gehälter als auch deren vollständigen Verlauf aufzuzeichnen. Dennoch benötigt man eine zusätzliche Regel: Gehälter für eine Person dürfen keine überlappenden Zeiträume haben. Diese Regel wird oftmals implizit angenommen, für gewöhnlich aber nicht explizit gezeigt – und folglich vergessen.

Das in Abbildung 15.13 gezeigte Modell stellt die erforderliche Mächtigkeit bereit, es ist jedoch eher plump. Der wichtige Punkt, daß ein Angestellter nur ein Gehalt zu einem Zeitpunkt haben kann, geht verloren, wenn man nicht auf die zugrundeliegenden Regeln schaut.

## 15.3 Abbildung des Verlaufs

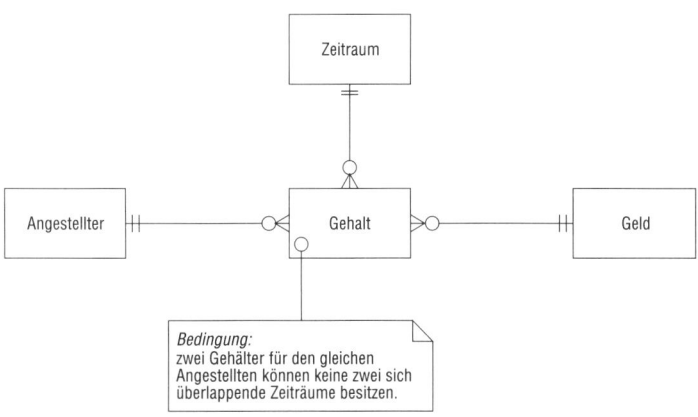

*Abbildung 15.13 Ein vollständiger Datensatz eines Gehaltsverlaufs*

Eine Assoziation zwischen zwei Typen besteht nun aus vier Typen und drei Assoziationen. Dies kann die Komplexität eines Diagramms bedeutend erhöhen, besonders wenn es viele solcher Verlaufsbeziehungen gibt. Die hierfür vorgeschlagene Schnittstelle ist ebenfalls eher unelegant. Die Antwort auf die Frage im vorangeganen Absatz schließt die Möglichkeit mit ein, Johann Schmitt nach seinen Gehältern zu fragen, und dann dasjenige auszuwählen, dessen Zeitdauer den 2. Januar 1997 mit einschließt.

Ich verwende oft das in Abbildung 15.14 gezeigte Modell, das die Komplexität des in Abbildung 15.13 gezeigten Ansatzes mit der diagrammbezogenen Wirtschaftlichkeit der Momentaufnahme aus Abbildung 15.11 kombiniert. Alle Details sind hinter dem kleinen, aber bedeutsamen [verlauf]-Schlüsselwort verborgen. Ich habe eine neue Notation eingeführt, die vollkommen zulässig ist, solange ich sie ordnungsgemäß definiere. Ich möchte auf eine mathematische Definition verzichten und gebe statt dessen die Schnittstelle an, die durch das Schlüsselwort definiert wurde. Abbildung 15.11 impliziert eine Zugriffsoperation holeGehalt(), um den Wert des Gehalts zurückzuliefern und eine Modifikationsoperation setzeGehalt(Geld), um es zu ändern. Abbildung 15.14 impliziert eine andere Schnittstelle: Die Zugriffsoperation holeGehalt() existiert immer noch, aber dieses Mal liefert sie den gegenwärtigen Wert der Gehaltsabbildung zurück. Dies wird durch holeGehalt(Datum) unterstützt, das den Wert der Abbildung zum angegebenen Datum zurückliefert. holeGehalt(Datum) und holeGehalt(Datum::jetzt) sind äquivalent.

*Abbildung 15.14 Darstellung der Mächtigkeit aus Abbildung 15.13 mit einer einfacheren Notation*

Die Aktualisierung ist ein wenig komplexer. Man kann die `setzeGehalt(Geld, Datum)`Operation verwenden, um ein neues Datum ab einem bestimmten Datum an den Verlauf anzuhängen. Dies ist eine gute Schnittstelle für zusätzliche Veränderungen, aber nicht ausreichend, wenn der alte Datensatz Änderungen erfordert. Eine `setzeGehaltHistorie(Datenliste (Schlüssel: Zeitraum, Wert: Geld))`Operation wäre am besten geeignet, zusammen mit einer `holeGehaltVerlauf()`Operation. Der Klient kann dann den gegenwärtigen Gehaltsverlauf als eine Datenliste holen, dabei die Standarddatenlistenoperationen verwenden und dann den ganzen Datensatz in einem Anlauf verbessern. Dies ist besser, als einen einzelnen Datensatz jeweils zu einem bestimmten Zeitpunkt zu aktualisieren, aufgrund der Regel, daß ein Angestellter zu jedem Zeitpunkt ein Gehalt haben muß. Wenn Änderungen auf einem Datensatz zu genau einem Zeitpunkt vorgenommen werden, ist es ungeschickt, die Regel nach jeder Änderung als True zu erhalten. Es ist wesentlich einfacher, den gesamten Datensatz herauszunehmen, ihn zu ändern (ohne die Regelüberprüfung) und alles auf einmal zu ersetzen.

Es ist offensichtlich, daß hier eine Datenlisten-Implementierung mit Zeiträumen als Schlüsseln vorgeschlagen werden kann. Eine solche Implementierung unterstützt leicht das gesamte von der Schnittstelle benötigte Verhalten und entspricht einer einfachen Anwendung des Ansatzes. Man kann sogar noch weiter gehen und eine spezielle Klasse zur Handhabung von Verlaufskollektionen einführen.

Meines Wissens ist die Verlaufsnotation gegenwärtig noch von keinem Methodenentwickler vorgeschlagen worden. Sie ist sehr nützlich, weil sie eine Situation vereinfacht, die häufig vorkommt und zudem lästig ist. Die ideale Lösung liegt in der Benutzung eines Objektsystems mit vollständiger Fähigkeit zum »Zeitreisen«. Ein derartiges System ist nicht völlig aus der Luft gegriffen, und es würde den Bedarf für jede spezielle Verlaufshandhabung beseitigen.

Dieser Abschnitt ist außerdem ein besonderer Fall eines allgemeinen Punktes. Bei der Modellierung kann man einer wiederkehrenden Situation begegnen, die sowohl alltäglich als auch schwierig zu modellieren ist. Man sollte sich nicht davor fürchten, eine neue Notation einzuführen, um dies zu vereinfachen, aber man sollte sie sorgfältig definieren. Der Schlüsselgedanke besteht darin, zwischen der Vereinfachung eines neuen Konstrukts, und der Notwendigkeit, sich daran zu erinnern, abzuwägen. Eine gute Notation ist ein Kompromiß, der Eleganz ohne eine gewaltige Notation bietet. Die Abwägung ist nicht für alle Projekte gleich, daher sollte man keine Angst davor haben, seine eigenen Entscheidungen zu treffen.

**Modellierungsprinzip** *Wenn man an eine sich wiederholende Situation gerät, die schwierig zu modellieren ist, definiert man eine Notation. Definieren Sie eine Notation jedoch nur, wenn die sich daraus ergebende Vereinfachung die Schwierigkeit, sich diese Notation zu merken, aufwiegt.*

## 15.3.1 Zweidimensionaler Verlauf

Die obige Diskussion konzentriert sich auf das Problem, ob man in der Lage ist, ein Attribut, das ein Objekts an einem bestimmten Punkt der Vergangenheit besaß, wiederaufzufinden. Viele Systeme haben weitere Komplikationen, die sich daraus ergeben, daß sie nicht rechtzeitig Wissen über Änderungen erhalten.

Man stelle sich vor, man besäße ein Lohnkonto, das weiß, daß ein Angestellter ab dem 1. Januar einen Satz von 100 Dollar pro Tag bekommt. Am 25. Februar startet man das Lohnkontensystem mit diesem Satz. Am 25. März erfährt man, daß sich der Satz für den Angestellten seit dem 15. Februar effektiv auf 110 Dollar pro Tag erhöht hat. Was sollte das Angestellten-Objekt antworten, wenn es nach dem Satz für den 25. Februar gefragt wird? Es gibt zwei Antworten auf diese Frage: Was der Angestellte zu diesem Zeitpunkt für den Satz gehalten hat, und was der Angestellte für den gegenwärtigen Satz hält. Beide Sätze sind wichtig. Wenn man auf den Lauf des Lohnsystems vom 25. Februar zurückschauen möchte, um zu sehen, wie die Zahlen berechnet worden sind, muß man die alte Zahl betrachten. Wenn man einen neuen Leistungsanspruch berechnen muß, vielleicht für ein paar Überstunden, die zuvor nicht aufgeführt worden sind, dann braucht man den gegenwärtigen Satz.

Wie das Leben so spielt, können sich die Dinge verschlechtern. Nehmen wir an, daß die entsprechenden Einstellungen vorgenommen worden sind und die verspätete Überstundenbezahlung geleistet worden ist; all das wurde in einem Lauf des Lohnsystems am 26. März verarbeitet. Am 4. April wird nun gesagt, daß sich der Satz für den Angestellten, rückwirkend vom 21. Februar, auf 112 Dollar pro Tag geändert hat. Nun stehen dem Angestelltenobjekt drei Antworten darüber zur Verfügung, wie hoch der Satz am 25. Februar gewesen ist!

Um mit dieser Art von Problem im allgemeinen zurechtzukommen, braucht man einen zweidimensionalen Verlauf. Man fragt den Angestellten, wie hoch sein Satz zu einem Zeitpunkt in der Vergangeheit war, der gemäß unseres Wissens ein anderer Zeitpunkt in der Vergangenheit war. Also werden zwei Daten benötigt. Das Datum, an dem der Satz anwendbar war, und das Datum, auf dem unser Wissen beruht, wie in Tabelle 15.1 gezeigt.

| Anwendungsdatum | Wissensdatum | Ergebnis |
| --- | --- | --- |
| 25. Februar | 25. Februar | $100/Tag |
| 25. Februar | 26. März | $110/Tag |
| 25. Februar | 26. April | $112/Tag |

*Tabelle 15.1 Zweidimensionale Sätze für das Beispiel*

Das eindimensionale Beispiel muß sich effektiv dafür entscheiden, die Anwendungs- und Wissensdaten als äquivalent zu betrachten, oder aber dafür, das Wissensdatum immer als »jetzt« anzusehen.

Das Hinzufügen zweidimensionaler Fähigkeiten zum Verlauf sorgt sicherlich für eine Vielzahl von Komplikationen und ist nicht immer erstrebenswert. Es ist wichtig, nachzuschauen, warum die unterschiedlichen Sätze benötigt werden. Im obigen Beispiel ist der einzige Grund dafür, warum man irgend etwas anderes als unser gegenwärtiges Wissen über die Vergangenheit besitzen muß, der, daß man vorherige Läufe des Lohnsystems anpassen und erklären können muß. Eine andere Möglichkeit, damit umzugehen, besteht darin, das gesamte Wissen darüber, wie eine Kalkulation des Lohnsystems funktioniert, in das Resultat der Kalkulation des Lohnsystems aufzunehmen. Wenn diese Information nur durch einen Menschen gesichtet und nicht verarbeitet wird, kann dies in einem textuellen Attribut geschehen. Die Kalkulation von Anpassungen kann durch eine Referenz auf die Ergebnisse der Kalkulation vorgenommen werden – der Satz, der verwendet wurde, wird nicht notwendigerweise gebraucht. Sogar wenn der Satz benötigt wird, kann die Erzeugung einer Kopie als sicherer betrachtet werden. Wenn all dies geschehen ist, ist nur ein eindimensionaler Verlauf erforderlich, so daß rückwirkende Ansprüche (z.B. die beiden zu spät aufgeführten Überstunden) verarbeitet werden können.

Zweidimensionale Verläufe beeinflussen auch Zeitpunkte, die mit Ereignissen zusammenfallen. Man benötigt zwei Zeitpunkte auf jedem Ereignis, es sei denn, man ist selbstbewußt genug zu glauben, daß man rechtzeitig über das Eintreten eines Ereignisses Bescheid wissen kann. Ansonsten benötigt man den Zeitpunkt, zu dem das Ereignis eintrat, und den Zeitpunkt, zu dem sich unser System des Ereignisses bewußt wurde. (Beispiele hierfür sind die beiden Einstiegspunkte, die in Kapitel 6.1 besprochen worden sind, und die dualen Zeitdatensätze aus Kapitel 3.8).

**Literatur**

1. D. R. Musser, A. Saini. *STL Tutorial and Reference Guide*. Reading. MA: Addison-Wesley, 1996.

2. J. Rumbaugh. »OMT: The object model,« In: *Journal of Object-Oriented Programming*, 7, 8 (1995), S. 21-27.

# Nachwort

Was denken Sie über dieses Buch? Fanden Sie die Muster nützlich und interessant? Obwohl ich das natürlich hoffe, hoffe ich auch, daß Sie sich unbefriedigt fühlen – daß es eigentlich noch mehr zu sagen und zu verstehen gäbe. Dieser Abschnitt handelt davon, was Sie als nächstes tun können.

Erst einmal können Sie einige dieser Muster ausprobieren. Die Lektüre eines Buches über Muster gibt Ihnen eigentlich nur ein Gespür dafür, welche Muster existieren. Als ich das »Gang of Four«-Buch [1] las, konnte ich mich gleich für ihre Ideen begeistern. Um jedoch zu lernen, wie die Muster funktionierten, mußte ich sie ausprobieren. Nach der Lektüre blieben jedoch weitere Aspekte der »Gang of Four«-Muster übrig, die mir nicht wirklich zusagen und die ich auch nicht verstehe, aber ich weiß, daß Übung und vertiefende Lektüre mein Verständnis erweitern werden.

Wenn Sie die Muster ausprobieren, geben Sie mir Bescheid, was dabei herauskommt. Gibt es Teile der Muster, die schlecht erklärt sind? Gibt es Varianten, die ich noch beachten sollte? Schicken Sie mir doch eine E-Mail, so daß ich diese Informationen weiterverbreiten kann. (Meine E-Mail-Adresse lautet <fowler@acm.org>). Addison-Wesley stellt für dieses Buch eine Website unter <http://www.aw.com/cseng/categories/oo.html>[1] zur Verfügung, auf der ich ergänzende Informationen über Analysemuster sowie zusätzliche Erklärungen und Anmerkungen darüber veröffentlichen werde, was ich selbst und andere aus der Benutzung dieser Muster gelernt haben.

Das größte Problem dieses Buches besteht in seiner Lückenhaftigkeit. Ich habe Muster aus einigen Bereichen beschrieben, doch gibt es noch eine Vielzahl von Bereichen, deren Muster es zu erkunden gilt. Sogar die von mir besprochenen Bereiche bieten noch unentdeckte Muster. Die von mir beschriebenen Muster sind unvollständig; man muß noch viel darüber lernen, wie man sie benutzt, welche Varianten existieren, welche Implementierungsprobleme auftreten, wie sie überprüft werden können und wie man die bestmögliche Performanz erzielt.

Dieses Buch gibt meinen unvollständigen Wissenstand wieder. Um Fortschritte zu erzielen, sollten Sie einen Blick auf das anwachsende Material werfen, das von der Mustergemeinde erzeugt wird. Es sind schon weitere Bücher über Muster erschienen, und weitere werden in den nächsten Jahren in schneller Folge auf den

---

1. Anm. d. Übers.: Leider existiert diese URL nicht mehr! Wir möchten Sie daher auf die Homepage des Autors <http://ourworld.compuserve.com/homepages/Martin_Fowler/> verweisen.

Markt kommen. Obwohl es bis jetzt noch nicht allzuviel über Analysemuster gibt, hoffe ich, daß dieses Buch einen Anstoß zu weiteren Veröffentlichungen auf diesem Gebiet leistet. Eigentlich läge der größte Vorteil dieses Buches darin, wenn es ihm gelänge, die schier endlose Folge von Analyse- und Entwurfsbüchern zu stoppen und eine neue Folge von Musterbüchern ins Leben zu rufen.

Eine der wichtigsten Quellen für derartige Informationen ist das World Wide Web. Ralph Johnsons Homepage[1], die auf Muster spezialisiert ist, gibt wesentliche Hinweise zu Mustern. Ward Cunninghams »Portland Pattern Repository«[2] enthält darüber hinaus wichtige Online-Informationen.

Einige Konferenzen bieten jetzt auch Vorträge und Diskussionsforen zu Mustern. Die wichtigste Musterkonferenz ist allerdings die »Pattern Language of Programming« (PLoP), die jeden September in Allerton Park in Illinois stattfindet. Diese Konferenz stellt eine einzigartige Veranstaltung dar, besonders durch die Art, in der dort Vorträge gehalten werden. Anstelle einer formellen Präsentation wird jeder Vortrag in einem Autorenworkshop von den anderen Autoren diskutiert. Daraus ergeben sich für gewöhnlich faszinierende Debatten, in denen Autoren eine Menge darüber lernen, wie andere ihr Werk sehen.

Als nächsten Schritt sollten Sie selbst einige Muster erstellen. Dies ist an sich keine allzu frustrierende Erfahrung. Ich habe herausgefunden, daß die Mustergemeinde offen für neue Ideen ist und andere Autoren darin bestärkt, weitere Muster zu erstellen. PLoP stellt ein hervorragendes Forum dar, um ein Muster vorzustellen, und bietet eine erstklassige Gelegenheit, das ganze Gebiet der Musterentwicklung zu sehen. Man kann Muster auch im Web veröffentlichen – das »Portland Pattern Repository« ist ausdrücklich für diese Zwecke eingerichtet worden. Mir schwebt vor, auch Analysemuster von anderen Anwendern auf der Website dieses Buches zu veröffentlichen. Ich hoffe doch stark, daß die nächste Auflage dieses Buches Muster anderer Autoren enthalten wird, und daß dann meine Rolle eher die eines Herausgebers als die eines Autors ist.

Ich habe dieses Buch geschrieben, weil es kein vergleichbares Werk dieser Art gab, als ich begann, mich für Muster zu interessieren. Ich hoffe, daß dieses Buch, und jene, die ihm folgen werden, dazu beitragen, daß zukünftige Generationen von Softwareprojekten nicht bei Null anfangen müssen.

## Literatur

1. E. Gamma, R. Helm, R. Johnson, J. Vlissides. *Design Patterns: Elements of Reusable Object-Oriented Software*. Reading, MA: Addison-Wesley, 1995.
   In deutscher Übersetzung: *Entwurfsmuster: Elemente wiederverwendbarer objektorientier Software*. Bonn: Addison-Wesley, 1996

---

1. < http://hillside.net/patterns/patterns.html>
2. <http://c2.com/ppr/index.html>

# Anhang

# A Techniken und Notationen

Um ein Buch wie dieses zu schreiben, braucht man einige Modellierungstechniken, aber ich möchte nicht zuviel Zeit für deren Erörterung verlieren. Schließlich ist dies ein Buch über Muster und nicht über Modellierungstechniken (zu diesem Thema gibt es eine Vielzahl von Büchern). Bisher gibt es keine Standards für Techniken, so daß ich gezwungen bin, etwas Geeignetes und nicht allzu Ausgefallenes auszuwählen. Meines Erachtens gibt es keine Methode, die alles bietet, so daß ich es vorziehe, Techniken aus unterschiedlichen Methoden zu mischen. In diesem Anhang werde ich die von mir verwendeten Techniken mit den zugehörigen Notationen vorstellen.

## A.1 Typendiagramme

Das Typendiagramm zeigt eine strukturelle Sicht eines Systems. Es konzentriert sich auf die Beschreibung der Objekttypen in einem System und die unterschiedlichen Arten statischer Beziehungen, die zwischen ihnen existieren. Die beiden wichtigsten Arten von Beziehungen sind Assoziationen (ein Kunde leiht einige Videos aus) und Untertypen (eine Krankenschwester ist eine Art Person).

In diesem Bereich gibt es die heftigsten Diskussionen über Notationen. Jeder wählt seine eigene, sehr unterschiedliche Notation. Man kann daher zwischen vielen Techniken für dieses Buch auswählen, alle weisen aber grob gesehen Gemeinsamkeiten auf. Eine spezielle Technik herauszugreifen, ist daher nicht einfach.

Ein starker Bewerber ist Rationals Unified Modeling Language (UML) [2]. Es gibt allerdings zwei Probleme bei der Verwendung dieser Methode für das Buch. Zunächst wäre die Angelegenheit der zeitlichen Abstimmung zu nennen. Dieses Buch wurde zwischen 1994 und 1995 geschrieben, und die Unified Modeling Language wurde erst veröffentlicht, nachdem das Buch in seiner Rohfassung schon vollständig vorlag. In dem Moment, in dem ich diesen Anhang schreibe, ist sie nur in einer Vorausgabe verfügbar, und bei Rational werden bedeutende Änderungen diskutiert, bevor eine formale Ausgabe verfügbar gemacht wird. Das zweite Problem besteht darin, daß sich die Unified Modeling Language eher auf die Modellierung von Implementierungen als auf die konzeptionelle Modellierung konzentriert, während dieses Buch seinen Schwerpunkt aber auf die konzeptionellen Muster legt.

Ich habe Odells Notation [5] für Typendiagramme hauptsächlich deshalb ausgewählt, weil diese die konzeptionell leistungsfähigste der wichtigen OO-Methoden ist. Ich habe sie jedoch an einigen Stellen angepaßt, um sie besser auf meine Bedürfnisse abzustimmen.

Die meisten Methoden benutzen eine Form der strukturellen Modellierungstechnik. Um eine Anleitung zu diesem Thema zu bekommen, die dem hier gewählten Ansatz am ehesten entspricht, ist das Buch von Odell [5] am geeignetsten, weil er einen sehr konzeptionellen Ansatz wählt. Ein Entwickler sollte außerdem ein stärker implementierungsorientiertes Buch lesen – etwa das von Booch [1] –, um die Implementierungssicht abzudecken. Cook und Daniels [4] stellen die am strengsten definierte Beschreibung der strukturellen Modellierung vor und sind daher lesenswert.

### A.1.1 Typ und Klasse

Am Anfang steht der Begriff des Typs, der durch ein Rechteck definiert wird. Es ist von Bedeutung, daß ich den Begriff *Typ* anstatt *Klasse* verwendet habe. Es ist sehr wichtig, den Unterschied zwischen diesen beiden Begriffen zu verstehen. Ein Typ beschreibt die *Schnittstelle* einer Klasse. Ein Typ kann durch viele Klassen implementiert werden, während eine Klasse viele Typen implementieren kann. Ein Typ kann durch viele Klassen in unterschiedlichen Programmiersprachen, mit Vor- und Nachteilen bei der Performanz etc. implementiert werden. Eine einzelne Klasse kann außerdem viele Typen implementieren, besonders wenn es um die Bildung von Untertypen geht. Die Unterscheidung zwischen Typ und Klasse ist in etlichen Entwurfsmethoden, die auf Delegation beruhen, von großer Bedeutung, was im Buch der »Gang of Four« [3] erörtert wird. Die beiden Begriffe werden oft verwechselt, da die meisten Sprachen keine explizite Unterscheidung zwischen ihnen treffen. In der Tat nehmen die meisten Analyse- und Entwurfsmethoden keine explizite Unterscheidung vor.

Die Erstellung von Typendiagrammen[1] läßt sich aus drei Perspektiven betrachten: Konzeptionell, die Spezifikation betreffend und die Implementierung betreffend [4]. Konzeptionelle Modelle modellieren, auf welche Weise Leute über die Welt denken. Sie stellen vollständig mentale Modelle dar, die jede technische Fragestellung ignorieren. Konzeptionelle Modelle können in Abhängigkeit davon variieren, ob sie die reale Welt repräsentieren oder das, was man über sie weiß. Als Beispiel hierfür ließe sich ein Geburtstag und eine Person anführen. In der realen Welt ha-

---

1. Diese Unterscheidung läßt sich auch auf andere Techniken übertragen, doch ist sie bei strukturellen Modellen am deutlichsten ausgeprägt.

ben alle Personen einen Geburtstag. Also ist es vernünftig, den Geburtstag als ein zwingendes Attribut für eine Person vorzusehen. Trotzdem kann man eine Person kennen, ohne ihr Geburtsdatum zu wissen. Somit kann der Geburtstag für konzeptionelle Modelle aus zahlreichen Domänen, die unser Weltwissen widerspiegeln, optional sein. Diese Unterscheidung kann für historisierte Informationen sehr wichtig sein. Ein Modell, das die derzeitige Struktur der Welt darstellt, kann oftmals am besten als Momentaufnahme zu einem Zeitpunkt angesehen werden. Repräsentiert es allerdings das Wissen, muß es oft auch Erinnerungen widerspiegeln. Die Modelle in diesem Buch nehmen die Perspektive ein, das Weltwissen zu erfassen, da dies die nützlichste Perspektive für Informationssysteme ist.

Spezifikationsmodelle dienen der Definition von Schnittstellen der Softwarekomponenten in einem System. Spezifikationsmodelle können explizit oder implizit sein. Ein Beispiel eines expliziten Spezifikationsmodells stellt eine C++-Header-Datei dar, die detailliert festhält, welche Operationen mit welchen Parametern und Rückgabetypen existieren. Implizite Spezifikationsmodelle müssen mit einigen Konventionen versehen werden, die zeigen, wie sie in eine explizite Schnittstelle umgesetzt werden können. Das Attribut Geburtstag eines impliziten Spezifikationsmodells wird z.B. in Smalltalk in die Operationen geburtstag und geburtstag: einDatum und in C++ in die Operationen Datum holeGeburtstagEin() const und void setzeDatumGeburtstag(Datum) umgewandelt.

Implizite Spezifikationsmodelle können näher an konzeptionellen liegen als explizite Modelle, und sie können außerdem mehr Informationen aufnehmen als viele explizite Schnittstellen. Die Schnittstellen von C++ und Smalltalk lassen einen Großteil der Informationen über die Regeln, nach denen man Teile der Schnittstelle verwendet, vermissen. Eiffel, das Kontrollaussagen (engl. *assertions*) verwendet, kann vollständiger sein, ist aber weniger umfassend als ein implizites Modell, das eng dem konzeptionellen Modell folgt.

Implementierungsmodelle legen die Interna einer Klasse offen[1]. Sie sind als Dokumentation und für die Entwickler dieser Klasse von Nutzen. Sie sollten nicht von Klienten der Klasse benutzt werden, es sei denn, sie veranschaulichen allgemeine Implementierungsprinzipien, die im ganzen Projekt verwendet werden.

Konzeptionelle Modelle und implizite Spezifikationsmodelle sind nahezu identisch. Somit kann man die Typendiagramme in diesem Buch sowohl als konzeptionelle als auch als implizite Spezifikationsmodelle betrachten. Mache ich eine Unterscheidung zwischen diesen beiden, weise ich im Text darauf hin. Die wenigen Implementierungsmodelle in diesem Buch werden klar als solche benannt, doch verwende ich dieselbe Notation.

---

1. Ein Implementierungsmodell hieße korrekter Klassendiagramm.

In Kapitel 14 wird erörtert, welche Beziehungen zwischen Typen- und Implementierungsmodellen bestehen. Bei den Gelegenheiten, bei denen die Implementierung eines Musters etwas einführt, das über den Rahmen von Kapitel 14 hinausgeht, wird die Implementierung mit dem Muster erläutert.

### A.1.2 Assoziationen, Attribute und Aggregation

Assoziationen stellen Beziehungen zwischen Instanzen von Typen dar (eine Person arbeitet für ein Unternehmen, ein Unternehmen hat einige Büros etc.). Eine präzise Interpretation von Assoziationen hängt davon ab, ob sie Teil eines konzeptionellen, Spezifikations- oder Implementierungsmodells sind. Eine konzeptionelle Interpretation hält lediglich fest, daß eine konzeptionelle Beziehung zwischen Objekten existiert. Denkt man im Rahmen von Verantwortlichkeiten, so haben sie die Verantwortlichkeit, sich gegenseitig zu kennen. Somit wird eine Assoziation zwischen einer Bestellung und einem Kunden mit der Bedeutung interpretiert, daß eine Bestellung ihren Kunden kennt und umgekehrt. In einem Spezifikationsmodell gibt es Operationen für den Zugriff und die Aktualisierung der Beziehung. Ein explizites Spezifikationsmodell zeigt die Operationen und deren Namen im Modell. Ein Implementierungsmodell interpretiert eine Assoziation als Existenz eines Zeigers oder einer anderen Referenz. Es ist wichtig zu beachten, daß Assoziationen in konzeptionellen und Spezifikationsmodellen *keine* Datenstrukturen anzeigen. Dadurch wird die Kapselung bewahrt.

Assoziationen und Abbildungen sind voneinander zu unterscheiden. Eine Abbildung (manchmal auch Rolle genannt) ist eine gerichtete Verbindung von einem Typ zu einem anderen. Eine Assoziation enthält eine oder zwei Abbildungen. Eine unidirektionale Assoziation ist nur eine Abbildung und kann wie eine Abbildung betrachtet werden. Eine bidirektionale Assoziation enthält zwei Abbildungen, die man als Umkehrung voneinander bezeichnet. Diese Umkehrung ist nicht ganz den Umkehrfunktionen aus der Mathematik gleichzusetzen. Im Prinzip bedeutet sie, daß man bei der Navigation einer Abbildung und ihrer Umkehrung eine Menge von Objekten erhält, die das Ausgangsobjekt beinhaltet. Wenn daher ein Kunde durch die Menge seiner Bestellungen navigiert, zeigt jede Bestellung zurück zum Kunden. Der Begriff Quelle (oder Definitionsbereich) zeigt den Typ an, von dem aus die Abbildung vorgenommen wird, während der Begriff Ziel (oder Wertebereich), den Typ bezeichnet, auf den die Abbildung vorgenommen wird. (Zum Beispiel ist in einer Abbildung von Kunde zu Bestellung Kunde die Quelle und Bestellung das Ziel.) Wenn ein Name in einer Assoziation erscheint, ist es der Name einer der Abbildungen. Durch die Position des Namens in bezug auf die Assoziationslinie läßt sich ausdrücken, um welche Abbildung es sich handelt: Wenn das Ziel vorne und die Quelle hinten liegt, steht der Name links.

Über den Wert bidirektionaler Assoziationen gibt es durchaus kontroverse Standpunkte. Konzeptionell gesehen sind alle Beziehungen bidirektional. Man betrachte eine Assoziation zwischen einer Person und deren Geburtstag. Es macht *konzeptionell* gesehen absolut Sinn, zu sagen, daß es eine Beziehung zwischen einem Datum und den an diesem Datum geborenen Personen gibt. In einem Spezifikationsmodell ist das nicht wahr. Einem Datum eine Menge von Operationen für alle Dinge zu geben, die es referenzieren, würde die Schnittstelle des Geburtstags in unvernünftigem Maße aufblähen. Das andere Problem mit bidirektionalen Assoziationen ist, daß sie die Kopplung zwischen Typen vergrößern. Dies kann die Wiederverwendung erschweren. Viele Leute benutzen unidirektionale Assoziationen, um die Abhängigkeiten zwischen Typen zu reduzieren. Das Gegenargument ist, daß in Informationssystemen die meiste Arbeit darin besteht, über Verbindungen zwischen den Typen zu navigieren. Wenn diese Verbindungen hauptsächlich nur in eine Richtung verlaufen, ist es schwieriger, sich ringsherum zurechtzufinden. Eine Analogie sind Einbahnstraßen: sie machen es viel komplizierter, sich in einer Stadt zurechtzufinden, sogar wenn man die Stadt kennt.

Die Muster in diesem Buch zeigen bidirektionale Assoziationen. Bei der Verwendung der Muster kann man auswählen, ob man unidirektionale oder bidirektionale Assoziationen benutzt. Die Anwendung, an der man arbeitet, sollte vorgeben, welche Richtung man nutzt oder verwirft. Die Wahl betrifft nicht wirklich das Muster. Wenn man bidirektionale Assoziationen verwendet, kann man die Muster aus Kapitel 14.1 als Richtschnur verwenden.

Ein wichtiger Aspekt bei Assoziationen ist die Kardinalität (oftmals auch Multiplizität genannt). Diese spezifiziert z.B., für wie viele Unternehmen eine Person arbeiten kann und wie viele Kinder eine Mutter haben kann. Kardinalität ist eher eine Fähigkeit der Abbildung als der Assoziation: Jede Abbildung hat ihre eigene Kardinalität. Es gibt viele Symbole für Kardinalitäten; Abbildung A.1 zeigt die von mir in diesem Buch benutzten.

Abbildungen mit einer oberen Schranke von eins heißen einwertig, und solche mit einer oberen Schranke größer als eins heißen mehrwertig. Bei mehrwertigen Abbildungen nimmt man an, daß sie eine Menge repräsentieren, wenn dies nicht anders angezeigt wird (durch eine kurze semantische Anmerkung).

In diesem Buch setze ich Attribute mit einwertigen Abbildungen gleich. Manchmal erscheint ein Attribut innerhalb des Rechtecks eines Typs, manchmal zeige ich es durch eine Assoziation. Der Unterschied besteht lediglich in einer komfortableren Notation.

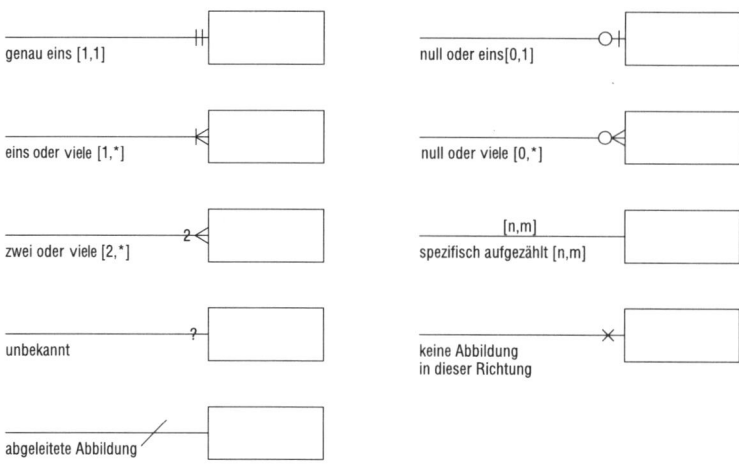

*Abbildung A.1 In diesem Buch verwendete Symbole für Kardinalitäten*

Einige Methoden benutzen Aggregationsbeziehungen, die Teil-von/Ganzes-Beziehungen sind (z.B. besteht ein Hammer aus einem Kopf und einem Griff). Ich verwende die Aggregation nicht sehr oft in diesem Buch. Ich finde das Konzept für Domänenmodelle nicht allzu nützlich, weil das meiste seiner Semantik bereits in jeder Assoziation steckt; ein weiterer Teil der Notation, über den man streiten kann. Das Ergebnis dieser Diskussion ist für gewöhnlich auf keine Weise von Bedeutung. Ich verwende Aggregationen dennoch in der Anwendungsebene (siehe Kapitel 13.6).

Abgeleitete (oder berechnete) Assoziationen beschreiben, wie Assoziationen durch andere Basisassoziationen definiert werden können (somit ist Großvater eine Assoziation, die durch den Gebrauch der Elternassoziation gefolgt von der Vaterassoziation definiert wird.) Abgeleitete Abbildungen auf einem konzeptionellen Modell zeigen an, daß eine Abbildung auf anderen Abbildungen, die in einem Modell vorhanden sind, beruht. In einem Spezifikationsmodell wird dadurch angezeigt, daß das Ergebnis für denjenigen, der auf eine abgeleitete Assoziation zugreift dasselbe ist wie die Benutzung einer Kombination aus zugrundeliegenden Abbildungen ist. Auf diese Weise kann die abgeleitete Abbildung auch als Bedingung zwischen den abgeleiteten und den Basisabbildungen gesehen werden. Das Markieren einer Abbildung als abgeleitet hat, außer dieser Bedingung, keine Bedeutung für die darunterliegende Datenstruktur. Der Programmierer kann jede Datenstruktur auswählen, solange beim Benutzer des Typs der Eindruck erweckt wird, daß sich die abgeleitete Beziehung in Übereinstimmung mit dem Modell ergeben hat. In einem Implementierungsmodell zeigen abgeleitete Beziehungen den Unterschied zwischen gespeicherten Daten und einer Methode an, die auf den Daten arbeitet.

Es gibt zahlreiche andere Variationen zum Thema Assoziationen. Ich versuche, die Dinge so einfach wie möglich zu halten. Einige nützliche Variationen werden in Kapitel 15 als Assoziationsmuster behandelt.

### A.1.3 Generalisierung

Privat- und Geschäftskunden eines Geschäfts kann man als typisches Beispiel für eine Generalisierung ansehen. Diese zwei Typen von Kunden weisen Unterschiede auf, haben aber auch viele Ähnlichkeiten. Diese Ähnlichkeiten können in einem allgemeinen Kundentyp untergebracht werden, von dem Privat- und Geschäftskunde Untertypen sind.

Wiederum besitzt dieses Phänomen auf den verschiedenen Ebenen der Modellierung unterschiedliche Interpretationen. Konzeptionell gesehen kann man sagen, daß der Geschäftskunde ein Untertyp des Kunden ist, wenn alle Instanzen des Geschäftskunden außerdem und definitionsgemäß Instanzen von Kunde sind. Das heißt, eine Instanz des Geschäftskunden kann in jeder Situation, in der ein Kunde verwendet wird, benutzt werden. Dabei muß der Aufrufende nicht wissen, ob der Untertyp tatsächlich vorhanden ist (das Prinzip der Ersetzbarkeit). Der Geschäftskunde kann auf bestimmte Kommandos anders antworten als ein anderer Kunde (Polymorphie), wobei sich der Aufrufende aber über die Unterschiede keine Gedanken machen muß.

Vererbung und Bildung von Unterklassen in OO-Sprachen stellen einen Implementierungsansatz dar, bei dem die Unterklasse die Daten und Operationen von der Oberklasse erbt. Dies hat viel mit der Bildung von Untertypen zu tun, doch gibt es wichtige Unterschiede. Unterklassenbildung stellt nur eine Möglichkeit zur Implementierung von Untertypen dar (siehe Kapitel 14.2). Die Bildung von Unterklassen kann auch ohne die Bildung von Untertypen verwendet werden – die meisten Autoren runzeln allerdings zu Recht die Stirn über diese Praxis. Neuere Sprachen und Standards versuchen in zunehmendem Maße, den Unterschied zwischen Schnittstellenvererbung (Bildung von Untertypen) und Implementierungsvererbung (Bildung von Unterklassen) zu betonen.

Bezüglich der Beziehung zwischen einem Objekt und einem Typ ergeben sich zwei Fragen. Erstens, hat ein Objekt einen einzelnen Typ, der von Obertypen erben kann (einfache Klassifizierung) oder hat es mehrere Typen (mehrfache Klassifizierung)? Mehrfache Klassifizierung unterscheidet sich von Mehrfachvererbung. Bei der Mehrfachvererbung kann ein Typ viele Obertypen haben, aber jede Instanz ist von einem einzelnen Typ, der Obertypen besitzen kann. Mehrfache Klassifizierung erlaubt mehrere Typen für ein Objekt, ohne einen spezifischen Typ für diesen Zweck zu definieren. Man könnte Privatkunde, Geschäftskunde und wichtiger Kunde als Untertypen von Kunde haben. Ein Kunde kann zugleich ein Privatkunde und ein wichtiger Kunde sein. Bei mehrfacher Klassifizierung kann man einem Objekt zugleich den Typ Privatkunde und wichtiger Kunde geben (wobei Kunde von beiden geerbt wird). Ohne mehrfache Klassifizierung muß man explizit einen Typ wichtiger Privatkunde definieren. Wenn es zu viele Untertypen gibt, hat man im Endeffekt eine sehr große Anzahl von Kombinationen, die schwer zu handhaben ist.

Konzeptionell gesehen entspricht die mehrfache Klassifizierung einer natürlicheren Denkweise. Dennoch verwenden die meisten OO-Sprachen, und gewiß die gebräuchlichen Ansätze in C++ und Smalltalk, den Ansatz der einfachen Klassifizierung. Auch benutzen viele Methoden den Ansatz der einfachen Klassifizierung. Man muß zwischen einem konzeptionell natürlicheren Ansatz, der mehr Aufwand für die Umsetzung in Code erfordert, und einem eher implementierungsgebundenen Ansatz, der leichter zu transformieren ist, abwägen. Ich bevorzuge hier den stärker konzeptionellen Ansatz und verwende in diesem Buch die mehrfache Klassifizierung.

Wenn man die mehrfache Klassifizierung verwendet, muß man zeigen, welche Kombinationen erlaubt sind, indem man Untertypen in Teilbereiche gruppiert, wie in Abbildung A.2 gezeigt. Typen aus dem gleichen Teilbereich sind disjunkt; das bedeutet, kein Objekt kann eine Instanz von mehr als einem Typ in einem einzelnen Teilbereich sein. Somit ist es für einen Obertyp unmöglich, zugleich Untertyp-1 und Untertyp-2 zu sein. Ein unvollständiger Teilbereich zeigt an, daß eine Instanz des Obertyps keine Instanz eines Untertyps aus dem Teilbereich sein muß. Ein vollständiger Teilbereich zeigt an, daß jede Instanz des Obertyps auch eine Instanz eines Untertyps aus dem Teilbereich sein muß.

Die zweite Frage ist, ob ein Objekt seinen Typ ändern kann. Wenn beispielsweise ein Bankkonto überzogen worden ist, ändert es substantiell sein Verhalten, wobei einige Operationen (abheben, schließen) aufgehoben werden. Die dynamische Klassifizierung erlaubt Objekten, den Typ innerhalb einer Untertypenstruktur zu ändern, während statische Klassifizierung dies nicht zuläßt. Wiederum sind die bedeutenden OO-Sprachen und meisten OO-Methoden statisch, und man muß genauso wie für einfache/mehrfache Klassifizierung zwischen den Vor- und Nachteilen abwägen. Dieses Buch verfolgt den eher konzeptionellen dynamischen Klassifizierungsansatz.

Eine Betrachtungsweise dynamischer Klassifikation besteht darin, daß sie die Begriffe Zustand und Typ vereint. Bei der Benutzung statischer Klassifizierung muß man dem zustandsabhängigen Verhalten getrennt von der Bildung von Untertypen Aufmerksamkeit schenken. Die dynamische Klassifizierung behandelt beide gleich.

## A.1 Typendiagramme

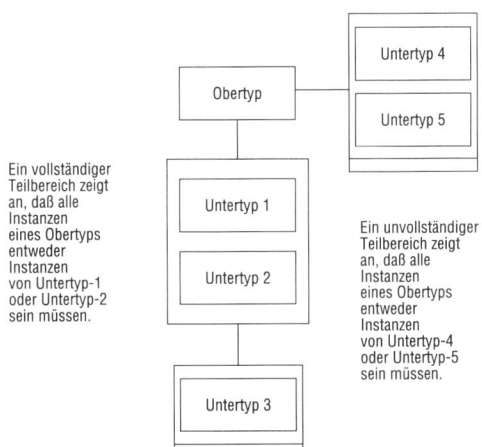

*Abbildung A.2 Generalisierungsnotation*
*Eine Instanz des Obertyps kann Untertyp-1 und Untertyp-4 sein, aber nicht Untertyp-1 und Untertyp-2.*

Die Anwendung der dynamischen Klassifizierung bringt Licht in den feinen Unterschied zwischen konzeptionellen und Implementierungsmodellen. In einem konzeptionellen Modell wird jede Art der Untertypenbildung als dynamisch angesehen, außer wenn dies durch eine kurze semantische Bemerkung [unveränderlich] verneint wird. Dies spiegelt nicht nur die Veränderungen, die in der Welt auftreten können, sondern auch unser sich änderndes Wissen über sie wider. Für einige Geschäftsbereiche kann es wahr sein, daß ein Privatkunde sich nicht in einen Geschäftskunden verwandeln kann. Es mag außerdem sein, daß ein Kunde, den man für einen Privatkunden gehalten hat, in Wirklichkeit ein Geschäftskunde ist. Hier impliziert unser Weltwissen eine dynamische Klassifizierung, sogar wenn die Welt statisch ist. Informationssysteme werden gewöhnlich statisch auf dem Weltwissen gebaut, somit ist die Bildung von Untertypen konzeptionell gesehen dynamisch.

Jedoch kann die zusätzliche Komplexität der Behandlung dynamischer Klassifizierung nicht ignoriert werden. Daher werden konzeptionell betrachtete dynamische Untertypen in einem Spezifikationsmodell oftmals als statisch deklariert. Obwohl man also weiß, daß sich die Klassifizierung ändern kann, passiert dies doch so selten, daß man sich den Extraaufwand (und die Kosten) sparen will. Tritt diese Situation dennoch ein, müssen die Anwender sie durch Kopieren und Ersetzen in Ordnung bringen. Für viele Situationen ist die Dynamik ausreichend gering, um diesen Ansatz erstrebenswert zu machen. Die langfristige Flexibilität kann dadurch aufrechterhalten werden, daß die Zugriffsschnittstelle in jedem Fall dieselbe ist (siehe Kapitel 14.2.6).

Letztendlich hängt die Entscheidung, einen Teilbereich statisch oder dynamisch zu machen, von der Anwendung ab, so daß ich versucht habe, keine allgemeinen Anweisungen bei den Mustern zu geben. Der Einfachheit halber empfehle ich, statische Teilbereiche zu benutzen, wann immer es geht, vorausgesetzt, man arbeitet mit einer Sprache, die statische Klassifikation zuläßt.

Benutzt man eine Methode, die keine mehrfache, dynamische Klassifikation unterstützt, muß man die Modelle unter Anwendung der in Abschnitt 14.2 entwickelten Muster umwandeln.

### A.1.4 Regeln und semantische Anweisungen

Durch Assoziationen und Untertypen läßt sich viel über Typen sagen, aber nicht alles. Es wäre z.B. ein Objekt für eine Lebensversicherungspolice mit Abbildungen für den Policeninhaber und die Begünstigten denkbar. Durch Kardinalitätsbedingungen (engl. *cardinality constraints*) lassen sich Angaben wie »Es gibt nur einen Policeninhaber, aber es kann viele Begünstigte geben« erfassen. Dennoch kann man anhand der Bedingungen nicht sagen, daß der Policeninhaber kein Begünstigter sein darf. Um dies zu tun, braucht man eine flexiblere Bedingung. Eine Bedingung ist ein logischer Ausdruck über einen Typ, der immer True sein muß. Bedingungen fehlen oftmals in OO-Methoden, obwohl sie in Eiffel (wo sie Invarianten genannt wurden) lange Zeit vorhanden waren.

Ich drücke Bedingungen durch die Verwendung semantischer Anweisungen aus, wie in Abbildung A.3 gezeigt wird. Kurze semantische Anweisungen beziehen sich auf übliche Situationen, die in ein paar Worten zusammengefaßt werden können und in eckigen Klammern hinzugefügt werden. Tabelle A.1 listet die in diesem Buch verwendeten kurzen semantischen Anweisungen auf.

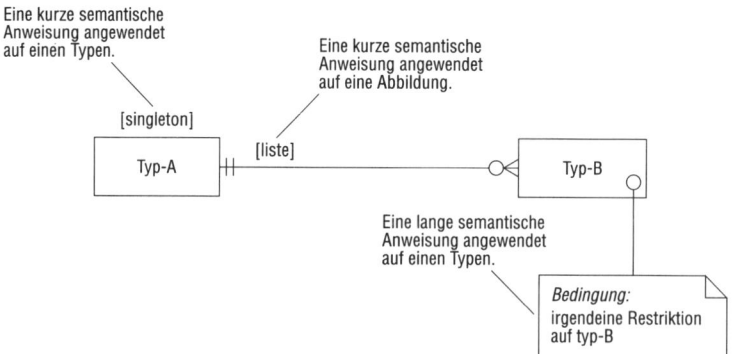

*Abbildung A.3 Notation für semantische Anweisungen*

| Markierung | beigefügt an | Bedeutung |
|---|---|---|
| [abstrakt] | Typ | Typ darf keine Instanz haben, die nicht Instanz eines Untertyps ist. |
| [abstrakt] | Abbildung | Sollte durch Untertypen der Domäne überschrieben werden. Die Quelle ist auch abstrakt. |
| [gag] | Rekursive Assoziation | Objekte, die durch diese Assoziation verbunden sind, bilden einen gerichteten azyklischen Graphen. |
| [gag] | Abbildung | Abbildung liefert einen gerichteten azyklischen Objektgraphen zurück. |
| [global] | Paket | Paket ist in allen anderen Paketen sichtbar. |
| [hierarchie] | Rekursive Assoziation | Objekte, die durch diese Assoziation verbunden sind, bilden eine Hierarchie. |
| [hierarchie] | Mehrwertige Abbildung | Abbildung liefert eine Hierarchie von Objekten zurück. |
| [historisiert] | Historisierte Abbildung | Abbildung bewahrt eine früherer Verbindungen (s. Kapitel 15.3). |
| [klasse] | Abbildung | Die Abbildung geht eher von der Klasse als einer Instanz aus. Äquivalent zu Klassenvariablen oder statischen Membern. |
| [liste] | Mehrwertige Abbildung | Abbildung liefert eine geordnete Kollektion (Liste) von Objekten zurück. |
| [mehrfache Hierarchien] | Rekursive Assoziation | Durch diese Assoziation verbundene Objekte bilden mehrere Hierarchien. |
| [*nummer1, nummer2*] | Abbildung | *nummer1* ist die untere Schranke und *numme2r* die obere Schranke der Abbildung. |
| [schlüssel: ein *Typ*] | Abbildung | Eine schlüsselbasierte Abbildung (s. Kapitel 15.2) |
| [singleton] | Typ | Typ kann nur eine Instanz besitzen. |
| [unveränderlich] oder [unv] | Abbildung | Abbildung kann nach Erzeugung einer Instanz nicht geändert werden. |
| [unveränderlich] oder [unv] | Teilbereich | Untertypen sind statisch. Objekte können innerhalb dieses Teibereichs den Typen nicht ändern. |

*Tabelle A.1 Kurze semantische Anweisungen*

Nicht alles kann als kurze semantische Anweisung ausgedrückt werden. Wenn mehr Platz benötigt wird, verwende ich eine lange semantische Anweisung, die mehr Text in einem Rechteck mit einem Eselsohr enthält. Eine lange semantische Anweisung hat eine Überschrift, die anzeigt, was die Anweisung beschreibt. Diese Überschriften sind in Tabelle A.2 aufgelistet.

| Überschrift | Beigefügt an | Bedeutung |
|---|---|---|
| Ableitung | Abgeleitete Abbildung | Eine Möglichkeit, die Abbildung abzuleiten. Implementierungen können eine andere äquivalente Möglichekit auswählen. |
| Bedingung | Typ | Anweisung, die für alle Instanzen des Typs True sein muß |
| Bemerkung | Etwas beliebiges | Ein informaler Kommentar. |
| Instanzen | Typ | Eine Liste aller erlaubten Instanzen des Typs. |
| Methode | Operation | Zeigt die Methode für die Operation an. |
| Überladen | Typ | Zeigt an, wie der Typ einige Merkmale des Obertyps überlädt. |

*Tabelle A.2 Überschriften für lange semantische Anweisungen*

Nicht alle Methoden bieten eine Möglichkeit, die Art der in semantischen Anweisungen gezeigten Informationen zu erfassen. Es ist jedoch wichtig, daß nicht viel von diesen Informationen verlorengeht. Die Methoden sehen in steigendem Maße eine Art visuelle Bemerkung vor, die der langen semantischen Angabe entspricht und genauso verwendet werden kann.

## A.1.5 Grundlegende Typen

In der traditionellen Datenmodellierung wird die Welt oft in Entitäten und Attribute unterteilt. Diese Unterteilung ist recht willkürlich. In der Praxis läuft das häufig auf die grundlegenden von der Entwicklungsumgebung unterstützten Attribute hinaus – für gewöhnlich Integer, Zeichenkette, Datum und vielleicht ein paar andere.

Bei Objektsystemen kann man leicht neue Typen definieren, die viele der Eigenschaften der eingebauten Typen haben. Ein klassisches Beispiel aus Smalltalk ist der Bruch. Ein Bruch funktioniert in Smalltalk wie jede andere Zahl: Wenn man $1/3$ in Smalltalk ausführt, ist die Antwort in der Tat der Bruch $1/3$ und nicht eine pseudo-unendlich lange periodische Dezimalzahl.

Bei der Entwicklung von Systemen muß man diese Typen verwenden. Ein klassisches Beispiel ist die Behandlung monetärer Werte. Der Wert eines Autos in einer Datenbank wird typischerweise als Zahl gespeichert, dennoch ist es unsinnig zu sagen, ein Auto koste 10.000. Die Währung ist außerordentlich wichtig. Bei Objekten kann man tatsächlich einen Geldtyp definieren, der sowohl die Zahl als auch die Währung kennt. Er kann Additionen vornehmen (wobei er prüft, ob die Währungen übereinstimmen) und eine Druckerausgabe erzeugen, die auf die richtige Weise formatiert ist.

In Tabelle A.3 werden die grundlegenden in diesem Buch benutzten Datentypen aufgelistet.

Ein wichtiger Punkt bei grundlegenden Datentypen ist, daß niemals Abbildungen von einem grundlegenden auf einen nicht-grundlegenden Datentyp implementiert werden. Sonst würde der grundlegende Typ zu einer enormen Schnittstelle anwachsen, die mit Zugriffsfunktionalitäten zu jedem Typ, der ihn benutzt, überfüllt wird.

| Typ | Bedeutung |
| --- | --- |
| Bereich | Ein Bereich zwischen zwei Größen (siehe Abschnitt 4.3). |
| Boolean | True oder False mit den üblichen Operationen |
| Datum | Das übliche Datum (z.B. 1. April 1995) |
| Dauer | Ein Untertyp der Quantität, deren Einheiten Zeitangaben sind (z.B. 5 Tage, 3 Stunden). Man beachte, daß man nicht von Tagen in Monate umwandeln kann. |
| Einheit | Die Einheit für eine Quantität (z.B. Zoll, Newton). |
| Geld | Ein Untertyp von Quantität, dessen Einheiten Währungen sind (z.B. $5, 250 FR). |
| Größe | Ein Typ, der Vergleichsoperationen wie <, >, =, <=, >= unterstützt. |
| Integer | Die gewöhnlichen Integerzahlen {..., -1, 0, 1, 2,...}. |
| Quantität | Ein Typ mit einer Zahl und Einheiten (z.B. 4 Zoll) (s. Abschnitt 3.1). |
| Real | Die gewöhnlichen Realzahlen. |
| Text | Ein langes Textstück, gewöhnlich formatiert. |
| Währung | Untertypen von Einheit, die Währungen repräsentieren( z.B. US Dollar, Sterling, Yen) |
| Zahl | Der Obertyp von Integer, Real, und Bruch. |
| Zeichenkette | Ein kurzes Textstück. Es gibt keine festgesetzte Grenze, aber ich interpretiere es gewöhnlich als ein kurzes einzeiliges Textstück. Längere Informationen verwenden den Typ Text. |

*Tabelle A.3 In diesem Buch verwendete grundlegende Typen*

| Typ | Bedeutung |
|---|---|
| Zeit | Tageszeit(z. B. 12:00). Nicht auf ein bestimmtes Datum festgelegt (siehe Zeitpunkt). |
| Zeitpunkt | Ein Punkt im Verlauf der Zeit. Er kann nur ein Datum oder eine Kombination aus dem Datum und der Zeit sein. |
| Zeitraum | Eine Periode mit einem Beginn- und Endezeitpunkt. Ein Zeitraum kann mitteilen, ob er sich mit einem anderen überlappt, oder ob ein Zeitpunkt in ihm liegt. Er ist ein Bereich von Zeitpunkten. |
| Zeitreferenz | Der Obertyp von Zeitraum und Zeitpunkt. |

*Tabelle A.3 In diesem Buch verwendete grundlegende Typen (Fortsetzung)*

Dies ist sowohl nicht mehr handhabbar als auch nicht mehr wiederverwendbar. Ein konzeptionelles Modell kann zeigen, daß eine Abbildung existiert, weil sie aus dieser Sicht vorhanden ist, was ein entsprechendes Spezifikationsmodell allerdings nicht kann.

Einige Autoren bezeichnen diese Arten von Typen als Literale. Andere Autoren benutzen jedoch den Begriff Literal für Nicht-Objekttypen (so wie der Typ real in C++), deshalb verwende ich den Begriff *grundlegender Typ*.

Ich habe in diesem Buch nicht versucht, eine vollständige Spezifikation der grundlegenden Typen zu geben. Betrachten Sie dies als Übung für den Leser (oder eine zukünftige Ausgabe). Einige dieser Typen werden in Cook und Daniels [4] spezifiziert.

## A.2 Interaktionsdiagramme

Interaktionsdiagramme zeigen, wie mehrere Objekte zusammenarbeiten. Ein Interaktionsdiagramm besteht aus einigen vertikalen Linien, die Objekte repräsentieren. Pfeile zwischen den Linien stellen Nachrichten dar, die zwischen den Objekten verschickt werden, wobei die Reihenfolge durch den Verlauf in Richtung des unteren Teils der Seite angezeigt wird, wie in Abbildung A.4 dargestellt ist. Interaktionsdiagramme werden in großem Umfang genutzt, und man kann ihnen leicht folgen. Meine Notation ist insofern ein wenig ungewöhnlich, daß ich einen Pfeil mit einer doppelten Pfeilspitze versehe, um Stellen anzuzeigen, an denen dieselbe Nachricht an viele Objekte versendet wird, was z.B. in einer Schleife oder bei Iterationen über Kollektionen von Objekten vorkommt. Außerdem verwende ich gelegentlich eine gestrichelte Linie, um einen Rückgabewert zu markieren; ich mache das nicht immer so, aber es ist manchmal nützlich, wenn die Dinge haariger werden.

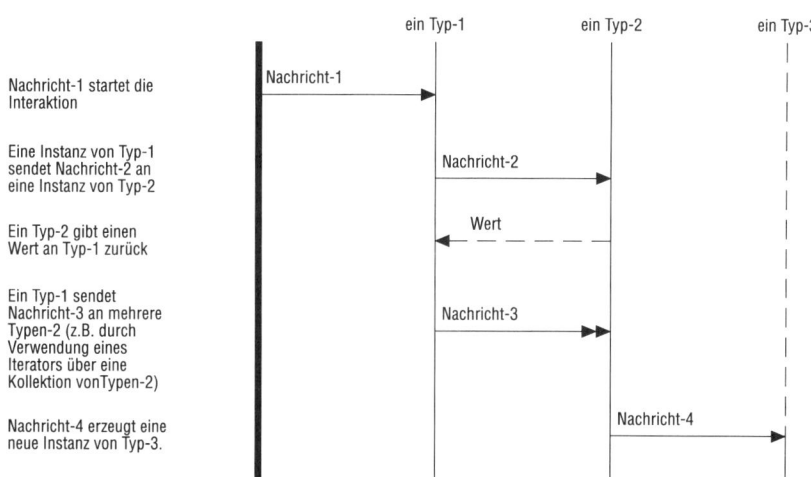

*Abbildung A.4 Für Interaktionsdiagramme verwendete Notation*

Ich benutze Interaktionen ziemlich häufig in diesem Buch, um Verhalten darzustellen. Oftmals verwende ich sie in Verbindung mit einem Ereignisdiagramm (siehe Kapitel A.3), weil sich die beiden Ansätze gegenseitig gut ergänzen. Ereignisdiagramme definieren Verhalten auf eine Weise, die Parallelität fördert, jedoch zeigen sie nicht, *welches* Objekt *was* macht. Interaktionsdiagramme zeigen, wie dieses Verhalten zwischen Objekten aufgeteilt werden kann, während sie die Parallelität und genaue Logik des Verhaltens in den Hintergrund treten lassen.

Es mag gebräuchlicher sein, Interaktionsdiagramme als Diagramme mit numerierten Nachrichten zwischen Kästchen darzustellen, die zu den nach unten verlaufenden Linien äquivalent sind. Ich bevorzuge die Form mit den Linien nach unten, weil es meiner Meinung nach die Reihenfolge der Nachrichten besser erkennbar macht.

Weil Interaktionsdiagramme so einfach sind, braucht man für sie nicht viel Anleitung, selbst wenn man sie vorher noch nicht benutzt hat. Eine gute Quelle für weitergehende Informationen ist Booch [1].

## A.3 Ereignisdiagramme

Ereignisdiagramme stellen eine andere Art der von mir benutzten Verhaltensmodelle dar. Obwohl sie komplexer als Interaktionsdiagramme sind, erlauben sie eine vollständige Spezifikation der Kontrolle. Außerdem ermöglichen sie es paralleles Verhalten auszudrücken, was sehr wichtig bei der Modellierung von Geschäftsvorgängen ist.

Die Rechtecke in einem Ereignisdiagramm stellen Operationen dar, die durch das Signalisieren eines Ereignisses ausgeführt werden. Eine auslösende Regel zeigt an, daß ein Ereignis eine Operation auslöst. Parallelität tritt auf, wenn über einen Ereignistyp mehr als eine Regel für das Auslösen definiert wird. Deshalb löst der Ereignistyp in Abbildung A.5, der das Ende von Operation-1 anzeigt, Operation-2 und Operation-3 parallel aus. Das bedeutet, daß Operation-2 und Operation-3 in jeder möglichen Reihenfolge oder gleichzeitig auftreten können. Parallelität kann auch bei einem Mehrfachauslöser auftreten, der durch einen Pfeil mit zwei Pfeilspitzen dargestellt wird. Dadurch wird angezeigt, daß das Ereignis die Operation mehrfach auslösen kann, etwa bei Iterationen über eine Kollektion von Objekten. Eine Beschriftung an der Linie zeigt an, über welche Gruppierung die Iteration läuft.

Wenn die Regel für die Auslösung eines Ereignisses über eine Kontrollbedingung zu einer Operation führt, dann wird die Operation nur ausgeführt, wenn die Kontrollbedingung (ein Boolescher Ausdruck) als True ausgewertet wird. Die Kontrollbedingung wird oft verwendet, um parallel ablaufende *Threads* zu synchronisieren. Jeder dieser Threads löst die Bedingung aus, die so entworfen worden ist, daß sie nur am betreffenden Synchronisationspunkt True wird.

Zwei übliche Kontrollbedingungen sind die Und-Bedingung und die z-Bedingung. Die Und-Bedingung ist nur True, wenn alle eingehenden Auslöserregeln einmal gefeuert haben. Dies wird durch ein &-Zeichen im Diamanten ausgedrückt. Die z-Bedingung wird immer dann True, wenn im Diagramm keine weiteren Operationen zur Ausführung ausgelöst werden; das passiert, wenn alles still ist und das Diagramm abgelaufen ist. Dies wird durch ein z im Diamanten (wie in zzzzzzz) angedeutet. Eine z-Bedingung wird oftmals am Ende eines Diagramms verwendet, um das Diagrammende zu synchronisieren.

Die andere Logik für Bedingungen ist die der Untergliederungen, wie bei Operation-3. Das Ereignis wird in Abhängigkeit vom Ergebnis der Operation mit einem Untertyp versehen. Der Obertyp des Ereignisses kann mit einer Auslöseregel versehen werden, um einen Auslöser darzustellen, der unabhängig vom Ergebnis feuert. Die Untergliederung funktioniert ähnlich wie bei strukturellen Modellen. Über ein Ereignis können viele Untergliederungen definiert sein, und Partitionen können hierarchisch übereinander bis in die gewünschte Tiefe definiert werden. Jedes Ereignis ist eine Instanz von nur einem Ereignistyp jeder Untergliederung.

Ereignisdiagramme sind insofern konzeptionell, als sie nur darstellen, wie ein Prozeß funktioniert, und nicht, welche Objekte den Prozeß ausführen. Daher ergänzen sie Interaktionsdiagramme sehr gut. Für eine Anleitung siehe Odell [5].

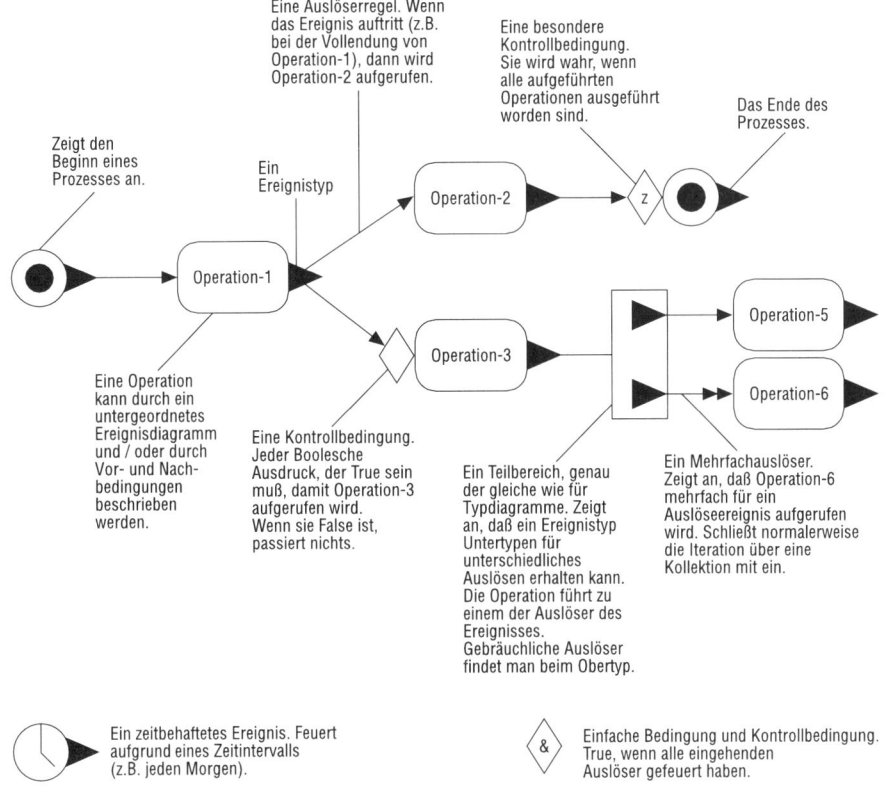

*Abbildung A.5 Notation für Ereignisdiagramme*

## A.4 Zustandsdiagramme

Zustandsdiagramme definieren das Verhalten eines einzelnen Objekts, indem sie die verschiedenen Zustände beschreiben, in die ein Objekt geraten kann, und wie sich ein Objektzustand ändert. Die am weitesten verbreitete Form von Zustandsdiagrammen in OO-Methoden ist die der Harel-Zustandsdiagramme. Ich verwende eine Untermenge dieser Form in diesem Buch. Ein Zustandsdiagramm wird für einen einzelnen Typ gezeichnet und stellt das Verhalten jeder Instanz dieses Typs dar.

Jeder Zustand wird durch ein Rechteck dargestellt, wie in Abbildung A.6 gezeigt. Die Rechtecke werden durch Zustandsübergänge verbunden, die zeigen, wie ein Objekt von einem Zustand in einen anderen übergehen kann. Ein Zustandsübergang ist mit dem ihn auslösenden Ereignis beschriftet. Wenn ein Zustandsübergang einen Wächter (engl. *guard*) hat, dann tritt der Zustandsübergang nur ein, wenn sich das Ereignis vollzieht und der Wächter als True ausgewertet wird. Der Wächter ist ein Boolescher Ausdruck. Wenn ein Zustandsübergang eine Aktion hat, dann wird diese Aktion während des Übergangs in einen neuen Zustand ausgeführt. Zustände können zu Oberzuständen verallgemeinert werden. Ein Oberzustand kann benutzt werden, um Zustandsübergänge zu definieren, die dann auf alle Unterzustände zutreffen.

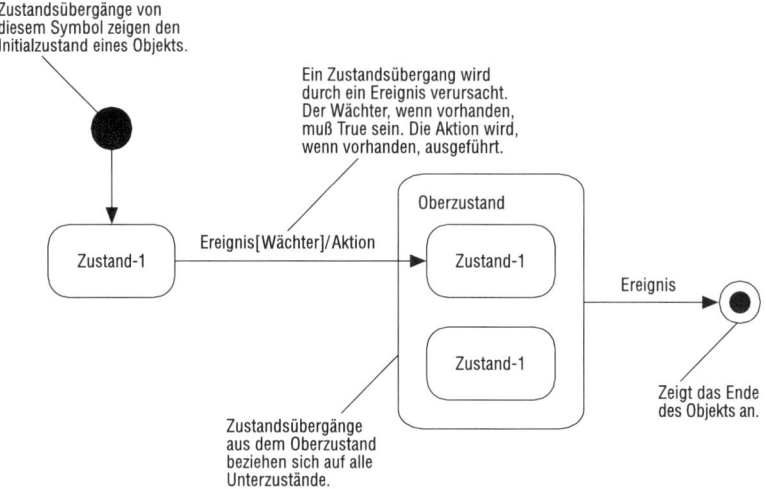

*Abbildung A.6 Notation für Zustandsdiagramme in diesem Buch*

Eine einfache Einführung über Harelsche Zustandsdiagramme, finden Sie in Booch [1]. Für eine umfassendere Behandlung ist das Buch von Cook und Daniels [4] die beste Quelle. In diesem Buch verwende ich Zustandsdiagramme nicht sehr oft, und sicherlich keins mit der Ausdruckskraft der Harelschen Zustandsdiagramme, dennoch tauchen sie gelegentlich auf.

## A.5 Paketdiagramme

In großen Modellen braucht man eine Möglichkeit, um die Massen von Typen, die in einem Typendiagramm auftauchen, zu modellieren. Ein einfaches, großes Typendiagramm ist sowohl für Menschen zu komplex, um verstanden zu werden, als auch für die Software zu schwierig, um damit zurecht zu kommen. Ein großes Diagramm kann für einen Leser auf Seiten aufgeteilt werden, aber eine willkürliche Auswahl der Seiten ist bei der Softwarekontrolle wenig effektiv. Paketdiagramme wie in Abbildung A.7 zeigen einen besser kontrollierbaren Mechanismus.

## A.5 Paketdiagramme

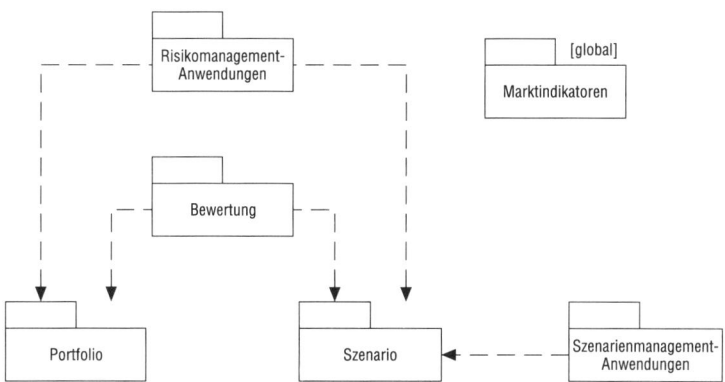

*Abbildung A.7 Notation zur Beschreibung von Paketen*

*Dieses Diagramm stammt aus Abbildung 11.3. Ich verwende die Notation von Rationals UML [2] für Pakete, weil ich sie für klarer als Boochs Ursprungsnotation halte.*

Ein Paket (auch Domänenkategorie, Cluster oder Subsystem genannt) ist eine Gruppe von Typen (oder Klassen). Ein Typ kann nur zu einem Paket gehören. Gewöhnlich werden Typen Paketen zugewiesen, so daß Typen, die häufig zusammenarbeiten, in dasselbe Paket plaziert werden. Jeder Typ eines Pakets kann auf jede Eigenschaft jedes anderen Typs im gleichen Paket zugreifen.

Pakete werden durch Sichtbarkeitsbeziehungen verbunden. Wenn sich ein Clienttyp wünscht, einen Servertyp in einem anderen Paket zu benutzen, muß eine Sichtbarkeitsbeziehung zwischen dem Client- und dem Server-Typ existieren. Diese wird für jeden Dienst benötigt: Aufruf einer Operation, Einschreiben eines Wertes in ein Attribut oder Übergabe eines Attributs als Parameter.

Sichtbarkeit unterscheidet sich von einer Voraussetzung. Eine Voraussetzung impliziert, daß ein Paket ein anderes braucht, um seine Funktionalität zu erbringen. Voraussetzungen sind transitiv: Wenn Paket C eine Voraussetzung für Paket B ist und Paket B eine Voraussetzung für Paket A, dann ist Paket C eine Voraussetzung für Paket A. Diese Transitivität gilt nicht für Sichtbarkeiten. Paket A hat möglicherweise keine Sichtbarkeit auf Paket C; in der Tat mag Paket B speziell entworfen worden sein, um Paket C vor Paket A zu verbergen – dies ist das Wesen einer geschichteten Architektur. Voraussetzungen und Sichtbarkeiten werden oft miteinander verwechselt, weil Programmiersprachen die beiden oftmals vermischen. C++-Headerdateien und Envy-Voraussetzungen definieren Vorbedingungen und erlauben die Sichtbarkeit für alle Voraussetzungen, weswegen man nicht ein Paket benutzen kann, um ein anderes zu verstecken. Alle Sichtbarkeiten müssen explizit in einem Paket erklärt werden. Daher muß das Paket der Risikomanagement-Anwendung in Abbildung A.7 eine explizite Sichtbarkeit auf das Portfoliopaket haben, um dessen Dienste nutzen zu können. Wäre diese Sichtbarkeit nicht vorhanden, wäre das Portfoliopaket immer noch eine Voraussetzung (über das Bewertungspaket), aber es gäbe keine Sichtbarkeit. Sichtbarkeiten implizieren Voraussetzungen, aber nicht umgekehrt.

In einem Paket können Typen öffentlich (engl. *public*) oder privat (engl. *private*) sein. Öffentliche Typen können von Paketen, die Sichtbarkeit haben, gesehen werden; private Typen können nur von Typen innerhalb desselben Pakets benutzt werden. Pakete können global gemacht werden, so daß alle anderen Pakete Sichtbarkeit auf sie haben. Dies ist für allgemeine Komponenten, wie Integer, Zeichenketten und Kollektionen, notwendig.

Bei der Entwicklung eines großen Systems versucht man, die Sichtbarkeiten zwischen Paketen zu minimieren, so daß das System wenige Abhängigkeiten besitzt und daher einfacher zu behandeln ist. In diesem Buch erörtere ich Pakete primär in den Kapiteln 11 und 12.

Obwohl diese Art von Modell für größere Systeme absolut erforderlich ist, wird es häufig nicht in Methoden diskutiert. Booch [1] hat die wesentlichen von mir hier verwendeten Methoden eingeführt, doch ist seine Beschreibung sehr kurz, größtenteils weil es schwierig ist, dieses Thema ohne ein gehaltvolles Beispiel zu diskutieren. Diese Lücke ist durch Robert Martin [6] geschlossen worden, der zahlreiche Beispiele für die Verwendung von Paketmodellen angibt.

## Literatur

1. G. Booch. *Objektorientierte Analyse und Design: Mit praktischen Anwendungsbeispielen*. Bonn: Addison-Wesley, 1997.

2. G. Booch, J. Rumbaugh. *Unified Method for Object-Oriented Development*. Rational Software Corperation, Version 0.8, 1995.[1]

3. E. Gamma, R. Helm, R. Johnson, J. Vlissides. *Design Patterns: Elements of Reusable Object-Oriented Software*. Reading, MA: Addison-Wesley, 1995.
   In deutscher Übersetzung: *Entwurfsmuster: Elemente wiederverwendbarer objektorientier Software*. Bonn: Addison-Wesley, 1996

4. S. Cook, J. Daniels. *Designing Object Systems: Object-Oriented Modelling with Syntropy*. Hemel Hempstead, UK: Prentice-Hall International, 1994.

5. J. Martin, J. Odell. *Object-Oriented Methods: A Foundation*. Englewood Cliffs, NJ: Prentice-Hall, 1995.

6. R. C. Martin, *Designing Object-Oriented C++ Applications Using the Booch Method*. Englewood Cliffs, NJ: Prentice-Hall, 1995.

---

1. Anm. d. Übers.: Zur Zeit der Drucklegung dieser Übersetzung ist das Dokument in der Version 1.1 unter der URL <*http://www.rational.com/uml/documentation.html*> einzusehen.

# B Mustertabelle

| Text-abschnitt | Name | Problem | Lösung |
|---|---|---|---|
| 2.1 | Partei | Personen und Organisationseinheiten besitzen Zuständigkeiten. | Erzeugung eines Typs »Partei« als Obertyp von »Person« und »Organisation" |
| 2.2 | Organisationshierarchien | Repräsentation einer hierarchischen Organisationsstruktur. | Erzeugung einer rekursiven Assoziation für »Organisation«. |
| 2.3 | Organisationsstruktur | Eine Organisationsstruktur besitzt Hierarchien oder komplexere Verbindungen. Es entwickeln sich neue Arten von Verbindungen. Aufzeichnung des Verlaufs der Veränderungen an der Struktur. | Erzeugung einer Organisationsstruktur als gerichtete Beziehung zwischen zwei Parteien. Vergabe eines Organisationsstrukturtyps zur Repräsentation der Art der Beziehung. |
| 2.4 | Verantwortlichkeit | Repräsentation von Organisationsstrukturen, Anstellung, Verwaltung, beruflicher Registrierung und Verträgen durch sich ähnelnde Strukturen. | Erzeugung einer Verantwortlichkeit als gerichtete Beziehung zwischen zwei Parteien. Vergabe eines Verantwortlichkeitstyps zur Repräsentation der Art der Beziehung. |
| 2.5 | Wissensebene der Verantwortlichkeit | Aufzeichnung der Regeln, die beschreiben, wie Verantwortlichkeiten auf eine Art gebildet werden, die einfach zu verändern ist. | Erzeugung einer Wissensebene für die Verantwortlichkeit durch Assoziationen zwischen dem Assoziationstyp und dem Parteityp. Diese Wissensebene schränkt die operationelle Ebene sowohl der Verantwortlichkeit als auch der Partei ein. |
| 2.6 | Generalisierungen des Parteityps | Viele Parteitypen in einem Modell ähneln einem anderen Parteityp. | Parteitypen sollen Untertypen besitzen dürfen, so daß sie Verantwortlichkeitstypen erben. |
| 2.7 | Hierarchische Verantwortlichkeit | Einschränkung von Verantwortlichkeitstypen innerhalb einer Hierarchie. | Definition eines Untertyps des Verantwortlichkeitstyps, der die Hierarchiebedingung enthält. Eine Liste der Ebenen ermöglicht die Benennung jeder Ebene in der Hierarchie. |

| Text-abschnitt | Name | Problem | Lösung |
|---|---|---|---|
| 2.8 | Operationsbereich | Die Beschreibung der Zuständigkeiten, die durch eine Verantwortlichkeit impliziert werden. | Hinzufügen einiger Operationsbereiche an die Verantwortlichkeit. Der Typ des Operationsbereichs hängt vom Typ der Verantwortlichkeit ab. |
| 2.9 | Position | Verantwortlichkeiten hängen eher von der Arbeit, als von der Person, die sie erledigt, ab. | Erzeugung einer Position als weiterer Untertyp der Partei. Berufung einer Person auf diese Position durch eine Verantwortlichkeit. Der Inhaber der Position besitzt dann die Zuständigkeit für diese Position innerhalb des Zeitraums, in dem er ihr zugewiesen ist. |
| 3.1 | Quantität | Repräsentation eines Wertes, wie z. B. 6 Fuß oder 5 Dollar. | Verwendung eines Quantitätstyps, der sowohl die Menge als auch die Einheit enthält. Währungen sind eine Art der Einheit. |
| 3.2 | Umwandlungsverhältnisse | Umwandlung zwischen Quantitäten in unterschiedlichen Einheiten. | Aufzeichnung der Umwandlungsverhältnisse zwischen Einheiten. |
| 3.3 | Zusammengesetzte Einheiten | Repräsentation von Einheiten wie z. B. $kg/m^2$. | Verwendung einer Einheit, die eine Kombination aus anderen Einheiten darstellt. |
| 3.4 | Messung | Ein Objekt besitzt viele Mengenattribute. Aufzeichnung von Informationen über eine einzelne Messung eines Attributs. Verfolgung der Veränderungen an einem Wert für ein Attribut über einen Zeitraum. | Erzeugung eines Objekts zur Repräsentation der einzelnen Messung. Dies wird mit dem zu messenden Objekt und einem Phänomentyp verbunden, der die Art der durchzuführenden Messung beschreibt. |
| 3.5 | Wahrnehmung | Attribute beschreiben qualitative Aspekte und können daher nicht in Zahlen gemessen werden. | Erzeugung eines Wahrnehmungstyps, der das Objekt mit einem Phänomen verbindet. Jedes Phänomen stellt einen Wert für einen Phänomentyp dar. |

| Text-abschnitt | Name | Problem | Lösung |
|---|---|---|---|
| 3.6 | Bildung von Untertypen von Wahrnehmungskonzepten | Phänomene sind Sonderfälle eines anderen Phänomens. | Phänomene dürfen Untertypen bilden, wobei eine Assoziation auf der Wissensebene besteht. |
| 3.7 | Protokoll | Umgang mit ähnlichen Phänomenen, wenn die Wahrnehmungsmethode gelegentlich unterschiedliche Interpretationen erzeugen kann. Aufzeichnung der Genauigkeit und Empfindlichkeit der Messung. | Aufzeichnung des zur Bestimmung der Wahrnehmung verwendeten Protokolls. |
| 3.8 | Doppelte Zeitaufzeichnung | Es ergeben sich Unterschiede zwischen dem Zeitpunkt, zu dem eine Wahrnehmung True ist, und dem Zeitpunkt, zu dem sie gemacht wurde, genauso wie zwischen dem Zeitpunkt, zu dem ein Ereignis stattgefunden hat, und dem Zeitpunkt, zu dem es wahrgenommen wurde. | Separate Aufzeichnung beider Zeitpunkte für alle Objekte dieser Art. |
| 3.9 | Abgelehnte Wahrnehmung | Wahrnehmungen wurden irrtümlich gemacht, können aber nicht gelöscht werden. | Festhalten der Wahrnehmungen, Markierung als abgelehnt und Aufzeichnung darüber, welche Wahrnehmung sie abgelehnt hat. |
| 3.10 | Aktive Wahrnehmung, Hypothese und Projektion | Sicherheit bei Wahrnehmungen. Repräsentation von Wahrnehmungen, von denen man denkt, daß sie eintreten, wenn man die Behandlung auf diese Möglichkeit gründen muß. | Bildung der Untertypen aktive Wahrnehmung (»Dies werde ich behandeln«), Hypothese (»Das werde ich weiterverfolgen«) und Projektion (»Ich glaube, daß dies passieren könnte«) aus dem Obertyp Wahrnehmung. |
| 3.11 | Assoziierte Wahrnehmung | Aufzeichnung von Beweisen für eine Diagnose. | Behandlung der Diagnose als Wahrnehmung, die eine Assoziation auf die als Beweise verwendeten Wahrnehmungen besitzt. |

| Text-abschnitt | Name | Problem | Lösung |
|---|---|---|---|
| 3.12 | Prozeß der Wahrnehmung | Feststellung des Prozesses der Wahrnehmung und Diagnose. | Jede Wahrnehmung kann zu Vorschlägen für weitere Wahrnehmungen und weiteres Eingreifen führen sowie zur Neubewertung von sich widersprechenden Wahrnehmungen. Da diese Schritte weitere Wahrnehmungen hervorrufen, führt dies zu einem fortdauernden Prozeß der Wahrnehmung. |
| 4.1 | Unternehmenssegment | Unterteilung eines großen Unternehmens in kleinere Einheiten unter Verwendung verschiedener Kriterien und unterschiedlicher Abstufungen der Granularität. | Definition jedes Kriteriums für die Unterteilung als Dimension und Repräsentation dieser Dimension als Elementehierarchie. Definition eines Unternehmenssegments als Kombination eines Elements aus jeder Dimension. |
| 4.2 | Messungsprotokoll | Anzeigen, daß Messungen aus einer Datenbank gelesen oder berechnet werden. Aufzeichnung der Formeln für diese Berechnungen. Derselbe Phänomentyp kann kontextabhängig auf unterschiedliche Arten bestimmt werden. | Definition eines Messungsprotokolls, das beschreibt, wie eine Messung für einen Phänomentyp erzeugt werden muß. Messungsprotokolle können aus Quellen angegeben oder berechnet werden, Berechnungen können kausal oder vergleichend sein oder aus einer Kombination von Dimensionen bestehen. |
| 4.3 | Bereich | Beschreibung eines Bereichs zwischen zwei Werten. | Definition eines Bereichstyps mit Ober- und Untergrenzen und entsprechenden Operationen. |
| 4.4 | Phänomen mit Bereich | Beschreibung eines Phänomens, das als Bereich eines Phänomentyps definiert ist. | Vergabe eines Bereichsattributs an das Phänomen. Erzeugung einer Bereichsfunktion, die den Bereich und das Phänomen verbindet, wobei diese Verbindung Bedingungen unterliegt, die durch andere Phänomene beschrieben werden. |

| Text-abschnitt | Name | Problem | Lösung |
|---|---|---|---|
| 5.1 | Name | Referenz auf ein Objekt. | Vergabe einer Zeichenkette an ein Objekt als dessen Name. |
| 5.2 | Identifikationsschema | Sicherstellung, daß eine Identifikation nur auf ein Objekt verweist. Verschiedene Parteien können allerdings auf unterschiedliche Arten auf das Objekt verweisen. | Erzeugung eines Identifikationsschemas, das Bezeichner enthält, wobei jeder Bezeichner nur auf eine Einheit verweist. Eine Partei kann jedes verfügbare Identifikationsschema verwenden. |
| 5.3 | Objektverschmelzung | Zwei Objekte sind tatsächlich äquivalent. | Kopieren der Attribute des einen Objekts auf das andere, Umsetzen der Referenz des ersten Objekts auf das neue und Löschung des ersten Objekts. Markierung eines Objekts als »abgelöst« und Vergabe einer Verbindung zum anderen Objekt. Verbindung der beiden Objekterscheinungen mit einem Objektwesen, das anzeigt, daß die beiden Objekterscheinungen äquivalent sind |
| 5.4 | Objektäquivalenz | Einige Personen denken, daß zwei Objekte äquivalent sind, wohingegen andere denken, daß sie verschieden sind. | Erzeugung einer Äquivalenz für die Objekte. |
| 6.1 | Konto | Aufzeichnung des Verlaufs von Änderungen an einer Quantität. | Erzeugung eines Kontos. Jede Veränderung wird als Buchung auf das Konto aufgezeichnet. Der Saldo des Kontos bezeichnet dessen derzeitigen Wert. |
| 6.2 | Transaktion | Sicherstellung, daß nichts von einem Konto verlorengeht. | Verwendung von Transaktionen für den Transfer von Posten zwischen Konten. |
| 6.3 | Sammelkonto | Betrachtung einer Gruppe von Konten als wären sie ein einziges Konto. | Erzeugung eines Sammelkontos, wobei die anderen Konten als Kinder dienen. |

| Text-abschnitt | Name | Problem | Lösung |
|---|---|---|---|
| 6.4 | Memokonto | Vermerken einer Quantität in einem Nebenkonto, ohne eine Transaktion zu verwenden. | Erzeugung eines Memokontos, das sich nicht auf die tatsächlichen Transaktionen auswirkt und keine echten Posten enthält. |
| 6.5 | Transferregeln | Automatisierung der Transfers zwischen Konten. | Definition einer Transferregel zwischen Konten. |
| 6.6 | Inidividuelle Instanzmethoden | Vergabe einer eigenen Methode für eine Operation an jede Instanz eines Typs. | Definition einer Singleton-Unterklasse für jede Methode. Verwendung des Strategiemusters. Erzeugung einer case-Anweisung, die innerhalb des Objekts verborgen ist. Trennung der verschiedenen Verhaltensweisen in Parameter. Aufbau eines einfachen Interpreters. |
| 6.7 | Ausführung der Transferregel | Sicherstellung, daß alle Transferregeln zur rechten Zeit ausgeführt werden. | Feuern aller nach außen gerichteten Regeln, wenn eine Buchung auf ein Konto getätigt wird. Explizite Aufforderung an eine Transferregel zu feuern. Aufforderung an ein Konto, seine nach außen gerichteten Transferregeln zu feuern. Transferregeln werden rückwärts gerichtet, wenn eine Anfrage an ein Konto gestellt wird. |
| 6.8 | Transferregeln für viele Konten | Definition derselben Transferregel für viele Konten. | Definition der Regeln auf einen Kontentyp. Definition der Regeln auf ein Sammelkonto. |

| Text-abschnitt | Name | Problem | Lösung |
|---|---|---|---|
| 6.9 | Auswahl der Positionen | Anfrage an ein Konto nach einer Untermenge seiner Positionen. Anfrage an ein Objekt nach einer Auswahl der Objekte in einer seiner Kollektionen. | Rückgabe aller Positionen durch das Konto, wobei der Aufrufer diejenige auswählt, die er benötigt. Bereitstellung einer Operation für jede mögliche Untermenge durch das Konto. Übergabe eines Filterobjekts durch den Aufrufer an das Konto. |
| 6.10 | Buchführungspraxis | Zuweisung mehrerer Transferregeln als Gruppierung. | Erzeugung einer Buchführungspraxis zur Gruppierung der Transferregeln. |
| 6.11 | Quellen einer Position | Wie wurde eine Transaktion berechnet? | Aufzeichnung der erzeugenden Transferregel und der von ihr zur Berechnung verwendeten Positionen mit der neuen Transaktion. |
| 6.12 | Kontoauszüge und Einkommenserklärungen | Repräsentation von Kontoauszügen und Einkommenserklärungen. | Erzeugung von Untertypen von Konto. |
| 6.13 | Korrespondierendes Konto | Die Sichtweise zweier Parteien auf dasselbe Konto in Einklang bringen. | Behandlung jeder Sichtweise als getrennte Konten, die miteinander korrespondieren. |
| 6.14 | Spezialisiertes Kontenmodell | Verwendung der allgemeinen Buchführungspraxen in einem besonderen Fall. | Bildung von Untertypen der Typen des Musters, um den besonderen Bedürfnissen zu genügen. |
| 6.15 | Positionen auf mehrere Konten buchen | Buchung einer Position auf mehr als ein Konto. | Behandlung eines Konto als »echtes« Konto und Verwendung eines Memokontos für das andere. Behandlung eines Kontos als »echtes« Konto und Verwendung eines abgeleiteten Kontos für das andere. |
| 8.1 | Vorgeschlagene und implementierte Aktionen | Repräsentation sowohl der Aktion, die man auszuführen beabsichtigte, als auch der tatsächlich durchgeführten Aktion. | Verwendung getrennter Objekte für die vorgeschlagenen und implementierten Aktionen. |

| Text-abschnitt | Name | Problem | Lösung |
|---|---|---|---|
| 8.2 | Vollständige und abgebrochene Aktionen | Anzeigen, wie eine Aktion beendet wurde. | Eine Aktion ist vollständig, wenn sie wie geplant durchgeführt wurde; sie gilt als abgebrochen, wenn sie nicht wie geplant durchgeführt wurde. |
| 8.3 | Aussetzung | Zeitweiliges Aussetzen einer Aktion. | Die jeweilige Aktion aussetzen. Verwendung eines Zeitraums zur Dokumentation darüber, wie lange sie andauert. |
| 8.4 | Plan | Aufzeichnung einer Gruppe vorgeschlagener Aktionen, die zusammen ausgeführt werden sollten. Repräsentation der Abhängigkeiten zwischen Aktionen. Die Koordination der jeweiligen Pläne verschiedener Personen ermöglichen. | Ein Plan stellt eine Kollektion vorgeschlagener Aktionen dar, die durch Abhängigkeiten miteinander verbunden sind. Mehrere Parteien können unterschiedliche Pläne besitzen, die sich auf dieselbe vorgeschlagene Aktion beziehen. |
| 8.5 | Protokoll | Mehrfache Ausführung von Standardprozeduren auf ein und dieselbe Weise. | Eine Aktion kann einem Protokoll entsprechend ausgeführt werden. Ein Protokoll kann in Unterprotokolle aufgeteilt werden, die durch Abhängigkeiten miteinander verbunden sind. |
| 8.6 | Zuteilung von Ressourcen | Zuweisung von Ressourcen an Pläne, Protokolle und Aktionen. | Allgemeine Ressourcenzuweisungen stellen eine Quantität des Ressourcentyps bereit. Spezifische Ressourcenzuweisungen stellen spezifische Ressourcen bereit. |
| 8.7 | Ergebnis- und Startfunktionen | Wissen darüber, wann ein Protokoll ausgeführt werden soll und wie das Ergebnis des Protokolls (und der Aktionen) ausfallen wird. | Ergebnis- und Startfunktionen verbinden ein Protokoll mit den Wahrnehmungskonzepten, die das Protokoll auslösen und sein Resultat darstellen können. |
| 9.1 | Vertrag | Aufzeichnung von Geschäftsabschlüssen sowohl aus der Perspektive des Käufers als auch der des Verkäufers. | Verwendung eines Vertrags, der sowohl die ankaufende als auch die verkaufende Partei enthält. |

| Text-abschnitt | Name | Problem | Lösung |
|---|---|---|---|
| 9.2 | Portfolio | Dynamische Auswahl von Verträgen zu unterschiedlichen Zwecken. Dynamische Auswahl von Objekten. | Definition eines Portfolios als Kollektion von Verträgen. Die Verträge werden durch einen Filter ausgewählt – ein Boolescher Ausdruck, der benutzt wird, um zu bestimmen, welcher Vertrag zum Portfolio paßt. |
| 9.3 | Notierung | Für die An- und Verkauf werden unterschiedliche Preise angegeben. | Kombination beider Preise als eine einzelne Notierung. |
| 9.4 | Szenario | Preise der Mittel verändern sich mit der Zeit. Betrachtung hypothetischer Preiskombinationen. Die Preise eines Instruments können sich auf die Preise eines anderen Instruments auswirken. | Erzeugung eines Szenarios, um die tatsächlichen oder hypothetischen Zustände des Marktes festzuhalten. Ein Szenario gibt den Preis jedes Mittels in diesem Zustand wieder und enthält Regeln zur Ableitung von Preisen für hypothetische Zustände des Marktes. |
| 10.1 | Terminkontrakte | Die Posten eines Vertrags werden möglicherweise in der Zukunft zu den derzeitigen Preisen ausgeliefert. | Verwendung eines Vertrags mit getrennten Handels- und Auslieferungsdaten. |
| 10.2 | Optionen | Eine Partei will möglicherweise etwas zu einem festgelegten Preis zu irgendeinem Zeitpunkt in der Zukunft ankaufen oder verkaufen. | Eine Option ist ein Untertyp des Vertrags mit zusätzlichen Verhaltensweisen. Eine Option ist ein einzelnes Objekt, das einen Vertrag als Attribut besitzt. |
| 10.3 | Produkt | Eine kombinierte Option wird vom Verkäufer als ein Posten angesehen, aber von den Händlern als Kollektion einfacherer Verträge. Ein Verkäufer sieht ein Paket, doch werden intern nur die Posten im Paket betrachtet. | Behandlung dessen, was der Verkäufer veräußert, als Produkt und dessen, was intern bewertet wird, als Vertrag. |

| Text-abschnitt | Name | Problem | Lösung |
|---|---|---|---|
| 10.4 | Untertypen-Zustandsmaschinen | Eine Grenzoption besitzt ein anderes Verhalten als eine Option, erscheint aber wie ein Untertyp. Behandlung von Untertypen und Zustandsmaschinen. | Sicherstellung, daß sowohl die Objekte des Ober- als auch des Untertyps auf dieselben Ereignisse antworten. |
| 10.5 | Parallele Anwendungs- und Domänenhierarchien | Darstellung einer Liste von Objekten an einer Benutzerschnittstelle. Diese Objekte sind verschiedene Untertypen, wobei einige Eigenschaften dieser Untertypen dargestellt werden müssen. Die Objekte der Benutzerschnittstelle dürfen nicht versagen, wenn sie einem unangemessenen Objekt eine Nachricht zukommen lassen. | Das Anwendungsobjekt überprüft den Typ des Domänenobjekts, um sicherzustellen, daß es die Nachricht versteht. Vergabe einer Schnittstelle an den Obertyp, die das gesamte Verhalten der Untertypen umfaßt. Behandlung der Eigenschaften als Laufzeitattribute. Verwendung eines vermittelnden Objekts, das vom Domänenobjekt geladen wird. Verwendung des Pakets zur Ausnahmebehandlung. |
| 11.1 | Mehrere Zugriffsebenen auf ein Paket | Unterschiedliche Clients eines Pakets benötigen das Verhalten in verschiedenen Maßen. | Trennung der Pakete in einzelne Pakete für jede Zugriffsebene. Pakete dürfen mehr als eine Schnittstelle besitzen. |
| 11.2 | Gegenseitige Sichtbarkeit | Typen in zwei unterschiedlichen Paketen müssen einander sehen können. | Kombination der beiden Pakete. Zwei gegenseitig sichtbare Pakete. Entscheidung, daß ein Typ den anderen nicht sehen kann. |
| 11.3 | Untertypenbildung von Paketen | Verwendung von Untertypen bei Paketen. | Der Untertyp kann in ein separates Paket plaziert werden. Sichtbarkeit auf das Paket besteht vom Obertyp ausgehend, aber nicht umgekehrt. |
| 12.1 | Zwei-Schichten-Architektur | Gliederung der Software in Teilbereiche bei einem Client/Serversystem | Plazierung der Benutzerschnittstelle auf dem Client und der Datenbank auf dem Server. Die Benutzerschnittstelle greift direkt auf die Datenbank zu. |

| Text-abschnitt | Name | Problem | Lösung |
|---|---|---|---|
| 12.2 | Drei-Schichten-Architektur | Die Zwei-Schichten-Architektur verknüpft die Benutzerschnittstelle zu eng mit dem Entwurf der Datenbank. Die Datenbankschnittstelle kann kein reichhaltiges Modell der Domäne unterstützen. | Drei logische Schicht: Anwendung, Domäne, Datenbank. |
| 12.3 | Präsentations- und Anwendungslogik | Anwendungssoftware bearbeitet sowohl die Interpretation des Domänenmodells als auch den Betrieb der Benutzerschnittstelle. | Trennung der Anwendungsschicht in eine Präsentationslogik (die Benutzerschnittstelle) und eine Anwendungslogik (Bearbeitung des Domänenmodells). Strukturierung der Anwendungslogik als Menge an Fassaden für die Präsentation. |
| 12.4 | Datenbankinteraktion | Einsatz einer Datenbank. | Zuweisung der Verantwortlichkeit dafür, daß sich die Domänenklassen selbständig in der Datenbank abspeichern, an die Domänenklassen. Erzeugung einer eigenen Schicht zur Bearbeitung der Interaktionen zwischen den Objekten der Datenbank und den Objekten der Domäne. |
| 14.1 | Implementierung von Assoziationen | Implementierung einer konzeptionellen Assoziation. | Auswahl einer Richtung, die implementiert werden soll, und Verwendung einer Operation und eines Zeigers. Plazierung sowohl der Operationen als auch der Zeiger in beide Richtungen. Plazierung der Operationen in beide Richtungen, aber des Zeigers in nur eine Richtung. Verwendung einer Nachschlagemöglichkeit für die andere Richtung. Plazierung der Operationen in beide Richtungen und Verwendung einer Tabelle und einer Nachschlagemöglichkeit für die Zeiger. |

| Text-abschnitt | Name | Problem | Lösung |
|---|---|---|---|
| 14.2 | Implementierung der Generalisierung | Implementierung der Generalisierung, insbesondere bei mehrfacher und dynamischer Klassifikation. | Verwendung der Vererbung. Verwendung von Klassen für jede Kombination der Untertypen mit Mehrfachvererbung. Verwendung eines internen Flags. Delegation an eine verborgene Klasse (Zustandsmuster). Kopieren und Ersetzen. |
| 14.3 | Objekterzeugung | Erzeugung eines Objekts. | Verwendung einer Erzeugungsmethode mit Argumenten für alle obligatorischen und unveränderlichen Abbildungen. |
| 14.4 | Vollständige Löschung von Objekten | Vollständige Löschung eines Objekts | Eine spezifische Methode zur vollständigen Löschung. Definition darüber, wie weit die Löschung kaskadieren sollte. |
| 14.5 | Einstiegspunkt | Anfangspunkt zur Suche nach einem Objekt. | Zuweisung der Verantwortlichkeit für die Abspeicherung und das Auffinden der Instanzen einer Klasse an die jeweilige Klasse. |
| 14.6 | Implementierung von Bedingungen | Implementierung von Bedingungen. | Jedes Objekt erhält eine Operation zur Überprüfung seiner Bedingung. Aufruf zum Ende einer Modifikationsoperation während des Debuggens. |
| 15.1 | Assoziativer Typ | Hinzufügen von Merkmalen zu einer Assoziation. | Erzeugung eines Typs für die Assoziation. Verwendung einer speziellen Notation. |
| 15.2 | Schlüsselbasierte Abbildung | Repräsentation von Werten in einer Abbildung; diese Werte beruhen auf einem anderen Typ. | Verwendung einer schlüsselbasierten Abbildung. |
| 15.3 | Abbildung des Verlaufs | Aufzeichnung der vorherigen Werte einer Abbildung. | Verwendung einer Abbildung des Verlaufs. |

# Stichwortverzeichnis

**A**

Abbildung
  abgeleitete 305, 346
  abstrakt 148, 351
  Argumente, Auflistung 75
  Assoziation, Vergleich 345
  Auslöser 148
  gerichteter azyklischer Graph 351
  Identifikationsschema, verwendet beim 97
  Kategorie auf Phänomenentyp 48
  Klasse 351
  Nummer 351
  schlüsselbasiert Siehe schlüsselbasierte Abbildung
  unveränderlich 351
Abbildung Siehe auch Abbildung des Verlaufs
Abbildung des Verlaufs
  Allgemeines 325, 332, 351
  Muster 372
  zweidimensionaler Verlauf 335
Abbildung mehrerer Werte
  assoziativer Typ, verwendet bei 327
  Hierarchie 351
  Kontenstruktur 149
  Typendiagramme, verwendet bei 345
Abbildung mehrwertige
  Assoziation, Schnittstelle für 298
Abbildungen mit Multimengen 45
Abgebrochene Aktionen 169, 172, 368
abgelehnte Wahrnehmung 40, 53, 363
abgeleitete Abbildungen 305, 346, 352
abgeleitetes Konto 142
Abhängigkeiten 180
Ablösung 93, 99
Absicherung, Definition 191
abstrakt
  Abbildung 148
  Transferregel 164
Abwesenheit
  Kategoriewahrnehmung 51
  Wahrnehmungskonzepte 53
accounting and inventory
  Muster 146
ACM Siehe Aroma Coffee Makers (ACM)
Äquivalenz von Objekten 93, 101, 365
Aggregation bei Typendiagrammen 344

Aktion
  abgebrochene 169, 172, 368
  implementierte 169, 170, 181
  vollständige 169, 172, 367, 368
  vorgeschlagene 169, 170, 181, 367
Aktive Wahrnehmung 40, 54, 363
Aktualisierungsmethoden 283, 284, 285
aktueller Zustand 77
Alexander, Christopher 6, 7
Analyse
  Allgemeines 1
  Entwurfstechniken 3
  Muster 337
Anderson, Bruce 6
Anhängigkeiten 175
Anrufe
  Einrichten 146, 154
  Trennung in Tag und Abend 156
  Zeit in Rechnung stellen 159
Ansatz zum Feuern bei Ausführung von Transferregeln
  kontenbasiert 123
  prompt 122
  rückwärtsgerichtet 124
  transferregelbasiert 124
  Vergleich 125
Anwendung Siehe parallele Anwendung
Anwendungsfassade
  Allgemeines 279
  Beispiel Gesundheitswesen 279
  Domänenmodell, Sichtbarkeit 239
  gemeinsame Methoden 279, 285
  Inhalt einer Fassade 279, 281
  mehrfache Fassaden 279, 290
  Methoden für Fassadenattribute 283
  Operationen 279, 287
  Typumwandlung 279, 288
Anwendungslogik Siehe Präsentations- und Anwendungslogik
Anwesenheit
  Kategoriewahrnehmung 51
  Wahrnehmungskonzepte 53
Argumente 75
Aroma Coffee Makers (ACM)
  aktueller vs. geplanter Status 80
  Dimension 66
  Framework, Verwendung von Ergebnissen 90

Organisationshierarchien  23
Performanzanalyse  63
Standortdimension  69
Unternehmenssegmente  67
Verantwortlichkeit  36
Artefakt, konzeptionelles Modell als  2
Assoziation
    Definition  325
    Einweg  301
    Quantität bei der Modellierung  42
    rekursiv  351
Assoziation, Implementation
    Allgemeines  294, 296, 297
    Grundlegende Typen  301
    Muster  371
    nicht mengenartige Abbildungen  305
    Schnittstelle  298
    Typendiagramme, verwendet bei  344
    unidirektionale  297, 301, 344
Assoziation, Implementation  Siehe auch bidirektionale Assoziation
Assoziation, unidirektionale  297
Assoziationen
    Implementierung von  296
Assoziationsmuster
    Abbildung des Verlaufs  325, 332
    Allgemeines  325
    assoziativer Typ  325, 326
    schlüsselbasierte Abbildung  325, 329
    zweidimensionaler Verlauf  325
Assoziationsobjekte, bidirektionale
    Implementation  304
assoziativer Typ  325, 326
assoziierte Wahrnehmung
    Auslöserregel  58
    Definition  40
    Muster  363
    Verbindung zwischen Wissens- und operationeller Ebene  56
atomare Einheit  44
Attribute
    Objektinformation  39
    Phänomen mit Bereichs-  87
    Quantität  105
    Quantität bei der Modellierung  42
    Typendiagramme, verwendet bei  344
Auffinden
    Operation zum Auffinden der Argumente  82
Ausgabe
    -konto, Definition  128
    verwendet im Beispiel Total Telecommunications  147

Auslöser
    Abbildung  148
    -konto  122
    verwendet im Beispiel Total Telecommunications  147
    Wahrnehmungsprozeß  58
Aussetzung  169, 174, 368
Auswahlbedingungsmethode, verwendet in Transferregeln  129
azyklischer Graph  33
azyklischer Graph  Siehe auch GAG (gerichteter azyklischer Graph)

**B**

Bank
    Derivatenhandel  258, 264
    Derivatenhandel einer Bank  258
    Devisenderivatehandel  Siehe Handel
Barings Bank, Zusammenbruch  222
Beck, Kent  6, 145, 315
Bedingungen
    Implementation  321, 372
    Phänomen mit Bereichsattribut  87
    Typ  352
Bemerkung  352
berechnetes Messungsprotokoll  73
Bereich
    Definition  64
    Funktion  64, 88
    grundlegender Typ  353
    Muster  364
    Unternehmensfinanzen, verwendet bei  84
Bereich  Siehe auch Phänomen mit Bereich
Bestandswert  181
Besuchermustermethode  236
Bezeichner  93
Beziehung  Siehe Assoziation
bidirektionale Assoziation
    Implementation  297, 301, 302
    Typendiagramme  344
Black-Scholes-Analyse
    Derivatenvertrag, Wertbestimmung  265
    Optionen, Wertbestimmung  217
    Risikoabschätzung  222
Block-Methode in Smalltalk  118
Booch  354
Boolean
    grundlegender Typ  353
    Portfolio, verwendet bei  195
    Vertragsattribut  190

BPR (business process reengineering)   13
Brennpunkt-Ereignis   69
Broker, Schnittstelle   274
Browser   234, 236, 240
Buchführungsframework   144
Buchführungspraxis
    praktische Buchführung   367
Buchungseinträge für mehrere Konten
    105, 139, 367
business process reengineering (BPR)   13

C
C++
    Assoziationsschnittstelle   300
    Ausnahmebehandlung   241
    Bedingungen, Implementation   321
    externer Iterator   106
    Geschichte   6
    Kollektionklassen   296
    Modellprototyp   65
    Notierung, verwendet bei   201, 203
    Objekterzeugung   314, 315
    Typüberprüfung   235
    Vertrag, verwendet bei   196
    verwendet im Beispiel Total
    Telecommunications   145
Call, Optionenhandel   218
Coad, Peter   7
Container   295
Cook   229, 230, 354
Coplien, Jim   6
Cosmos Clinical Process Model, Muster
    verwendet beim   170
Cosmos-Projekt
    Anwendungsfassade, Modell basiert auf
    280
    Modellierung des Gesundheitswesens
    40
    Pflegeobjekt   65
    schichtenbasierte Architektur für
    Informationssysteme   258
    Verantwortlichkeitsmodell,
    Entwicklung eines   21
    Wahrnehmung   55
Cunningham, Ward   6, 338

D
Daniels   229, 230, 354
Datenbank, verwendet bei Zwei-Schichten-
    Architektur   258

Datenbankinteraktion
    Allgemeines   258, 272
    Domänebene, Verbindung zu den
    Datenquellen   272
    Interaktionsdiagramme   275
    Muster   371
    Schnittstellenebene   273
Datenhaltungsschema   260
Datenliste
    Abbildung des Verlaufs, verwendet bei
    335
    Kollektion   296
    schlüsselbasierte Abbildungen,
    verwendet bei   329
Datum, grundlegender Typ   353
Defaultmethode   284
Dehnen einer Fassade   270
Derivatenhandel einer Bank   265
Derivatenvertrag
    Domänenhierarchie   214, 234
    Optionen   213, 216
    parallele Anwendung   214, 234
    Produkt   213, 222
    Terminkontrakt   213, 214
    Zustandsmaschinen für Untertypen
    213, 228
Devisenderivatehandel einer Bank   190
Diagramme
    Ereignis-   355
    Interaktions-   354
    Paket-   358
    Zustands-   357
Diagramme, Typ
    Allgemeines   341
    Assoziation, Attribute, Aggregation
    344
    Generalisierung   347
    grundlegende Typen   352
    semantische Anweisungen   350
    Typ und Klasse   342
Digitalk Smalltalk   Siehe Smalltalk
Dimension
    Definition   69
    Eigenschaften von   71
    Protokoll der -skombination   82
    Unternehmenssegment   64, 66
Domänenebene   261, 273
Domänenexperte, eingebunden bei
    konzeptioneller Modellierung   9
Domänenframework   262

Domänenhierarchie *214, 234, 370,* Siehe auch parallele Anwendung
doppelte Buchführung *107*
doppelte Zeitaufzeichnung *363*
Drei-Schichten-Architektur
    Allgemeines *258, 261*
    Domänenebene, Plazierung der *262, 277*
    Muster *371*
duale Zeitdatensätze *41, 53, 336*
dynamische Klassifikation *348*

E
Edwards, John *13*
Eiffel *321, 350*
Eindeutigkeitsbedingung, verwendet beim Identifikationsschema *97*
einfache Klassifikation *348*
einfache Löschung *316*
einfacher Interpreter *74*
Einheit
    Assoziationsname *41*
    atomare *44*
    grundlegender Typ *353*
    komponierte *39, 44*
    Quantität kombiniert mit *39*
    Umwandlungsverhältnis *42*
    Verweis auf *45*
    zusammengesetzte *362*
Einkommenserklärung *104, 135, 367*
einseitige Preise *201, 203*
Einstein-Modell, Entwickler verwenden *2*
Einstiegspunkt
    Allgemeines *295, 317*
    Finde-Operationen, Implementation *320*
    Klassen, Verwendung von *319*
    Muster *372*
    Protokollanten-Objekte, Verwendung von *320*
    Schnittstelle zum Auffinden von Objekten *319*
einwertige Abbildung
    Kategorie, Ändern zum Phänomenentyp *48*
    Kategorie, ändern zum Phänomenentyp *49*
    Schnittstelle für Assoziationen *298*
    Struktur, verwendet bei Implementation von *148*
    Typendiagramme, verwendet bei *345*

Entwurfsanalyse *1*
Entwurfsschablone
    Allgemeines *293*
    Assoziation, Implementation *294, 296*
    Bedingungen, Implementation *295, 321*
    Einstiegspunkt *295, 317*
    Entwurfsschablone für andere Techniken *295, 322*
    Generalisierung, Implementation *295, 305*
    Modellimplementierung, verwendet bei *148*
    Objekterzeugung *295, 314*
    Objektlöschung *295, 315*
Ereignisdiagramme *355*
Ergebnisfunktion *169, 186, 368*
Erhaltungsprinzip *108*
Erlaubte-Werte-Methode *283, 284, 285*
Ersatz, verwendet bei Implementierung der Generalisierung *311*
Erzeugung
    Objekterzeugung *372*
Erzeugung eines Objekts *372*
externer Iterator *106, 302*
externes Schema *260*

F
Fassade
    anwendungslogische Ebene, verwendet bei *267*
    Client/Server-Umgebung, dehnen *270*
    Datenbankschnittstellenebene, verwendet bei *274*
    mehrfache *290*
Fassade Siehe auch Anwendungsfassade
fest kodiert *210*
festgelegtes Format eines Musters *7*
Filter
    Konto- *130, 132*
    Portfolio- *195*
Finde-Operationen *320*
Flag, Implementierung der Generalisierung *307*
Framework und Muster *13*
Framework, Buchführungs- *144*
Funktion
    Bereichs- *64, 88*
    Ergebnis- *169, 186*
    Start- *169, 186, 368*

**G**

GAG (gerichteter azyklischer Graph) *180, 351*
Gang of Four
   Delegation, verwendet beim Entwurf *342*
   erste Veröffentlichung der *5*
   Erzeugungsmuster *315*
   Muster *120*
   Softwaremuster, Einfluß auf *7*
   Softwareschnittstelle und Implementierungsunterschiede *5*
ganzer Wert, Quantität als *41*
Gegenpartei *192*
gegenseitige Sichtbarkeit *248, 370*
Geld, grundlegender Typ *353*
Generalisierung, Implementation
   Allgemeines *295*
   Delegation einer verborgenen Klasse *308*
   Ersatz, Erzeugung eines *311*
   Flags *307*
   hatTyp-Operation *314*
   Mehrfachvererbung von Kombinationsklassen *306*
   Muster *372*
   Typendiagramme, verwendet bei *347*
   Vererbung *306*
geplanter Status *77*
gerichteter azyklischer Graph (GAG) *180, 351*
Geschäftsprozeßmodellierung Siehe BPR
Gesundheitswesen, Beispiel einer Anwendungsfassade *280*
Gewinnspanne, Definition *223*
globales Paket *351*
Graphen
   gerichteter azyklischer Graph (GAG) *180, 351*
   Pläne und Protokolle *180*
Grenzoption *228*
Grenzwertüberschreitung *228*
Grenzwertunterschreitung *228, 229, 232*
Größenordnung, grundlegender Typ *353*
grundlegende Typen *300, 353*
   Unternehmenssegment *72*
Gültigkeitsprüfung, Methode zur *284, 285*

**H**

Handel
   Notierung *189, 200*
   Portfolio *189, 194*
   Szenarien *189, 194, 204*
   Vertrag *189, 190*
Handelspakete
   Allgemeines *243*
   gegenseitige Sichtbarkeit *243, 248*
   mehrfache Zugriffsebenen *243, 244*
   öffentlicher Typ *245*
   privater Typ *245*
   Untertypenbildung von Paketen *243, 251, 370*
hatTyp-Operation, Implementation *314*
Hauptgeschäftsteilnehmer *192*
Hay, David *4, 5, 144*
hierarchische Verantwortlichkeit *361*
   Abbildung mehrerer Werte *351*
   Allgemeines *21*
   azyklischer Graph *33*
   Muster *361*
   rekursive Assoziation *351*
   stufenbasiert *34*
   Summenkonten *110*
   Typ *33*
   Wiederausgleich der Untertypen *35*
Hillside Gruppe, Geschichte *6*
Hypothese *40, 54, 363*

**I**

Idee, Definition *9*
Identifikationsschema *93, 96*
Implementation, Assoziation Siehe Assoziation, Implementation
Implementation, Generalisierung Siehe Generalisierung, Implementation
implementierte Aktion
   Allgemeines *169*
   Muster *367*
   Planung *170*
   Ressourcenzuteilungen *181*
individuelle Instanzmethode
   Allgemeines *104, 115*
   berechnetes Messungsprotokoll *74*
   Implementation, Wahl einer *120*
   Implementierung mit einem Strategiemuster *117*
   Implementierung mit einer parametrisierten Methode *119*
   Implementierung mit einer

Singletonklasse  *116*
    interne case-Anweisung  *118*
    Interpreterimplementierung  *120*
    Muster  *366*
    Transferregeln, verwendet bei  *114*
    Umwandlung von Celsius nach
        Fahrenheit  *43*
Informationssystem, schichtenbasierte
    Architektur  Siehe schichtenbasierte
    Architektur für Informationssysteme
Instantiierung der Wissensebene  *30*
Instanzen  *352*
Integer, grundlegender Typ  *353*
Interaktionsdiagramme  *354*
interne case-Anweisung, verwendet bei
    individuelle Instanzmethode  *118*
internes Schema  *260*
Interpreterimplementierung, verwendet
    bei
    individuelle Instanzmethode  *120*
Intervention, Definition  *60*
Invariantenprüfung  *150*
Inventar- und Rechnungswesen
    Kontoauszug und
        Einkommenserklärung  *104, 135, 367*
    Praxis  *131*
    Praxismuster  *104*
    Praxismuster zur Buchführung  *367*
    spezialisiertes Kontenmodell  *105*
    Transaktionen  *103, 107*
    Transferregelausführung  *104, 121*
    Transferregeln  *104, 113*
    Transferregeln für viele Konten  *127, 366*
    verwendet im Beispiel Total
        Telecommunications  *145*
Inventar- und Rechnungswesen  Siehe
    auch Konto
Iterator  *106, 302*

**J**
Jede-Position-Transferregel  *156*
Johnson, Ralph  *6, 338*

**K**
Kardinalität
    schlüsselbasierte Abbildung, verwendet
        bei  *66*
    Typendiagramme, verwendet bei  *345*
Kassa-Abschluß  *214*

Kategorie
    Abbildung auf Phänomenentyp  *48*
    Abwesenheit  *51*
    Anwesenheit  *51*
    Muster  *10*
Kaufoption, Optionenhandel  *218*
kausales Messungsprotokoll  *64, 75*
Klassen
    Einstiegspunkt, verwendet bei  *319*
    Kollektion  *295*
    Kombination  *306*
Klassenabbildung  *351*
Klassifikation  *347*
kombinierte Option  *223*
komponierte Einheit
    Definition  *44*
    erweiteres Quantitätsmuster,
        verwendet bei  *39*
    Multimenge, Verwendung von  *45*
Konstruktorparametermethode  *150*
Kontenbasiertes Feuern  *123, 155*
Konto
    abgeleitetes  *142*
    Allgemeines  *103, 105*
    -auszug  *106*
    Buchungseinträge für mehrere Konten
        *105, 139*
    -filter  *130, 132*
    korrespondierendes  *105, 136, 367*
    Memo  *366*
    Memo-  *104, 112*
    Muster  *365*
    Positionen für mehrere Konten  *367*
    spezialisiertes Kontenmodell  *105, 138, 367*
    Transfer-  *153*
    Vorzeichen  *105*
Konto  Siehe auch Summenkonto
Kontoauszug  *104, 135, 367*
konzeptionelles Modell
    Analyse und Entwurf, Vergleich  *1*
    Analyse und Entwurfstechniken,
        verwendet bei  *3*
    Erzeugung eines  *1, 2*
    Geschäftsprozeßmodellierung und  *12*
    individuelle Instanzmethode  *115*
    Programmiersprache, Ausdruck einer
        *3*
    Quantität, verwendet bei  *42*

Softwaretechnik, unabhängig von  *4*
Typendiagramme, verwendet bei  *342*
Vertrag  *190*
konzeptionelles Schema  *260*
Kopieren und Ersetzen, bei
  Objektverschmelzung  *99*
korrespondierendes Konto  *105, 136, 367*
Kreuzparitätenelement  *209*
kurz
  Optionen, verwendet bei  *218*
  Vertrag, verwendet bei  *190*
Kurzfassung
  Abbildung  *351*
  Typ  *351*

**L**
lang
  Optionen, verwendet bei  *218*
  Vertrag, verwendet bei  *190*
Laufzeit  *213, 214*
Laufzeitattribut  *237*
Lewis  *296*
Liste, Kollektion  *296, 351*
Löschen von Objekten  *315*
Logik   Siehe Präsentations- und
  Anwendungslogik
logisches Datenmodell  *261*

**M**
mehrere
  Zugriffsebenen auf ein Paket  *370*
mehrfache
  Hierarchie  *351*
  Klassifikation  *348*
  Quellprotokoll  *74*
  Sichtbarkeit  *244*
  Zugriffsebenen auf ein Paket  *244*
mehrfaches Löschen  *316*
mehrgliedrige Transaktion
  Allgemeines  *108*
  Definition  *103*
  verwendet im Beispiel Total
    Telecommunications  *150*
mehrwertige
  bidirektionale Implementation  *302*
Mellor  *228, 322*
Memokonto  *104, 112*
Memoposition  *141*
Menge
  Kollektion  *296*
  Plan vorgeschlagener Aktionen  *178*

mentales Modell, Erzeugung eines  *1*
Messung
  Allgemeines  *39, 45*
  berechnete  *74*
  Muster  *362*
  operationelle Ebene  *47*
Messungsprotokoll
  Argumente, Auflistung  *75*
  berechnetes  *73, 74, 77*
  Bereichsfunktion  *90*
  Definition  *64*
  Dimensionskombinationen  *82*
  Erzeugung eines  *80*
  Erzeugung für einen Phänomentypen  *64*
  kausales  *64, 75*
  Muster  *364*
  Quelle  *73*
  unternehmensbezogene Analyse  *72*
  vergleichendes  *64, 75*
  Zustandstypen  *64, 77*
Metamodell
  Definition  *30*
  Muster  *326*
  verhaltensorientiertes  *176*
Methode, Operation  *352*
Methoden für Fassadenattribute  *283*
Modell
  Einstein  *2*
  Implementation  *344*
  logisches Daten-  *261*
  Newton  *2*
  spezialisiertes Konten  *138, 367*
  spezialisiertes Konto  *105*
  Struktur-, beim Beispiel Total
    Telecommunications  *147*
  Typ  *13*
Modell   Siehe auch konzeptionelles
  Modell
Modellierung
  Derivate  *213*
  Implementationstechnik  *191*
  unternehmensweite  *253*
Modellierungsprinzipien
  abgeleitete Eigenschaft  *194*
  abgeleitete Markierung, Verwendung
    von  *220*
  abstrakte Obertypen, Verwendung von  *203*
  abstrakte Schnittstelle, anbieten einer  *197, 212*

abstrakter Typ, anbieten einer  203
alternative Methoden, Auswahl aus
  222
Assoziation, Entscheidung zwischen
  einseitiger und zweiseitiger  250
Attribute zu neuem Typ kombiniert
  201
Datumsberechnung in Terminkontrakt
  216
Entwurfsschablone  294
Erhaltungsprinzip  108
gegenseitig sichtbare Pakete  250
Generalisierung von Obertypen und
  Untertypen  202
Markierung einer Eigenschaft  220
mehrere Attribute interagieren über ein
  Verhalten  42
Menge von Merkmalen  193
Modell, Aufteilung in Ebenen  30
Modelle, brauchbar für  2, 17
Modellierungsalternativen, Auswahl
  aus  222
Muster als Ausgangspunkt  17
Nachbedingung von Objekten  234
Notation, Definition  334
Obertypzuordnung  28
operationelle Ebene  47
Portfolio, Verwendung von  195
Produkt/Vertrag-Teilung  226
Prozeß zu einem Merkmal eines Typs zu
  machen  211
Szenarien, Verwendung von  206
Trennung von Verantwortlichkeiten
  227
Typ von Assoziationen  47
Untertypenbildung, Verwendung von
  225
Verbindung zwischen konzeptionellem
  Modell und Schnittstelle  5
verrechner Wert  106
Zustandsdiagramme, Wirkung der
  Generalisierung  234
Zuweisung von Verantwortlichkeiten
  227
Modellierungsprinzipien
  Modelländerung und Typänderung  27
Modifikationsoperation  298, 299, 304
monetäre Werte  42
Multimenge
  Abbildungen mit  45
  Kollektion  296
  Konto  106
  Protokollkomponenten  179

Multiplizität  345
Muster  9, 11
  Alexander, Christopher  6, 7
  Analyse  337
  Benennung  9
  Domänen, bereichsübergreifend  11
  Elemente von  xv
  festgelegtes Format  7
  Framework und  13
  Geschichte  5
  Kategorien von  10
  literarische Form  7
  Metamodell  326
  Planungs-  178
  Tabelle von  361
  Verwendung von  13, 14
Muster  Siehe Assoziationsmuster

N
Name von Objekten  93, 94, 365
Nebenläufigkeit  263
Newton-Modell  2
NHS Common Basic Specification  170
nicht grundlegendes Objekt  72
nicht mengenartige Abbildungen  305
Nichteinstiegspunkte  319
Nicht-Szenario-Ansatz  205
Notierung
  Allgemeines  189
  einseitige Preise  201, 203
  Muster  369
  Untertyp von Zahl  201
  zweiseitige Preise  200, 203
Notiz  352
Nummer, Abbildung  351
Nummer, grundlegender Typ  353

O
Obertyp Wahrnehmungskonzept  52
Objektäquivalenz  93, 101, 365
Objekte vollständig löschen  316, 372
Objekte, Auffinden von  319
Objekterzeugung  314
  Objekterzeugung  314
objektorientierte Analyse  42
objektorientierte Programmiersprache  98
objektorientierte Software,
  Wiederverwenbarkeit  13
objektorientierte Softwaretechnik  4
Objektreferenz
  Äquivalenz  101
  Identifikationsschema  97
  Name  94
  Verschmelzung  98

Objektverschmelzung  365
  Ablösung  93, 99
  Allgemeines  93, 98
  Kopieren und Ersetzen  99
  Wesen-/Erscheinungsmodell  100
Odell, Jim
  Geschäftsprozeßmodellierung  13
  Powertyp  30
  strukturierter Modellierungsansatz  352
  Typendiagramme  342
öffentlicher Typ  245
OO
  Assoziationsschnittstelle  298
  Computersystem  93
  Datenbanken, verwendet in Informationssystemen  263
  gemeinsame Methoden  285
  Generalisierung  306
  Sichtbarkeit  253
  Techniken  xx, 4, 13
  Trennung von Verantwortlichkeiten  227
  Typumwandlung  288
OOPSLA, Geschichte  6
operationelle Ebene
  Messung  47
  Planungsmuster  178
  Transferregeln  127
  Verbindung zwischen Wissensebene und  56
Operationen in Anwendungsfassaden  287
Operationsbereiche
  Allgemeines  35
  Definition  21, 36
  Modell  36
  Muster  362
  Typ  37
Option
  Absicherung  191
  Allgemeines  213, 216
  Black-Scholes-Analyse  217
  Ereignisdiagramm  217
  Grenz-  228
  Harel-Zustandsdiagramm  217
  Kauf- und Verkauf-  218
  kombinierte  223
  komponierte, Definition  220
  lang und kurz  218
  Muster  369
  Struktur  218
  Untertypenbildung  220

Organisationshierarchie
  Hinzufügen einer Regel  25
  Modellierung mit  21
  Modellierung zweier Hierarchien  25
  Muster  361
  Obertypmodell  23
  Struktur mit explizitem Ebenenmodell  23
Organisationsstrukturen
  Muster  361
  Muster wird erforderlich  21
  typenbehaftete Beziehung  25

P
Packet  Siehe Handelspakete
Paket  351
Paketdiagramme  358
parallele Anwendung
  Allgemeines  214, 234
  Ausnahmebehandlung  241
  Domänenmodell, Sichtbarkeit of  239
  Laufzeitattribut  237
  Muster  370
  Obertyp mit einer umfassenden Schnittstelle  236
  Typüberprüfung  237
parameterisierte Methode, verwendet bei individueller Instanzmethode  119
Parametermethode zur Erzeugung  150, 315
Partei
  Adreßbuchmodell  22
  Definition  19, 21
  Konto, verwendet bei  137
  Muster  361
  Untertyp Position  37
  Vertragspaket, Beziehung zwischen  248
Parteityp
  einfache Vererbungshierarchie  32
  Generalisierung  21, 32, 361
Partition, unveränderliche  351
Pattern Language of Programming (PLoP)
  Konferenz  6, 338
Phänomen mit Bereich
  Allgemeines  64, 85
  -attribut  64, 87
  Funktion  64, 88
  Muster  364
Phänomentypen
  Kategorien, Abbildung von  48
  Messung und  46

Messungsprotokoll  73
qualitatives Phänomen, verwendet zur
  Beschreibung  64
Wahrnehmungskonzept als ein
  Obertyp  52
Plan  169, 175, 368
Planung
  abgebrochene Aktionen  169, 172
  Allgemeines  169
  Aussetzung  169, 174
  Ergebnisfunktion  169, 186
  Graphen, verwendet als  180
  implementierte Aktionen  169, 170
  Plan  169, 175
  Protokoll  169, 178
  Ressourcenzuteilungen  169, 181
  Startfunktion  169, 186
  vollständige Aktionen  169, 172
  vorgeschlagene Aktionen  169, 170
PLoP (Pattern Language of Programming)
  Konferenz  6, 338
Polymorphismus
  Messungsprotokoll, verwendet bei  64, 81
  Operation für Kontenpositionen, verwendet bei  149
  Untertypen eines detaillierten Kontos  148
Portfolio
  Allgemeines  189
  -browser  234
  dauerhaft  199
  Definition  194
  dynamische, mit Filter  195
  -filter  195
  kurzlebig  199
  Muster  369
Portland Pattern Repository  338
Position
  Allgemeines  21
  Auswahl  104, 130, 367
  Buchführung  103
  Buchungs- für mehrere Konten  105, 139, 367
  doppelte Buchführung  107
  Memo  141
  Muster  362
  Parteiuntertypen  37
  Quelle  104, 134, 367
  Speichern einer  130
Powertyp  30

Präsentations- und Anwendungslogik
  Allgemeines  258, 277
  anwendungslogische Ebene  266
  Client/Server-Umgebung  270
  Entwickeln von Anwendungen  264
  Matrix-Bildung  265
  Muster  371
  Risikobericht-Fassade  267
  Risikobericht-Präsentation  267
  Sichtbarkeiten zwischen Domänen  269
praktische Buchführung  131
praktischer Kontext von Mustern  9
privater Typ  245
Produkt
  Allgemeines  222
  Gewinnspanne  223
  Kombination, gebräuchlich  226
  Muster  213, 369
  Stellage  222
  Untertypenbildung  225
  Verbindung zu Vertrag  227
produktübergreifende Kontrollbedingung  152
Projektion  40, 55, 363
Promptes Feuern  122
Protokoll
  Definition  52
  gegenseitige Sichtbarkeit  250
  Graphen, verwendet als  180
  mehrere Quellen  74
  mehrfache Sichtbarkeit, verwendet bei  246
  Muster  363, 368
  Planung  169, 178
  Wahrnehmung  39
  Wert  52
Protokoll  Siehe Messungsprotokoll
Protokollanten-Objekte, Verwendung von  320
Proxy, Schutz-  302
Put, Optionenhandel  218

## Q

qualitative
  Messungen  48
  Phänomene  64
Quantität
  Attribut  105
  Definition  39, 41
  Einheit, Assoziationsname  41

grundlegender Typ  *353*
Messungen als Attribute  *41*
monetäre Werte  *42*
objektorientierte Analyse, verwendet bei  *42*
Quellmessungsprotokoll  *73*

**R**
Rational Software's Unified Modeling Language (UML)  *341*
Rechnungs- und Inventarwesen  Siehe Inventar- und Rechnungswesen
reelle Zahlen, grundlegender Typ  *353*
Regel, verwendet bei Organisationsstrukturen  *26*
rekursive Assoziation  *351*
relationale Technik  *5*
Ressourcenzuteilungen  *169*, *181*, *368*
rückwärtsgerichtetes Feuern  *124*
Rumbaugh  *229*, *326*

**S**
Sammelkonto
    Muster  *365*
Schablone, Entwurfs-  *148*
Schicht  Siehe Drei-Schichten-Architektur
Architektur  Siehe schichtbasierte Architektur für Informationssysteme
schichtenbasierte Architektur für Informationssysteme
    Allgemeines  *243*, *257*
    Datenbankinteraktion  *258*, *272*
    Drei-Schichten-Architektur  *258*, *260*, *277*
    Präsentations- und Anwendungslogik  *258*
    Zwei-Schichten-Architektur  *257*
schlüsselbasierte Abbildung
    Assoziationsmuster, verwendet bei  *325*, *329*
    Muster  *372*
    semantische Anweisung  *352*
    Unternehmenssegment, verwendet bei  *66*
schlüsselbasierte Ausgabe, verwendet im Beispiel Total Telecommunications  *147*
Schnittstelle
    Generalisierung  *311*
    vollständige Löschung  *316*
Schnittstellenvermittler
    Schnittstelle
        Broker  *274*

Schutz-Proxy  *302*
Selektoren, Vertrag  *196*
semantische Anweisungen  *350*
Sequenz, Abhängigkeit von  *175*
Shlaer  *228*, *322*
Sichtbarkeit
    Allgemeines  *252*
    gegenseitige  *248*
    mehrfache  *245*
    Paketdiagramme  *359*
    Untertypenbildung  *148*, *251*
Singletonklasse
    individuelle Instanzmethode, verwendet bei  *116*
    Typ  *351*
    verwendet im Beispiel Total Telecommunications  *157*
Smalltalk
    Ausnahmebehandlung  *241*
    Bedingungen, Implementation von  *321*
    Block-Methode  *118*
    Informationssystemanwendungen, verwendet bei  *263*
    Kollektion  *296*
    konzeptioneller Modellierung, verwendet bei  *6*
    Notierung, verwendet bei  *201*
    Objekterzeugung  *315*
    Schnittstelle für Assoziationen  *300*
    Vertrag, verwendet bei  *196*
    verwendet im Beispiel Total Telecommunications  *145*
Software
    Implementation, Definition  *5*
    Programmiersprache  *3*
    Protokoll  *179*
    Schnittstelle, Definition  *5*
Softwaremuster  Siehe Muster
Speichern von Positionen  *130*
Standard Template Library (STL)  *296*
Startfunktion  *169*, *186*, *368*
Stellage  *222*
Sternenschema
    Brennpunkt-Ereignis  *69*
Sternschema
    Definition  *66*
Steuer, Berechnung der, im Beispiel Total Telecommunications  *162*
STL (Standard Template Library)  *296*
Strategiemuster, verwendet bei individueller Instanzmethode  *117*

Struktur, Implementation von, im Beispiel
 Total Telecommunications  148
Struktur, Objektinformation  39
strukturelle Bedingungen  184
Strukturmodelle, am Beispiel Total
 Telecommunications  147
Summenkonto
 Allgemeines  104, 110
 mehrere  140
 Transferregeln für viele Konten,
 verwendet bei  128
Symmetrieeigenschaft  137
Szenarien
 abgeleitet  207
 Allgemeines  44, 189
 Definition  194
 -element einer Quelle  207
 Elemente, Berechnung von  209
 Elemente, Verweis auf  207
 Entwickeln von  207
 fest kodiert  210
 interaktive Formelbilder  211
 Interpreter  211
 Kreuzparitätenelement  209
 mehrfache Zugriffsebenen auf ein Paket  244
 Muster  369
 Vorteile  204
 Zeitpunkt, zu einer Notierung
 hinzufügen  204
 Zwischenspeicherungsprinzip  211

T
Telefon, Einrichten neuer Dienste
 am Beispiel Total Telecommunications
 150
Telefon, Einrichten neuer Dienste  Siehe
 Anrufe
Telefondienstbeispiel  Siehe Total
 Telecommunications (TT)
temporäre Ressourcen  169
Terminkontrakt
 Allgemeines  213, 214
 Datumsberechnung  215
 Definition  214
 Laufzeit  214
 Muster  369
Text, grundlegender Typ  353
Tilak-Diagramm  70
Total Telecommunications (TT)
 Allgemeines  145
 Anrufe, Einrichten von  146, 154

 Diagramme zur Buchführungspraxis  166
 Framework  163, 165
 kontenbasiertes Feuern,
 Implementation  146, 155
 neuer Telefondienst  146, 150
 Rechnungsschreibungsplan  145
 Steuer, Berechnung der  146, 162
 Struktur, Implementation  146, 148
 Strukturmodelle  147
 Transferregeln  146, 164
 Trennung der Anrufe in Tag und Abend  146, 156
 Zeit in Rechnung stellen  146, 159
Transaktion
 Abbruch einer  115
 Allgemeines  103, 107
 Muster  365
Transaktion  Siehe auch mehrgliedrige
 Transaktion
Transferkonto  153
Transferregelausführung
 Allgemeines  104
 Feuern, Vergleich der Ansätze  125
 kontenbasiertes Feuern  123
 Muster  366
 promptes Feuern  122
 rückwärtsgerichtetes Feuern  124
 transferregelbasiertes Feuern  124
transferregelbasiertes Feuern  124
Transferregeln  366
 Allgemeines  104, 113
 Jede-Position-  156
 Muster  366
 Struktur  164
 Transaktionen, Abbruch von  115
 Transformation  159
 Umkehrbarkeit von  115
 viele Konten  104, 127, 366
Transfer-Transaktion  138
Transformationmuster, Definition  293
Transformations-Transferregel  159
transitive Eigenschaften  137
Typ
 abstrakter  351
 assoziativer  325, 326, 372
 Instanzen  352
 Singleton-  351
 überladen  352
 -überprüfung  235, 299
 -umwandlung  288

THE SIGN OF EXCELLENCE

# Pattern-orientierte Software-Architektur

Ein Pattern-System

**Frank Buschmann
Regine Meunier
Hans Rohnert
Peter Sommerlad
Michael Stal**

Software-Architektur mit Patterns treibt die Entwicklung auf dem Gebiet der Patterns weiter voran. Es werden nicht nur neue Patterns im Detail beschrieben, sondern diese auch zu Pattern-Systemen organisiert. Ein Pattern-System stellt eine Menge konkreter Patterns bereit und zeigt darüber hinaus, wie diese zur Erstellung großer Software-Systeme zu komplexen Strukturen zusammengefügt werden können. Die im Buch beschriebenen Patterns umfassen mehrere Abstraktionsebenen, von grundlegenden Architektur-Patterns über feingranularere Design Patterns bis hin zu programmiersprachenspezifischen Idiomen.
Das Buch wurde mit dem „Software Productivity Award" ausgezeichnet.
**480 S., 1. Auflage 1998, geb.,
DEM 89,90, ATS 656, CHF 78,00
ISBN 3-8273-1282-5**

THE SIGN OF EXCELLENCE

# UML konzentriert

Die neue Standard-Objektmodellierungssprache anwenden

**Martin Fowler**
**Kendall Scott**

Das Buch bietet eine konzentrierte Einführung in UML. Die wesentlichen Elemente der UML-Notation, der Semantik und der Verfahren werden überblicksartig und konzis erklärt. Das Buch enthält auch einen Einblick in die Geschichte, die Entwicklung und die Entwurfsentscheidungen von UML sowie Erörterungen zur Integration von UML in den objektorientierten Entwicklungsprozeß. Einen Eindruck in die konkrete Benutzung von UML gewinnt der Leser durch die im Buch enthaltenen Java-Programmierbeispiele, die die Implementierung eines UML-basierten Entwurfs skizzieren.

**192 S., 1. Auflage 1998, geb.,**
**DEM 59,90, ATS 437, CHF 53,00**
**ISBN 3-8273-1329-5**

## Notation für Zustandsdiagramme

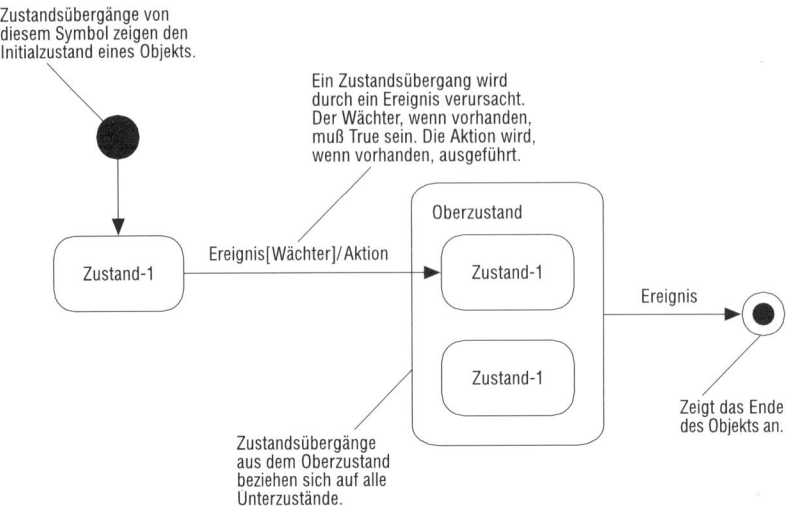

## Notation für Interaktionsdiagramme

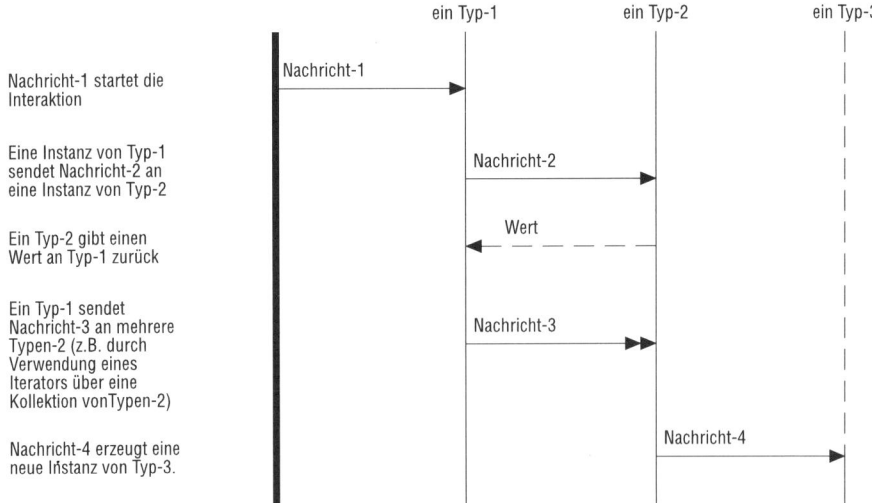